Albert Pfister

Aus dem Lager des Rheinbundes 1812 und 1813

Albert Pfister

Aus dem Lager des Rheinbundes 1812 und 1813

ISBN/EAN: 9783743376427

Hergestellt in Europa, USA, Kanada, Australien, Japan

Cover: Foto ©ninafisch / pixelio.de

Manufactured and distributed by brebook publishing software (www.brebook.com)

Albert Pfister

Aus dem Lager des Rheinbundes 1812 und 1813

i

Aus dem

Lager des Rheinbundes

1812 und 1813

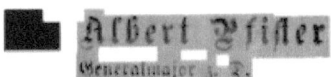

Albert Pfister

Generalmajor z. D.

Vorwort.

Rheinbundzeit, — trübe Erinnerungen, über welche wir lieber hinweg-
gehen! — Aber dagewesen sind sie eben doch einmal, die Tage des Rheinbundes,
und Spuren haben sie zurückgelassen, welche eine lange Spanne unserer Volksgeschichte kennzeichnen. Und gerade heute, nachdem doch mancher alte Fehltritt
seine Sühne gefunden, können wir mit offenem Auge und unbefangen in jede
Periode unserer Geschichte zurückblicken. Auch mit besseren Hilfsmitteln als
ehemals sind wir ausgerüstet, um die Bedeutung der Rheinbundzeit für das
ganze deutsche Volk auf seinem Gange zur Einheit ermessen zu können.

Als eine besondere Gunst des Geschicks muß ich es betrachten, daß ich
Unterstützung gefunden habe durch ein meiner Arbeit in huldvollster Weise
entgegengebrachtes Interesse. Dadurch hat sich mir mancher Schrank geöffnet,
der seither verschlossen gehalten oder doch nicht vollständig ausgebeutet worden
ist. So sind mir die Gesandtschaftsberichte in dem königlich württembergischen
Hausarchiv aus den Jahren 1812—1815 und die Privatregistratur des Königs
Friedrich von Württemberg zugänglich gemacht worden. Diese habe ich neben
den Urkunden des königlich württembergischen Kriegsministeriums und einzelnen
Aktenstücken des Generalstabs in Berlin hauptsächlich benützt.

Dadurch war ich in den Stand gesetzt, Einblick zu gewinnen in die
besonderen Schicksale eines überall im Vordergrunde stehenden Rheinbundstaates,
zugleich aber auch in seine Beziehungen zu den Nachbarländern, zu den Großmächten, zu der Person des Kaisers Napoleon. Gestützt auf diese Hilfsmittel
habe ich es unternommen, Zeitbilder aus dem militärischen und politischen
Leben, aus der allgemeinen Volksstimmung, zunächst den Jahren 1812 und

1813 angehörend, zusammenzufügen. Mit derartigen Zeitbildern will ich versuchen, ein Stück deutscher Geschichte herzustellen, durch das es vielleicht gelingt, einzelne Anschauungen zu berichtigen, da und dort eine Lücke auszufüllen, manches verständlich zu machen, das gerade im Lebensgang der Kleinstaaten rätselhaft erscheint. Bei weiterer Verwertung des mir zugänglich gemachten urkundlichen Stoffes denke ich an die Veröffentlichung eines weiteren Stückes zu gehen: „Aus dem Lager der Verbündeten 1814 und 1815." Auch dies Stück ist bestimmt, in dem bunten Gewirr der Ereignisse eine annähernd richtige Vorstellung zu geben von dem eigentümlichen politischen Treiben der Großen unter sich, namentlich von den Beziehungen zwischen groß und klein.

Der Schöpfer des Rheinbundes, Napoleon, besaß eine vollständige Kenntnis von all dem, was die menschliche Natur reizt; alle ihre niedrigeren Eigenschaften: Habsucht, Mißgunst, Rachegelüste, Selbstsucht, wußte er in seinen Dienst zu stellen und durch sie seine Leute an sich zu ketten. Die Ueberlegenheit und der Hochflug seines Geistes, die bewundernswerte Gestaltungsgabe, mit der er aus dem Erbe der Revolution die Vorbedingungen für eine neue Zeit zu schaffen wußte, diese Eigenschaften haben seine Gestalt zu einer alles andere überragenden gemacht; betäubend durch die erkämpften Erfolge, bezaubernd bisweilen, abstoßend nicht selten, allermeist überwältigend, endlich durch Mißgeschick auf eine harte Probe gestellt. Es ist das einzig.

Von ganz besonderem Geschick, von einem Tiefblick ohnegleichen zeugte die Einrichtung des Rheinbundes. Selten wohl hat Napoleon, der Menschenkenner, einen so glücklichen Griff gethan als in der Stunde, da er die von jeher bestehende innere Verwandtschaft zwischen dem wirklichen Wesen der deutschen Mittelstaaten und dem Rheinbundgedanken praktisch ausgestaltete und zugleich gewissermaßen verewigte dadurch, daß er sie gegen alle deutschtümlichen Anläufe sicher zu stellen wußte. — Das den Namen gebende politische Gebilde ist nach kurzer Zeit entschwunden, aber geblieben ist das Erziehungswerk. So geschickt und genau angepaßt erwies sich der politische Gedanke den Neigungen und der Eigenart deutscher Mittel- und Kleinstaaten.

Wie um feststehende Säulen so schlingt sich ganz von selbst die Darstellung deutscher Geschichte in den Jahren 1812—1815 um die Figuren eines Stein, Metternich, Hardenberg, um die Monarchen, Staatsmänner, Feldherren der großen Mächte. Wir erfahren genau, welche Triebfedern alle in Bewegung gesetzt und verbunden haben, wie sie da und dort aus einander getreten sind, wie Gegensätze unter den Großen sich herausgebildet haben, wie endlich eine neue Welt gebaut und zwischen Großen und Kleinen ein lockerer Bund geschlossen worden ist.

Kennen zu lernen, wenigstens teilweise kennen zu lernen, wie das ganze Getriebe um das Zustandekommen des Neubaus, Gegensätze und Zusammenschluß, sich vom Standpunkt der minder Mächtigen ausgenommen, das dürfte des allgemeinen Interesses nicht entbehren. Ein Zurückgehen auf die Quellen vermag wohl auch da und dort nachzuweisen, wie manche Züge in unserer Volksgeschichte in Wirklichkeit nicht so schwarz und trüb sich ausnehmen, als sie gemalt worden sind. Das aber ist das Hauptergebnis aus den urkundlichen Einzelheiten, daß sie uns auch hier laut verkündigen, wie viel Mühe, wie viel Nachsinnen, wie viel Schweiß und Blut es gekostet hat, um nur die bescheidenste Vorstufe deutscher Einheit zu erreichen.

An dieser Stelle bitte ich zugleich meinen Dank für wirksame Beihilfe aussprechen zu dürfen dem königlich württembergischen Kriegsminister, dem Chef des Generalstabs der Armee in Berlin und ganz besonders dem Herrn Dr. v. Schloßberger, Direktor des königlich württembergischen Haus- und Staatsarchivs.

Stuttgart im September 1896.

Albert Pfister.

Inhalt.

II. Der Rückzug aus Rußland.

Zweiter Abschnitt. Der letzte Waffengang unter der Fremdherrschaft.

I. Bis zum Waffenstillstand im Sommer 1813.

II. Waffenstillstand.

III. Einstellung der Heeresfolge.

Erster Abschnitt.

Der Zug nach Rußland.

I. Nach Moskau.

Allgemeine Lage.

„Die Sonne, die am Himmel strahlt, sieht jedermann." — mit diesen stolzen Worten fertigte der General Napoleon Bonaparte den Unterhandler ab, der in Aussicht gestellt hatte, daß Oesterreich, rücksichtsvoll behandelt, nicht säumen werde, die französische Republik anzuerkennen. Und in der That, ein Jahrzehnt später, als der französische Kaiser auf jener künstlichen Flußinsel inmitten des Niemen bei Tilsit die Hand des russischen Herrschers, seines neuen Verbündeten, ergriffen hatte, da strahlte kein Gestirn so hell wie das Napoleons, da fand sich keine Macht auf dem europäischen Kontinent, die sich nicht vor Frankreich gebeugt hätte, um entweder trotzig und knirschend seine Herrschaft zu ertragen, oder um sich mit ihm auf einen auch nur annähernd gleichstellenden Fuß der Freundschaft zu setzen. Die Sonne Frankreichs, jetzt die Sonne Napoleons, stand allen sichtbar allein am Himmel.

Was von der alten Zeit und vom Mittelalter in Deutschland und Italien noch übrig geblieben, das war in den Stürmen, die mit dem Luneviller Frieden 1801 ihren Abschluß gefunden hatten, über den Haufen geworfen worden. Von allen Seiten griffen die Machthaber, groß und klein, zu, um für sich aus dem Trümmerhaufen ein möglichst großes Stück zu retten. Jeder suchte dem Nachbar den Rang abzulaufen; keiner scheute vor irgend welchem Mittel zurück, denn in dem Nachbar erblickte man nur den landhungrigen Streber und lästigen Mitbewerber. Kein gemeinschaftlicher Gedanke verband, weder Religion noch Vaterland, noch wirtschaftliches Interesse. Habsucht, Neid, Mißgunst, Bewußtsein der eigenen Sünden, Kenntnis der nachbarlichen Niederträchtigkeit, alles das trennte auf deutschem Boden die seither noch locker Zusammengehaltenen.

Das Deutsche Reich der Habsburger war ja längst untergegangen, und es gehört zu den eigentümlichsten Fiktionen der an wunderlichen Selbsttäuschungen

reichen Zeit, wenn immer noch in bunt verschnörkelter Rede vom Deutschen
Reich gesprochen wird, vom Festhalten an seiner Verfassung, vom Deutschtum
und vom deutschen Vaterlande mitten unter der Fremdherrschaft.

Kaum war es den noch lebensfähig erhaltenen Staaten gelungen, ihren
Raub nach dem Frieden von Lunéville in Sicherheit zu bringen, da galt es
für Napoleon, noch einmal abzurechnen mit den Mächten der alten Welt,
mit Oesterreich und Rußland, im Jahre 1805. Nach der Voraussage
Napoleons, der sich in kühnen Prophezeiungen ganz besonders gefiel, sollte in
Wien diese Abrechnung stattfinden. Die Wege dorthin führten aus Frankreich
über Mainz und Straßburg. Zwischen den Grenzen Frankreichs aber und
denen Oesterreichs lagen als Pufferstaaten die süddeutschen Länder: Baden,
Württemberg, Bayern, alle drei erst in jüngster Zeit ziemlich ansehnlich
geworden und abgerundet. — Es wird erzählt, Napoleon sei am 3. Oktober
1805 in Ludwigsburg erschienen und es sei ihm erst nach mehrstündiger Ueber-
redung gelungen, den Kurfürsten Friedrich von Württemberg zu bewegen, sich
ihm als Bundesgenosse anzuschließen.

Diese Art der Darstellung mag kaum zutreffend erscheinen. Lange Ueber-
redung war gewiß nicht notwendig. Die Lage war ja eine längst bekannte
und gegebene. Schon zu Ende des Monats September hatte Friedrich seine
militärische Beihilfe dem Kaiser der Franzosen zugesagt. Irgend eine Partei
mußten die süddeutschen Mittelstaaten ergreifen. Als Pufferterritorien konnten
sie doch nicht ewig existiren. Daß sie sofort auf Frankreichs Seite traten, das
hat man ihnen nicht wenig verdacht. Aber ich frage: welche andere Wahl
blieb denn diesen gänzlich auf sich selbst angewiesenen Staaten übrig, als sich
dem Untergang zu weihen oder sich herzugeben zu Bundesgenossen, zu Hand-
langern der französischen Herrschaft?

Oesterreich mochte sich niemals ernstlich um sie bekümmern als höchstens
zu jener Zeit, da es Versuche machte, Stücke von Bayern und Württemberg
an sich zu bringen, um den Besitz Vorderösterreichs zu vergrößern. Preußen
aber hatte schon vor zehn Jahren seine Hausthüre geschlossen und eine unher-
tastende, unklare Politik verfolgt. Die Möglichkeit einer Anlehnung an Oesterreich und Preußen lag somit außer aller Berechnung, erschien vollständig ausgeschlossen. Nichts blieb übrig als politischer Selbstmord oder Anschluß an
Frankreich.

Der Marquis v. Louvois und General Monclar standen in den letzten Tagen
des September 1681 vor der deutschen Reichsstadt Straßburg. In seiner
Besorgnis hatte der Senat der Stadt noch am 28. September an Kaiser
Leopold nach Wien geschrieben: „Da wir uns zu schwach fühlen, um einer so
großen und furchtbaren Macht zu widerstehen, wie sie Seine Allerchristlichste
Majestät von Frankreich besitzt, und da wir außerdem keine Aussicht haben auf
irgend welchen Beistand durch Rat und That, so können wir nichts thun, als

uns dem Willen Gottes fügen und die Bedingungen annehmen, die uns Seine Majestät von Frankreich vorschreiben wird."

Die Lage im Deutschen Reich, wie der Haufen von zahlreichen Landes-herrlichkeiten immer noch hieß, war um kein Haar anders geworden. Immer mehr nach Osten hatte sich die französische Machtsphäre geschoben, und jetzt war sie im Begriff, in der gleichen Richtung einen weiteren Schritt zu thun. Noch im Jahre 1800 hatte man auf Oesterreich vertraut, aber man war schließlich im Stich gelassen worden und mußte sich selbst helfen, sich mit den Fremden abfinden. So überließ man ja auch 1795 und 1796 das linke Rheinufer seinem Schicksal. Zu all dem kam noch die Lockung, auch einmal mit dem Erfolge zu gehen.

Der in den letzten Tagen des Jahres 1805 zu Preßburg geschlossene Friede zwischen Oesterreich und Frankreich brachte in der That auch den süd-deutschen Staaten den reichen Lohn, der ihnen in Aussicht gestellt worden war. Oesterreich wurde durch diesen Frieden eines Teils seiner deutschen Lande und des italienischen Besitzes beraubt; aus den abgerissenen Stücken begann Napoleon die Vormauern Frankreichs gegen Osten zu bauen: das Königreich Italien und die süddeutschen Staaten. Der letzteren Bedeutung für Frankreich war in diesen Jahren ganz wesentlich gestiegen. Jetzt hatte Napoleon Gelegenheit, die Vorteile seiner Gunst ins hellste Licht zu setzen, seine Feindschaft so furchtbar wie möglich erscheinen zu lassen. Der Glanz seines Namens kam dazu, das unbedingte Vertrauen auf den immerwährenden Sieger. Durch die Gefühle der Dankbarkeit wie der Furcht, der Bewunderung wie des Vertrauens wußte er die neugebildeten Staaten an sich zu ketten. Je stärker Bayern, Württemberg und Baden an Land und Leuten auf Kosten Oesterreichs gemacht wurden, desto sicherer und dauernder gestaltete sich auch ihre Verfeindung mit der alten Kaiser-macht, desto anhänglichere und zuverlässigere Vasallen gaben sie für Frankreich ab.

So schuf Napoleon die Kurfürstentümer Bayern und Württemberg zu Königreichen um und gab an Bayern das von Oesterreich abgetretene Tirol mit anderen Landstücken, an Württemberg die ehemals österreichischen Donaustädte, die Grafschaft Hohenberg, die Landgrafschaft Nellenburg, Altdorf u. a. Im Austausch gegen Hannover war die Markgrafschaft Ansbach von Preußen losgelöst worden; auch dies Territorium diente zur Vergrößerung Bayerns, das dadurch zum mächtigsten Königreich auf dem früheren deutschen Boden, zum festesten Stützpunkt für Frankreich gemacht wurde. Das Großherzogtum Baden aber erhielt den Hauptteil von Vorderösterreich mit dem Breisgau, der Ortenau und der Stadt Konstanz.

Das Handeln, Tauschen und Schachern mit Länderstücken, das schon mit dem Luneviller Frieden begonnen hatte, verwandelte sich jetzt bei Napoleon in die naive Lust, in fast kindischer Weise immer wieder neue Staaten und Völker-verbände zu schaffen, für diesen, für jenen Anspruch ein „Etablissement" zu gründen.

die Geschichte und die Zusammengehörigkeit von Jahrhunderten zu verwischen, da ein Stück abzureißen, dort eines, um den Kern des Ganzen, um Frankreich herum, anzusetzen, das sich in seiner schützenden Umhüllung allmälich zu dehnen begann. Mit diesem Geschäft des Umgestaltens, des Neuschaffens kam Napoleon nicht zu Ende, so lange er im Vollbesitz seiner Macht war. Das wichtigste und eigentümlichste seiner staatlichen Gebände aber führte er durch lose auf einander geschichtete Bausteine auf, als deren oberste Bekrönung er seine eigene Person setzte, einen Bund ohne Bundesbehörden, den Rheinbund.

Kein Jahr verging, das nicht den Staaten des Rheinbundes neue Verschiebungen brachte. Die Grundlegung zu diesem eigentümlichen Staatengebilde fällt in die Zeit zwischen dem Entscheidungskampf gegen Oesterreich und der Abrechnung mit Preußen, in den Sommer 1806. Im Gegensatz zu Preußen und Oesterreich sollte eine dritte Staatengruppe im südlichen und westlichen Deutschland erstehen und zwar ein Bund, unmittelbar dem Willen des Kaisers von Frankreich unterworfen. Am 12. Juli 1806 kam das weitläufige Vertragswerk des Rheinbunds in Paris zu stande, ein Vertrag, ebenso sonderbar wie der durch denselben zusammengeschlossene Bund. Mit keinem der deutschen Fürsten wurden Unterhandlungen geführt; der Vertrag ist im Kabinet Napoleons ausgearbeitet und zur Unterzeichnung aufgelegt worden. Dabei ging Napoleons, des Bundesprotektors, Absicht keineswegs dahin, einen fest zusammengefügten Bundesstaat mit dem Rheinbunde (Etats confédérés du Rhin; Conféderation du Rhin) schaffen zu wollen. Im Gegenteil: der Zweck war, die einzelnen Staaten und Stätchen möglichst aus einander zu halten. Das Ganze war nichts als ein zusammenfassender Name; im Grunde stand jeder Staat dem Nachbar fremd und selbständig gegenüber, durch alle möglichen Schranken von ihm getrennt, ja meist gründlich mit ihm verfeindet; jeder eingeweiht in das Sündenregister des andern, jeder den Nachbarn beargwöhnend und belauernd.

Fremd unter sich waren ja diese Staaten geworden beim Ausmarsch auf den Beutezug vom Jahr 1801 an; fremd sollten sie einander auch bleiben, zusammengehalten unter sich nur durch den Namen des obersten Lenkers aller Geschicke, durch die Leistungen für ihn. Seit Ludwig XIV. ist das ja die überlieferte Politik Frankreichs. Damals wurde der erste rheinische Bund geschlossen; jetzt lebte er in stärkeren Formen wieder auf. Seit den Tagen Ludwigs XIV. gilt als oberste Regel für Frankreich: stets wachen, intriguiren, wenn es not thut, dreinschlagen, damit die deutschen Staaten nicht auf den Gedanken kommen, sich in eines zusammenzuschließen; dann wäre Frankreich verloren. Noch im Sommer 1870 hat sich in Paris in gar rührender Weise die Fürsorge für die deutschen Kleinstaaten gezeigt, als man ihnen über den Rhein herüber zurief, sie sollten doch auf ihre Selbständigkeit bedacht sein, sich nicht unterjochen lassen; Bayern den Bayern, Württemberg den Württembergern, Hessen den Hessen u. s. f.

So sollte der neugeschaffene Name Rheinbund, Rheinbundesstaat nichts sein als eine neue Nummer, eine Bezeichnung, um die Abstufungen herauszuheben, unter denen sich die verschiedenen staatlichen Existenzen für die Augen Napoleons gruppirten: ganz selbständige, unabhängige Staaten; halb abhängige und überwachte; endlich vollständig abhängige, als deren Meister und Wohlthäter sich der oberste Protektor betrachtete. Dabei umgab er zugleich vorsorglich die ganze Ostgrenze Frankreichs mit einem zusammenhängenden, schützenden Gürtel: im Süden Königreich Italien nebst den illyrischen Provinzen, schweizerische Eidgenossenschaft, Rheinbund vom Bodensee bis nordwärts an die Ostseeküste mit den mecklenburgischen Landen. So nach den beiden Friedensschlüssen von Tilsit und Wien, als Preußen wie Oesterreich zu den abhängigen und überwachten Staaten herabgesunken waren, und jenseits dieser Staatengruppe nur Rußland als unabhängiger Staat noch bestand, so lange es eben dem gefiel, der sich so gerne den Herrn der Welt nennen hörte.

Die unterste Stufe der abhängigen Staaten des Rheinbundes aber rief Napoleon ins Leben mit jenen zusammengewürfelten Eintagsgebilden, wie Frankfurt, Würzburg, Westfalen, Berg. — Nirgends eine Zentralgewalt als Spitze, als oberste Behörde des Bundes so eine Art Reichstag, wie es der schattenhafte einst in Regensburg gewesen war; nirgends eine Ueberwachung, die sich in die Amtsführung irgend eines der Rheinbundesfürsten eingemengt, welche die inneren Verhältnisse der einzelnen Länder ins Auge gefaßt hätte. Diese standen unter einander in Verbindung nur durch ihre Gesandtschaften, gleich als lägen sie auf verschiedenen Halbkugeln der Erde. Lauter Bedingungen für Herausbildung des schroffsten Partikularismus, der sich zur Wehre setzt gegen jede Zentralgewalt, welche sich mit Verknüpfung der Interessen unter den einzelnen Staaten, mit Ueberwachung der Regierungshandlungen oder mit anderen bedrohlichen Absichten befassen könnte. Ertragen wurde von solch partikularistischem Sinn nur zweierlei: die Gewaltherrschaft der Gegenwart, die in der That bis zum Jahre 1813 dauerte, oder aber die vollständige Ohnmacht des Frankfurter Bundestags, der im Jahr 1815 jene Herrschaft ablöste. Die Eindrücke, welche die Erziehung im Rheinbunde bei den einzelnen Stämmen und bei den Regierenden zurückließen, haben bis zum Jahre 1866 bestimmend auf die Geschichte Deutschlands nachgewirkt.

Mit breitem Pinsel vereinfacht Napoleon das bunte Grenzendurcheinander auf der Karte des deutschen Bodens; eine Menge von kleinsten staatlichen Existenzen verschwindet im Magen der größeren; denn der Gründer und Mehrer des Rheinbundes will hauptsächlich solche Staaten schaffen, auf die er sich verlassen kann, die einigermaßen eigenes Leben besitzen und namentlich auch im stande sind, durchgebildete und brauchbare Truppenkontingente von der Stärke eines Armeecorps oder doch einer Division zu stellen.

Durch Zufall und Laune aber ist doch eine Anzahl von Staaten kleinen

und allerkleinsten Formates erhalten geblieben. Wieder fuhr Napoleon über
die Karte zu Ende des Jahres 1806, als das Königreich Sachsen geschaffen
wurde, und im Sommer 1807, als das Königreich Westfalen, das Großherzogtum Warschau und andere Gebilde entstanden, als Preußen seines polnischen
Anhängsels, aber auch zugleich seiner westlichen Lande beraubt wurde und sich
selbst auf den Stand einer Mittelmacht gebracht sah, welche das Königreich Bayern
nach Bewohnerzahl nur um eine Million übertraf. Neue Veränderungen brachte
der Friede von Wien 1809 und der Senatsbeschluß zu Ende 1810, der die
ganze deutsche Nordseeküste mit den Hansastädten bis nach Lübeck nebst einem
Stück Ostseeufer an das französische Kaisertum unmittelbar angliederte.

Napoleon schien nach seinem Siege über Oesterreich 1809 fester zu
stehen als jemals, verwandtschaftlich verbunden mit dem alten Kaiserhause der
Habsburger. Weiter als jemals dehnte sich zu Ende 1810 sein Machtbereich;
unverwundbar schienen Frankreichs Grenzen. Zunächst um seinen Ostrand am
Rhein entlang legte sich die erste Reihe der Rheinbundstaaten: Baden, Hessen,
Nassau, Großherzogtum Berg (ursprünglich für Murat geschaffen, später einem
Neffen Napoleons gegeben); in zweiter Linie, weiter gegen Osten hin liegen:
Württemberg mit den eingeschlossenen Hohenzollernländern, die Großherzogtümer
Würzburg und Frankfurt (das eine mit dem Erzherzog Ferdinand von Toskana,
das andere mit dem Fürstprimas Dalberg an der Spitze), Königreich Westfalen,
1807 von Napoleon für seinen jüngsten Bruder Jerome geschaffen. An diese
größeren Körper schließen sich an: die thüringischen und andere kleine Staaten,
welche die Zeit des Verderbens überlebt hatten, Oldenburg, Schwarzburg, Reuß,
Anhalt, Waldeck, Lippe und im äußersten Norden Mecklenburg. Bleiben die zwei
größten Rheinbundstaaten noch übrig: Bayern als Vormauer gegen Oesterreich,
Sachsen durch Einverleibung brandenburgischer Landesteile mit Preußen für
immer verfeindet. Dazu im Thüringer Lande die französische Festung Erfurt,
einzelne Plätze mit französischer Besatzung in Preußen; an der Mündung der
Weichsel als Stützpunkt die Festung Danzig unter dem Schein einer Republik
in französischem Besitz.

Nur ein schmaler Streifen preußischen Gebiets trennte an der Ostgrenze
Sachsens dies Land von dem Großherzogtum Warschau, in dessen Hauptstadt
man so gut französisch gesinnt war wie irgendwo auf dem Boden des alten
Frankreich. So war der gar dünnleibig gewordene preußische Staat
eingeklemmt zwischen Rußland, dem Großherzogtum Warschau und dem Rheinbund. Weit dehnte sich die Machtsphäre Napoleons an der Ostsee und bis zu
den Grenzen Litthauens.

Zu einer Binnenlandmacht zweiten Ranges war Oesterreich herab-
gestiegen. Die Auslieferung seines italienischen Besitzes an das Königreich
Italien, seiner illyrischen Provinzen (Triest und Istrien einbegriffen) an Frankreich hatte es vom Meere abgeschnitten. Vorderösterreich war längst verloren

an Baden, Württemberg und Bayern; auch Tirol und Salzburg waren an die
letztere Macht übergegangen. So waren beide, Oesterreich wie Preußen, der
unmittelbaren Widerstandsfähigkeit beraubt.

Nichts schien hier im Osten der französischen Ueberlegenheit gewachsen zu
sein; zur See, im Norden und Süden herrschte zwar England, aber als Vormauer für Frankreich stand dort Dänemark, hier Neapel, das für Murat
geschaffene Königreich. Schlimm stand die Sache nur an der Südwestgrenze
Frankreichs gegen Spanien hin. Durch das Eingreifen Napoleons in die
inneren Angelegenheiten Spaniens und Portugals hatten sich hier zwei Parteien
gebildet: die Patrioten, die mit England im Bunde für die Unabhängigkeit
fochten, und die Anhänger Frankreichs, die sich um Napoleons Bruder, den zum
Beherrscher Spaniens ernannten König Josef, gesammelt hatten. So zählte
Napoleon einzelne Truppenteile Spanier und Portugiesen in seinem eigenen
Heere, während französische Regimenter, verstärkt durch polnische Hilfstruppen
und durch solche aus den Rheinbundstaaten (aus Baden, Westfalen, Nassau,
Hessen, Berg, Frankfurt), jahraus jahrein gegen die Engländer und die für
ihre Unabhängigkeit streitenden Spanier und Portugiesen im Felde lagen. Mit
wechselndem Glück wurde hier der Krieg geführt; das aber erschien mit jedem
Jahre klarer, daß der Gewinn für Frankreich zu den Verlusten an Machtmitteln,
zu dem mit jedem Feldzug stärker werdenden Menschenverbrauch in keinem Verhältnis stehe.

Im Rheinbunde besaßen einzelne Staaten, wie Bayern, Württemberg,
Sachsen, eine Vergangenheit, stark genug, um auch in der Rheinbundszeit
nachzuwirken und das Gefühl der Selbständigkeit nicht ganz untergehen zu
lassen. Alle diese drei Staaten konnten in die neuen Verhältnisse auch schon
ziemlich erstarkte, alte Kernlande mit hinübernehmen. Nicht so günstig lagen
die Verhältnisse in den kleineren Ländern, wie Baden und Hessen, wo die
Neuerwerbungen weit überwogen; Westfalen und Berg vollends, Frankfurt,
Würzburg, die Erzeugnisse des Augenblicks, und die noch kleineren Staatengebilde mußten willenlos jedem Drucke nachgeben.

Jeder Festlandskrieg, den eine der Vertragsmächte zu bestehen haben sollte,
ist allen gemeinsam, so bestimmte die Rheinbundsakte; das heißt: zu jedem
Krieg Frankreichs hatten die Rheinbundsstaaten ihr Kontingent zu stellen.
Dies war bestimmt auf ungefähr ein Prozent der Bevölkerung. Es stellte
demnach Bayern 30000, Westfalen 25000, Sachsen 20000, Württemberg
12000 Mann; die vier Königreiche des Bundes somit gegen 90000 Mann.
Dazu kamen von Baden 8000, von Berg 5000, von Hessen 4000 Mann u. s. f.
Der ganze Bund war im stande, mit 130000 Mann für Frankreich ins
Feld zu rücken. Als Gegenleistung gestand der Protektor neben der Aussicht
auf weiteren gelegentlichen Gebietszuwachs jedem Rheinbundsfürsten volle
Souveränität im Innern seines Staates zu. Diese umfaßte das Recht der

Gesetzgebung, der Gerichtsherrlichkeit, der Aushebung zum Kriegsdienst, sowie
der Ausschreibung und Einziehung von Steuern.

So war durch die Rheinbundsakte einzelnes in dem staatlichen Leben der
Bundesländer geordnet. Das allermeiste in dem innern Leben dieser Staaten
aber hing von der Person des Landesherrn, von der jedesmaligen Regierung
ab. — Die beiden Großherzogtümer an der Westgrenze des Bundes, Baden
und Hessen, wurden durch die Hand außerordentlich wohlwollender Regenten
aus den alten Verhältnissen in die neue napoleonische Welt hinübergeführt.
Mit warmer Verehrung gedenkt heute noch das badische Volk des ehrwürdigen
Karl Friedrich, der die schwere Probe des Regierens in dieser harten Zeit
glänzend bestand und niemals dem Geist der Humanität und des Rechtes untreu
wurde. Im Geiste der Milde regierte auch Großherzog Ludwig das hessische
Land. In beiden Staaten sahen sich 1806 die alten Landstände aufgelöst, vollständig unbeschränkte Herrschaft ist an ihre Stelle getreten. Zugleich wurde
nach französischem Muster Konskription und am 1. Juli 1809 für Baden der
Code Napoleon eingeführt; im hessischen Land ist seine Einführung in Aussicht
gestellt worden.*)

Zu einem Vorbild und Muster für das ganze staatliche Leben im Rheinbund, zu einem Gegenstand der Bewunderung und des Neides für die Nachbarn
war das Königreich Westfalen bestimmt.**) Nach dem Frieden von Tilsit
hatte Napoleon, der den Besitz von Land und Leuten nur als eine Versorgung
für seine Angehörigen und Getreuen ansah, diesen Staat mit der Hauptstadt
Kassel aus preußischen, hessischen, welfischen Landesteilen zusammengestellt.

Mitten heraus aus einem thatenlosen, wüsten Leben setzte der Machtspruch
des Protektors den Bruder Jerome auf den neugeschaffenen Thron, einen nichts-
nutzigen, jungen Menschen, jeder Art von geistigem Leben fremd, leer an Kenntnissen und ohne Ahnung von dem tieferen Gehalt des Lebens. Mit dem November 1807 trat ganz nach französischem Muster eine Verfassung in Kraft,
nach welcher jeder Unterschied der Stände, der Religionen u. s. f. eingeebnet
war. Ein Scheinparlament, der Reichstag, vertritt das Volk; in rastloser Eile
werden die Gesetze, Maß, Gewicht, Münzsystem Frankreichs eingeführt; das
Land zerfällt in Departements mit Präfekten an der Spitze; alle Gesetze
erscheinen in französischer Sprache; als Français futurs werden die Westfalen
auf dem linken Rheinufer begrüßt und vielfach betrachtet als auf direktem
Weg zur Glückseligkeit befindlich. Manches Gute ist in der That durch Aufhebung alter Schranken, durch rasche Rechtspflege und anderes geschaffen worden.
Sonderbar genug, mit seiner Gutherzigkeit und Freigebigkeit wußte sich der
neue König sogar in einzelnen Kreisen Sympathien zu erwerben; seine Ver-

---

*) Cl. Th. Perthes. Politische Zustände und Personen ꝛc., Gotha 1862. I. 402 ff.
**) Wilh. Lang. Graf Reinhard. Bamberg 1896. S. 345.

schwendung aber, die Raubsucht seiner Umgebung brachten das Land in Armut
und nahe an den Staatsbankerott. Am ehesten noch fanden sich die katholischen
Landesteile zufriedengestellt; der Bonapartismus der späteren Jahre bekam ja
allmälich einen klerikalen Beigeschmad. Die von Preußen abgerissenen Landesteile aber, Magdeburg und die Altmark, konnten nicht vergessen, daß sie von
wirklichen Königen regiert worden waren. Viel Anhänglichkeit an das alte
Haus fand sich auch noch in Hessen und namentlich in Braunschweig.

Noch ehe das Jahr 1806, welches Preußen nach seinen Niederlagen
aus Deutschland förmlich hinausstieß, zu Ende war, schloß Napoleon
Frieden mit Sachsen, erhob es zum Königreich und nahm es in den Rheinbund auf. König Friedrich August, ein peinlich gewissenhafter Mann, alt
geworden in kleinlichen Anschauungen, doch wohlwollend und gutherzig, gewöhnte
sich bald an, mit einer Art von abergläubischem Vertrauen zu seinem Alliirten
und Protektor aufzubliden. Im Lande selbst aber blieb alles beim Alten, und
so bildete Sachsen einen vollständigen Gegensatz zu Westfalen, wo alles Neue
zur Geltung gekommen war.

Einen Gegensatz unter sich, der in den Jahren 1813 und 1814 zu
scharfem Ausdruck kam, bildeten auch die beiden südlichen Hauptländer des
Rheinbundes, die Königreiche Bayern und Württemberg. Bayern hatte sich
als erster unter den süddeutschen Staaten im Herbst 1805 willig finden lassen,
mit Frankreich zu gehen und sich loszusagen von Oesterreich, das stets auf
seine Schädigung bedacht gewesen. Der Kurfürst Karl Theodor war 1799
gestorben; als sein Erbe zog im März desselben Jahres Max Josef, der Nach-
komme einer jüngeren Linie der Wittelsbacher, in München ein und ernannte
sofort den Grafen Montgelas, der seither schon seine Geschäfte geleitet,
zum Minister der auswärtigen Angelegenheiten. Mit ungeheuchelter, treu-
herziger Freude begrüßten die Münchener und alle Bayern mit ihnen den
neuen Herrscher, aus dessen Antlitz die wohlwollendsten Herzensregungen
sprachen, der unbefangen Hohen und Niederen entgegentrat und jeden gerne
glücklich gesehen hätte. In Bayern wartete eine schwere Arbeit auf den
Regenten; lange waren Land und Volk in ihren Bedürfnissen, in ihrer Erziehung vernachlässigt worden. Aber Max Josef brachte das rechte Rüstzeug,
den besten Arbeiter sogleich mit, seinen Minister Montgelas.

An die Namen Max Josef und Montgelas knüpft sich die ganze
Geschichte Bayerns im Anfange des 19. Jahrhunderts. Selbst sein Land zu
regieren war Max Josef seiner ganzen Persönlichkeit nach nicht im stande,[*]
aber eine Fürstennatur war er, welche geeignet erschien, den getroffenen neuen
Einrichtungen Bestand zu geben. Und Montgelas ging sofort an die Arbeit.
Rücksichtslos griff er in die erstorbenen und verderbten Zustände des kirchlichen,

[*] Perthes 2c., I. 410 ff.; II. 237.

politischen und sozialen Lebens ein; bis zum Frühjahr 1809 war es ihm
gelungen, den Schutt fortzuräumen, der in Kirche und Schule, Gewerbe und
Ackerbau, Finanzen und Heer seit Jahrhunderten aufgehäuft worden war.
Das Lauern und Schleichen, welches in dem Getriebe der napoleonischen
Politik allein zum Ziele führte, verstand Montgelas wie wenige; den günstigen
Augenblick nützend, konnte er aber ebenso gut mit raschem Entschluß, mit
schonungsloser Gewaltsamkeit handeln. Ihm schwebte stets das eine Ziel vor
Augen: Bayern aus einem deutschen Territorium zu einer europäischen Macht
zu erheben.

Dies Streben nach Ausdehnung, nach europäischer Bedeutung war es
auch, was den Nachbar Bayerns, den König Friedrich von Württemberg,
mißtrauisch machte, während man auf der andern Seite, in Bayern, den
unruhigen, unternehmungslustigen Kopf des württembergischen Königs fürchtete.
— In der That, die Persönlichkeit des Königs Friedrich von Württemberg bildete einen gewaltigen Gegensatz zu den Herrschern von Bayern,
Sachsen, Baden. Hochfahrenden Geistes, ehrgeizig, herrschsüchtig, war Friedrich
keineswegs gewillt, sich nur mit dem Scheine königlichen Lebens zu begnügen;
er wollte, er mußte herrschen, nicht wie die anderen Fürsten des Rheinbundes
durch ihre Minister; nein, wie Montgelas in Bayern, so wollte er in seinem
Lande alles und alles allein regieren. Mit dieser seiner Herrschthätigkeit
hatte er begonnen, als er nach des Vaters Tod 1797 auf den Thron gekommen war. Von unerschöpflicher Arbeitskraft, erfinderischen Geistes, mit
zutreffendem, scharfem Urteil begabt, durch klaren Ausdruck schriftliche und
mündliche Darstellung beherrschend, fühlte Friedrich sich den meisten überlegen,
begehrte von niemand Rat. Den Mächtigeren gegenüber suchte er stets auf
den Boden eines bindenden Vertrags zu kommen und beharrte dann fest auf
seinem Rechte.

Das war keine von jenen weichen Fürstengestalten, die, am üppigen väterlichen Hofe herangewachsen, niemals an selbständige Geistesarbeit gewöhnt
wurden und überall fremdem Rate folgten. Mit sieben Brüdern und vier
Schwestern saß Friedrich ehemals am bescheidenen Tische des Vaters, des
preußischen Generals, als dieser seine Garnison in Treptow hatte. Frühe
wurde er ins thätige Leben hineingestellt in preußischem und russischem Kriegsdienst. Für ihn galt es zu erwerben. — Seine Schöpfung, sein württembergischer Staat, ging ihm über alles; alle seine Sorge galt ihm, seinem
Ausbau, seiner Ausdehnung; eifersüchtig auf den Nachbar, suchte er sein
eigenes politisches Ansehen zu wahren und zu mehren, aller Orten sicherte er
dem württembergischen Namen die gebührende Anerkennung. Aber nur nach
seinem Willen, nach seinen eigenen Anschauungen sollten die Zustände des
Staates sich bilden.

So schuf der König einen strammen Beamten- und Polizeistaat. In

allem hatte er seine Hände; seine Organe überwachte er streng, hielt sie in
Atem, wußte empfindlich zu strafen und freigebig zu belohnen. Mit raschem
Anlauf war er gewohnt, jeden Widerstand niederzuwerfen; rücksichtslos
und hart fuhr er durch, wo er nicht willigen Gehorsam fand. Gegen fremde
Einmischung, mochte sie auch vom Kaiser der Franzosen ausgehen oder von
einem seiner Generale, lehnte er sich energisch auf. Er war entschlossen, nicht
den mindesten Uebergriff zu dulden in die ihm vertragsmäßig zukommenden
Gerechtsame, auch keinen wohlwollenden oder belehrenden. Er allein trat mit
seiner Person vor sein Land hin, durch ihn allein hing dieses mit der Außen-
welt zusammen, namentlich mit Frankreich. Aber auch Bayern Baden, Oesterreich, Preußen blieben eben fremde Mächte für ihn und sollten das für jeden
Württemberger bleiben. So legte er den Grund zu einem starken Partikularismus,
der zwar in das Volk weniger eindrang, aber seine richtige Heimstätte fand
in dem zahlreichen Beamtenheer.

So wenig von einem Anklang oder Hauch deutsch-nationalen Geistes die
Rede war, so wenig auch von Hinneigung zu Frankreich. Der König duldete
dergleichen unter keinen Umständen. Alles, was an französische Gesetzgebung,
an französische Denkweise und Gebräuche streifte, wußte er von seinen Unterthanen fern zu halten, auch selbst für den Fall, wenn das Fremde wohlthätige Wirkungen hervorzubringen geeignet war. König Friedrichs Unterthanen sollten eben nichts sein als Württemberger; der König selbst, als erster
Württemberger, das Bindeglied mit dem, der die ganze Welt beherrschte.
Streng rügte er jede Bewunderung, jede Voranstellung des Fremden. „Du
sollst keine andern Götter haben neben mir!" Dies oberste Gesetz brachte er
donnernd hundertmal in Erinnerung, sobald er einen seiner Gesandten, Beamten
oder Offiziere auf einer Hinneigung zu Frankreich, auf einer Nachgiebigkeit
gegen irgend welche fremde Behörde ertappte.

In erster Ehe war Friedrich mit Auguste Karoline von Braunschweig
verbunden gewesen; von ihr hatte er drei Kinder: Kronprinz Friedrich Wilhelm,
1781 geboren, Prinz Paul und Prinzessin Katharine, seit 1808 Königin von
Westfalen. Die zweite Ehe mit der Kronprinzessin Mathilde von England
war kinderlos geblieben. Friedrichs Schwester Maria Feodorowna hatte den
Kaiser Paul geheiratet; Kaiser Alexander war ihr Sohn und somit Friedrichs
Neffe; eine andere Schwester war von Kaiser Franz als erste Frau heim-
geführt worden; die Mutter Friedrichs war eine Prinzessin von Brandenburg-
Schwedt gewesen. Von den zahlreichen Brüdern des Königs standen zwei
in seinen eigenen Diensten, die übrigen befanden sich in Rußland und Oesterreich.

Mit seinem Anschluß an Frankreich im Herbst 1805 hatte Friedrich keineswegs etwas gethan, was Anstoß im Volke erregt hatte. Am 1. Januar 1806
feierten Fürst und Volk die Annahme der Königswürde; das Gebiet begann
mächtig zu wachsen; im Jahr 1810 hat Württemberg die Ausdehnung und

Gestalt erreicht, die es heute besitzt, damals mit beinahe 140000 Einwohnern. Wie war sie doch so rasch entschwunden, die bequeme Zeit im alten, behaglichen Herzogtum! Da brauchten sich, von der alten Verfassung gedeckt, die privilegirten Stände nicht zu kümmern um die Händel dieser Welt, um die Aufbringung der Kosten, um die Instandhaltung der Heere. Jetzt, nach Aufhebung der Verfassung, war das behagliche Gemeinwesen mit einem gewaltsamen Ruck in die moderne, harte Welt hineingestellt worden, welche unerbittlich an jeden Staatsbürger mit ihren Forderungen herantrat. Und dies Wort „Staatsbürger" hatte König Friedrich zum nicht geringen Aerger der Privilegirten und des Adels für die württembergische Welt erst geschaffen und in Gebrauch gebracht.

Nicht das Verlorengehen des deutschen Gedankens, im Grunde auch nicht die Dienstbarkeit gegen die Fremden war es, was schmerzte; zum täglichen Bewußtsein kamen mehr die Lasten der Konskription, der Unfug der Jagd, die Chikanen des Polizeistaats, dies Hineinmengen der staatlichen Gewalt in persönliche Verhältnisse, in den täglichen Gang des Lebens, dies ewige kleinliche Bevormunden und Gängeln durch eine wohlgezogene Beamtenschar. Und war Friedrich schon streng genug, so gingen seine Organe aus Liebedienerei und Speichelleckerei noch weiter. Ueberall aber stellte sich der König in den Vordergrund. Er verschmähte es, sich zu decken durch einen Minister oder Ratgeber. So fiel aller Ingrimm über die neuen Zustände allein auf die Person des Königs auch in den Fällen, wo es unmöglich gewesen wäre, wegen des Zwangs von außen, anders zu handeln. Hatten Beschuldigung und Verurteilung einmal begonnen, so waren die Wohlthaten, welche der König seinem Staate, der Schöpfung seines Lebens, erwiesen, bald vergessen: Gleichberechtigung aller vor dem Gesetz,*) geordnete Verwaltung, Abwendung des Zugs nach Spanien, Religionsedikt und anderes.

Die volle Souveränität im Innern ihrer Staaten mußten die Fürsten des Rheinbundes bezahlen durch militärische Leistungen; so spielt hier das Kriegsdienstgesetz neben der Truppenausbildung eine Hauptrolle. Durch seine Gesetze vom Jahre 1806 und 1809 hat sich Friedrich der allgemeinen Wehrpflicht ungemein genähert; nur durch den König selbst ist eine Ausnahme von der persönlichen Ableistung des für alle Staatsbürger gleichen Waffendienstes gestattet. Einrichtung von Landwehren, Landregimentern neben der stehenden Armee. – Die Verfassung der Länder, ihr staatliches Leben hatte sich geändert, aber kaum in so hohem Grade, wie die Verfassung der Heere. Verschwunden waren die alten spießbürgerlichen Offiziere und die bedächtigen Mathematiker; Entschluß, Thatkraft, männliches Auftreten, ein etwas prahlerisches Selbstgefühl waren an ihre Stelle getreten. Der große Bedarf an Offizieren

---

*) Schneider, Württembergische Geschichte. Stuttgart 1896. S. 439 ff.

hatte viele Norddeutsche, Preußen, Sachsen, Mecklenburger, nach Württemberg geführt.

Alle Faden der Heeresleitung waren von jeher im Kabinet des Königs zusammengelaufen; jedes einzelne Vorkommnis fand durch ihn seine Kritik. Instruktionen für Gesandte und Militärbevollmächtigte setzte der König selbst auf, nicht selten auch die Schriftstücke, die seine Organe nur abzuschreiben brauchten, um sie als Noten an fremde Behörden zu schicken. Durch eigenartige Auffassung der Lage, durch eine treffende, wenn auch zuweilen derbe Sprache erhalten die Briefe König Friedrichs den besonderen Reiz des Ursprünglichen und Schlagfertigen. Dazu kommen militärische Vorschriften für seine Generale, taktisch-strategische Betrachtungen, wie sie heute noch aus der Feder eines modernen Heerführers kommen könnten. — Diese Korrespondenz Friedrichs gewinnt an Bedeutung mit dem Wachsen der Schaubühne in politischer und militärischer Beziehung, mit dem persönlichen Hervortreten des Königs in den Jahren 1812—1813. Kaum mag in diesen Jahren ein anderer von den Rheinbundesfürsten so mannigfache Friktionen mit Napoleon, mit den Nachbarn, mit den alliierten Mächten gehabt haben. Raschen Entschlusses, frei von aller Kleinlichkeit, sprach Friedrich überall offen seine Ansichten aus; er wollte beachtet sein, nicht ohne weiteres über sich verfügen lassen, seinen Ansprüchen, so übertrieben sie oftmals auch waren, ihr Recht verschaffen.

Anlaß genug wurde im Lauf der Jahre geboten. Der Feldzug 1812 brachte den Konflikt Napoleons mit dem Kronprinzen Friedrich Wilhelm, den Untergang des ganzen Kontingents; in den ersten Monaten des Jahres 1813 platzte in bedrohlichster Weise die brutale Roheit Napoleons gegen Friedrich los, das Ende der Freundschaft. Aus dem Felde kommt die Nachricht vom Ueberfall bei Kitzen, von dem Uebergang der Württemberger bei Leipzig; der Herbst bringt noch das Zerwürfnis mit Bayern, den Konflikt mit Schwarzenberg und der Oberleitung im Hauptquartier der Alliierten. Wieder sehen wir die Person des Königs kampflustig auftreten auf dem Wiener Kongreß und beim Verfassungsstreit im eigenen Lande.

Nichts gleicht der Lehrkraft des Krieges, sowohl für den Sieger wie namentlich für den Besiegten. Als die alten Staaten, Oesterreich und Preußen, über den Haufen geworfen waren, als aller Dünkel weichen mußte, da wandten sich die Geister der Aufdeckung neuer Kräfte zu, die seither gebunden, unbeachtet und ungenützt geblieben waren. Mit wuchtigem Wort wies Friedrich Gentz die Thorheit des Glaubens nach, als stehe das Heil der Welt von Frankreich zu erwarten, und im Winter 1807—1808 hielt Fichte in Berlin seine Vorträge als Reden an die deutsche Nation. Und jetzt begann im ganzen preußischen Lande eine Umkehr und eine Neuordnung der Dinge, welche bald so weit gedieh, daß die Regierung über Geist, Gemüt und Willen des gesamten Volkes verfügen konnte. Von all diesem Reden und Arbeiten in Preußen drang nur

wenig hinaus in die Welt des Rheinbundes; am meisten nach Sachsen und
Westfalen, in die fränkischen Länder und in abgeschlossene Kreise von Bayern
und Württemberg. Die Presse war allerorten viel zu sehr niedergehalten und
beeinflußt.

Ohne gerade Unzufriedenheit zu erregen in der allgemeinen Stimmung, ging so die Zeit mit ihren Nöten und wechselnden Vorteilen über
das arbeitende Volk hin; nirgends wurde die Gewohnheit des Gehorsams
gegen die Obrigkeit und der Treue gegen die landesherrliche Familie ernstlich
gefährdet. Vom Deutschtum, von Vaterlandsliebe und dem allem sprach man
ruhig fort, aber man faßte das auf als nicht territorial begrenzt. Man war
stolz darauf, dem — wenn auch äußerlich nicht sichtbaren — Volksverbande
anzugehören, bei welchem Gemütstiefe, Biedersinn, idealer Geistesflug, die
Freiheit des Weltbürgersinns und andere Tugenden zu Hause sind. Sich
hinwegzutäuschen über das Elend der Gegenwart, sich zu trösten im Druck der
Zeiten, wiesen die einen hin auf den baldigen Anbruch der Tage des tausend-
jährigen Reiches, die anderen auf ein allgemeines Friedensreich unter Napoleon.
Da und dort aber in Preußen, in Rußland und in Oesterreich bereitete man
sich vor, um aus eigener Kraft einen Umschwung der Dinge herbeizuführen.

Am letzten Tage des Jahres 1810 war es, daß sich Rußland von
dem Absperrungssystem des von Frankreich beherrschten Kontinents gegen die
englische Einfuhr lossagte. In einem Augenblick überwallenden Gefühls mag
wohl beim Friedensschluß in Tilsit Kaiser Alexander die drückenden Bestimmungen übernommen haben. Jetzt, am 31. Dezember 1810, brachte ein
Ukas den in Rußland sich allmählich geltend machenden Unwillen über das Stocken
von Handel und Wandel zum Ausdruck, die Erkaltung in allen seitherigen
Beziehungen und den Protest gegen die Entthronung des Herzogs von Oldenburg, eines erbberechtigten Verwandten des kaiserlichen Hauses, der durch Beschluß des französischen Senats vom 13. Dezember 1810 seiner Lande verlustig erklärt worden war.

Ob diese wirtschaftlichen und verwandtschaftlichen Schwierigkeiten den
Hauptanlaß gegeben haben zur Verfeindung zwischen Rußland und
Frankreich, oder ob die Entfremdung lediglich ausging von dem wachsenden
Uebermut Napoleons, der für die Dauer eine Teilung der Welt, wie sie sich
in Tilsit vollzogen, nicht ertragen konnte, das mag dahingestellt bleiben.
Wirtschaftliche und persönliche Gründe für ein Auseinandertreten der Interessen
waren genug vorhanden.

Wie schwer Napoleon es ertrug, einen Mächtigen neben sich zu haben,
mag aus den Worten hervorgehen, die er schon Ende des Jahres 1807 an

seinen Gesandten in Warschau, de Pradt, richtete: „In fünf Jahren werde ich Herr der Welt sein; es bleibt nichts als Rußland, aber ich werde es zertrümmern."

Mit dem Jahre 1811 begann man sich von den beiden Reichen aus zu beobachten; man zog da und dort Truppen zusammen, Plane wurden ausgearbeitet; man trat an eine teilweise Mobilmachung heran. — Nach dem Frieden von Wien 1809 unterhielt Napoleon in Norddeutschland eine Armee von 70 000 Mann, in weitläufige Quartiere verlegt, unter dem Befehl des Marschalls Davoust mit dem Hauptquartier Hamburg, welche Stadt nach den Einverleibungen des Jahres 1810 neben Danzig als der nördlichste Waffenplatz des französischen Kaiserreichs anzusehen ist. Im äußersten Osten der französischen Machtsphäre stand die der Sache Frankreichs durchaus ergebene polnische Armee mit 36 000 Mann im Großherzogtum Warschau unter Poniatowski. Dazu die festen Stellungen an der Weichsel, an der Oder und Elbe.

Nach allem, was wir erfahren, scheint der zukünftige Krieg gegen Rußland den Beherrscher der Franzosen fortwährend umgetrieben zu haben. Der Biograph des Fürsten Wrede erzählt, im Juli des Jahres 1811 sei Wrede zu einer Jagd nach Fontainebleau berufen worden und habe einen Platz neben dem Kaiser angewiesen erhalten. Sogleich begann der Kaiser ein politisches Gespräch und fragte rasch den General Wrede, was seine Meinung sei von einem Kriege gegen Rußland. Als Wrede seine Bedenken zu äußern gewagt, unterbrach ihn der Kaiser mit den Worten: er, Wrede, sei wohl des Krieges satt, aber „encore trois ans, et je serai le maître de l'univers." Schon vom Mai 1811 schreibt der württembergische Gesandte in Paris, Graf Winzingerode, der durch mancherlei Verbindungen sich Einblick in den Gang der Dinge zu verschaffen wußte, daß der Krieg nicht mehr zu vermeiden sei, daß er für Napoleon nötig erscheine zur Realisirung seiner größeren Plane. Vielerlei Anzeichen lassen ein Eintreten in den Kampf mit Rußland recht bedenklich erscheinen. „Hört man auf die Klagen des Handels, der Gewerbe und aller unteren Klassen in Frankreich," fügt Winzingerode bei, „erwägt man, daß alle Feldherren und Generale sich gegenseitig hassen und beneiden, daß mehrere der brauchbarsten tief gekränkt sind, daß Insubordinationen und Unzufriedenheit bei allen Corps der Armee täglich überhand nehmen, so bedarf es des größten Vertrauens in die Talente Napoleons und vielleicht eines noch größeren in die uneigennützige Treue seiner Alliirten, um nicht für den Ausgang des Feldzugs Besorgnis zu hegen."

Zudem sei Rußland in dieser kritischen Lage nicht gehörig in Paris vertreten. Der Botschafter, Fürst Kurakin, sei eine Null. Alles hänge von den beiden jungen Leuten, Graf Nesselrode und Tschernitscheff, ab; der erstere besitze Fähigkeiten und Kenntnisse, sehe aber wegen seines blinden Hasses gegen Frankreich nicht hell genug; der zweite, Tschernitscheff, sei durch Zufall aus einer subalternen militärischen Stellung in die diplomatische Welt verschlagen, habe auch Napoleons Gunst erlangt, sei vom besten Willen beseelt und thätig, würde auch nützlich sein können, wenn er den Schlüssel zu Napoleons Staatsgeheimnissen so leicht zu finden vermöchte wie den zu den Boudoirs der Pariser Damen.

Den ersten Vorwand zum Beginn der Rüstungen gaben die Anfang April 1811 in Paris eintreffenden Nachrichten, daß einige russische Divisionen aus Finnland und aus der Moldau nach Litthauen in Marsch gesetzt seien. Am 19. April wird vom Kaiser die Zusammenstellung der „Armee von Deutschland" verfügt; am 23. November 1811 wird die Bezeichnung „Große Armee" festgestellt; vom 30. Januar 1812 datirt die Ernennung des Marschalls Berthier zum major général de la Grande armée. Vermehrte Aushebungen, Mobilmachungsgeschäfte im ganzen Machtbereich des französischen Kaisertums. Am 3. März 1812 erscheint die ordre de bataille der großen Armee nebst den fortlaufenden Nummern der Armeecorps und Divisionen mit Wirkung vom 1. April an. Gardecorps und I. bis VIII. Corps bilden die eigentliche Feldarmee. Dazu die Preußen als X. Corps und das österreichische Hilfscorps ohne Nummer. Endlich ist noch das IX. Corps unter dem Marschall Victor aufgestellt worden, um die Etappenlinien der Operationsarmee zu besetzen, und das XI. Corps unter dem Marschall Augereau als Reserve in Deutschland. Neben den Armeecorps bestehen selbständig 4 Kavalleriecorps.

Alle Vorbereitungen und Rüstungen gingen systematisch und mit der größten Ordnung vor sich, ähnlich wie bei Vorbereitung der Musterfeldzüge 1805 und 1806. An Großartigkeit aber übertrafen die jetzigen Veranstaltungen alles jemals Dagewesene. Ganz besondere Aufmerksamkeit wurde dem Verpflegungs- und Verwaltungsdienst, dem Hospitalwesen, der Pferdeergänzung, dem Kartenamt zugewendet. Und es schien, als wenn die durch das Genie Napoleons, durch seine riesige Organisationsgabe ins Leben gerufenen, durch seinen umfassenden Ueberblick in Eins zusammengeschmolzenen Schöpfungen den unbegrenztesten Anforderungen gerecht werden könnten. Man schien gerüstet, um durch eine Wüste bis nach Indien zu ziehen.

Kein Zweifel, die Machtmittel selbst und der Geist, der sie ausnützte, waren derart, daß eine Katastrophe undenkbar erscheinen mußte, sobald nur die Kriegführung sich nach der Bewegungsfähigkeit der für die Verpflegung bestimmten Massen richtete. Allein die kühle Berechnung und Abwägung des Organisators Napoleon hatten ein Ende mit der Fertigstellung des Geräts. In dem Augenblick, in welchem die Verwendung der Truppen begann, mit dem Endzweck der baldigsten Vernichtung des Gegners, mit diesem Augenblick hörte auch die kühle Abwägung auf, die Rücksichtnahme auf das Bleigewicht des nahrungspendenden Trosses.

„Ich komme mit der Schnelligkeit des Blitzes," hatte Napoleon im

April 1809 in Donauwörth seinen Soldaten zugerufen, als er das Kommando übernahm und Schlag auf Schlag die feindlichen Streitkräfte an der Donau niederschmetterte. Sobald er gewissermaßen den Säbel gezogen hatte, schon von der Weichsel an, war Napoleon auch im Jahr 1812 der Feldherr der alten Tage: mit raschen Sprüngen dem Feinde zuvorkommen, ihn an der Vereinigung hindern, vereinzelt seine Armeen niederwerfen — das galt wiederum als unfehlbarer Weg zum Siege. So ging es von der Weichsel rastlos eilend zum Niemen; hier die Kriegserklärung und jetzt rasch hinein ins feindliche Land nach Wilna und weiter, um sich zwischen die zwei Armeen der Russen zu werfen und sie endlich zum Schlagen zu bringen.

Soll denn der weite leere Raum ein Hindernis sein? Immer voran mit dem keuchenden, hungernden Haufen! sie sollen sehen, wovon sie leben können. Weit, unerreichbar weit hinter der dem weichenden Feind nach-rennenden Armee sind längst die endlosen Wagenreihen zurückgeblieben. Mangel und Ueberanstrengung legten so bei den vorwärts drängenden Kriegern den Grund zu tödlichem Siechtum, das durch die Not gebotene Plündern und Umherziehen zur Lockerung jeder Disziplin und Haltung. Und währenddem gingen in dem fruchtlosen Bemühen nachzukommen die sinnreichsten und groß-artigsten Vorkehrungen ohne jeglichen Nutzen für die Armee zu Grunde.

Sache des großen Organisators war es ja nicht, leichtsinnig in einen Krieg einzutreten, aber die Ungeduld des Feldherrn machte alle Be-rechnungen illusorisch. Insbesondere blieben außer Betracht die möglichen Leistungen derjenigen zur Vorwärtsbewegung nötigen Kräfte, welche weder durch Ehrgeiz, noch durch Versprechungen oder Disziplin angespornt werden können, um die Hindernisse zu überwinden, welche sich entgegenstellten in Gestalt ruinirter, grundloser Straßen, Moräste, Einöden und Wälder. Im ersten Drittel des Feldzugs, nachdem man den Feind kaum gesehen, ist der Grund zu allem kommenden Unheil gelegt worden, körperlich und moralisch. Aber das Instrument, der Körper der Armee, war so gut, daß er seine Pflicht noch that, auch mit tausendfachem Tod im Innern. —

Seit dem Monat Dezember 1811 wurden in allen Staaten des Rheinischen Bundes die Rüstungen für Stellung der Kontingente betrieben. Auf den 15. Februar 1812 sind in Württemberg die beurlaubten Mannschaften ein-berufen. — „Ich will die Feindseligkeiten nicht beginnen," schreibt Napoleon am 27. Januar 1812 an König Friedrich; „aber ich will mich so in stand setzen, daß ich sie zurückweisen kann; ich will keineswegs das russische Gebiet verletzen, aber ich will bereit sein, um es jedem zu verleiden, der sich am Gebiet des Rheinbundes vergehen will. Zu dem Ende wünsche ich, daß das Kontingent Eurer Majestät sich zusammenzieht und vom 15. Februar an sich bereit hält, ins Feld zu rücken."

In König Friedrichs Plan lag es, mit einem möglichst starken Truppen-

corps aufzutreten. Schon als im Frühling 1811 die ersten Truppenver=
schiebungen nach dem Osten vorgenommen worden waren, ist König Friedrich
veranlaßt worden, ein Infanterieregiment zur Besaßung von Danzig zu stellen.
Unter Kommando des Obersten Lalance ist in der Mitte des Monats April 1811
das Infanterieregiment Nr. 7 mit etwas Artillerie nach Danzig abgegangen. —
Die ganze württembergische Armee umfaßte an stehenden Truppen
9 Regimenter Linieninfanterie, das Garnisonregiment einbegriffen; außerdem
2 Bataillone Jäger, 2 Bataillone leichte Infanterie; an Reiterei 5 Regimenter,
und zwar 2 Regimenter reitende Jäger, 2 Regimenter Chevauxlegers, 1 Regi=
ment Dragoner. Alle diese Regimenter und Bataillone mit fortlaufenden
Nummern versehen, die meisten Truppenteile auch mit den Namen der Regiments=
inhaber; an Artillerie 2 reitende, 2 Fußbatterien à 6 Geschütze, ein Reserve=
park. Bei den Geschützen sind vertreten 6= und 12=Pfünder = Kanonen,
7=pfündige Haubitzen. — Von der Linie ziemlich scharf schied sich die Garde:
1 Regiment zu Pferd, 1 Bataillon zu Fuß, 1 reitende Batterie. Die Fuß=
regimenter alle zu 1434 Mann in 2 Bataillons; die leichten Bataillone
713 Mann stark, die Reiterregimenter zu 580 Pferden.

Die Mobilmachung wird wie in früheren Jahren vom König selbst
bis ins kleinste Detail geleitet. Er ist im wahren Sinne sein eigener Kriegs=
minister. Als Vizepräsident des Kriegsdepartements besorgte General v. Phull
das Detail der Geschäfte, funktionirte zugleich als Generalinspekteur der Infanterie,
wie Graf Dillen, der Generaladjutant des Königs, zugleich auch den Inspekteur
der Kavallerie machte.

Nach dem Brauche der Zeit war die Mobilmachung nur eine teilweise.
Der König bestimmte die zum Marsch ins Feld auserlesenen Truppen: 5 Regi=
menter Infanterie, und zwar Nr. 1, 2, 4, 6; Regiment Nr. 7 war schon
seit April 1811 ausmarschirt; ferner die 4 leichten Bataillone, 2 Regimenter
reitende Jäger, 2 Chevauxlegersregimenter, 2 reitende, 2 Fußbatterien, 1 Reserve=
park mit 6 Geschützen. Alles eingeteilt in eine Infanteriedivision zu 3 Brigaden
und eine Kavalleriedivision zu 2 Brigaden.

Mit solcher Anstrengung, mit der Aufstellung von 13541 Mann,
3151 Pferden und 30 Geschützen, gedachte der König es so weit zu bringen,
daß die Württemberger, wenn ihnen auch nicht die Ehre ward, ein eigenes
Armeecorps zu bilden, doch als so starker Truppenkörper auftreten, daß sie
nicht befürchten müßten, mit fremden Bestandteilen vermengt zu werden, wie
es auch vermieden werden sollte, einzelne Teile von dem einheitlich organisirten
kleinen Corps abzutrennen. Beides, das Vermengen wie das Abtrennen, war
den Anschauungen des Königs durchaus zuwider und in tiefster Seele verhaßt.
Von diesem Gesichtspunkte aus betrieb der König von Anfang an bei den
französischen Behörden die Herbeiziehung des Regiments Nr. 7 aus Danzig;
mit diesem zählte dann sein Kontingent an Infanterie 14 Bataillone, 4 Reiter=

regimenter, 4 Batterien und Reservepark, eine stattliche Masse, von der er
hoffte, daß sie in jedem Betrachte ins Gewicht fallen werde.

Eine andere Sorge betraf den Oberbefehl. Noch war es eine schmerzliche Erinnerung für den König, wie er im Jahre 1806 und wieder im
Jahre 1809 einem Manne wie Vandamme die Stelle an der Spitze seiner
Armee hatte einräumen müssen. So lange als möglich sträubte sich damals
der König, einen Mann als Oberbefehlshaber anzuerkennen, dessen „malhon-
nèteté sans bornes" noch in aller Gedächtnis war. Vergeblich; er vermochte
es nicht, die württembergische Division vor dieser Besudelung zu bewahren.
Damals, im Jahre 1809, hatte es sich der König nicht nehmen lassen, allen
seinen Stabs- und Oberoffizieren bekannt zu geben:

„Sämtliche bei dem königlichen Armeecorps angestellten Offiziere haben
sich zwar gegen den General Vandamme mit der seinem Amt und seinem
Rang gebührenden Achtung, Höflichkeit und Deferenz zu benehmen, der König
erwartet aber, daß sie sich aller Kriecherei, Schmeichelei und einer zutraulichen
Annäherung, die doch nur ihre Mißhandlung zur Folge haben kann, enthalten
werden.

„An demjenigen Offizier, der sich hierin vergehen und durch Anschmiegen
an den General Vandamme dem württembergischen Kommandeur General
v. Neubronn in Ausübung der ihm obliegenden Amtspflichten im Wege steht,
wird der König ein Exempel statuiren und ihn wie einen Felon bestrafen
lassen. Der General v. Neubronn hat einen solchen Offizier ohne weiteres
zu arretiren und ihn von der Armee weg nach Stuttgart zu schicken, wo er
dann erfahren soll, wer sein Souverän ist."

Nach diesem ärgerlichen Eingriff in seine Selbständigkeit mußte es König
Friedrich besonders freudig begrüßen, daß sich sein ältester Sohn, der Feldzeug-
meister Kronprinz Friedrich Wilhelm, bereit finden ließ, den Oberbefehl
zu übernehmen. Zu Ende Februar 1812 schlug der Kronprinz sein Hauptquartier in Heilbronn auf; in der Umgegend lagen die ins Feld bestimmten
Truppen.

Kronprinz Friedrich Wilhelm stand eben im 31. Lebensjahre und hatte
schon manche Erfahrungen gesammelt. Er war 1781 in Lüben geboren, zu
der Zeit, da sein Vater noch in preußischem Dienste stand. Sehr frühzeitig
trat er in die österreichische Armee ein, mit der er bei Hohenlinden focht. Der
Friede führte ihn dem väterlichen Hause wieder zu. An keinem der folgenden
Feldzüge unter französischer Fahne nahm er Anteil. Eine Ausnahme fand
nur statt, als ihm König Friedrich im Sommer 1809 ein Kommando in Oberschwaben übertrug gegen die mit einem Einbruch drohenden Vorarlberger.
Dagegen fuhr der Vater fort, den Sohn in das Detail des Dienstes und in
die Regeln der Truppenführung einzuweihen bei Gelegenheit der großen
Manöver, welche in den Jahren des Friedens abgehalten wurden. Und der

König war ein erfahrener, peinlich strenger Lehrmeister. Sonst war der Kronprinz noch wenig hervorgetreten; der König liebte dergleichen nicht. Nur das wußte man im Publikum, daß die gegenwärtigen Zustände, wie sie sich in Württemberg und in ganz Deutschland durch die Fremdherrschaft herausgestaltet hatten, des Kronprinzen Beifall nicht fanden.

So war die Frage des Oberbefehls zur Zufriedenheit des Königs geregelt; diesmal hatte er kein Eindringen eines fremden Führers zu befürchten. Auch des Königs zweiter Sohn, Prinz Paul, legte seinen Wunsch an den Tag, den Feldzug mitmachen zu dürfen.

Die Antwort des Königs vom 7. Februar lautet:

„Ich habe aus Deinem gestern an mich erlassenen Schreiben Deinen Wunsch, an dem wahrscheinlich statthabenden Feldzug teilzunehmen, ersehen. Ich bin weit entfernt, denselben zu tadeln, und nur die eintretenden Umstände behindern mich, ihn in Erfüllung setzen zu können. Der Kronprinz wird Mein Armeecorps kommandiren; es ist also bei demselben keine Stelle für Dich, und als Volontär im kaiserlich französischen Hauptquartier sich aufzuhalten, ist meinen entschiedenen Prinzipien zuwider, über welche Du weißt, daß ich mich selbst gegen den Kaiser schon mehrfältig bestimmt erklärt habe. Du wirst es also, mein lieber Sohn, für nichts anderes als eine Folge von nicht zu beseitigenden Hindernissen ansehen, wenn ich Deinem Gesuch nicht entsprechen kann. Uebrigens, sollte es zu einem Krieg kommen, so ist es vorauszusehen, daß wahrscheinlich mehr oder weniger in Unserem Reich statthabende Ereignisse im Vaterland militärische Verfügungen erfordern werden, zu welchen Ich Mir vorbehalte, Dich zuzuziehen. Ich bin ꝛc."

Die nur teilweise durchgeführte Mobilmachung der königlichen Armee machte es möglich, daß die ins Feld bestimmten Truppen ihren Stand an Mannschaften und Pferden, ihre Ausrüstung vervollständigten auf Kosten der zu Hause bleibenden Truppenteile. So wurden bei der Infanterie 867 Mann ausgetauscht wegen nicht vollständiger Felddiensttüchtigkeit. Die Dragoner Nr. 5 gaben ihre Pferde ab an die ausmarschirenden Jäger und Chevaurlegers; gegen 1800 Pferde, meist Zugpferde, wurden ausgehoben und bezahlt mit 120 bis 250 Gulden. So versahen sich, ebenfalls im Wege des Umtausches, die Feldregimenter mit guten Mänteln, Brotsäcken und Kochgeschirren. Die Inspektoren der Infanterie und Kavallerie, v. Phull und Graf Tillen, hielten wiederholt Besichtigungen, ökonomische Musterungen, ab, um sich vom Zustande der Truppen zu überzeugen. Unteroffiziere und Mannschaften, welche im stande waren, französisch zu sprechen und zu schreiben, wurden gleichmäßig verteilt.

König Friedrich, der erst vor wenigen Jahrzehnten den russischen Militärdienst verlassen hatte, vermochte wohl unter den beteiligten Fürsten am besten die Schwierigkeiten zu ermessen, die sich auf russischem Boden einer geregelten

Verpflegung entgegenstellen würden. Er beauftragte deshalb den General Theobald, der in manchen Dingen sein Vertrauen besaß und jetzt zum ersten Adjutanten des Kronprinzen bestimmt war, Vorschläge zu machen, wie die Verpflegung sicher zu stellen sei für eine angemessene Anzahl von Tagen und zwar möglichst unabhängig von den französischen Veranstaltungen. Demzufolge stellte Theobald die Sätze auf: Wenn jeder Soldat auf zehn Tage Zwieback bei sich trage, und wenn außerdem ein zehntägiger Zwiebackvorrat nachgeführt würde, so könnte wohl den nächsten Bedürfnissen in Feindesland entsprochen werden. Daß der Soldat auf zehn Tage Zwieback bei sich tragen könne, sei keine absolute Unmöglichkeit; denn da die Ration Zwieback nicht viel über $\frac{1}{2}$ Pfund beträgt, so würden zehn Rationen noch nicht sechs Pfund geben, und der preußische Soldat habe unter Friedrich II. auf drei Tage Brot, mithin sechs Pfund, getragen.

Für den weiteren zehntägigen Bedarf des Armeecorps sind 30 vierspännige Wagen nötig. Sollten es die Verhältnisse erlauben, daß 50 vierspännige Wagen bewilligt werden, so wäre es möglich, dem Corps auf 16 Tage Zwieback nachzuführen, daß also der Soldat nur auf vier Tage zu tragen hätte, welches eben die richtige Proportion wäre.

Zu Ende des Monats März verfügte im Anschluß an Theobalds Ausführungen der König: „er habe den vorauszusehenden Abmangel an Lebensmitteln bei dem weiteren Vorrücken der Armee in ganz besonderer Erwägung gezogen und deshalb angeordnet, daß am 15. April 50 vierspännige Proviantwagen mit gutem Zwieback beladen, wie auch 10000 Paar Schuhe und Halbstiefel unter Bedeckung einer Compagnie vom Regiment Nr. 8 abgehen und den Weg nach Glogau einschlagen. Ein zweiter gleichhaltiger Transport wird Ende April nachfolgen und den ersten Transport ablösen, auf welche Weise es an Brot und Zwieback nie fehlen sollte." — Fuhrknechte, Bäckermeister und Bäckerknechte, Zugpferde werden ausgehoben, die Anstalten für Beschleunigung des Wagenbaus im Zeughaus in Ludwigsburg erweitert.

In den ersten Tagen des Monats März hielt der König persönlich eingehende Truppenbesichtigungen ab; am 11. März setzte sich das Corps in Marsch von Oehringen aus mit der Richtung auf Mergentheim und Coburg, um nach Ueberschreitung des Thüringer Waldes Leipzig zu erreichen, weiter nach Frankfurt an der Oder, Posen, Thorn.

Dem Kronprinzen Friedrich Wilhelm stand, wie oben schon bemerkt, als erster Adjutant General v. Theobald zur Seite, als Divisionskommandeur der Infanterie Generallieutenant v. Scheler, als Divisionskommandeur der Kavallerie Generallieutenant v. Woellwarth, als Chef des Generalstabs General v. Kerner, als erster Generalstabsoffizier Hauptmann v. Baugold; als Brigadekommandeure der Infanterie die Generale v. Hügel, v. Koch, v. Brüsselle, als solche der Kavallerie die Generale v. Walsleben und v. Brenning. Die Artillerie speziell

stand unter Leitung der beiden Oberstlieutenants v. Brand und v. Bartruff.
An der Spitze des ärztlichen Dienstes befanden sich Generalchirurgus v. Schuntter
und Stabsarzt v. Köllreutter; der Verpflegungsdienst war dem Generalkriegs-
kommissar Major v. Schönlin mit fünf Kriegskommissaren anvertraut; außerdem Oberauditor, Grandprofos, Feldpostmeister, Geistlichkeit, Feldgendarmerie,
Armeeturiere. — Als Volontär machte den Feldzug im Hauptquartier des
Kronprinzen der Prinz Adam von Württemberg mit, ein Sohn des Herzogs Louis,
eines jüngern Bruders des Königs.

In seiner Instruktion für den Kronprinzen hob es König Friedrich
besonders hervor, daß überall den württembergischen Dienstvorschriften nach-
gelebt werde, daß jede Gelegenheit zu benutzen sei, Berichte und Rapporte zu
erstatten. „Es muß dahin getrachtet werden, daß alle dem Feind von dem
Königlichen Armeecorps abgenommenen Kassen, Pferde und Requisiten als
württembergisches Eigentum angesehen und Unsere Soldaten in allen Stücken
gleich den französischen behandelt werden."

Sobald bei einer Belagerung 6—8 württembergische Bataillone mitwirken,
so soll bei der Kapitulation der württembergische Kommandeur verlangen, daß
er mit unterzeichne, wie dies im Kriege gegen Preußen den bairischen Generalen
einigemal zugestanden worden sei. Andere Punkte der Instruktion betreffen
Justiz und Avancementsverhältnisse.

Bei jedem Feldzug pflegten Militärbevollmächtigte der bedeutenderen
Mächte des Rheinbundes im französischen Hauptquartier anwesend zu sein. Im
Feldzug 1809 hatte Theobald diesen Posten bekleidet. Jetzt, im Frühjahr 1812,
ernannte der König zu seinem Vertreter den Obersten Grafen Beroldingen und
erteilte ihm die nachfolgenden Vorschriften: er habe sofort sich im französischen
Hauptquartier zu legitimieren; vor allem soll er dahin trachten, daß die württembergischen Truppen den französischen gleich gehalten werden, darauf sehen,
daß ihnen möglichste Schonung zu teil werde. Für den Fall einer Retraite
soll die Deckung des Königreichs nicht ganz außer Augen gelassen werden. Er
habe sein Augenmerk hauptsächlich auch darauf zu richten, daß er Einsicht und
Vorkenntnis in alle Ordres bekomme, welche die Truppen betreffen, damit es
möglich werde, ihr Interesse gegebenen Falls zu wahren. — Wie Napoleon alle
diese guten Absichten und weitgehenden Vorkehrungen vereitelte, werden wir
sehen. Seinerseits beorderte er als französischen Vertreter und zugleich als
chef d'état-major ins württembergische Hauptquartier den Adjutant Kommandant Oberst Lagrange. So war der Kronprinz gut versehen mit einem
württembergischen Generalstabschef und einem französischen chef d'état-major.

Vom Feldzug 1809 her saß noch in aller Erinnerung in Württemberg
die Ueberraschung fest, welche dem Lande bereitet wurde, als die Tiroler und
Vorarlberger sich erhoben und in das württembergische Gebiet am Bodensee
einfielen, während die eigene Armee an der Donau im Felde lag. Damals

hatte der König an Truppen zusammengerafft, was in der Eile möglich war:
Depots, Garde, Landbataillone und die übrige wenige Linie.

Um nicht mehr in ähnlicher Weise überrascht werden zu können, behielt
König Friedrich jetzt, im Frühjahr 1812, eine stattliche Anzahl von Linientruppen in der Heimat zurück; drei Infanterieregimenter, Nr. 3, 5 und 8,
neben dem Garnisonregiment Nr. 9 und Dragonerregiment Nr. 5. Mit Ein-
schluß der Garden 7—8000 Mann.

Ein Teil dieser Truppen mußte als Etappenbedeckung verwendet werden
auf der Etappenstraße, welche von Straßburg nach Warschau führte und deren
einzelne Stationen in Württemberg waren: Vaihingen, Cannstatt, Schorndorf,
Gmünd, Aalen, Ellwangen. Für alle diese Plätze ernannte der König Etappen-
kommandeure, Hauptleute oder Stabsoffiziere, welche unmittelbar an den Major-
general der großen Armee, Berthier, Fürsten von Neuchatel und Wagram, zu
berichten hatten. An jedem Etappenorte befand sich etwa eine Compagnie.

Gegen die Annahme aber verwahrte sich der König lebhaft, als stünden
die Etappentruppen selbst unter französischem Kommando, etwa unter dem des
Generals Michaud, der mit dem Sitz in Magdeburg die militärische Polizei
handzuhaben hatte in dem Territorium zwischen Rhein und Elbe. Er habe
sein vertragsmäßiges, auf 12000 Mann festgesetztes Kontingent gestellt, führte
der König aus und mehr als dieses, wenn man das Regiment Nr. 7 in
Danzig hereinrechne; damit habe es sein Bewenden.

Auch dem Ansinnen des französischen Gesandten in Stuttgart, Dumoustier,
der als rechter Quälgeist alle Schritte des Königs und seiner Regierung belauerte, mußte der König entgegenzutreten, als der übereifrige Diplomat verlangte, daß alle Kranke im Truppencorps sofort durch frische Mannschaften
ersetzt werden sollen. — Württemberg selbst war in Paris vertreten durch
den Grafen v. Winzingerode, in Wien durch Graf Beroldingen, in Berlin
durch Legationsrat v. Kaufmann, in München durch den Freiherrn Steube
v. Schnaditz, in Karlsruhe durch Graf Galatin, in Kassel durch Freiherrn v.
Gemmingen, in Dresden durch Freiherrn v. Linden. — Außer Frankreich hatten
auch die anderen Mächte Vertreter in Stuttgart und zwar Oesterreich den
Freiherrn v. Binder, Preußen den Legationsrat Scholz, Bayern den Grafen
Rechberg, Sachsen den Freiherrn v. Uechtritz, Westfalen den General Girard.

Bis an den Niemen.

Auf allen Straßen Deutschlands wälzten sich in den Frühlingstagen des Jahres 1812 unzählige Truppenmassen dem Osten zu: aus Portugal und Spanien, aus Frankreich selbst, aus Italien, aus Holland, aus der Schweiz. Alle Corps suchten so zeitig als möglich die Linie der Weichsel zu erreichen. Im Monat März war die kaiserliche Garde von Metz über Mainz in Marsch gesetzt worden.

Den nächsten Weg zum künftigen Kriegsschauplatz hatten die Truppen des äußersten rechten und des äußersten linken Flügels, die Oesterreicher, deren Truppenteil keine Nummer führte, und die Preußen, welche unter Macdonald mit Polen, Bayern, Westfalen untermengt das X. Corps bildeten. Sehen wir vom IX. und XI. Corps unter Viktor und Augereau ab, weil sie zunächst zum Dienst der Etappen und als Reserve bestimmt waren, so bleiben uns in der Mitte der Großen Armee neben der Garde noch die Armeecorps I bis VIII.

Das I. Corps unter Davoust steht im Monat März in und um Stettin; das II., Oudinot, hat anfangs April sein nächstes Ziel Danzig erreicht, das III., Marschall Ney, ist während des Monats März im Marsch zur Weichsel begriffen mit dem Ziele Thorn; das IV., Vizekönig von Italien, ist im Februar von Verona aufgebrochen und über Regensburg im April bis Glogau marschirt; das V., Poniatowski, formirt sich in Warschau; das VI., Bayern, unter Gouvion Saint-Cyr, von Bamberg im März nach Glogau; das VII., Sachsen, unter Reynier, im April bei Warschau; das VIII., Westfalen, unter Vandamme, von Halle nach Warschau. Dazwischen die vier Kavalleriecorps unter Nansouty, Montbrun, Grouchy, Latour-Maubourg; alle der Oberleitung Murats überlassen.

Nach Stärke, Zusammensetzung und Nationalität zeigen diese Armeecorps, mit der Garde neun an der Zahl, die größte Verschiedenheit. Am stärksten ist das I., Davoust, mit 72000 Mann; am schwächsten das VIII., Vandamme, mit 18000 und das VII., Reynier, mit 17000.

Das VI. Corps, Saint-Cyr, zählte 25000 Mann; die übrigen zwischen 40000 und 50000; die Garde 47000; die Kavalleriecorps schwankten zwischen 8000 und 12000 Mann.

Gar keine Beimischung durch fremde Elemente haben die Oesterreicher auf dem äußersten rechten Flügel unter Schwarzenberg erfahren; einige Beimischung die Preußen als X. Corps. Ziemlich einheitlich ist die Garde zusammengesetzt aus Franzosen und Polen. Franzosen bilden auch das Hauptelement beim I., II. und III. Corps.

Beim I. finden sich einige Regimenter Badener, Hessen, Mecklenburger, Polen, Spanier; beim II. Portugiesen, Illyrier, Polen; beim III. Portugießen, Illyrier und die gesamte württembergische Division; beim IV. ziemlich zur Hälfte Franzosen und Italiener; V. nur Polen; VI. nur Bayern; VII. Sachsen; VIII. Westfalen.

Die Kavalleriecorps bestanden zum allergrößten Teil aus Nationalfranzosen, beigemengt einzelne polnische, preußische, bayrische, sächsische, westfälische Regimenter und ein württembergisches. — Die für den rückwärtigen Dienst bestimmten Corps IX und XI faßten in sich französische und polnische Truppenteile und solche aus den verschiedensten Rheinbundstaaten, namentlich auch die division princière, welche die Kontingente der allerkleinsten Machthaber umschloß. — Wir sehen, wie die fremden Bundesgenossen in der Großen Armee bedeutend überwiegen. Mit einigem Recht und nicht geringer Befriedigung konnte in den Weihnachtstagen 1812 Kaiser Napoleon, als er sich eiligst nach Paris gerettet hatte, seiner Nation den Untergang der Großen Armee verkündigen mit den Worten: „Fast alles nur Fremde, die geblieben sind."

Die Zahl der Infanteriedivisionen wechselte in den Armeecorps von zwei bis fünf; jedes Armeecorps verfügte in der Regel über zwei leichte Reiterbrigaden. Das I. Armeecorps zählte 240 Geschütze, das VII. deren 40; die Infanteriedivision hat 16 bis 26 Bataillone, verfügt an sich über keine Kavallerie. Eine Reiterbrigade zählt 2 bis 3 Regimenter; eine Reiterdivision deren 4 bis 7; ein Kavalleriecorps drei Divisionen mit 24 Geschützen. Die Bataillone hatten eine Stärke von 7—800 Mann; die Reiterregimenter von 5—600 Mann, wenige waren stärker; die Batterien sind zu 6 Geschützen formirt.

Wenn wir alle aufgebotenen Truppen rechnen, die in Schlachtlinie stehenden und die rückwärtigen, die Ersatztruppen, Marschregimenter, die in Litthauen neu aufgestellten Truppenteile, die Ingenieure, die Belagerungs- und Brückenparks, die Bataillone der Handwerker, welche den Truppen folgten, der Bäcker, Fleischer, Schneider, Schuster, Gärtner und anderer, so kommen wir auf die Gesamtsumme von 608 000 Mann, 187 000 Pferden, 1372 Geschützen, wobei die 132 Geschütze vor Riga eingerechnet sind.*)

Von der großen Armee in der Mitte sonderte der Kaiser zunächst den rechten Flügel ab unter seinem Bruder Jerome, König von Westfalen: V., VII., VIII. Corps und 4. Kavalleriecorps, Polen, Sachsen, Westfalen, zusammen 100000 Mann. Noch einen Heerteil trennte der Kaiser von der Hauptmasse ab unter Eugen, dem Vizekönig von Italien: IV. und VI. Corps, und 3. Kavalleriecorps, Italiener und Bayern, auch auf dem rechten Flügel, doch mehr nach der Mitte hin, zusammen etwa 93000 Mann. So bleibt denn der eigentliche Kern des Ganzen übrig, über den Napoleon selbst den

*) Beiheft zum Mil. Wochenbl. 1898. Liebert, die Rüstungen Napoleons für den Feldzug 1812. Vgl. mit Mor. v. Müller, Darstellung des Feldzugs der französischen verbündeten Armee gegen die Russen im Jahr 1812. Stuttgart und Tübingen 1822.

Oberbefehl führt: Garde, I., II., III. Corps, 1. und 2. Kavalleriecorps; überwiegend in dieser letzteren Gruppe Nationalfranzosen, sämtliche Württemberger,
einzelne Regimenter Polen, kleinere Teile der Badener, Hessen, Spanier, Portugiesen, Illyrier, Schweizer, Preußen, Bayern, Sachsen, Westfalen, Mecklenburger; in allem 220000 Mann.

Von den rheinischen Bundestruppen haben nur die Württemberger in ihrer
Gesamtheit und, durch eine andere Gruppirung der Armeecorps, später auch die
Westfalen einen Teil dieses mittleren Kerns der Großen Armee ausgemacht,
mit welchem Napoleon seinen Hauptstoß ausführte und von Smolensk über Borodino nach Moskau drang.

Am 16. Mai war Napoleon in Dresden angekommen, um demnächst
an die Spitze seiner sich allmälig in Ostpreußen und Polen zusammenballenden
Truppen zu treten. Schon die Reise des Kaisers von Mainz nach Dresden
glich einem Triumphzuge. Am Wege standen überall die verschüchterten Menschen,
hoch und nieder, und überboten sich in geschmacklosen Speichelleckereien. Ob
der Beiname: „der Große" nicht zu wenig bedeute, überlegten deutsche Gelehrte.
In lateinischen Inschriften suchte man sich zu überbieten; „Victori perpetuo"
strahlte zu Würzburg in Flammenschrift.

Der Gipfelpunkt aber sollte in Dresden erreicht werden; die Feste jagten
sich; die Rheinbundfürsten wetteiferten, dem Gewaltigen zu huldigen: König
Friedrich von Württemberg hatte brieflich seine Glückwünsche dargebracht. Der
König von Preußen war anwesend und der Kaiser von Oesterreich. Des
letzteren Tochter Marie Luise, jetzt glückliche Kaiserin von Frankreich, gefiel sich
besonders darin, ganz sich als Französin zu zeigen. Und Goethe hat sie in
überschwenglichen Reimen besungen. Die gutherzigen Menschen zu beiden Seiten
des Rheins glaubten ja, Napoleon werde endlich befriedigt sein, verwandtschaftlich
verbunden mit dem alten Kaiserhause; die atemlose Zeit werde endlich zum
Stillstand kommen.

Während Napoleon sich ganz der Wonne hingab, seinen Schwiegervater
bewirten, seine treuen Anhänger um sich vereinigen, die Verdächtigen ärgern
und alle mit einander demütigen zu können, während all dies geschah, von
plumpem Pompe umrauscht, saßen die Lenker der österreichischen und preußischen Politik, Metternich und Hardenberg, still beisammen, schlossen gute
Freundschaft und vertrauten sich die nächstliegenden Gedanken und Wünsche an.

Preußen hatte ja vor kurzem nachgeben und im Februar 1812 Bündnis
mit Frankreich eingehen müssen; es nicht zu thun, wäre politischer Selbstmord
gewesen. So wurde Preußen zum Feinde Rußlands. Das herzliche Einvernehmen aber zwischen dem Zaren Alexander und dem König von Preußen
dauerte unwandelbar fort, auch nach dem Februarvertrage. Beide Teile hofften
auf die Zeit, da ihr natürliches Bündnis sich wieder von selbst schließen würde.
Oesterreich und Rußland vollends waren niemals im Ernste aus einander getreten;

die diplomatischen Verbindungen zwischen Wien und Petersburg sind niemals gänzlich abgebrochen worden.

In solch stiller Vorarbeit fanden sich Metternich und Hardenberg, gestanden sich gegenseitig auch ihre geheimen Beziehungen zu England, gelobten sich, den vertraulichen Verkehr, den sie seit Jahren pflegten, noch lebhafter als bisher fortzuführen und in gutem Einvernehmen die Stunde zu erwarten, welche ihnen eine Aenderung der Allianzen erlaubte.

Zum drittenmal war es, daß Napoleon Fürstentag hielt auf deutschem Boden; 1804 in Mainz, 1808 in Erfurt. Der Tag in Dresden aber in der Maienzeit 1812 überstrahlte weit die anderen. Und während all der glänzenden Feste zogen über die Elbbrücke Massen von Truppen in vollendeter Rüstung, voll kriegerischen Feuers nach dem Osten. Sommer und Herbst des Jahres 1812 sind vergangen, der Winter hat seinen Einzug gehalten; da fährt im Galopp ein einzelner Schlitten über die Elbbrücke dem Westen zu. Es ist am 14. Dezember 1812, und im Schlitten sitzt Napoleon mit Caulaincourt, dem grausen Anblick der untergehenden Armee zu entfliehen. Der Winter ist vorüber, die Maientage des Jahres 1813 sind erschienen, und doch weht der Wind so scharf aus Norden und Osten. Nochmals freilich kehrt Napoleon als Sieger nach Dresden zurück, nochmals ziehen seine Kolonnen über die Elbbrücke dem Osten zu. Im Palaste zu Dresden sucht der einst Allmächtige zu unterhandeln; so kommt der Herbst des Jahres 1813 heran; da wird er hinausgedrängt aus der schönen Elbestadt nach den Ebenen von Leipzig. —

Bei der Lektüre der Zeitungen und sonstigen Berichte aus jenen Glanztagen in Dresden im Mai 1812 glaubt man, die Aeußerungen eines verzückten Zeitalters vor sich zu haben. Die Machtmittel Napoleons, seine lobenswerten Absichten werden in mächtigen Tönen ausposaunt. Den jugendlichen Köpfen wurde es schwindelig. Aber auch ernste Männer sprachen in den verwegensten Gleichnissen von der Unüberwindlichkeit der napoleonischen Heere, von dem Lavastrom, von der wandelnden Citadelle der Küraissiere; es hat das nachgewirkt bis auf den heutigen Tag. Kaum ist irgend eine militärische Thätigkeit, irgend ein Kriegszug so im Gedächtnis der Einzelnen und der Völker haften geblieben wie der Feldzug nach Rußland. Fast alle europäischen Völker haben teil an ihm, haben Gemütseindrücke aus seinem Verlaufe für Jahrzehnte weggetragen. In Vergessenheit mag manche kriegerische That versinken, ewig wird in Erinnerung bleiben, wie die Große Armee, das Völkerheer Napoleons, verschlungen worden ist. Und während des Kampfes gegen die Eindringlinge ist in Rußland die Idee des Volkskrieges geboren worden, der Entschluß zur Befreiung Europas. So ist die Geschichte der nächsten Jahrzehnte wesentlich auf die Eindrücke des Zugs nach Rußland zurückzuführen. Eine Reihe von Einzelbildern möge deshalb hier ihren Platz finden, soweit die Urkunden reichen, zur Erinnerung an die Geschicke der Großen Armee.

Zu Ende des Monats März hatte das württembergische Kontingent Gera und Umgebung erreicht. In seinem Bericht an den König sagt der Kronprinz Friedrich Wilhelm: Die königlichen Truppen seien zur 25. Division der Großen Armee erklärt und dem III. Armeecorps des Marschalls Ney zugeteilt worden. Als chef d'état-major sei am 22. März der Oberst Lagrange eingetroffen. Eine Menge von Truppen, Bayern und Sachsen, erscheinen auf allen Straßen. „Der Feldzug mag nun stattfinden oder nicht, so wird die Subsistenz am meisten zu schaffen geben." Wenige Tage darauf traf beim Kronprinzen ein Schreiben des Marschalls Ney ein aus Leipzig vom 24. März 1812:

Gnädiger Herr!

Ich wünsche mir viel Glück dazu, daß der Wille des Kaisers uns den Feldzug zusammen machen läßt, und ich finde mich sehr geschmeichelt in dem Gedanken, mit Eurer königlichen Hoheit in täglichen Beziehungen zu stehen. — Ich bin mit aller Ehrerbietung Eurer königlichen Hoheit

sehr ergebener und ganz gehorsamer Diener
Marschall Herzog von Elchingen.

Das Verhältnis des Kronprinzen zum major général Berthier war so festgesetzt, daß dieser direkt dem Kronprinzen die Befehle Napoleons übermitteln und der Kronprinz mit Uebergehung des Corpskommandeurs direkt mit Berthier korrespondiren sollte.

Aus Leipzig vom 28. März schreibt der Kronprinz: „Ich bin heute hier eingetroffen und habe mich sofort mit dem Marschall Ney, der gerade über die Kürassierdivision des Generals de France Revue hielt, besprochen. Der Marschall war sehr höflich und äußerte sich, daß er mir keine Befehle geben, sondern über alles nur seinen Rat und seine Ansichten mitteilen werde. Eine Grenadiercompagnie wurde mir zur Ehrenwache gegeben, und als ich bei der Revue erschien, empfing mich die Kavallerie mit Marschblasen. Der Marschall hat sehr angelegentlich gefragt, ob wir mit Brotwagen versehen seien und ob wir für den Mann vier Paar Schuhe hätten, was, wie er meine, nicht zu viel wäre.

„Die Schwierigkeiten, welche die Verpflegung der Truppen in diesem Feldzug veranlaßen wird, entgehen dem Marschall nicht, und da er von dem Kaiser aufgefordert worden ist, sich diesen Gegenstand besonders angelegen sein zu laßen, so ist er auf den Gedanken gekommen, jedem Soldaten neben dem, was ihm nachgeführt wird, ein Quantum Mehl von fünf Pfund in einer Rindsblase eingepackt um die Schultern zu hängen und soll dem Soldaten dieses Mehl, wenn gar nichts anderes zu finden sein wird, als Surrogat des Brotes zu allerlei Mehlspeisen dienen.

„Die gigantischen Anstalten zu diesem Feldzug haben die Einbildungstraft der Franzosen so angegriffen, daß viele im Ernst von einer Expedition nach Indien sprechen und die meisten sich wenigstens zu der Meinung bekennen, daß die definitive Anordnung aller Verhältnisse in Europa das Resultat dieses Feldzugs sein werde. — Marschall Ney schätzt die Macht, welche Rußland aufbringen könne, höchstens auf 200—300 000 Mann; wenn diese nach einigen Schlachten zerstört seien, müsse Rußland sich alle Bedingungen gefallen lassen. Er rechnet vorzüglich auf die ungeheure Kavallerie der französischen Armee und glaubt, der Kaiser werde seinen rechten Flügel vornehmen, die Russen von ihren südlichen Provinzen abschneiden und sie an das Baltische Meer andrücken, indem die ganze Armee eine Linksschwenkung machen wird.

„Am 30. März hat der Marschall über die leichte Infanteriebrigade Revue gehalten, die sich darauf beschränkte, daß er die Truppen besah, einige Manöver machen und die vier Bataillone dann vor sich defiliren ließ. Die Manöver sind nun zwar nicht ganz geglückt. Der Marschall war aber so billig, es ein-zusehen und es auch zu sagen, daß dieses bloß daher rühre, weil die Truppen nicht nach dem französischen Reglement geübt seien und man daher sein Kom-mando nicht recht aufgefaßt habe; mit der Instruktion des einzelnen Mannes und seinem Aussehen war er ungemein zufrieden."

So schien alles sich aufs beste anzulassen, und namentlich die Stellung des Kronprinzen versprach eine angenehme zu werden. Wie aus späteren Aeußerungen der württembergischen Generale zu ersehen ist, war aber mit dem Obersten Lagrange eine rechte Spionenseele ins württembergische Hauptquartier eingezogen. Vom 3. April schreibt der Kronprinz: „Gestern habe ich mit der ersten Linienbrigade manövrirt und dem Adjutant Kommandant Lagrange einen sehr überzeugenden Beweis gegeben, daß mit unseren Leuten, wenn sie nach ihrem Reglement kommandirt werden, alles zu machen ist."

Der Zustand der Pferde bei der Kavallerie und Artillerie sei über Er-warten gut. Der Marsch gehe weiter nach Torgau und Frankfurt an der Oder. „Der Oberst Lagrange, den ich absichtlich zu den Revuen genommen habe, und der nunmehr das ganze Corps gesehen hat, versichert, keine schönere und vollzähligere Division gesehen zu haben." (Er werde sich bemühen, fügt der Kronprinz bei, die genauesten Kenntnisse von den französischen Verpflegungs-anstalten jenseits der Weichsel zu erlangen und zu erfahren, wie viel von den-selben zu hoffen und zu erwarten sei. „In dem ersten Feldzug gegen Ruß-land (er meint den vom Jahre 1807) hat es eigentlich nicht an Lebensmitteln selbst, sondern nur an Transportmitteln, um diese zur Armee zu schaffen, gefehlt, und diese Erfahrung scheint die Verordnung des Kaisers veranlaßt zu haben, daß die Truppen in dem gegenwärtigen Feldzug mit so viel Wagen versehen sein sollen, als zum Transport eines zwanzigtägigen Bedarfs erforder-lich ist."

Der Commissaire ordonnateur en chef des III. Corps, Tuprat, erkundige sich immer sehr angelegentlich nach diesen Wagen bei den Württembergern und er ersuche daher den König, die Anherkunft der zugesagten 50 vierspännigen Wagen zu beschleunigen. — Auch mit den Westfalen sei man auf dem Marsche in Berührung gekommen, welche unter Vandammes Oberbefehl ins Feld ziehen; „auch ist General Vandamme seinem alten erwerbsüchtigen Charakter, so viel ich höre, treu geblieben,“ fügt der Kronprinz bei, um den König an diesen alten Bekannten zu erinnern.

Vom 15. April aus Lebus berichtet der Kronprinz, daß das Jägerregiment Herzog Louis Nr. 3 vom Armeecorps getrennt worden sei, um zusammen mit einem preußischen und einem polnischen Regiment unter dem Grafen Ornano in Thorn zu einer Brigade formirt zu werden. Alle Kavalleriebrigaden sollen überhaupt möglichst auf drei Regimenter kommen; deshalb seien jetzt die drei noch übrigen württembergischen Reiterregimenter als 25. Kavalleriebrigade bezeichnet worden. Marschall Ney habe geäußert, die gesamte Kavallerie sei jetzt 60000 Mann stark.

Aus nicht näher bekannten Gründen werde im Lebuser Kreis, in einer sandigen, unfruchtbaren Gegend, länger verweilt, als wünschenswert sei; für Magazine sei gar nicht gesorgt; deshalb sei dem Kronprinzen die Nachricht so wertvoll, daß am 14. Mai der Zwiebacktransport mit 50 Wagen in Frankfurt eintreffe. — „Eine dumpfe Gleichgiltigkeit gegen alles scheint die preußische Regierung und ihre Organe ergriffen zu haben. Es ist eine Stimmung in diesem unglückseligen Lande, als ob man die Auflösung des Staates ahne.“

In der Nähe von Lebus lernte der Kronprinz auch die übrigen Truppenteile des III. Armeecorps kennen. Es waren dies die 10. Division Ledru und die 11. Razout. Die erstere zu 16, die andere zu 17 Bataillonen, lauter Franzosen, mit Ausnahme von 2 portugiesischen Regimentern und 1 illyrischen. Zum Corps gehörten noch 2 leichte Reiterbrigaden Mourier und Beurmann, jede zu 3 Regimentern, und zwar umfaßte die Brigade Mourier das 4. württembergische Jägerregiment zu Pferde und 2 französische Regimenter; die Brigade Beurmann das 1. und 2. württembergische Chevaurlegersregiment und ein französisches.

„Nur wenige Bataillone der Division Ledru erreichen die Stärke von 600 Mann, die meisten betragen nur 480 bis 500 Mann, so daß die ganze Division, welche der General Ledru kommandirt, nicht über 9000 Mann stark sein dürfte.“

Wenn ich oben sage: „lauter Franzosen“, so ist zu bedenken, daß nicht nur alle Lande auf dem linken Rheinufer als von Franzosen bewohnt gedacht wurden, sondern längst auch Holland und seit 1810 auch das nordwestliche Deutschland, wo die Leute nicht mehr in den Hansestädten, in Ostfriesland, Oldenburg, Hannover wohnten, sondern den französischen Departements der Lippe, der Mündungen der Ems, Weser und Elbe angehörten.

In der Nähe von Frankfurt an der Oder verblieben die württembergischen Truppen vom 2. bis 10. Mai. „Diesen Stillstand habe ich dazu benützt," schreibt der Kronprinz, „um die Infanterie brigadeweise manöveriren zu lassen; es wurde jede bedeutende Evolution ausgeführt und darauf den Generalen und Stabsoffizieren gesagt, wie diese nach dem französischen Reglement kommandirt wird, damit sie alles sogleich verstehen, was von ihnen verlangt werden kann." Die Mannschaft befinde sich in vortrefflichem Zustande; in allem habe das Corps nur 184 Kranke; der Zwiebacktransport mit seinen 50 Wagen sei jetzt so nahe herangerückt, daß er als mit dem Truppencorps vereinigt betrachtet werden könne.

Auf dem Marsche durch Posen wird gegen Ende des Monats Mai das Hauptquartier des Kaisers berührt, das III. Corps aber allmälig nach Thorn vorgeschoben, mit Quartieren zu beiden Seiten der Weichsel. Alles wird zum Vormarsch an den Pregel und Niemen vorbereitet. Die Bemühungen, um das Regiment Nr. 7, das jetzt schon länger als ein Jahr in Danzig liegt, an das württembergische Kontingent heranzuziehen, erweisen sich als vollständig vergeblich. — Menschen und Pferde müssen sich in den ärmlichen Quartieren Polens äußerst dürftig behelfen, namentlich da die vorausgegangenen Truppen schon ziemlich aufgeräumt haben.

Der nachmalige preußische General der Infanterie, Dr. Heinrich v. Brandt, der damals im Dienste Frankreichs stand als Hauptmann in der Weichsel-legion, erzählt aus diesen Tagen, da er seine Eltern in Strzelnow in der Provinz Posen besuchte*): „Kurze Zeit vor meiner Ankunft hatte Marschall Ney mit seinem Stabe bei meinen Eltern gelegen; der Kronprinz von Württem-berg hatte gleichfalls einige Nächte und einige Tage bei uns zugebracht; ein Bataillon biwakirte auf dem geräumigen Hof. Unabsehbare Trainkolonnen hatten alles mitgenommen, den letzten Futtervorrat erpreßt, die Arbeitspferde waren Tag und Nacht auf den Landstraßen, und trotz einer Sauvegarde schaltete man wie in Feindesland. Ich hatte es zwischen Tudela und Zara-goza kaum anders gefunden. — Ueberall sah ich Leiden und Elend und stets in eine Art gesetzlicher Form gegossen, aber darum, ich möchte sagen, vielleicht um so unerträglicher."

Aus dem Hauptquartier Thorn (in Thorn waren der Stab des III. Corps und das kaiserliche Hauptquartier untergebracht) berichtet der Kron-prinz vom 27. Mai, daß die großartigsten Vorbereitungen getroffen werden, um die Armee bis zum Niemen mit Brot, Mehl, Zwieback, Schlachtvieh zu versehen. Dem fügt der Kronprinz bei: „Marschall Ney hat von allen zu seinem Armeecorps gehörigen Truppen eine Geschichte der Feldzüge, die sie von 1805

*) Aus dem Leben des Generals der Infanterie, Dr. H. v. Brandt. Berlin 1868. I. 329 f.

an mitgemacht haben, verlangt, vermutlich, um beurteilen zu können, inwiefern
diese als kriegserfahren anzunehmen seien. Ich habe die Geschichte dieser Feldzüge, insofern das königliche Armeecorps daran teilgenommen, dem Marschall
der Wahrheit gemäß bereits mitgeteilt.

„Um die Subsistenz des königlichen Armeecorps zu sichern, hat die Kavallerie,
auf Befehl des Marschalls, ehe dieselbe das linke Ufer der Weichsel verließ,
so viel Schlachtvieh auftreiben müssen, als auf zwanzig Tage nötig ist, und eine
Herde von mehr als 1600 Ochsen und Kühen, die bei den Regimentern eingeteilt sind, ausmacht. Ein Gleiches ist von den uns vorangehenden Divisionen
geschehen. Ebenso sind alle Vorspannpferde, aller Vorrat an Heu, Haber,
Gerste und anderen zum Füttern dienlichen Früchten vor uns weggenommen
worden; sogar haben die vorausgegangenen Kürassierdivisionen schon angefangen,
auf den Feldern zu fouragiren und es ist nicht abzusehen, wie die nachrückenden
ihre Pferde ernähren sollen."

„Nach einer heute nacht (3. auf 4. Juni) eingelaufenen Ordre hat der
Kaiser über die 25. Kavalleriebrigade, welche aus den beiden Chevauxlegers-
regimentern und dem Jägerregiment Nr. 4 König besteht, disponirt und befohlen, daß dieselben mit der reitenden Batterie Nr. 1 bei den französischen
Kavalleriebrigaden Beurmann und Mourier eingeteilt werden. Das Oberkommando verbleibt dem General v. Woellwarth, der mit dem Marschall Ney
in Dienstsachen unmittelbar zu korrespondiren angewiesen ist.

„Gegen diese neue Einrichtung, von der ich weiß, daß sie so ganz Eurer
Königlichen Majestät Intentionen zuwider ist, habe ich sogleich die dringlichsten
Vorstellungen gemacht; mit welchem Erfolg, steht zu erwarten. — Nach einem
früheren Befehl des Kaisers sollen die Divisionsgenerale heute den 4. Juni ihre
Divisionen inspiziren und nachsehen, ob die Gewehre in gutem Stand sind
und ob der Mann 50 Patronen in der Tasche und 3 Feuersteine habe; auch
ist es der Wille Seiner Majestät, daß man bei der Armee keinen Tagesbefehl
und keine Proklamation durch den Druck bekannt mache, sondern nicht aufhöre,
eine friedfertige Sprache zu führen." Noch war ja der Krieg nicht erklärt.

Die Herbeischaffung von Lebensmitteln, das Zusammentreiben
von Vieh, besonders das letzte, von Marschall Ney bei Thorn angeordnete
und durch die württembergische Reiterei ausgeführte, brachte das vorher schon
genug gepeinigte Landvolk vollends zur Verzweiflung. Eben traf Napoleon
in Thorn ein und vernahm nun die Klagen der Polen, welche bei guter
Laune zu erhalten und zu bevorzugen er in diesem Feldzuge allen Grund
hatte. Insbesondere die Reiter des Marschalls Ney wurden ihm als die
Sünder bezeichnet, und diese Reiter waren im vorliegenden Fall weitaus zum
größten Teil Württemberger gewesen. So traf diese auch der Tadel des
Kaisers, den er mit folgenden Worten gegen Ney aussprach; Der major
général Fürst von Neuchatel an den Marschall Herzog von Elchingen. —

Der Kaiser beauftragt mich, Sie in Kenntnis zu setzen, mein Herr Marschall, daß der Befehl, den Sie erhalten haben, sich auf zwanzig Tage mit Lebensmitteln zu versehen, von Seiner Majestät so verstanden sein will, daß das sich alles regelmäßig vollzieht und ohne das Land zu verheeren. Schrecken und Verzweiflung aber herrschen in Polen. Diesem Treiben muß ein Ziel gesetzt werden. Der Kaiser befiehlt, daß Sie im Tagesbefehl sein Mißfallen zum Ausdruck bringen und daß Sie sofort Maßregeln ergreifen, um der Verheerung des Landes ein Ziel zu setzen. Sonst wird es uns gehen wie einst in Portugal.

Thorn, den 4. Juni 1812.

Der Fürst von Neuchatel
major général
Alexander.

Wie wir später erfahren werden, lag bei Napoleon ein besonderer Grund vor, die württembergische Kavallerie von dem Zusammenhang mit der Infanteriedivision und dem Oberkommando des Kronprinzen zu trennen. Eine geschäftige Sucht des Denunzirens hatte auch die höchsten Kreise des württembergischen Offiziercorps nicht geschont. Aus allen Vorkommnissen und Reden schimmert bei Napoleon das Mißtrauen gegen den Kronprinzen durch, als ob dieser einen Mangel an Ergebenheit gegen die Sache Frankreichs und Napoleons bei den Offizieren seiner Umgebung ungerügt hingehen lasse. Dies Mißtrauen dem Kronprinzen recht fühlbar zu machen, dazu sollten alle die nachfolgenden Anklagen wegen Mangels an Disziplin in den Reiterregimentern, wegen mauvais propos der Reitergenerale dienen.

Es war ja zur Genüge bekannt, daß Kronprinz Friedrich Wilhelm stets sich sein eigenes Urteil wahrte und in seinem Innern nicht unbedingt mit allen Zuständen einverstanden war, wie sie sich in der großen Politik sowohl wie im kleinen Heimatlande gestaltet hatten. Aber man vergaß, daß er jetzt in ganz anderer Eigenschaft auftrat. Als Prinz und Privatmann konnte er seine eigenen Ansichten haben. Heute stand er als kommandirender General an der Spitze seiner Landsleute im Dienste Frankreichs. Und Marschall Ney wußte bei jeder Gelegenheit seinen besonderen Diensteifer zu loben. Wir werden sehen, wie sich der Prinz in seiner Stellung, durch niedrige Spionirerei verdächtigt, noch weiter gefährdet sah.

Schon am 1. Juni ließ Napoleon eine Aufforderung an Ney ergehen, er möge doch die württembergische Kavallerie enge vereinigen mit seiner eigenen, „afin d'en augmenter sa cavalerie et que cette troupe (la cavalerie légère wurtembergeoise), marchante ensemble, prenne un meilleur esprit que si elle marchait isolée avec son infanterie."

Ein Regiment, das Jägerregiment Herzog Louis Nr. 3, hatte Napoleon ja schon von dem Zusammenhang mit den übrigen württembergischen Truppen

losgetrennt und mit einem preußischen und einem polnischen Regiment als
Brigade Cruano, später Subervie, beim 2. Reitercorps des Generals Montbrun
untergebracht. Jetzt nahm er Veranlassung, die ganze württembergische
Reiterei mit französischen Regimentern zu vermengen. Von allen größeren
rheinischen Kontingenten sehen wir freilich Reiterregimenter dahin und dorthin
abkommandirt, aber einzig beim württembergischen Kontingent ging Napoleon
so weit, die gesamte Kavallerie in französische Truppenteile unterzustecken.
Anklagen über Ausschreitungen der württembergischen Reiter gegen die Landes-
einwohner und daraus abgeleitete Vorwürfe und Chikanen mannigfacher Art
gaben für Napoleon den äußeren Grund ab; in Wirklichkeit war es ihm darum
zu thun, den Divisionskommandeur der württembergischen Kavallerie, Generallieutenant v. Woellwarth, und einen der beiden Brigadekommandeure, v. Walsle-
leben, aus dem Verbande der Armee ausscheiden zu lassen, sie namentlich aus
der Umgebung des Kronprinzen zu entfernen.

Moriz v. Miller, der den Feldzug selbst noch mitgemacht hat, sagt
darüber: „Napoleon, welcher in fremde, besonders in deutsche Generale nie
das unumschränkte Vertrauen setzte wie in die französischen, die sich zu jedem
Zweck gebrauchen lassen mußten, war entschlossen, die württembergischen Generale
der Reiterdivision zu entfernen. Ein Regiment hatte er schon abgetrennt. Da
er aber aus den hieraus folgenden Schritten des Königs von Württemberg
sah, daß dieser Monarch eine gänzliche Auflösung seiner Reiterei und Entfernung seiner Generale ohne einen triftigen Grund nicht zugeben würde, so
war Napoleon schnell entschlossen, durch irgend ein Mittel einen solchen Grund
herbeizuführen. Marschall Ney hatte den Befehl erhalten, in einem kleinen
Umkreis der Stadt Thorn mehrere tausend Stück Schlachtvieh in 3 bis 4 Tagen
zusammentreiben zu lassen. Die Ausführung war den württembergischen Reiterregimentern übertragen.

„Unvermeidliche Gewaltthätigkeiten, welche eine Maßregel dieser Art notwendig zur Folge hat, geschahen, und so fiel alles Gehässige und Grausame
des Befehls auf die, welche ihn ausführen mußten. Sobald Napoleon in
Thorn ankam (3. Juni), gelangten von allen Dorfschaften Klagen an ihn.
Gerade in diesem Augenblick, wo er die größte Anstrengung von Polen ge-
fordert hatte, durfte er auch nicht den Schein einer grausamen Handlung auf
sich ruhen lassen, und somit war der Grund gefunden, den er als Ursache der
Auflösung der württembergischen Reiterdivision vorschützen zu können glaubte.
Er erließ demnach einen Tagesbefehl, worin er den Marschall Ney und die
württembergische Reiterei öffentlich und streng tadelte. Die Unterstedung erfolgte,
wonach die württembergischen Regimenter Teile von französischen Reiterbrigaden
ausmachen und daher die Generale v. Woellwarth und v. Walsleben als unnötig
zurückzuschicken seien."

Indessen ging der Marsch der württembergischen Division ostwärts weiter

über Hohenstein, Allenstein, Seeburg, 14. Juni in Gerdauen. „Da die Ortschaften größtenteils rein ausgeleert und häufig von den Einwohnern verlassen sind," berichtet der Kronprinz, „so können die Marschquartiere der Mannschaft nur ein Obdach gewähren." — „Ueberhaupt ist die ganze Armee im
Vormarsch gegen den Niemen begriffen, und das Herzogtum Warschau sowie
ganz Ostpreußen gleicht von der Weichsel an einer einzigen, mit Truppen,
Geschütz, Fuhrwesen aller Art bedeckten Straße. Was die unglücklichen Bewohner dieser Länder durch die allgemeine und gleichzeitige Bewegung, zu der
so ganz keine Anstalt im voraus getroffen war, durch die Hinwegnahme ihrer
Pferde und ihres ganzen Viehstandes, der Fourage, des Mehls und aller
Lebensmittel gelitten haben, und in der Folge noch leiden werden, davon ist
es schwer, Eurer Majestät einen vollständigen Begriff zu geben. Auch die
zukünftige Ernte ist bereits in Beschlag genommen, indem nach einem Tagesbefehl des Kaisers vom 6. Juni sämtliche Kavallerie der Großen Armee bereits
auf grüne Fourage gesetzt worden ist und forthin keine Fouragewagen mehr
bei den Kavallerieregimentern geduldet werden."

Zu den Vorbereitungen, fügt der Kronprinz bei, gehöre auch noch folgendes:
es solle im III. Corps ein Bataillon von 1000 Schwimmern formiert werden,
die beiden französischen Divisionen geben je 400, die württembergische
200 Schwimmer dazu ab. „Noch habe ich die Eingabe von den Regimentern
nicht, doch zweifle ich sehr, daß diese Anzahl bei uns aufzubringen sein wird;
einen Stabsoffizier, der ein guter Schwimmer ist und dieses Bataillon komman-
dieren soll, kenne ich bei uns nicht." Auch ein Bataillon von Arbeitern in
Holz, um Bockbrücken zu verfertigen, soll aufgestellt werden. — Von dem
Fürsten von Neuchatel habe er die Zusicherung erhalten, daß er bei erster
Gelegenheit dem Kaiser das Ansuchen um Wiedervereinigung der württembergischen Kavallerie unterbreiten werde.

Eine Menge von Zugpferden werde täglich unbrauchbar, sei gestürzt u. s. f.;
er schicke deshalb eine Kommission nach Königsberg, um daselbst kräftige Pferde
für die Lebensmittelwagen zu kaufen und Branntwein aufzutreiben. Bei
weiterem Vormarsch sehe er die schlimmsten Folgen voraus.

Kreuzungen und Zusammenstöße mit anderen Truppen in den Quartieren
und auf den Straßen seien nicht zu vermeiden, so viel sie auch Zeit kosten,
so sehr sie die Truppen ermüden; jedem Zusammentreffen mit der kaiserlichen
Garde aber weiche er ängstlich aus, da ein Zusammenstoß mit dieser Truppe
das Allerunangenehmste sei.

Der nachmalige preußische General v. Brandt berichtet aus den Marsch-
tagen durch Ostpreußen: „Wir waren auf allen Stationen schlecht untergebracht,
die Magazinverpflegung war ungenügend. Es konnte daher an Uebergriffen
mannigfacher Art nicht fehlen. Schon damals wimmelte es von zuchtlosen,
herumschweifenden, nichts achtenden Soldaten."

Am 20. Juni endlich vereinigte sich in Kalvary das ganze III. Armeecorps, divisionsweise bivakirend, „wo ich selbst," schreibt der Kronprinz, „mit
einer aus zusammengerafften Brettern schnell erbauten Barade vorlieb nehmen
mußte. Da die Truppen vom 8. bis 20. Juni unaufhörlich in Bewegung
waren und in dieser Zeit täglich einen Marsch von 4. auch 5 Meilen in der
drückendsten Hitze gemacht hatten, so wäre es zu wünschen gewesen, daß ihnen
bei Kalvary einige Tage zum Ausrasten, zur Herbeiziehung des immer mehr
zurückbleibenden Trains und des Schlachtviehs, ferner zur Ausbesserung der
Schuhe und der übrigen schadhaft gewordenen Montirungsstücke hätte vergönnt
werden können. Der Marschall, dem ich dieses vorstellte, war für seine Person
ganz damit einverstanden, allein die Befehle des Kaisers gehen von ganz
anderen Ansichten aus und haben die schleunigste Konzentrirung der Armee
am Niemen bei Kauen (Kowno) zur Absicht."

Sofort erfolgte der Aufbruch wieder, um mit dem 25. Juni zunächst
am Niemen bei Poniemon einzutreffen. „Auch das II. Armeecorps und die
Garde, wie auch der Kaiser selbst, sind in Bewegung und haben diese Richtung
genommen, und so ist vorauszusehen, daß, wenngleich noch keine Kriegserklärung erfolgt ist, es mit den Russen in ganz kurzer Zeit zu einer Haupt-
schlacht kommen müsse, nach welcher oder mit welcher zugleich erst der Krieg
erklärt werden dürfte."

König Friedrich verfolgte Tag für Tag und Marsch für Marsch mit
kritischem Auge die Bewegungen der Großen Armee und die Vollendung
aller Vorbereitungen für den nach seinen nüchternen Anschauungen abenteuerlichen Feldzug. Aergerlich waren ihm ganz besonders drei Dinge: einmal
das Abtrennen der Kavallerie vom königlichen Truppencorps; zum zweiten
das Zurückbehalten des Regiments Nr. 7 in Danzig und endlich die Behandlung, welche sein Militärbevollmächtigter im französischen Hauptquartier, der
Oberst Graf Beroldingen, zu erfahren hatte. Des Königs Wille war, daß
alle seine Truppen unter den einheimischen Kommandeuren beisammen bleiben.
Um die Fremden auszuschließen, hatte er den Kronprinzen bewogen, den Oberbefehl zu übernehmen, und jetzt mußte er seine Reiterregimenter unter französische
Kommandeure zerstreut sehen, mußte eines der Infanterieregimenter weit entfernt in Danzig suchen.

Vom 25. April schreibt der König aus Stuttgart: „Die Abreißung des
Kavallerieregiments Nr. 3, Herzog Louis, habe ihn sehr gekränkt, indem vorauszusehen ist, daß nicht allein dieses Regiment ruinirt werden wird, sondern
daß auch diesem ersten Beispiel bald mehrere folgen werden. So werden nach
und nach königliche Generale beseitigt und durch fremde ersetzt werden." —
Der König sah ganz richtig voraus. An sich wäre die Abkommandirung
einzelner Reiterregimenter kein besonders gewaltthätiger Schritt des Kaisers
gewesen. Es geschah dergleichen bei allen Kontingenten. Aber der König war

empfindlich deshalb, weil den größeren Königreichen Bayern, Sachsen, Westfalen eigene Armeecorps (das VI., VII. und VIII.) eingeräumt worden waren,
wo die Landesangehörigen, wenn auch unter französischem Kommando, un-
gemischt bei einander standen. Wenigstens solle man ihm jetzt seine Division
unangegriffen, unzerrissen belassen und nicht behandeln wie die Truppen der
Kleinstaaten, welche in sich keinen Zusammenhalt haben und überall zerstreut
werden; er sei ja doch ununterbrochen am Werke gewesen, seine Armee als
Ganzes zu erziehen, sie in ihren Rahmen zu erweitern und sie darzustellen
als aus einheitlichem Guß hervorgegangen.

„Es würde Seiner Majestät schwer werden," läßt der König schreiben, „den
Grund Ihres Mißmuts über die gänzliche Trennung der Kavallerie von dem
königlichen Armeecorps auszusprechen. Nur die fortdauernde Aufsicht des
Generalkommandos konnte diese Kavallerie vor ihrem Ruin und Verderben
schützen. Seitdem diese dem Armeecorps entzogen, geben Seine Majestät sie
so gut als verloren. Uebrigens haben Seine Majestät seit der Trennung des
Regiments Nr. 3, Herzog Louis, die der übrigen Kavallerie vorausgesehen.
Ganz unbegreiflich ist es Seiner Majestät, wie man den Generallieutenant
v. Woellwarth dem Kommando des Kronprinzen habe entziehen können; denn
wenn auch die Verwendung der Kavallerie eine Absonderung derselben notwendig gemacht hätte, so folgt daraus doch keineswegs, daß der General
v. Woellwarth seinem Corpskommandanten entzogen, dem Marschall Ney
immediate submittirt und dadurch mit dem Kronprinzen in eine Kategorie
gesetzt werden mußte. Seine Majestät versehen sich zu demselben, daß ein
solcher Unfug nicht geduldet werden wird und daß, wenn auch die Entfernung
der Kavallerieregimenter nicht hat gehindert werden können, doch der General
v. Woellwarth angehalten werden wird, in seinem Subordinationsverhältnis
zu dem Kronprinzen auf das genaueste zu verbleiben. Durch den Obersten
Graf Beroldingen sind Seine Majestät bereits benachrichtigt, daß die bei dem
major général Fürsten von Neuchatel eingelegten schriftlichen und mündlichen
Vorstellungen ganz unberücksichtigt geblieben sind."

Aus Stuttgart den 25. Juni läßt sich der König vernehmen über die
Art, wie seine Kavallerie bei Thorn zu Requisitionen verwendet worden ist
und wie der Kaiser seine Unzufriedenheit mit ihrem Verhalten dem polnischen
Landvolk gegenüber aussprach:

„Eine Kavallerie, die vereinzelt, sich selbst überlassen, als Exekutions-
kommando ohne vorherige Rücksprache mit den Landesbehörden und darauf
gegründete Repartition des Einzutreibenden mißbraucht wird, muß bald unbrauchbar und zu einer disziplinlosen Horde herabgewürdigt werden. — Die
von dem Kaiser durch den Fürsten von Neuchatel dem Marschall Ney bezeugte
Unzufriedenheit über sein unsinniges, gewaltthätiges Benehmen bei Herbeischaffung der Ochsen hätte sollen auf seine Person beschränkt bleiben, indem

die ihm untergeordneten Truppen bei Erfüllung seiner Befehle nicht schuldig sein können." — „Der nun bestimmte Verlust der Kavallerie und ihre Unterordnung unter den König von Neapel muß den König für dieselbe sehr besorgt machen.

„Die traurige Schilderung über den Zustand des Fuhrwesens hat Seine Majestät billig äußerst beunruhigen müssen, um so mehr, wenn, wie es scheint, die Unordnung in dem Bureau de marche und bei der Instradierung der Kolonnen fortwährt. Die Entfernung des Militärbevollmächtigten aus dem französischen Hauptquartier macht diese Umstände noch bedenklicher, und es wird dringendes Bedürfnis, daß der Kronprinz von dem ihm gleich anfangs bei seiner Anstellung zugestandenen Recht einer direkten Kommunikation mit dem major général beständig Gebrauch mache, um dadurch möglichst der Konfusion vorzubeugen."

„Die Beschreibung der dortigen Gegend und die üble Lage der Truppen läßt für die Zukunft den schrecklichsten Mangel voraussehen."

Bei der Nachricht, es solle im III. Corps ein Bataillon Schwimmer aufgestellt werden, erinnert der König seinen Sohn, er solle eine solche ins Abgeschmackte gehende Zumutung zurückweisen; alle solche Liebhabereien und besondere sinnreiche Formationen seien nur geeignet, den gewehrtragenden Stand zu vermindern. „Die Idee, aus einer in ihrem Vaterland von allen Meeren und großen Flüssen entfernt wohnenden Mannschaft eine Abteilung Schwimmer zu errichten und sogar einen schwimmenden Stabsoffizier an ihre Spitze zu stellen, könnte, wenn für die guten Schwaben die Gefahr des Ertrinkens nicht dabei einträte, nur das Zwerchfell erschüttern."

Das Verlangen des Marschalls Ney nach einer Geschichte sämtlicher Regimenter des III. Corps von 1805 ab, veranlaßt den König zu der Bemerkung: Wenn das Verlangen des Marschalls Ney nach einer Geschichte der Feldzüge der königlichen Truppen sich weiter erstreckt hätte als bis 1805, so würden demselben einige unangenehme Erinnerungen*) ins Gedächtnis zurückgerufen worden sein, für welche, wie zu fürchten ist, die württembergischen Truppen noch werden büßen müssen.

Der Feldzug hatte noch nicht begonnen; aus allen Briefen des mit dem Boden Rußlands wohl bekannten Königs aber lassen sich die schlimmsten Befürchtungen herauslesen.

Wir haben gehört, wie schon im April 1811 bei den ersten Truppenverschiebungen das württembergische Infanterieregiment Nr. 7 nach Danzig abging. Am 2. Juni hat das Regiment unter Führung des Oberst Lalance seinen Bestimmungsort erreicht, von dem Gouverneur, General Rapp, empfangen,

---

*) Der König spielt hier wohl auf das Jahr 1799 an, da Ney in Heilbronn und bei Lauffen übel hauste und durch die württembergischen Truppen zurückgedrängt wurde.

der versichert, daß er die Württemberger als Landsleute und tapfere Soldaten aufnehmen und gleich den Franzosen halten werde. Sachsen, Bayern und Württemberger formiren eine Brigade. Vom Juli 1811 berichtet der Oberst Lalance:

„Unter hiesiger Garnison herrscht nicht die Eintracht, die man rühmen könnte. Die Polen bilden die eine Partei, die Deutschen die andere. Es ereignen sich häufig ernsthafte Auftritte, so namentlich am Geburtstag des Gouverneurs, 23. Juni, wo die beiden Parteien sich mit den Seitengewehren angegriffen."

Mit dem Frühling des Jahres 1812 wird der Zustand des Regiments ein sehr ernster. Aus ehemaligen dumpfen Speichern sind ungenügende Kasernen hergestellt worden, das Trinkwasser ist abscheulich, die Nahrung dürftig. Die Stärke der Garnison von 16000 Mann hat den Preis aller Bedürfnisse in die Höhe getrieben; der gemeine Mann kann sich fast gar nichts zusetzen; auch die Offiziere leiden Mangel. Ganz ungenügend eingerichtet sind die Spitäler. Unterschleife herrschen bei der Verabreichung von Krankenkost und Arzneien; Genesende, Sterbende und leicht Kranke müssen das gleiche Lokal teilen. Zu dem allem komme noch das Heimweh, das die Leute in den armseligen Spitälern befalle. Am meisten gefürchtet werde die Verlegung nach Neufahrwasser und Weichselmünde, des ungewohnten Klimas und der raschen Umschläge halber.

„Sehr bedauerlich ist dieser Zustand des Regiments," schreibt der König vom 28. Mai 1812; „er ist wohl großenteils der gar zu großen Nachgiebigkeit des Obersten gegen überspannte Forderungen zuzuschreiben." — Alle Bemühungen aber, das Regiment heranzuziehen, blieben vergeblich. Erst in der Not des winterlichen Rückzugs aus Rußland ist unter den zur Unterstützung und zur Aufnahme bestimmten Streitkräften auch das Regiment Nr. 7 aus Danzig nach Wilna und bis zur Beresina entgegengeschickt worden. —

Der württembergische Militärbevollmächtigte, Oberst Graf Beroldingen, hatte sich schon in Dresden während des Monats Mai im kaiserlichen Hauptquartier eingefunden, ohne daß ihm oder den Bevollmächtigten der anderen Mächte besondere Weisungen zugegangen wären. Aus den ersten Tagen des Juni aber schreibt Beroldingen von Thorn: es sei ihm äußerst schmerzlich, berichten zu müssen, daß alle bei dem großen Hauptquartier befindlichen Minister, diplomatische Agenten und Offiziere von den Mächten des rheinischen Bundes bis auf weitere Befehle auf eine Entfernung von 20 Lieues hinter das Hauptquartier des Kaisers zurückverwiesen seien, indem das zu große Personal (1500 Menschen in allem) dieses Hauptquartiers die Beweglichkeit und Verpflegung erschwere.

Dahin und dorthin wandte sich der Oberst in seiner Not, um für seine Person wenigstens die Erlaubnis zum Verbleiben im Hauptquartier herauszuschlagen. Er wußte ja, wie empfindlich gerade in diesem Punkt sein König war. Allein überall erhielt er zur Antwort: der Kaiser sei über die vielen Menschen und über die große Suite ungehalten, es sei keine Ausnahme möglich. Man höre auch sagen, in den letzten Campagnen sei man auf die Meldungen dieser militärischen Sendlinge an ihre Souveräns aufmerksam geworden und deshalb halte man sie jetzt ferne.

Die ganze Mission Beroldingens war natürlich durch diese Verfügung hinfällig geworden. Mit anderen Bevollmächtigten weilte er, zunächst ohne Wirksamkeit, in Königsberg, immer auf Weisung zum Nachfolgen wartend. Diese kam nicht vom kaiserlichen Hauptquartier, wohl aber erhielt er im Monat August von seinem König einen Befehl, der ihn sofort von Königsberg nach Moskau brachte.

Alle diese Vorgänge waren wenig geeignet, den inneren Frieden in der Großen Armee zu fördern. Freilich wäre ihnen kaum irgend eine Bedeutung zugekommen, wenn der Zug nach Rußland, wie man sicher hoffte, mit großen Erfolgen endigte. So wie aber in Wirklichkeit die Unternehmung verlief, mußte sich neben allem Elend dem Gedächtnis einprägen jener hochfahrende, übermütige Ton Napoleons und der Seinigen, die cynische Brutalität, mit der er später die Nichtbeachtung der ungeheuren Verluste verlangte.

Für den Augenblick war König Friedrich aufs äußerste geärgert; er ahnte nicht, daß in wenigen Wochen, noch vor Beginn der Feindseligkeiten, sich die Dinge viel ernster zuspitzen sollten. Immer deutlicher und kränkender trat der Uebermut des herrschenden Volkes gegen die Bundesgenossen zu Tage; immer mehr Groll sammelte sich an, bis endlich auch die letzten Schwärmer für napoleonische Größe, die Anbeter seines Sternes, die es immer noch unter den Deutschen gegeben, geheilt waren. Und darin liegt die Bedeutung der namenlosen Leiden jener Tage.

Ueber den Niemen.

Während die einzelnen Teile der Großen Armee sich durch Ostpreußen und Polen durchschoben, teils aus wirklicher Not, teils aus Lust das Land verheerend, wie wenn es ein feindliches wäre, während Napoleon die Ermüdeten immer wieder von neuem antrieb, während die Schlachthaufen auf dem linken Ufer des Grenzflusses sich sammelten, während all dies geschah, waren die Russen erst damit beschäftigt, in ihren westlichen Provinzen wenigstens annähernd gleichwertige Kräfte den fremden Eindringlingen entgegenzustellen. Es iſt ihnen das nicht gelungen. Und das war ein erſter Erfolg Napoleons, den er der überraſchenden Schnelligkeit ſeiner Bewegungen zu verdanken hatte.

Es mochte darin ein Sporn liegen, mit denſelben Mitteln auch für die Zukunft ſich die erſten, vielleicht durchſchlagenden Erfolge zu ſichern. So ſchuf der Angreifer ſich ſelbſt die Grundlagen alles Unheils.

Ihren Krieg mit der Türkei hatten die Ruſſen wohl beendet und die dort frei werdenden Kräfte zogen auch allmälich herbei, aber im Vergleich zu den Maſſen des Feindes blieben die Reihen der Verteidiger doch dünn.

Die der Weſtgrenze zunächſt ſtehenden ruſſiſchen Truppen gliederten ſich in zwei Armeen: die erſte Weſtarmee, zugleich Hauptarmee, unter Barclay de Tolly, aus 6 Infanteriecorps und 3 Reitercorps beſtehend, mit Koſaken und Artillerie etwa 130000 Mann ſtark; Hauptquartier in Wilna, wo ſich auch Kaiſer Alexander befand. Links davon: zweite Weſtarmee unter Fürſt Bagration, 3 Infanteriecorps, 3 Reitercorps, ſamt Koſaken 40000 Mann; Hauptquartier in Lußk.

Hinter dieſen beiden Armeen der erſten Linie bildete ſich eine Reſervearmee in der Stärke von 40000 Mann unter Tormaſoff. Noch weitere Truppenkörper, zum Teil aus ſoeben ausgehobenen Mannſchaften beſtehend, formirten ſich in zweiter und dritter Linie. Wenn Marſchall Ney die zunächſt gegenüberſtehenden Truppen auf 2—300000 Mann geſchätzt hatte, ſo war er noch zu hoch gegangen; es waren kaum 200000 Mann, welche auf ruſſiſcher Seite zunächſt ins Gefecht geführt werden konnten.

Nach der Art und Weiſe zu urteilen, wie Napoleon ſeine Maſſen anſetzte und anfing zu bewegen, ging ſein Plan dahin, mit dem äußerſten rechten Flügel, mit den Oeſterreichern, die ruſſiſche Reſervearmee unter Tormaſoff feſtzuhalten. Links von den Oeſterreichern war König Jeromes Aufgabe, mit dem V., VII. und VIII. Corps von Warſchau aus gerade auf die zweite ruſſiſche Weſtarmee unter Bagration loszugehen. Noch weiter nach links treffen wir auf die Hauptmaſſe der Großen Armee, welche ſich zu Ende des Monats Juni auf dem linken Ufer des Niemen angeſammelt hatte.

Von Kowno über Merecz bis Grodno ſtanden die franzöſiſchen Reitercorps, welche die erſten ſein ſollten beim Einbruch in feindliches Land. Auf dem rechten Flügel der hier verſammelten Großen Armee ſtand Vizekönig Eugen mit dem IV. und VI. Corps (Italiener und Bayern). Er ſollte bei Pilony über den Niemen gehen mit der Beſtimmung, ſich zwiſchen die zwei ruſſiſchen Weſtarmeen, zwiſchen Barclay de Tolly und Bagration, einzuſchieben und den letzteren von der Hauptmacht abzuſchneiden. So die Aufgabe für die zwei Heerteile unter Jerome und dem Vizekönig.

Ueber die Hauptſtärke der Großen Armee, Garde, I., II., III. Corps, zwei Reitercorps unter Murat (Franzoſen in der Mehrzahl, Polen, Württemberger, Schweizer und einzelne Regimenter deutſcher Kontingente, der Spanier,

Portugiesen und Illyrier) hatte sich Napoleon den Oberbefehl selbst vorbehalten. Auf mehreren Brücken sollte bei Kowno übergegangen werden, um die erste Westarmee anzugreifen, die Hauptmacht der Russen unter Barclay de Tolly.

An der russischen Grenze entlang am Niemen standen nur schwache Vorposten vom II. russischen Corps. Als nächsten Schauplatz für die Verteidigung dachte man sich die Stadt Wilna oder die Gegend von Drissa an der Düna, wo Kaiser Alexander seit dem Frühjahr 1812 angefangen hatte, ein befestigtes Lager anzulegen, um die defensive Haltung, zu der er sich nach Lage der Dinge verurteilt sah, zu stützen.

Am 23. Juni hatte die Hauptarmee Napoleons ihre Vorbereitungen zum Uebergang vollendet. Mit Tagesanbruch ritt der Kaiser in Begleitung des Ingenieurgenerals Haxo an den Niemen, um die Stellung der feindlichen Posten zu erkunden. Deren Schwäche erkennend, setzte er sofort die ganze Armee in der Richtung auf Poniemon in Bewegung. Am 24. Juni bald nach Mitternacht stand das I. Corps auf dem rechten Ufer des Niemen bei Kowno.

An demselben Tage erfolgte die Kriegserklärung.

Am 25. Juni fing die Armee an, sich auf dem russischen Ufer auszubreiten. Nirgends ein Widerstand. Murat mit dem 1. und 2. Reitercorps setzte sich an die Spitze. Vor den Augen Napoleons passirte am 25. Juni das III. Corps den Niemen und zog über Kowno nach Kormelo auf der Straße nach Wilna.

Das Städtchen Kowno, deutsch Kauen, ehemals recht bedeutend, war längst herabgekommen und erwies sich heute beim Uebergang der Großen Armee als ein kleines, schmutziges Nest von etwa 6000 Einwohnern, ganz aus Holz erbaut. — Es war am 25. Juni; Kaiser Napoleon war eben durch das Städtchen geritten, um einige seiner Truppen ausmarschiren zu sehen; die württembergische Division hatte die Brücken über den Niemen passirt, sammelte sich und war im Begriff, die angewiesene Straße nach Wilna einzuschlagen, gerade am Kaiser vorüber.

Da ereignete sich ein Vorfall, der den seither nicht selten angeschlagenen hochfahrenden Ton gänzlich in den Schatten stellte und zeigte, daß es dem Kaiser darum zu thun sei, durch rücksichtslos barsches Wesen eine Katastrophe herbeizuführen.

„Als ich," berichtet der Kronprinz an den König, „an der Spitze der Division durch Kowno defilirte, traf ich auf den Kaiser, der mit einer kleinen Suite auf mich zuritt. Ohne allen Eingang fing er damit an, mir zu sagen, daß bei meiner Division große Unordnungen (désordres) stattfinden, daß er deshalb Eurer königlichen Majestät schreiben würde, daß sich einige meiner Generale üble Reden (mauvais propos) erlaubt hätten, daß er große Lust habe, dieselben fusiliren zu lassen; sie könnten aber gehen, da er ihrer nicht mehr bedürfe.

„Dieses wurde mit steigendem Affekt und so schnell gesagt, zum Teil auch nachgerufen, daß durchaus keine Antwort für den Augenblick möglich war. Ich habe aber geglaubt, dieses schriftlich thun zu müssen, wie es Eure Majestät aus der Beilage zu ersehen geruhen wollen. Bis jetzt ist darauf keine Antwort erfolgt; nur hat der Fürst von Neuchatel dem General Gouré, Chef vom Generalstab des III. Corps, geschrieben, er solle mir eröffnen, daß, wofern General v. Walsleben sich noch bei dem Corps befinde, ich ihn arretiren lassen und ins kaiserliche Hauptquartier schicken möge. Der Fürst scheint mit Absicht hierbei die Vermittlung des Marschalls Ney vermieden zu haben; auch sagte mir Gouré, man solle der Sache keine weitere Folge geben.

„Ich sehe mich aber zur Vermeidung aller weiteren Kollisionen veranlaßt, die Generale v. Woellwarth und v. Walsleben nach Stuttgart zu schicken, da sie in keinem Falle der Jurisdiktion Euter Majestät entzogen werden dürfen."

Ganz unerwartet für den Kronprinzen ist die Auseinandersetzung mit dem Kaiser nicht gekommen, wenn er sich auch eine solche natürlich ganz anders gedacht hatte. Noch am Morgen des 25. Juni, an dem er mit dem Kaiser auf den Straßen von Kowno zusammentraf, berichtet der Kronprinz:

„Mit der Kavallerie hat es abermals eine Aenderung gegeben, die mir sehr unangenehm ist. Die bisher sogenannte 25. Kavalleriebrigade ist durch einen Befehl vom 19. Juni wieder aufgelöst; das Jägerregiment Nr. 4 stößt zur Brigade des Generals Mourier, die beiden Chevauxlegersregimenter unter dem General Breuning zur Brigade des Generals Beurmann. Die durch diese Verfügung ohne Anstellung sich befindenden Generale v. Woellwarth und v. Walsleben sind angewiesen, in meinem Hauptquartier zu meiner Disposition zu bleiben.

„Eine solche über alle Formen sich hinwegsetzende Verfahrungsart gegen einen Teil des Armeecorps und gegen zwei königliche Generale konnte von meiner Seite nicht mit Stillschweigen übergangen werden."

Der Kronprinz führt nun aus, wie er Beschwerdeschreiben an Ney und Berthier gerichtet, wie er insbesondere auch den General v. Theobald an letzteren abgeschickt habe, um zu fragen: Ob diese Verfügung wegen der Kavallerie eine Unzufriedenheit des Kaisers gegen die Person des Kronprinzen zum Grunde habe? — Berthier verneinte das auf das bestimmteste und sprach im allgemeinen von den Erzessen, die dem Kaiser täglich gegen die württembergische Reiterbrigade vorgebracht werden. — Um so mehr, erwiderte Theobald, sollte diese Brigade wieder unter ihre natürlichen Vorgesetzten gestellt werden. Er werde mit dem Kaiser darüber reden, schloß Berthier.

In einer zweiten Audienz fand Theobald den Fürsten von Neuchatel weit zutraulicher: er könne bei der bekannten Wahrhaftigkeit seines Charakters versichern, daß in der vorliegenden Verfügung durchaus nichts Persönliches gegen den Kronprinzen liege; der Kaiser habe ja im Gegenteil einen Beweis seiner Achtung gegeben dadurch, daß er die württembergische Division ins erste Treffen gestellt; die jetzt ohne Anstellung befindlichen Generale könnten am Ende auch wieder Verwendung finden.

„Bis Eure Majestät wegen der Generale v. Woellwarth und v. Wals- leben eine Entschließung zu fassen geruhen werden, habe ich dieselben angewiesen, einstweilen ihren Aufenthalt in Marienburg zu nehmen. — In diesem Augenblick wird das Armeecorps vor dem Kaiser defiliren, der an der Brücke des Niemen steht. Poniemon den 25. Juni."

Der Briefwechsel zwischen dem Kronprinzen und den Mar- schällen Ney und Berthier hat vom 19. Juni bis zum Ende des Monats gedauert. Im Auftrage des Kaisers schrieben beide Marschälle, daß der Kaiser aufs äußerste aufgebracht sei durch fortwährende Klagen über das Verhalten der württembergischen Kavallerie. Zunächst suchte nun der Kronprinz zu er- fahren, welche Individuen es denn seien, die sich vergangen haben, damit er ein Beispiel statuiren könne, so streng als irgend denkbar. Die Antwort aber blieben beide Marschälle schuldig; es blieb stets bei der in allgemeinen Worten gehaltenen Anklage; Ney fügte hinzu: es sei ihm bekannt, daß der Kaiser durch diese Klagen veranlaßt worden sei, die Einverleibung der württembergischen Kavallerie in französische Brigaden zu verfügen.

An demselben Tage, an welchem der Kaiser den Kronprinzen in den Straßen von Kowno in so brutalem Tone angelassen, ist er auch mit Anklagen und Schimpfworten über den General v. Breuning, den einzigen noch übrigen württembergischen Reiterführer, hergefallen. — Der General berichtet darüber:

„Als die Reiterbrigade nach dem Uebergang über den Niemen am 25. Juni mit Zügen an dem Kaiser vorbeimarschirte, sagte er ungefähr bei dem 3. Zug des Leibchevauxlegersregiments etwas, wovon ich sowohl wie der Oberst Graf Normann nur die Worte verstehen konnten: pillage et brigandage. Ich wurde sodann zu ihm gerufen und während des Hinsprengens glaubte ich noch zu hören, wie er den Brigadegeneral Beurmann nach meinem Namen fragte, darauf ‚c'est égal‘ sagte und dann fing er an:

„‚Est-ce vous qui commande cette brigade?‘ Auf meine bejahende Antwort sagte er ungefähr folgendes: ‚Ich bin entrüstet über das Benehmen dieser Truppe; ich hoffe, daß alle diese Plünderungen und Ordnungswidrig- keiten aufhören, oder ich hebe alle diese Regimenter auf. Halten Sie dieselben in guter Ordnung!‘

„Ob er hierauf weiter gesagt: ‚und lassen Sie die Leute totschießen‘ oder ‚ich werde Sie totschießen lassen‘, darüber bin ich und mein Adjutant, der zugegen war, nicht einig. Hierauf fuhr er fort: ‚Ich weiß es, unter Ihren Generalen gibt es einzelne, deren Gesinnungen nicht gut sind‘, und nachdem er noch einiges, was ich nicht deutlich verstehen konnte, gesagt, schloß er mit: ‚C'est bon!‘, worauf ich mich sogleich zurückzog.

„Ich mache diesen Bericht mit dem Beisatz, daß, da der Kaiser als äußerst aufgebracht, wie er zu sein schien, sehr schnell sprach, ich nicht alles verstehen, sondern mir nur einzelne Worte und Perioden merken konnte.

L. v. Breuning."

Zu all diesen Vorkommnissen bemerkt der Kronprinz in einem Schreiben vom 3. Juli: „Was nun die Exzesse dieser Reiterregimenter, über die so sehr geklagt wird, betrifft, so sind mir, so lange dieselben unmittelbar unter meinem Kommando gestanden sind, keine zur Anzeige gebracht worden, die ich nicht sogleich mit gebührender Strenge bestraft hätte. Ein Beweis davon ist der Major v. Seebach, den ich wegen seines brutalen, überall Klagen veranlassenden Benehmens von dem Regiment entfernt und Eurer Majestät gemeldet habe. — Getrennt von dem übrigen Armeecorps mögen diese Regimenter, die in Schlesien sich ganz eigene Begriffe vom Feldleben gemacht haben, sich ihrem Hang zu Ausschweifungen um so mehr überlassen haben, als sie für ihre Verpflegung selbst zu sorgen hatten. Im allgemeinen habe ich ohnehin bemerken müssen, daß bei einigen dieser Regimenter keine rechte Autorität von oben herab gehandhabt wird, daß zwischen Untergebenen und Vorgesetzten viel zu große Familiarität und kameradschaftlicher Ton herrscht und gleichsam hergebracht ist.

„Alles dieses ist nicht zu leugnen und mag manchen vorgefallenen Exzeß erklären. — Was aber in Wirklichkeit der Kavallerie die Ungnade des Kaisers zugezogen hat, ist der Auftrag, den sie am 3. Juni unmittelbar von dem Marschall Ney erhielt, in der Gegend von Thorn auf einem verhältnismäßig kleinen Distrikt in Zeit von vierundzwanzig Stunden für das ganze königliche Armeecorps auf zwanzig Tage das erforderliche Schlachtvieh einzutreiben.

„Diese Operation mußte notwendig die Gestalt einer Plünderung annehmen und ungeheure Klagen von seiten der Unterthanen, die auf einmal um ihren ganzen Viehstand gebracht worden, veranlassen. Unglücklicherweise mußte zu derselben Zeit die polnische Garde durch jene Gegend kommen und Zeuge sein, wie arg ihre Landsleute mitgenommen wurden. All das Gehässige von Neys Befehl fiel nicht auf diesen, sondern auf die Vollstrecker. — Es kam hie und da zwischen den polnischen Lanciers und unserer Kavallerie zu Thatlichkeiten und es läßt sich leicht denken, daß die Chefs derselben sich alle Mühe gegeben haben, den Kaiser gegen diese einzunehmen. — Ob die Generale der Kavallerie, ob namentlich der General v. Walsleben sich böse Reden (mauvais propos) erlaubt habe, kann ich nicht wissen und möchte solches auch schwer zu untersuchen sein. Wahrscheinlich ist es aber eine bloße Verleumdung von seiten der Polen, da bekannt ist, wie empfindlich der Kaiser gegen alle sogenannte ‚propos‘ ist."

Das war also die Lage der Dinge in den letzten Tagen des Juni: Die württembergischen Reiterregimenter alle in französische Brigaden verteilt; nur

eine Brigade, die Chevaulegersbrigade, hatte ihren Kommandeur, den General
v. Breuning, behalten und bildete zusammen mit einem französischen Reiterregiment die Brigade des Generals Beurmann, wobei sich noch die Eigentümlichkeit ergab, daß in einer Brigade sich zwei Brigadekommandeure befanden,
ein französischer und ein württembergischer. Die beiden ihres Dienstes ent-
setzten Generale befanden sich bald auf dem Wege nach Stuttgart, um verhört
und abgeurteilt zu werden. In Marienburg aber wurde Walsleben in Arrest
gesetzt, während Woellwarth krank in Königsberg zurückblieb.

Noch ein anderer Offizier, der Oberst Graf Salm, war verhaftet worden
wegen angeblicher propos; auf das gute Zeugnis seines französischen Brigade-
kommandeurs aber blieb die Sache beruhen. Den beiden angeschuldigten
Generalen werden wir später wieder begegnen.*) Der Kronprinz hatte für
jetzt ganz recht, wenn er in seinem Schreiben vom 3. Juli sagt: es liege
wohl eine Verleumdung von polnischer Seite zu Grunde. Ganz zuverlässig
erfuhr das der württembergische Gesandte Graf Winzingerode vom Minister
des Auswärtigen in Paris, als er zu Anfang des Jahres 1813 mit ihm zu
verhandeln hatte wegen des zwischen dem Kaiser und dem König Friedrich aus-
gebrochenen Konflikts.

Indessen hatte das III. Armeecorps nach seinem Uebergang über den
Niemen von Kowno aus zunächst die Straße nach Wilna eingeschlagen. Hier
gedachte man auf den Feind zu stoßen. Der Kronprinz berichtet, am 27. Juni
sei von Skoruli nach Ewe (auch Jewe geschrieben) marschirt worden, ein Weg
von fünfzehn Stunden. Die württembergische Division habe auch das Ziel erreicht.
„Die beiden anderen Divisionen des Corps, Ledru und Razout, kamen erst
des andern Tages, nachdem sie mehr als die Hälfte ihrer Mannschaft auf
dem Wege hatten liegen lassen, im Lager an. Auch wir hatten gegen 1000
Mann zurückgelassen, die aber größtenteils sich noch in der Nacht bei ihren
Fahnen einfanden. Dieser Marsch war wegen der Länge des Wegs, der
drückenden Hitze, des entsetzlichen Staubes und der steten Unterbrechungen durch
die französischen Parks, Convois und Viehherden einer der mühseligsten, die
es geben kann, und es bedurfte der nachdrücklichsten Ermahnungen von meiner
Seite, um die erschöpfte Mannschaft vollends an ihren Bestimmungsort zu
bringen. Ausbleiben durfte man nicht, da bei Ewe das I. Armeecorps und

---

*) Vom 28. Juni schreibt Woellwarth an den König: „Diese vortreffliche Kavallerie
wurde nur durch die kaiserliche Verordnung zwei Märsche vom Feind abgenommen und ich
für meine Person dadurch in einen Zustand versetzt, der für mich und meine militärische
Ehre trostlos sein muß. Nur muß ich alleruntertänigst bitten, mir gebührende Genugthuung von dem französischen Kaiser allergnädigst zu erwirken, denn in dieser meiner gegenwärtigen Lage kann ich nicht in mein Vaterland zurückkehren." Woellwarth fügt noch bei,
daß vom ersten Tage an die württembergische Reiterei die Bewunderung der französischen
Generale gewesen sei.

die Garde sich zu gleicher Zeit versammelten und die Anwesenheit des Kaisers eine baldige Schlacht vermuten ließ. Zu dieser sollte es indessen nicht kommen; denn am 28. Juni zog der Kaiser mit den Garden in Wilna ein, nachdem die Russen sich von da weggezogen hatten."

Bei allen diesen Märschen, bei dem vielfachen Ungemach trieb den Kronprinzen noch der Gedanke um, wie er sich mit dem Kaiser auseinandersetzen könne. Es mußte das von vornherein schwer erscheinen, denn die Beschuldigungen waren doch höchst ungewöhnlicher Art, und jedes vornehme Empfinden mußte sich durch den pöbelhaften Ton des Kaisers angewidert fühlen. Im Biwak in Ewe endlich fand der Kronprinz die Worte, um sich persönlich an den Kaiser zu wenden. Er hält dabei vollständig den Standpunkt des kommandirenden Generals fest, der sich gegen seinen Oberbefehlshaber zu verantworten hat.

„Im Biwak bei Ewe, den 28. Juni 1812.

„Eure Majestät!

„Ich wage es, mich an Eure kaiserliche Majestät zu wenden, um zu sagen, wie schmerzlich ich berührt worden bin von dem Mißfallen, das Eure Majestät gegen meine Truppen und meine Generale zum Ausdruck gebracht hat. Die ganze Zeit her, daß ich unter den Fahnen Eurer Majestät zu dienen die Ehre habe, glaube ich es niemals an schuldigem Gehorsam fehlen gelassen zu haben; auch kenne ich meine Pflichten wie die Ansichten meines Vaters zu gut, um nicht auf den Erwerb des Beifalls Eurer kaiserlichen Majestät mit aller Sorgfalt bedacht zu sein.

„Alle Exzesse, von denen ich Kenntnis erhalten habe, habe ich bestraft und ihnen gesteuert. Allein die Mehrzahl der Klagen ist gegen die Kavallerieregimenter gerichtet, welche seit einiger Zeit nicht mehr unter meinem Kommando stehen; so bin ich zumeist außer stand, diese Unordnungen hintanzuhalten.

„Ich lege viel zu großen Wert auf die gute Meinung Eurer kaiserlichen Majestät über mich, als daß ich nicht dringend wünschen sollte, mich in Eurer Majestät Augen rechtfertigen zu können. Deshalb wage ich die Bitte, Eure Majestät möge geruhen, die Einsetzung einer militärischen Kommission zu befehlen, deren Aufgabe es ist, streng das Verhalten der angeklagten Generale zu untersuchen und sie zu strafen, falls sie schuldig gefunden werden.

„Mit Ungeduld erwarte ich die Gelegenheit, um mich unter den Augen Eurer kaiserlichen Majestät auszeichnen zu können und den Beweis zu liefern, daß wenn auch einzelne Uebelgesinnte in ihren Reden sich vergehen konnten, doch die ganze Masse meiner Division vom besten Geiste beseelt ist und den guten Namen aufrecht erhalten wird, den sie sich in den zwei vorangehenden Feldzügen erworben; durch glänzende Thaten wird sie den schlechten Eindruck verwischen, der in den Gedanken Eurer kaiserlichen Majestät durch die Unklugheit einzelner hervorgerufen worden ist.

"Ich habe die Ehre, mit ehrerbietigster Anhänglichkeit zu zeichnen als
Eurer kaiserlichen Majestät
gehorsamster und ergebenster Cousin
Friedrich Wilhelm."

Wenige Tage darauf traf aus Wilna die Antwort Napoleons ein:

"Mein Cousin!

"Den Brief Eurer königlichen Hoheit habe ich erhalten. Dabei kann ich nicht verschweigen, daß der Geist der Württemberger nicht mehr demjenigen gleicht, den sie in den früheren Feldzügen an den Tag gelegt haben. Offiziere ergehen sich in den schlimmsten Reden. Der General v. Walsleben hat vom König, Ihrem Vater, als einem Tyrannen gesprochen, hat sehr schlechte Gesinnungen an den Tag gelegt und selbst die Absicht ausgesprochen, zum Feind überzugehen. Um nichts besser hat sich der Oberst Graf Salm erwiesen. Viele andere Offiziere zeigen schlechte Gesinnung. Das kann Eurer königlichen Hoheit nicht unbekannt sein; denn die große Mehrzahl der Offiziere, die vom besten Geiste beseelt sind, beklagt das. Einzelne der Offiziere muß man bestrafen und niederhalten, andere aber beseitigen. Eure Hoheit kennt sie besser als ich.

"Es ist durchaus notwendig, daß Eure königliche Hoheit Ihrem Corps einen Geist des Wetteifers und der Verschmelzung einflößt, der keinen Gegensatz gegen die Franzosen aufkommen läßt. Dazu genügt es aber nicht, sich selbst in einer Art von neutraler Stellung zu halten; in einer solchen kann ein General von Ihrer Stellung sich keinen guten Einfluß versprechen.

"Ein verbündetes Corps ist entweder sehr brauchbar oder sehr schlecht, das liegt in der Natur der Sache. Möge doch Eure Hoheit Ihrem Corps einen guten Geist einpflanzen. Dahin geht die Meinung des Königs, das ist die Art seiner Bethätigung, welche seinen Interessen aufgeholfen hat; jede andere Richtung des Handelns würde dem Lande Württemberg und Ihnen Schaden bringen. Sie sind bestimmt, einst über Württemberg zu herrschen. Aber Sie werden dort nicht herrschen als nur durch den Rheinischen Bund und für den Rheinischen Bund. Deshalb ist es notwendig, daß Sie thatsächlich einen Willen besitzen und an den Tag legen, welche der Lage Ihres Landes entspricht.

"Es gibt nichts, das die Menschen nicht sehen und durchdringen können. Wenn Eure Hoheit Herz und Willen nicht vollkommen den thatsächlichen Interessen anpaßt, so wird für Sie nur Unglück daraus entspringen. — Ich bitte Eure Hoheit, diese freimütigen Ausführungen nur als einen Beweis der hohen Achtung anzusehen, welche ich für Sie selbst und für den König, Ihren Vater, hege, welchem ich wahrhaft zugethan bin wegen der Gesinnungen von

Anhänglichkeit, die er für mich unter den verschiedensten Umständen an den Tag legte.

„Alles hängt von Eurer Hoheit ab. Wenn Eure Hoheit nur will, werde ich sehr zufrieden mit Ihren Truppen sein. Die Soldaten und der Kern der Offiziere sind gut. Ich bin 2c. 2c."

Deutlicher hat wohl selten Napoleon fühlen lassen, wie sehr von den Gesinnungen gegen ihn und gegen Frankreich nicht nur das Urteil über die Disziplin der Truppen beeinflußt sei, sondern wie davon geradezu die Fortdauer der Dynastie abhänge. Schmerzliche Gemütsbewegungen mußte es für den Kronprinzen zur Folge haben, wenn er sah, daß sein Verhalten die Ursache abgegeben für die Beschimpfung von württembergischen Generalen, für die Bedrohung der Zukunft seines Hauses. „War man mit seinen Gesinnungen zufrieden, so war man es auch mit der Truppe." — Das war ja der Sinn des an ihn gerichteten kaiserlichen Schreibens.

„Zuerst war nur von Indisziplin der Truppen die Rede, und jetzt wird gegen ihre Loyalität geklagt" — schreibt der Kronprinz an seinen Vater, indem er ihm den Briefwechsel zusendet und beifügt: „Nachdem ich zuerst von dem Marschall Ney die Zusicherung erhalten hatte, daß er mir wegen meines Benehmens im Dienst, auf Pflicht und Gewissen befragt, kein anderes als das vorteilhafteste Zeugnis geben könne, habe ich aus dem Biwak bei Driswiatui am 13. Juli dem Kaiser geantwortet:

„Ich gebe mich der Hoffnung hin, daß meine Truppen, wenn sie unter den Augen ihres Kronprinzen fechten, aufs neue ihre Tapferkeit bewähren und alles daran setzen werden, um den guten Ruf, den sie sich erworben haben, aufrecht zu erhalten. Ich wage mir einzureden, daß Eure kaiserliche Majestät meinem Charakter hinreichend Gerechtigkeit widerfahren lassen wird, um überzeugt zu sein, daß ich unfähig bin, in einem Sinn zu handeln, der den Absichten des Königs, meines Vaters, und den Interessen meines Vaterlandes zuwider läuft." Da man gesucht habe, ihm in den Augen des Kaisers zu schaden, so solle er ihn nicht nach solchen Reden beurteilen, sondern nach Thaten.

Das war wieder die Antwort eines kommandirenden Generals; aus diesen Zeilen war wieder nichts von dem zu ersehen, was der Kaiser so gerne beim Kronprinzen gefunden hätte, was er ihm doch in den Mund gelegt in der Zuschrift aus Wilna: daß sein Herz Frankreich gehöre, daß er bei seinen Truppen französische Zuneigungen und Gesinnungen pflegen wolle — „ihnen einen Geist des Wetteifers und der Verschmelzung einflöße, der keinen Gegensatz gegen die Franzosen aufkommen läßt." — Immer nur wieder die Versicherung der Anhänglichkeit an die Person Napoleons, der Förderung der Interessen von König und Vaterland.

Um diese Zeit ging auch der Heerteil Jeromes, V., VII., VIII. Corps,

bei Grodno über den Niemen, um die Armee Bagrations anzugreifen. Links
von Jerome setzte der Vizekönig Eugen über mit dem IV. und VI. Corps.
Dieses letztere, die Bayern, wurde auf Wilna dirigirt, das IV. verband sich
mit der Hauptarmee, die nunmehr aus den Corps I, III, IV bestand. Wilna
rechts liegen ließ und den Weg einschlug über Suderwa gegen die Düna nach
Braslaw, Drissa, Polozk. Links von dieser Hauptarmee befand sich das II. Corps
Oudinot; die Spitze der Hauptarmee führte Murat mit dem 1. und 2. Kavalleriecorps.

Unsere württembergische Division, welche seither an der Spitze
des III. Corps marschirt war, kam in diesen Tagen an das Ende der Kolonne.
„Die Division," schreibt der Kronprinz, „litt unendlich, da der Regen in
Strömen herabfiel und der Marsch durch ein sehr schlüpfriges und beschwer-
liches Terrain führte. Nie habe ich größeres Ungemach gesehen als in diesem
Biwak in Suderwa, wo die Leute, bis an die Kniee in den Kot versunken,
gegen den kalten Regen wegen Mangel an Stroh und Holz nicht gehörig
geschützt, beinahe erfrieren mußten und nur durch eine reichliche Gabe von
Branntwein wieder in etwas erquickt werden konnten."

Erst wenige Märsche weit hatte der Vorstoß ins feindliche Land hinein-
geführt, als der Kronprinz über die Verpflegung berichtet: „In Ansehung
der Lebensmittel sieht es jetzt sehr mißlich aus; das einzige, woran es noch
nicht fehlt, ist das Fleisch. Reis, Mehl hat ein Ende. Der vaterländische
Zwieback kann nicht folgen, weil die Pferde aus Mangel an Futter zu Grunde
gehen und vor Ermüdung nicht mehr von der Stelle zu bringen sind. Selbst
das Schlachtvieh bleibt zurück und muß durch anderes, das man wegnimmt, wo
man kann, ersetzt werden. Ueberhaupt wiegt dieser Feldzug alles auf, was die
königlichen Truppen an Beschwerlichkeiten und Entbehrungen je erfahren haben."

Am 1. Juli dauerte der Marsch von drei Uhr morgens bis Mitternacht;
kaum war es möglich, für das württembergische Hauptquartier eine Scheune
zur Unterkunft zu retten. „Am 2. Juli ging der Marsch nach Malatui, wo
das III. Corps am folgenden Tage Ruhe hatte. Dieses unser Corps hält
gleichsam die Mitte, rechts davon marschirt der Kaiser mit dem I. Corps und
der Garde, links von uns das II. und IV. Corps und auf dem äußersten
linken Flügel der Marschall Macdonald mit den Preußen. Der Plan des
Kaisers scheint zu sein, die Düna, als die eigentliche Basis der Russen, so
schnell als möglich, ehe sich diese konzentriren können, zu erreichen und
an dieser alten Grenze des ehemaligen Polens eine solche Macht herzustellen,
daß die neue Organisation dieses Landes von den Russen nicht mehr verhindert werden kann.

„Durch diese unaufhörlichen Märsche wird also vielleicht erreicht, was
sonst nur durch eine blutige Schlacht zu gewinnen sein dürfte. Die schlimmste
und gefährlichste Folge, die von diesem zu befürchten steht, ist die successive

Auflösung der Truppen in Räuberbanden, wozu das Aufsuchen von Lebensmitteln, das durch den völligen Stillstand aller Verpflegungsanstalten geboten
wird, so viele Veranlassung gibt. Um nun die Desorganisation bei uns
möglichst zu verhindern, habe ich meine Strenge und meine Anforderungen an
die Generale, Stabs- und Oberoffiziere verdoppelt. Welcher Soldat sich auf
Plündern betreffen läßt, wird durch ein Standrecht zum Tode verurteilt. Auf
dem Marsche lasse ich die Brigaden zum öfteren an mir vorbeidefiliren, um
mich zu überzeugen, ob sie Traineurs haben. Diese werden durch eine Arrièregarde von Unteroffizieren nachgetrieben und im Lager abgestraft."

Was der Kronprinz von der Auflösung in Räuberhaufen befürchtet, findet
seine Bestätigung in dem, was wenige Wochen später Brandt berichtet: ein
ganzes Armeecorps solcher traineurs de sabre treibe sich im Lande herum;
die Etappenkommandanten in Wilna und Minsk haben mobile Kolonnen aus-
geschickt mit dem Befehl, cette canaille de vive force in Ordnung zu bringen.
Es wird versichert, daß die Traineurs in Haufen von mehreren Hunderten in
Wäldern kampiren und von dort aus förmliche Plünderungszüge veranstalten.

Durch die in bestimmten Zwischenräumen eintreffenden Armeebriefe hatte
König Friedrich erfahren, in welcher Weise vom Kaiser über seine Kavallerie
verfügt wurde. In den Armeebefehlen Nr. 10 und 11 fordert deshalb der
König den Kronprinzen wiederholt auf, sich auch unter diesen Umständen ja
nichts zu vergeben. In seinem Bericht Nr. 25 vom 7. Juli schreibt deshalb
der Kronprinz: „Eure Majestät bitte ich unterthänigst, überzeugt zu sein, daß
ich mein Verhältnis zu der Kavallerie, seitdem man französischerseits über sie
verfügt hat, weder verkannt habe noch von irgend jemand habe verkennen
lassen. Das französische Kommando kann sich lediglich nur auf die Operationen
beschränken, in allen übrigen Stücken mußte mir das Kommando verbleiben;
ich muß auch bekennen, daß meine Rechte weder von dem Marschall Ney noch
von einer andern französischen Behörde bis jetzt angefochten worden sind."

Das III. Corps verblieb mehrere Tage in der Gegend von Malatni und
rückte dann auf eine kurze Strecke vor, mit den anderen Corps der Hauptarmee von Wilna aus zunächst nordwärts marschirend in der Absicht, die
Düna etwa zwischen Dünaburg und Drissa zu erreichen. Das jetzt verlangsamte Vorrücken wurde vielfach auf Friedensverhandlungen gedeutet. Der
Kronprinz aber meint:

„Mir ist wahrscheinlicher, daß dieser Stillstand durch die drohende Desorganisation der Armee veranlaßt worden ist, welcher zuvorzukommen man sich
jetzt Mühe gibt; wenigstens sprechen alle Befehle, die erscheinen, von nichts
als vom Nachtreiben der Traineurs und von Herbeischaffung von Pferden, um
die zurückgebliebene Artillerie vorwärts zu bringen. — Von dem königlichen
Artilleriecorps muß man sagen, daß es sich durch den unermüdeten Diensteifer
auf das ruhmvollste auszeichnet und allen Truppen zum Muster dienen kann.

— Allgemein ist das Geschrei nach Brot und das wenige, was die Marketender anschaffen können, wird selbst von dem gemeinen Soldaten zu 1 fl. das
Pfund begierig erkauft."

Dem ersehnten Zwiebacktransport will der Kronprinz Pferde entgegen-
schiden. Die Gesundheit der Mannschaft hat sehr gelitten; statt 180 Kranke
zählt man jetzt 500. Ein kleiner Teil wird nach Wilna zurückgeschickt, für
den andern in Malatui ein Notspital errichtet. Die herrschenden Krankheiten
bei der Infanterie sind Diarrhöe und Nervenfieber. Mit kurzen Ruhepausen
wird jetzt wieder vorwärts marschirt in der Richtung nach Dünaburg, später
mehr ostwärts in der Richtung auf Braslaw.

„Eine auf die glühende Hitze plötzlich eingetretene schneidende Kälte brachte
schon am 13. Juli mehreren Leuten auf dem Biwak den Tod. Am 15. Juli
wurde nach Raskimosi marschirt, eine halbe Stunde rückwärts Braslaw, wo
bis zum 19. abends verweilt wurde. In diesem Zeitraum sind 21 Mann
im Biwak an Entkraftung gestorben."

Man befand sich jetzt seit 24 Tagen auf feindlichem Boden; kaum einige
kleine Engagements mit der Nachhut des immer mehr zurückweichenden Feindes
hatten stattgefunden. Bei einem der hervorragendsten dieser Gefechte, das am
5. Juli von Murats Reiterei bei Dongelizki auf dem Wege von Wilna zur
Düna geliefert wurde, hatte das württembergische Infanterieregiment Herzog
Louis sich ganz besonders hervorgethan.

Die Nachricht davon brachte eine kleine Aufmunterung, aber immer mehr
mußten die Führer mit Schrecken gewahren, wie der französische Verpflegungs-
apparat vollständig versagte, während die Armee mit eiligen Schritten den
Feind zu fassen strebte. Am 17. Juli war endlich der Zwiebacktransport bei
der Truppe angekommen und hatte auf einige Tage die Leute erquickt, namentlich auch die vielen Kranken in Wilna und Malatui.

„Ueberhaupt zeigen sich jetzt die Folgen der vorangegangenen Strapazen,
des Mangels an Brot, der so ganz vernachläßigten Verpflegungsanstalten und
der Einfluß des ungewohnten Klimas auf eine wahrhaft beunruhigende Art.
In Wilna sind 500 Kranke im Spital, in Malatui 700, und bei den Regimentern befinden sich sehr viele entkräftete Menschen. Die in der ganzen
Armee herrschende Krankheit, deren gewöhnlichste Form eine mit großer Erschöpfung der Kräfte verbundene Diarrhöe ist, hat sich nicht bloß auf den
gemeinen Mann beschränkt: auch eine große Anzahl von Offizieren ist davon
befallen. Generallieutenant v. Scheler wäre an der Ruhr beinahe gestorben,
ist aber wieder besser. General v. Koch ist noch krank. Bei meiner Suite
ist kein Offizier, der nicht krank oder unpäßlich gewesen ist oder es noch wäre;
auch mich hat das Uebel ergriffen und ich bin dadurch genötigt worden,
einen kleinen Tagmarsch hinter der Division zurückzubleiben und ihr im Wagen
nachzufolgen, bis meine Kräfte sich wieder erholt haben werden."

Nicht nur das III. Corps, sondern die ganze Armee sei in Bewegung, alles scheine sich nach rechts, die Düna aufwärts zu ziehen, um diesen Fluß abermals durch ein überraschendes Manöver mit der ganzen Armee zumal zu passiren.

Diesen Bericht Nr. 26 aus Raskimosi bei Braslaw vom 20. Juli vermochte der Kronprinz nicht mehr zu unterzeichnen, wie der General v. Theobald bemerkt. Die Reihe der von dem Kronprinzen selbst verfaßten oder doch beeinflußten Berichte hört damit auf und damit zugleich eine Darstellungsart, welche sich durch Präzision und Deutlichkeit, sowie durch Hervorkehrung allgemeiner und großer Gesichtspunkte kennzeichnet. Der nächste Bericht rührt von dem General Theobald her und ist datirt aus Melowze vom 25. Juli. Der kleine Marsch von Raskimosi nach Melowze sei dem Kronprinzen schlecht bekommen; er habe sich gezwungen zu diesem Marsch und sich durchaus nicht abhalten lassen, jetzt sei er aber so entkräftet, daß er jeden Gedanken habe aufgeben müssen, der Division noch ferner zu folgen. Er habe deshalb vorerst dem General v. Scheler das Kommando der Division übergeben. Den französischen Behörden sei Meldung gemacht.

„Der gegenwärtige Aufenthalt des Kronprinzen in Melowze, ein auf einem kleinen Hügel stehendes Haus eines Edelmanns, der sich geflüchtet hat, ist zwar erbärmlich schlecht, aber doch ungleich gesunder situirt als das Haus zu Raskimosi. Hier ist der Prinz wenigstens nothdürftig gegen Wind und Wetter geschützt, was in jenem der Fall nicht war. Da nach der motivirten Versicherung der Aerzte die Rekonvalescenz des Prinzen von langer Hand sein wird, so wird nicht zu umgehen sein, daß Seine Hoheit sich nach Wilna begeben, wo allein die zu Ihrer Wiederherstellung erforderlichen Bedingungen stattfinden können."

Der Kronprinz willigte auch in die Verbringung nach Wilna ein, doch mußte vor Antritt der Reise noch eine weitere Kräftigung abgewartet werden. Den ärztlichen Dienst versah beim Kronprinzen der Generalarzt Dr. Schutter und der Leibarzt Dr. Fidler. Um einen weiteren Arzt war Marschall Ney angegangen worden.

Einige Zeilen sind uns erhalten, welche der Kronprinz aus Melowze an den ihm nahestehenden General v. Phull in Stuttgart gerichtet hat, vom 25. Juli:

„Aus meinem Bette, mein lieber Freund, schreibe ich Ihnen diese Zeilen. Meine Krankheit geht besser, meine Schmerzen haben mich verlassen, aber meine Kräfte sind noch schwach, so daß ich fürchte, mehrere Wochen mit meiner Genesung zubringen zu müssen. Seien Sie ohne Sorgen, die Vorsehung schützt uns." — Eine Compagnie war bei dem Kronprinzen als Bedeckung verblieben; die Armee war längst voraus.

General v. Stockmayer berichtet in seinen Erinnerungen aus den Feldzügen: „Am 19. Juli mußten wir von Raslimoii weiter marschiren und unsern teuren Kronprinzen in einer elenden Hütte sehr schwer krank zurücklassen. Die Generale und Stabsoffiziere durften einzeln in das Zimmer treten, um stillschweigend noch von dem teuren Kranken Abschied zu nehmen. Nicht ein Auge der alten Krieger blieb trocken, und in den Gesichtern derselben stand deutlich der Schmerz und die Hoffnungslosigkeit. Die Truppen marschirten, um den allverehrten Kronprinzen nicht zu stören, ganz still und klanglos vom Lager ab."

Die Schlacht bei La Rothière war geschlagen am 1. Februar 1814; Kronprinz Friedrich Wilhelm von Württemberg hatte unter Blüchers Führung gefochten als Kommandeur des IV. Corps der verbündeten Armee. Am Tage nach der Schlacht wurde General Stockmayer dem Feldmarschall Blücher vorgestellt. „Er sprach," erzählt Stockmayer, „mit außerordentlicher Verehrung von unserem tapferen Kronprinzen und bemerkte hierbei, daß er zwar die Tage der Regierung dieses Prinzen nicht mehr erleben werde, daß er aber mit prophetischer Voraussicht hier ausspreche, daß derselbe als Regent einstens in Deutschland ein großes Vorbild geben und von ganz Europa geehrt werden würde." So viel Gewinnendes hatte des Kronprinzen Geist und volkstümliches Wesen.

Neben der Möglichkeit besserer Wartung gebot aber auch die Unsicherheit der Lage dringend die Verbringung des Kranken nach Wilna; denn da und dort zeigten sich schon im Rücken der Armee Kosaken. Am 31. Juli trat denn der Kronprinz die Rückreise nach Wilna an, das er nach kleinen Tagereisen am 6. August erreichte. — Es ist außer allem Zweifel, daß die mannigfachen Erregungen und gemütlichen Bewegungen, welche die letzten Wochen gebracht hatten, neben der Krankenluft, welche auf diesen Märschen, in diesen Biwaks wehte, den Grund für die Zerrüttung der Gesundheit des Kronprinzen gelegt haben. In diesen Tagen und auf dem Krankenlager in Wilna erhielt der Prinz eine Anzahl von Briefen und Befehlen seines Vaters, von denen ein kleiner Teil für ihn persönlich bestimmt war, ein anderer dem interimistischen Kommandeur der Division, dem General v. Scheler, zugestellt werden mußte.

Höchst erfreut zeigte sich der König über die Nachricht von dem rühmlichen Gefecht der Louisjäger am 5. Juli bei der Avantgarde Murats. Offiziere, Unteroffiziere und gemeine Jäger waren in ziemlicher Anzahl zur französischen Ehrenlegion dem Kaiser vorgeschlagen worden. Darüber entschied der König: „Er wolle hierdurch angeordnet haben, daß kein Ober- oder Unteroffizier oder Gemeiner zur französischen Ehrenlegion in Vorschlag gebracht werden solle, welcher nicht schon einen württembergischen Orden oder eine württembergische Medaille besitzt, oder zu gleicher Zeit hierzu in Vorschlag gebracht wird, indem es unschicklich ist, daß ein königlich württembergischer Diener eine fremde Dekoration als Belohnung erhalte, wenn er nicht vorher schon deren von seinem König und Herrn gewürdigt worden ist." Aus Schwäbisch Hall vom 8. Juli schreibt der König, ihn habe die willkürliche und gewaltthätige Entsetzung der beiden Generale und die Verteilung der beiden Reiterbrigaden mit tiefem Kummer erfüllt.

„Da aber Seine Majestät die öffentliche Beschimpfung dieser Generale keineswegs mit Stillschweigen zu übergehen gedenken und solche nur, wenn sie schuldig befunden, der verdienten Ahndung und Bestrafung unterworfen wissen können, so haben Seine königliche Majestät befohlen, daß beide Generale sich ungesäumt in das Hauptquartier des Kronprinzen begeben sollen, um allda durch Kriegsgericht gerichtet zu werden, wozu die Mitglieder in beiliegender Ordre benannt sind.

„Von dieser Verfügung wird der Kronprinz den major général Fürsten von Neuchatel durch beiliegendes Schreiben in Kenntnis setzen. Die Antwort des major général falle aus, wie sie wolle, so sollen die beiden Generale unter keinem Vorwand die Armee und das Hauptquartier verlassen, bis sie durch einen kriegsrechtlichen Spruch entweder schuldig oder unschuldig erklärt sind, auch wollen Seine Majestät zum voraus den Spruch des Kriegsgerichts konfirmirt haben."

Erst der Brief Napoleons an den Kronprinzen enthüllte dem König, daß im Grunde die beiden Generale nur gefallen waren, daß die Disziplin der Truppen nur getadelt worden war, um in letzter Instanz den Kronprinzen selbst zu treffen, um vielleicht wegen eines unbedachten Wortes, das irgend einem der höheren Offiziere entschlüpft war, Rache zu nehmen.

Und nun sah der geistvolle Mann, der als König sich so recht berufen fühlte, die Vorsehung für sein Haus und seinen Staat zu spielen, dies sein Gebäude, das er mit so viel Mühe, mit so kluger Benützung und Berechnung der Umstände aufgeführt, in der nächsten Zukunft schon bedroht. Daß Spione überall saßen und ihr Wesen trieben, das wußte er; die Umstände begünstigten auch dies Treiben ganz besonders. Alle die kleinen Höfe beanspruchten Gesandtschaften. Im Austausch dagegen sandte Napoleon seine eigenen Agenten und diejenigen der ihm ganz ergebenen Höfe. Renegaten und Kreaturen aller Art fanden sich in Fülle.

Auch bei den einzelnen im Feld stehenden Kontingenten war es eine ganz einfache Sache: Der französische Abgesandte samt seinen Leuten befand sich als Chef des Stabes stets im Hauptquartier des Kontingents, während es dem Militärbevollmächtigten desselben Kontingents verwehrt war, dem französischen Hauptquartier zu folgen.

Um den Kronprinzen zur Vorsicht zu mahnen, zugleich als Ausdruck seiner eigenen Empfindungen und Grundsätze schrieb der König seinem Sohn den bedeutsamen Brief vom 9. August 1812:*)

---

*) Privatregistr. des Königs Friedrich.

„Mein lieber Sohn!

„Zweierlei Umstände haben mich tief betrübt: einmal die Kunde von der Krankheit, welche Dich ergriffen hat; zum andern beinahe ebenso sehr der Brief des Kaisers, den Du mir mitteiltest. Ich habe unglückseligerweise aus diesem Schreiben ersehen, wie sich meine Befürchtungen verwirklicht haben, die ich hatte schon bei Deinem ersten Zusammentreffen mit dem Kaiser in Thorn. Diese meine Befürchtungen sind erheblich vermehrt worden durch Deine Begegnung mit dem Kaiser beim Niemenübergang und alle die Maßnahmen, welche vorhergingen und nachfolgten. Ich gewann durch all das die Ueberzeugung, daß alle diese Mißfallensbezeugungen sich nur allzu sehr auf Deine Person zuspitzten. Es würde ganz vergeblich sein, den Ursachen nachzuspüren, welche im Kaiser die ersten beklagenswerten Eindrücke gegen Dich hervorgebracht haben; aber es ist nicht zu umgehen, ich muß aufrichtig mit Dir sprechen und Dir dasjenige mitteilen, was jene Eindrücke vermehrt und dauernd erhalten hat. Meine zärtlichen Gefühle für Dich fordern das ebenso sehr wie Deine bedrohte Zukunft.

„Ich weiß es, Du selbst bist im stande, Dich im Zaume zu halten in Deinen Ausdrücken und offenherzigen Aeußerungen über die Person des Kaisers, über seine militärischen Operationen, seine politischen Pläne und die Art, diese in Scene zu setzen, — aber unglückseligerweise haben die Leute Deiner Umgebung und die Personen Deines Hauptquartiers nicht dieselbe Zurückhaltung und dieselbe Vorsicht beobachtet.

„Auf das deutet der Kaiser hin, wenn er sagt: ,Sie kennen sie besser als ich‘ und ,es genügt nicht, sich selbst in einer Art von neutraler Stellung zu halten‘. Der Blick, den ich in einen Teil der Briefe gethan habe, der von der Armee kommt, hat mich belehrt, daß diese Korrespondenz wahrhaft skandalös ist und daß die höchsten Offiziere sich unerlaubte, ja verbrecherische Aeußerungen haben zu Schulden kommen lassen. Denn wenn der Herr und Souverän in irgend einer Sache seine Partei ergriffen hat, so darf es Generalen nicht gestattet sein, die maßgebenden Grundsätze anzufechten; ihre Sache ist es allein, sie auszuführen, zu gehorchen und vor allem sich keine lecken Urteile zu erlauben. Und das um so weniger, als die Empfindlichkeit des Kaisers nach dieser Richtung bekannt ist und die Klugheit gebietet, jedes Mißfallen zu vermeiden.

„Du weißt es, mein lieber Sohn, unsere politische Existenz hängt ganz vom Kaiser ab; durch ihn allein bin ich in den Stand gesetzt worden, den Staat zu gründen, dessen Herrscher Du einst sein sollst. Du kennst mich genau genug, um zu wissen, daß ich nicht für mich allein gearbeitet habe und daß ich den schändlichen Egoismus verabscheue, der die Dauer meiner Schöpfung zusammenwirft mit derjenigen meiner Person. Ich würde diese Welt mit dem Gefühl des tiefsten Schmerzes verlassen, wenn ich nicht die Hoffnung mitnehmen könnte, Dich zu sehen, wie Du das Werk, zu welchem ich durch die Gunst der Umstände den Grund legen konnte, weiterführst und vergrößerst.

„Dazu aber, mein lieber Sohn, gibt es nur einen einzigen Weg und der ist: versichere Dich des guten Willens und der Achtung des Kaisers. Du weißt es, ob ich je seine Freundschaft mir zu erwerben gesucht habe durch niedrige Mittel und eigene Demütigung, und doch siehst Du, daß er mir und meiner Art zu denken Gerechtigkeit widerfahren läßt.

„Wandle auf meinem Wege. Dein Vater, Dein bester Freund, derjenige, der ja nur Dein eigenes Bestes, Deine Erhaltung, Deinen zukünftigen Glanz wollen kann, beschwört Dich. Sprche Deine Meinung mit Festigkeit aus, die Meinung, welche geboten ist von der Vernunft, von Deinem Interesse, von der Notwendigkeit; aber dulde niemals, daß irgend jemand eine Behauptung aufstelle oder eine Aeußerung, welche Deiner Meinung zuwiderläuft; verfahre mit unerbittlicher Strenge gegen diejenigen, welche das doch wagen sollten: habe für Deine Person im Auge dies große, dies einzige Gesetz: die Notwendigkeit, und zersplittere Deine moralische Kraft nicht in den vergeblichen Versuchen, gegen sie ankämpfen zu wollen.

„Du verstehst mich und ich brauche dem oben Gesagten nichts hinzuzufügen.

„Fange damit an, daß Du auf der Parole, wo die Generale und so viele Offiziere, als thunlich ist, versammelt sind, bekannt gibst, wie Du mit tiefer Bekümmernis habest erfahren müssen, daß Seine Majestät der Kaiser Grund zum Mißtrauen gegen die loyalen Gesinnungen eines Teils der Offiziere zu haben glaube; daß der König, Dein Vater, von den Nachrichten hierüber auf das peinlichste berührt worden sei. Obwohl Seine Majestät der König sich gerne einrede, daß dieser Eindruck hervorgerufen sei durch böswillige Auslegung und daß seine gutgesinnten Offiziere nie auch nur einen Augenblick die Treue vergessen könnten, die sie ihm geschworen, was doch der Fall wäre, wenn sie so von den Absichten ihres Königs und — was dasselbe ist — seines Alliirten abweichen könnten, so hat Seine Majestät der König doch befohlen, daß den Offizieren diese Seite ihrer Pflichten ernst ins Gedächtnis gerufen werde und daß es ihnen verboten sein solle, irgend eine Aeußerung zu thun oder einen Ausdruck zu gebrauchen, welcher der Achtung zuwiderlaufen könnte, die sie dem Verbündeten ihres Königs schulden, oder welche die ergebenen Gesinnungen verletzen würden, mit denen der König für die gemeinschaftlichen Interessen erfüllt ist. Strenge Bestrafung erwartet diejenigen, welche diesen Befehl nicht respektiren würden.

„Wenn Du fortfährst, so zu handeln, wenn Du jede Gelegenheit aufsuchst, Dich dem Kaiser wieder zu nahern, um ihm mündlich zu sagen, wie sehr Du seiner Person und seiner Sache zugethan bist, so wird es Dir, ich wage es zu hoffen, gelingen, den nachteiligen Eindruck zu verwischen. Damit wirst Du zugleich Deinem Vater die Ruhe zurückgeben, die er vollständig verloren hat, so lange er Dich den Gefahren einer drohenden Zukunft ausgesetzt sieht.

„Leb wohl, mein lieber Sohn, ich umarme Dich ꝛc. ꝛc."

Ein Zeitgenosse, der nachmalige Prälat Pahl, der um das Jahr 1812 Pfarrer in Affalterbach in der Nähe von Marbach gewesen, erzählt[*], eine hervorragende Gesellschaft aus Stuttgart und Ludwigsburg habe sich zu bestimmten Zeiten in Marbach getroffen, um hier in geschlossenem Vereine und bei freierer Bewegung, als dies geschehen konnte in den mißtrauisch überwachten Residenzstädten, sich über manche Zustände der unerquicklichen Gegenwart auszusprechen. Er sei auch gewürdigt worden, in diesen gesellschaftlichen Klub einzutreten, in dem politische und militärische Fragen erörtert worden seien. Die meisten Mitglieder waren höhere Militärs: Scheler, Hügel, Franquemont, Koch, Graf Zahn, die Prinzen Hohenlohe-Kirchberg und Langenburg, Fürst Wallerstein, Waldburg-Zeil-Trauchburg, Breuning und andere.

Wir sehen, es befinden sich auch die Namen mancher darunter, denen wir auf dem Zuge nach Rußland begegnen. Es ist kein Zweifel, daß denkende Männer das Bedürfnis fühlten, sich in engerem Kreise über die allgemeine Lage auszusprechen, aber von einer geheimen Gesellschaft kann hiebei nicht die Rede sein. König Friedrich kannte ganz gewiß die Zusammenkünfte in Marbach, wußte, daß sie von durchaus ruhigen Staatsbürgern und gewissenhaften Beamten besucht wurden, und schritt ebenso wenig gegen sie ein, als er es jetzt die Urheber der Korrespondenzen entgelten ließ, welche mit ihrem ganzen Inhalt (correspondance vraiment scandaleuse, wie er in dem obenstehenden Brief sagt) vor ihm lagen.

Derlei Auslassungen kümmerten ihn nicht weiter, aber mit Schrecken erfüllte ihn der Gedanke, daß durch den Groll Napoleons die Zukunft seines Hauses bedroht sein könnte, daß eine Störung des mühsam aufgeführten Baues denkbar wäre.

In einem Schreiben vom 23. Juli wandte sich der König an Napoleon selbst:

„Monsieur mon frère!" Der Gesandte in Stuttgart, Dumoustier, habe ihm die Angelegenheit wegen der beiden Generale mitgeteilt. — „Zu gleicher Zeit kommt ein Kurier von meinem Sohn und bringt mir Kunde von den Mißfallensbezeugungen, welche Eure kaiserliche Majestät ihm am 25. Juni unmittelbar nach dem Uebergang über den Niemen gegeben hat. — Eure kaiserliche Majestät kennt meine Grundsätze über die militärische Disziplin und die Strenge, mit der ich auf ihre Beobachtung halte. Ich kann die Versicherung geben, daß mein Sohn in dieser Richtung meine Ansichten teilt; wenn einige Unordnungen stattgefunden haben, so können sie nicht ihm zur Last fallen, sondern denjenigen, welche, ohne ihn zu benachrichtigen, seine Untergebenen in Thätigkeit gesetzt und unheilvolle, gewaltthätige und drückende Maßregeln ausgeführt haben, ohne vorher den Bezirksobrigkeiten die mindeste Anzeige gemacht zu haben.

---

[*] Pahl, Denkwürdigkeiten aus meinem Leben. Tübingen, 1840. S. 393 und 439.

„Mein Sohn, der Kronprinz, hat in meinen Augen in dieser Angelegenheit nur einen einzigen Fehler gemacht, und dieser besteht darin, daß er nicht sofort, nachdem er jene Maßregeln erfahren hatte, seine Beschwerde bei Eurer kaiserlichen Majestät vorbrachte samt der Bitte, die verletzte militärische Disziplin und den militärischen Instanzengang wieder in ihre Rechte einsetzen zu wollen. Denn er konnte doch nicht verantwortlich sein für das, was sich ohne sein Vorwissen und ohne seine Beteiligung vollzog. Der Umstand, daß Eure kaiserliche Majestät nur einen Augenblick meinen Sohn, den Kronprinzen, der Hintansetzung und Vernachlässigung seiner militärischen Pflichten fähig halten konnten, dieser Umstand hat ihn tief geschmerzt.

„Sie wissen es, mein Herr Bruder, ich bin kein schwacher, weichherziger Vater, aber in diesem Fall kann ich Bürgschaft leisten für meinen Sohn, daß er in demselben Maße alles das verabscheut, was geeignet ist, den Namen des Soldaten zu entehren, was eine Armee herabwürdigt und sie zu einer Räuberhorde macht. Er hat nach dieser Richtung die strengsten Vorschriften, und ich bin überzeugt, daß er sogar Blut fließen lassen wird, sobald es notwendig ist, um Ordnungswidrigkeiten zu unterdrücken, aber, ich darf das wohl Eurer kaiserlichen Majestät wiederholen, er kann nicht verantwortlich gemacht werden für das, was Truppenteile ausgeführt haben, die man seinem Oberbefehl entzogen hatte.

„Wenn es möglich ist, daß Generale oder andere Offiziere strafbare Geschwätze verführt haben, ganz entgegen den wohl bekannten Absichten ihres Souveräns, so gibt es keine Strafe, die sie nicht verdient hätten und in die sie auch noch verfallen sollten. Als ein besonderes Zeichen der Freundschaft für Ihren getreuesten Bundesgenossen würde ich es ansehen, wenn Eure Majestät, ich bitte darum, meinem Sohne die nötigen Nachweisungen geben wollte, welche ihn in den Stand setzen, die Schuldigen aburteilen zu können und sie mit den Strafen zu belegen, welche sie verdient haben durch Ungehorsam gegen militärische Vorschriften und Auflehnung gegen dieselben 2c. 2c."

Seinen verschiedenen Schreiben an den Kronprinzen fügt der König noch die Aufforderung bei, es solle durch Parolebefehl in der ganzen Armee bekannt gemacht werden, „daß mehrere Offiziere aus allen Chargen mittelst Schreiben und weitläufigen Berichterstattungen an ihre Freunde, besonders aber an ihre im Königreich zurückgebliebenen Frauen, den Zustand des königlichen Armeecorps und einen dabei herrschen sollenden Mangel als so groß geschildert und mit so grellen Farben beschrieben haben, daß diese durch weibliche Geschwätzigkeit verbreiteten und vergrößerten Nachrichten über den Zustand des Armeecorps im ganzen Königreich, besonders aber in Stuttgart, die größte Ängstlichkeit und Unruhe verbreitet haben, wodurch nicht allein diese sehr üblen Folgen entstanden, sondern auch Seine Majestät in mancher Hinsicht leicht kompromittiert werden konnten." — Jede schriftliche Aeußerung dieser Art soll daher für die Folge ernstlich verboten sein. Alle unnötige Korrespondenz soll verhindert werden.

Durch die Erkrankung des Kronprinzen, durch seine Entfernung von der Division, hauptsächlich auch dadurch, daß der seitherige hauptsächliche Berichterstatter, General v. Theobald, als Begleiter des Kronprinzen mit nach Wilna ging — durch all dies scheint ein Stillstand in den regelmäßigen Rapporten und Berichten, in deren Abfassung und Absendung an den König eingetreten zu sein. Der interimistische Kommandeur, General v. Scheler, hat stets an den Kronprinzen nach Wilna berichtet. Theobald nun, wohl in der Meinung, daß die Berichterstattung nunmehr in duplo erfolge, an den Kronprinzen und gleichzeitig auch an den König direkt, fügte seinen Berichten über den Verlauf der Krankheit beim Kronprinzen nur beiläufig auch noch einzelne Notizen über die württembergischen Truppen und die allgemeine Kriegslage bei, ohne sich eingehend mit der Thätigkeit der Division zu beschäftigen.

In Wirklichkeit berichtete aber General v. Scheler nur an den Kronprinzen in der Meinung, daß Theobald, wie seither, die weitere Berichterstattung an den König übernehme.

So schreibt der König aus Stuttgart den 14. August an General v. Theobald: „Mit Bedauern habe er den Berichten den verschlimmerten Gesundheitszustand des Kronprinzen entnommen; den äußerst bedenklichen und kläglichen Zustand des Armeecorps, sowie die Uebernahme des Kommandos durch General v. Scheler haben Seine Majestät aus den Berichten des Generals v. Theobald entnehmen müssen. Sehr auffallend mußte es dabei sein, hierüber nur einzelne hingeworfene Erzählungen und keinen umfassenden, in Details gehenden Bericht über die Verluste, über die Kranken und so fort erhalten zu haben. Seine Majestät können nicht umhin, hierüber dem General Theobald ihr höchstes Mißfallen zu bezeugen, daß er nicht Einleitung getroffen, daß von dem Augenblick der Erkrankung des Kronprinzen an unmittelbar durch General v. Scheler an den König berichtet wird, wodurch dem gewiß unerhörten Vorfall vorgebeugt worden wäre, daß der General v. Theobald angibt, daß es sich nicht bestimmen lasse, wo das Armeecorps in diesem Augenblick stehe."

„Seine Majestät sei nicht gewohnt, so oberflächliche Berichte zu erhalten; General Theobald solle machen, daß er zur Armee zurückkomme." — An Theobalds Stelle solle Oberst Graf Beroldingen, der zurückgewiesene und jetzt in Königsberg zur Unthätigkeit verurteilte Militärbevollmächtigte, treten; bei den Verpflegungsanstalten solle er mitwirken, damit das Elend der Leute gemildert werde.

„Mit Bekümmernis und Ungeduld sehe der König den ausführlichen Berichten entgegen. Zur Beruhigung der Gemüter im Königreich müsse man Namen haben für die Toten, die Kranken und Blessierten; Rationale und Totenscheine seien erforderlich. Graf Beroldingen solle um so mehr bei jeder Gelegenheit aufmerksam machen auf Beobachtung der Ordre wegen unnötiger Korrespondenz, als um so nötiger, da es eben die Personen des Generalstabs sind, welche diese Ordre veranlaßt haben und welche die bei dem Kaiser Napoleon entstandenen so üblen Eindrucke durch ihr unsinniges und verderbliches Geschmier erregt haben."

„Seine Majestät verlassen sich auf den Oberst Graf Beroldingen," fügt der König in einem weiteren Schreiben an diesen Offizier bei, „daß derselbe von diesen Eröffnungen keinen Gebrauch machen, sondern sie bloß zur Herbeiführung einer womöglich besseren Stimmung benutzen werde." — Von einem Militärbevollmächtigten im französischen Hauptquartier ist nicht weiter die Rede. Insbesondere schärft der König dem Grafen Beroldingen noch ein, sobald er zum Armeecorps komme, ja keine Kosten zu sparen und alle zu Gebot stehenden Mittel anzuwenden, wenn solche auch noch so kostspielig sein sollten, um dem Mangel abzuhelfen. Den Subalternoffizieren werde eine monatliche Zulage von zehn Gulden verwilligt außer der schon bestehenden regelmäßigen Feldzulage.

Nach einer im allgemeinen vom Wetter begünstigten Reise kam der Kronprinz am 6. August in Wilna an und zwar in besserem Zustande, als man zu hoffen gewagt hatte. — Wenige Tage vorher hat der Leibarzt Dr. Fidler sich dahin ausgesprochen: „Ob zwar die Hauptkrankheit, nämlich die Ruhr, großenteils gehoben, so dauern die frequenten Stuhlgänge immer noch fort, ein Umstand, welcher bei schon vorhandener Schwäche eine langdauernde Rekonvaleszenz erwarten läßt; auch habe ich mir alle Mühe gegeben, noch einen weiteren Arzt ausfindig zu machen, aber vergebens ist alles Forschen in dieser so großen Oede. Dr. Schuntter ist also der einzige, dessen Beistand ich habe, welcher ein Mann von vielen praktischen Talenten ist." — Beide Aerzte haben eine ausführliche Krankheitsgeschichte zusammengestellt.

„Gleich nach der Ankunft in Wilna," berichtet Theobald vom 8. August, „hat man noch einen dritten Arzt in der Person des Dr. Spitznagel herbeigerufen, welcher praktischer Arzt und zugleich Professor an der hiesigen Universität ist, in der Gegend von Tuttlingen zu Hause und also ein geborener Württemberger. Derselbe hat nicht nur das bisherige Verfahren der beiden Aerzte gutgeheißen, sondern ist auch mit ihrem künftigen Heilplan ganz einverstanden." — Die französischen Behörden in Wilna, namentlich der Herzog von Bassano, Minister der auswärtigen Angelegenheiten, haben dem Kronprinzen ihre Aufwartung gemacht.

Vom Ende August berichtet Theobald: „Der Prinz ist zum Skelett abgemagert und hat an Kräften seit seinem Aufenthalt hier wahrlich nicht zugenommen, wie er denn auch selten eine Stunde, an manchen Tagen auch gar nicht außer Bett sein kann. Wenn es einige Tage gut zu gehen scheint, ist es plötzlich wieder schlimmer. Zu den physischen Leiden gesellt sich der Kummer*)

---

*) Vergl. auch: Markgraf Wilhelm von Baden, Denkwürd. Karlsruhe 1864, S. 46.

über so manches Unangenehme, das vorgefallen ist, und über seine Krankheit selbst, die ihn verhindert hat, den Feldzug ganz mitzumachen."

Mit den ersten Tagen des September tritt übrigens einige Besserung ein. Es kommt ein Privatbrief des Generals Kerner an Theobald in Wilna an: von der württembergischen Division wird hier berichtet, daß sie sich der Fürsorge des Commissaire ordonnateur Duprat, der Generale Gouré und Fouché zu erfreuen habe, aber auch jeglicher Fürsorge sehr bedürftig sei. „Der neue Divisionskommandeur, General Graf Marchand, benimmt sich mehr als Ratgeber denn als kommandirender General und hat im Geschäftsgang nichts geändert. Auch hat sich derselbe geäußert, daß der nun abgegangene Oberst Lagrange uns im kaiserlichen Hauptquartier schlimme Dienste erwiesen habe, was sehr undankbar wäre, da er von Seiner königlichen Hoheit so gnädig behandelt wurde. Da wir ihm bei verschiedenen ungereimten und unbefugten Forderungen, die er machte, zu verstehen gaben, daß wir keine Franzosen, sondern Verbündete seien, so mag er davon Anlaß genommen haben, unsere Gesinnungen gegen den Kaiser verdächtig zu machen, wenigstens schien der Kaiser in der Folge auf etwas dergleichen anzuspielen." So lernte der Kronprinz wenigstens eine der Quellen nachträglich kennen, aus welcher manches Unheil für ihn und seine Truppen hervorgegangen war.

Er selbst hatte übrigens schon bei Kaiser Napoleon um Urlaub nachgesucht: dieser war genehmigt worden, und so trat er am 10. September die Rückreise von Wilna in die Heimat an. Vom 17. bis 22. September wird in Königsberg verweilt; am 9. Oktober hat der Kronprinz Stuttgart erreicht. Einige Schwäche und eine außerordentliche Magerkeit abgerechnet, erwies sich sein Zustand als ziemlich befriedigend.

General v. Theobald aber hatte die Unzufriedenheit des Königs voll auf sich gezogen. Es wurde ihm zur Last gelegt, daß er den Geschäftsgang und die Berichterstattung bei seinem Abgang von der Division nicht geregelt und nur verschleppt habe: eine Eigenmächtigkeit sei es von ihm gewesen, so lange, auch nachdem Besserung eingetreten, um die Person des Kronprinzen zu bleiben; er hätte zeitig sich der Division wieder anschließen sollen. Noch ehe er den Boden des Königreichs betrat, erhielt er vom König seine in den ungnädigsten Ausdrücken abgefaßte Entlassung aus allen militärischen Diensten.

Smolensk.

In den Tagen, da der Kronprinz von Württemberg genötigt war, das Kommando über seine Truppen abzugeben, gestaltete sich allmälich die Kriegslage etwas klarer, als sie bisher gewesen. König Jerome auf Napoleons rechtem Flügel war es nicht gelungen, die zweite russische Armee zu erreichen und zum Stehen zu bringen. Es ließ sich jetzt erkennen, was die russische Heeresleitung plante: Vereinigung der beiden Armeen unter Barclay und Bagration im Lager bei Drissa an der Düna. Jede Thätigkeit von irgend welcher Bedeutung vor dieser Vereinigung sollte vermieden werden. Eine der beiden russischen Armeen, die Hauptarmee unter Barclay, stand schon bei Drissa; die unter Bagration sollte sich heranziehen.

Das erwies sich in diesem Sinne nicht ausführbar; an den Dünafluß durchzukommen war für Bagration nicht mehr möglich. Seine Armee war schon allzu weit nach Osten zurückgewichen und konnte deshalb die erste Armee gefahrlos nur dann erreichen, wenn diese ihr die Hand entgegen streckte, auf halbem Wege ihr entgegen kam und zwar in südöstlicher Richtung. So kam es, daß der Anschluß der beiden russischen Armeen etwa bei Polozk oder Witebsk zu suchen war oder endlich bei Smolensk, an der großen nach Moskau führenden Straße.

Beide russische Armeen führten ihre, die gegenseitige Annäherung fördernden Operationen ungemein geschickt aus. Zu einzelnen Nachhutsgefechten kam es wohl, aber im allgemeinen gelang es ihnen, sich zu Ende des Monats Juli und in den ersten Tagen des Monats August immer mehr zu nähern und sich endlich am 3. August die Hand zu bieten. Aus dem Zurückgehen der Russen folgt allerdings, daß der Sieg sich seither zu Gunsten der Franzosen entschieden hatte, jedoch ohne dadurch dem Waffenruhm der Russen Abbruch zu thun, indem diese den beschlossenen Rückzug ganz in ihrem Sinn ausführten und die geplante Vereinigung zu stand brachten. Im ganzen gab es acht bedeutendere Gefechte, bei Witebsk, bei Mohilew und anderen Orten, von denen die Franzosen sechs gewannen, zwei verloren. Am 16. August stand Napoleon mit seiner Hauptarmee vor Smolensk auf dem linken Ufer des Dniepr, mit Front nach Norden, den Stadtteil auf dem linken Ufer des Dniepr umklammernd.

Kaiser Alexander hatte Wilna verlassen vor dem Einbruch der Franzosen und sich zunächst ins Lager bei Drissa begeben. Als sich die Unmöglichkeit von einem Heranziehen der Armee Bagrations ergab, betrieb gerade Kaiser Alexander das rasche Aufgeben des Lagers von Drissa und das angestrengteste, ununterbrochene Marschiren der Armee Barclays über Polozk, Witebsk nach Smolensk zur Vereinigung aller Streitkräfte. Von Polozk aus erließ Alexander eine Reihe von Proklamationen an das russische Volk, um außerordentliche Volksbewaffnungen zu stande zu bringen. In Witebsk verließ Alexander die Armee und begab sich nach Moskau. Er kam hier am 23. Juli an und fand den Adel und den Kaufmannsstand versammelt, mit welchen beiden Körperschaften der Kaiser Beratungen pflog, um die näheren Bestimmungen der Volksbewaffnung festzustellen. Einige Tage später ging er nach St. Petersburg ab.

Die Anwesenheit Alexanders in Moskau erwies sich als besonders wirkungsvoll und folgenschwer. Am 24. Juli bei Sonnenaufgang war ganz Moskau auf den Beinen und der Kreml füllte sich mit Russen, die ihren Zaren sehen wollten. Früh in der neunten Stunde trat der Kaiser aus dem Palaste, mit einem allgemeinen Hurra! vom Volke empfangen. Tausende riefen ihm zu: „Führe uns, wohin Du willst; führe uns, unser Vater! Laß uns siegen oder sterben!"

„Wenn Napoleon diesem Schauspiele hätte beiwohnen können, würde er sicherlich die Hoffnung aufgegeben haben, dieses Land unterjochen zu können."[*] Kaum zwei Monate waren ins Land gegangen, und Napoleon zog doch in der Hauptstadt des Feindes ein, aber freilich nach mühsam errungenem Sieg und mit einer Armee, welche, seine Garden ausgenommen, nur noch aus Schatten bestand, deren Leistungen für eine kurze Spanne Zeit immer noch ins Gewicht fielen nur durch den Geist, der in den dünnen Reihen noch wehte.

Bei Alexanders Anwesenheit in Moskau aber vollzogen sich in den letzten Tagen des Juli wichtige Beschlüsse. Adel und Handelsstand versammelten sich am 27. Juli in den Sälen des slobodskischen Palastes. Noch ehe der Kaiser erschien, trat der Kommandant von Moskau, Graf Rostoptschin, in beide Versammlungen, machte das kaiserliche Manifest bekannt und forderte in feuriger Rede alle und jeden auf, an der großen That der Verteidigung des Vaterlandes sich zu beteiligen. Unverzüglich wurde vom Adel, nach dem Beispiel des smolenskischen, der Beschluß gefaßt, eine Landwehr von 80000 Mann zu organisiren; die Kaufleute begannen eine allgemeine Sammlung von Beiträgen.

Von stürmischem Enthusiasmus empfangen trat der Kaiser ein und schloß seine Rede mit den Worten: „Ich bin fest entschlossen, eher alle Kräfte meines großen Reiches zu erschöpfen, als mit dem stolzen Feinde Frieden zu machen." — Und: „Wir sind bereit, Vater, Dir unser Vermögen und uns selbst zu opfern," klang es zurück.

Wir haben gesehen, wie von Wilna aus Napoleon seine Hauptarmee in nördlicher und nordöstlicher Richtung gegen die Düna, hauptsächlich gegen das Lager von Drissa, vorgehen ließ, um den russischen Heeresteil unter Barclay vereinzelt zu treffen, während Jeromes Aufgabe es war, den russischen Heeresteil unter Bagration anzugreifen. Hier jedoch wurde nicht rasch genug und nicht zur Zufriedenheit Napoleons vorgegangen; deshalb Jerome durch Davoust ersetzt. Der Erfolg blieb sich gleich; die Vereinigung gelang den Russen, wenn auch nicht bei Drissa, oder Polozk, oder Witebsk, so doch am 3. August bei Smolensk.

Die französischen Armeen, meist in atemloser Hast hinter den geschickt zurückweichenden Russen hermarschirend, befanden sich Anfangs August an folgenden Plätzen:

*) Bogdanowitsch, Geschichte des Feldzugs im Jahre 1812. Leipzig, 1863. I. 164.

Der äußerste rechte Flügel, Oesterreicher und VII. Corps, Sachsen, unter Reynier, bei Slonim. Die Mitte der Armee unter Napoleon: Hauptquartier und Garden in Witebsk; Murat mit den vier Reitercorps in Rudnja und Inkowo; III. Corps bei Liozna. Dies Corps und Murat waren am weitesten gegen Smolensk vorgerückt, standen dem Feinde am nächsten. Rechts davon hatten I., V., VIII. Corps die Punkte Mohilew, Dubrowna, Orscha erreicht; links aber vom III. Corps stand das IV. Corps vorwärts Witebsk bei Surnaz und Welisch.

Der linke Flügel unter dem Marschall Oudinot, II. Corps und VI., Bayern, fand sich von der Hauptarmee abgetrennt zu Bielaia und Polozk und ist auch von ihr getrennt geblieben, wie dies auch der Fall ist beim rechten Flügel unter Reynier. — So hatte sich eine **Armee der Mitte** unter **Napoleons eigener Leitung** herausgebildet, umfassend die Garden, 4 Reitercorps und Armeecorps I bis VIII, mit Ausnahme von II und VI und VII; etwa zur Hälfte Nationalfranzosen, zur andern Hälfte Polen, Italiener, Westfalen, Württemberger in geschlossenen Körpern und außerdem Splitter von anderen Nationen und deutschen Kontingenten.

Auf den beiden Flügeln aber überwogen bei weitem die Bundesgenossen; denn die Franzosen waren hier nur vertreten durch das II. Corps, Oudinot. — Marbot, der französische Heißsporn, meint in seinen Memoiren: in seiner Herzensgüte habe sich Napoleon verleiten lassen, die Bundesgenossen auf die günstigsten Plätze zu stellen. Von den Oesterreichern und Preußen hätte Napoleon, wenn er mehr auf guten Rat als auf sein vertrauensseliges Herz hören wollte, bei weitem größere Kontingente verlangen und diese in der Mitte vorwärts gegen den Feind ins Innere von Rußland treiben müssen; die nationalfranzösischen Truppen auf den Flügeln und im Rückhalt, überwachend und anspornend. Dann, mochte es gehen, wie es wollte, blieben die Franzosen im Vorteil und hatten jedenfalls die verdächtigen Bundesgenossen geschwächt.

Die Hauptarmee in der Mitte, wie sie sich gebildet hatte, halb aus Franzosen, halb aus Bundesgenossen, blieb in ihrer Formation beisammen, bis sie in winterlichem Graus auseinanderfiel; mit ihr führte Napoleon seinen Marsch ins Innere des Landes aus, seinen Stoß ins Herz. Diese Truppenteile waren es, deren physische Kräfte allmälich verzehrt wurden, deren inneres Feuer auch nach und nach ausbrannte, bis nur noch einige wenige traurige Schlacken übrig blieben. Unaufhörlich ging es vorwärts über endlose Ebenen ins **Innere von Rußland** hinein, durch düstre Wälder, bis endlich mit gebrochener Kraft das Ziel erreicht war, dessen sich wahrhaft zu freuen der Mut und die richtige bewußte Empfindung fehlten.

Da gab es keine freundlichen Eindrücke, keine Romantik des Marsches, nichts, was die Phantasie angeregt, die Gemüter wohlthuend berührt hätte. Wo waren sie geblieben, die freundlichen Dörfer, die vieltürmigen Städte von

Europa, die klaren, rauschenden Bergwasser, die blauen Seen, die ragenden Berge,
die frisch sprudelnden Brunnen und Quellen? Endlos, nur durch Wälder, nur
durch langgestreckte Rücken unterbrochen, schien hier die Ebene sich zu dehnen.
Träge dahingleitende Flüsse und Bäche haben hier sich weite Thalmulden in den
tiefgründigen Boden gegraben; stehende Wasser, trüb und moorig, decken weite
Flächen. Aus den dürftigen Holzhäusern der Dörfer sind die Bewohner mit
ihrer besten Habe geflohen; nur dann und wann huscht eine scheue Gestalt um
die Ecke. So ging es ins finster blickende Land hinein Marsch auf Marsch;
ohne Erholung, ohne Auffrischung des Leibes und der Seele, ohne andere
Lebensmittel als diejenigen, welche in der Hast zur Seite der Heerstraße aufgegriffen wurden.

Die württembergische Division, seit wenigen Tagen von dem
Generallieutenant v. Scheler kommandirt, hat am 24. Juli die
Gegend von Polozk erreicht. Der Bericht von diesem Tage an den König
lautet: „Ein Rapport ist von den Bataillonen bisher unmöglich zu erhalten
gewesen, allein nach einer ungefähren Berechnung sind wir noch 4500 Mann
unter dem Gewehr." Wie früher in Malatui wurde auch in Disna ein Spital
etablirt. „Bei dem heutigen Biwak haben wir eine große Mahlmühle mit sehr
viel Weizen angetroffen und daher ein Detachement zurückgelassen, um zu mahlen,
allein die Wege hieher sind so grundlos und stecken so voll Wagen in den Defileen,
daß das Mehl schwerlich wird folgen können, und daher bleiben wir immer mit
den Lebensmitteln auf nichts reduzirt, welches bei den kontinuirlichen, langanhalten-
den Marschen, und da die Leute Ekel vor dem Fleisch bekommen, bewirken muß,
daß wir in wenigen Tagen auf einige tausend Mann reduzirt sein müssen."

Nur 16 Offiziere seien bis daher in den Spitalern, aber viele schleppen
sich elend nach und thun sich allen Zwang an; meist seien in jedem Bataillon
nur 4 bis 5 gesunde Offiziere. „Beim Generalstab ist nur Hauptmann Gelble
noch gesund, der Lieutenant v. Miller wird nächstens zurückbleiben müssen."

„Die Märsche an und für sich wären bis dato nicht zu groß gewesen,
sie sind aber aufreibend durch die lange Dauer; heute haben wir wieder tausend
Wagen auf die Seite schieben müssen, um uns durchzuarbeiten." — „Wir
haben nunmehr viele Soldaten mit Bauernpferden beritten gemacht, um durch
diese während des Marsches möglichst viel Lebensmittel aufzutreiben, und es
wird kein Mittel unterlassen, um alles mögliche für die Subsistenz zu thun.
Allein das Land ist zu schlecht, der Truppen sind zu viele, die Marsche zu
kontinuirlich, und wenn man in das Lager einrückt, ist alles so erschöpft, daß
weder Mensch noch Pferd ein Glied rühren will, daher die Not immer groß
bleiben und sich bei der Kontinuation der Marsche immer steigern muß, weil
die Leute immer erschöpfter werden. Jede Regennacht schadet außerordentlich
viel, verursacht uns viele kranke Leute und tote Pferde, und jeden solchen Tag
bleiben tote Soldaten im Biwak zurück."

„Die zwei anderen Divisionen des Armeecorps, Ledru und Razout, haben zwar auch starken Abgang, aber nicht so viel wie wir, da wir nun seit sechs Tagen die Queue haben und vor uns alles schon ausgeplündert ist, auch wir uns nie die Mittel, wie die Franzosen, erlauben dürfen, ohne gleich das größte Geschrei zu erregen; daher nichts übrig bleibt, als Mut zu zeigen und die Sache so weit fortzutreiben, bis die Natur unterliegt."

„Ich habe starke und kräftige Vorstellungen wegen der schlechten Vorsorge für die Verpflegung bei General Gouré gemacht; Marschall Ney hat sehr darauf reagirt und uns zu Disna ein großes Quantum Roggen und eine Partie Branntwein konserviren lassen, allein aus Mangel an Mühlen kann meistens nicht gemahlen, aus Mangel an Fuhrwesen, welches nicht nachkommen kann, das Mehl nicht transportirt werden, und was man dem Mann zu tragen geben will, dessen sucht er sich wegen Erschöpfung so bald als möglich zu entledigen. Hiezu kommt noch der elende Zustand der Montirungsstücke bei dem nassen und kalten Wetter, und die geistige Abspannung, was alles zusammen die traurigsten Aussichten darbietet; indessen aber wollen wir immer noch Mut behalten."

„Oberst Lagrange hat gestern die Nachricht gegeben, daß General Vandamme von der Armee zurückgeschickt worden, weil Seine Majestät der Kaiser mit ihm unzufrieden gewesen u. s. f." — „Die Zeit erlaubt nicht, ausführlicher zu sein und detaillirte Notizen zu geben, auch bin ich im gegenwärtigen Augenblick physisch außer stande, eingehenderen Bericht abzufassen."

Je weiter die Armee ins Innere von Rußland eindrang, desto längere Zeit brauchten die Armeekuriere, um die Berichte nach Stuttgart zu bringen, und der König brannte vor Begierde, Details zu hören und zu erfahren, wie man abhelfen könne. Auch der Wechsel im Kommando brachte Verzögerung mit sich und machte einen Strich durch manche Berechnung; zudem mußte der höchst ungeduldige König fühlen, daß all sein Sorgen, alle seine weitaussehenden Verpflegungs- und Verhütungsmaßregeln gegenstandslos werden würden dadurch, daß bei den täglich wachsenden Entfernungen jeder Befehl und jede Anordnung die beabsichtigte Wirkung verlor, weil alles durchaus anders lag in dem späten Zeitpunkt, in welchem dort eine Verfügung eintreffen konnte.

Am 14. August schrieb der König in seinem Kummer, da er alle seine schlimmen Ahnungen bestätigt sah, an Scheler aus Stuttgart: „Er hätte sofort den Antritt seines Interimskommandos immediate melden sollen. Es fehlten ja alle Rapporte und Nachweisungen und müssen solche nachgeliefert werden. Seine Majestät können und werden keine Entschuldigung von Unmöglichkeit und Unzulänglichkeit der Mittel und dergleichen mehr annehmen. Gewiß verabscheuen Allerhöchstdieselben alles Plündern und Marodiren, allein wenn dieses vermieden werden solle, muß für die Lebensbedürfnisse des gemeinen Mannes gesorgt werden, und man würde in den Augen Seiner Majestät höchst strafbar erscheinen, wenn dabei etwas versäumt würde und Ihr Armeecorps, was Allerhöchstdieselben wie Ihre Kinder ansehen, auf eine die Menschheit beleidigende Weise vernachlässigt würde." — Es müssen die französischen Behörden angezogen werden, und deshalb sei Graf Beroldingen jetzt von Königsberg zur Division kommandirt, um als königlicher Kommissarius zu wirken.

Von dem Marsche von Polozk über Witebsk nach Smolensk berichtet General v. Kerner, als das III. Corps und mit ihm die Württemberger stets den Spuren der russischen Armee unter Barclay folgten: die Märsche seien stark, erst mit der Nacht werde das Lager in der Regel erreicht. „Manchen Selbstmord führte das Elend herbei, und die marschirenden Kolonnen glichen mehr einem Krankentransport als einer Kriegerschar. Marschall Rey sah vor einigen Tagen unsere Division seit langer Zeit wiederum einmal vor seinem Quartier defiliren. Er hatte zuvor schon eine sehr gemäßigte Beschreibung ihres Zustandes von mir erhalten; man erwartete daher nichts anderes, als daß er durch den Anblick dieser schwankenden Schatten sehr überrascht werden würde, wie auch durch die große Abnahme der Division; allein es befremdete ihn keineswegs und er sagte nur zu Seiner Durchlaucht dem Prinzen Adam und zu Generallieutenant v. Scheler, wir sollten unseren Soldaten mehr Freiheit lassen, um sich Lebensmittel zu suchen, damit sie sich besser ernähren können; übrigens gehe es anderen Divisionen nicht besser. Dieses aber war nur eine façon de parler, weil der Marschall wohl eingesehen hat, daß eine etwaige Hilfe nunmehr zu spät kommen würde und weil er nicht zu helfen wußte."

„Als die 10. und 11. Division vor dem Quartier des Marschalls defilirte und derselbe sich zeigte, so schrieen die Franzosen mit solchen derben Ausdrücken und Vorwürfen nach Brot, daß Herr Marschall für gut fand, sich zurückzuziehen, ohne etwas zu antworten. Seine Durchlaucht Prinz Adam und Generallieutenant v. Scheler gehen, so oft sich Gelegenheit darbietet, zu dem Herrn Marschall, um ihm Visite zu machen, wobei er sich jedesmal sehr geneigt gegen die Division zeigt; auch kann man nicht umhin, ihm bezeugen zu müssen, daß er uns in Einrichtung der Märsche alle Freiheit gestattet. Auch bleibt commissaire ordonnateur Duprat uns stets auf das äußerste zugethan und erst heute hatte er einen großen Zank mit General Razout, von welchem er mit Ernst forderte, daß er mit seiner vorausgehenden Division auch auf uns Rücksicht nehmen solle. Wenn Marschall Rey nur einigermaßen von den französischen Divisionen Ordnung fordern würde, so könnte das ganze Corps gut verpflegt sein, allein die Vorangehenden dürfen ungeahndet alles plündern und verbrennen."

„Bei Witebsk erwartete man eine Bataille, weshalb Marschall Rey unsere Division aufforderte, das möglichste zu thun, um den 28. Juli vormittags daselbst einzutreffen. Da auch jeder General unserer Division einsah, daß es sehr erwünscht für uns sei, unter den Augen Seiner Majestät des Kaisers

schlagen zu können, so wurden die Kräfte der Mannschaft auf das äußerste
angestrengt, und wirklich trafen wir noch bei guter Zeit am 28. Juli bei
Witebsk ein. Allein die Russen unter Barclay de Tolly fanden für gut, sich
zurückzuziehen, zum Teil auf der Straße nach Petersburg, zum Teil auf der
nach Smolensk."

Die Division sei über das Schlachtfeld zwischen Ostrowo und Witebsk
marschiert, wo am 26. Juli gekämpft worden sei. „Dieses Treffen hat einen
großen Schrecken unter die Russen gebracht. Man sagt, Großfürst Konstantin
sei weinend von Witebsk nach Moskau abgereist. Die Russen erwarteten den
Hauptangriff bei Dünaburg; daß sich der Kaiser so rasch gegen Witebsk gezogen, das hat sie in Deroute gebracht." — Mit der württembergischen Kavallerie
unter General v. Breuning habe man vergeblich versucht, Verbindung herzustellen. Sie habe mehrere Scharmützel gehabt und sich gut gehalten. „Marschall
Ney hat heute selbst gesagt, daß unsere Chevaurlegers sich sehr ausgezeichnet
haben, daß er solches Seiner Majestät dem Kaiser gemeldet."

Aus dem Hauptquartier Witebsk kam am 31. Juli die kaiserliche Verfügung: Der General Graf Marchand, bisher Chef des Generalstabs vom rechten
Flügel, übernimmt das Kommando der 25. Infanteriedivision bis zur Genesung
des Kronprinzen von Württemberg. — Vorwärts von Witebsk, auf dem Wege
nach Smolensk, stand bei Liozna das III. Corps. Länger als eine Woche
befand sich die württembergische Division hier im Biwak, konnte rasten und sich
in etwas erholen.

Liozna den 5. August schreibt General v. Scheler, es können durch die
bei dem längeren Aufenthalt getroffenen Einrichtungen täglich 1000 Laib Brot
gebacken werden; aus Roggen werde Branntwein hergestellt. Viele Leute seien
noch zurück auf dem langen Wege; er habe eine Schwadron verlangt, um nach
den Zurückgebliebenen suchen zu lassen; viele seien tot auf der Straße gefunden
worden. „Trotz des frischen Brotes nimmt die Anzahl der Kranken nicht ab,
sondern vermehrt sich vielmehr; auch sterben täglich einige Leute im Lager.
Doch ist im allgemeinen die Lage erträglich. Aber unser Mangel an ärztlichem
Personal und an Ambulanzen zeigt sich nunmehr sehr nachteilig; die improvi-
sirten Spitäler befinden sich in schlechter Verfassung. — Mit den Beamten
des Kriegskommissariats ist ebenfalls die traurige Bewandtnis, daß die Truppen
durch dieselben nicht hinlänglich Unterstützung haben, indem die Kriegskommissare
nicht Gewandtheit und Bildung genug besitzen, um sich mit den französischen
Behörden benehmen zu können, und mehr für das Rechnungswesen und die
Schreiberei als für das thätige Leben sich qualifiziren. Hiervon macht nur
Kriegskommissar Becher eine Ausnahme, welcher auch von dem Commissaire
ordonnateur Duprat als der einzige verlangt worden ist, der für ihn brauchbar ist."

Diese Berichte aus dem Lager bei Liozna, aus den Tagen vor Smolensk,

über die Schlacht bei Smolensk, über den Marsch bis Borodino, also die
Berichte aus etwa fünf Wochen, 1. August bis 6. September, erhielt König
Friedrich durch eine Verkettung widriger Umstände außerordentlich spät. Seine
Verfügungen trafen deshalb die Truppen zumeist erst in Moskau. Zunächst
machte der König den Generalen v. Scheler und v. Kerner die bittersten
Vorwürfe, daß sie ihn im Stiche ließen. Erst am 22. September schrieb er,
daß er jetzt zu der Ueberzeugung gekommen sei, wie die Unterlassung der
Meldungen ihren Grund nicht habe in einer Verschuldung des Generals
v. Scheler, sondern in der Säumigkeit des Generals Theobald.

Die Klage Schelers über die wenig brauchbaren Persönlichkeiten des Ver-
pflegungsamtes, über die Kriegskommissare, fand einen besonderen Nachhall beim
König. „Seiner Majestät ist es nicht unbekannt geblieben, auf welche unverantwortliche Weise sich die Kriegskommissare, den einzigen Becher ausgenommen,
in Erfüllung ihrer Pflichten säumselig erwiesen, ja selbst das Armeecorps in
den schwierigsten Lagen verlassen haben. Seine Majestät befehlen deshalb, daß
alle diese niederträchtigen Kerls von diesen ihren Stellen lassiert und mit
Verminderung von einem Dritteil ihrer Gage bei den Hospitälern als Kommissare
angestellt werden sollen. Wenn sie dabei ihre Schuldigkeit nicht erfüllen, so
sollen sie von den Hospitaloffizieren arretirt und in Eisen geschmiedet werden,
um sie als Arrestanten bei der ersten sich bietenden Gelegenheit ins Königreich
zurückzuschicken."

„Da es aber leider vorauszusehen ist, daß wenn auch Seine königliche
Majestät von hier aus andere Subjekte zu diesen Stellen zur Armee schicken
wollte, dieselbe ebenso schlecht bedient sein würde, indem es unter der Schreiber-
zunft wenig rechtliche Männer gibt, so wollen Seine Majestät dem General
v. Scheler aufgegeben haben, aus dem Armeecorps hiezu tüchtige Subjekte
auszusuchen und diese provisorisch anzustellen."

In einem Lande, in welchem man, wie in Württemberg von alters her
und noch heute, auch für den einfachsten Verwaltungsposten nur solche Kandi-
daten zuläßt, die eine akademische Vorbildung oder doch einen systematischen
Lehrgang in dem Schreibereifach hinter sich haben, in einem solchen Lande
konnte es sich auch ereignen, daß man den Truppen als Verpflegungsbeamte
Männer mitgab, die ihren Dienst geleistet hätten, wenn es sich bloß um die
Vermittlung der Behörden zur Verpflegung der Mannschaft und um die Ver-
rechnung mit diesen Behörden gehandelt hätte. Hilflos und ratlos aber standen
sie der Anforderung gegenüber, ohne alle Vermittlung von Magazinen und
Behörden dem gemeinen Mann seinen täglichen Bedarf zu sichern. Solch
praktischem Dienst waren sie ja von jeher fern gewesen. Trotz ihrer Gelehrsamkeit
und daraus entspringenden Hilflosigkeit machten sie aber doch alle Anstrengungen,
deren sie überhaupt fähig waren. Nach dieser Richtung hin hat der König
diesen Beamten in seiner ersten Hitze unrecht gethan. Die meisten sind den

Mühen ihres Berufes erlegen. Für die Zukunft aber zog sich General
v. Scheler zum Verpflegungsdienst Leute aus dem Stande der Unteroffiziere und
Gemeinen heraus, welche praktisches Anfassen und tägliche Mitarbeit verstanden.

Während das III. Corps bei Liozna im Lager stand, hielt Murat mit
den Reitercorps die Vorposten gegen Smolensk hin, wo jetzt die beiden russischen
Armeen unter Barclay und Bagration ihre Vereinigung vollzogen hatten. Die
Russen fühlten sich stark genug, um da und dort zur Offensive überzugehen.
Eine beträchtliche Uebermacht griff am 8. August die französische Reiterei
bei Inkowo an. Insbesondere kam auch die brigade étrangère des Generals
Soubervie ins Gedränge, in welcher das württembergische Jägerregiment Herzog
Louis mit Preußen und Polen zusammenstand. Lange wogte der Kampf hin
und her; die preußischen Ulanen auf dem rechten Flügel, die Württemberger
Jäger in der Mitte und links polnische Husaren. Immer fühlbarer machte
sich die feindliche Uebermacht und Angriffslust. Da erschien auf dem Gefechtsfeld die Brigade Beurmann mit den beiden württembergischen Chevaurlegers-
regimentern und der Batterie Breithaupt.

In gestrecktem Galopp ging diese Batterie der Brigade voraus, fuhr an
einem sehr glücklich gewählten Punkte auf und erzielte schon mit den ersten
Schüssen eine Wirkung, welche den andrängenden Feind aufhielt und der französischen Reiterei den ungestörten Rückzug nach Rudnja gestattete. Auf der
Seite des Feinds hatte der Kosakenhetman Platoff kommandirt; über den Verlauf des Gefechts berichtet er: „Die Feinde baten nicht um Pardon und die
russischen Truppen erschlugen und erstachen sie in ihrer Wut." Ferner berichtet
er an seinen Oberbefehlshaber Barclay: „Ich muß Eure Excellenz davon in
Kenntnis setzen, wie die Franzosen den Krieg führen, auf eine Art und Weise,
die man nur von Barbaren erwarten kann. Sie plündern Dörfer und Güter,
prügeln die Bewohner, notzüchtigen die Frauen und Töchter, verfahren un-
barmherzig mit den Geistlichen, schlagen und binden sie und erpressen Geld
von ihnen. Nicht einmal die Kirchen sind vor ihrer Wut sicher; sie rauben
die heiligen Gefäße, den Kirchenschmuck ꝛc."*)

Im Lager bei Liozna bleibt es indessen ruhig; „den gesunden Leuten
wird durch Exerzieren Bewegung gemacht; dies mit zureichender Verpflegung
wäre zuträglich, wenn sich nicht jetzt die Folgen der Fatiguen bemerklich machen
würden." Ein Spital für 500 Kranke wird in Liozna errichtet; der thätige
Stabsarzt Köllreuter schafft Medikamente aus Witebsk herbei. Die Lage der
Kranken bleibt aber immer noch eine höchst beklagenswerte, da alles fehlt, was
Bequemlichkeit und Reinlichkeit erfordern. Bis jetzt seien 220 Tote bekannt
geworden, aber wahrscheinlich sind es viel mehr, da von den entfernteren
Spitälern keine Rapporte eingegangen sind.

*) Bogdanowitsch ꝛc. I. S. 213.

„Am 9. August," meldet Scheler, „ist der neue Divisionskommandeur
Graf Marchand im Lager von Liozna eingetroffen und machte mir seine
Visite; er werde sich nur als provisorischen Stellvertreter ansehen, äußerte er,
und nichts ändern in den getroffenen Anordnungen, da die Abwesenheit des
Kronprinzen wohl nicht lange dauern werde. Ich veranstaltete sogleich eine
Visite des Corps und ließ ihm die Offiziere vorstellen; auf dies bestimmte er,
ich solle wie bisher das Kommando behalten." — Von der Lage der Dinge
und dem Gang der Operationen ist nichts bekannt. Am 12. August soll
marschirt werden. Oberst Lagrange hat sich am 11. August verabschiedet, da
er jetzt überflüssig sei.

So lagen also die Dinge; Napoleon hatte sein Hauptquartier von Wilna
nach Witebsk verlegt und sah sich genötigt, seiner Armee Ruhe zu gönnen,
damit sich die Corps wieder in etwas erholen und auf einige Tage Vorrat
an Lebensmitteln herbeischaffen könnten. Zugleich benutzte er seinen Aufenthalt
daselbst, um die Feststellung der Organisation von Litthauen zu betreiben, woran
ihm jetzt viel gelegen sein mußte, weil die ganze Sicherheit und der Unterhalt
seines Heeres von derselben abhing.

Jede Division setzte die Gegend ihres Lagers in einem möglichst weiten
Umkreis in Requisition; da aber die Kosaken überall umherschwarmten und
jedes einzelne Detachement überfielen, so war man genötigt, starke Bedeckungen
bei jeder Requisition zu verwenden, und nur mit der größten Thätigkeit und
Umsicht gelang es den Divisionen, sich außer den täglichen Bedürfnissen noch
überdies einen Vorrat zu verschaffen. Sobald Napoleon von den Ordonna-
teurs der einzelnen Corps die Meldung erhielt, daß die Corps bis zum
15. August mit Lebensmitteln versehen waren, beschloß er, ohne Aufenthalt
gegen Smolensk vorzugehen.

Indessen hatten sich die beiden russischen Armeen nach ihrer Vereinigung an dem alten Eingang in das eigentliche heilige Rußland, an den
Mauern von Smolensk, aufgestellt. Hier im russischen Hauptquartier gingen
die Pläne weit auseinander. Einzelne waren der Meinung, zur Offensive übergehen zu können, wie es der Kosakenhetman Platoff bei Inkowo mit Glück
gethan; andere trugen sich mit dem Plan, die alten, ziemlich wertlos gewordenen
Befestigungen von Smolensk zu verstärken und sich hier bis aufs äußerste zu
verteidigen. Der letztere Plan wäre wohl für Napoleon der günstigste gewesen,
denn in diesem Falle hatte er Zeit genug, um die beiden Westarmeen von
Moskau und wohl auch von Petersburg abzuschneiden.

Man scheint sich im russischen Lager Täuschungen hinsichtlich der Stärkeverhältnisse hingegeben zu haben. Die erste russische Armee unter Barclay
zählte hier bei Smolensk kaum 80000 Mann, die zweite unter Bagration
noch nicht 40000 Mann, zusammen etwa 118000 Mann. An der Düna,
dem Marschall Oudinot und den Bayern gegenüber, waren 25000 Mann

unter Wittgenstein und Winzingerode verblieben; 40000 unter Tormasoff standen gegen die Oesterreicher und Sachsen. Wohl waren Verstärkungen bei den russischen Corps aus dem Innern des Landes eingetroffen, aber zugleich hatten Krankheiten und Desertion innerhalb der letzten sechs Wochen die Reihen um 36000 Mann vermindert.*) Gegen die kaum 120000 Mann stark bei Smolensk versammelten russischen Armeen rückte nun Napoleon heran mit den Armeecorps seiner Mitte: Garde, I., III., IV., V., VIII. und den vier Reitercorps unter Murat. Vor wenigen Wochen hatten diese Heerkörper noch 280000 Mann unter den Fahnen gezählt; jetzt standen immer noch 180000 Mann unter dem Gewehr und gestatteten ihrem Führer, eine Umfassung der feindlichen Streitkräfte zu unternehmen. Barclay scheint die Ueberlegenheit erkannt und geahnt zu haben, daß die russische Armee bei Smolensk festgehalten werden sollte, um, nach Verlegung des Rückzugs, von den feindlichen Massen eingeschlossen zu werden.

Napoleon war mit seinem Plane fertig. Während die Russen erwarteten, daß er sie in gerader Linie von Witebsk aus über Liozna und Rudnja in der Front angreifen werde, ließ er seine Armeecorps weit unterhalb Smolensk bei Rasasna und Orscha über den Dniepr gehen, über Liady und Krasnoi auf Smolensk vorrücken und dieses mit Front nach Norden auf dem linken Ufer des Dniepr umschließen.

Am 10. August erhielt die Große Armee Befehl, sich in Bewegung zu setzen; das Städtchen Liady auf dem linken Ufer des Dniepr war den einzelnen Corps als Sammelplatz angewiesen. Das III. Armeecorps brach am 11. August von Liozna auf, setzte am 14. über den Dniepr und vertrieb, vereinigt mit Murats Reiterei, die Russen aus Krasnoi. Die breite Hauptstraße, zu beiden Seiten je mit einer doppelten Reihe von Birken eingefaßt, führt von Krasnoi nach Smolensk. Auf ihr ging die dichtgedrängte Kolonne der russischen Infanterie zurück, nachdem ihre Reiterei durch die 30 bis 36 Regimenter, welche Murat bei sich hatte, aus dem Felde geschlagen war. Vor gänzlichem Untergang wurde die russische Infanterie gerettet durch die unüberlegte Hitze Murats, der den klugen Plan Neys, die Russen mit der Kavallerie von Smolensk abzuschneiden und dann ihre dichten Reihen durch Infanterie und Artillerie unter Feuer zu nehmen, verwarf und nur da und dort einzelne Regimenter oder Schwadronen auf die dichten Massen des Feindes hetzte.

Mit größter Ruhe setzten die Russen bei so unordentlichen Angriffen ihren Rückzug fort, bis sie sich hinter den schützenden Mauern von Smolensk befanden. Die französischen Corps lagerten am 14. August abends bei Krasnoi; am 15. war das III. Corps bis Lubna vorgerückt und am 16. August in den

---

*) Th. v. Bernhardi, Denkwürdigkeiten des Kais. russ. rc. rc. Gr. Toll. Leipzig 1856. I. 327.

Vormittagsstunden hatte Ney die Höhen westlich und südlich von Smolensk erreicht. Rechts von ihm, die Stadt mit Front nach Norden umklammernd, sammelten sich das I. Corps und die anderen Heeresteile.

Noch am 14. August standen die beiden russischen Hauptheere auf der Straße nach Rudnja und Witebsk in vorteilhafter Stellung, eines Angriffs gewärtig. Erst am 15. entdeckte man das Umgehungsmanöver Napoleons; am 16. sammelte Barclay alle Streitkräfte bei Smolensk auf dem rechten Ufer des Dniepr, und nun erkannte er das Gefährliche der Lage.

Diese Gefahr war geschaffen durch die Veränderung der Front. Konnte Barclay sich schlagen mit Front nach Westen, so war sein Rückzug, ostwärts nach Moskau, gesichert. Jetzt aber hatte er Front nach Süden; in der Verlangerung seines linken Flügels lag somit die Rückzugslinie nach Moskau, und er konnte durch Napoleons überlegene Kräfte jeden Augenblick von dieser Richtung abgeschnitten werden; denn sein Rückweg führte hart an Napoleons rechtem Flügel vorüber.

Es galt für den russischen Oberbefehlshaber rasch zu handeln. Noch in der Nacht vom 16. zum 17. August ließ er die Armee Bagrations nach Dorogobusch abgehen; war diese erste Etappe auf dem Wege nach Moskau erreicht, so mochte die ganze Lage gesicherter erscheinen. Nur kurze Zeit gedachte Barclay sich mit seiner eigenen Armee bei Smolensk aufzuhalten, um dann sofort nach Dorogobusch nachzufolgen, während dem Corps des Generals Dochtoroff, verstärkt durch etliche Divisionen, die Verteidigung von Smolensk überlassen blieb.

Die Stadt Smolensk, mangelhaft befestigt, liegt auf dem linken Ufer des Dniepr von mäßigen Höhen umschlossen; zwei Brücken führen hinüber aufs rechte Ufer, auf welchem die Petersburger Vorstadt liegt. Im Laufe des 16. August umschloß die französische Armee die eigentliche Stadt auf dem linken Ufer und bereitete sich zum Angriff vor, die württembergische Division mit dem linken Flügel unterhalb der Stadt an den Dniepr stoßend.

General v. Scheler berichtet: „Den 16. August vormittags kam das III. Corps vor Smolensk an. Diese Stadt wurde sogleich cernirt und die feindlichen Truppen, welche in Wäldern und auf Anhöhen vor der Stadt postirt waren, angegriffen. Das Jägerbataillon König wurde zum Tirailliren verwendet, während die übrige Division zum Soutien aufgestellt war und ein Teil unserer Artillerie nebst anderen Batterien das Feuer unterhielt."

Rechts von der württembergischen Division stand zunächst die Division Ledru, dann Razout des III. Corps; die Württemberger zählten nur noch 4000 Mann unter dem Gewehr. Hinter ihrem linken Flügel, unmittelbar am Dniepr, hielt die Kavallerie des Generals Beurmann.

„Auf seiner Rekognoszirung, um die es sich an diesem Tage hauptsächlich handelte, ritt der Kaiser gegen Mittag an der Front der Württemberger entlang. Als nun das Geschrei: ‚Vive l'empereur!' gar kein Ende nehmen wollte, winkte er mehrmals freundlich mit dem Kopf und rief: „Morgen, meine Kinder, morgen!" — Auf den 17. hatte er den Angriff auf die Stadt festgesetzt.

„Am 17. in der Frühe griff der Feind an, wurde aber genötigt, zurückzugehen. Kaum war dieses Plänkeln geendigt, welches etwa eine Stunde angehalten hatte, so gab Marschall Ney den Befehl, daß die ganze Division mit ihrer Artillerie in das Dnieprthal auf den linken Flügel rücken und die Vorstadt Stasnaja dem Feind abnehmen solle. Trotz des feindlichen Geschützfeuers wurde dieser Angriff ausgeführt durch die Brigade v. Hügel und drei leichte Bataillone." Rechts von den Württembergern focht die Division Ledru, weiter nach rechts das I. und V. Corps; IV. und VIII. Corps trafen allmählich auf dem Gefechtsfeld vor Smolensk ein. Am Abend des 17. August waren die südlichen Vorstädte dem Feind zum größeren Teil abgenommen. „Das Gewehr in der Hand brachten wir die Nacht in unserer Position zu, im Angesicht der durch Granaten in Brand geschossenen Stadt Smolensk." — „In der Nacht vom 17. zum 18. August schien es, als wenn der Feind die Stadt räumen wollte."

In der That hatte Barclay seine nächste Absicht vollkommen erreicht: es war ihm gelungen, den Feind aufzuhalten und für die russische Armee die Rückzugsstraße nach Moskau zu sichern. Er konnte dem Kaiser Alexander berichten:[*) „Unser Zweck bei Verteidigung der Trümmer der Mauern von Smolensk bestand darin, die Absicht des Feindes, auf die Straße nach Moskau zu kommen, zu vereiteln, indem wir ihn hier beschäftigten und dadurch dem Fürsten Bagration die nötige Zeit verschafften, um Dorogobusch ungehindert zu erreichen. Smolensk länger zu halten, hätte durchaus keinen Vorteil gewährt. Darum entschloß ich mich nach der gelungenen Abwehrung des Sturmes, in der Nacht vom 17. zum 18. Smolensk zu verlassen, nur die Petersburger Vorstadt zu halten und mit der ganzen Armee eine Stellung auf den Höhen zu nehmen, indem ich mir das Ansehen gab, als ob ich hier eine Schlacht annehmen wollte."

Es war gewiß ein Meisterstück von Barclay, was er in den Tagen vom 16. bis 18. August ausgeführt hatte: die außerordentliche Ueberlegenheit Napoleons an dem einen Punkt Smolensk festzulegen, anzuketten gewissermaßen, um für sich selbst die Rückzugslinie nach Moskau zu gewinnen, welche doch zu seiner nach Süden gerichteten Front so ungünstig als nur möglich lag. Und doch erregte sein Entschluß, die Stadt zu räumen und gegen Moskau hin zurückzuweichen, den ernsten Unwillen der Altrussen, aller derjenigen Fanatiker, welche dem Schatten Peters des Großen zürnen wegen alles Fremden, das er Rußland eingeimpft hat, und jedes fremde Element mit ungünstigem Auge

---

*) Bernhardi ꝛc. I. S. 367.

betrachten. Man solle fortfahren, die ruhmvollen alten Mauern zu verteidigen und endlich über den Feind herfallen, wenn er durch vergebliche Anläufe geschwächt und mürbe geworden sei.

„Am 18. in der Frühe," berichtet Scheler, „erhielt das III. Corps Befehl, vorzurücken, die feindliche Arrièregarde zu vertreiben und sich der Stadt zu bemeistern. Die Brigade v. Hügel, verstärkt durch das 2. Bataillon Herzog Wilhelm rückte demzufolge sogleich vor, trieb einige feindliche Tirailleurs zurück, bemeisterte sich vollends desjenigen Teiles der Vorstadt, welcher über der Schlucht lag, und rückte auf dieser Seite zuerst in die Thore der vom Feind verlassenen Stadt Smolensk ein, während die anderen Divisionen des Corps sich der anderen Teile der Stadt bemeisterten. Kaum war dies geschehen, so erhielt unsere Division den Befehl, durch eine Furt, welche etwa vier Fuß Wasser hatte, über den Dniepr zu gehen und sich einer auf dem rechten Ufer des Flusses gelegenen Vorstadt zu bemeistern, welche man vom Feinde so ziemlich verlassen glaubte."

„Kaum aber war das 2. Bataillon Herzog Wilhelm durch die Furt gegangen, als der in mehreren hundert Häusern und Straßen, welche nicht eingesehen werden konnten, versteckte Feind dieses Bataillon mit einigen tausend Mann angriff. Das Infanteriefeuer wurde besonders bei der Furt so stark, daß es anfänglich kaum thunlich war, noch ein halbes Bataillon Portugiesen, welches in der Nähe war, zum Soutien hinüberzuwerfen; so entstand ein sehr ungleicher, hartnäckiger Kampf. Da aber der Oberst v. Baur, welcher die durch die Furt Hinübergegangenen kommandierte, sich einer an der Furt gelegenen Redoute durch Sturm bemeisterte und der Feind auf kurze Zeit zurückwich, so wurde dadurch möglich gemacht, auch die Brigade v. Hügel hinüberzuwerfen, um durch solche das sehr beträchtliche Retranchement zu besetzen, welches der Feind wiederholt mit sehr bedeutenden Kräften zu nehmen suchte, aber durch die Beharrlichkeit des Generals v. Hügel, aller Offiziere und Truppen stets repoussirt wurde."

General v. Kerner, der Generalquartiermeister des kleinen württembergischen Heerkörpers, hatte in der Zwischenzeit mit großer Anstrengung eine Batterie unter dem Oberstlieutenant v. Bartruff durch die Stadt Smolensk auf den Wall gebracht, um die auf dem andern Ufer Kämpfenden kräftig zu unterstützen. Gegen Abend befand sich die ganze württembergische Division im Gefecht; die Petersburger Vorstadt geriet dabei in Brand und mit einbrechender Nacht gingen die Württemberger aufs linke Ufer zurück. Barclay aber setzte während der Nacht mit der Hauptarmee seinen Rückzug in der Richtung auf Moskau über Lubina und das heilige Thal fort, eine Nachhut unter dem General v. Korff zurücklassend, welchem als nächste Unterstützung der Herzog Eugen von Württemberg dienen sollte.

„Am 19. war anzunehmen, daß eine starke russische Arrièregarde den

Höhenrand nördlich von Smolensk besetzt halte." Napoleon war entschlossen, den Russen rasch von Smolensk aus nachzufolgen; die Brücken in Smolensk wurden hergestellt; er zog die ganze Armee auf das rechte Ufer des Dniepr herüber und erteilte dem III. Corps Befehl, den Feind zu vertreiben. Gegen alles Erwarten wurde auch der Höhenrand fast ohne Widerstand erstiegen. Die drei Divisionen des III. Corps neben einander, Württemberger in der Mitte, so ging es weiter auf den Feind los, immer entlang der von Smolensk nach Moskau führenden Straße; das I. und V. Corps folgten dem III. nach. Das Terrain ist vielfach von Bächen durchschnitten, welche durch breite Rücken von einander getrennt sind.

„Der Feind stand auf einem Plateau, welches auf 400 bis 500 Schritte ein niedriges, aber äußerst chikanöses, von Bächen und Gräben durchschnittenes und mit Gebüsch bewachsenes Terrain vor der Front hatte, welches gleich als eine Gürte um die Hauptstellung gezogen war. Hier standen wohl 10 000 Russen und die Hauptaufgabe war, diesen Gürtel zu durchbrechen und das Plateau zu nehmen. Die Russen brachten immer frische Mannschaften ins Gefecht, welche stets von neuem mit Hurra! vorwärts stürmten. Darüber wurde es Nacht und es kam der Befehl, eine dichte Tirailleurlinie zu bilden und mit Kolonnen den Hang zu stürmen. Unsere leichte Brigade wurde in die Tirailleurlinie vorgezogen und ihr folgten in zwei parallelen Kolonnen die beiden Linienbrigaden; ähnliche Schlachtordnung hatten auch die anderen Divisionen."

„Die Finsternis in den Waldungen, der ungeheure Pulverdampf, das schwierige Terrain durch Schluchten und Holz machten den Vormarsch ungeheuer beschwerlich, dienten aber zugleich sehr zum Schutz gegen die feindlichen Batterien. Der Feind zeigte eine eiserne Stirn, allein nichts konnte abhalten, den Angriff immer wieder zu erneuern. Dreimal wurde pas de charge geschlagen und endlich, nachdem schon längst der Mond über dem blutigen Schlachtfeld aufgegangen war, konnte das Plateau erstürmt und die Massen des Feindes zum Rückzug gezwungen werden. Erst um Mitternacht schwieg das Feuer."

„Von dem III. Corps blieb jeder Teil die Nacht hindurch da liegen, wo er das Gefecht geendet hatte. An diesem Tag hatte die Division mehrere stark beschossene Stellungen genommen, aber auch gerade an diesem Tage wachte vorzüglich der württembergische Genius über sie, indem unser Verlust fast nicht in Betracht kommt, wozu die kluge und vorsichtige Führung des Generals Marchand und seine Sorge für die Division das meiste beigetragen. Dieser 19. August kostete dem III. Corps ein Dritteil seiner Leute und von beiden Seiten können 12 bis 14 000 Mann geblutet haben. — Den 20. August in der Frühe rückte das III. Corps eine Stunde vorwärts des Schlachtfeldes, während indessen das I. Armeecorps und die ganze Kavallerie sich auf der Straße nach Moskau vorgezogen hat. Wahrscheinlich wurde das III. Corps wegen seines

großen Verlustes vorläufig von der Avantgarde dispensirt und aus der Linie
gezogen." Der Kaiser ließ jedem blessirten Soldaten einen Napoleon ver-
abreichen, jedem Subalternoffizier 10 Napoleon. Auch sonst habe sich der
Kaiser sehr freundlich gegen die württembergischen Soldaten gezeigt, wenn er
durch ihr Lager geritten sei oder sie bei ihm defilirten.

Barclay ging bei Pnewa am 20. August über den Dniepr und sammelte
seine beiden Armeen auf der Straße nach Moskau; Napoleon ließ zunächst die
Reitercorps unter Murat dem Feinde folgen; die übrigen Corps verblieben in
der Nähe von Smolensk gestaffelt an der nach Moskau führenden Straße bis
zum 23. August. Mit der Garde blieb Napoleon selbst in Smolensk; am 21.
musterte er die Truppen im Lager und teilte Belohnungen aus.

Ihre Verluste vor und in Smolensk am 16., 17. und 18. August
geben die Franzosen auf 4000 Mann an, den Verlust am 19. auf 3000 Mann,
zusammen 7000 Mann. Die Russen aber hätten 20000 Tote und Verwundete
verloren und 3000 Gefangene. Der eigene Verlust sei hier zu nieder, derjenige
der Russen viel zu hoch angegeben.*) Eine richtigere Schätzung des französischen Verlustes in den vier Tagen vom 16. bis 19. August mag sich aus
folgendem abnehmen lassen: Der Verlust der württembergischen Infanterie
beträgt im ganzen an Toten und Verwundeten 726 Mann vom Obersten
abwärts. Nun haben in diesen Tagen 11 französische Infanteriedivisionen
gefochten; die Stärke der württembergischen Infanteriedivision am 15. August
war 2827 Mann; die Divisionen vom I. und V. Korps, sowie die zwei
französischen Divisionen des III. Corps kann man bestimmt noch einmal so
stark vor der Schlacht annehmen. Diese Divisionen haben jedoch im Verhältnis
zu ihrer Stärke nicht den großen Verlust erlitten, wie die württembergische,
indem man bei der französischen Armee keine Rücksicht auf die wirkliche Stärke
nahm, sondern die schwache württembergische Division denselben Dienst versehen
ließ wie die französischen. Es kann daher der Verlust einer französischen
Division nicht höher als auf etwa 1000 Mann, mithin der Gesamtverlust
der 10 französischen Divisionen auf 10000 Mann angegeben werden. Wird
hiezu der württembergische gezählt, so erhält man 10726 Mann für den
wahrscheinlichen Verlust der französischen Armee in jenen vier Tagen.

Der russische Verlust darf zu 10000 Toten und Verwundeten angenommen
werden; auf keiner Seite wurden Gefangene gemacht.

––––––––––

So hatte also Napoleon das Thor eingestoßen zum Einbruch in das
heilige Rußland; die Hüter des Thores aber waren entkommen. Die Stadt
lag zu seinen Füßen mit ihren Kirchen und Gnadenbildern, der Sieg aber

––––––––––

*) Miller x. I. S. 89.

war doch ein recht unvollkommener. Da gab es keine aus einander gebrochene
Armee, deren Trümmer ratlos herumtrieben, keine Haufen von Gefangenen,
wie in den Jahren 1805 und 1806. Man hat sich stets gefragt, warum
entwickelte Napoleon am 17. und 18. August nicht mehr Thätigkeit, warum
hat er den Feind nicht von seinem Rückzug nach Moskau abgeschnitten? Durch
seine Manöver am 14. und 15. August, durch sein Ueberschreiten des Dniepr,
durch sein Erscheinen auf der Südseite von Smolensk hatte er den Feind vollständig überrascht, ihn genötigt, an die Stadt Smolensk sich heranzuziehen
und Front nach Süden anzunehmen. Das war außerordentlich genial gedacht
und durchgeführt. Warum hat Napoleon nicht die begonnene Umfassung vollständig gemacht und den Gegner von Moskau abgeschnitten? Es konnte das
noch am 17. August, ja noch am 18. geschehen. Statt gegen die Mauern
einer alten Stadt anzurennen, wäre die feindliche Armee das richtige Objekt
einer gesteigerten Thätigkeit gewesen.

Man hat von krankhaftem Ehrgeiz, von Verblendung gesprochen; allein
so leicht darf man sich die Sache nicht machen. Napoleon zeigte sich bisher
eben so groß als Staatsmann wie als Feldherr. So hat wohl Bernhardi recht,
wenn er über die Lage Napoleons vor Smolensk näher ausführt:*) Es ist in
Anschlag zu bringen, daß die Franzosen, nur mit schlechten Hilfsmitteln versehen,
in ziemlich unbekannten Oertlichkeiten umhertappten; die vielen Furten, welche
der Dniepr besonders in diesem trockenen Sommer hatte, wurden erst im Laufe
des 18. August entdeckt.

Noch wichtiger war wohl, daß der französische Kaiser von dem Thun der
russischen Heerführer sehr schlecht und mangelhaft unterrichtet war. Er wußte
nicht, daß die erste und zweite Armee sich getrennt hatten. Auch darüber
mochte er im Zweifel sein, welche Rückzugslinie die russische Armee wählen
werde: die auf Moskau oder die Straße nach Petersburg. Warum aber sorgte
Napoleon nicht dafür, daß er besser über die Thätigkeit und die Absichten des
Gegners unterrichtet wurde? — Bei den Formen, welche die neuere Kriegführung
angenommen hat, ist es mehr denn je von entscheidender Wichtigkeit, durch
leichte Truppen und kühne Parteigänger Herr des Geländes zwischen den beiden
kämpfenden Heeren zu bleiben, um den Feind nie aus dem Auge zu verlieren.
Hier vollends waren die Franzosen doppelt darauf angewiesen, in dieser Weise
das Feld zu halten, da sie alle Dörfer öde und verlassen fanden; niemand,
dem man Nachrichten abfragen konnte, weder Spione, noch Wegweiser oder
Führer. Die Aufgabe wäre wohl den zahlreichen Kosakenschwärmen gegenüber
keine ganz leichte gewesen.

Aber dergleichen ist nicht einmal versucht worden. Die französische Kavallerie erfaßte die ihr zufallende Aufgabe der Aufklärung durchaus nicht.

---

*) Bernhardi, Toll ꝛc., I. S. 378 f.

Und man sprach doch gerade in diesem Feldzug so viel von der Ueberlegenheit der französischen Kavalleriemassen. Allein man faßte ihre Thätigkeit ganz wesentlich als eine ins Gefecht eingreifende, hier Entscheidung bringende, auf. Noch am Tage vor der Schlacht bei Wörth klagt ein Franzose: Unsere Reiterei verstand es nicht, Nachrichten vom Feinde zu bringen, ja sie ließ sich von Infanterie decken. Auch vor Smolensk dachte man nicht an aufklärende Thätigkeit, und selbst der gewöhnliche Vorpostendienst wurde zu jener Zeit im französischen Heere äußerst nachlässig betrieben. Wie es Fehler gibt, welche Neulinge schwer vermeiden, scheinen andre Mängel sich vorzugsweise bei einem Heer, dem die Erscheinungen des Kriegs ganz alltäglich geworden sind, leicht einzuschleichen.

So blieb Napoleon ohne alle Kunde von der bedeutsamen Thätigkeit Barclays und Bagrations gerade am 17. und 18. August. — Aus den Wirren und der Mühsal des Feldzugs 1760 schreibt Friedrich der Große an seinen Freund D'Argens: „Unendlich schwer sei es für den Feldherrn, in all der Finsternis den Weg zu finden, wenn man keine Leuchte, sogar nicht einmal ein Irrlicht hat. Sehen Sie, deshalb muß man den Feldherrn mit Nachsicht beurteilen. Man muß zugeben, daß ein General durch eine falsche Nachricht zu vielen Fehlern verleitet wird, und es gibt Fälle, wo er unmöglich aus seiner Unwissenheit kommen kann." —

Es ist richtig: mit der Konzentrirung der russischen Heere bei Smolensk, mit ihrem Entwischen hinaus in den unendlichen Raum gingen die glücklichen Aussichten für Napoleon mehr und mehr verloren. Er war sich seiner Lage vollständig bewußt; er überlegte und zauderte. Zwei Faktoren sind es, welche bei dem großen Manne hier den Ausschlag gaben: Phantasie und Scheu vor den Bundesgenossen.

„Ich habe mich der Ueberzeugung nicht verschließen können," sagt ein gewissenhafter und berufener Beurteiler*) Napoleons I., „daß der große Feldherr Fehler in der Berechnung von Raum und Zeit begangen hat, während wir doch gewohnt sind, den Gebrauch von Zirkel und Karte als die erste, unumgängliche Grundlage für alle Operationsbefehle zu betrachten. Zur Erklärung dieses höchst auffallenden Vorganges dient vielleicht folgendes:

„Napoleon, mit dem alles erzwingenden Willen, von dem Madame de Remusat sehr treffend bemerkt, bei ihm sei alles entweder Mittel oder Zweck gewesen, so daß bei ihm für etwas Ungewolltes kein Raum blieb, — diesem positiven, berechnenden Manne wohnte gleichzeitig eine fast grenzenlose Phantasie inne, welche ihn zeitweise über ferne Meere und Länder schweifen ließ. Sein ganzer Zug nach Aegypten, dessen erstes Beginnen auf den großen Glücksfall, der überlegenen englischen Flotte zu entgehen, gebaut war, hat für mich stets etwas Phantastisches gehabt."

----

*) Beiheft zum Mil.-Wochenblatt 1894. S. 6. 16. 61.

Ein Zug nach Indien schwebte damals dem jugendlichen Schwärmer vor. Das hat sich erneuert, als er am 29. Januar 1807 aus Warschau an Marmont, den Befehlshaber in Dalmatien, schrieb: Ein persischer und ein türkischer Gesandter sind auf dem Wege nach Warschau. Diese beiden großen Reiche sind Frankreich von Herzen zugethan, weil wir allein im stande sind, sie gegen die ehrgeizigen Plane der Russen zu schützen. Unsere Beziehungen zu Persien sind derartig, daß wir uns nach dem Indus begeben könnten. Was einst Chimäre war, ist in diesem Augenblick ziemlich einfach, wo der Kaiser häufig Briefe von den Sultanen empfängt, in welchen sie dem großen Vertrauen in das französische Kaiserreich Ausdruck geben. — Und im Jahre 1808 hatte Napoleons Plan, die Engländer durch Erschütterung ihres indischen Reiches zu bekämpfen, so weit greifbare Gestalt angenommen, daß er dem Kaiser Alexander bestimmte Vorschläge für einen Zug nach Asien machen konnte.

„Zu einer Vorbereitung im gewöhnlichen Sinne für die hohe Stellung eines Armeeführers war bei Napoleon keine Möglichkeit gewesen, in fast wunderbarer Weise war das Genie zu Tage getreten. Aber gerade in diesem Ueberwiegen des Genialen und in dem Mangel jeder ernsten Schulung, welche bei der ununterbrochenen Folge von Siegen auch nachher nur in unvollkommener Weise eintreten konnte, glaube ich eine Erklärung für das zeitweise Ueberspringen von Zeit und Raum gefunden zu haben." —

Noch ein andres kam hinzu, was Napoleon zwang, nicht auf halbem Wege stehen zu bleiben, — die Rücksicht auf die Bundesgenossen. Da hatte er eben erst glänzenden Hof gehalten in Dresden; sie hatten eben voll Bewunderung zu ihm aufgeblickt, der Kaiser von Oesterreich, der König von Preußen und die andern alle; er hielt sie in seiner Hand; von ihm erwarteten sie ein glänzendes Schauspiel ohne gleichen, Einebnung aller Mißstände, Regelung aller Gegensätze, Belohnung der Ergebenheit, Strafe für die Feinde und Vernichtung aller Widersacher. Als Bundesgenossen hatte er sie eingeladen, Zeugen seiner Großthaten zu sein, Teilnehmer des Ruhmes.

So viele Bundesgenossen waren noch niemals in seinem Heere vertreten gewesen, nicht in Spanien, nicht, als es gegen Oesterreich oder gegen Preußen ging. Immer zahlreicher, immer waffentüchtiger wuchsen sie heran, die Heere der unterworfenen Völker, und heute waren sie, Napoleon fühlte es, Beobachter, Kritiker seines Thuns. Er durfte unter keinen Umständen als der Eingeschüchterte erscheinen, als einer, der vor irgend einer Sache, vor irgend einem Hindernis stehen bleibt. Das gab in Smolensk den Ausschlag.

„Wir haben uns zu weit eingelassen, um zurückgehen zu können," sagte Napoleon; „wenn ich mir nichts zum Zweck gesetzt hätte als den Ruhm kriegerischer Thaten, brauchte ich nur mit der Armee nach Smolensk zurückzukehren, hier meine Adler aufzupflanzen und links und rechts meine Armee auszudehnen, um Wittgenstein und Tormasoff zu zermalmen. Diese Operationen

waren glänzend, würden den Feldzug vortrefflich schließen, aber nicht den Krieg
beendigen. Der Friede liegt vor uns, wir sind nur acht Märsche von ihm
entfernt; so nahe am Ziel darf man nicht überlegen. Vorwärts nach
Moskau!"

In den letzten Tagen des Juni, als Napoleon sein Hauptquartier in
Wilna hatte, empfing er hier den Generaladjutanten Balaschef, welcher von
Kaiser Alexander an Napoleon gesandt worden war. Diesem Sendling gehörig zu imponiren, bei ihm den Eindruck zu hinterlassen, daß nichts der wohl-
gegründeten heiteren Siegeszuversicht der Franzosen gleichkomme, daß jeder ernste
Widerstand der Russen vergeblich sein werde, daran lag Napoleon alles. „Auf
welchem Wege kann man nach Moskau gehen?" frug Napoleon bei Tafel.
„Eure Majestät setzen mich durch diese Frage in eine sehr große Verlegenheit,"
gab Balaschef zurück: „die Russen wie die Franzosen sagen, daß man auf
jedem Wege nach Rom gehen kann. Nach Moskau führen gleichfalls viele
Wege. Karl XII. wollte dorthin über Pultawa."

Nach dieser Unterredung wurde die Tafel aufgehoben, und Napoleon begab
sich mit sämtlichen Tischgästen in sein Kabinet, wo er abermals den Kaiser
Alexander der Abneigung gegen seine Person beschuldigte. „Er nähert sich
meinen persönlichen Feinden und kränkt mich persönlich. Ich bin im Rechte,
wenn ich es ebenso mache. Ich vertreibe aus Deutschland alle seine Verwandten, die Württemberger, Badener, Weimaraner. Mag man ihnen einen
Zufluchtsort in Rußland gewähren! Sie sagen mir," wandte er sich an
Balaschef, „daß Ihr Herr das Oberkommando bei der Armee übernehmen
wolle. Wozu dieses? Der Krieg -- ist mein Handwerk; ich bin daran gewöhnt. Der Kaiser Alexander hat dieses nicht nötig. Ihm gebührt es, zu
regieren, aber nicht Truppen zu kommandiren. Er wird vergeblich eine solche
Verantwortlichkeit auf sich nehmen."*)

Napoleon liebte es, sich als den berufenen Soldaten hinzustellen, als
soldat parvenu, wie er sich selbst nannte, als einen Führer, der nicht herrschen
könne wie die geborenen Monarchen, sondern vielfache Rücksichten zu nehmen
habe. „Ihre Souveräne, die auf dem Throne geboren sind," sagte er zu
Metternich, „können sich zwanzigmal schlagen lassen und allemal wieder in
ihre Residenzen zurückkehren; ich aber, ich darf das nicht wagen, denn ich bin
ein soldatischer Emporkömmling. Meine Herrschaft würde nicht einen Augenblick
den Tag überleben, an dem ich aufhöre, stark, und somit gefürchtet zu sein."**)

So ging es vorwärts auf der großen Straße von Smolensk nach
Moskau. — Am 20. August fanden sich die vier Reitercorps unter Murat
gegen Pnewa auf der Straße nach Moskau vorgeschoben; das I., III., VIII.

---

*) Bogdanowitsch ꝛc. I. 127.
**) Aus Metternichs nachgelassenen Papieren. Wien 1880. I. 151.

Armeecorps dahinter gestaffelt; Garde in Smolensk; IV. Corps dahinter und V. Corps auf dem linken Ufer des Dniepr. Die russische vereinigte Armee marschirte um dieselbe Zeit auf der großen Moskauer Straße von Pnewa nach Dorogobusch.

Am 22. August brach das I. französische Corps gegen Pnewa auf; am 23. folgte das III. und VIII. Am nämlichen Tage verließ auch das IV. Armeecorps die Gegend von Smolensk und ging in der linken Flanke der Armee vor, während das V. Corps rechts von der großen Straße nach Moskau in der rechten Flanke der Armee vorrückte. Die Garde folgte auf der großen Straße.

Es ist sich diese Marschordnung gleich geblieben bis an die Thore von Moskau; voraus Murat, dann Davoust, Ney, Junot (der an Vandammes Stelle das VIII. Corps, Westfalen, führte), Garde; rechts Poniatowski, links Vizekönig von Italien. Es schien, als wären die trüben Geister, die müden Körper, wesentlich aufgerichtet worden durch das mannhafte Ringen mit dem Feind, durch die kriegerische Thätigkeit, welche in höchst erquicklicher Weise, wie ein Fest, wie ein echter Sonntag, das traurige Werktagsleben des bettelhaft armen Herumziehens, das Haschen und Suchen nach Nahrungsmitteln, das ewige Balgen um solche unterbrochen hatte. Das war doch einmal eine Abwechslung gewesen in diesem düstern Krieg. Und etwas Düsteres lastete von Anfang an auf diesem Kriegszug auch an den Tagen, die zu den glänzendsten gehörten. Es war vor zwei Monaten, als man über den Niemen ging; von jenem Tage schreibt' der Regimentsarzt des Jägerregiments zu Pferd Herzog Louis:

„Dieses Schauspiel war äußerst schön, die Verschiedenheit der Nationen, der Waffengattungen, der Kleidungsfarben und Kriegsmusiken von allen Seiten machten es bunt und lärmend. Die Ordnung war musterhaft, die Truppen aufgeputzt wie zu einer Parade; sie sahen mutig, jedoch nicht lustig aus und keiner sang." —

Murat zog also voraus auf der großen Straße von Smolensk nach Moskau; dann kam das I. Corps, darauf Ney mit dem III.; am Ende desselben hinter den Divisionen Ledru und Razout marschirten die Württemberger. Vom 24. August aus dem Biwak bei Pnewa schreibt Scheler: „Ich habe Gelegenheit gehabt, die Bemerkung zu machen, daß, seitdem die Division vor dem Feind ist, die Leute sich mehr bestreben, nachzukommen und die Fatiguen weniger achten, welches seinen Grund in der größeren Zerstreuung haben mag, wodurch sie ihre Gedanken weniger auf körperliche Leiden heften." — „General Marchand ist ohne alle Prätension, mischt sich in keinerlei Anordnungen. Er beweist den Generalen vieles Zutrauen, sucht sie zu gesellschaftlicher Unterhaltung im Lager auf und nimmt mit jeder Verpflegung vorlieb, die ihm verschafft werden kann. Das ganze Personal des Generals besteht aus besser gewählten Leuten, vorzüglich ist Oberst Meriage ein Mann von höherer Bildung, der auch für die Division gut gestimmt ist. Wegen der gehabten Affairen hat mir General Marchand viele Lobeserhebungen gemacht und es ist gewiß, daß seine vorsichtige Führung und seine Sorgfalt vieles dazu beigetragen haben, daß unsere Verluste, vorzüglich der am 19., nicht bedeutender waren; auch seine Adjutanten haben sich sehr bemüht, uns nützlich zu sein."

General Kerner wird wegen seines Eifers, seiner Unerschrockenheit und Geistesgegenwart in den Gefechten vom 16. bis 19. August besonders hervorgehoben; so auch der Hauptmann Bangold, eine große Anzahl von Offizieren, Unteroffizieren und Mannschaften, sowie das ganze ärztliche Personal.

König Friedrich ist wütend darüber, daß er so lange keinen Bericht erhält. Erst Ende September kann er verfügen: Die Witwen aller vor dem Feind gebliebenen Unteroffiziere und Soldaten sollen lebenslanglich den Gehalt ihrer Männer als Pension erhalten; auch werden alle Kinder dieser Gebliebenen mit Einwilligung der Mütter und der Großeltern in das königliche Waisenhaus zu Stuttgart oder Ludwigsburg aufgenommen.

Schwer sei es vorzusorgen, fährt Scheler in seinem Bericht fort, wie man der strengeren Jahreszeit begegnen könne, da die Montirungsstücke abgerissen seien und von den französischen Behörden nichts zu hoffen stehe; er habe angefangen, Schaffelle präpariren zu lassen. Die Rekonvaleszenten rücken langsam ein, werden, wie es scheine, öfters von den Etappenkommandanten zurückgehalten, um die kleinen Besatzungen im Rücken der Großen Armee zu verstärken gegen die streifenden Kosaken.

Borodino.

In Wirklichkeit war die Entscheidung für den weiteren Gang des Feldzugs vor Smolensk gefallen. Der russische Erfolg erschien bei weitem gesicherter als zu Beginn des Kriegs. — Immer weiter stürmte Napoleon in das menschenleere Land hinein, verschlungen fast von dem endlosen russischen Boden, während um ihn her Stück für Stück von dem Völkerheere abbröckelte und eine Wolke von Zurückgebliebenen und Marodeuren den Rücken und die Seiten des noch zusammenhaltenden Kerns umschwärmte. Die Russen sahen es ja: reichlich ein Drittteil des Heeres ist schon verloren, Mangel und Krankheit werden in den nächsten Wochen ein weiteres Drittteil dahinnehmen; dann mochte es noch gelten, mit dem Reste fertig zu werden.

Wir wissen bekanntlich nicht mit Sicherheit, in welchem Kopf der Gedanke entsprungen ist, die französische Armee, nachdem sie einmal den Einbruch aus-

geführt hatte, zunächst nicht durch die russischen Krieger, sondern durch die
Unendlichkeit des Raums, durch die weiten Flächen des russischen Reichs zu
bekämpfen. Ein russischer Schriftsteller erzählt uns, daß dem Kaiser Alexander
von allen möglichen, berufenen und unberufenen, Personen wohl 70 bis 80
Feldzugspläne unterbreitet wurden, die alle mehr oder weniger auf denselben Gedanken hinausliefen. Die instinktartige Richtung der Geister führte
allenthalben auf die gleichen Pfade. Und mehr und mehr zeigte es sich, daß
dieser Plan der russischen Denkungsart und der Eigentümlichkeit des russischen
Bodens durchaus entsprach Schon vom 15. Februar 1812 schreibt der
württembergische Geschäftsträger v. Kaufmann aus Berlin: der Krieg sei
unvermeidlich; von den Meinungen, die sich jetzt schon geltend machen, wolle
er nur zwei hervorheben. Darnach habe Napoleon die Absicht, die von Rußland noch besetzten Teile Polens loszureißen; Rußland aber werde dabei die
Taktik befolgen, nach welcher sämtliche Truppen sich in das Innere des Reichs
zurückziehen und alle rückwärtsliegenden Gegenden von Grund aus zerstören
sollen, damit dem nachrückenden Feind nichts übrig bleibe zum Besetzen, als nur
die leeren Wüsteneien und derselbe durch Mangel an Subsistenz von weiterem
Eindringen abgehalten werde. — So frühzeitig waren also schon die Pläne
der Russen im Munde der Diplomaten groß und klein.

Kaiser Alexander war nach der Leipziger Schlacht in Frankfurt am Main
eingezogen. Von hier aus schrieb er an seinen Lehrer, General Phull: „Wenn
ich einige Kenntnisse im Kriegshandwerk erlangt habe, so verdanke ich Ihnen
allein die Grundsätze derselben. Aber ich verdanke Ihnen noch mehr: Sie
haben den Plan gefaßt, infolge dessen mit Hilfe der Vorsehung erst Rußland,
dann Europa gerettet worden ist. Empfangen Sie den Tribut meiner Dankbarkeit ꝛc. ꝛc." (Pertz, Stein, III. 484). Phull war 1806 in Alexanders Dienst
getreten; er ist ein geborener Württemberger.

Was bedeutete am Ende das Zurückgehen von Etappe zu Etappe immer
weiter ins Innere des Landes hinein? Für die Russen Verstärkung; für die
Franzosen Schwächung mit jedem Schritte vorwärts. Schon zog Miloradowitsch
mit 30000 Mann neuer Truppen heran und Markoff mit den 10000 Milizen
Moskaus. So gestalteten sich die Verhältnisse der beiden russischen Westarmeen
nach dem Rückzuge von Smolensk über Dorogobusch auf der großen Straße
nach Moskau ungleich vorteilhafter als bei Beginn des Feldzugs. Der erste
Erfolg war ja erreicht, die Vereinigung der Armeen, und jetzt konnte man mit
Zuversicht auf den endlichen Sieg rechnen.

Als die Armeen Napoleons die Grenzen Rußlands überschritten, waren
sie den russischen um mehr als das Doppelte überlegen, nach der Schlacht im
heiligen Thale aber, am 19. August nur noch um die Hälfte. Das Operiren
der russischen Flankencorps war unzweifelhaft ein zweckmäßiges zu nennen: an
der Düna hielt sich das Corps des Grafen Wittgenstein mit beständigem

Erfolge gegen das II. französische Corps unter Oudinot und das VI. (Bayern)
unter St.-Cyr. In Wolhynien war zwar Tormasoff zum Rückzuge hinter
den Styr gezwungen worden von den Oesterreichern unter Schwarzenberg und
dem VII. Corps (Sachsen) unter Reynier; aber schon rückte die Donauarmee
unter Tschitschagoff aus der Moldau zur Verstärkung der Russen heran.

Was den Geist der ganzen russischen Nation betrifft, so war
derselbe weder durch die Besitznahme einiger Provinzen von seiten des Feindes,
noch durch den fortgesetzten Rückzug in irgend einer Weise erschüttert worden;
nach wie vor fühlten sich alle und jeder von dem heißesten Wunsche beseelt,
den Feind für seine Frechheit zu bestrafen. Niemand schonte weder sein Leben
noch sein Hab und Gut, und das geschah nicht aus Ehrgeiz, sondern aus
heiligem Pflichtgefühl. Alle sahen die Größe der Gefahr, welche der Einfall
des Feindes heraufbeschworen hatte; alle waren von seiner Ueberlegenheit überzeugt, aber niemand wollte den Frieden mit der Unterwerfung unter napoleonische
Herrschaft erkaufen.

So erschien die Lage der russischen Armee bei weitem vorteilhafter als
diejenige des Feindes. Diese Umstände waren aber damals nicht jedem Russen
bekannt. Das Volk wie die Armee sah nur die zunächst liegenden Folgen
des Rückzugs: Verheerung, Feuersbrünste, Triumph des Feindes. Die russischen
Truppen, welche nichts sehnlicher wünschten als dem Vorrücken des Feindes
Halt zu gebieten, hielten sich für stark genug dazu; der Rückzug erschien ihnen
wie ein Verrat am Vaterlande. General Barclay de Tolly, in Wirklichkeit
nur Oberbefehlshaber eines Teiles der Streitkräfte und zugleich Kriegsminister,
sah sich heftig angegriffen. Und doch war es sein Verdienst, daß der Haupt-
erfolg erreicht worden war, die Vereinigung der Armeen trotz der mannigfachen
Bedrohung.

Eine beratende Kommission sprach sich in Petersburg dahin aus: die
Unthätigkeit in den Operationen habe ihren Grund darin, weil nicht sämtliche
Armeen unter einem einheitlichen Oberbefehle stehen. Als dann der Name
Kutusoff genannt wurde als des Oberbefehlshabers über sämtliche gegen
Napoleon im Felde stehenden Armeen und Aufgebote, da vereinigten sich alle
Stimmen auf den volkstümlichen, fast siebzigjährigen Führer. In der That,
es gehörte ein richtiger Volksgenosse dazu, ein echter Russe, der mit allen
Fasern im Volke wurzelte, um ihm alles verzeihen zu können, was die Zukunft
brachte: die Verwüstung des Landes, das Preisgeben der heiligen Stadt Moskau.

Während seines Marsches auf der Straße nach Moskau hatte Barclay
da und dort Stellungen gesucht, um dem Feinde aufs neue entgegentreten
zu können. Manchmal ergaben sich kleine Nachhutgefechte mit den verfolgenden
Scharen Murats, aber ausgiebige Verteidigung war nirgends möglich. Mit
den letzten Tagen des August übernahm Kutusoff den Oberbefehl und kon-
zentrirte vom ersten Tage an all sein Denken und Thun auf eine einzige

Stellung und deren Vorbereitung zur Verteidigung, auf die Höhen von Borodino; vom 1. September an wurde hier an den Schanzen gearbeitet.

Ueber Dorogobusch, Wiásma, Gschatsk rückte Napoleon den Weichenden nach mit dem sehnlichen Verlangen, nochmals den Feind fassen zu können, ehe die Kräfte vollständig erlahmten. Nach den aufregenden Tagen der Gefechte trat wieder die tägliche Not in ihre Rechte ein; überall Hunger und Mangel am Notwendigsten; Schwäche, Erschöpfung und endlich Zurückbleiben der Tausende von Elenden auf dem Wege.

Am 23. August war die württembergische Infanteriedivision nach einigen Tagen Rast aufgebrochen in der Stärke von 2423 Mann. An Toten, Verwundeten, Kranken und Vermißten, sowie an Kommandirten in den Spitälern zählte man 6234 Mann; von Tausenden fehlte jede Kunde.

Ungestüm verlangte der König genaue Rapporte und Nachweisungen über den Abgang beim Armeecorps und in den Spitälern, ausführlichere und frühzeitigere Berichte über alles, was vorfällt. Er ist geneigt, die Generale Scheler und Kerner darüber ernst zur Verantwortung zu ziehen. Die Lage des Divisionskommandeurs, Generals v. Scheler, ist eine beklagenswerte, seine Stellung eine durchaus verfehlte; er hat viel zu viele Vorgesetzte, muß an zu viele Stellen seine Nachweisungen und Meldungen richten.

Ueber die Lazarete bemerkt Scheler: so lange das Armeecorps in der Nähe sei, werde für alle Spitäler gut gesorgt. Sobald aber die Truppe sich entferne, so treten die französischen Platzkommandanten in Thätigkeit, und diese ordnen dies und jenes an, welchem die württembergischen Spitalkommandanten sich eben auch fügen müssen, obwohl sie Befehl haben, selbständig zu bleiben. Rapporte von rückwärts fehlen noch, denn es sei keine Postverbindung da; auch sei die Reise für einzelne gefährlich, „indem jeder einzelne Reisende nur gleichsam als Nomade reisen und unterwegs auf mehrere hundert Stunden die Bedürfnisse für sich und seine Pferde nur mit bewaffneter Hand finden kann, so bleiben die Rapporte aus." Bei der Ausdehnung des Raums sei es unmöglich, gründlichere Berichte zu schicken. Erst sollen die Meldungen von hinten nach vorne und dann von vorne in die Heimat. Der König hält sich stets an Scheler, dieser aber ist von Marchand abhängig, der seinerseits wieder nichts vom König weiß. Das war die verzwickte Lage der Bundesgenossenschaft.

Scheler sagt weiter in einem eingehenden Bericht an den König: „Was die außerordentliche Verminderung des königlichen Armeecorps betrifft, so ist es allerdings gewiß, daß der Mangel an Lebensmitteln die erste Ursache ist, aber Eurer königlichen Majestät kann ich nicht unterlassen, alleruntertänigst zu versichern, daß von seiten des Corpskommandeurs kein Mittel verabsäumt worden, das Möglichste zu thun. Ganz aus den nämlichen Quellen, aus denen die Große Armee geschöpft hat, hat auch das königliche Armeecorps geschöpft, aber auch diese Große Armee hat durch eben diesen Mangel unendlich gelitten, obschon nicht zu verkennen ist, daß die deutschen Truppen, worunter vorzüglich auch die königlich bayrischen, im Verhältnis ziemlich mehr geschwächt worden als die französischen."

Mit bemerkenswertem Freimut, ohne alles Vorurteil, mit offenem Auge geht Scheler an die Erklärung dieses auffallenden Umstandes. „Hiervon ist aber die Ursache bei weitem zum größten Teil in der Verschiedenheit der Natur des deutschen und französischen Soldaten zu suchen. Schon bei Passirung der Weichsel hat alle regelmäßige Verpflegung, jede ordentliche Austeilung aufgehört, und von da bis nach Moskau wurde im Weg der gesetzlichen Austeilung oder der regulären Fassung kein Pfund Fleisch oder Brot, kein Glas Branntwein gefaßt. Ueber der Weichsel wurde, sobald die wenigen Vorräte aufgezehrt waren, gleichsam das Losungswort gegeben: Jeder nehme, wo er findet, und lebe so gut oder so schlecht, als er kann."

„Da Polen und hauptsächlich dieser Teil Polens, durch welchen das Armeecorps marschirte, arm und wenig bevölkert ist, sich überdies die Einwohner, vorzüglich in dem russischen Anteil, mit ihren Habseligkeiten in die Waldungen geflüchtet hatten, auch durchaus an keinem einzigen Ort eine Zivilobrigkeit oder auch nur ein Schatten von Landesadministrationsbehörde zur Verpflegung mitwirkte, so bestand das einzige Mittel der Erwerbung darin, täglich Detachements in die seitlich gelegenen Dörfer und Waldungen zu schicken und durch selbige nehmen zu lassen, was sie finden."

„Nunmehr aber zeigte sich der Unterschied in der Industrie und dem Benehmen zwischen dem deutschen und französischen Soldaten sehr auffallend und zum großen Nachteil des ersteren. — Der französische Soldat zeigte hierin eine außerordentliche Fertigkeit und lebte bei diesen fatiguanten Detachements ganz für das Wohl der Kameradschaft, beinahe sich selbst vergessend. Er begnügte sich, Lebensmittel gefunden zu haben, packte schnell auf, lief damit dem Regiment nach, nahm mit wenigen Stunden Schlaf vorlieb, achtete wenig die Ermüdung. Wenn er bei Tag nicht eher eintreffen konnte, so lief er die Nacht hindurch und fühlte sich durch den Dank seiner Menagekameraden belohnt."

„Ganz anders war es bei den Teutschen, leider zu großer Demütigung des gebildeten Teils. Der Detachements waren zu viele nötig, als daß jedes durch einen Offizier konnte geführt werden, und auch selbst in diesem Fall war die Zerstreuung der einzelnen unvermeidlich; daher der Soldat, sich selbst überlassen, zuerst seiner eigenen Sättigung lebte, wenn er etwas gefunden hatte. Im Auffinden selbst war er viel zu langsam, weil er sich gelegentlich zu viel mit anderen Dingen beschäftigte, die ihm nichts nützen konnten. Statt mit einer kurzen Erquickung vorlieb zu nehmen, wollte er zuerst förmlich abkochen; auf zwölf Stunden Wachen wollte er eben so lange schlafen; somit verspätete er sich, konnte das Regiment, das indessen fortmarschirte, nicht mehr einholen, lief sich entweder marode und blieb ganz zurück oder warf seine Beute hinweg, um sich zu erleichtern, und kam mit nichts oder wenigem."

„Selbst das Mitgeben von Fuhrwerk konnte nichts bessern, und die Strenge und Bestrafung, welche sehr häufig angewandt wurden, zeigten sich fruchtlos. Die Leute blieben zwar nach Anwendung von Strafen weniger zurück, brachten aber auch keine Lebensmittel und konnten immer die Entschuldigung haben, daß sie keine gefunden. Die vielen Motive, den Ehrgeiz, den guten Willen und die Ambition des Soldaten zu erwecken, hat die deutsche Disziplin nicht wie die französische, daher die Mittel, auf den Soldaten einzuwirken, ganz erschöpft waren, sobald die wirklich in sehr hohem Grad angewandte Strenge sich fruchtlos zeigte. Somit blieb bei dem kontinuirlichen Marschiren leider kein Mittel mehr übrig, als die Subsistenz größtenteils dem Zufall oder der Industrie einzelner zu überlassen. Denn das Abschicken der Detachements mußte ganz unterlassen werden, weil dadurch eine Menge Leute, ohne etwas zu nützen, verloren ging, während die französischen Fourageurs beladen dem Lager zuströmten."

Das herrschende Volk mit seinem gesteigerten Selbstbewußtsein, mit seinem alles Denken und Handeln beherrschenden Nationalstolz verfügte eben über ganz andere moralische Faktoren als die nur zum Dienst abgerichteten Söhne des Rheinbundes, denen die hohen Gedanken an Vaterland und Größe der Nation abgingen. Darin hat Scheler ganz recht: in solchen Lagen reicht die hölzerne Disziplin nicht aus; aber auch die gedankenlose Lust am Waffenruhm an sich erwies sich als ein gar haltloser Bundesgenosse. Was konnte es schließlich die deutschen Soldknechte nützen, wenn der Ruhm Napoleons und Frankreichs noch höher sich hob über Haufen von Leichen?

„Ich ermangelte nicht, nach dem Beispiel einzelner französischer Regimenter, berittene Fourageurs zu errichten, allein selbst dieses, was den Franzosen unendlich zu statten kam, war ganz fruchtlos, weil die Natur des deutschen Soldaten ganz nicht dazu taugt, dieses Fouragirungsgewerb mit derjenigen List, Geschwindigkeit, Selbstentsagung und Kameradensinn zu treiben, als hier die Eile der Märsche und der seltene Stillstand erforderte, und somit wurden die Leute bei ununterbrochenem Marschiren aus Mangel an Lebensmitteln entkräftet. Hierzu kam die Hitze bei Tag und die Kälte bei Nacht, das unvorsichtige Trinken des schlechten Wassers, beständiges Biwaliren, häufig bei Regen. Diarrhöe und Ruhr stellten sich ein, welchen nicht durch Ruhe und Verpflegung begegnet werden konnte, eine Menge geschwächter Leute blieb täglich auf dem Wege liegen. Kommandirte dabei zu lassen, wäre doppelte Schwächung gewesen: alle nachzuführen, dazu fehlten die Transportmittel. Sie blieben daher großenteils zurück, starben auf dem Weg oder suchten Ruhe und Erholung in den Dörfern, daher die große Zahl der auf dem Marsche Zurückgebliebenen kommt, deren Schicksal bis dato ganz unbekannt ist." .

„Die Offiziere litten bei diesem Zustand der Dinge ebenso sehr wie die
Soldaten, indem sie keine anderen Lebensmittel als diese hatten, daher die
Sorge für die Selbsterhaltung jeden anspornte, in Rücksicht auf Verpflegung
kein Mittel unversucht zu lassen, wenn ihn hierzu nicht höhere Rücksichten
vermocht hätten, so daß also schon aus diesen Gründen nichts versäumt worden.
Der Kredit aber, welcher dem königlichen Kriegskommissariat allergnädigst
gegeben wurde, konnte da nicht mitwirken, wo nichts zu kaufen war. Denn
alle Mühe mußte öfters angewendet werden, nur einige Maß Branntwein
und wenige Pfund Brot bei Marketendern für Kranke zu erhalten, da die
Offiziere das Pfund Brot sehr gerne um 1 Gulden 12 Kreuzer, einen Schoppen
Wein um 1 bis 4 Gulden und einen Schoppen Branntwein um 2 Gulden
bezahlten, wenn sie diese Gegenstände nur haben konnten. Allein während
der Hälfte des Marsches waren diese Dinge um gar keinen Preis zu erhalten
und statt des Brotes bedienten sich Offiziere und Soldaten des gerösteten
Roggens, welchen sie mit den Pferden teilten."

„Vorstellungen bei den französischen Behörden waren ganz fruchtlos; sie
wiesen uns nur auf die allgemeine Quelle hin, welche aller Versuche ungeachtet
der deutsche Soldat seiner verschiedenen und unabänderlichen Natur nach nicht
so gut zu benützen verstanden hat wie der Franzose; wobei übrigens, wie es
immer das Los der alliierten Truppen ist, diesen die Benützung dieser Quelle
auch mehr erschwert wurde als den Franzosen selbst, indem wir häufiger an
der Queue der Kolonne als an der Tête marschiren mußten, und daher auch
mehr ausfouragirtes Land vor uns fanden."

„Nur die Erlaubnis zur Ruhe und zum Stillstand hätte dem Ruin
der königlichen Truppen zuvorkommen können; allein diese zu begehren,
da man den Feind vor sich hatte, dagegen stritten die delikateren Gefühle der
Ehre und die Pflicht, den erworbenen Ruhm der königlichen Waffen selbst
mit aller Aufopferung aufrecht zu erhalten. — So mußte jeder Befehlshaber
mit Schmerz die progressive Verminderung des Trupps, dessen tägliche Abnahme an Kräften und Gesundheit, die tägliche Vermehrung des Stumpfsinns
und der Gleichgiltigkeit gegen alles, durch Apathie hervorgebracht, und die
dadurch immer mehr zunehmende Desorganisation in den vielfachen Dienst-
verhältnissen, wozu sich noch der Kampf mit den Mängeln der auf diese Lage
nicht berechneten inneren Organisation des Corps gesellte, ansehen, ohne mit
allem Willen und aller bereitwilligen Aufopferung helfen zu können."

„Allergnädigster König! Aus dem toten Resultat der Dinge sollte
hervorgehen, daß manche Pflicht vernachlässigt, manche Mühe gespart worden,
um diesem Ruin des Armeecorps zuvorzukommen, wenn man nicht in Erwägung zieht, daß eine lange Periode hindurch alle Einsicht, alle Autorität,
aller Wille und alle Thätigkeit aus Mangel an Mitteln, zu wirken, aufhören
mußten, indem sie vergebliche Ansprüche an die Raserei des Hungers, an den

Trieb der Selbsterhaltung, an die Entkräftung und an den Stumpffinn machten. Daher sich noch jeder Vorgesetzte bei den übrigen vielen Leiden, welche Körper und Seele bestürmten, einer Verantwortung preisgegeben sah, welcher er nicht zu entgehen wußte, wenn das Unerhörte und das Beispiellose dieses Feldzugs nicht in Anschlag gebracht und solcher nach vorhergehenden gemessen würde, welche in keiner Rücksicht eine Vergleichung zulassen. Es blieb daher denen Offizieren, welchen Eure Majestät die Führung der Truppen anvertraut haben, leider durchaus nichts übrig, als die Sorge für sich und ihre Mannschaft mit stummer Wehmut großenteils dem Zufall und den Kräften der Natur zu überlassen, mit dem innigsten Wunsch, daß ihnen wenigstens diese nicht versagen möchten, noch das Feld der Ehre zu erreichen, um auf diesem bewähren zu können, daß sie die Pflicht gegen ihren allergnädigsten König und das Vaterland auch im schwierigsten Moment nicht außer Augen gesetzt haben und mit ihrem Blute zu besiegeln bereit seien." —

Seit einer Woche befand sich die Große Armee im Marsche auf der Straße nach Moskau. Anscheinend trieb man den Feind vor sich her, doch wußte Napoleon, daß dieser nur eine günstige Stellung suche, um sich mit neuer Kraft entgegenzustemmen; er wußte auch, daß er selbst stets beobachtet werde, denn überall am Horizont erschienen die Kosaken auf ihren flüchtigen Rossen und die langen Lanzen zeigend. Der Monat August ging zu Ende; mit dem 2. September hatte Kutusoff angefangen, die Stellung bei Borodino zu beziehen; am 1. September war Napoleon bei der Stadt Gschatsk angekommen und ließ seine Truppen etliche Tage rasten, um dann die kurze Strecke vollends zurückzulegen bis an die Verschanzungen des Feindes.

Das Lager bei Gschatsk gab Napoleon Gelegenheit, alle Abstufungen der Auflösung in seinem Heere beobachten zu können, alle Abstufungen zugleich der von oben herab getroffenen Fürsorge. Vollzählig waren allein die kaiserlichen Garden noch. Für sie war auf Kosten der Linientruppen stets alles geschehen, und das hatte diese Truppe gerade in diesem Feldzuge so verhaßt gemacht. Die Divisionen des I., IV., V. und VIII. Corps zählten ungefähr noch die Hälfte ihrer Mannschaft unter den Waffen. Sie hatten seit dem Uebergang über den Niemen bei weitem nicht den großen Verlust an Toten, Verwundeten und Kranken erlitten wie das III. Armeecorps. Die französischen Divisionen Ledru und Razout dieses Corps kann man auf ein Dritteil ihres Bestandes reduzirt annehmen, die württembergische Division aber auf ein Fünftel. Die Reiterei, im ganzen betrachtet, hatte ein Dritteil ihres Standes verloren.

Wenn man sich nach den Ursachen dieser verschiedenartigen Erscheinungen umsieht, so hat das III. Corps wohl deshalb mehr als die anderen gelitten, weil es von Wilna aus in endlosen aufreibenden Märschen nach Norden, in die Richtung auf Dünaburg, getrieben wurde, durch ein armes, elendes

Land, um dann rasch umzukehren und nach Smolensk zu marschiren, in derselben Zeit, da die anderen Corps, das I., IV., V., VIII. ihre minder auf-
reibende Thätigkeit in den südlicher gelegenen, günstigeren Landstrichen bei
Minsk und Mohilew zu entfalten hatten. So mögen diese letzteren Armeecorps einen größeren Vorrat an physischer Kraft sich bis in die letzten Tage
gerettet haben.

Daß die Württemberger ganz besonders litten, noch mehr als die Nachbar-
divisionen Ledru und Razout, das hat Scheler und vor ihm der Kronprinz
ausführlich dargelegt. Gleich zu Anfang, noch ehe man den Niemen erreicht,
mußten die propos, der esprit politique einzelner Generale den Grund abgeben, um bei Napoleon eine gereizte Stimmung gegen die Württemberger zu
erzeugen und sie bei jeder Gelegenheit einzuschüchtern. „Wir dürfen uns in
Ansehung der Beischaffung der Lebensbedürfnisse niemals die Mittel erlauben
wie die Franzosen, ohne daß sich sofort das größte Geschrei erhebt." Das ist
die Klage beim Kronprinzen und bei Scheler. Dazu kommt noch, daß der
Franzose sich bei weitem findiger im Aufspüren der Lebensmittelschätze, rascher
im Wegnehmen, aber auch — und das hat Scheler zu seinem Vorteil hervorgehoben — kameradschaftlicher und selbstloser im Verteilen derselben erwies.

Und hatten die Württemberger einmal eine Beute aufgebracht und waren
im Begriff, sie in ihr Lager zu schaffen, so kamen französische und polnische
Offiziere mit Haufen ihrer Leute heran und nahmen das Beste hinweg.
Dasselbe erzählt uns auch der Regimentsarzt Roos von Louisjäger: ein
französischer Arzt habe ihm seine Verbandstücke mit Gewalt weggenommen
und bei seinen kühnen Griffen nur die Worte gebraucht: „La grande nation
a toujours une telle préférence!" Es sei überhaupt dieser Ausdruck allgemein
üblich geworden. Und die Polen eigneten sich die Manieren der Franzosen
ungemein rasch an. — So war der kleine, eingeschüchterte Bundesgenosse, die
württembergische Division, überall zu kurz gekommen. Die Westfalen, deren
König Napoleons Bruder war, befanden sich ja in ganz anderer Lage; und
doch liefen auch hier Klagen über „Mißhandlungen durch die Franzosen" ein,
wie der württembergische Gesandte aus Kassel berichtet; ein weiteres geschlossenes
deutsches Kontingent befand sich nicht bei der Großen Armee der Mitte.

General v. Scheler berichtet noch aus diesen Tagen: „Unsere Artillerie
hat sich bis in die Gegend von Smolensk ihre Bespannung durch die Sorgfalt der Offiziere ziemlich gut erhalten." Allmälich aber mußten Infanteristen
zur Artillerie kommandirt werden und holländische Kanoniere aus der Reserve
des III. Corps. „Die französischen Batterien des III. Corps sind übrigens
in Mannschaft nicht viel besser und in Pferden weit schlimmer daran als die
königlichen Batterien, so daß letztere bei jeder Gelegenheit gesucht werden und
besonders die reitenden Batterien, auf welche der König von Neapel, Marschall
Ney, die Generale Montbrun und Beurmann gar großes Vertrauen setzen."

„Von Smolensk auf der großen Straße bis Moskau hat der Feind alle Einwohner samt ihrem Vieh und ihren transportablen Vorräten emigriren lassen, so daß auf dieser ganzen weiten Strecke kein Eingeborener zu finden war, daher auch das Fleisch etwas selten wurde. Brot, welches der Soldat ohnehin nur durch Zufall findet, konnte einigermaßen wegen der besseren Gartenkultur durch Gemüse und Kartoffeln ersetzt werden. Uebrigens ist dieses Land durch den Durchzug der beiden Armeen ganz zerstört und alles hinter uns ist in eine Wüste verwandelt, indem wir selten ein Nachtlager bezogen haben, worin man nicht mehrere Dörfer und Städte, bis 10 und 15 zu gleicher Zeit, in Flammen sah; auch die sehr bedeutenden Städte Wiäsma und Gschatsk gingen in Rauch auf."

„Den Zustand des ganzen III. Armeecorps überhaupt betreffend, so ist selbiger sehr kläglich und dieses ganze Corps eigentlich nur auf Cadres reduzirt."

Während die streitfähigen Teile der Großen Armee sich in den ersten Septembertagen im Lager bei Gschatsk sammelten, wälzte sich eine zweite Armee, aufgelöst in eine unabsehbare Wolke von einzelnen Personen und Gruppen, im Rücken der ersten, alles das verheerend, was allenfalls noch übrig gelassen war. Von einem Zuge gegen die feindlichen Streifcorps im Rücken der Armee zurückkehrend, hatte in diesen Tagen die brigade étrangère das Heer der Marodeure zu durchschneiden, um wieder an die Spitze der Großen Armee vorzureiten. Der dabei befindliche württembergische Regimentsarzt berichtet: „Bald in lächerlichen, bald in erbärmlichen Gestalten zogen solche Trupps von Plünderern, Marodeurs, leicht Blessirten und solchen, die sich mit Suchen von Nahrung verspätet hatten, der Großen Armee nach und dem großen Ziele Moskau zu."

War das III. Corps mit seinen Divisionen Ledru und Razout auch sehr geschwächt, so konnte es immerhin noch in seiner ursprünglichen Formation bestehen bleiben. Die württembergische Division hingegen erfuhr im Lager bei Gschatsk eine vollständige Umgestaltung. Je vier Bataillone wurden in ein einziges vereinigt; so bestand die ganze Division noch aus drei Bataillonen, die von dem Oberst v. Stockmayer kommandirt wurden unter spezieller Aufsicht des Generals v. Hügel. Am 2. September war die Neuformation geschehen; die drei Bataillone zusammen zählten noch 1456 Mann unter dem Gewehr vom Obersten abwärts; an demselben Tag rückten die vier württembergischen Reiterregimenter mit zusammen 762 Mann aus, die Artillerie mit 418 Mann und sämtlichen Geschützen; somit war das ganze Corps am 2. September 2636 Mann stark. Am 22. August im Lager bei Smolensk hatte die Infanterie noch 2237 Mann unter dem Gewehr gezählt; jetzt am 2. September in Gschatsk ersah man, daß auf dem elftägigen Marsch wiederum 781 Mann verloren gegangen waren.

Die gesamte Infanterie Napoleons, die noch unversehrte Garde ein-

gerechnet, belief sich am 2. September auf 90000 Mann, die Reiterei auf
26000 Mann; man zählte noch 15000 Artilleristen mit 587 Geschützen.
Durch den Zuzug von Miloradowitsch, dessen Mannschaften übrigens aus lauter
Rekruten bestanden, hatte sich der Stand der russischen Armee auf etwa
110000 Mann gehoben.[*]

Da, wo der Kologafluß in die Moskwa einmündet, erheben sich auf dem
rechten Ufer der Kologa Höhenrücken, welche der Verteidigung alle Vorteile
bieten. Auf diesen Höhen setzte sich Kutusoff; den rechten Flügel bei Maslowo
an die Moskwa gelehnt, das Zentrum auf der Anhöhe von Gorka; linker
Flügel etwas vorgenommen bei Semenofskoe und Schewarino. Fast uneinnehmbar erschien die Stellung des rechten Flügels durch die Natur sowohl
als durch Schanzen; eine Reihe von weiteren Befestigungen, namentlich die
Rajefskischanze, schuf eine Stütze für das Zentrum; der linke Flügel dagegen
war durch kein bedeutendes Terrainhindernis gedeckt, schlecht verschanzt, gegen
den Feind mit der Redoute von Schewarino vorgeschoben.

Kutusoff vereinigte die gesamte Armee in dieser Stellung; die erste Armee
unter Barclay auf dem rechten Flügel, die zweite unter Bagration auf dem
linken. Bald erkannte Bagration das Mißliche seiner Lage. Er setzte es
durch, daß er mehr zurückgenommen wurde gegen Semenofskoe, und schuf sich
hier ungemein starke Stützen durch Anlegung dreier Redouten, der Bagrationschanzen. — Immerhin aber war hier der schwache Punkt der Stellung zu
suchen. Kutusoff erkannte das auch und suchte die mißlichen Verhältnisse aus-
zugleichen dadurch, daß er Reservetruppen nach links schob, eine Maßregel, die
aber zum Teil erst während der Schlacht am 7. September zur Ausführung
kam. So befand sich der Thalgrund des Kologaflusses vor dem rechten Flügel
und vor dem Zentrum; der linke Flügel, ohne den schützenden Thalgrund
vor sich, hatte auch in der Nachbarschaft links den Wald von Paffarewo.
Vor der Mitte der Stellung im Thalgrunde am Kologafluß liegt Borodino;
durch das Dorf Borodino führt die neue Heerstraße von Smolensk nach
Moskau. Quer über diese Straße stand die russische Armee; an ihrem linken
Flügel vorüber bei Paffarewo führt die alte Straße von Smolensk nach
Moskau.

Am 4. September brach Napoleon aus dem Lager bei Gschatsk auf;
am 5. begannen die Feindseligkeiten gegen den linken Flügel Bagrations; die
vorgeschobene Schanze bei Schewarino fiel in die Hände der Franzosen; der
6. September, ein Sonntag, galt den Vorbereitungen für die Schlacht; am
7. sollte der allgemeine Angriff erfolgen.

Den ganzen 6. September verwendete Napoleon darauf, um persönlich
die Stellung des Gegners zu rekognoszieren, wobei er wiederholt vom Pferde

---

[*] Bernhardi rc. rc. II, 54 ff. 57.

stieg und unbekümmert um das feindliche Tirailleurfeuer unterhalb Borodino
die Kologa (Kolodscha) durchwatete und zur Gewinnung einer freien Uebersicht
das jenseitige Ufer erkletterte. Die ziemlich weit vorgeschobenen Posten der
Russen gestatteten ihm jedoch nicht, die eigentliche Beschaffenheit des Geländes
zu ermitteln und die unrichtigen Angaben der Karten zu berichtigen.

Nach dem Ergebnisse seiner Rekognoszirung disponirte Napoleon: der
Hauptangriff wird gegen den linken Flügel der Russen gerichtet; dieser muß
rasch über den Haufen gerannt und über die neue Moskauer Straße zurückgedrängt werden, um solchergestalt die gesamte feindliche Streitmacht von der
Straße ab nach der Moskwa zu drängen und in eine allgemeine Katastrophe
zu verwickeln.

Zu dem Ende ward Poniatowski angewiesen, mit dem V. Corps den
linken Flügel des Feindes zu umgehen, auf der alten Moskauer Straße von
Passarewo nach Utiza, sodann einzuschwenken, um Flanke und Rücken an-
zugreifen. Mittlerweile sollten vier große Batterien den linken Flügel der
Russen und das Zentrum erschüttern, und den allgemeinen Angriff vorbereiten.
Sache des Vizekönigs von Italien sei es, mit seinem bedeutend verstärkten
IV. Corps das Zentrum und den rechten Flügel der Russen zu beschäftigen.

Noch am Sonntag den 6. September stellte Napoleon die übrige Armee
dem linken Flügel der Russen gegenüber so auf: an die Spitze das I. Corps
unter Davoust zwischen dem Dorfe Schewarino und dem Holze von Passarewo;
dahinter das III. Corps des Marschalls Ney; etwas weiter zurück und links
geschoben das VIII. Corps unter Junot; in Reserve die gesamte Garde; die
vereinigte Reiterei unter Murat in der Nähe der am 5. September genommenen
Schanze von Schewarino.

So lag man bei den Gewehren, als die Nacht vom 6. zum 7. September
sich über die beiden Heere herabsenkte, feucht und von Regenschauern unterbrochen. Der Hauptmann bei der Weichsellegion, nachmaliger preußischer
General Heinrich v. Brandt, erzählt: „Um die Feuer gelagert, im Gespräch
über Vergangenheit und Zukunft brachte man die Zeit hin, bis Ermüdung
die Augen schloß. Doch schon um Mitternacht regte es sich wieder, empfindliche
Frische scheuchte viele wieder vom feuchten Boden auf. Es mochte drei Uhr in
der Frühe geworden sein. Hinter unserem Lager marschirten lange Züge
Kavallerie auf den rechten Flügel, — es waren Franzosen, Deutsche und Polen.
Vor einem Regiment sang eine sonore, schöne Stimme Schillers Reiterlied,
ein nicht übler, aber schwacher Chor wiederholte den Refrain der letzten
Strophe:

> Aus der Welt die Freiheit verschwunden ist,
> Man sieht nur Herren und Knechte. —

schallte es zu uns herüber, als sie unserem Regiment gegenüber waren. Ich
ließ fragen, was dies für Truppen, und erfuhr, daß es Preußen waren."

Und die preußischen Ulanen, zusammengeschart mit polnischen Husaren und württembergischen Jägern, ritten eben hinter den rechten Flügel. „Wir setzten uns mit dem ersten Dämmern dieses merkwürdigen Tages zu Pferde," erzählt uns der Regimentsarzt der württembergischen Jäger; „Menschen und Tiere ohne alles Frühstück. Wir zogen uns nach rechts hinter einen Wald, der von unserer Infanterie angefüllt war."

Um zwei Uhr in der Frühe am 7. September war auch Napoleon schon thätig auf der beherrschenden Höhe der Schanze von Schewarino, wo er die Marschälle und Befehlshaber der Corps versammelt fand, um seine letzten Befehle zu empfangen. Um fünf Uhr trat die gesamte Armee unter die Waffen, so gut als es eben ging, im Paradeanzuge. Man verlas die wenigen packenden Sätze der Proklamation des Kaisers bei jeder einzelnen Truppe. Und schon donnerten die Geschütze; das Zeichen zum Beginn der Schlacht war gegeben.

Poniatowski setzte sich auf der äußersten Rechten in Marsch zur Umgehung des linken russischen Flügels; Davoust griff mit dem I. Corps den linken Flügel selbst an, und der Vizekönig von Italien mit dem IV. Corps näherte sich dem Dorfe Borodino und dem russischen Zentrum.

Das I. Corps hatte bald die vorderste der Bagrationschanzen genommen; aber russische Reserven eilten herbei, und nun begann ein hin- und herwogendes Gefecht. Das I. Corps zog sich nach links gegen die Mitte der russischen Stellung. Nunmehr war es Sache des III. Corps, zunächst der Division Ledru und der Württemberger, die genommene Schanze zu behaupten und die anderen zu erobern.

Der Bericht des Generals v. Scheler lautet: „Am 7. September früh fünf Uhr traten alle Truppen unter Gewehr. Von ihren Brigadegeneralen wurde ihnen die kaiserliche Ansprache verlesen: Soldaten! Die Schlacht, welche ihr so sehr gewünscht habt, wird nun beginnen, der Sieg liegt in eurer Hand; er ist uns notwendig; er bringt uns Ueberfluß in guten Winterquartieren und eine schnelle Rückkehr ins Vaterland."

„Fechtet wie bei Austerlitz, Friedland, Witebst und Smolenst, und die späteste Nachwelt wird euer Benehmen rühmen. Man sage von euch: er war in der großen Schlacht unter den Mauern von Moskau!"

„Es lebe der König!" schallte es bei den Württembergern, als General v. Hügel mit der Anrede geendigt hatte.

„Das I. Armeecorps bildete das erste Treffen im Mittelpunkt; es war unterstützt durch die Kavallerie des Königs von Neapel, und als zweites Infanterietreffen folgte das III. Armeecorps in einer Kolonne, welche mit Divisions- und halber Distanz formirt war. Die Division Ledru hatte die Tête, Württemberger die Mitte, Razout Queue; rechts von uns Polen, links Italiener."

Das I. Corps hatte die vordersten Schanzen mit Sturm genommen. Da aber zog dieses Corps sich links und das III. Corps wurde vorgezogen in dem Augenblick, als der Feind sich anschickte, die Schanzen wieder zu nehmen. Die Schanze links fiel der Division Razout zu, die Schanze rechts der Division Ledru und den Württembergern. Das 57. französische Regiment besetzte auch diese Schanze, wurde aber durch russische Küraffiere in der breiten Kehle angegriffen und wich aus dem Werke.

„Kaum wurde ich diesen Rückzug gewahr," fährt Scheler fort, „als ich die königliche Infanterie ermunterte, die Schanze zu besetzen und sie dem Feinde zu entreißen; dieses geschah auch sogleich, indem sich unsere leichte Infanterie samt dem 2. provisorischen Bataillon während dem Herausgehen der Franzosen in die Schanze hineindrängte. Die bereits eingedrungenen russischen Küraffiere, mit welchen sich noch einige unserer braven Chevaurlegers in der Schanze herumhieben, wurden mit dem Bajonnet angegriffen, gefangen oder zurückgetrieben, worauf das 72. Rgiment der Division Ledru zur Verstärkung unserer leichten Infanterie in die Redoute geschickt worden, wogegen das 2. provisorische Bataillon wiederum aus derselben zurückgezogen wurde."

„Da aber der Feind sich wieder stellte und dessen Infanterie die Schanze attakirte, so verließ auch das 72. Regiment dieselbe, unsere leichte Infanterie aber hielt stand, und in dem nämlichen Augenblick drangte sich das 2. provisorische Bataillon wiederum durch die Franzosen hindurch in die Schanze hinein, um selbige vereint mit der leichten Infanterie zu behaupten, was auch durch Repoussirung der feindlichen Infanterie vollkommen glückte. Die feindlichen Küraffiere suchten indessen auf die außerhalb der Schanze aufgestellte Infanterie einzuhauen; das 3. provisorische Bataillon aber, welches rechts neben der Schanze aufmarschirt war, empfing dieselben mit einem ruhigen Bataillonsfeuer, wobei das dritte Glied rechtsumkehrt feuerte, weil die russischen Küraffiere zugleich in Flanke und Rücken kamen. Die hinter und seitwärts von unserem 3. provisorischen Bataillon postirten Regimenter der Division Ledru formirten Carré und feuerten ebenfalls aus ihrer Flanke, und somit wurden die Küraffiere, welche zum Teil bis an unsere Bajonnete kamen, zurückgewiesen. Unsere 3. reitende Batterie war schon früher auf dem rechten Flügel unserer Infanterie vorgerückt, um die Kavallerie bei ihrem Angriff auf die feindliche Infanterie zu unterstützen; hiebei aber verlor diese Batterie durch das starke Feuer des Feindes viele Pferde, auch wurde selbige im Räderwerk stark beschädigt. Als aber unsere Chevaurlegers und die französischen Reiter durch die feindliche Uebermacht zurückgedrängt wurden, so stürzten die französischen Jäger zu Pferd gerade unserer Batterie entgegen, hinderten sie dadurch am Feuern und die russischen Küraffiere kamen zugleich in die Batterie, töteten und blessirten mehrere Kanoniere und Trainsoldaten und eroberten vier Kanonen und einen Munitionswagen."

„Unsere beiden Chevaurlegersregimenter aber gaben dem Feind nichts

gewonnen; kaum hatten sie sich hinter der Schanze und der Infanterie wieder
gesammelt, so warfen sie sich auf die noch Contenance haltenden feindlichen
Kürassiere, trieben solche vollends zurück und entrissen ihnen die vier Geschütze
wieder, so daß der Feind weder Kanonen noch Pferde erbeutete.“

„Der Feind, welcher so blutig abgewiesen worden, erlaubte sich keinen
weiteren Versuch mehr, und sowohl seine Infanterie wie seine Kavallerie zog
sich hinter die eigenen Batterien zurück. In dem Centro mußte nunmehr nach
Eroberung und Behauptung der beiden Redouten das Avanciren des rechten und
linken Flügels der Armee abgewartet werden; daher nun die Redouten, welche
vormittags 10 Uhr von dem III. Armeecorps genommen worden waren, bis
nachmittags 4 Uhr behauptet werden mußten, welche Behauptung aber viel
Standhaftigkeit und Mut erforderte, indem der Feind durch rückwärts etablirte
Batterien diese Redouten auf das heftigste mit Kugeln, Granaten und Kartätschen
beschoß, so daß wir während diesem Kanonenfeuer viele Leute verloren, jedoch
ohne daß das mindeste Wanken in die Glieder kam. Die beiden genommenen
Redouten wurden indessen durch die Sappeurs möglichst demolirt, welche Demo-
lirung auch bei der zweiten Redoute durch das dorthin geschickte 3. provisorische
Bataillon gedeckt wurde.“

So stand also die Sache hier dem linken Flügel der Russen gegenüber.
Um 10 Uhr vormittags war das III. Corps in die erste Linie gekommen dadurch, daß sich das bisherige erste Treffen, das I. Corps, nach links gegen
Semenofskoe gezogen hatte. Zuerst hatte Ney seine Kavallerie, darunter die
zwei württembergischen Chevaurlegersregimenter, auf den Feind geworfen; sie
mußten der Uebermacht weichen, wurden aber von ihrer Infanterie aufgenommen,
und darauf folgte der Infanteriekampf um die Schanzen, wie er berichtet worden
ist; im weiteren galt es, das gewonnene Terrain zu behaupten; es fällt das
in die Zeit von 11 Uhr vormittags bis 4 Uhr nachmittags.

Rechts vom III. Corps steckte indessen das V. Corps im Wald von
Passarewo, das VIII. Corps folgte dorthin als Unterstützung. Die eigentliche
Entscheidung aber lag links vom III. Corps und wurde herbeigeführt durch
I. und IV. Corps. Der Vizekönig nahm das Dorf Borodino im ersten Anlauf
und wandte sich von da nach den Höhen von Gorka und gegen die Rajefskn-
schanze; rechts von ihm griff das I. Corps das Dorf Semenofskoe an. Um
4 Uhr nachmittags waren beide Stützpunkte dem Feind abgenommen.

Ohne jegliche Unterbrechung war bis daher gekämpft worden, Stoß auf
Stoß, Gegenstoß und hartnäckige Verteidigung. Nur eine kleine Pause brachte
für den Marschall Ney eine dieser Nachmittagsstunden. Einer der jüngeren
württembergischen Offiziere, der Lieutenant v. Suckow, beschreibt uns in seinem
Tagebuch, wie er, weil er leidlich französisch sprach, zum Stab des Marschalls
für diesen Tag als Ordonnanzoffizier kommandirt worden sei. Auf seinem
kleinen Bauernpferdchen hätte er kaum angeschlossen bleiben können, als der

immer rührige Marschall bald dahin, bald dorthin flog, zurück nach Schewarino,
wo Napoleon zu Fuß hielt, vor Ungeduld die Luft mit seiner Reitgerte durch-
peitschend, wieder vorwärts ins Gefecht. Wie in „Tausend und eine Nacht"
aber sei es dem jungen, seit etlichen Tagen nur an Pferdefleisch gewöhnten
Truppenoffizier zu Mut gewesen, als der Marschall rasch vom Pferde sprang
und einem Diener zurief: „Le déjeûner!" Mit zauberischer Schnelle war ein
Teppich auf den Boden gebreitet, alle möglichen Herzstärkungen darauf gesetzt:
Weißbrot, Butter, Käse, Liqueurs u. s. f. „Messieurs, servez-vous!" rief der
Marschall. Einige Minuten ungewohnten Genusses; „à cheval, messieurs!"
tönte es wieder, und im Nu waren alle die Herrlichkeiten verschwunden.

Semenofskoe war also um 4 Uhr nachmittags den Russen weggenommen worden, aber Kutusoff gedachte nicht darauf zu verzichten und
rückte mit starken Reserven an. Murat, Ney und Davoust brachten jetzt alle
ihre verfügbare Artillerie heran, wohl 100 Geschütze, mit denen die russischen
Infanteriemassen beschossen wurden. Zugleich erfuhr Kutusoff die Umgebung
seines linken Flügels. Es ging gegen Abend, als er allmälich mit diesem
gegen Moshaisk hin abzuziehen begann. Auf den Höhen von Gorka hielt
noch die russische Garde und das 4. russische Corps. Mit höchster Anstrengung
und öfterem Glückswechsel wurde hier bis in die Nacht hinein gefochten, bis
es endlich den Franzosen gelang, die Höhen zu erstürmen. Doch vollzog sich
auch hier der Abzug der Russen in aller Ruhe, weil schließlich ihre Reiterei
die Oberhand behalten hatte.

„Gegen 4 Uhr nachmittags," fährt General Scheler fort, „wurden endlich
die feindlichen Batterien im Centro durch die diesseitigen zum Weichen gebracht,
und der rechte und linke Flügel der Armee fing an, den Feind zu drängen,
so daß nunmehr ein allgemeines Vorrücken der ganzen Armee statt hatte. Der
Feind fing an, seine Artillerie zurückzubringen, und leistete nur noch teilweisen
Widerstand, bis er endlich abends 7 Uhr aus seiner ganzen Position vertrieben
war." — „Auf ungemein nahe Entfernungen ist auf dem kleinen Raum des
Schlachtfeldes auf Kolonnen gefeuert worden, so mußten die Verluste große
sein. Es wird angenommen, daß auf unserer Seite 15000 Mann tot und
blessirt sind und auf russischer über 20000 Mann. Gefangene wurden nur
wenige gemacht; dagegen blieben in unseren Handen viele tausend blessirte
Russen." Bei den Franzosen 48 Generale tot und blessirt. Darunter Württemberger zwei verwundete Generale: schwer verwundet General v. Brenning,
leicht General v. Scheler. Außerdem an Württembergern 45 Offiziere, 555 Unteroffiziere und Mannschaften tot und verwundet.

„Was das Benehmen der königlichen Truppen anbelangt, so hat
dieser kleine Rest bewiesen, daß er den Kern der königlichen Truppen enthält.
Während der ganzen Dauer der Schlacht kam er keinen Augenblick aus dem
Kanonenschuß. Aber selbst wenn die Kugeln und Granaten in die Kolonnen

schlugen, in welcher Formation sehr häufig selbst im Kartätschenfeuer marschirt werden mußte, so wurde auf keinen Augenblick die Ruhe und Haltung gestört. Viele französische Offiziere bezeigten laut ihre Achtung. Seine Majestät der Kaiser schickte während der Bataille einen Adjutanten an den General Marchand und ließ denselben nach dem Gang der Dinge fragen; General Marchand sagte dem Adjutanten: ‚Melden Sie dem Kaiser, daß die Württemberger die Schanze, welche von dem 57. und 72. Regiment verlassen wurde, behauptet und dadurch Seine Majestät den König von Neapel von der Gefangenschaft befreit haben.'

„Unter den Offizieren ist keiner, welcher nicht jeden Auftrag mit Unerschrockenheit und Mut ausgeführt hätte und alle teilten von Anfang an bis ans Ende die Gefahr mit dem Soldaten und sorgten durch möglichste Aufmerksamkeit für dessen Erhaltung. Nur wenige hundert Schritte vom Lager entfernt kam sofort die ganze Division in das Kanonen- und Kartätschenfeuer der feindlichen Batterien, in welchem Feuer circa 1000 Schritte bis zu der Redoute marschirt werden mußte, woselbst alsdann auch ein starkes Gewehrfeuer des Feindes bei dessen Angriff auf die Redouten uns in der Flanke faßte. Auf dieser Strecke ist es vorzüglich gewesen, wo die königliche Division, wie auch die beiden anderen des Corps die größten Verluste erlitten. Je geringer aber der Zeitraum des größten Verlustes war, desto mehr wurde die Haltung der Truppen erprobt, die sich im Avanciren keinen Augenblick aufhalten ließen und immer Reih und Glied hielten. Kaum waren wir bei der Schanze angelangt, und kaum hatte ich die Infanterie zu deren Besetzung befehligt, so erhielt ich eine Gewehrkugel am Hals, welche mich vom Pferd stürzte, so daß ich besinnungslos hinweg gebracht wurde. Zu derselben Zeit wurden in der Nähe einer Reihe von Offizieren die Pferde erschossen, in den Gliedern fielen öfters mehrere Rotten zugleich.

„Als ich wiederum zur Besinnung gekommen und verbunden war, übernahm ich das Kommando noch während der Schlacht und habe solches, da ich keine weiteren Folgen empfinde, bis dato behalten. Seine Majestät der König von Neapel kam bei dem Rückzug der Kavallerie in ein sehr starkes Gedränge, indem derselbe durch mehrere Küraffiere und Kosaken persönlich verfolgt wurde. Seine Majestät ritt auf unsere Infanterie zu, welche plötzlich auf die Verfolgenden Feuer gab und durch Herunterschießen von mehreren Seiner Majestät Luft machte. Da die feindliche Kavallerie sich bereits in Flanke und Rücken zeigte, so warf sich der König in die Redoute hinein und vertraute sich somit unserem Schutz, indem derselbe zugleich Zeuge des guten Benehmens der Truppen war, welchen er vielen Beifall zu erkennen gab."

Auf der Höhe von Gorla war also am 7. September bis in die Nacht hinein gekämpft worden; unter dem Schutz ihrer Reiterei begann während der Nacht die russische Infanterie mit aller Ruhe abzuziehen; die russische Nachhut aber verließ erst am 8. September in der Frühe die vielumkampften Höhen. Langsam folgten Murats Reiter nach. Auf der großen Straße über Moshaisk nach Moskau sammelte Kutusoff seine Armee, ohne im mindesten gedrängt zu werden. In kleinen Märschen zog er Moskau zu, ursprünglich in der Absicht, vor Moskau nochmals sich zu stellen. Am 13. September fand er sich vor Moskau selbst in einer keineswegs von der Bodengestaltung begünstigten Stellung. Hier sei Gefahr, in der That und entscheidend besiegt zu werden, was seither glücklich vermieden worden sei, hörte man von gewichtigen Stimmen äußern; man solle die Armee sich weiter verstärken und zur Offensive heranwachsen lassen. So wurde Kutusoff veranlaßt, Moskau aufzugeben und seine Armee auf der großen Straße von Moskau nach Tula aufzustellen.

Um von der Riesenarbeit auszuruhen, verblieb Napoleon mit seiner Armee am 8. und 9. September auf dem Schlachtfeld. Am 10. setzte er sich wieder in Bewegung, langsam vorrückend über Moshaisk auf der Straße nach Moskau. Die Reiterei unter Murat voraus, rechts V. Corps, links IV.; auf der großen Straße selbst I., III. Corps und Garde; das VIII. Corps blieb in Moshaisk zurück. Am 14. September kamen die Truppen im Angesicht von Moskau an und bezogen ein Lager vor den Barrieren der Stadt.

In seinem Bericht an den König hat General Scheler den Verlust auf beiden Seiten viel zu niedrig angegeben; er vermochte ja von seinem Standpunkt, dem russischen linken Flügel gegenüber, keinen Ueberblick zu gewinnen, weder über das Blutbad bei Semenofskoe noch über das nächtliche Ringen auf den Höhen von Gorka. An Toten, Verwundeten und Vermißten zählten die Russen weit über 30 000 Mann; die Gegner etwas weniger. Es gehört mit diesen Verlustziffern die Schlacht bei Borodino zu den blutigsten der Neuzeit. — Unter den großen Defensivschlachten: Borodino, Waterloo, Wörth, Gravelotte weist Borodino die meiste Aehnlichkeit mit Wörth auf. Hier wie dort eine ungemein thätige, zumeist in Offensivstößen geführte Verteidigung, eine Zähigkeit, aus welcher unbedingtes Selbstvertrauen sprach. Zu gleicher Zeit aber springen die Unterschiede in die Augen; bei Wörth wurden von den Deutschen in entscheidender Weise nur Infanterie und Artillerie ins Gefecht gebracht. In der Borodinoschlacht aber wetteifern alle Waffen mit einander in Herbeiführung der Entscheidung und zwar auf beiden Seiten; auf nächste Distanzen saust Artillerie heran und die Kavalleriemassen suchen mit höchster Selbstverleugnung der müden Infanterie den Weg zu bahnen.

Dem entsprechend gestalten sich auch die Verluste; die württembergische Kavallerie ist mit 762 Mann ins Gefecht gerückt; von diesen sind tot und verwundet: 28 Offiziere und 290 Mann. „Alle Offiziere der Kavallerie haben sich durch ihren Eifer und durch ihr Bemühen, überall die ersten zu sein, hervorgethan." „Die beiden württembergischen Chevaurlegersregimenter haben sich durch ihre Angriffslust und ihren Opfermut ganz besonders ausgezeichnet."

Die ganze württembergische Kavallerie hat 41 Prozent verloren; das Leibchevaurlegersregiment für sich 83 Prozent. Die beiden schweren sächsischen Reiterregimenter behielten von 51 Offizieren nur 16 übrig.

Das von Grund aus Unterscheidende zwischen Wörth und Borodino liegt aber im Ausgang der Schlachten, im erkämpften Resultat. Wörth spielt die Rolle einer schon in die ersten Tage des Krieges fallenden Entscheidungsschlacht, welche mit ihren tiefgehenden Erfolgen die ganze Welt verblüffte, ein außerordentlich bedeutsames politisches Resultat lieferte und auf dem Kriegsschauplatz selbst den Grund legte für die Auflösung gerade desjenigen französischen Heerteils, der für den schlagfertigsten galt. Borodino änderte nichts; weder militärisch noch politisch war irgend eine Entscheidung herbeigeführt, nicht einmal eine Änderung der beiderseitigen Lage.

In vollständiger Ordnung, in fester Haltung, mit ungebrochenem Selbstvertrauen, so zog die russische Armee vom Abend des 7. September bis zum Morgen des 8. allmälich aus ihren Stellungen rückwärts von Borodino auf derselben großen Straße Moskau zu, wie sie bisher marschirt. In langen Linien an günstigen Stellungen wieder Front machend, wußte sie Murats nachrückende Reiterei fern zu halten. Da gab es kein Verfolgen, kein Drängen oder gar ein Abdrängen von der gewollten Richtung, kein Sichfügen in das Gesetz desjenigen, der in der Schlacht selbst endlich doch die Oberhand behalten.

In derselben Weise, in derselben Marschordnung wie vor Borodino, so folgte jetzt nach der lange herbeigesehnten Schlacht die französische Armee langsam nach, um beinahe 30 000 Streiter vermindert. In dem Verhältnis der beiderseitigen Armeen hatte sich im Grunde nichts geändert. Die wahre und wirkliche Entscheidung war ja längst gefallen bei Smolensk, als es den beiden russischen Armeen gelungen war, ihre Vereinigung herbeizuführen, als es ihnen glückte, aus der versuchten, aber unvollständig ausgeführten Umfassung Napoleons zu entwischen.

Es war Borodino eben nichts als das letzte Auflodern des gewaltigen Angriffsgeistes, der immer noch fortlebte in diesen halb gebrochenen Massen der französischen Armee.

———— ————

Moskau.

„Eine Stadt mit hundert vergoldeten Turmspitzen kommt in Sicht," mit dieser frohen Kunde sprengt der Lieutenant Finth von den Louisjägern am 11. September um die Mittagszeit zurück zum Regiment. Die Brigade

étrangère befand sich wiederum an der Spitze von Murats Reiterei; diese
Reiter: Polen, Württemberger, Preußen, waren die ersten, welche die Hauptstadt des Feindes, das heilige, glänzende Moskau erblickten, die ersten
auch, welche in die Stadt einritten. Hören wir, was uns von diesem denk-
würdigen Tage der Regimentsarzt der Louisjäger erzählt.*) Die brigade
étrangère, das württembergische Louisjägerregiment unter dem Major v. Lützow,
das preußische Ulanenregiment unter dem Major v. Werther und das polnische
Husarenregiment unter dem Oberst Uminski, stand also im Angesicht von
Moskau. „Gespannt blieben alle unsere Erwartungen, weil wir jetzt das große
Moskau in einer Ausdehnung, wie ich sie bei großen Städten noch nie gesehen
habe, etwa eine halbe Stunde entfernt, vor Augen hatten. Bald betraten
wir die Hauptstraße wieder und rückten auf derselben vor.

„Rechts auf dem Felde nahe an der Straße ritt Napoleon im grauen
Ueberrock auf einem Schimmel; er war heute bis zur vordersten Spitze der
Avantgarde gekommen, mit ihm ein kleines Gefolge, und an seiner linken Seite
ging ein langer polnischer Jude in seiner Nationaltracht. Napoleon hatte seine
Blicke auf die jetzt noch näher vor uns liegende Hauptstadt gerichtet, und der
Jude machte Deutungen und Explikationen, die sich auf gewisse Punkte der
Stadt zu beziehen schienen. Als wir den ersten Häusern der Stadt ganz
nahe gekommen waren, machte sich Murat an die Spitze der Division, und
Napoleon ritt von der Straße rechts ab, als ob er die Absicht hatte, sich dort
in ein nahes Landhaus zu begeben.

„Das 10. polnische Husarenregiment unter Oberst Uminski rückte zuerst
in die Stadt, darauf folgten die preußischen Ulanen; dann kamen die württembergischen Jäger zu Pferd Herzog Louis. Hinter uns ritten die vier
französischen Husaren- und Jägerregimenter unserer Division; reitende Artillerie
und weitere Divisionen folgten. — Die ernste Aufmerksamkeit auf das, was
sich nun ergeben würde, der Gedanke, nach so vielen Leiden, Entbehrungen
und Mühen, diesen Tag erlebt zu haben und zu den ersten zu gehören, die
in diese interessanten Mauern einzogen, ließ uns das Vergangene jetzt vergessen. Mehr oder weniger war jeder von Siegesstolz erregt, und wo solcher
sich nicht zeigte, fehlte es nicht an Offizieren und an alten Kriegern, welche
die Wichtigkeit des Ortes und der Zeit durch ernste Worte hochgeltend zu
machen wußten.

„Es war an unsere Division der strengste Befehl gegeben worden, daß
unter keinem Vorwand, bei unausbleiblicher Todesstrafe, es jemand wagen
solle, abzusitzen oder aus den Reihen zu reiten. — Während wir die Straße
bis zum Flusse Moskwa durchritten, war keine menschliche Seele von Einwohnern zu sehen. Die Brücke war abgerissen, wir ritten durchs Wasser.

*) Roos, Ein Jahr aus meinem Leben (1812). Petersburg 1832. S. 114 ff.

Jenseits des Wassers trafen wir einige Menschen an, die unter ihren Thuren und an den Fenstern standen, jedoch schienen sie nicht sonderlich neugierig zu sein. Weiterhin fanden sich schöne Gebäude von Stein und von Holz aufgeführt, mitunter auch Herren und Damen auf den Ballonen.

„Unsere Offiziere falutirten freundlich; es wurde artig wieder gegrüßt; doch sahen wir immer noch sehr wenig Einwohner und bei den Palästen nur Leute, die wie Dienerschaft aussahen. Tief in der Stadt trafen wir auf müde russische Soldaten, Nachzügler zu Fuß und zu Pferd. Alles dieses ließ man passiren. Unser Marsch ging langsam mit vielen Krümmungen durch die Straßen, in welchen die Menge der Kirchen, ihre uns fremde Architektur unsere Aufmerksamkeit auf sich zogen. Wir kamen über einen Marktplatz, fanden dessen hölzerne Buden offen, die Waren in Unordnung zerstreut und auf der Straße liegend, als ob Plünderer vor uns da gehaust hatten.

„Murat ritt an unseren Reihen bald rück- bald vorwärts, war äußerst ernst und thätig, und wo er nicht selbst hinkam, da waren seine Blicke. Er war an der Spitze, als wir zwischen großen, alten Gebäuden am Arsenal anlangten. Viel lärmendes Volk sammelte sich hier, Waffen herausschleppend. Ein paar Kanonenschüsse, die Murat abbrennen ließ, verscheuchten die Menge. — Ruhig ging unser Marsch weiter durch die größte der Städte, die ich je gesehen. Jetzt ging freundlich die Sonne unter, als wir aus der Stadt wieder ins Freie ritten; drei Stunden hatte unser Durchmarsch gedauert. Russische Reiter, Kosaken und andere waren da, welche mit unseren Leuten Hände schüttelten und in Schnaps fraternisirten; bald aber ritten Dragoner vorüber und warfen feindliche Blicke zu uns herüber. Wir blieben, die Russen zogen ab.

„Rechts der Straße, die nach Wladimir und Kasan führt, bezogen wir mit einer Kürassierdivision und etwas Artillerie ein Lager. — Es war längst Nacht geworden, wir waren alle noch munter, da entstand, ich glaube, es war in der Mitte der Stadt, eine Explosion von so schreckbarer Gewalt, daß bei jedem, der dies mit ansah oder hörte, der erste Gedanke der sein mußte, es sei ein Munitionsmagazin, ein Pulverturm in die Luft gesprengt oder eine sogenannte Höllenmaschine von großem Umfang losgebrannt. Aus einem plötzlich entstandenen großen Flammenmeer stiegen in großen und kleinen Bogen Feuerkugeln auf. Nach wenigen Minuten sahen wir in verschiedenen Gegenden der Stadt Feuerflammen aufsteigen; wir zählten deren achtzehn, später deren noch mehrere.

„Vom ersten Anfang an sahen wir diese grauenvolle Scene ganz deutlich, denn unser Lager war höher als die Stadt. Es war Mitternacht geworden, die Flammen hatten so um sich gegriffen, daß sie wie ein Feuermeer über den Koloß von Stadt hinwogten.“

Die russische Armee unter Kutusoff hatte sich indessen mit ihrer

Hauptstärke in der allgemeinen Richtung nach Südosten und Süden zurückgezogen. Durch die Reitercorps unter Murat und das V. Corps ließ Napoleon
die Sicherung der weitläufigen Stadt, welche sein Winterquartier werden sollte,
ausführen. Er selbst für seine Person hatte noch am 14. September mit den
Garden den Kreml bezogen, mußte aber diese Residenz wieder räumen noch in
der Nacht, des sich ausbreitenden Brandes wegen.

Vor der Westumfassung der Stadt hatte sich am 14. September und
den folgenden Tagen im Lager gesammelt das I., III., IV. Corps, das VIII.
war in Moshaisk zurückgeblieben. Vom 20. September besitzen wir einen
Bericht des Generals v. Scheler aus dem Lager vor Moskau: „Am 8. und
9. September wurde auf dem Schlachtfeld von Borodino biwakirt und alles
wieder in stand gesetzt. Am 10. ward angetreten, ohne daß bis zum 13.
etwas anderes vorfiel als Arrieregardegefechte, obwohl man sicher glaubte, der
Feind werde noch vor Moskau eine Schlacht annehmen.

„Den 14. September kam die Armee nach einem sehr starken Marsch
eine halbe Stunde vor den Barrieren von Moskau an, woselbst ein Biwak
bezogen wurde." — Die württembergische Infanterie ist hier noch ausrückend
mit 1197 Mann, Kavallerie mit 444, Artillerie mit 385; krank im ganzen
Corps in den verschiedenen Spitälern werden geführt 5289 Mann. — „Die
Avantgarde, welche ganz aus Kavallerie bestand, war bereits vorwärts Moskau.
Uebrigens begingen die Russen bei ihrem Durchzug durch diese Stadt sehr
große Unordnungen, und die Börse, auf welcher sich sehr reiche Warenlager
befanden, wurde von ihnen in Brand gesteckt. Dieser Gedanke hatte die un-
glückseligsten Folgen; denn, da die Stadt von den Reichen und dem gebildeten
Teil der Einwohner verlassen war und nur der Pöbel zurückblieb, so profitirte
dieser durch Plünderung, unterhielt und vermehrte den Brand. Da dieser so
sehr um sich griff, daß bald an keine Löschungsanstalten gedacht werden konnte,
so wurde nur dahin getrachtet, den Flammen zu entreißen, was der Armee
brauchbar sein könnte.

„Weil aber hiezu wegen dem fürchterlichen Gedräng, Tumult und dem
Gang des Feuers, welches öfters plötzlich in mehreren Straßen zugleich den
Ausgang verschließt, keine ordentliche regelmäßige und kommandirte Anstalt getroffen werden kann, so bleibt alles dem einzelnen Soldaten überlassen; daher
die Wachen und Patrouillen den Exzessen umsonst zu steuern suchen: indem
die vielen Keller, mit den besten Weinen angefüllt, ein allzu großer Reiz für
den Soldaten sind, welcher so lange entbehrt hat und sich jetzt in Ueberfluß
versetzt sieht." — „Den 15. und 16. September waren nur die kaiserlichen
Garden in der Stadt, anderen Truppen war der Eingang verboten. Den
17. aber in der Nacht wurde Befehl gegeben, auch von allen anderen Corps
Detachements hineinzuschicken, um von denen dem Feuer preisgegebenen Vorräten zu profitiren, so daß nunmehr seit drei Tagen die Plünderung allgemein

ist, und das an allen Eden brennende Moskau jede Nacht unseren Biwak beleuchtet.

„Die Einwohner scheinen von der Retirade der russischen Armee sehr überrascht worden zu sein, indem es nicht scheint, daß viele Habseligkeiten geflüchtet wurden. Unermeßliche Warenlager aller Art, in welchen sich die edelsten Produkte von Asien und Europa befinden, stehen in Flammen und werden geplündert unter Zank, Streit und blutigen Raufereien, wobei viele der Plünderer selbst in den Flammen umkommen. Kostbarkeiten, welche nur die höchste Kunst dem höchsten Luxus lieferte, sieht man zerrissen und zertrümmert in den Straßen oder in den Händen der Soldaten, und die schönsten Paläste liegen in Schutt. In wenigen Tagen sind von der großen Kaiserstadt Moskau nur noch die Ruinen übrig, welche auch noch einer entfernten Nachwelt das Schreckliche des Kriegs verkündigen werden.

„In diesem Reichtum von Moskau hätte die Armee die schönsten Resourcen gefunden, teils um sich für mehrere Monate mit Lebensmitteln zu verproviantiren, teils um alle so hochnötigen Kleidungsstücke in bester Qualität zu erhalten, da Leder und Tuch in Menge vorhanden waren. Aber da für das Ganze keine Anstalt getroffen war und die Wildheit bald so überhand nahm, daß auch kein Offizier auf die Autorität seines Dienstes hin etwas zum Nutzen der Truppen hatte unternehmen können, so bleiben die reellen Bedürfnisse des Soldaten größtenteils unbefriedigt."

Die mit Beute beladenen Kriegsknechte mochten jetzt an die Verheißungen bei den Abschiedsfeiern gedenken, als man in den Städten, auf den Theatern des Heimatlandes, die Abziehenden einen Blick auf den Glanz der zu erobernden Städte, in erster Linie Moskaus, thun ließ. Auf dem Bremer Stadttheater redete der Schauspieler, der den sieggekrönten Feldherrn darstellte, so die ins Feld Rückenden an:

> „Euch öffnen sich des Glückes goldne Thore.
> Mit euch will ich den mächt'gen Feind bezwingen.
> Moskau ist reich an Gütern; unermeßlich
> An Gold und Edelsteinen ist sein Schatz
> Der Zaren; meine Freunde kann ich königlich
> Belohnen, und ich will's! Wenn ich als Herr
> Und Sieger einzieh' auf dem Kreml, dann, ich schwör's,
> Soll sich der Ärmste unter euch, der mir
> Dahin gefolgt, in Sammt und Zobel kleiden,
> An Gold- und Silbergeld und Banknetteln weiden." ---

„Ich habe zuerst gesucht," fährt Scheler in seiner Meldung an den König fort, „aus diesem Tumult für die rückwärts gebliebenen Blessirten Medikamente, Wein und Mehl zu erhalten und reüssirte auch, so daß ich gestern zwei große beladene Wagen in den Spital bei Mojhaisk abgehen lassen konnte, wovon aber ein Teil der Ladung von französischen Soldaten erlaubt werden mußte.

Dieser Spital, worin die Blessirten von der Bataille liegen, befindet sich in einem Dorf, dessen Name unbekannt, eine halbe Stunde hinter dem Schlacht-feld. In diesem wurden gleich den ersten Tag alle Blessirten unter Dach ge-bracht, was wegen der sehr kalten Nächte ein großer Vorteil war, auch wurden alle verbunden und erhielten etwas Branntwein und Bouillon."

Für Remontirung der Artillerie und Kavallerie könne nicht das Geringste geschehen; Beutepferde wurden nur wenige gemacht, da die Russen sich sehr vor Gefangenschaft hüten. Die Bauernpferde, Konis, sind schwach und schlecht; wenn ein Kavallerist damit beritten gemacht wird, so kann er nicht mehr zum ausrückenden Stand gerechnet werden. — Die Division Ledru, welche 11000 Mann stark war, zählt jetzt kaum noch 2000; die Division Razout aber, welche weniger in Gefechten gelitten hat, kaum noch 3000 Mann. Den Württembergern sei nach der Schlacht durch den Marschall Ruhe zugesagt worden; er habe daran erinnert, aber bis jetzt ohne Erfolg.

„Seine Majestät der Kaiser begab sich bereits den 14. September in die Stadt Moskau und bezog den sogenannten Kreml; der größte Teil der Ka-vallerie steht vorwärts Moskau, aber die Entfernung ist nicht bekannt; ebenso weiß man durchaus nicht, ob die Feindseligkeiten gegenwärtig fortdauern oder nicht, doch zweifelt man allgemein an Unterhandlungen. — Mit Kleidungs-stücken für den Winter wird es bei den Truppen schlimm aussehen. Die Vorräte von Moskau sind großenteils verbrannt und verschleudert."

„Am 18. September erhielt das III. Corps Befehl, in der Vorstadt von Moskau auf der Straße nach Kaian Quartier zu nehmen, was, obgleich diese Vorstadt sehr schlecht ist, den Vorteil hat, daß die Leute unter Dach kommen, was seit dem 9. Juli nicht mehr der Fall war, seit welcher Zeit kein Offizier und kein Soldat die Kleidung länger vom Leib brachte, als die Wechselung der Wäsche erforderte. Von den Regimentern schriftliche Eingaben zu erhalten, hält äußerst schwer, da sie im Biwak wegen Wind und Regen nicht arbeiten können, die Adjutanten, Sergeanten, Quartiermeister tot, krank oder blessirt, auch die Regimentsbücher häufig mit der Bagage zurück sind, die Kavallerieregimenter alle Augenblicke ein anderes Emplacement haben und tage-lang gesucht werden müssen. Das Fuhrwesen des Corps ist so zersplittert, daß kein Rapport davon möglich ist; wahrscheinlich ist auch einiges im Rücken der Armee in die Hände der Kosaken gefallen."

Wir haben oben gesehen, wie der Oberst Graf Beroldingen unthätig in Königsberg sitzen mußte, da es ihm nicht gestattet war, dem großen Haupt-quartier sich anzuschließen in seiner Eigenschaft als Militärbevollmächtigter. Als aber General v. Theobald mit dem Kronprinzen die württembergische Division verlassen hatte, erhielt Beroldingen Befehl, sofort bei der Division einzurücken; seine Hauptaufgabe sei: Fürsorge für die Truppen, Hebung oder doch Milderung des Elends, ausführliche Berichterstattung.

Am 26. August reiste Beroldingen von Königsberg ab und gelangte zur Division am 19. September vor Moskau, nachdem er die zweite Hälfte des Wegs der Sicherheit halber mit einem Marschbataillon zurückgelegt hatte. Sein Bericht an den König vom 22. September lautet: er habe sofort eine Unterredung mit dem Fürsten von Neuchatel nachgesucht und von diesem gehört: Die württembergischen Truppen haben ihre Pflicht gethan; ihre Tapferkeit hat sie den Franzosen gleichgestellt; ungebrochen haben sie sich gezeigt vor dem Feinde und den Verhältnissen gegenüber; er werde mit dem Kaiser reden, daß sie Gelegenheit erhalten, sich wieder zu organisiren. — Das III. Corps habe bei weitem am meisten gelitten. Es sei sehr zu bedauern, daß der den königlichen Truppen äußerst wohlgesinnte General Marchand im Großen Hauptquartier keinen weiter gehenden Einfluß habe. Was den ärztlichen Dienst betreffe, so könne er den König dahin beruhigen, daß die württembergischen Soldaten ein bei weitem besseres Los haben als die französischen; denn drei Tage nach der Schlacht bei Borodino seien alle Württemberger verbunden gewesen, die Franzosen erst nach Ablauf von zehn Tagen.

„Der beispiellos rasche Gang des Feldzugs führte zwar einesteils die glänzendsten Erfolge herbei, des Kaisers großer Zweck wurde erreicht; der Kern der verschiedenen Armeecorps, der gesunde, robuste Soldat, half ihm eine Riesenschlacht gewinnen; die anderen blieben zurück oder verschmachteten. Dies ist das Los aller Armeecorps, die Garden ausgenommen.“

„Mehrfache Friktionen trafen zusammen: 1) das III. Armeecorps hatte von jeher die größten Fatiguen zu ertragen; 2) die württembergische Division rangirte auf dem linken Flügel des Corps; nun wird nach französischer Sitte meist rechts abmarschirt; so kam sie an die Queue; 3) abgeschreckt durch äußerst ungerechte Beschuldigungen, blieben die Württemberger schüchtern im Aufsuchen und Wegnehmen, und fanden sie einiges, so wurde es ihnen unterwegs oft durch französische und namentlich polnische Offiziere abgenommen. Das Vorrecht, welches die Garde genießt, die Gunst, in welcher die Polen stehen, schützt diese vor jeder Ahndung, auch wenn wirklich geklagt würde.“

Stets hintangesetzt und in demjenigen Corps, welchem die größten Fatiguen auferlegt wurden, noch ganz besonders mit Einschüchterungen und daher rührenden Entbehrungen bedacht, so wurde die württembergische Division in dem großen Verbande mitgeschleppt, um als einziges deutsches Kontingent in seiner Geschlossenheit allerdings auch das äußerste Ziel zu erreichen, um aber zugleich von allen Bundesgenossenscharen am meisten dezimirt zu werden.

In der Kasanischen Vorstadt richteten sich die Württemberger indessen so gut ein, als es gehen wollte. An manchem, was man lange entbehrt, war Ueberfluß, namentlich an Unnötigem. Bald begann es wieder an Brot zu mangeln, besonders aber an Fourage. Durch blutige Beutezüge mußte die letztere aus weiter Ferne beigebracht werden; aber dennoch kamen die Pferde von Kräften, und es war einleuchtend: wenn es so fortging, so konnte in kurzer Zeit kein Geschütz mehr bewegt, kein Angriff mehr durchgeführt werden. Man schwankte zwischen Krieg und Frieden, man sprach von Waffenstillstand, von Unterhandlungen der beiden Kaiser unter sich. Bald hatte es den Anschein, als bereite sich Napoleon vor, den Winter in Moskau zu verbringen, bald sah man wieder gewaltige Züge mit Verwundeten und Kranken rückwärts gehen nach Smolensk.

Als eine Art gelehrter Spielerei wurde es früher betrachtet, in der Strategie Wahrscheinlichkeitsberechnungen anzustellen für Erfolg oder Mißerfolg durch Vergleichung der Längen von Operationsbasis und Operationslinie, der Grade des Winkels am Operationsobjekt. Darüber mag man denken, wie man will; in Moskau aber in den September- und Oktobertagen 1812 gestaltete sich die allgemeine Unbehaglichkeit zu einem beredten Zeugen dafür, daß man sich von der Operationsbasis viel zu weit entfernt habe; man fühlte, wie man gewissermaßen am äußersten Ende eines langen Stiels in der Luft schwebte mit einer Armee, in der einzelne Elemente wohl noch widerstandsfähig waren, welche aber mit ihrer Operationsbasis gar nicht mehr in Verbindung stand; mochte man nun als diese Operationsbasis die Linien: Wilna-Königsberg oder Warschau-Danzig oder Verona-Hamburg ansehen. Daher kam es auch, daß Napoleon bestrebt war, unmittelbar in seinem Rücken neue Heeresteile aufzuhäufen. In Moshaisk hatte er ja die Westfalen, VIII. Corps, halten lassen; nun suchte er kleine Corps in Gshatsk und Wiäsma zu sammeln und die Kräfte dazu dem IX. Corps, Victor, und dem II., Oudinot, sowie den anrückenden Marschbataillonen zu entnehmen.

Das Bedenkliche der Lage mußte nachgerade einem jeden einleuchtend werden; gerade am allernotwendigsten herrschte in Moskau Mangel. Von Tag zu Tag gestaltete sich die Lage der französischen Armee ungünstiger. Die russischen Milizen, die, wenn auch schlecht bewaffnet, immer näher rückten, die leichten Truppen der russischen Aufgebote zogen ein Netz fast rund um Moskau und erschwerten die Beschaffung aller Bedürfnisse, besonders des Pferdefutters, in hohem Grade. Man hatte ja schon manchen Winterfeldzug hinter sich, in Preußen und den westlichen Teilen von Polen im Jahre 1807, in Oesterreich, in Italien, in Spanien; aber ein Winter in Rußland erforderte denn doch ganz andere Vorbereitungen, um mit dem wiederkehrenden Frühling schlagfertig dastehen zu können. Im Besitze nur einer einzigen, halb verbrannten und geplünderten Stadt, beinahe vollständig abgeschnitten von den Quellen der Verstärkung, des Nachschubs, der Ergänzung, das ist keine Lage, um überwintern zu können. Schon auf dem weiten Marsche, wird erzählt, habe dann und wann Unzufriedenheit unter den höheren Führern geherrscht ob des ununterbrochenen Vorwärtsstürmens. Der König von Neapel habe geklagt: er hätte zu Hause Sorgen genug um Land und Leute, um Regierungsangelegenheiten;

und die Marschälle und hohen Generale, die wie Berthier und Davoust schöne Besitzungen ihr eigen nannten und jährliche Einkommen von weit über einer Million Franken, hätten bei weitem nicht mehr die Kriegslust gezeigt wie ehedem.

Das waren nicht mehr die nach Ruhm und Beute verlangenden Fanatiker des Kriegs, die Hunger und Durst und alle Mühen gerne über sich nahmen, um die Gloire Frankreichs zu erhöhen, um durch ihren Degen zu eigener persönlicher Größe zu gelangen. Mehr oder weniger gesättigte Werkzeuge hatte jetzt Napoleon vor sich. Männer, welche ihre Zeit in Deutschland und Italien fleißig genützt hatten, um aus Tafelgeldern, Kontributionen, Geschenken und Erkenntlichkeiten sich riesenhafte Vermögen, Grundbesitz und mit Kunstgegenständen überladene Landsitze zu erwerben.

Doch in all dem Schwanken zwischen Krieg und Frieden suchten die hohen um Napoleon gescharten Kreise möglichste Sorglosigkeit an den Tag zu legen. Die französische Schauspielergesellschaft, welche mit der Armee den Niemen überschritten hatte, aber dem Sturmlauf nicht nachzukommen vermochte, war jetzt in Moskau eingetroffen. Auf des Kaisers dringendes Verlangen eröffnete sie sogleich ihre Vorstellungen; am 10. Oktober wohnte der Kaiser der Aufführung an. Alle Anstrengungen wurden gemacht, um Landleute hereinzuziehen, und in der Stadt einen Markt zu eröffnen. Alles Zureden und Austeilen von Geld und Preisen half aber nichts. —

Von Moskau führen zwei Straßen in allgemein südlicher Richtung nach Kaluga; die eine über Malo-Jaroslawetz, die andere über Tarutino. Hier in Tarutino, da, wo die besagte Straße den Narafluß überschreitet, befand sich das Hauptquartier Kutusoffs.

Am späten Abend des 5. Oktober erschien zu Tarutino der General Lauriston, den Napoleon als Friedensboten abgesandt, nachdem er in Moskau drei Wochen vergeblich auf die Friedensanträge des Kaisers Alexander gewartet hatte. Zu Kutusoff sprach Lauriston so: „Soll dieser ungeheuerliche, dieser unerhörte Krieg denn ewig dauern? Der Kaiser, mein Herr, wünscht aufrichtig, diesen Streit zwischen zwei großen und edelmütigen Nationen zu beenden." Die Antwort Kutusoffs lautete: „Ich habe dazu keinen Auftrag, und als ich zur Armee gesandt ward, ist das Wort Frieden nicht ein einzigesmal ausgesprochen worden. Uebrigens — alle diese Worte, welche ich eben von Ihnen gehört habe, mögen sie von Ihnen selbst herrühren oder einen höheren Ursprung haben, mag ich meinem Kaiser gar nicht berichten."

Lauriston setzte endlich durch, daß in Petersburg angefragt wurde, ob er dort eine Botschaft des Kaisers Napoleon ausrichten dürfe. Statt aller Antwort erteilte Alexander seinem Feldmarschall einen scharfen Verweis dafür, daß er sich überhaupt mit Lauriston in eine Unterredung eingelassen. Sein Schreiben schloß der russische Kaiser mit den Worten: „Jede meiner Verfügungen, jeder meiner Befehle, mit einem Worte, alles muß Sie von meinem

Entschlusse überzeugen, daß augenblicklich kein Vorschlag des Feindes den Kampf unterbrechen und die heilige Verpflichtung abschwächen kann, das beleidigte Vaterland zu rächen."

Schon nach dem 24. Juni, nach dem Uebergang der Franzosen über den Niemen, hatte Alexander in seinem Aufruf die Beteurung ausgesprochen: „Ich werde die Waffen nicht niederlegen, so lange ein einziger feindlicher Krieger auf dem Boden meines Reiches steht."

Ueber die wahre Lage der Großen Armee blieb man in Deutschland wie in Frankreich schlecht unterrichtet. Keine Ahnung hatte man von den schrecklichen Verheerungen, welche das Schwert des Feindes, wie die ununterbrochenen Anstrengungen und Entbehrungen hervorgebracht. Ein Unstern schien hauptsächlich über den Boten zu walten, welche die Meldungen von dem königlichen Truppencorps dem König Friedrich zu überbringen hatten. Er ist lange ohne alle Nachrichten geblieben und darüber in die äußerste Ungeduld und Unruhe versetzt worden.

Aus Königsbronn schreibt König Friedrich vom Anfang Oktober, er sei sehr ungehalten, daß weder von Scheler noch von Beroldingen ein Bericht eingehe. Seit 25. August sei keine Meldung mehr von General Scheler eingelaufen, seit 19. September keine von Beroldingen. In Dresden, Kassel, München habe man schon lange detaillirte Berichte über den 7. September. Aus Paris werde geschrieben: que les Wurttembergeois s'étaient couverts de gloire, mais avaient essuyé des pertes considérables d'officiers de marque.

Die Unsicherheit des Königs wurde erhöht, als der Herzog v. Bassano von Wilna aus Nachrichten gab, denen zufolge dem württembergischen Truppencorps ganz besondere Anerkennung zu teil geworden, und als der französische Gesandte Dumoustier in Stuttgart die Ergänzung der Truppenteile verlangte wegen der so außerordentlich ins Gewicht fallenden Verluste. In seinem Unmut darüber drohte der König, die Generale Scheler und Kerner sehr ernst zur Verantwortung ziehen zu wollen.

Auf dies entgegnet Scheler aus Moskau den 8. Oktober: er solle sich dem König gegenüber verantworten darüber, daß die Rapporte nicht regelmäßig eingesandt worden seien. Einmal habe er diese an den Kronprinzen schicken müssen, obwohl dieser erkrankt gewesen sei; später sei auch der Weg nicht mehr so ganz sicher gewesen. „Diese unterthänigsten Meldungen mußten größtenteils auf dem Biwak auf einer Trommel am Wachfeuer, oder bei Regen, indem man in der Geschwindigkeit eine sehr unvollkommene Bedeckung von ausgespannten Pferdeteppichen machte, entworfen werden, nachdem man den ganzen Tag über marschirt war und einen Teil der Nacht hindurch Befehle für den folgenden Tag und die so häufigen französischen Eingaben und Rapports expediren mußte."

„Von der getrennten Kavallerie konnte man tagelang keine Nachrichten über Gefecht und Verlust erhalten und auch bei der Infanterie waren diese lange unzuverläßig, weil während der Affaire viele Gesunde mit den Kranken fortgehen, nachher zurückbleiben und einige Tage das Corps nicht mehr finden, weil viele Blessirte die Ambulance trotz aller Bezeichnung derselben verfehlen und zu den Ambulancen anderer Truppen oder gar anderer Armeecorps kommen, sich in mehreren Dörfern zerstreuen und erst aufgesucht werden müssen."

Auch seien keine Armeekuriere disponibel gewesen; es sei auch nicht ratsam, Subjekte allein reisen zu lassen. Er habe schon früher bemerkt, es gewinne nach dem vorliegenden Resultat und nach dem jetzigen Zustand der Truppen den Anschein, als ob Generale und Offiziere ihre Pflicht versäumt hätten. „welcher Vorwurf uns aber um so schmerzlicher treffen müßte, da wir zur Erfüllung unserer Pflicht so viele körperliche Leiden und so viele Leiden der Seele bekämpfen mußten, um wenigstens noch einen braven Rest des Armeecorps dahin zu bringen, wo allein der Verlust oder Gewinnst in jeder Hinsicht zu suchen war, ohne daß die größere Anzahl einen andern Ausschlag gegeben hätte."

„Allergnädigster König! hätte unser Gefühl für die äußerste Pflicht je in uns zu wirken aufhören können, so hätten wir vielleicht in eigener Schwächung und Kränklichkeit eine Entschuldigung gefunden, zumal da anderen Generalen der Armee weit die Lasten und Sorgen nicht zu teil werden wie uns."

„Ein französischer General hat sich nicht mehr um seine Blessirten zu bekümmern, sobald er vom Schlachtfeld abmarschirt ist; die von ihm ganz unabhängige Armeeadministration übernimmt die Sorge für deren Transport und Verpflegung. Ebenso bekümmert er sich wenig um seine zurückgebliebene Mannschaft; die im Rücken etablirten Kommandanten, colonnes mobiles und Gendarmen schaffen solche nach, und er ist wenig responsabel für das, was zurückbleibt; diese Responsabilität beruht einzig auf den Kommandanten der Plätze und Provinzen. Sein Abgang an Bedürfnissen aller Art wird schon im Rücken besorgt und nachgeschafft.

„Der Dienst in dem Innern ist allen seinen Untergebenen geläufig und bekannt, während in diesem Punkt bei uns unaufhörliche Nachsicht und Instruktion notwendig ist, nur um das Notdürftigste zu bewerkstelligen. Die Expeditionen und Formen des französischen Generals sind nur einfacher Art, während die unsrigen doppelt, französisch und deutsch sind. Seine persönliche Bequemlichkeit und Bedürfnisse findet er besser als wir, da wir nicht vorgreifend sein können, somit kann er sorgenfreier sein und denjenigen Teil der Nacht zu seiner Erholung von den Mühseligkeiten des Tags benützen, welche wir zu den weiteren Sorgen verwenden müssen."

„Eure königliche Majestät haben Männern und nicht Kleinmütigen das Kommando über Allerhöchstdero Armeecorps allergnädigst anvertraut, daher wir unter den ungünstigsten Umständen gerne von persönlichen Opfern schweigen, diese nicht in Berechnung ziehen und dafür in unserem eigenen Gefühl die Beruhigung gegen ein ungünstiges Schicksal finden möchten. Aber die allerhöchste Ungnade müßte uns weniger empfindlich fallen, wenn wir unterlassen könnten, vor Eurer königlichen Majestät Dinge zu berühren, welche sehr wesentlich sind und Allerhöchstdieselben alleruntertänigst zu bitten, diese bei Beurteilung unseres Verhaltens in allergnädigste Erwägung zu ziehen.

Kerner. Scheler."

Der König war es ja selbst, dessen ganzes Streben dahin ging, in dem vielgestaltigen Dienst und in allen Reglements selbständig württembergisch zu bleiben. Deshalb konnte es nicht klappen, wenigstens nicht ohne bedeutende Friktion, wenn man mit der Großen Armee zusammenarbeiten sollte. Die ganze Schwerfälligkeit des doppelten Dienstes war in den schwierigen Lagen des Feldzugs überall deutlich zu Tage getreten und auch jetzt in Moskau selbst zeigte sie sich, nachdem die württembergischen Generale, die einzigen von allen deutschen Kontingenten, eine verhältnismäßig behagliche Unterkunft in Moskau gefunden hatten. Außer der württembergischen Division fanden sich als geschlossene größere Körper in Moskau neben den französischen nur noch italienische und polnische Truppenteile vor.

Napoleon hätte es wohl sehr gerne gesehen, wenn König Friedrich sich mit seinen Reglements näher an die französischen Einrichtungen angeschlossen, wenn er, wie dies in Westfalen geschah, sein kleines Volk demjenigen Frankreichs näher gebracht hätte. Oft genug legte ja Napoleon dem König von Württemberg nahe, noch im Februar 1813 wie wir sehen werden, daß es eine seiner ersten Pflichten sei, in seinem Volke Gefühle der Freundschaft für Frankreich zu erwecken. Allein Friedrich blieb dabei: alle Gefühle der Anhänglichkeit, der Ehrfurcht, der Hingabe sollten nur ihm, dem Könige, gelten; alles sollte streng württembergisch bleiben, im Empfinden gerade so wie in der äußeren Erscheinung; nur durch die Person des Königs allein, durch dessen Verträge und Abmachungen sollte die kleine württembergische Welt mit der großen französischen zusammenhängen. Dabei blieb es eine Sache ganz für sich, daß König Friedrich voll Bewunderung war für die französische Literatur und bis zu einem gewissen Grade auch für die Person Napoleons.

Vom 8. Oktober berichtet Scheler weiter aus Moskau: In der Vorstadt an der Straße nach Kasan sei jetzt alles unter Dach, wenn auch gedrängt und enge. Die Pferde der Artillerie, der beiden Chevaurlegersregimenter und des Jägerregiments König Nr. 4 sind in Ställen oder Zimmern untergebracht. Von den Einwohnern ist niemand da; daher für die Verpflegung selbst gesorgt werden muß. Lebensmittel seien ziemlich vorhanden, Branntwein auf dreißig

Tage gefaßt. Vieh und Fourage müsse aus den Wäldern beigebracht werden. Kosaten und bewaffnete Bauern erschweren dies Geschäft. „Selbst in der hiesigen Vorstadt liegen wir gleichsam auf Vorposten und die Befehle aller Art häufen sich so, daß man kaum mit deren Exekution zu stande kommen kann." Jetzt sei das ganze königliche Truppencorps wieder beisammen mit Ausnahme des Jägerregiments zu Pferd, Herzog Louis Nr. 3; es stehe dieses vorwärts Moskau auf Vorposten und es sei gefährlich, dorthin durchzukommen, für einzelne wenigstens; deshalb auch noch kein Rapport.

Der mit den Waffen ausrückende Stand der Infanterie sei am 9. Oktober nur 490 Mann gewesen; ein Rekonvaleszententransport aber sei im Anzug; die Artillerie zähle noch 385 Mann, alle vier Reiterregimenter zusammen 444. Das Spital bei Moshaisk habe man flüchten müssen, weil von den Bauern bedroht. General v. Breuning sei hoffnungslos; „die außerordentliche Sehnsucht nach dem Vaterlande, von welcher so viele Leute ergriffen sind, und für welche die Medizin kein Mittel hat, verzehrt seine Kräfte schnell."

Der ärztliche Dienst bei der Division in Moskau wurde von dem Stabsarzt Köllreuter geleitet; bei dem großen Spital in Wilna war der Generalarzt Schuntter zurückgeblieben. Die Regimentsärzte und die Unterärzte waren zum Teil abkommandirt in die verschiedenen provisorischen Lazarete auf dem langen Wege und versahen unter den schwierigsten Umständen ihren Dienst mit der größten Aufopferung.

Auf Befehl des Königs hatte Generalarzt Schuntter eine Denkschrift ausgearbeitet über die Ursachen der verheerenden Krankheiten. — „Damals, als das königliche Armeecorps am Niemen sich zum Uebergang aufstellte," führt Schuntter aus, „Märsche von 400 Stunden gemacht hatte, mehrmals biwakirte und einigemal, da die Transporte mit Lebensmitteln ausblieben, Mangel gelitten hatte, zählte es doch nicht mehr als 240 Kranke, eine Geringzahl, über die sich selbst der Kaiser wunderte. Diese ganze Menschenmasse stund beinahe in der vollen Kraft da, wie sie ausmarschirt war, und jedermann freute sich über diesen derben Menschenschlag voll Gesundheit und Leben."

Nun aber seien ermüdende Märsche gekommen; Mangel an vegetabilischen Lebensmitteln, dazu Moorwasser — erstes Stadium der Abspannung. Jetzt trat nach der Hitze Regen ein, lange Märsche, Biwakiren in Sümpfen. Bis Maliatui so große Zahl von Kranken, daß ein Spital eingerichtet werden mußte, das ganze Biwak war eigentlich ein einziges Ruhrspital. In Raskimosi wieder 600 Kranke zugewachsen. Von Raskimosi sei er mit dem Kronprinzen nach Wilna zurückgegangen und habe den Dienst an den Stabsarzt Köllreuter abgegeben, „dem er seine in zwölf Feldzügen gesammelten Erfahrungen als Regeln mitgeteilt."

Bis Smolensk auf dem Marsche über Polozk und Witebsk habe es 2000 Neukranke gegeben; mit den Verwundeten lagen Ende August 5000 Mann im Spital. In Wilna hätten sich allmälich 1000 kranke Württemberger gesammelt. „Ich stieß auf ein grenzenloses Elend;" erst allmälich habe er helfen können mit Lagerstroh und dergleichen. „Ein deutscher Apotheker gab seinen vor den Russen und Franzosen geretteten Arzneivorrat her. In Wilna selbst errichtete ich ein sogenanntes Winkelspital, in das ich allmälich die württembergischen Kranken aus den französischen Spitälern zog."

Er sei dann mit dem Kronprinzen nach Königsberg. Als er von da nach Wilna zurückkam, fanden sich von 1000 Kranken noch 300 vor, ein erbärmliches Ueberbleibsel, alle anderen dem Spitalfieber erlegen; er habe organisirt und geleistet, was sein in zwölf Feldzügen geschwächter Körper habe leisten können. „Die Sterblichkeit, die sich vom Juli bis Ende Oktober in Wilna gezeigt, ist erschreckend und müßte den Aerzten zum Vorwurf gereichen, wenn es nicht gewiß wäre, daß die meisten an Entkräftung — eigentlich den Hungertod — starben." — Hier in Wilna seien schon 18000 Soldaten aller Nationen gestorben.

So kämpfte eine erfahrene und pflichteifrige Schar von Aerzten vergeblich gegen Seuchen und Entkräftung. Ueber den Verpflegungsdienst, über das Kriegskommissariat, spricht sich Scheler wiederholt ungünstig aus in einem Bericht an den König vom 9. Oktober. „Es fehlt dem Kriegskommissariat diejenige Gattung von Subjekten ganz, welche bei der französischen Administration adjoints, employés oder garde-magasins genannt werden, Leute, welche zu den geringern, aber wichtigen Diensten der Fassungen, der Beischaffung und des Nachspürens gebraucht werden, Leute, welche vertraut sind, Gewandtheit, Uebung und Thätigkeit in ihren Geschäften haben, übrigens aber mitunter etwas derb sind und auch nach äußerer Autorität gewählt sein sollten, um da nicht verkürzt zu werden, wo man nur durch persönlichen Nachdruck etwas erhalten kann, was der häufigere Fall ist. Hiezu können nur gediente und abgehärtete Leute gebraucht werden, indem Neulinge zu schüchtern sind und nicht hinlängliche physische Ausdauer haben, daher mich dieses bestimmt hat, diese Leute großenteils aus der Zahl der gedienten Unteroffiziere zu nehmen."

Dem Kriegskommissar Becher und Auditor Klett, welche nicht ohne persönliche Repräsentation sind und sich mit französischen Behörden benehmen können, habe er die Hauptgeschäfte bei den Truppen aufgetragen, zum Rechnungswesen und Spitaldienst aber andere verwendet, welche diese Eigenschaften weniger besitzen. Im ganzen habe er 14 Subjekte für das Kommissariat zur Verfügung; eine französische Division habe 13 Persönlichkeiten für diesen Dienst, aber rein nur für die Infanterie, da die Kavallerie besonders laufe und auch die Spitäler ihre eigene Verwaltung haben.

Er mache darauf aufmerksam, daß man im württembergischen Dienst dahin zielende Aenderungen vornehmen und auch das Bäckerpersonal anders organisiren müsse. Er habe eine genaue Verteilung der Geschäfte in einzelne Sektionen

vorgenommen und für jeden Geschäftskreis, für jede Sektion, die geeigneten
Individuen aufgestellt.

Was General v. Scheler sehnlich herbeiwünscht an Stelle seiner studirten
Herren, das ist im Grunde nichts anderes als der heutige Zahlmeister des
Bataillons mit seinen Gehilfen, Leute, welche die Bedürfnisse der Truppen
kennen und praktisches Geschick genug haben, um nachzuspüren und auszuforschen,
wo etwas zu erhalten, zu holen ist, und dann rasch mit Beiseitesetzung aller
Rücksicht und Schüchternheit zugreifen.

Unter den Männern, welche General v. Scheler aus der Zahl der Unteroffiziere und Gemeinen herauszog, um ihnen den Wirkungskreis von Verwaltungs-
beamten und Kriegskommissaren anzuvertrauen, nimmt eine hervorragende
Stellung ein der in Stuttgart im Sommer 1870 verstorbene Pupillenrat Karl
Zeitter, den General v. Scheler mehrfach erwähnt als eine der Persönlichkeiten,
welche für das Wohl der Truppen besonders viel thaten. Auch sonst ist der
Lebensgang des Mannes interessant genug, um hier kurz erwähnt zu werden.

Karl Zeitter, 1787 als Sohn eines Försters in Bothnang geboren,
wurde in Ausführung des auf allgemeiner Wehrpflicht beruhenden Rekrutirungs-
gesetzes im Jahre 1811 zum Infanterieregiment Herzog Wilhelm Nr. 2 ausgehoben, trotzdem er schon junger Kameralbeamter war und Anwartschaft auf
Beförderung zum Forstkammerrat hatte. Zunächst beurlaubt, wurde er wieder
einberufen samt seinem Bruder Heinrich, als man am 15. Februar 1812 mobil
machte zum Kriege gegen Rußland. Dem Bruder, der bei Smolensk fiel,
konnte er noch die Hand drücken; dann ging es weiter; jetzt sah er sich aber
auf das Bureau des Kriegskommissariats kommandirt, wo sich der junge Beamte nützlich zu machen wußte. In Moskau endlich ernannte ihn General
v. Scheler kraft seiner Vollmacht zum Kriegskommissär.

Höchstes Lob hat sich Zeitter in Moskau selbst und auf dem Rückzug
erworben. Am 27. November überschritt er die Beresina in dem Augenblick,
als Napoleon jenseits der Brücke sich aufgestellt hatte, um die Anordnung des
Uebergangs zu überblicken. Trotz des fürchterlichen Gedranges erreichte Kriegskommissar Zeitter glücklich das jenseitige Ufer. Doch als er hier ankam, entdeckte er zu seinem Schrecken, daß der sogenannte Dukatenschimmel, ein
Pferd, in dessen Decken man die Reste der Kriegskasse eingenäht hatte, fehlte.
Der gewissenhafte Mann, obwohl ihm speziell das Pferd eigentlich nicht anvertraut war, kehrte am nächsten Morgen zur Fahndung nach demselben über
die Brücke zurück; er war auch so glücklich, als er die Brücke zum vierten Teil
passirt hatte, auf den Schimmel zu stoßen und unversehrt das rettende Ufer
wieder zu erreichen.

Auf dem Wege von Wilna nach Königsberg erfror Zeitter Hände und
Füße; Verzweiflung erfaßte den ganz schwach gewordenen Mann. Er war
entschlossen zu sterben. Da holte ihn ein im Schlitten vorüberfahrender Herr

ein, der sich nach dem Zustande des Unglücklichen erkundigte, ihn in seinen Schlitten aufnahm und in seine Wohnung nach Königsberg brachte. Dieser Menschenfreund war Justizamtmann Thilo, bei dessen Familie Zeitter Aufnahme und Pflege fand. Doch befiel den gänzlich Geschwächten ein Nervenfieber. Inzwischen aber waren die Russen in Königsberg eingerückt und Zeitter gehörte somit unter die hier gefangen genommenen Kranken. Noch nicht genesen, wurde er gezwungen, im Trupp der Gefangenen den Weg zurück nach Smolensk zu machen, über Moskau hinaus bis Wladimir. Hier mußte Zeitter krank zurückbleiben, während seine Gefährten weiter getrieben wurden nach Simbirsk im asiatischen Rußland.

Am 10. Februar 1814 wurde Zeitter aus der Gefangenschaft entlassen und kam am 27. April desselben Jahres in die Heimat zurück. In der Folge bekleidete er hervorragende Stellungen in der Militärverwaltung bis zum Jahre 1818, wo er mit den letzten württembergischen Occupationstruppen aus dem Elsaß zurückkehrte. Bei seinem Uebertritt in den Zivildienst wurde er Pupillenrat in Ellwangen. Eine Reihe von Ehrenämtern bekleidend, starb er in Stuttgart im Juli 1870. (Familienpapiere und Mitteilungen des in Stuttgart lebenden Sohnes.) —

Während der schönen Herbsttage zu Ende September und anfangs Oktober 1812 hatte sich im Kreml in Moskau Napoleon seinen Hof vollständig eingerichtet und war beschäftigt, sich durch Besichtigungen und Paraden Einblick in den Zustand seiner Truppen zu verschaffen, Fürsorge für ihr zukünftiges Wohl zu treffen und die Sicherheit von Moskau zu erhöhen durch Vorschiebung von Streitkräften auf den Straßen von Tula und Kaluga. Immer hoffte er noch auf einen Umschlag der Strömung in Petersburg zu Gunsten des Friedens. Leise aber lenkten sich zwischen all diesen Beschäftigungen seine Gedanken zurück auf den langen öden Weg über Smolensk und Wilna nach dem Niemen, nach Berlin und Wien, nach Paris. Was konnte nicht hier alles geschehen, während der Lenker aller Dinge am äußersten Ende der Welt lag, umringt fast auf allen Seiten vom Feinde? —

„Den 28. September in der Frühe kam General Marchand zu mir," meldet Scheler, „und überreichte mir die Brevets derjenigen Individuen der königlichen Infanterie, welchen Seine kaiserliche Majestät wegen der Bataille von Borodino die Dekoration der Ehrenlegion accordirt haben. Die bedeutende Zahl von Dekorationen ist für die königliche Infanterie um so schmeichelhafter, da sie das einzige Corps in der Armee ist, welches bis jetzt für diese Bataille eine Belohnung erhalten hat; selbst die königliche Kavallerie und Artillerie sind damit noch im Rückstand; für erstere interessirt sich General Fouché unmittelbar und für letztere General Beurmann."

Im ganzen waren 72 Ehrenlegionskreuze für Offiziere, Unteroffiziere und Mannschaften ausgeteilt worden. Vorzüglich gnädig benahm sich Napoleon

gegen das württembergische Offiziercorps, indem er demselben eine Dotation
von jährlichen 100 000 Franken Renten bewilligte, wovon jährlich 20 000 Franken
für den Generallieutenant v. Scheler bestimmt waren, den er zugleich am 18. Ot-
tober zum kaiserlich französischen Reichsgrafen ernannte.

Durch die Ernennung des Marichalls Ney zum Fürsten von der Moskwa
bewies der Kaiser, daß er die Entscheidung des blutigen Tages von Borodino
dem III. Armeecorps zuschreibe, und Ney selbst hat sich vor Napoleon dahin
geäußert, daß er ohne die Anstrengungen der württembergischen Truppen seine
Aufgabe nicht in solcher Weise hätte lösen können.*)

Oberst v. Stockmayer berichtet, er sei zum Offizier der Ehrenlegion ernannt
worden mit 1000 Franken jährlicher Rente; noch weitere Offiziere erhielten
ähnliche Auszeichnungen mit jährlichen Renten. Dieser ziemlich freigebig ge-
spendete Mammon war auf verschiedene Einkommensquellen des großen Reiches
angewiesen in Spanien, Dalmatien, Italien, zum Teil auch in Deutschland.
Der Hauptmann Brandt**) von der Weichsellegion erzählt uns darüber: Vom
Kriegsschauplatz in Spanien weg mußten sie zu Anfang des Jahres 1812
rasch nach Polen marschiren, um noch rechtzeitig zum Beginn des Kriegs zu
kommen. Große Märsche führten durch Frankreich ohne viel Aufenthalt, um
möglichst rasch alle die wandernden Truppenteile der bénigne vache à lait
d'Allemagne (wie man sich auszudrücken pflegte) an die Brust zu legen. Doch
hatte die Legion am 25. März 1812 in Paris Parade vor dem Kaiser gehabt
und ein paar Rasttage. „Beim Auseinandergehen von der Parade ward uns
bekannt gemacht, daß der Kaiser jedem Regimente eine Anzahl Dekorationen
und 25 Dotationen im Betrage von 500—3000 Franken bewilligt habe, von
denen die der Offiziere mit dem Titel eines Chevalier de l'Empire und die
des Obersten mit dem eines Baron de l'Empire verbunden seien. Drei der
Dotationen waren auf das Octroi du Rhin, die anderen dagegen auf den
Lago de Albufera angewiesen. Sogleich stellten sich Leute ein mit dem An-
erbieten, die Ansprüche zu berichtigen, eventuell den Verkauf derselben zu vermitteln. Das aber sollte sich zunächst nur auf das Octroi du Rhin beziehen.
Ein Freund von mir zeigte mir eine Anweisung, nach welcher er seine Ansprüche auf längere Zeit verpfändet und darauf 3000 Franken erhalten hatte.“

„Die Albuferaritter aber gingen alle leer aus; auch glaube ich, daß die
wenigen, welche aus Rußland heimgekehrt sind, kaum etwas anderes als den
Titel eines Chevalier gerettet haben werden.“ — Wenn das geschah an den
Schoßkindern Frankreichs, an den Polen, so ist leicht abzunehmen, wie sehr
windig die Freigebigkeit sich erwies denjenigen gegenüber, welche bei weitem
weniger in Gunst standen.

---

*) Müller rc. II, S. 5.
**) Brandt rc. I, 305.

Es ist anzunehmen, daß Napoleon den König Friedrich in Kenntnis setzte von seiner Absicht, den General v. Scheler in den Grafenstand des französischen Reiches zu erheben. Seinen früher ausgesprochenen Grundsätzen gemäß über fremdherrliche Auszeichnungen verfügte deshalb der König durch Dekret vom 24. Oktober: „Seine Majestät haben den General v. Scheler zur Belohnung seiner ganz außerordentlichen Verdienste, welche er sich bei dem Oberkommando über die königlichen Truppen in der Schlacht bei Moshaisk erworben hat, in den Grafenstand des Königreichs tagfrei erhoben und ihn als Dotation zur Aufrechthaltung dieser Würde mit 60 000 Gulden beschenkt, sowie auch die Generalmajors v. Breuning, v. Koch und v. Kerner in den Freiherrnstand des Königreichs." Für das „ausgezeichnet brave Benehmen des Armeecorps" stattete der König noch seinen besonderen Dank ab und zeichnete die hervorragendsten Persönlichkeiten unter den Offizieren und Mannschaften aus.

Zu Anfang des Monats Oktober befanden sich die beiderseitigen Armeen in folgenden Aufstellungen:

Hauptquartier Napoleons im Kreml, die kaiserlichen Garden, I. und III. Corps in Moskau; das letztere hatte Vorposten gegen Bogorodsk vorgeschoben; IV. Corps bei Petrowskoe; V. Corps und Murats Reiterei bei Winkowo; VIII. Armeecorps bei Moshaisk; IX. Corps Victor bei Smolensk und Umgegend. — Die russische Hauptarmee vereinigt hinter der Nara, südlich und südwestlich von Moskau, mit dem Hauptquartier in Tarutino auf der Straße von Moskau nach Kaluga.

Nach dem Durchmarsch durch Moskau hatte sich die russische Armee zunächst auf die Straßen nach Wladimir und Rjäsan geworfen; allmälich aber zog sie immer weiter westwärts auf die Straße nach Tula und jetzt mit der Aufstellung in Tarutino auf der Straße Moskau-Kaluga hatte sie eine ungemein günstige und den Gegner bedrohende Aufstellung genommen; bedrohend deshalb, weil sie nicht nur Moskau vor sich in der Front hatte, sondern auch der Rückzugslinie des Gegners über Moshaisk nach Smolensk nahe gerückt war.

Moshaisk und Tarutino liegen beide südwestlich von Moskau; Moshaisk mehr mit der Richtung nach Westen auf der Straße nach Smolensk, Tarutino mehr mit der Richtung nach Süden auf der Straße nach Kaluga; beide Orte sind je 100 Kilometer von Moskau entfernt; das Dreieck Moshaisk-Moskau-Tarutino bildet bei Moskau einen spitzen Winkel; die Linie Tarutino-Moshaisk ist 70 Kilometer lang. So konnte Napoleon auf seiner Rückzugsstraße von Moskau nach Smolensk über Moshaisk nicht aufbrechen, ohne vorher den so nahe und bedrohlich stehenden Gegner von sich gestoßen zu haben.

Der Eindruck des Brandes von Moskau war ein durchaus verschiedener. In Rußland wirkte das Ereignis im ganzen geringer als im übrigen

staunenden Europa. Rußland war durch seine Geschichte mehr an brennende
Städte gewöhnt. Unter der Bevölkerung war der Eindruck durchaus kein ent-
mutigender. In Petersburg freilich erbebte man in manchen Kreisen bei der
Nachricht vom Verluste der alten geheiligten Hauptstadt. Nicht nur die französische Partei, an deren Spitze Romanzoff stand, erhob ihr Haupt; auch ander-
wärts wurden jetzt Stimmen für den Frieden laut. Selbst die Kaiserin-Mutter,
die sonst Napoleon mehr haßte als irgend ein anderes Mitglied der kaiserlichen
Familie, ließ sich im ersten Schrecken dahin vernehmen. Die schöne, geistreiche
Sophie Dorothee war König Friedrichs von Württemberg Schwester, energisch
und rasch wie der Bruder; als Kaiserin von Rußland hatte sie den Namen
Maria Feodorowna angenommen und übte bedeutenden Einfluß auf ihren
Sohn, den Kaiser Alexander. „Ma plus cruelle ennemie, l'impératrice-
mère de Russie", pflegte sie Napoleon zu nennen und machte zu Zeiten dem
Bruder einen Vorwurf aus den Gesinnungen der Schwester.

In solch augenblicklichem Schwanken fand Kaiser Alexander stets einen
festen Halt an dem Freiherrn vom Stein; an ihn klammerte er sich an, wenn
er durch Friedenstöne in Versuchung geführt wurde. — Nach dem Brande von
Moskau war im Volke, in allen richtigen Russen, das heiße Verlangen rege
geworden, diese Unthat zu rächen. Denn man schrieb die Ursache des Brandes
dem Feinde zu. So erklärte Alexander öffentlich, daß er sein gegebenes Wort,
das Schwert nicht in die Scheide zu stecken, so lange noch ein feindlicher Soldat
auf russischem Boden sei, halten werde, daß der Verlust der Hauptstadt nichts
an diesem Entschluß ändere.

Alle frühere Mißstimmung verschwand. Man erfuhr nach und nach, um
welch teuren Preis der Feind alle bis dahin erlangten Erfolge erkauft habe;
man wußte, wie stark die Armee Napoleons beim Einrücken auf den russischen
Boden gewesen und welche Verluste sie bereits erlitten; man kam allmälich zu
der Ueberzeugung, daß Napoleon weder in Moskau überwintern noch weiter
in das Innere des Reichs vorrücken könne. Es galt, den Rückzug abzuwarten.
Je länger der Feind in den Ruinen der alten Hauptstadt blieb, desto mehr
Schwierigkeiten erwarteten ihn auf dem langen, öden Rückzugswege. Man
wußte in Rußland, daß die kriegsgeübte Armee Tschitschagoffs aus der Moldau
herbeiziehe, um Tormasoffs Reservearmee zu verstärken, daß diese Heere stark
genug seien, um die Oesterreicher unter Schwarzenberg und die Sachsen unter
Reynier im Schach zu halten und den Rückweg Napoleons bei Smolensk, am
Dniepr, an der Beresina zu bedrohen.

Die Stimmung im Volk und namentlich in der ganzen russischen
Armee wurde mit jedem Tage zuversichtlicher und lecker. Früher wußte man
es nicht in dem Grade, wie jetzt, zu schätzen, daß die Lage durch jede Zögerung
günstiger wurde, daß man mit jedem Schritt rückwärts gewann. Nach der
Schlacht bei Borodino hielt alles in gutem Mut unerschüttert zusammen. Diese

feste Haltung des russischen Heers während des Rückzugs ist selbst vom Feinde anerkannt worden. Es ist und bleibt des braven, umsichtigen Barclay Ehre und Ruhm,[*]) daß er die Armee unter sehr schwierigen Verhältnissen, im wesentlichen unversehrt, in so vollkommener Ordnung und so schlagfertig, wie sie sich bei Borodino zeigte, aus Smolensk zurückgebracht hat, und das war das Entscheidende.

Während das russische Heer seine vorteilhafte Stellung bei Tarutino einnahm, war es in keiner Weise gestört, ja nicht einmal beobachtet worden. Die Franzosen hatten den Feind vollständig aus den Augen verloren. Uebermüdung, Abspannung und Unordnung gesellten sich lähmend zu dem Wahn, daß der Feldzug jetzt im wesentlichen beendigt sei. Murat war von den Vorposten weg sogar einige Tage nach Moskau zurückgegangen und während seiner Abwesenheit blieben die Vortruppen vollkommen unthätig. Endlich erhielt Napoleon durch einen Spion beunruhigende Kunde über die Aufstellung der gegnerischen Streitkräfte. Mit aller Ungeduld und Leidenschaftlichkeit wandte er sich wieder den militärischen Bedürfnissen des Augenblicks zu und trieb Murat samt den Vortruppen auf die Straße von Rjäsan. Vergebens; Luftstöße; nirgends ein Feind der Beachtung wert. Murats Reiterei und Poniatowskis V. Corps zogen sich weiter westwärts; am 24. September hatten sie Podolsk erreicht; am 26. die Gewißheit, daß der Feind weiter im Westen bedrohlich nahe an der Rückzugsstraße nach Smolensk stehe.

Napoleon verstärkte den Posten von Moshaisk, wo das VIII. Corps stand, und schickte die Gardereiterei unter Bessières zu den Vorposten gegen Tarutino, wo, durch den Narafluß gedeckt, die Russen am 2. Oktober ihr Lager bezogen hatten, in welches sie von Tag zu Tag mehr Verstärkungen herbeizogen. Mit etwa 60 000 Mann hat Kutusoff dies Lager bezogen und hat diese Zahl allmälich auf 90 000 erhöht. Gegenüber stand Murat mit etwa 12 000 Reitern. Ehemals hatten diese stolzen Reitercorps, Nansouty, Latour-Maubourg und wie die Führer alle heißen, gegen 40 000 Mann gezählt, jetzt war noch Davousts und Neys leichte Reiterei nötig, um nur die Zahl von 12 000 zu erreichen. Dazu kam noch das V. Corps, das von 36 000 Mann auf 7000 herabgeschmolzen war, die Division Claparède (Weichsellegion) mit 3000 Mann und Dufour mit 5000. Das waren die Außentruppen von Moskau. In Moskau selbst gebot Napoleon etwa über 60 000 Mann; in Moshaisk zum nächsten Schutz des Rückwegs standen 10 000; ein schwacher Posten in Widsma; bei Smolensk IX. Corps unter dem Marschall Victor.

---

[*]) Bernhardi ꝛc. II. 172

Ueber die Lage in Moskau selbst besitzen wir weitere Berichte des Generals Grafen Scheler: „Das Verhalten des Generals Marchand ist immer das nämliche; er melirt sich in nichts und ist stets bemüht, dem Ganzen und dem Einzelnen Vorteile zu verschaffen, wo es nur möglich. — Major général Fürst von Neuchatel ließ vor einigen Tagen den General v. Kerner zu sich rufen und verlangte Auskunft über die anfängliche und gegenwärtige Stärke des Armeecorps, wie auch der einzelnen Regimenter und Abteilungen. Der Fürst bedauerte den Verlust des Corps und lobte dessen braves Verhalten. General v. Kerner nahm Gelegenheit, den major général zu ersuchen, daß das Corps in Bälde in eine Lage versetzt werden möchte, in welcher es sich wiederum organisiren könnte. Dies wäre um so eher durchzuführen, wenn das Regiment in Danzig sich endlich mit der Division vereinigen würde. Worauf die Antwort, daß er sich beim Kaiser dahin verwenden werde."

Tuch und Leder sei entdeckt worden und werde zum Besten der Mannschaft verwendet; die Trainpferde erhalten auch neue Schirrung, die ordonnanzmäßige sei viel zu schwer. „Soeben erhalte ich den Befehl (8. Oktober), daß der Rest des III. Corps aufbrechen und das ganze Armeecorps Aufstellung bei Bogorodsk nehmen soll, um den Verpflegungskreis zu erweitern und den Feind ferne zu halten." Am 12. Oktober kam Gegenbefehl: Die Division soll nicht nach Bogorodsk; der Waffenstillstand sei eine eitle Hoffnung gewesen; niemand weiß etwas Gewisses.

Moskau, den 9. Oktober schreibt Scheler in Chiffern an den König: Von der französischen Behörde sei nichts zu erhalten als etwa Munition; namentlich an kräftigen Pferden fehle es. Nur die Garde werde mit allem Vorzug bedacht und verpflegt. „Der Garde wegen ist die Plünderung von Moskau zugegeben worden, daher diese Garden eigentlich die Marketender der übrigen Armee sind und sich bereichern, während sie doch nichts gethan haben, was sie sehr verhaßt macht." — Schlechte oder gar keine Anstalten hätten die Franzosen für die Verpflegung und Erneuerung der Ausrüstung getroffen; auch für die Spitäler geschehe nichts; vierzehn Tage lang seien Franzosen unverbunden auf dem Schlachtfeld von Borodino gelegen, wie ohnehin auch die Russen, die sich gruppenweise um die toten Pferde legten und diese verzehrten. Dieser Mangel an allem mache es der Armee unmöglich, in dieser Entfernung sich lange zu halten; sie müsse zurück nach Polen, wobei sie aber noch viel zu leiden habe.

„Wahrscheinlich aber wird man bedacht sein, zu einem Frieden die Hand zu bieten; diesen erfordern alle Umstände, so hochtönend auch die Sprache sein mag. Es ist zuverlässig, daß die Russen Moskau verbrannt haben, aber das Verbrennen der Städte und beinahe aller Dörfer von Smolensk bis Moskau fällt auf die Rechnung unserer Armee."

Während des Aufenthalts in Moskau kamen dann und wann Flugblätter in die Hände der deutschen Truppen. — An Deutschen waren bis

Moskau gekommen außer der württembergischen Division: 1 badisches, 1 medien-
burgisches, 1 hessendarmstädtisches Infanterieregiment; außerdem 2 preußische,
2 bayrische, 2 westfälische, 3 sächsische Reiterregimenter. — Das Flugblatt
lautete: „Aufruf des russischen Feldherrn Barclay de Tolly. — Teutsche! Un-
glückliche, schmachvolle Werkzeuge zur Erreichung ehrgeiziger Zwecke, ermannt
und erhebt euch! Bedenket, daß ihr seit Jahrhunderten in der Geschichte die
Stelle eines großen Volkes einnehmet, lernet aus dem Beispiel der Spanier u. s. f.
Teutsche, wählet! Folget dem Rufe des Vaterlands und der Ehre oder beuget
euch ferner unter das Joch der Unterdrückung, das auf euch lastet! Auf Allerhöchsten Befehl Seiner Majestät des Kaisers von Rußland."

Vom 12. Oktober schreibt Scheler, das Reiterregiment Herzog Louis Nr. 3
sei durch die neuerlichen Vorpostengefechte so geschwächt, daß es nur noch
4 Offiziere zähle, 2 Wachtmeister, 9 Unteroffiziere, 16 Jäger. Einzelne
Kommandos, Offiziere und Kuriere seien in letzter Zeit durch Kosaken und
Bauern abgefangen und erschlagen worden.

Moskau, den 13. Oktober 1812: „Soeben kommt Befehl, alle Spitäler
der Armee nach Wiäsma und Smolensk zu evacuiren. Es hat die Garde
und das I. Corps Befehl erhalten, marschfertig zu sein, weil die Russen von
Kaluga her drohen."

Es ist dies die letzte Meldung Schelers aus Moskau. Alle diese die
ungeschminkte Wahrheit wiedergebenden Berichte aus Moskau erhielt der König
erst, als schon alles verloren war. Nach den prahlerischen Bulletins, welche
in der offiziellen Presse eine Stelle fanden, mußte König Friedrich, auch wenn
er einen Teil auf Rechnung der gewohnheitsmäßigen Ruhmrederei setzte, annehmen, daß die Armee in und bei Moskau sich nicht in allzu ungünstiger
Lage befinde und durchaus nicht behindert, sich wieder neu zu formiren und zu
verstärken.

In diesem Sinn schrieb der König aus Stuttgart am 7. November: es
sei anzustreben, daß der etatsmäßige Stand von 12 Bataillonen in der Division
wieder erreicht werde. Dazu solle dienen das Regiment Nr. 7, das aus
Danzig im Anmarsch sei und jetzt Smolensk erreicht haben müsse, und ein
Ergänzungsregiment, das im Monat August das Königreich verlassen habe in
der Stärke von 1360 Mann unter Führung der Majore Berndes und Bauer.
Einen weiteren Nachschub von 2000 Mann solle General v. Töring bringen.

Diese letztere Truppe ist nicht mehr abgegangen; von den beiden anderen
Ergänzungsregimentern, zusammen nahe an 3000 Mann, aber werden wir
erfahren, daß sie zu Grunde gegangen sind, noch ehe sie die Division erreichen
konnten. — Dem Hause Kaulla gab der König auf, mit dem 1. Januar 1813
einen Transport von 1000 Kavallerie- und 200 Zugpferden abgehen zu lassen.
Keine Kosten sollen gespart werden, erinnert der König eindringlich, keine Mühe,
um die Mannschaften für den Winter mit Pelzen zu versehen.

Dem General Graf Scheler befiehlt der König, mit dem Marschall Ney oder dem major général Berthier ins Einvernehmen zu treten, um diejenigen Plätze zu bestimmen, welche für Reorganisation der Kavallerie am geeignetsten seien. Generalmajor v. Jett soll in Berlin alles vorsehen für Instandsetzung der Reiterei im Felde, General v. Walsleben nach Leipzig abgehen zur Uebernahme der Pferde, welche in kleinen Trupps von je 100 Stück nach dem Kriegsschauplatz abzugehen haben. Generalmajor v. Koch habe den Auftrag erhalten, alle Spitäler zu inspizieren und die Rekonvaleszenten zu sammeln.

In der That hob sich der Stand des kleinen württembergischen Truppencorps in Moskau in etwas, aber nicht durch Nachschub aus dem Heimatlande, sondern durch Heranziehung von Rekonvaleszenten aus den verschiedenen Spitälern. In der Mitte Oktober kam der Oberst v. Cornotte mit einem derartigen Transport von 1000 Mann aus Smolensk an. Mit ihm rückte auch die Compagnie Valois ein, welche den kranken Kronprinzen von Melowze nach Wilna begleitet hatte und seither zurückgehalten worden war. Dadurch kamen die württembergischen Truppen auf die Stärke von annähernd 2400 Mann vom Obersten abwärts, und zwar 1520 Mann Infanterie, 389 Reiterei und 477 Mann Artillerie. Das ganze III. Corps des Marschalls Ney, Fürsten von der Moskwa, scheint sich auf 12 bis 15000 Mann verstärkt zu haben durch ähnlichen Zuzug von Leuten aus den Lazareten, durch Einrücken zurückgebliebener Haufen und kleiner Kommandos. Der Zahl der Mannschaften nach erhöhten sich so die Armeecorps Napoleons, an Kräften gewannen sie nichts. --

Während Napoleon im Kreml in Moskau sich langsam den Entschluß abrang zu einem Schritte rückwärts, zu dem Bekenntnis vor der ganzen Welt, daß er eine Rolle übernommen habe, welche rühmlich durchzuführen er nicht im stande sei, während dem russischen Lager bei Tarutino täglich Verstärkungsmannschaften zueilten, Kalmücken, Baschkiren und Kosaken von den äußersten Grenzen des Reichs, tausendköpfige Rekrutenhaufen aus dem rüstigen Bauernstande der umliegenden Provinzen, während alles dies geschah, saß in denselben Oktobertagen der Lenker der österreichischen Politik, Graf Metternich, in Wien an seinem Schreibtisch, um eine Zuschrift des preußischen Premierministers v. Hardenberg zu beantworten, in welcher auf die vertraulichste und geheimste Weise eine Anfrage an Metternich gerichtet war mit Beziehung auf die Haltung Oesterreichs und Preußens gegenüber den überwältigenden Ereignissen der Gegenwart, gegenüber einer vielleicht noch bedrohlicheren Zukunft.

Wir haben ja oben gesehen, wie Metternich und Hardenberg sich näher getreten waren in den Maitagen 1812, als Napoleon seinen glänzenden Hof in Dresden hielt und unter den Vasallen auch die Herrscher von Oesterreich und Preußen erschienen waren. Napoleon war von den Festen weg zum Niemen gezogen ins Feld; die beiden Staatsmänner kehrten in ihre Regierungssitze zurück mit der Ueberzeugung im Herzen, daß sie zusammenhalten müssen, falls sie der Ueberlegenheit Frankreichs gegenüber eine halbwegs würdige Stellung einnehmen wollten.

Noch wußte man von dem Ausgang des russischen Unternehmens nichts, als Hardenberg im September 1812 an Metternich schrieb: er schlage eine Verbindung zwischen ihnen beiden vor, vertraulich, eng, ohne Mittelsmann, um zu gemeinschaftlichen Maßregeln greifen zu können für den Fall der Not.

Nachdem Hardenberg ausgeführt, wie Preußen aufs neue geschädigt worden sei durch den Marsch der Heere, die gehaust haben, wie wenn sie in Feindesland wären, fährt er fort:[*) „Die Möglichkeiten, welche der Krieg zwischen Frankreich und Rußland darbietet, geben Stoff zu vielerlei Betrachtungen. Welches wird das Ergebnis dieses Ringens sein, in das wir im Verein mit Frankreich verwickelt sind? Wenn Alexander festhält, wenn selbst die Siege Frankreichs seine Kräfte nach und nach verzehren, wenn seine Heere in der schlechten Jahreszeit sich in fernen Landen festgehalten sehen, entblößt von Mitteln, umgeben von einer zahlreichen Bevölkerung, der alles, was sie hat, zur Waffe wurde, einem Volke, das den Krieg als einen nationalen betrachten und mit Feuereifer dem Antrieb folgen würde, den man ihm gäbe, — könnte dann nicht das Genie Napoleons den kürzeren ziehen und könnten die ungeheuren Streitkräfte, über die er verfügt, nicht schließlich dennoch aufgebraucht und an diesen Hindernissen zu Schanden werden? Welches werden die Forderungen sein, welche dann Napoleon an seine Verbündeten, insbesondere an Oesterreich und Preußen, stellen wird? Wo werden sie ihre Schranke finden? Welche Grenzen werden wir uns selber ziehen müssen? Sollen wir ihm alles überlassen, was uns an Mitteln noch geblieben ist? Welche Mittel können angewendet werden, um uns zu retten? Niemals vielleicht hat es wichtigere und zugleich dornigere Fragen gegeben. Wollen Sie mich über Ihre Ansicht und Ihren Rat ins klare setzen?"

So der weitsichtige preußische Staatsmann fast mit Prophetengeist zu einer Zeit, da nichts den Siegeszug Napoleons aufhalten zu können schien. Das gemeinschaftliche Elend der Fremdherrschaft hat diejenigen unter sich nahe gebracht, die überhaupt noch etwas Weniges zu verlieren hatten, in den guten Tagen aber sich ferne geblieben waren.

Metternich dachte nicht daran, einen Sieg Rußlands anzunehmen, er traute diesem Lande und seinem Herrscher keine nachhaltige Kraft zu; er sei 1810 in Paris gewesen und habe damals schon den Ausbruch vorausgesehen; er sei ja nicht hintanzuhalten gewesen; auf Rußland aber wolle er nicht bauen. Als Metternich am 5. Oktober 1812 es unternahm, die Anfragen Hardenbergs zu beantworten, ging er von anderen Voraussetzungen aus.

„Auf den Brief, mit dem Sie mich beehrt haben, mein lieber Baron,

---

*) Oncken, Oesterreich und Preußen im Befreiungskrieg. I. S. 5 ff.

habe ich nicht früher geantwortet, weil ich die ganz natürliche Gelegenheit abwarten wollte, welche mir die Rückkehr des Majors Natzmer bietet, um die
Aufmerksamkeit der politischen Spürhunde zu vermeiden. Aber wie Ihre Fragen
beantworten?" Metternich unterwirft nun die Gegenwart und die wahrscheinliche
Zukunft eingehenden Betrachtungen. — „Es bleibt uns hiernach nur übrig,
uns abermals in uns selber zu verschanzen; in unseren eigenen Mitteln müssen
wir die Hebel unseres Heiles suchen. Ich sage unseres Heiles, denn die
Interessen unserer beiden Staaten trenne ich nicht und werde sie niemals
trennen, trotzdem ihre augenblickliche Lage in unzähligen Beziehungen eine durchaus verschiedene ist.

„Wir müssen trachten, herauszukommen aus diesem Kampf, ihn zu beendigen mit möglichst geringem Schaden für die Erhaltung unseres Schein-
besitzes von augenblicklicher Unabhängigkeit. Wir müssen durch alle Mittel, die
in unserer Macht sind, uns die Möglichkeit bewahren, eines Tages jene wahr-
hafte Unabhängigkeit wieder zu gewinnen, die für die Staaten das ist, was
die Gesundheit für den einzelnen Menschen. — Sie sehen, daß ich getreulich
Ihrer Bitte folge, Ihnen ohne Mittelsmann zu schreiben. Ich bin ebenso
sehr wie Sie dabei beteiligt, unsere vertraulichen Beziehungen nicht bloßzu-
stellen, und darauf hingewiesen, sie enger und enger zu knüpfen."

So war der Grund für ein gemeinschaftliches politisches Programm zwischen Oesterreich und Preußen gelegt. Es war ein großer
Schritt, daß der regierende Minister Oesterreichs das Fortbestehen der preußischen Monarchie als eine unerläßliche Notwendigkeit für Europa und Oesterreich
durch Wort und That anerkannte. Darin kennzeichnet sich insbesondere seine
eigentliche Gesinnung Napoleon gegenüber. Der Feind Napoleons mußte mit
dem Jahre 1813 notwendig jeder sein, der die Existenz Preußens in sein
Programm aufgenommen hatte. Denn es handelte sich 1813 einfach um Sein
und Nichtsein des preußischen Staates. In der Mitternachtstunde des 10. August
1813 hat mit dem Anschluß Oesterreichs an die Sache Preußens und Rußlands das jetzt aufgestellte Programm Metternichs seinen Abschluß gefunden.
Hätte Napoleon eine Ahnung von dem längst bestehenden Einverständnis der
beiden Minister gehabt, so würde er auf den Waffenstillstand im Sommer 1813
nicht eingegangen sein.

Für den Augenblick lagen die Verhältnisse in Preußen und Oesterreich
durchaus verschieden. Seiner ganzen inneren und äußeren Lage nach konnte
Oesterreich warten; Preußen befand sich zu sehr im Gedränge, zu nahe am
Kriegsschauplatz. Das Manifest, das Kaiser Alexander am 2. Oktober durch
den Grafen Lieven abfassen ließ, war denn auch hauptsächlich auf die Haltung
Preußens berechnet: „Der Kaiser Napoleon hat neuerdings versöhnliche Gesinnungen kundgegeben, indem er vortreffliche Anerbietungen machte. Weit
entfernt, irgend welchen Anträgen Gehör zu schenken, beschäftigt sich Kaiser

Alexander mit der Fortsetzung des Krieges. Die Gewalt der Umstände hat euch zu einer Parteinahme gezwungen, die euren Interessen zuwider ist; aber der Augenblick ist gekommen, wo wir uns sprechen müssen. Vereinigt euch mit Oesterreich, um zu dem großen Zwecke mitzuwirken!" Zugleich werden für den General York weitgehende Vollmachten verlangt, um sein Verhalten gegen die Russen zu regeln.

In Preußens verzweifelter Lage war es immerhin Gewinn genug, die Absichten Alexanders kennen zu lernen; doch mußte vorerst der König dem Kaiser von Rußland antworten: "Ohne Oesterreich könne Preußen nichts unternehmen, wenn aber diese Macht ihn unterstütze, würde er nicht zögern, sein System zu wechseln und alle Mittel zu einem Versuche aufbieten, um seine Unabhängigkeit wieder zu erlangen und das fremde Joch abzuschütteln."

In ihrem Drang nach Unabhängigkeit und Bewegungsfreiheit strebte in den Monaten November und Dezember 1812 die österreichische Regierung Schritt um Schritt weiter nach dem Ziele hin, endlich zwischen den streitenden Mächten als Vermittler des Friedens auftreten zu können. Dieser Politik entsprangen auch die Weisungen, welche an das österreichische Hilfscorps unter Schwarzenberg abgingen, um es von dem sächsischen Corps zu trennen, um sich mit den Russen abzufinden, um innerhalb der Grenzen Oesterreichs zu verbleiben. So ward das österreichische Hilfscorps in eigenmächtiger Weise losgeeist*) und entblößte die rechte Flanke der durch Polen sich zurückziehenden Großen Armee. Es ist das alles keineswegs unbeachtet geblieben. Vom 31. Dezember 1812 schreibt der Gesandte aus München an König Friedrich: "Fürst Schwarzenberg hat für gut befunden, die Ordre auf Grodno zu marschiren, nicht zu befolgen, er hat sich vielmehr nach Galizien zurückgezogen und sein Hauptquartier in Brody aufgeschlagen. Die Franzosen sind wütend darüber und schieben ihm alles erlittene Unglück zu. Sie klagen ihn des Einverständnisses mit den Russen an."

"Das ist ein böses Stück," rief Napoleon am 3. Februar 1813 dem österreichischen Gesandten Grafen Bubna zu: "es ist gegen den Vertrag; es ist ein erster Schritt des Abfalls. In einer Armee kann es nicht zweierlei Oberkommando geben." — Napoleon hatte in der That einen Aufwand gewaltiger Selbstbeherrschung notwendig, um nicht der Rede an den Senat über den "Verrat des Generals York" eine Rede hinzuzufügen über den Verrat des Fürsten Schwarzenberg.

Noch wußte man in Europa nichts von der Notlage Napoleons in Moskau, immer noch erschien es möglich, daß er als Sieger hervorging, da hatten sich also schon die Kabinette von Wien und Berlin geeinigt, da waren auch schon, wie es scheint, vorbereitende Schritte für das Verhalten der österreichischen und

---

*) Welden, der Feldzug der Oesterreicher gegen Rußland 1812. Wien 1870.

preußischen Hilfstruppen auf den beiden äußersten Flügeln der Großen Armee
gethan worden. Das war ein Glücksfall, daß beide auf den Flügeln standen. Und
doch erwies sich die Lage der beiden Hilfscorps total verschieden, sowie die Lage
der Kabinette verschieden war. Durch die Entlegenheit, durch die Weite des
Raumes geschützt, konnte Oesterreichs Kabinet und Hilfscorps die Sache lange
hinziehen und warten; in Preußen aber, mitten im Gedränge des Kriegsschauplatzes, mußte rasch die Entscheidung fallen.

II. Der Rückzug aus Rußland.

Bis nach Krasnoi.

Es ist eine alte Regel der Strategie, man solle den Gegner, vor dem man sich zurückziehen will, erst tüchtig anfassen, jedenfalls seine Vortruppen gleichsam von sich stoßen, um dann mit mehr Ruhe und Ordnung den eigenen Rückzug einleiten zu können. Diese Idee, mit einer Angriffsthat seinen Rückzug zu eröffnen, mußte Napoleon für sein beabsichtigtes Hervorbrechen aus Moskau ungemein willkommen sein. Die Welt mußte ja glauben, der Angriff werde fortgesetzt wie bisher; die schließlich eintretende rückgängige Bewegung gehe aus freier Wahl hervor. Seit einer Reihe von Tagen war der Rückweg ernstlich ins Auge gefaßt worden; am 6. Oktober erhielten die auf dem Wege von Moskau nach Smolensk stationierten Generale den Befehl, so viel Fuhrwerke wie nur möglich zu sammeln, um alle Kranken aus den Spitälern von Mojhaisk, Rusa, Kolozkoi, Monastir und Gschatsk fortzuschaffen. „Auf jeden Fall," schrieb Napoleon an demselben Tage an Berthier, „will ich, daß nach Verlauf einer Woche nicht ein Verwundeter mehr in diesen Hospitälern ist und man dies für eine sehr wichtige Sache hält."

Es war am letzten Tage dieses verhängnisvollen Jahres 1812, am 31. Dezember; Napoleon war in fliegender Eile von dem Totenfeld Rußlands schon vor etlichen Tagen in den Tuilerien angekommen; der österreichische Gesandte Graf Bubna hatte eine lange Audienz bei ihm. Im Verlauf derselben äußerte der Kaiser:[*] „Ich bin nach Moskau gegangen, um durch eine große Schlacht den Frieden zu erobern. Ich habe mich dort vierzehn Tage zu lang aufgehalten. Wo ich erkannte, daß der Friede nicht zu stande kommen werde, mußte ich aufbrechen. Aber der Entschluß wurde mir zu schwer, ich

---

[*] Onden, Oesterreich und Preußen im Befreiungskrieg. Berlin 1876. I. 60.

brachte es nicht über mich, 2000 verwundete Krieger hilflos zurückzulassen:
ich habe gezögert, der Winter stellte sich früher ein als sonst, er hat mich überrascht und statt der 2000 Verwundeten, die ich nicht opfern wollte, hat er
mir diesen großen Verlust verursacht."

Nach allen Enttäuschungen mag es ja Napoleon schwer genug geworden
sein, seine stolze Seele mit dem Gedanken an den Rückzug vertraut zu machen.
Von Tag zu Tag schob er den ersten Schritt hinaus. Er hatte seine Armee
in und um Moskau wieder auf mehr als 100000 Mann gebracht; auf dem
Wege über Borowst gedachte er gegen Kaluga vorzugehen und dann, sich westwärts wendend, über Juchnow und Jelnia den sicheren Posten Smolenst wieder
zu gewinnen. So war ja der Gedanke der Offensive, für den Beginn der
Bewegung wenigstens, gerettet.

Auch an solchen hat es nicht gefehlt, welche zum Ausharren in Moskau
rieten; Daru wird unter diese gezählt. Wenn man auf den langen, öden
Weg zurückblickte bis an den Niemen und bis zur Weichsel, mochte manchem
freilich der Rückzug als das gewagtere Unternehmen erscheinen. Von Moskau
bis Moshaisk, wo das VIII. Corps als nächste Unterstützung stand, sind es
100 Kilometer; von Moshaisk über Borodino nach Wiäsma 120; von hier
bis Dorogobusch 80 und ebenso weit von Dorogobusch nach Smolenst; somit
von Moskau nach Smolenst 380 Kilometer. Wählte man aber den Weg
über Kaluga, so kamen noch 200 Kilometer dazu. Des Feindes Hauptquartier
Tarutino lag auf halbem Wege nach Kaluga, 100 Kilometer von Moskau;
wählte Napoleon die andere Straße nach Kaluga, die über Borowst und
Malo-Jaroslawetz, so hatte man bis zu letzterem Punkte von Moskau aus
130 Kilometer.

Der weitere Rückweg von Smolenst aus gegen Westen nach Polen und
Preußen erschien noch endloser: von Smolenst über Orscha, Borissow, Malodetschno nach Wilna sind es 500 Kilometer; auf halbem Wege wird die
Beresina überschritten. Von Wilna nach Kowno 90; Kowno-Königsberg 200;
von hier nach Thorn 250 Kilometer. Somit von Moskau bis an die Weichsel
1320 Kilometer. Alles das in der Luftlinie gemessen.

Vom 15. Oktober an schob Napoleon seine Truppen in südwestlicher
Richtung vor auf der Straße nach Kaluga, um zunächst Fominskoe,
Borowst und Malo-Jaroslawetz zu erreichen; am 18. Oktober folgte das
IV. Corps den Vortruppen nach, und am 19. in der Frühe verließ
Napoleon Moskau an der Spitze der Garden, des I. und III. Corps.
Alle die französischen Schützlinge, Kaufleute und Händler schlossen sich mit
einem ungeheuren Train, mit wahren Wagenburgen, dem Auszug der Armee
an. Und in der Armee selbst war nach allen Seiten hin die Industrie thätig
gewesen, um die gemachte Beute zu erhalten, zu verpacken und auf mancherlei
Fuhrwerken nachzubringen. Moskau blieb zwar noch besetzt, allein kein Mensch

glaubte, daß Napoleon je dahin zurückkehren werde. Die Besatzung folgte denn auch am 23. Oktober der Bahn der Großen Armee, welche an diesem Tag mit ihrer Spitze Borowsk erreicht hatte.

So schien es, als wolle Napoleon den linken Flügel der russischen Armee umgehen. Auf dem Wege von Borowsk nach Kaluga liegt das Städtchen Malo-Jaroslawetz, da, wo die Straße den Lugafluß überschreitet. Sobald Kutusoff die Marschrichtung Napoleons erfahren, entsandte er ein Corps dorthin und verließ in der Nacht vom 23. zum 24. Oktober das Lager von Tarutino mit allen Streitkräften, um sich auf den Höhen von Malo-Jaroslawetz der französischen Armee vorzulegen.

Der Vizekönig Eugen hatte indessen mit seinem Corps, dem IV., die Stadt Malo-Jaroslawetz besetzt und kämpfte den 24. Oktober mit Glück um die Höhen südlich der Stadt, auf welchen allmählich das ganze Heer Kutusoffs ankam. Marschall Davoust mit dem I. Corps kam zu Hilfe; die Franzosen behaupteten das Schlachtfeld, und Kutusoff, der etwa 24000 Mann ins Gefecht gebracht hatte, ging auf eine kurze Strecke auf der Straße nach Kaluga zurück, indem er zugleich nach Medin in Napoleons rechte Flanke, auf seinem geraden Wege nach Smolensk, detachirte.

Napoleon befand sich in einer eigentümlichen Lage; die Spitze seiner Armee hatte zwar mit einigem Erfolg gekämpft, fand aber doch stets einen außerordentlich zahlreichen, entschlossenen Feind vor sich, wahrscheinlich auch in der Flanke. Die französische Armee dabei auf dem langen Wege zerstreut gegen Borowsk hin; hier zur Stelle bei Malo-Jaroslawetz konzentrirt nur wenig über 60000 Mann, ein Teil der Garde, das IV. und I. Corps; das III. Corps unter Ney, 15000 Mann, stand bei Borowsk und hatte sich am 26. Oktober gegen die aus Moskau nachdrängenden Russen vom Corps Winzingerode zu wehren, wobei insbesondere die württembergische Artillerie, welche noch 30 bespannte Geschütze besaß, gute Dienste leistete; ferner gingen Napoleon ab die Garden, welche unter Mortier am 23. Oktober Moskau geräumt hatten, 8000 Mann; das VIII. Corps, gegen 6000 Mann, und das V., etwa ebenso stark.

Es wird erzählt,[*] wie Napoleon mit sich selbst, mit seinen vertrautesten Ratgebern überlegt habe, was in so bedenklicher Lage zu thun. Nochmals eine Schlacht wagen und durchstoßen bis Kaluga? Westwärts ziehen über Medin, Juchnow, Jelnia nach Smolensk? Nordwärts marschiren über Wereja nach Moshaisk und weiter über Wiasma auf der alten Straße des Anmarsches?

Es ist bekannt, welche Antworten Napoleon von seinen Getreuesten erhielt: eine Schlacht anzunehmen, könne verhängnisvoll werden für die ganze Armee; die Pferde der Reiterei und der Artillerie hätten zu sehr gelitten: das Beste wäre,

---

[*] Bernhardi, Toll rc. II, 249 ff.

auf Smolensk zurückzugehen. „Und Sie, Mouton, was ist Ihre Meinung?“
Damit wandte sich Napoleon an den Grafen v. Lobau. „Sire, meine
Meinung ist, uns auf der kürzesten und bekanntesten Straße, über Moshaisk
an den Niemen zurückzuziehen und zwar so schnell als irgend möglich.“

Napoleon schien tief erschüttert; der 26. Oktober verging ohne weiteren
Entschluß, aber am 27. Oktober lautete der Befehl: Kehrtmachen und auf
der Straße über Wereja nach Moshaisk auf die wohlbekannte große Straße
nach Smolensk. Das war eine gar üble Sache; am 25. und auch noch
am 26. Oktober Front nach Süden gegen Kaluga, gegen die Hauptarmee
des Feindes unter Kutusoff; jetzt, am 27., den Rücken gegen das feindliche
Heer, Front nach Norden, um sich auf die nach Westen, nach Smolensk, nach
Wilna führende Straße einzufädeln.

Bei Malo-Jaroslawetz war noch einmal von seiten der Franzosen in
geplanter und gewollter Weise gefochten worden; das hörte jetzt für lange Zeit
auf; alle nachfolgenden Gefechte sind aufgedrungene Thätigkeiten, Notwehr in
der äußersten Bedrängnis. War der Marsch von Borowsk über Wereja nach
Moshaisk und auch noch weiter bis Wiasma ein noch ziemlich geordneter
Rückzug, dem es an Leitung und Planmäßigkeit nicht fehlte, so trat an seine
Stelle doch von Tag zu Tag mehr die kopflose Flucht.

Um diese Zeit hatte sich das russische Hauptheer unter Kutusoff auf
94000 Mann Linientruppen verstärkt; außerdem bedeckten 20000 Kosaken
alle Wege und irgend gangbaren Pfade; bewaffnete Bauern unter kecken Führern
wußten die Nachzügler abzuschneiden, um sie zu erschlagen oder gefangen zu
nehmen. Der Nationalkrieg war los; in den inneren Gouvernements
traten immer häufiger bewaffnete Scharen auf, und von den äußersten Grenzen
des Reichs zogen fremde Völkerstämme in wunderlichem Aufzug herbei.

Die Teilnahme des Volks am Kriege begann mit dem ersten Schritt der
napoleonischen Regimenter in das altrussische Gouvernement Smolensk. Die
Bewegung zog immer weitere Kreise, bis endlich auch die entferntest Wohnenden
von ihr ergriffen wurden. Es wird erzählt, die Tungusen im äußersten Sibirien
hätten den Einfall der Franzosen erst erfahren, als der vaterländische Krieg
längst zu Ende war; auch sie aber waren bereit, auf ihren Rentierschlitten
zu Hilfe zu eilen. —

Als die Caledonier durch den Einfall Agricolas aufs äußerste bedrängt
waren, läßt Tacitus den Häuptling des entlegensten Clans also sprechen: „Uns,
die äußersten Erdebewohner und letzten Freien hat eben unsere Verborgenheit
und unser Hintenwohnen gegen die Kunde der Welt bis auf diesen Tag
geschützt. Alles aber stören die Römer auf, nichts ist sicher vor ihrer Tyrannei.
Stehlen, Morden, Rauben nennen sie lügenhaft das Regieren, und wo sie eine
Wüste machen, da, sagen sie, sei Friede. Jetzt aber seien die Caledonier im
Vorteil; alles, was zum Siege spornen mag, sei auf ihrer Seite. Der Feind

aber stehe mutlos hier im fremden Lande; eine Handvoll Leute, die nach dem Himmel, dem Meere und den Wäldern spähend schauen und lauter Unbekanntes vor sich sehen, haben uns die Götter wie in einer Falle und in Fesseln überliefert. Mit der Zeit aber werden auch die Gallier und die Teutschen von den Römern abfallen; alle werden wieder frei sein. Und nun auf dem Gange zur Schlacht denket an eure Ahnen und an eure Nachkommen!" —

Am 29. Oktober hatte die ganze französische Armee sich auf die große Straße von Moshaisk nach Gshatsk eingefädelt. Voraus auf dem Rückweg kamen VIII. Corps und Garden, dann III. Corps und am Schluß der Kolonne, teilweise auch seitwärts: IV., V. und I. Corps. Die gesamte Große Armee schaute jetzt nach Smolensk, um erst diesen Platz zu erreichen und nach Umständen weiter zu marschiren über Orscha, Borisow, Wilna, Kowno an den Niemen, dieselbe Straße, die man gekommen war. Wenn wir diese im allgemeinen von Ost nach West ziehende Rückzugsstraße festhalten, so befanden sich jetzt, am 29. Oktober, die russischen Armeen teils südlich, teils nördlich davon; südlich nahe dem Schlachtfeld von Malo-Jaroslawetz befand sich die Hauptarmee unter Kutusoff und blieb auch südlich mit ihrem weiteren Marsche; ferner die Armee des Admirals Tschitschagoff, der mit 50000 Mann bei Brest-Litewski in Polen den Oesterreichern und Sachsen gegenüberstand. Jetzt eben teilte Tschitschagoff seine Streitmacht; die Hälfte ließ er stehen, mit der andern Hälfte marschirte er nordwärts ab nach Minsk, um etwa bei Borisow dem zurückgehenden Feinde den Weg zu verlegen.

Nordwärts des großen Rückzugsweges befand sich an der Düna bei Polozk und Witebsk dem II. und VI. französischen Corps, Oudinot und St.-Chr. gegenüber das etwa 40000 Mann starke russische Corps Wittgenstein und weiter rückwärts gegen Moskau hin das Corps Winzingerode. Wie Tschitschagoff, so strebte auch Wittgenstein dahin, die ihm entgegenstehenden feindlichen Truppen über den Haufen zu werfen, um die Beresina bei Borisow zu erreichen und die ganze Rückzugslinie beim Uebergang über die Beresina zu unterbinden. Am meisten Gefahr drohte von Tschitschagoff; denn ihm stand, wie wir sehen werden, in Minsk nur ein schwacher Posten gegenüber und außer diesem nur noch die polnische Division Dabrowski.

In Smolensk selbst stand schon seit mehreren Wochen das IX. Corps des Marschalls Victor mit etwa 30000 Mann, Franzosen und Rheinbundtruppen. So schien der Rückweg an den Niemen leidlich gedeckt, wenn es gelang, die russische Südarmee unter Tschitschagoff und die Nordarmee unter Wittgenstein aus einander zu halten.

Es hatten also die Franzosen Moshaisk und die große Straße am 29. Oktober erreicht. Auf dem Zuge gegen Kaluga waren fast alle Vorräte darauf gegangen, Lebensmittel und Munition; immer schwächer wurden die Kräfte der Menschen und Pferde; immer mehr Geschütze und Munitionswagen mußte man stehen laffen; immer mehr Reiter mußten abfitzen, um wenigftens noch einen kleinen Teil der Geschütze auf der Straße weiter zu bringen.

Zur unmittelbaren Verfolgung beftimmte Kutufoff das in befonderem Maße verftärkte Corps Miloradowitsch und die 20000 Kofaken des Hetman Platoff. Er felbft zog weftwärts auf der großen Straße über Jelnia in der Richtung gegen Smolensk. — Die Verfuchung, den langen, fich zurückwälzenden Heerwurm der franzöfifchen Armee in der Mitte zu zerfchneiden, die Armee-corps zu trennen, den Weg ganz und gar zu verlegen, war groß genug für die Ruffen durch die ganze Lage der Dinge. Dreimal wurde auch der Verfuch dazu gemacht: am 2. und 3. November bei Wiäsma; am 16., 17. und 18. November bei Krasnoi weftlich Smolensk; beidemal dadurch, daß fich Miloradowitsch quer in den Weg ftellte; das drittemal vom 24. bis 28. November bei Borifow am Uebergang über die Berefina, nachdem fich hier Tfchitfchagoff und Wittgenftein beinahe die Hände gereicht.

In allen drei überaus kritifchen Lagen gelang es der Energie und einem die letzte Kraft erweckenden beifpiellofen Heroismus der Franzofen, Polen, Bayern, Badener und Württemberger, die Hinderniffe auf die Seite zu werfen, fie zu um-gehen und zu überwinden. In allen drei Fällen: bei Wiäsma, bei Krasnoi und an der Berefina — fie fteigerten fich an Bedrohlichkeit immer mehr — blieben Taufende von Nachzüglern zurück, unzähliges Fuhrwefen und Gefchütz. In allen drei Fällen auch blieb Kutufoff mit der Hauptarmee auf der Seite halten, ohne energifch einzugreifen. Er überließ das vollftändig feinen Unterführern Milorado-witsch und Platoff, denen er die Verfolgung des Feindes übertragen; Tfchitfchagoff und Wittgenftein, denen er bei Borifow ihre Vereinigung anbefohlen hatte.

Offenbar lag es im Plane des außerordentlich vorfichtigen ruffifchen Ober-führers, feine Hauptarmee fich intakt zu erhalten für den Fall eines unvorher-gefehenen Ereigniffes. Ein folches Ereignis wäre zum Beifpiel das An-marfchiren einer feindlichen ftarken Refervearmee gewefen, vielleicht Oefterreicher, Sachfen, Franzofen. Zudem verringerten fich die ruffifchen Armeen ebenfo wie die franzöfifchen Reihen durch diefelben zehrenden Faktoren, wenn auch nicht in demfelben erfchreckenden Maße, und fo mußte wohl der Oberfeldherr darauf bedacht fein, ein Kriegsinftrument in der Hand zu behalten, das einiger-maßen noch gefchont und kräftig war.

Nur bei Krasnoi näherte fich Kutufoff mit der Hauptarmee dem feindlichen Heere fo weit, daß er an dem Verfuche, Stücke desfelben abzufchneiden, teil-nehmen konnte. Aber auch hier entwickelte er keine entfcheidende und durch-greifende Thätigkeit. Der fchlaue Ruffe dachte offenbar, der Winter feines Heimat-landes, Hunger und Entkräftung werden das Vernichtungswerk vollführen, ohne daß er nötig hatte, im Verzweiflungskampfe die letzten Kraftäußerungen des Gegners auf fich zu lenken. Doch zurück auf die große Straße des Rückzugs.

Am 2. November befanden sich das VIII. Corps und die Garden mit dem kaiserlichen Hauptquartier schon westwärts von Wiasma; in Wiasma selbst stand Marschall Ney mit dem III. Corps; ostwärts davon, gegen Gschatsk hin, marschirten noch das IV., V. und I. Corps. So war die ganze Große Armee eingefädelt auf der Rückzugsstraße. In die Lücke aber zwischen dem III. Corps und den weiter ostwärts erst heranmarschirenden gedachte sich Miloradowitsch zu stellen und machte in der Nacht vom 2. zum 3. November die vorbereitenden Bewegungen dazu.

Marschall Ney scheint etwas derart geahnt zu haben. Schon in früher Morgenstunde ließ er ins Gewehr treten und sandte die Brigade Beurmann auf Rekognoszirung gegen Kaluga hin. Diese Brigade bestand noch aus dem Rest der beiden württembergischen Chevaurlegersregimenter, in zwei Züge formirt, zusammen 114 Mann stark. Außerdem hatten die überzähligen Lieutenants dieser beiden Regimenter einen schwachen Zug formirt, welcher die Avantgarde bildete. Das französische Jägerregiment, das mit zur Brigade gehörte, war in Moskau durch Rekruten auf 400 Mann gebracht worden. — Auf der Straße gegen Kaluga war nichts zu entdecken, dagegen hörte man um diese Zeit auf der Hauptstraße kanoniren. Die Kosaken von Miloradowitsch wurden sichtbar; gegen sie wandte sich jetzt Beurmann, vertrieb sie durch seine zwei Geschütze und schloß sich an den rechten Flügel des III. Corps bei Wiasma an. Hier hatte Ney die Division Razout mit dem 1. provisorischen Bataillon der Württemberger aufgestellt; auf seinem linken Flügel Division Ledru mit den beiden anderen württembergischen Bataillonen; in allem wohl 6 bis 7000 Mann.

Es wird berichtet, das Corps des Marschalls Ney habe in diesen Tagen noch am besten die kriegerische Haltung bewahrt. Davousts Divisionen des I. Corps werden dagegen als diejenigen genannt, in welchen Unordnung und Auflösung bereits in hohem Grade eingerissen waren. Gerade dieses Corps aber repräsentirte, wenige Regimenter ausgenommen, die Hauptstärke der Nationalfranzosen.

In aller Frühe, schon um 6 Uhr, begann am 3. November der Vizekönig von Italien mit dem IV. und V. Corps sich Wiasma zu nähern. Er schlug sich ziemlich gut durch die Vortruppen von Miloradowitsch und schloß sich an Ney an. Allein jetzt kam Davoust mit dem I. Corps ins Gedränge. Deshalb brach der Vizekönig nochmals aus Wiasma heraus und hatte das Glück, für Davoust die Straße wiederum frei zu machen. Ein französischer Regimentskommandeur, Fézensac, im III. Corps berichtet: „Das I. und IV. Corps (Davoust und der Vizekönig) zogen in der allergrößten Unordnung durch unsere Aufstellung; ich war weit entfernt gewesen zu glauben, daß sie so viel gelitten hätten, und daß ihre Zerrüttung schon so weit vorgeschritten sei. Die königliche italienische Garde marschirte allein noch in guter Ordnung; der Rest schien entmutigt und von Beschwerden überwältigt. Eine ungeheure Menge vereinzelter Leute zog ohne Ordnung daher, meist ohne Waffen."

Marschall Ney meldet in seinem Bericht an Napoleon: „Das Schlimmste aber, was dieser Tag bewirkt hat, ist, daß meine Truppen Augenzeugen der Unordnung des I. Corps waren. Ein so unheilbringendes Beispiel lähmt die moralische Kraft des Soldaten."

Das IV., V. und I. Corps scheinen sich in dem Walde westlich von Wiäsma gesammelt zu haben; Ney hielt sich noch in der Stadt und hatte jetzt faktisch für die ganze Große Armee die Nachhut übernommen.

In den Nachmittagsstunden griffen die Russen namentlich den rechten Flügel des Marschalls Ney heftig an, die Division Razout, das württembergische 1. Bataillon und die Brigade Beurmann. Letztere verlor dabei ihre zwei Geschütze. Kaum hatte dies der Oberst v. Palm, der an der Spitze der württembergischen Chevaurlegers ritt, bemerkt, als er mit diesen, den Offizierszug an der Spitze, und von den französischen Jägern unterstützt, auf den Feind einritt und ihm die beiden Kanonen wieder abnahm. Es war dies die letzte größere Attale, welche die württembergischen Reiter in diesem Feldzug ritten. Beurmann zog sich näher an die Infanterie bei Wiäsma heran; gegen Abend ließen die Angriffe der Russen nach und Ney konnte nun ebenfalls auf der großen Straße westwärts ziehen hinter dem IV., V. und I. Corps. Er behielt mit dem III. Corps die Nachhut für die ganze Armee vom 3. bis zum 21. November, an welchem Tage er diese Aufgabe kurz vor dem Uebergang über die Beresina an das I. Corps abgab.

Nach dem Abzug von Wiäsma wurde jetzt ohne Aufhören die französische Armee vom Corps des Generals Miloradowitsch gedrängt, der immer auf eine neue Gelegenheit lauerte, die rückwärtigen Corps abzuscheiden. So lastete das allgemeine Elend doppelt auf dem III. Corps, das stets die Nachhut hatte. In der Nacht vom 4. zum 5. November trat empfindliche Kälte ein und es begann zu schneien. Leider besitzen wir aus diesen Tagen keine dienstlichen Berichte weder vom Grafen Scheler noch von Kerner oder Beroldingen. Erst aus Wilna werden wiederum Meldungen erstattet in den ersten Tagen des Dezember. — Um die übrig gebliebenen Geschütze der württembergischen Artillerie fortbringen zu können, ließ Graf Scheler 40 Mann des Jägerregiments Nr. 4 absitzen. Dadurch war dies Regiment, das nur noch 57 Mann gezählt hatte, aufgelöst. Der Rest vermehrte die Zahl der einzeln Marschirenden oder der unberittenen Kavalleristen, welche schon die Stärke eines Armeecorps ausmachten und durch ihre Abneigung, ein Gewehr zu tragen, der ganzen Armee ein besonders schlechtes Beispiel gaben. Schon früher mußte das in den Vorpostengefechten an der Nara bei Tarutino ganz zusammengeschmolzene Jägerregiment Herzog Louis Nr. 3 bei der Brigade étrangère aufgelöst werden. So bestand die württembergische Reiterei jetzt noch aus den Resten der beiden

Chevaurlegersregimenter und dem aus Offizieren formirten Zug; dazu die fast
noch vollzählige Artillerie und die drei provisorischen Bataillone; alle diese Abteilungen mit jedem Tag an Mannschaft und Pferden sich vermindernd, an
Kräften zurückgehend.

Die vorausmarschirenden Corps mochten noch da und dort Lebensmittel
entdecken; für die hinten marschirenden verringerte sich die Hoffnung auf solche
zufällige Funde immer mehr. Die schreckliche Aussicht, sich nicht so bald aus
dieser Lage errettet zu sehen, drückte Geist und Gemüt immer mehr darnieder,
so daß endlich die moralische Kraft, welche die elenden Körper noch aufrecht
hielt, versagte. In der Nacht vom 6. zum 7. November stieg die Kälte
plötzlich auf einen so hohen Grad, daß Pferde und Menschen ihr zu Tausenden
erlagen, da sie ohnehin schon den Keim der Zerstörung durch ungesunde und
unzureichende Nahrungsmittel in sich trugen.

In solch außerordentlich kalter Nacht hatten die württembergischen Generale
einen engen, schlechten Raum zur Unterkunft gefunden, wo sie sich gegenseitig
wärmten; es war am 7. November; draußen hatte sich im Kreise die Mannschaft gelagert. Mit dem frühen Morgen trat General Kerner ins Freie
hinaus und kam nach einer Weile in einer Gemütsbewegung zurück, als ob
er eine große Angst überstanden hätte. Endlich sprach er die Worte: „Nun
habe ich das Schrecklichste in meinem Leben gesehen. Draußen auf der Ebene
liegen unsere Leute, wie sie sich abends um die Feuer gelagert haben, erstarrt,
erfroren und tot umher." — Als man am 8. November aufbrach, blieben
von der kleinen Schar 300 Mann auf dem Platze liegen. Mit über 2300 Mann
war man aus Moskau noch abmarschirt unter den württembergischen Fahnen.
Jetzt, am 8. November, war man zwanzig Tage auf dem Marsch; zehn Märsche
hatte der Zug von Moskau gegen Kaluga gekostet und seit zehn Tagen mußte
man sich ab auf der großen Rückzugsstraße von Moshaisk nach Smolensk.
In diesen zwanzig Tagen war die Schar der Württemberger auf etwa
1100 Mann herabgekommen; nur gering war der Verlust vor dem Feinde
bei Wiäsma gewesen; die übrigen lagen zu Hunderten tot am Wege, oder
waren aufgegriffen von Kosaken und Bauern, oder aber marschirten sie als
Vereinzelte, isolés, ganz vorne in der Kolonne, noch vor dem VIII. Corps
und den Garden, oder in den Lücken zwischen den einzelnen Corps.

Um diese Zeit sah man die ersten Nachzügler von der Garde.
„Diese stolzen Menschen," sagt ein Augenzeuge, „zogen jetzt ebenso arm und
elend einher wie andere und wurden mit Verachtung angesehen." — Bis
hierher hatte man die Garde durchgefüttert, ohne daß sie von besonderem
Nutzen gewesen wäre. „Meine Garde hat im ganzen Feldzug nicht einen
Schuß gethan," schrieb Napoleon an seinen Schwiegervater, den Kaiser Franz,
am Schlusse des Feldzugs. Auch in früheren Feldzügen hatte sich die Einrichtung der Garde für die übrige Armee nachteilig erwiesen. Sie pflegte

stets auf der Hauptstraße zu marschiren und wurde von der Intendantur mit allem reichlich versehen. Die Linientruppen erhielten, was übrig blieb. Weil sie selten kämpfte, erhielt die Garde den Spottnamen: die Unsterblichen; jede Charge in der Garde bedeutete einen Rang höher als in der Linie.*)

Voller Hoffnung waren bis daher aller Augen auf Smolensk gerichtet gewesen. Hier hoffte man auf frische französische Streitkräfte zu stoßen, denen es gelingen möchte, den nachdrängenden Feind abzuhalten; hier gedachte man Rast und reichliche Vorräte zu finden. In Wirklichkeit fand man weder neue Streitkräfte, noch Rast, noch Vorräte.

Am 9. November war Napoleon mit den Garden und dem VIII. Corps in Smolensk angekommen; am folgenden Tage kamen die anderen Truppen nach, am 11. endlich auch das III. Corps als Nachhut. Seit dem 28. September war Marschall Victor mit dem IX. Corps hier gewesen; aber er hatte schon Ende Oktober ausrücken müssen in nordwestlicher Richtung gegen Senno, um vereint mit dem II. Corps des Marschalls Oudinot und dem VI. (Bayern) des Marschalls St.-Cyr, die Angriffe der russischen Nordarmee unter Wittgenstein abzuwehren. Die Russen hatten Polozk und Witebsk eingenommen und drangen gegen Orscha und Borisow vor, die Rückzugsstraße bedrohend. So mußte mit Aufbietung aller Kräfte nordwärts noch festgehalten werden. Und das war bisher auch gelungen.

Das IX. Corps unter Victor bestand aus 3 Divisionen Infanterie: einer Division Franzosen, einer zweiten Division, aus 4 badischen und 2 bergischen Regimentern zusammengesetzt, und einer dritten, aus Polen und Sachsen bestehend; dazu kam 1 Kavalleriedivision von 4 Regimentern, und zwar je ein badisches, hessisches, bergisches, sächsisches. In allem zählte das IX. Corps noch immerhin 25 000 Mann.

Rekruten und Ergänzungsmannschaften fanden einzelne Corps und Regimenter in kleinen Trupps in Smolensk vor; ein kaum ins Gewicht fallender Kräftezuschuß. Dagegen vermehrte sich die Gefahr der Lage von Tag zu Tag. Die französische Oberleitung konnte sich nicht verhehlen, daß die Heere der Russen sich immer enger um die Trümmer der Großen Armee zogen; vier russische Heere befanden sich in drohendster Nähe: einmal das sehr starke Corps Miloradowitsch mit Platoffs Kosaken unmittelbar den Spuren des Rückzugs folgend; zum zweiten die russische Hauptarmee unter Kutusoff auf der Straße von Kaluga über Jelnia anmarschirend; drittens die russische Nordarmee unter Wittgenstein und Steinheil mit Winzingerodes Heerteil von der Düna, von Polozk her drohend, kaum noch zurückgehalten durch II., VI. und IX. Corps; und endlich viertens die russische Südarmee oder Moldauarmee unter Tschitschagoff,

*) Beiheft zum Milit. Wochenblatt 1889. Zur Geschichte des milit. Lebens in der Armee Napoleons I.

die sich jetzt dem Posten Minsk näherte und durch keinen nennenswerten Widerstand aufgehalten wurde.

Als in der Schlacht bei Waterloo am Nachmittag in Napoleons rechter Flanke wie dunkles Gewölk am Horizont die preußischen Kolonnen erschienen, da redete er sich ein und suchte auch seine Umgebung glauben zu machen: es sei das Corps Grouchy, das hier erscheine; es sei ja tags zuvor detachirt worden und eile jetzt zu Hilfe. In ganz ähnlicher Weise hatte seit den Tagen von Moskau Napoleon immer und immer wieder die Augen geschlossen und sich eingeredet, daß von einer Hoffnungslosigkeit seiner Lage keine Rede sein könne. Wenn er jetzt seine Hilfsmittel überdachte, so mußte er sich gestehen, daß an eine Rast hier in Smolensk nicht zu denken sei, daß nur eine schmale Rettungsbrücke übrig bleibe, daß von beiden Seiten sich der Raum für den freien Rückweg immer mehr zusammenschnüre. Wer sollte zu Hilfe kommen? Die Oesterreicher und das X. Corps, Preußen, nebst dem VII., Sachsen, schienen alle beschäftigt und aufgehalten in Polen und vor Riga; als einziger Schild gegen Norden, gegen die Düna, erschienen II., VI. und IX. Corps; gegen Süden blieb kein Schutz. Darum sofortiger Aufbruch, ohne jegliche Rast.

Vorräte waren in Smolensk wohl vorhanden gewesen; allein keine Aufsicht, keine Ordnung; so wurden sie verschleudert; gewährten einzelnen augenblicklichen Genuß, aber dem Ganzen keinerlei Kräftigung. In Wilna, vielleicht auch in Minsk hoffte Napoleon größere Vorräte zu finden. — Der weitere Weg mußte von Smolensk über Krasnoi führen nach Orscha und weiter über die Beresina nach Borisow, nach Molodetschno und Wilna; im Ganzen von Smolensk bis Wilna 500 Kilometer.

Am 13. November schon sandte Napoleon das VIII. Corps, einen Teil der Garde und Artillerie, dabei die noch einzig übrigen drei württembergischen Geschütze nach Krasnoi voraus; am 14. brach er selbst mit einem andern Teil der Garde und der Artillerie des III. Corps samt dem 1. und 2. württembergischen Bataillon auf; am 15. Oktober folgte das IV., am 16. das I. Corps; als Nachhut des Ganzen am 17. das III. Corps mit dem 3. württembergischen Bataillon und eine weitere Division, welche als Verstärkung zum III. Corps getreten war.

Die Stadt Krasnoi liegt 60 Kilometer westwärts von Smolensk. Auf dieser ganzen Strecke und noch weiterhin hatte sich am 17. und 18. November die Karawane der französischen Armee in mehreren Tagmärschen ausgedehnt; voraus wieder die Tausende, welche waffenlos, vereinzelt oder in kleinen Gruppen dahinwanderten; dann folgten die einzelnen bewaffneten Heeresteile nach ihren Abmarschzeiten aus Smolensk; zuletzt das III. Corps unter Ney. Es war dieses Corps vor einem Monat, am 18. Oktober, von Moskau ausgezogen, gegen 15000 Mann stark, noch mit 70 Geschützen versehen. In Smolensk war das Corps kaum mit 3000 Mann angekommen. Hier aber stießen 2 frische Regimenter zum Corps, ein illirisches und das 129. französische. Einzelne Regimenter fanden auch Ersatzmannschaften vor, ein paar hundert sehr junge Rekruten. Dadurch und durch die Zuweisung einer Division vom I. Corps wurde das III. immerhin auf 8000 Mann gebracht, obwohl die zwei schwachen württembergischen Bataillone Nr. 1 und 2 mit der Artillerie vorausgegangen waren und nur das 3. Bataillon der Württemberger beim III. Corps zurückließen. Dies 3. Bataillon unter dem Hauptmann Fribolin hatte sich durch Einrangirung einzelner Nachzügler auf 300 Mann verstärkt.

Die Hauptstraße von Smolensk nach Krasnoi führt auf dem linken Dnieprufer hin, breit, mit Birken in doppelter Allee bepflanzt; auf einige Stunden rechts hat man stets den Dniepr. Von Krasnoi geht der Weg weiter über Liady nach Orscha, hier über den Dniepr und weiter nach Borisow an der Beresina. Seit Wiasma hatte Miloradowitsch den Versuch nicht wiederholt, sich den Zurückflutenden in den Weg zu stellen. Jetzt aber war die Versuchung gar zu groß. Er hatte durch das Verweilen Napoleons in Smolensk einen Vorsprung gewonnen und war deshalb in der Lage, sich bei Merlino, östlich von Krasnoi, am 15. November quer über die Straße zu stellen. So mußten alle französischen Heeresteile bei ihrem Marsche von Smolensk nach Krasnoi notwendig gegen ihn anlaufen.

Am 15. November stieß Napoleon selbst auf die Absperrung, schlug sich aber glücklich nach Krasnoi durch; in den zwei nächsten Tagen wurde Krasnoi auch vom IV., V. und I. Corps erreicht; durch Umgehung oder Durchschlagen hatten sie die Absperrung überwunden. Jetzt aber, am 17. November, näherte sich Kutusoff mit der Hauptarmee der Stellung Napoleons bei Krasnoi. In hartnäckigem Kampfe behauptete sich Napoleon, und die Russen vermochten nicht in Krasnoi einzudringen. Nach diesem augenblicklichen Erfolg zog Napoleon weiter dem Westen zu nach Liady und Orscha und schien das III. Corps seinem Schicksal zu überlassen.

Auf seinem Marsche von Smolensk nach Krasnoi stieß Ney am 18. November auf die bedeutend verstärkten Stellungen der Russen vor Krasnoi. Kutusoff war fest entschlossen, nachdem alle anderen französischen Heeresteile ihm entschlüpft waren, wenigstens diese Nachhut aufzureiben oder gefangen zu nehmen. — In Vierecke auf den Flügeln formirt, in dichten Kolonnen nachrückend, so glaubte das III. Corps hier durchbrechen zu können nach Krasnoi, wo man Napoleon mit der Hauptarmee vermutete. Ney hatte keine Ahnung davon, daß Kutusoff schon in Krasnoi stand und ihn vollständig abgeschnitten hatte. Aller Anstrengungen ungeachtet, mußte endlich der Rest des III. Corps nach riesigen Verlusten in dem ungleichen Kampfe weichen und in die Richtung auf Smolensk zurückgehen. Nur mit der größten Mühe gelang es dem Marschall Ney, zum Schutz gegen die feindliche Reiterei ein Viereck zu bilden; so brach die Nacht herein.

„Um diese Zeit schickte Miloradowitsch einen Major an den Marschall Rey,[*] um ihn zur Uebergabe aufzufordern, da er allein der ganzen russischen Armee gegenüber stehe. Rey erfuhr von diesem Major, daß Napoleon bereits mit der Armee Krasnoi verlassen habe, und faßte nunmehr den festen Entschluß, jedes Schicksal der Gefangenschaft vorzuziehen und sich mit den Trümmern seines kleinen Armeecorps durchzuschlagen."

Den russischen Major behielt Rey als Gefangenen bei sich und marschirte in der Nacht noch in der Richtung auf den Dniepr. Dieser Fluß wurde bei Warysln erreicht und auf dem schwachen Eise überschritten, Pferde, Geschütze, Munitionswagen brachen ein oder mußten zurückbleiben. Das geschah in der ersten Frühe des 19. November. Vorerst gerettet, setzte nun auf dem rechten Ufer des Dniepr Rey seinen Marsch fort, stets von den Kosaken Platoffs bedrängt. Am 21. November hatte er Orscha und damit die Hauptarmee Napoleons erreicht.

Den Marsch auf dem rechten Ufer des Dniepr erzählt ein Offizier von dem 3. württembergischen Bataillon: „Nach dem Uebergang bei Warysln setzte man ohne Ordnung den Marsch auf dem rechten Ufer des Dniepr gegen Orscha fort. Nachdem man ungefähr sechs Stunden lang auf diese Art in einem Wald marschirt war, kam man an dessen Ende in ein Dorf, wo der Marschall halten ließ, um die Truppen zu sammeln. Kaum hatte man hier zwei Stunden geruht, da erschienen die Kosaken Platoffs in der Frühe des 19. November. Mit seiner zahlreichen Reiterei schloß der Kosakenhetman das kleine Häuschen des III. Corps vollständig ein und erwartete ruhig, ohne die Franzosen anzugreifen, was der Marschall beschließen würde. Dieser ließ seine Truppen ruhig abkochen, unters Gewehr treten und sofort Vierecke bilden. Nachdem die Truppen sich einigemal geübt hatten, aus der geöffneten Kolonne das Viereck zu bilden, trat Rey seinen Marsch an.

„Das 3. württembergische Bataillon, welches mit einem illyrischen Regiment zusammen ein Viereck gebildet hatte, marschirte an der Spitze. Sobald dieses Viereck gegen die russische Reiterschar anrückte, teilte sich diese und zog sich hinter das nächste Dorf zurück. Kaum aber hatte die Spitze des III. Corps dieses Dorf passirt, so fingen die Russen an, dasselbe mit Kugeln und bald auch mit Kartätschen zu beschießen. Zum Glück lag das Dorf nicht weit von dem Eingang eines Holzes, welches das III. Corps bald erreichte, und somit der größten Wirkung des russischen Geschützes entging. In diesem Walde setzte Rey seinen Marsch bis zum Einbruch der Nacht fort, um welche Zeit er mit dem Corps an einem breiten Graben ankam und im nämlichen Augenblicke

---

[*] Miller ꝛc. ꝛc. II. 41 ff.

vom jenseitigen Rande dieses Grabens abermals mit Kartätschen empfangen wurde. Ney, welcher sich selbst bei der Vorhut, bei dem württembergischen Bataillon und dem illyrischen Regiment, befand, befahl sogleich, daß diese mit großem Geschrei in den Graben stürzen und die Russen vom jenseitigen Rande vertreiben sollten.

„Die Württemberger und Illyrier vollzogen diesen Befehl im Augenblick und vertrieben die Russen aus ihrer Stellung, worauf das übrige Corps den Graben ebenfalls passirte und den Marsch noch in der Nacht fortsetzte, bis ein breiter und tiefer Bach dasselbe abermals aufhielt. Während das ganze Corps nach und nach anrückte, Ney aber einen Punkt zum Uebergang auf- suchen ließ, drängten die Kosaken ungestüm die Kolonne des III. Corps gegen den Bach, so daß die Württemberger und Illyrier mit Gewalt in den Bach gesprengt wurden, aus welchem sich nur wenige retteten und das jenseitige Ufer erreichten. Die französische Kolonne hatte sich ebenfalls in den Bach gestürzt, und Ney setzte hierauf mit dem kleinen Rest, der das jenseitige Ufer erreicht hatte, den Marsch bis in das nächste Dorf fort. Dieses Dorf wurde zur Deckung angezündet, und Ney erwartete hier den Anbruch des Tages. Von den Württembergern hatten noch 18. Mann, von den Illyriern noch 40 dies Dorf erreicht; in gleichem Maße war überhaupt das ganze Corps geschmolzen.

„Sobald der Morgen des 20 November anbrach, trat Ney den Marsch an. Kaum hatte er jedoch einige Stunden Wegs zurückgelegt, als sich die Kosaken abermals zeigten. Ney bildete nun aus dem Rest seiner Truppen zwei Vierecke und setzte seinen Marsch unter dem starksten Artilleriefeuer fort. Gegen Abend drangen die Russen wieder von allen Seiten heran, sprengten ein Viereck und hieben die Mannschaft nieder; mit dem zweiten Viereck glückte es dem Marschall, ein nahes Holz zu erreichen. Die Russen hatten aber dies Gehölz bald völlig eingeschlossen und beschossen es von allen Seiten. Nunmehr entschloß sich Ney, zum Schein Unterhandlungen anzuknüpfen, um sich dem mörderischen Artilleriefeuer zu entziehen. Er brauchte hierzu jenen russischen Major, den er als Gefangenen mit sich führte. Die Unterhandlungen dauerten bis in die Nacht. Um diese Zeit kam ein Adjutant des Marschalls Ney und ließ die Mannschaft ganz in der Stille antreten. Während dessen erschien der Marschall selbst vor der Front und forderte die Offiziere auf, Gewehre zu nehmen und die Plänkterlinie der Kolonne zu formiren. Sobald dies geschehen war, stellte sich Ney an die Spitze, rückte in aller Stille gegen das russische Lager, durchbrach es ohne bedeutende Verluste und bald darauf traf der Rest des Corps auf vier französische Grenadierkompagnien, welche Napoleon dem Marschall Ney von Orscha aus entgegengeschickt hatte."

In Orscha gelang es Napoleon, alle Trümmer der Großen Armee zu vereinigen. Ney brachte von seinem Corps, das samt seinen Verstärkungen vor wenigen Tagen 8000 Mann gezählt hatte, noch 900 zurück von seinem abenteuerlichen Zug. Hauptmann Fribolin, der mit 300 Mann aus Smolensk gegangen war, erreichte nur noch mit 7 Mann das Hauptquartier in Orscha, und die beiden anderen Bataillone der Württemberger, welche zusammen noch 300 Mann unter den Waffen zählten. Durch ihr Hinzutreten hob sich die Stärke des III. Corps wieder auf 1200 Mann.

Dieser Zug Neys ist oft genug besungen und niemals beschrieben worden, ohne daß dem Führer die höchste Bewunderung gezollt wurde ob seiner Unverzagtheit, ob seines Mutes und ungebrochenen Geistes, der nach einem Ausweg tastete, als alle Thüren geschlossen schienen, ob der Heldenmäßigkeit, mit der er seinen Entschluß durchführte. Noch höhere Bewunderung mögen die Neunhundert verdienen, welche 7000 klaglos neben sich niedersinken sahen und doch im grimmen Männerherzen Kraft genug behielten, um auszuharren, um nicht zu zagen, um sich auch aus der letzten Bedrängnis herauszuhauen. So stählt das Außerordentliche der Lage gesunde Gemüter hier in der winterlichen Einöde im Ufergestrüpp des Dniepr wie anderwärts auf den Fahrten durch das Innere von Afrika oder in der Eiswüste des Nordpols.

Bis Krasnoi hatten die Württemberger ihre Fahnen mit sich geführt und glücklich gerettet. Nun rückte aber die Gefahr gänzlichen Unterganges immer näher. Deshalb wurden die Stangen verbrannt und die Fahnentücher nebst den übrigen Insignien dem Hauptmann v. Valois übergeben, der in seiner Compagnie immerhin noch eine Anzahl rüstiger Leute hatte. Die kräftigsten wurden ausgewählt und ihnen die Fahnentücher um den Leib gewickelt. Alle Fahnen bis auf eine wurden gerettet; einer der Träger erfror, und mit ihm vermoderte die Fahne.

Bei Krasnoi mußten die Württemberger auch ihre letzten drei Geschütze stehen lassen, nachdem mit einer Hingabe ohnegleichen die Oberstlieutenants v. Bartruff und v. Brandt den ganzen Feldzug hindurch über der Erhaltung der Artillerie gewacht hatten. Der Kavallerie war keine Bedeutung mehr beizulegen; die Reste der beiden Chevaurlegersregimenter mußten sich ebenfalls auflösen, wie es schon früher die Jägerregimenter gethan. So bestand das waffentragende württembergische Kontingent hier in Orscha am 21. November noch aus 307 Mann. Eine Wolke von waffenlosen Wanderern aber war schon voraus nach der Beresina hin, gegen Borisow zu, nach welchen Oertlichkeiten aber von Orscha aus immer noch ein Weg von 125 Kilometern zurückzulegen war.

In Orscha also versammelte Napoleon seine Armee wieder; er mochte kaum 15900 kampffähige Männer zählen, auch wenn man die Garden und das VIII. Corps, bisher etwas geschont, mitrechnete. Davoust mit dem I. Corps, etwa 5000 stark, übernahm die Nachhut. Einige Lebensmittel aber konnten in Orscha ausgeteilt werden. Wie bis nach Smolensk einige Ergänzungsmannschaften entgegengekommen waren, so trafen in Orscha frische

Pferde ein, durch welche wenigstens 36 Geschütze wieder bewegungsfähig wurden.

Seltsam aber, immer noch verbarg Napoleon vor seinem Geiste die ganze fürchterliche Wahrheit; er arbeitete in Orscha Pläne aus, wie er nach den Magazinen von Minsk, von Wilna gelangen könnte, um westlich von der Beresina, in Polen, Winterquartiere zu beziehen. Daß er keine Wahl mehr habe des Marsches oder des Verbleibens, daß er nichts mehr zu thun habe, als ein unerbittliches Gesetz vom Feinde anzunehmen, das gestand er sich noch nicht.

Und doch, wenn er seine Streitkräfte überzählte, mußte er sich zur höchsten Eile aufgefordert fühlen: am stärksten war noch das IX. Corps, der Marschall Victor, mit 12000 Mann; er hielt mit Mühe das russische Corps unter Wittgenstein zurück, das von Norden, von der Düna her, gegen die Beresina und den Rückzugsweg Napoleons drängte. Das II. Corps, Oudinot, mit dem VI. Corps, den Bayern, etwa 13000 Mann stark, war im Marsch begriffen zur Sicherstellung der Uebergänge über die Beresina. Von Süden her aber drohte das russische Moldauheer unter Tschitschagoff, und diesem stand bei Minsk nur der General Bronikowski mit schwachen Kräften gegenüber.

In Orscha aber erfuhr Napoleon noch, daß Minsk am 16. November vom Feinde genommen sei, daß alles gegen Borisow zurückströme. Jetzt handelte es sich einfach darum: wer kam frühzeitiger an die Beresina, Tschitschagoff oder die französische Armee? So zauderte Napoleon nicht mehr länger und verließ am 21. November Orscha auf dem Weg über Bobr nach Borisow zur Beresina.

.

Von der Beresina bis hinter die Weichsel.

„Am 14. Oktober setzte das Regiment Nr. 7 seinen Marsch von Wilna nach seinem Bestimmungsort Smolensk weiter fort. Durch das in Danzig zurückgelassene Krankendepot und die auf dem bisherigen Marsch erkrankte Mannschaft verminderte sich die Zahl der präsenten Mannschaft bis auf 627 Mann. — Dem Regimentskommando wurde von dem Gouvernement in Wilna ein Convoi von 200 Mann Infanterie, 200 Mann Kavallerie und 200 Wagen untergeordnet und demselben befohlen, von hier mit aller militärischen Vorsicht zu marschiren und unausgesetzt bis Smolensk zu biwatiren.

„Nach einem sechstägigen Marsch traf das Regiment nebst dem beigegebenen Convoi in Minsk ohne allen Unfall ein. Der Gouverneur von Minsk,

General v. Bronikowski, erteilte mir jedoch den Befehl, bis auf weitere Anordnung in Minsk zu bleiben und daselbst den Garnisondienst zu thun."

So berichtet der Oberst Lalance, Kommandeur des württembergischen
Regiments Nr. 7, welches seit dem Sommer 1811 in Danzig gestanden und
im September 1812 endlich den Befehl erhalten hatte, nach Wilna und Smolensk
zu marschiren, um sich mit der württembergischen Division zu vereinigen.

Oberst Lalance erzählt noch weiter, in Danzig hätten sie noch schlimme
Tage gehabt. Im Sommer 1812 habe das Regiment meist in Neufahrwasser
gelegen, wo auch das Bombardement der englischen Flotte auszuhalten gewesen
sei. — Es gehört dies Ereignis unter die wenigen Fälle, welche württembergische Truppen in Berührung mit einer feindlichen Flotte brachten. Außer
dem Regiment Nr. 7 in Danzig ist das nur noch dem Kapregiment widerfahren, der von Württemberg an die Niederlande für den Dienst in Afrika
und Indien überlassenen Truppe.

In Minsk bildeten die zwei Bataillone Württemberger mit einigen anderen
Kommandos den wesentlichsten Teil der Besatzung. Alles blieb ruhig in dieser
Gegend bis zu Anfang des Monats November. In diesen Tagen begann
Tschitschagoff mit der russischen Moldauarmee sich der Gegend von
Minsk zu nähern. General Bronikowski wandte sich daher um Hilfe an die
nächste polnische Truppe, die schwache Division des Generals Dabrowski, der
auch den General Kosinski mit drei Bataillonen entsandte. Vor der Uebermacht
der Russen mußte sich Kosinski nach Koidanow zurückziehen am 14. November.
Tschitschagoff folgte nach, besetzte Minsk am 16. November und rückte gegen
die Beresina in der Richtung auf die Rückzugsstraße Napoleons.

Die Beresina, ein vielfach in flachem Grunde sich windender Fluß
von mäßiger Größe, fließt von Norden nach Süden. Auf seinem linken, also
östlichen Ufer liegt die Stadt Borisow, nördlich derselben, auch auf dem linken
Ufer, die Dörfer Stary (Alt-)Borisow, Studienka und noch weiter nördlich
Weselowo. Ein Uebergang ist bei Borisow. Die Straße von Orscha nach
Wilna überschreitet hier den Fluß und führt weiter über Zembin und Malodetschno, Smorgoni nach Wilna.

Vor Tschitschagoffs Uebermacht war die Besatzung von Minsk nach Borisow
zurückgewichen. Tschitschagoff folgte nach und nahm Borisow am 21. November
weg. Es war von Dabrowski und dem Obersten Lalance verteidigt worden.
Schon aber rückte Verstärkung heran; am 22. November nahm Oudinot den
Posten Borisow den Russen wieder ab. Damit war der Weg von Orscha an
die Beresina frei.

Der württembergische Oberst Lalance berichtet über diese Vorgänge: „Der
Dienst in Minsk war bei der Schwäche des Regiments äußerst anstrengend
und trug nebst den schlechten Nahrungsmitteln zur außerordentlichen Vermehrung
der Kranken vieles bei. Die Nachricht von der Annäherung des Feindes

verdoppelte die Wachsamkeit und den Eifer des 7. Regiments, um sich Anteil an dem Ruhm der königlichen Truppen zu erwerben.

„Am 13. November befahl der Gouverneur, daß 150 Mann vom Regiment nebst der Regimentsartillerie (von Hause aus war das Regiment mit 2 Geschützen ausgerüstet worden) und einigen hundert Mann französischer Kavallerie auf der Straße von Minsk nach Koidanow, fünf Meilen von Minsk, zu der Position des Generals Kosinski eine Rekognoszirung machen sollten. Als dieses Kommando beim General Kosinski eingetroffen war, wurde es von demselben gegen seine Bestimmung als Verstärkung behalten.

„Während man in Minsk die Rückkehr dieses Rekognoszirungskommandos erwartete, kam Sergant Ratter von der Regimentsartillerie am 15. November nachts 11 Uhr in Minsk flüchtig an und gab über den Erfolg der Rekognoszirung folgende Auskunft: Nachdem sich General Kosinski von der Stärke des Feindes, die man auf 12000 Mann geschätzt, überzeugt, habe er am 15. November, morgens 8 Uhr, den Rückzug befohlen. Drei Stunden habe man sich in größter Ordnung zurückgezogen, als die feindliche Reiterei den Rückzug gestört und angegriffen habe. Nun sei man in Kolonne unter immerwährendem Feuern zurückgegangen, der Feind sei aber zu überlegen gewesen, so daß um 2½ Uhr nachmittags die Truppe des Generals Kosinski (3—4 Bataillone) nebst den 2 Regimentspiecen eingeschlossen gewesen und gefangen worden sei. Unsere Artillerie habe aus beiden Stücken 180 Schüsse gethan. Er, der Sergeant, habe in dem Augenblicke, da der Feind den Kreis habe schließen wollen, sich auf die Güte seines Pferdes verlassend, die Flucht ergriffen." Lalance fährt fort:

„Nachdem der Gouverneur von Minsk durch diesen Serganten die erste Nachricht von dem Schicksal des ausgeschickten Detachements und zugleich die Annäherung des Feindes erfahren hatte, ließ er mich zu sich rufen und that an mich die Frage, ob ich mich auf meine Offiziere und Soldaten vollkommen verlassen könne, wenn der Platz Minsk verteidigt werden solle? Von dem Mute und der Ausdauer meiner Mannschaft überzeugt, bejahte ich solches, und es befahl der Gouverneur sofort, den Platz bis auf den letzten Mann zu verteidigen. Ich machte diesen Befehl dem Regiment kund, das unter den Waffen stand, und es wurden die nötigen Anstalten zum Empfang des Feindes getroffen.

„Mittlerweile trug ich Sorge, die Kasse und Bagage des Regiments auf den Fall eines Mißlingens zu retten, und ließ den Regimentstrain mit einem Offizier und 30 Mann nach Wilna zurückgehen. — In derselben Nacht um 1 Uhr ließ der Gouverneur mich nochmals rufen und gab zu erkennen, daß bei der Uebermacht des Feindes es unklug wäre, den Platz behaupten zu wollen, und ich mit dem Regiment unverzüglich den Rückzug nach Borisow antreten solle.

„Es mochten in den Spitälern von Minsk 6000 Kranke sein, darunter 150 vom Regiment. Bei dem gänzlichen Mangel an Transportmitteln und bei der Eile, mit welcher der Rückzug vollzogen werden mußte, sah man sich in die traurige Notwendigkeit versetzt, die Kranken zurückzulassen. Für die Kranken des Regiments konnte ich nicht mehr thun, als daß ich noch in der Nacht zu dem Stadtphysikus Schmidt ging und diesem braven Mann meine Untergebenen dringend empfahl. Ich kann es nicht genug rühmen, wie thätig dieser Mann, ein Württemberger von Geburt, aus Wiesenstaig, seine Vaterlandsliebe schon während des Aufenthaltes des Regiments in Minsk durch unermüdete Sorge für die Kranken, durch jeden möglichen Vorschub an den Tag gelegt hat, und bin überzeugt, daß bei dem Einrücken des Feindes für dieselben alles geschehen ist, was nur immer unter diesen Umständen hat geschehen können.

„Nach einem zweitägigen Marsch traf das Regiment im Städtchen Borisow ein und fand daselbst noch ein Bataillon vom 93. französischen Regiment, ungefähr 250 Mann stark, das den Brückenkopf besetzt hielt. Am 20. November abends 10 Uhr rückte daselbst noch die Division des Generals Dabrowski ein, aus 3000 Mann Infanterie, 1000 Kavallerie und 12 Geschützen bestehend.

„Indessen hatte sich der Feind, die Avantgarde vom Tschitschagoffischen Corps, dem Städtchen Borisow genähert und griff uns mit Tagesanbruch am 21. November an. Den Brückenkopf verteidigten die Polen. Das 7. Regiment gab nebst dem französischen Bataillon Pickets; außerdem war der Rest des Regiments nebst 2 polnischen Piecen der Brücke gegenüber auf beiden Seiten derselben postirt, um dem Feind den Uebergang streitig zu machen.

„Die feindliche Artillerie war auf dem rechten Ufer der Beresina auf Anhöhen vorteilhaft postirt und suchte die polnische Artillerie und das Gewehrfeuer des 7. Regiments zum Schweigen zu bringen, die Infanterie avancirte gegen den Brückenkopf und erstürmte denselben.

„Noch war, des heftigen anhaltenden Feuers ungeachtet, die Artillerie und der zu ihrem Schutz auf beiden Seiten postirte Rest des Regiments keinen Schritt gewichen, als General Dabrowski, der einsah, daß bei dem Verlust des Brückenkopfes der drohende Angriff nicht auszuhalten sei, den Befehl zum Rückzug erteilte. — Ich hatte zuvor das Terrain sorgfältig rekognoszirt und führte den Rest des Regiments, 170 Mann, auf die Anhöhen des linken Ufers.

„Von dem Regiment waren am Tage des Gefechts 484 Mann unter den Waffen. Hauptmann v. Georgii, der mit 50 Mann auf dem rechten Ufer der Beresina postirt war, wurde abgeschnitten und gefangen. Den Hauptmann Wildt traf eine Kanonenkugel, und er verschied nach einigen Minuten, indem er sterbend bat, Seiner Majestät seine drei unversorgten Kinder zu empfehlen. Im ganzen verlor das Regiment 314 Mann an Toten, Verwundeten und Gefangenen.

„Ich kann bei meinen Pflichten versichern, daß das Regiment, das
von früh 7 Uhr bis nachmittags 2 Uhr im anhaltenden Feuer stand, seine
Schuldigkeit vollkommen gethan und mehr geleistet hat, als man von demselben
nach einer durch schlechte Nahrungsmittel und durch außerordentlich ermüdenden
Dienst allgemein gewordenen Entkräftung erwarten konnte. Wenn ich diejenigen nennen sollte, welche brav gefochten haben gegen die feindliche Uebermacht, so müßte ich sämtliche Offiziere und Mannschaften namhaft machen.“

So ging am 21. November Borisow mit der Brücke über die
Beresina verloren. Nach diesem Punkte des Kriegstheaters richteten sich
jetzt aller Blicke. Tschitschagoff hatte ihn eben in seine Gewalt gebracht.
Napoleon aber mußte ihn haben; denn, wollte er von Orscha bis Wilna
durchdringen, so mußte er hier die Beresina überschreiten; Marschall
Oudinot war deshalb von ihm beordert worden, von Norden heranzurücken
zum Schutze dieses hochwichtigen Uebergangs; das Corps Victor und VI. Corps,
Bayern, sollten einstweilen die Russen unter Wittgenstein abhalten, nach der
Rückzugsstraße und nach Borisow vorzustoßen, und der Moldauarmee unter
Tschitschagoff die Hand zu bieten. Schon hatte auf kühnem Ritte der Reiterführer Tschernitscheff Mittel gefunden, eine direkte Verbindung zwischen Wittgenstein und Tschitschagoff herzustellen. Eine Umschließung der französischen Armee,
wie sie bei Krasnoi gedroht hatte, wäre jetzt unabwendbar gewesen, wenn es
dem Marschall Oudinot am 22. November nicht gelungen wäre, Borisow den
Russen wieder abzunehmen. So war das linke Ufer der Beresina wieder
in den Händen der Franzosen und die Möglichkeit war jetzt wenigstens
vorhanden, auf rasch geschlagenen Brücken den nirgends zu besonderer Breite
sich ausdehnenden, an sich unbedeutenden Fluß, zu überschreiten. In den
nächsten Tagen mußte sich alles entscheiden. Die höchste Eile that not. Zwar
Kutusoff und die russische Hauptarmee drängten nicht, aber die beiden Neben-
armeen, die südliche und die nördliche, Tschitschagoff und Wittgenstein, standen
schon in bedrohlicher Nähe. Sie noch etwas fern zu halten, das war die
Aufgabe Oudinots im Süden und Victors im Norden. Diese waren bestimmt,
einen kleinen Spalt offen zu halten, durch welchen von Orscha her die Armee
Napoleons über die Beresina nach Wilna entwischen könnte. So zeigte sich
immer wieder ein Ausweg, der vor rettungslosem Untergang bewahrte.

Dies Ziel erreicht zu haben durch Offenhaltung einer Spalte, eines Aus-
wegs nach Westen hin für Napoleon und die Seinen, ist hauptsächlich das
Verdienst der Deutschen und Polen, welche unverzagt unter den französischen
Fahnen weiter fochten, bis auch ihnen die Arme sanken. Die beiden schützenden
Armeecorps, das II. und IX., Oudinot und Victor, bestanden jetzt wesentlich
aus Polen und Deutschen. Besonders das Corps Victor. Die Infanterie,
3 Divisionen, war hier je zu einem Dritteil französisch, deutsch und polnisch
gewesen. Die französische Division Parthonneaur war aber bei Stary-Borisow

gefangen genommen worden; bleiben die Diviſionen Dändels, 7 Bataillone
Badener, 4 Bataillone Berger übrig und Girard — 8 Bataillone Polen und
4 Bataillone Sachſen. Die geſamte Reiterei des Corps unter General Fournier
war deutſch. Alſo hier beim Corps Victor nur die Generale franzöſiſch. Das
Corps Oudinot war urſprünglich franzöſiſch der Mehrzahl nach geweſen; jetzt
war es hauptſächlich auf die polniſchen Verſtärkungen unter Dabrowski angewieſen
und auf die kleine Truppe der Württemberger unter dem Oberſt Lalance.

Aber mit reißender Schnelligkeit rieben ſich auch dieſe Truppen auf, die
jetzt unter Victor und Oudinot den Schild bildeten für die faſt wehrloſen
Maſſen der Großen Armee. Am 28. November zählte Victor noch 9000 Mann
unter den Waffen; die 7 Bataillone Badener unter ihrem Markgrafen Wilhelm
waren allein noch 2200 Mann ſtark. Von da ab verlief kein Tag ohne
Gefecht. Als am 6. Dezember Victor ſein Corps unter das Gewehr treten
ließ, ſammelten ſich kaum noch 200 Mann; ein Dritteil freilich, die franzöſiſche
Diviſion Parthonneaux, war gefangen worden, alle die übrigen waren vor
dem Feind geblieben oder vor Kälte erſtarrt. Aber ſie hatten bis zum letzten
Hauche ihre Schuldigkeit als Schild gethan: am 26. November konnten Brücken
geſchlagen werden über die Bereſina; am 27. und 28. erfolgte der Uebergang;
die wehrloſen Maſſen ſetzten ſich auf die große Straße nach Wilna und
taumelten weiter, durch kleine Trupps Bewaffneter geſchützt und endlich —
Napoleon ſelbſt war entkommen und befand ſich ſeit dem 5. Dezember auf
dem geraden Wege nach Paris.

Vorerſt aber war er noch nicht ſo weit, ſondern befand ſich noch in Orſcha
am Dniepr, Pläne machend, wie er am zweckmäßigſten die Bereſina überſchreiten
könnte. — Das Wetter war ziemlich mild geworden; es taute ſogar bisweilen;
aber Glatteis und Schnee deckten die Wege und machten alle Märſche ungemein
beſchwerlich.

Wir haben geſehen, wie am 21. November Napoleon ſein zuſammen-
gebrochenes Heer in Orſcha wieder ſammelte; auch Ney war herbeigekommen
nach ſeinem abenteuerlichen Zug. Strenge Befehle wurden erlaſſen, alle Nachzügler ſollen an der Brücke über den Dniepr angehalten und wieder ihren
Heeresteilen zugewieſen werden. Aber die Gewalt der Umſtände war längſt über
jeden Damm ſolcher Maßregeln hinausgewachſen, und die Sache blieb ohne
weſentlichen Erfolg. An demſelben Tage aber, an welchem Boriſow von den
Ruſſen genommen wurde, am 21. November, brach Napoleon von Orſcha auf,
der großen Straße nach Boriſow folgend; Davouſt mit dem I. Corps hatte
die Nachhut; voraus zogen, wie bisher, VIII. Corps und Garden, einen ungeheuren Schwarm von Vereinzelten (Isolés nach dem eigens erfundenen
Kunſtausdruck) vor ſich hertreibend; in der Mitte IV., V., III. Corps.

Einem recht unſicheren Geſchick ſchienen dieſe Reſte der Großen Armee
entgegenzugehen, als ſich eine Reihe von glücklichen Umſtänden zu-

sammenfand, um die rettungslos scheinende Lage für ein paar Tage aussichts-
reicher zu gestalten. Unter diese Glücksfälle zählte in erster Linie, daß Oudinot
am 22. November mit dem II. Corps und der Division Dabrowski die Russen
Tschitschagoffs aus Borisow vertrieb und auf das rechte Ufer der Beresina beschränkte; die Brücke war freilich zerstört. Der zweite Glücksfall war, daß
Wittgenstein mit der russischen Nordarmee nur langsam dem IX. Corps des
Marschalls Victor folgte, so daß am 25. November Victor, ohne vom Feind
gedrängt zu sein, bei Loschnitza, auf der großen Straße von Orscha nach der
Beresina, die Nachhut übernehmen konnte. So befand sich auf dem rechten,
also dem westlichen Ufer der Beresina, auf welches Napoleon hinüber wollte,
nur Tschitschagoff mit der Moldauarmee. Weitere Glücksfälle waren: Kutusoff
mit der russischen Hauptarmee befand sich so weit südlich, daß keinerlei Einwirkung von ihm zu befürchten war; Miloradowitsch folgte langsam nach; nur
die Kosakenschwärme Platoffs folgten den Trümmern der sich jetzt ans linke
Ufer der Beresina drängenden Armee.

Die große Straße, welche von Orscha nach Wilna fast durchaus von
Osten nach Westen zieht, macht, kurz ehe sie die Beresina erreicht, eine kleine
Biegung nach Süden, um auf der Brücke von Borisow den Fluß zu überschreiten. Auf der andern, westlichen Seite des Flusses führt die Straße
zunächst wieder nordwärts über Strachowo, um dann über Zembin, Malodetschno, Smorgoni, Osmiana nach Wilna zu führen; von der Beresina bis
Wilna sind es 250 Kilometer.

Sobald Napoleon erfahren hatte, daß Borisow wieder von Oudinot genommen sei, galt es, die Gunst des Augenblicks zu nützen: den Feind über
den Punkt des Uebergangs zu täuschen, rasch mehrere Brücken zu schlagen, die
fast wehrlose Große Armee in die noch waffenfähigen Rahmen des II. und
IX. Corps hineinzufassen. Demgemäß bestimmte Napoleon: Oudinot
demonstrirt zunächst bei Borisow, als wollte man hier übergehen; währenddem
werden 40 Kilometer nördlich von Borisow, bei den Dörfern Studienta und
Weselowo, Brücken durch den General Eblé geschlagen; Oudinot zieht sich von
Borisow herauf, geht zuerst über und deckt die Brücken auf dem rechten Ufer
gegen den von Süden her drohenden Tschitschagoff; währenddem geht die Große
Armee über und fädelt sich ein auf der Straße nach Wilna; Marschall Victor
aber mit dem IX. Corps bleibt als Schild während all dieser Vorgänge auf
dem linken Ufer und deckt den Uebergang, zuletzt geht er auch über und bildet
die Nachhut auf dem Wege nach Wilna.

Und dies Programm ist Satz für Satz ausgeführt worden dank der Hingabe
und Tapferkeit der Truppen und der Sorgfalt des Generals Eblé, der mit
unglaublich geringem Material die Brücken herzustellen wußte.*)   Mit den

---

*) Beiheft zum Mil. Wochenblatt 1894. Der Uebergang über die Beresina.

Vorbereitungen zum Brückenbau bei Weselowo hatte man am 25. November angefangen. Napoleon war mit Beginn der Arbeit samt dem major général Berthier am Arbeitsplatz angekommen. Er verblieb dort während des Baues mit den Händen auf dem Rücken am Feuer sich wärmend und ohne eine Bemerkung zu machen. — Der Thalgrund ist hier bei Weselowo zumeist weich, die Breite des Flusses 108 Meter, Tiefe 6 bis 7 Fuß. Untergrund schlammig, geringes Gefäll, das Wasser trieb mit Grundeis; es war ziemlich frostig, der weiche Grund deshalb gefroren; einzelne Gehölze sind ziemlich nahe, diese und abgebrochene Häuser der Dörfer Weselowo und Studienka lieferten Material. Auf beiden Seiten des breiten Thalgrundes erheben sich flache Höhen.

Marschall Oudinot mit dem II. Corps und der Division Dabrowski kam den 26. November mit Tagesanbruch bei Weselowo an. Einige Voltigeurs schwammen mit den Reitern hinüber und eröffneten gegen die russischen Vorposten ein Gefecht. Auf Flößen folgten mehrere nach, bis gegen Abend die Brücken fertig wurden und nun das ganze II. Corps überging und den von Süden her drängenden Feind zurückwarf. Das III. und V. Corps und Garde folgten, um dem II. Corps als Rückhalt zu dienen. Freilich existirte das III. Corps eigentlich nur noch dem Namen nach; Division Razout und Württemberger waren so ziemlich ganz aufgerieben, doch kämpften hier noch 57 Mann, der Rest der württembergischen Division, geschlossen mit. Hier war es auch, wo sich die wenigen Leute des Regiments Nr. 7, die sich zunächst am 21. November mit der Division Dabrowski vereinigt hatten, an den Rest der württembergischen Division anschlossen. So rückten hier die Ueberbleibsel von 14 Bataillonen mit noch nicht 100 Mann zum letztenmal ins Gefecht, um mit den polnischen und französischen Waffengefährten die Brücken zu retten.

Am 27. November gingen IV. und VIII. Corps über den Fluß und rückten auf der Straße nach Wilna vor. Der Uebergang selbst ging sehr langsam von statten, weil die mit unzureichendem Material gebauten Brücken alle Augenblicke ausgebessert werden mußten.

Am Abend des 27. November kam Marschall Victor von Borisow her mit den beiden Divisionen Dändels und Girard bei Weselowo an und nahm auf den Höhen Stellung. Dadurch wurde das I. Corps unter Davoust, welches seither als Nachhut gedient hatte, frei und ging ebenfalls aufs rechte Beresinaufer hinüber. Nun war die Lage diese: Victor hatte mit seiner aus Franzosen bestehenden Division Parthonneaux Borisow noch besetzt; mit den beiden anderen Divisionen und seiner Reiterei, alles Deutsche und Polen, stand er bei Weselowo. Außer ihm stand auf dem linken Ufer der Beresina kein Heeresteil mehr, aber eine Menge von Artillerie, Fuhrwesen und wohl 10000 Nachzügler mit Weibern und Kindern. Wittgenstein bewegte sich hier auf der großen Straße von Osten her in bedrohlicher Nähe.

Auf dem rechten Ufer stand, den linken Flügel an die Beresina gelehnt, mit Front nach Süden, Marschall Ney mit dem II. Corps und den Resten des III. und V., Polen, Franzosen und einige deutsche Ueberbleibsel. Tschitschagoff drohte hier mit einem neuen Angriff von Süden, vom Dorfe Strachowo aus. Die übrigen Armeecorps befanden sich schon auf dem Wege nach Wilna; ein Teil der Garde war als nächste Unterstützung zurückgeblieben.

Marschall Victor also stand allein noch mit seinen drei Divisionen auf dem linken, östlichen Ufer der Beresina.*) In der Nacht noch sollte seine Division Parthonneaur aus Borisow heranmarschiren nach Weselowo. Unterwegs aber wurde sie von Wittgenstein überfallen und nach verzweifelter Gegenwehr gefangen genommen. So fand der Morgen des 28. November den Marschall Victor nur noch mit zwei Divisionen, Daudels und Girard, bei Weselowo aufgestellt; auf dem rechten Flügel 7 Bataillone Badener unter dem Generalmajor Markgrafen Wilhelm von Baden; links von ihm 4 Bataillone Berger; auf dem äußersten linken Flügel Division Girard: 6 Bataillone Polen, 4 Bataillone Sachsen. Im zweiten Treffen die gesamte Reiterei unter General Fournier, 4 deutsche Regimenter. Auf seinem Flügel hatte Markgraf Wilhelm eine Zwölfpfünderbatterie; die übrigen 14 Geschütze des Corps standen bei der Division Girard.

In seinen Memoiren sagt Marbot, der in belustigender Weise jede rühmliche That den Franzosen zu gute schreibt, auch wenn gar keine dabei waren: „Die Truppen des Marschalls Victor (selbst die deutschen, welche sich darunter befanden) schlugen sich auf eine wahrhaft heroische Weise."

Um 10 Uhr vormittags begann Wittgenstein mit dem Angriff auf den badischen linken Flügel. Vor der großen Uebermacht begann dieser zu weichen. Sobald Markgraf Wilhelm das bemerkte, setzte er seine Reservebataillone in Marsch und sprengte selbst auf den äußersten rechten Flügel. Hier gelang es ihm, dem Vordringen des Feinds wenigstens so lange Einhalt zu thun, bis die Verstärkung eintraf. Als die Reserve hinter dem rechten Flügel angekommen war, befahl der Markgraf, daß die Truppen das Feuer einstellen und sich zum Sturmmarsch ordnen sollten. Der Markgraf setzte sich an die Spitze seiner Infanterie, die, durch sein Beispiel begeistert, mit solchem Erfolge gegen die Russen stürmte, daß diese ihre Stellung räumen und das vor der Front der Badener befindliche Wäldchen verlassen mußten. Hier setzten sich die Sieger fest und behaupteten sich auch bis zum Einbruch der Nacht.

Ein Vorgehen der bergischen Infanterie auf Victors linkem Flügel wurde dagegen von den Russen abgewiesen, und schon drohten diese in die deutsche Stellung einzubrechen, els die badische und hessische Kavallerie vorbrach, einen Teil der russischen Infanterie zersprengte und niederhieb. Voll Zuversicht durch

---

*) Markgraf Wilhelm von Baden 2c. S. 65 ff.

diesen Erfolg ließen sich die deutschen Reiter fortreißen bis zu den Reserven der russischen Stellung, wo sie aber von überlegener Kavallerie umfaßt und fast aufgerieben wurden. Immerhin verschaffte dieser kühne Vorstoß der eigenen Infanterie Zeit, wiederum Haltung zu gewinnen und die neuerlichen Angriffe abzuweisen.

So ist es insbesondere dem Heldenmut der Badener zu danken, daß Victor sich sieben Stunden lang mit nur 9000 Mann gegen weit überlegene Kräfte Wittgensteins halten konnte. Auch auf dem rechten Ufer gegen Tschitschagoff hatte Ney Vorteile erfochten, so daß am 29. November das IX. Corps unbelästigt die Beresina überschreiten konnte, um hinter dem III. und V. Corps die Straße nach Wilna zu gewinnen; das II. Corps schloß als Nachhut. Am 29. in der Frühe wurden die Brücken zerstört.

Auf dem linken Ufer blieben Tausende von erschöpften, verwundeten Offizieren, Beamten und Soldaten zurück samt Fuhrwesen, Marketendern, Weibern und Kindern. Es wird erzählt, General Éblé, den die Menge der Verlassenen jammerte, habe in allen Biwaks, bei allen Feuern und Zelten herum sagen lassen, daß die Brücken zerstört würden. Nur wenige der energielos und stumpfsinnig Gewordenen rafften sich auf und gingen über; die anderen fielen alle den Russen in die Hände, die zudem eine Menge von Geschütz und Fuhrwesen erbeuteten.

„Die unter den unmittelbaren Befehlen Seiner Majestät des Kaisers von verschiedenen Corps der Großen Armee binnen fünf Tagen ausgeführten Manövers sind am 28. November durch eine große Niederlage des Feindes bekrönt worden. Das unter dem Namen der Moldauarmee bekannte und von dem Admiral Tschitschagoff kommandirte Corps und die von dem General Grafen Wittgenstein angeführte Armee hatten sich an der Beresina unweit Borisow vereinigt. Sie sind geschlagen worden und haben 9—10000 Mann an Gefangenen, 12 Kanonen und 8 Fahnen verloren." — „Die sämtlichen alliirten französischen Armeen haben nach dem glorreichen Sieg am 28. November die Winterquartiere bezogen und werden jene dem Vernehmen nach von des Königs von Neapel Majestät kommandirt."

Während derartige prahlerische Berichte von Dresden aus in alle Welt verschickt wurden, schlich die französische Armee auf der Straße nach Wilna fort mit dem einzigen Bestreben, sich den Belästigungen durch den Feind möglichst zu entziehen, jedes Zusammentreffen zu vermeiden. Richtig war, daß am 28. November durch den Heroismus der letzten Streiter noch recht beachtenswerte, im jetzigen kritischen Augenblick unbezahlbare Erfolge erfochten, daß sogar 2—3000 Gefangene gemacht worden sind; was aber die Winterquartiere betrifft, so mochte für den Rest der Großen Armee eine Stadt von mäßigem

Umfang hinreichen, und bestand deren gesamte Einwohnerschaft aus Kranken-
wärtern, dann um so besser.

Nach dem Uebergang über die Beresina lösten sich die Corps, welche bis
jetzt noch mit einem kleinen Rest ihrer Truppen stets in militärischer Ordnung
ihren Marsch fortgesetzt hatten, vollends auf, und man sah nur noch Haufen
unbewaffneter Menschen, welche sich auf der großen Straße und neben derselben
fortwälzten. Die zwei Divisionen des Corps Victor und ein Teil des
II. Corps marschirten allein noch geschlossen und bildeten den Rückenschutz für
die Wehrlosen gegen die nachdrangenden Kosaken. — Was von den württembergischen Truppen noch geschlossen und bewaffnet marschirte, 50 bis 60 Mann,
bildete die Deckung des Divisionshauptquartiers. Am 5. Dezember war ein
Ergänzungsregiment, das Ende August in Ludwigsburg 1360 Mann stark
abgegangen war, in zwei Bataillonen formirt unter den Majors v. Berndes
und v. Bauer, in Smorgoni angelangt, ohne mit dem Feind in Berührung
gekommen zu sein, durch Kälte und Strapazen beinahe aufgerieben. Die Reste
dieser Ergänzungsmannschaften erhielten die Bestimmung, die Wagen des kaiserlichen Hauptquartiers zu transportiren; nur mit 60 Mann noch kam dies
Regiment in Wilna an.

Die Unsicherheit der Lage, der Anblick der Wehrlosigkeit, des täglich sich
steigernden Elends nötigten endlich Napoleon das Geständnis vom 3. Dezember ab, das Geständnis vom Untergang der Armee, welches als
29. Bulletin von Malodetschno aus in alle Welt hinausgegangen ist, überall
verkündigend, daß weder an Winterquartiere noch an Rückkehr der Ausgezogenen
zu denken sei, daß alle amtlichen Berichte der letzten Monate eitel Geflunker
gewesen.

Nachdem so der kaiserliche Oberbefehlshaber seiner Armee die Grabschrift
geschrieben, verlor er alles Interesse daran, noch länger Zeuge von dem letzten
Ausbrennen der Schlacken zu sein. In Smorgoni, noch drei bis vier Märsche
von Wilna entfernt, versammelte er am 5. Dezember alle Marschälle und
Corpskommandeure, um ihnen Lebewohl zu sagen, um dem König von Neapel
den Oberbefehl zu übertragen und sofort den Armeetrümmern vorauszueilen
nach Paris. Großsprecherisch noch, aber in der That als Flüchtling, jagte
er auf derselben Straße durch die deutschen Lande zurück, auf welcher er vor
sechs Monaten gekommen war, die Lorbeeren schon im voraus brechend, alle
Triumphatorfreuden schon im voraus genießend und in deutschen Versen bis in
den Himmel gehoben.

Nur mit äußerster Mühe aber vermochte sich die von ihrem Führer ver-
lassene Armee der nachdrangenden Kosaken zu erwehren, denen die russische
Infanterie auf dem Fuße folgte. Markgraf Wilhelm von Baden war es, der
mit den Resten seiner Regimenter den Feind zurücktrieb; von 2200 Mann
aber, die er noch an der Beresina gezählt, blieben ihm nur 800. Schlimmeres

stand bevor. Bisher war die Kälte mäßig gewesen; niemals hatte sie mehr
den Grad erreicht wie auf dem Wege zwischen Wiäsma und Smolensk; mehrmals hatte sich sogar Tauwetter eingestellt. Jetzt aber mit dem Abend des
5. Dezember stieg die Kälte plötzlich in entsetzlicher Weise und wirkte
geradezu sinnverwirrend; Tausende von der unbewaffneten, bunt durcheinander-
gewirbelten Masse stumpfsinniger, auf dem Wege mechanisch fortstolpernder
Menschen blieben erstarrt liegen, Hunderte aus den dünnen Reihen derjenigen,
welche noch im stande waren, die Waffen zu tragen.

Gerade in diesen schlimmen Tagen kam der Masse, die eine Armee gewesen
war, erwünschte Verstärkung entgegen; die Division Loison von dem in
Teutschland als Reserve aufgestellten XI. Corps war im Anzuge, um die Nachhut
zu übernehmen an Stelle der aufgeriebenen Polen und Teutschen; sie bestand aus
8 Bataillonen Franzosen und 9 Bataillonen Teutscher aus den kleinen Fürsten-
tümern Mitteldeutschlands. Noch zählte sie 10000 Mann, als sie Wilna verließ, um der Armee entgegen zu gehen, von deren Zustand man in ihren
Reihen ebenso wenig eine Ahnung hatte wie von ihrer Nähe. Am 5. Dezember
hatte die Division Loison das Städtchen Osmiana erreicht und einen Schwarm
Kosaken, welche zwei Schlittengeschütze mit sich führten, vertrieben. Da ver-
breitete sich die wunderliche Nachricht, der Kaiser werde ankommen.[*] Ein
Augenzeuge berichtet: „Um zehn Uhr abends traf er in Osmiana ein, von
einer schwachen Schwadron polnischer Lanciers eskortirt. Er fuhr in einem
mit Pelz ausgeschlagenen, von sechs Hengsten gezogenen Wagen; Caulaincourt
war ihm zur Seite; auf dem Bock saßen der Mameluk Rustan und der Dolmetscher Hauptmann Vulasowitsch von der Garde. In einem Schlitten folgten
Turoc und Mouton. Napoleon trug einen grünen, mit Goldquästchen besetzten
Pelz und eine dergleichen Kappe. Er sah ernst, aber sehr wohl aus. Wir
betrachteten diesen mächtigen Sterblichen in der Entfernung weniger Schritte,
während die Generale Gratien (Loison war krank) und Vivier mit den Obersten
der Regimenter sich im Halbkreis um den Kutschenschlag aufgestellt hatten. —
Die hastige Rückreise des Kaisers verfehlte nicht, auf die Truppen einen
entmutigenden Eindruck zu machen."

Die Kälte war in der Nacht auf 20° R. gestiegen; der Morgen des
6. Dezember wälzte den eben angekommenen Truppen die Massen der aufgelösten
Armee entgegen, „eine Herde halb irrsinnig gewordener Flüchtlinge, nur noch
von dem krassen Egoismus der Selbsterhaltung beseelt. Von dem Anblick wie
gelähmt, blieben die deutschen Regimenter stehen. Das Mitleid der germanischen
Rasse verleugnete sich nicht in diesen Momenten. Da die Corps von Oudinot
und Victor, welche seither die Nachhut gebildet, ebenfalls vollkommen aufgelöst

---

[*] Bernays, Schicksale des Großherzogtums Frankfurt und seiner Truppen. Berlin 1882.
S. 377 ff.

und in die allgemeine Unordnung mit hineingerissen waren, so erkannte die division princière (so genannt, weil aus den Kontingenten der kleinsten Rheinbundfürsten zusammengesetzt), daß sie jetzt die einzige bewaffnete Truppe der Armee sei und daß die Rettung der flüchtenden Trümmer zum großen Teil von ihrer Haltung abhängen werde.

„Die Leute unserer Division waren bis jetzt gut genährt und vortrefflich diszipliniert gewesen, vor ganz kurzer Zeit hatte man noch Begeisterung empfunden. Aller Halt schien aber jetzt auf einmal aus den Leuten gewichen. Stumm schlichen sich viele Leute aus den Gliedern, setzten sich in den Schnee und waren in wenigen Minuten erstarrt. Der Anblick des ungeheuren Elends wirkte augenscheinlich ansteckend auf unsere Leute. Wenige Hauptleute vermochten ihre Leute zusammen zu halten. Wohl aber schritt eine bekannte, in kurzen Pelzrock gehüllte Heldengestalt zu Fuß mit den Truppen fort, sie in gebrochenem Deutsch anfeuernd. Es war der Marschall Ney. Aber auch die Gegenwart dieses hervorragenden Führers erwies sich nicht mehr stichhaltig, um den Truppen einen Rest von moralischer Kraft einzuflößen.“

Sein eigenes Corps hatte Ney verloren; so suchte er sich nun Kämpfer zu bilden in den Reihen der division princière und der noch etwas geschonten Bayern. Mit diesen letzten Braven verteidigte Ney noch Wilna und das Ufer des Niemen bei Kowno.

Die vorauseilenden Vereinzelten hatten zum Teil schon am 4. Dezember Wilna erreicht; allein erst am 9. vereinigte sich hier die ganze flüchtige Armee. Auch die Bayern, das VI. Corps, waren kurz vor Wilna dazu gestoßen. Seit dem Rückzug von Polozk hatten sie sich vom II. Corps des Marschalls Oudinot getrennt; sie bezogen eine Stellung bei Dolschizi und näherten sich jetzt dem Sammelplatze Wilna, zwar sehr geschwächt, aber immerhin noch kampffähig.

In Wilna war es dem württembergischen Hauptquartier möglich, wieder einige Rast zu finden. Alle Generale und höheren Offiziere sind aber erkrankt; nur Oberst Graf Beroldingen ist im stande, einen Bericht an den König abgeben zu lassen: Wilna, den 9. Dezember 1812. Die Befehle Seiner Majestät, möglichst oft Bericht zu erstatten, habe er zwar stets vor Augen gehabt; „die Unmöglichkeit, diesmal den Allerhöchsten Befehlen nachzukommen, wird Eurer Majestät von dem heute als Kurier nach Stuttgart abgehenden Generalmajor Freiherrn v. Kerner mündlich vorgetragen werden.

„Schon von Smolensk wurde der Hauptmann des Generalstabs v. Gelble als Kurier an Eure Majestät abgefertigt, aber es gelang ihm nicht, durchzukommen, sondern er war gezwungen, sich in Borisow wieder an das königliche Hauptquartier anzuschließen, nachdem er seine Depeschen aus Furcht, daß sie dem Feinde in die Hände fallen möchten, vernichtet hatte. Unter diesen Depeschen befand sich meine Meldung Nr. 38 nebst einem detaillirten Journal von unserem Abmarsch aus Moskau an bis zu unserer Ankunft in Smolensk.

„In dem Zustand, in welchem wir uns dermalen befinden, und bei der Eile, mit welcher General v. Kerner das württembergische Hauptquartier verläßt, ist es eine Unmöglichkeit, diesen Bericht jetzt nachzuholen, und ebenso wenig bin ich vermögend, den Rapport über die Begebenheiten seit Smolensk zu erstatten. — Den ganzen Tag über wird marschirt und erst in der späten Nacht werden Biwaks bezogen, in welchen es nicht möglich ist, zu schreiben. Erst hier in Wilna sind wir wieder in ein Zimmer gekommen; da aber der Feind sich schon wieder an den Thoren zeigt und in der Stadt die größte Unruhe herrscht, so ist es auch jetzt nicht möglich, einen zusammenhängenden Bericht abzufassen. Die mündlichen Rapports des Generals v. Kerner werden alles ergänzen und Eure Majestät von der höchst traurigen Lage, in welche das königliche Armeecorps durch diese unerhörte Retirade versetzt worden ist, in die genaueste Kenntnis setzen.

„Tiefgebeugt sind wir alle über den ungeheuren Verlust, welchen Eure Majestät an Mannschaft, Pferden, Artillerie und Armatur erlitten haben; doch bleibt uns die Beruhigung, bis auf den letzten Augenblick alles angewandt zu haben, um zu retten, so lange etwas zu retten war. Aber vergebens war alle Bemühung; die allgemeine Auflösung der Armee zog auch die unsrige unaufhaltsam nach sich.

„Einen kleinen Teil der Garden ausgenommen, kam der Ueberrest der so sehr zusammengeschmolzenen Großen Armee gleich einer zügellosen Horde hier an; unbewaffnet, ohne Anführung, eilt diese Mannschaft Deutschlands Grenzen zu, ohne nach den Befehlen ihrer Generale oder Offiziere zu fragen, welche großenteils, ohne irgend ein Kommando zu haben, sozusagen als Privatleute, diesen selben Weg einschlagen.

„Da der Kaiser bereits vorgestern von hier, wie es heißt, nach Warschau und Paris abgereist ist, so hat der König von Neapel das Oberkommando über die Armee übernommen. Auf dessen Befehl ließ der major général Berthier sämtliche Generale und Stabsoffiziere, welche sich in Wilna befinden, diesen Morgen zu sich kommen, um ihnen die ferneren Verhaltungsbefehle zu erteilen.

„Da sämtliche hier anwesenden württembergischen Generale erkrankt sind, so begab ich mich mit Seiner Durchlaucht dem Prinzen Adam zu dem major général. Ich setzte denselben von unserer Lage in genaue Kenntnis und erhielt von ihm die Antwort, daß Marschall Ney uns heute noch über unsere zukünftige Bestimmung die nötigen Befehle erteilen werde. Ungesäumt verfügten wir uns zum Marschall Ney; dieser erklärte uns, daß er bereits dem General Marchand die Weisung gegeben habe, daß wir sämtliche Offiziere nebst der noch übrigen Mannschaft uns ungesäumt über Kowno und Königsberg nach Danzig zu begeben hätten; zugleich wünschte er uns Glück, daß wir den vielen Gefahren entgangen seien und nun in Bälde das Vaterland wieder sehen würden. (Er für seine Person sei bestimmt, bis auf den letzten Mann auszuhalten. Mit schwerem Herzen trenne er sich von so braven Truppen, welche ein besseres Los verdient hätten.

„Aus des Marschalls übrigen Reden war nicht undeutlich zu entnehmen, daß es dem Kaiser Napoleon nicht möglich sei, den Krieg gegen Rußland fortzuführen und daß er gewiß glaube, daß die Ueberreste der alliirten Truppen in Bälde in ihr Vaterland zurückkehren würden. Ohne Zweifel werden Eure Majestät bereits durch andere Insinuationen hiervon in Kenntnis gesetzt worden sein, und vielleicht finden wir, bis wir in Königsberg oder Danzig ankommen, Eurer Majestät Verhaltungsbefehle hierüber. Sollten von dem französischen Generalkommando an uns früher Befehle hierüber einlaufen, so werden Eure Majestät ungesäumt per Kurier benachrichtigt werden, sowie auf jeden Fall von Königsberg ein Kurier abgehen wird.

„Wäre Moskau um vierzehn Tage früher verlassen worden, so hätte all diesem Unheil vorgebeugt werden können; so aber gelang es dem Feinde, uns mit Friedenshoffnungen einzuwiegen, um seinen wohl durchdachten Plan auszuführen.

„Das Vorrücken der feindlichen Vorposten, welche bereits die Vorstädte von Wilna besetzen, nötigt mich, diese meine Meldung zu schließen."

Das Thermometer zeigte in diesen Tagen 27° R. unter Null; in den Vorstädten standen noch die deutschen Bataillone der Division Loison in Verbindung mit den Bayern des Generals Wrede. Seit Wochen hatten sich die letzteren wie die Löwen mit der Armee Wittgensteins herumgeschlagen, jetzt hielten sie am Morgen des 10. Dezember noch die Stadtthore von Wilna. Die Masse der Flüchtigen war entronnen in der Richtung auf Kowno; die Bayern folgten; es schlossen den Zug die Bataillone der Thüringer und Frankfurter. Beim Engpaß von Ponary kam es noch zu einem Gefecht mit nachdrängenden Kosaken. Am Morgen des 11. Dezember gaben die erschöpften Bataillone der Division Loison die Nachhut an die Bayern ab. Von allen Napoleonischen Truppen zeigten diese noch am meisten Kraft und bis zuletzt eine unerschütterliche Bravour. In ihre Mitte begab sich jetzt auch Marschall Ney. Am 11. Dezember nahm Ney Stellung beim Dorfe Zizwori mit der Erklärung, er werde sich hier halten bis zum äußersten. Damit war das Schicksal der braven Bayern besiegelt. Sie schlugen sich bis auf den letzten Mann in Schnee und Eis, bis sie alle Patronen verschossen hatten. Nur 20 Mann rettete Wrede von seiner ehemals 12000 Mann starken Division, und diese zwanzig hielten die Gewehre noch in Händen, als sie den Grenzfluß bei Kowno überschritten.

Der rastlos thätige Marschall Ney wußte, nachdem die Bayern aufgerieben waren, sich auch in Kowno wieder eine kampffähige Truppe zu schaffen. Um den Kern des Bataillons Lippe, das in Kowno stationirt war, scharte Ney alles, was von der Division Loison noch fechten konnte, und besetzte die Schanze an der Straße nach Wilna am 14. Dezember. In der Schanze und deren Umgebung hielten sich diese tapferen Reste der deutschen Truppen, bis sie von der feindlichen Uebermacht gezwungen wurden, fechtend den russischen Boden zu verlassen und über den Niemen zurückzugehen in der Nacht vom 15. zum 16. Dezember.

Kaum sechs Monate waren verflossen seit dem Tage, an welchem in allem Glanze, unbesiegbar, die Große Armee bei Kowno über den Niemen gegangen, um das russische Reich zu unterjochen, um bis an die Grenzen Indiens zu ziehen und wie die hohen Reden alle lauteten. Drei Monate hatte man gebraucht bis an die Thore Moskaus. — Gerade vor drei Monaten war man in Moskau eingezogen; die meisten Heereskörper schon mit gebrochenen Kräften, mit umdüsterten Gemütern, Krankheitskeime in sich tragend, auf weniger als die Hälfte reduzirt. Denn durch den Hunger und das Elend des Sommers ist die Armee zu Grunde gerichtet worden; der Frost des Winters hat nur die letzte Ernte gehalten. Frosttage hatten sich nur eingestellt auf dem Marsche von Wiäsma nach Smolensk und in verstärktem Maße vom 5. und 6. Dezember an, vier Märsche von Wilna entfernt.

Einen Monat war die Armee in Moskau verblieben, ohne sich wesentlich erholen und verstärken zu können. Der Marsch von den Thoren Moskaus zurück an den Niemen, den Umweg auf der Straße von Kaluga eingerechnet, dauerte zwei Monate, und jetzt am 15. Dezember 1812 hatten sich eben die letzten elenden Reste über den Niemen hinüber geflüchtet in freundliches, verbündetes Land, gedeckt durch Ney, der mit den letzten gewehrtragenden deutschen Truppen noch einigermaßen einen Schild für die Flüchtlinge hergestellt. Zunächst blieben die Russen stehen an den Grenzen ihres Landes, das sie so energisch vom Feinde gesäubert. Die Trümmer aber der Großen Armee wälzten sich fort nach Königsberg und zur Weichsel, unbelästigt vom Feinde, verpflegt von denselben Einwohnern, welche durch den Uebermut der Ausziehenden vor sechs Monaten noch gequält worden waren.

Aus Königsberg vom 22. Dezember haben wir endlich wieder einen Bericht des Grafen Scheler an den König: General v. Kerner werde ja indessen alles berichtet haben.

„Der Mangel an Lebensmitteln und die Strenge der Jahreszeit haben die gänzliche Auflösung herbeigeführt und waren die Veranlassung, daß jedes Individuum nur auf seine Selbsterhaltung bedacht sein konnte; den Offizieren wurde daher die Erlaubnis erteilt, einzeln nach Wilna zu marschiren, damit sie desto leichter Unterkunft und Verpflegung finden sollten. Das Ergänzungsregiment, welches von Smorgoni aus den kaiserlichen Schatz eskortirte, kam ungefähr 60 Mann stark in Wilna an. Mit dem Monat Dezember trat eine so außerordentliche Kälte ein, daß viele Leute auf dem Marsche starben. Den 10. Dezember marschirte ich morgens 7 Uhr mit dem III. Corps von Wilna ab; zwei Stunden später rückte schon der Feind ein und folgte der Arriere-garde nach. Die Stadt Kowno erreichten am 12. Dezember nur 30 Mann des Ergänzungsregiments.

„Nach dem Befehl des Generals Marchand gab ich dem Major v. Bauer die Weisung, mit diesen 30 Mann beim III. Armeecorps, welches ebenfalls beiläufig nur noch 30 Mann stark war, zu bleiben." General Koch sei mit den uneingeteilten Offizieren nach Danzig; er selbst sei nach Königsberg zur Förde-rung seiner Genesung; hier in Königsberg habe er etwa 100 Mann gesammelt; alles dirigire er nach Thorn, das zum Sammelplatz der Württemberger be-stimmt sei. „General Marchand hat das Kommando über die Division Loison übernommen mit der Bestimmung, in Königsberg zu bleiben; er wird also von nun an mit dem königlichen Armeecorps in keiner Beziehung mehr stehen; Marschall Ney ist zum Gouverneur der Provinz Preußen ernannt." Der General Graf Scheler fügt noch bei: „Bei der Parole im Kreml am 18. Oktober hat mich der Kaiser zum Reichsgrafen mit 20 000 Franken jähr-licher Renten ernannt und ich gewärtige nunmehr die Allerhöchste Entscheidung, ob ich diese Ernennung annehmen darf."

Wir wissen, wie in der Zwischenzeit Scheler von seinem Kriegsherrn zum Grafen des Königreichs mit einer Dotation von 60 000 Gulden ernannt worden ist.

Fast gleichzeitig mit Scheler berichtet auch Graf Beroldingen aus Königs-berg: Die wenige, geschlossen marschirende Mannschaft der württembergischen Division sei von Wilna aus zur Bedeckung der mit dem kaiserlichen Schatze beladenen Wagen verwendet worden. Allein der ganze Wagenzug blieb in Engpaß von Ponary stecken; „so wie überhaupt von diesem ganzen auf so vielen Wagen gepackten Schatze nur noch zwei Schlitten mit etwas Gold den Niemen passirten: das übrige wurde teils vom Feinde genommen, teils den Garden preisgegeben." — Die Württemberger seien bestimmt, sich mit den Westfalen in Thorn zu vereinigen; doch können sie wohl zu keinem ernsthaften Zweck bestimmt sein, da beide Armeecorps äußerst schwach seien. Bei den Westfalen sei gar keine Infanterie mehr unter dem Gewehr, und die Kavallerie des Generals Hammerstein zähle nur noch 50 Mann.

„Der König von Neapel und der Fürst von Neuchatel, welche beide das hiesige Schloß bewohnen, scheinen ihren Aeußerungen zufolge noch längere Zeit hier verbleiben zu wollen; doch will es ihnen nicht recht gelingen, die Armee hier in Königsberg wieder zu sammeln; denn was nicht krank ist, zieht unaufhaltsam der Weichsel zu."

Mit richtigem Instinkt suchte die Masse der Flüchtlinge ein Hindernis, die Weichsel, zwischen sich selbst und den Feind zu bringen; bald aber ging es sogar über die Oder zurück, und die französischen Feldtruppen begannen sich erst hinter der Elbe zu sammeln, während zahlreiche Festungen: Warschau, Danzig, Glogau, Küstrin und andere, mitten in dem von den Russen besetzten Lande sich noch hielten. Am 23. Dezember erschien Kaiser Alexander in Wilna, das er gerade sechs Monate vorher mit seinem Hauptquartier verlassen hatte. Durchgeführt war jetzt für die Russen die Säuberung des vaterländischen Bodens; der Krieg der Rache, der Eroberung begann mit dem Ueberschreiten der preußischen und polnischen Grenze; ein neues Ziel steckte sich die russische Politik: Vernichtung des napoleonischen Uebergewichts in Europa. Mit diesem neuen Ziele begannen zugleich die diplomatischen Eröffnungen des russischen Kabinets an Oesterreich und Preußen. Und diese diplomatische Aktion wurde erleichtert durch das mehr und mehr nach Westen rückende Schwergewicht der französischen Macht, durch den etwas kleinlauten Ton, der sich der leitenden Kreise Frankreichs, seiner Gesandten und anderer maßgebenden Persönlichkeiten bemächtigt hatte und gewaltig abstach gegen die eben noch beliebte hochfahrende Weise. So gelang es Oesterreich, bald vollkommen freie Hand zu bekommen mit dem Ziele, den allgemeinen Frieden zu vermitteln, und Preußen gewann Zeit, um Kräfte zu sammeln zur Abschüttelung der Fremdherrschaft und Wiederherstellung nationaler Größe und Unabhängigkeit für sich selbst und alles deutsche Land.

Napoleon selbst für seine Person blieb freilich so unbefangen als nur denkbar; als wäre nichts geschehen, als sei in den Machtverhältnissen gar nichts verschoben, ordnete er auf seiner Flucht von der Armee nach Paris bei der Durchreise durch Dresden am 14. Dezember an, daß Preußen sein Hilfscorps für den französischen Dienst von 20000 Mann unverzüglich auf 30000 Mann zu bringen habe. Daß man nicht gehorchen könnte, mit diesem Gedanken befaßte sich Napoleon gar nicht. Seine eisig kalte, egoistische Natur half ihm über alles hinüber.

Wenige Tage später erfuhr der Gesandte v. Linden in Dresden von der Königin, wie aufgeräumt der Kaiser bei der Durchreise gewesen sei und wie er versprochen habe, in ein paar Monaten wieder zu kommen. — Aus Berlin berichtet der Geschäftsträger nach Stuttgart, die feurigen Anhänger des Tugendbundes, welche, um ihre leidenschaftliche Parteilichkeit zu befriedigen, gerne der ganzen Welt den Untergang bereiten möchten, streuen die schlimmsten Gerüchte aus. Vom 15. Dezember fügt er bei: „Während das Publikum sich allerhand Gerüchten überläßt, kam gestern aus Schlesien der Bericht, daß Napoleon in Begleitung Caulaincourts und des getreuen Rustan durch Glogau passirt sei. Nicht leicht hat ein Ereignis größere Sensation gemacht als dieses. Alle Leidenschaften und persönliche Parteilichkeiten sind durch diese Rückreise in Bewegung gesetzt. Immer werden auch die Folgen groß und wichtig sein. Stockholmer Zeitungen verbreiten Details von der alle Beschreibung übersteigenden Not in der Armee.

„Seit der Nachricht von der Rückkehr Napoleons zeigt sich im Berliner Publikum eine Gärung, welche nur wenige ähnliche Anlässe zu bedürfen scheint, um zum völligen Ausbruch zu kommen. Unter allen Klassen werden laut, zum Teil mit sehr unzweideutigen Ausdrücken von Freude, die nachteiligen Angaben über den Stand der Dinge bei der Armee verbreitet. — In vertrauten Gesprächen gibt man auch auf der französischen Botschaft zu, daß auf dem Rückzug Begebenheiten vorgefallen sind, welche zu gegründeten Besorgnissen Anlaß geben; das 29. Bulletin aber halte man für gefälscht.“

König Friedrich von Württemberg war den Nachrichten zufolge, die er gegen Ende des Jahres in Händen hatte, noch der Meinung, seine Truppen könnten in Danzig und der Weichselgegend ergänzt und wieder in dienstfähigen Stand gesetzt werden. Vom 22. Dezember schreibt der König an Scheler: Der Kammerherr v. Grempp habe unter dem 14. Dezember aus Königsberg gemeldet, daß die wenigen Ueberbleibsel des königlichen Armeecorps am 10. Dezember von Wilna aufgebrochen und nach Danzig marschirt seien. In Danzig sei denn auch die Reorganisation vorzunehmen. Am 16. Januar 1813 werde General v. Phull als königlicher Kommissar in Danzig eintreffen, um die Reorganisation der Truppen zu leiten und dem Grafen Scheler die nötigen Befehle zu erteilen. Mannschaften und Pferde für Kavallerie und Artillerie werden im Laufe des Monats Januar eintreffen und außerdem 3 Ergänzungsbataillone von je 800 Mann; 1600 Pferde gehen von Leipzig ab, wo die Generale v. Jett und v. Walsleben mit der Uebernahme beschäftigt seien.

Indessen brachte jeder Tag Nachrichten, welche die volle, unerbittliche Wahrheit vom Untergang der Armee bestätigten, die Einnahme von Königsberg durch die Russen, ihr Vordringen gegen die Weichsel.

Am 24. Dezember war in der Stuttgarter Zeitung das 29. Bulletin der Großen Armee aus Malodetschno vom 3. Dezember veröffentlicht worden. An demselben Tage erließ der König Befehl an die Generale Jett und Walsleben in Leipzig: sie sollen die Remonten übernehmen, so schnell es gehe, aber nicht nach Danzig weiter gehen lassen, sondern zurück ins Königreich nach Ludwigsburg; denn hier solle die Reorganisation vor sich gehen. Zur selben Zeit wurde dem General Graf Scheler befohlen: er solle sofort mit Extrapost und Vorspann ins Königreich zurückkehren, alle Offiziere, Beamten und Unteroffiziere mit sich nehmen und nur ein kleines Depot zurücklassen.

Den General v. Phull, der nach Danzig bestimmt war, ließ der König nur bis Leipzig gehen. Es berichtet Phull, daß das Remontegeschäft mit dem Hause Kaulla gut gehe, daß die Russen Tilsit eingenommen hätten und Aufrufe an die Preußen verbreiten, daß die Remonten in angemessenen Trupps

nach Ludwigsburg abgehen. General v. Phull war außerdem der Träger eines
Konzeptschreibens an den major général Berthier, welches der König selbst abgefaßt hatte mit der Bestimmung, daß es von Phull an seine Adresse abzulassen
sei, sobald man dem Grafen Scheler und den rückreisenden Cadres Schwierigkeiten machen werde. Das letztere war denn auch der Fall, und am 10. Januar
1813 ließ General v. Phull sein Schreiben an Berthier abgehen: „Er habe
seinerzeit angezeigt, daß der König, sein Herr, in dem Bestreben, die Verpflichtungen der Rheinischen Bundesakte strikte zu erfüllen, im Monat September
1200 Ersatzmannschaften habe marschiren lassen; 2000 Mann mit 1600 Pferden
sollten folgen; die Ereignisse aber haben das alles über den Haufen geworfen.
Die Ersatzmannschaften seien ja gar nicht zur Truppe durchgekommen, für die sie
bestimmt waren. Unterwegs schon wurden sie aufgehalten durch die Kommandanten in Wilna und Minsk und unnütz aufgezehrt in unglücklichen Expeditionen.
Mit Ausnahme von ein paar Offizieren ist nicht ein einziger Mann übrig.“

„Nach den von Graf Scheler eingegangenen Berichten hat der König die
ganze Artillerie verloren, und von der Kavallerie ist nicht ein Pferd übrig geblieben. Die Infanterie ist reduzirt auf etwa 100 bewaffnete Menschen. Mehr
als die Hälfte der Offiziere ist gefallen, gestorben, blessirt oder gefangen. Nach
diesem Bilde werden Eure Hoheit einsehen, daß es sich hier nicht darum
handelt, zu ergänzen und vollzählig zu machen, sondern nur Neuformation.
14000 Menschen, 15000 Waffenrüstungen, 32 Geschütze, mehr als 4000 Pferde
seien verloren und machen Neuaufstellungen nötig, welche den König sehr ernst-
haft beschäftigen. Alles aber könne nur im Königreich geschehen; deshalb sollen
schleunigst alle Offiziere und Unteroffiziere zurück, um die Cadres zu bilden.“

Phull berichtet weiter aus Leipzig, General Grenier, der Stadtkommandant,
habe bekannt machen lassen, daß jeder Offizier, von welchem Corps er immer
sein möge, wenn er sich nachteilige Aeußerungen über den Stand und die Lage
der Armee erlauben würde, unnachsichtlich arretirt werden solle. „Ich habe
hievon Veranlassung genommen, die königlichen Offiziere warnen zu lassen.“

König Friedrich war ungemein besorgt, seine Offiziere könnten nicht zeitig
genug aufbrechen, um in die Heimat zu kommen, oder es könnten ihnen Hindernisse in den Weg gelegt werden. Deshalb mahnte er in einem Schreiben vom
11. Januar 1813, das durch Vermittlung des königlichen Ministerresidenten
v. Kaufmann in Berlin an Graf Scheler gerichtet war, nochmals; sämtliche
Befehle wolle er hier summarisch wiederholen: im neuen Standquartier Thorn
oder sonstwo solle, was an Mannschaft der Infanterie gesammelt sei, mit
einigen Offizieren zurückbleiben, General Graf Scheler aber mit allen Offizieren
und Unteroffizieren, Beamten, Unterärzten hätte ungesäumt ins Königreich
zurückzukehren mit Extrapost oder Vorspann, um den Neuformationen als
Rahmen zu dienen.

Da es möglich wäre, daß man dem Abmarsch Schwierigkeiten in den

Weg legte, so haben Seine Majestät durch den General v. Phull an den major général Berthier ein Schreiben abgeben lassen, welches wohl Effekt machen dürfte. Sollte es aber nicht der Fall sein, so wird demuneractet General Graf Scheler den vom König erhaltenen Befehl auf das genaueste befolgen und sich durch nichts hindern lassen.

General v. Kerner, der von Wilna aus an den König abgeschickt worden war, um mündlichen Bericht zu erstatten, hatte indessen die Grenzen des heimatlichen Königreichs erreicht. Am 24. Dezember kam er in Mergentheim an und meldete sofort seine Ankunft dem König: er sei von General Graf Scheler abgesandt worden, der zu einer derartigen Maßregel sich nicht erkühnt hatte, wenn nicht die Umstände es gebieterisch verlangten; nur mündlich könne man Auskunft geben, auch über Zeitungen, Bulletins und politische Verhältnisse, zumal das Regiment Nr. 7 und das Ergänzungsregiment, an denen man glaubte Stützpunkte zu haben, in gleiche Auflösung gekommen, wie das übrige Armeecorps.

Schon am 22. Dezember hatte der König in seiner herben Weise nach verschiedenen Richtungen hin, um Kerner auf der Reise zu treffen, den Befehl erlassen: „Seine Majestät haben aus dem Bericht des Kammerherrn v. Grempp aus Königsberg vom 14. ds. zu ersehen gehabt, daß der General v. Kerner durch den Generallieutenant und Corpskommandanten Grafen Scheler an Seine Majestät abgeschickt werde, um mündlich Bericht über den Zustand des Armeecorps abzustatten. Da nun aber Seine Majestät die Absendung des Generalquartiermeisters und dessen Entfernung vom Armeecorps als zweckwidrig, nachteilig und außer den Befugnissen des Generallieutenants liegend ansehen und daher mißbilligen, so befehlen Seine Majestät dem General v. Kerner, wo ihn auch dieser Befehl treffe und durch wen er ihm auch zukomme, angesichts desselben nach Danzig zurückzukehren und die bei sich habenden Depeschen und Meldungen einzusenden. Die genaueste Befolgung dieses Allerhöchsten Befehls wird dem General v. Kerner auf seine besondere Verantwortung auferlegt."

So lange eben noch eine Planke, und sei es auch die schwächste, zusammenhielt, wollte der König eine Entfernung der höheren Offiziere vom Armeecorps nicht dulden und zu Verschickungen nur diejenigen Offiziere verwendet wissen, welche bestimmungsmäßig ihren Beruf in Verschickungen fanden. Auch Prinz Adam, der Neffe des Königs, ob er gleich nur als Volontär beim Hauptquartier stand, mußte ausharren, bis der Feldzug beendet war und das Abberufungsschreiben des Königs den Prinzen und den Oberst Graf Beroldingen im letzten Quartier des Feldzugs, in der Stadt Inowraclaw, traf in den ersten Tagen des Januar 1813.

Der König scheint indessen dem General Kerner gegenüber anderen Sinnes geworden zu sein, wohl infolge des 29. Bulletins, das am 24. Dezember schon in allen Blättern zu lesen war. Die Stuttgarter Zeitung berichtet: Der Generalmajor v. Kerner hat krankheitshalber die Armee verlassen müssen und ist am 26. Dezember in Stuttgart eingetroffen. Seine königliche Majestät haben ihm zu Bezeugung Ihrer Allerhöchsten Zufriedenheit und zu Wiederanschaffung seiner verlorenen Equipage 3000 Gulden anweisen lassen.

Vereinzelte Nachrichten, welche das Schlimmste befürchten ließen, waren schon früher ins Publikum gedrungen und hatten zunächst das Mitleiden und den Wohlthätigkeitssinn erweckt, um den notleidenden Soldaten, wenn es noch möglich wäre, Erleichterungen zu verschaffen. Seit dem 23. November 1812 veröffentlichten die Zeitungen freiwillige Beiträge für verwundete königliche Krieger. Schon früher scheinen Gaben geflossen zu sein; jetzt erreichten sie täglich eine namhafte Höhe, zum Beispiel am 26. Dezember: Oberamt Oehringen 757 Gulden, Gerabronn 597 Gulden, Hall 723 Gulden, von dem Hofkammerrat Kuhn in Stuttgart 100 Gulden; an einem andern Tage: von dem Infanterieregiment Nr. 5 eine Gabe von 197 Gulden, von einem Ungenannten 12 Gulden, von einer gegen König und Vaterland treu gesinnten Württembergerin in der Schweiz 5 Gulden 24 Kreuzer u. s. w. Es mögen in den Monaten November, Dezember, Januar täglich wohl gegen 1000 Gulden eingegangen sein.

Zu dem Mitleid gesellte sich bald eine Stimmung, welche ihren Ausdruck in einer grimmigen Feindschaft gegen Frankreich fand, in einem Haß gegen alles, was französisch hieß und von Napoleon ausging. Die bevormundete Presse jener Zeit liefert uns keine Zeugnisse dafür, aber ein Schreiben des Königs selbst an seinen Gesandten in Paris aus dem Anfang des Jahres 1813 gibt, wie wir sehen werden, die feindliche Stimmung der Bevölkerung gegen Frankreich getreu wieder.

Als das 29. Bulletin in den öffentlichen Blättern erschien, war alle Welt darüber im reinen, daß diese Worte nur die Vorläufer außerordentlicher Forderungen an Geld und Menschen seien, daß jetzt die Rheinbundstaaten ihre letzten Kräfte anstrengen müssen, um den wankenden Bau der französischen Herrschaft zu stützen. Die zahlreichen Ergänzungsmannschaften in Ludwigsburg hatten zwar am 25. Dezember Gegenbefehl erhalten, sie sollten nicht marschiren; aber schon schwirrten Gerüchte von neuen Aushebungen, von neuen Abgaben in der Luft und ließen eine weitere kriegerische Zukunft voraussehen.

Die Reste der württembergischen Feldtruppen, welche zunächst in Königsberg und Danzig zusammengekommen waren, hatten eine andere Bestimmung erhalten. Vom 4. Januar 1813 schreibt Graf Scheler aus Inowrazlaw, einem Städtchen zwischen Thorn und Gnesen: am 27. Dezember sei er in Thorn angekommen, am 30. in der Stadt Inowrazlaw, wohin die Württemberger wegen Ueberfüllung von Thorn gewiesen worden seien. Beim Durchmarsch durch Thorn sollen die Soldaten Gewehre aus dem dortigen Arsenal erhalten. — Von der Kavallerie seien jetzt 180 Mann eingerückt, 50 von der Infanterie, 150 werden noch erwartet. Die später etwa nachfolgende Mannschaft sei gering anzuschlagen. Wieder greifen Krankheiten um sich, namentlich Nervenfieber; deshalb sei ein Spital in dem Städtchen errichtet worden. Eine bedeutende Anzahl von Offizieren werde mehrere Monate dienstuntüchtig sein. Die Verpflegung sei gut geordnet.

Vom Tage darauf: Den Befehl, mit den Cadres in die Heimat abzugehen, habe er erhalten, allein der Kommandeur des VIII. Corps, unter dem sie jetzt stehen, General Junot, Herzog von Abrantes, könne von sich aus das nicht gestatten; er habe erst in ähnlicher Sache wegen des westfälischen Corps einen Verweis erhalten. Die Infanterie habe sich jetzt 210 Mann stark gesammelt, namentlich viele Unteroffiziere, und diese werden von größtem Werte sein für die zu Hause neu aufzustellenden Regimenter. Kleine Gruppen von Offizieren und Unteroffizieren lasse er jetzt schon nach Hause abgehen. Von der Kavallerie und Artillerie haben sich 278 Mann gesammelt mit 132 Pferden und 8 Weibern.

Vom 11. Januar 1813 schreibt Scheler aus Inowrazlaw: Das truppweise Abschieben nach Hause werde fortgesetzt; ein am 9. eingekommener Befehl ordne aber an, daß die gefechtsfähige Infanterie mit 182 Köpfen in zwei Compagnien formirt als Besatzungstruppe nach Posen gestellt werden müsse; 114 Mann bleiben als Bedeckung der Kranken zurück. Noch stehe ein Artilleriedetachement von etwa 100 Mann mit 2 Offizieren in Danzig. Aber General Rapp verweigere den Abmarsch dieser Truppe, weil er großen Mangel an Artillerie habe.

Er selbst, fügt Scheler bei, wolle mit den letzten Offizieren am 12. Januar nach Stuttgart abgehen. In Leipzig kam Graf Scheler am 17. Januar an und hoffte am 22. in Stuttgart zu sein.

So waren denn mit dem Monat Januar 1813 die allermeisten Trümmer des Armeecorps in den Garnisonsstädten des Königreichs wieder gesammelt, um den Neuformationen gewissermaßen als Rückgrat zu dienen, um auf den ersten Ruf wieder ins Feld zu rücken. Denn der Krieg ging ja fort; vom Ueberschreiten des Niemen im Juni 1812 bis zum Einzug der Monarchen in Paris am 31. März 1814 und der Thronentsagung Napoleons am 11. April 1814 ist es ein einziger fortlaufender Kriegszug, unterbrochen nur dann und wann durch faktischen Stillstand der Operationen oder durch vereinbarte vertragsmäßige Waffenruhe. Zu Hause rüstete man; im Felde aber stand Württemberg in diesen ersten Monaten des Jahres 1813 nur mit zwei Detachements: mit dem kleinen Detachement von etwa 100 Mann in Danzig und mit einem größeren, das unter Major Gaupp, in zwei Compagnien formirt, zunächst in Posen, später in Küstrin seine Verwendung erhielt und noch für Frankreich kämpfen mußte, als Württemberg längst der Sache der Alliirten beigetreten war.

Nun ging man daran, in der Heimat die Verluste zu zählen. Mit begreiflichem Bangen blickte man in allen Kreisen den Totenlisten entgegen.

Die vorgeschriebenen Totenscheine für Unteroffiziere und Mannschaften wurden ausgeteilt, soweit es möglich war, den Todesfall zu konstatiren; bei Tausenden aber mußte der Beisatz genügen: vermißt. Die Namen der toten Offiziere und Beamten ließ der König in den Blättern veröffentlichen schon zu Ende des Jahres 1812 und namentlich am 14. und 21. Januar 1813. Diese Listen nehmen in der Stuttgarter Zeitung eine stattliche Anzahl von Seiten ein.

Gehen schon die Angaben weit aus einander über die Zahl der Kriegsleute, welche in glänzender Rüstung im Juni 1812 den Niemen überschritten, um den russischen Boden zu überziehen, so fehlen geradezu alle sicheren Anhaltspunkte für Aufzählung derjenigen, welche über den Grenzstrom zurückkehrt sind. Es hat solche gegeben, welche glaubten, ihrer Sache zu dienen, wenn sie die Zahl der Zurückkehrenden möglichst niedrig bezifferten; andere waren der Meinung, man müsse das Unheil nicht in so grellen Farben malen: es seien doch noch recht viele gewesen, welche die Heimat wieder schauten und sich von neuem unter die Fahnen stellten.

Marbot in seinen Memoiren erzählt, es seien allein 60000 Nationalfranzosen gewesen, welche bei dem Rückzug aus Rußland den Grenzstrom wieder überschritten. Wenn dies wahr ist, so muß es doch, gelind gesagt, als ein großes Unrecht betrachtet werden, daß diese großen Massen, welche den nachrückenden Russen weit überlegen waren, es den dünnen Reihen der Bayern, der Thüringer und den Leuten aus dem Fürstentum Lippe überließen, den letzten Rückenschutz zu bilden und die Verfolger einigermaßen zurückzuhalten. Marbot fährt fort zu erzählen, das Reiterregiment, an dessen Spitze er gestanden, sei fast so stark aus Rußland zurückgekehrt, als es einmarschirt sei. Freilich sei er nicht bis Moskau mit seinen Leuten gekommen, sei nicht bei Borodino und anderen Fährlichkeiten gewesen. Darüber läßt sich wenig sagen. Niemals aber hat derjenige für einen großen Afrikareisenden gegolten, der eben nur im Hotel Nil in Kairo Mittag gegessen. Dort beim Ansturm auf dem Blutfelde von Borodino wäre der Platz für ein so schönes Reiterregiment gewesen, als man sich vom Morgen bis zum Abend an der Klinge blieb und eines der württembergischen Reiterregimenter 83 Prozent seines Bestandes verlor.

Niemand hat sie gezählt, die abgezehrten Gestalten, welche über den Niemen zogen und nachträglich erlagen oder weiter wanderten, der Heimat zu. Aus Württemberg sind ins Feld gestellt worden, die Leute von der Besatzung in Danzig mit eingeschlossen, 15074 Mann. Im Januar 1813 mag die Zahl der Zurückgekehrten, die Leute in Danzig und Küstrin eingeschlossen, alle Offiziere und Beamte mitgerechnet, 800 bis 900 Mann betragen haben. Aus der Gefangenschaft in Rußland kehrten, wie wir sehen werden, 400 bis 500 Mann zurück. Am Ende des Jahres 1813, als man die Lage wohl überschauen konnte, werden die Vermißten aus den Feldzügen 1812 und 1813 auf zusammen 14000 angegeben. Der Umstand erschwert eben stets die Berechnung des

Einzelverlustes für 1812, daß die beiden Feldzüge 1812 und 1813 als ein einziger fortlaufender in den bezüglichen Rapporten betrachtet werden.

An Offizieren und Beamten sind mit der württembergischen Division und den Ergänzungstruppen nach Rußland ausmarschirt 145 Personen, vom General abwärts. Von diesen nachgewiesen gestorben und vor dem Feind gefallen 183; darunter 2 Generale (v. Brenning und v. Röder), 12 Stabsoffiziere, 9 Oberärzte, 3 Feldgeistliche, 14 Auditore und Regimentsquartiermeister; die übrigen sind Hauptleute, Rittmeister und Lieutenants. Wenn die aus der Gefangenschaft nicht Zurückgekehrten, die zeitlebens invalid Gebliebenen gerechnet werden, so war reichlich die Hälfte der Offiziere und Beamten in diesem Feldzug verloren gegangen. — Für jetzt scheint man es gescheut zu haben, die durch die Totenlisten ohnehin gedrückte Stimmung im Lande noch zu vermehren durch genaue Berechnung der wenigen Geretteten.

An das Geschäft der Abholung der Gefangenen in Rußland konnte erst gegangen werden, als mit dem 2. November 1813 Württemberg den alliirten Mächten beigetreten war. Zu Ende des Jahres 1813 gingen demnach zwei Kommissare von Stuttgart nach Rußland ab, Krieger und Rueff, um in Bialystok und Riga die ausgelieferten Gefangenen zu übernehmen.

Von den Gefangenen selbst waren nur wenige Nachrichten in die Heimat gedrungen; einiges war in Erfahrung gebracht worden durch Korrespondenz mit dem Kanzler Graf Neffelrode. Dann und wann hatte sich der Bruder des Königs Friedrich, der im russischen Dienst stehende Herzog Alexander, der Unglücklichen angenommen oder war ihnen von der Kaiserin-Mutter Maria Feodorowna, der Schwester des Königs, einige Erleichterung zu teil geworden. Nur mit äußerster Mühe hatte einst König Friedrich die kranken Württemberger in den riesigen Spitälern möglichst zusammenlegen oder doch in ein Verzeichnis bringen lassen. Jetzt erfuhr man, daß die württembergischen Gefangenen, untermengt mit Franzosen, Polen und anderen, tief ins Innere Rußlands gebracht worden seien, daß auf den langen Transporten diejenigen erlagen, deren Kräfte dem weiten Weg nicht gewachsen waren. Und schwache Leute mußten ja in großer Zahl sich unter den Gefangenen befinden; im Gefecht selbst sind wenige Gefangene gemacht worden; die Erbitterung des Kampfes hinderte das; bei weitem die Mehrzahl war durch Wegnahme der Spitäler in die Hände der Russen gefallen.

Am 6. Januar 1814 sind die beiden württembergischen Kommissare Krieger und Rueff in Warschau angekommen, mit Vollmachten und Geld reichlich versehen. Rueff geht nach Bialystok, Krieger nach Riga. Vom Fürsten Lobanoff wird in Erfahrung gebracht, daß man mit der Aufführung der Württemberger in der Gefangenschaft besonders wohl zufrieden gewesen sei. Von dem Kommissar Rueff in Bialystok liegen eingehende Berichte vor: die württembergischen Offiziere seien meist nach Penfa gebracht worden; am 10. Februar 1814

kehren 30 Offiziere, 4 Unteräzte in die Heimat zurück; von Twer kommen
3 Offiziere, 62 Unteroffiziere und Soldaten; viele seien in der Gefangenschaft
gestorben, nach anderen, wie nach dem Major v. Berndes, werde im Innern
Rußlands gefahndet.

Es wird in Erfahrung gebracht, daß Hauptmann v. Scheidemantel am
23. oder 24. November 1812, weil er wegen Entkräftung nicht mehr im
stande gewesen, dem Gefangenentransport zu folgen, totgestochen worden sei;
Lieutenant v. Kapf sei am Nervenfieber am 16. Januar 1813 in Witebsk
gestorben. Ueber eine beträchtliche Anzahl von Offizieren fehle jeglicher Nach-
weis. — Nach der Meldung des Kommissars Rueff sind in Bialystok 30 Offiziere, 272 Unteroffiziere und Soldaten aus der Gefangenschaft übergeben worden.
Von Riga scheinen nur wenige gekommen zu sein. Bis zum 9. Mai 1814
kehrten im ganzen 300 Unteroffiziere und Soldaten aus der Gefangenschaft
zurück; man hatte auf eine bei weitem größere Zahl gerechnet.

Einzelne der Leute, erzählte man, seien in die russisch-deutsche Legion eingetreten; von einem Offizier wurde das nachgewiesen. Erst im Mai 1814,
als die Hauptquartiere in Paris sich befanden, konnten die Württemberger aus
der russisch-deutschen Legion herausgezogen werden. Es waren ihrer 200, alle,
freiwillig sich meldend, als Gefangene der Russen eingetreten. Die Legion
stand damals als Bestandteil der Nordarmee in Aloft bei Brüssel, und der
württembergische Gesandte in Schwarzenbergs Hauptquartier, General Neuffer,
setzte die Entlassung der Landsleute in die Heimat durch. Regimentsarzt
Dr. Roos vom Jägerregiment zu Pferd Herzog Louis, dessen Aufzeichnungen
wir dann und wann benützt haben, fand, nachdem er an der Beresina gefangen
genommen worden war, Verwendung und außerordentlich ehrenvolle Anstellung
im russischen Dienst. .

Einzelne Gruppen von Gefangenen kamen noch später in die Heimat
zurück, so aus Orenburg 2 Offiziere und 18 Mann; am 30. Mai 1811 noch
9 Offiziere und 12 Mann. — Derartige Nachzügler mögen manche Familie
getröstet haben; noch immer sei es ja möglich, daß der Sohn, der Bruder da
und dort im weiten russischen Reich sich aufhalte, daß er einmal wiederkehre,
daß der unselige Zug nach Rußland nicht alle verschlungen habe. Die Allgemeine Preußische Staatszeitung, Berlin 16. Mai 1820, erzählt, wie in den
Jahren 1817 bis 1819 ein Offizier nach Rußland geschickt wurde, um im
Auftrag verschiedener Regierungen, darunter auch der württembergischen, Nach-
forschungen anzustellen. Einige tausend Gefangene wurden dabei als tot er-
mittelt, einige hundert als in die russisch-deutsche Legion getreten. In den
Jahren 1815 und 1816 ließ speziell die württembergische Regierung vielfach
in den russischen Zeitungen Nachrichten über Vermißte einziehen und um weitere
Aufklärungen bitten. —

Nachmals, als die Waffen längst ruhten in ganz Europa, als der

Rückblick sich gellärt hatte, in den stillen zwanziger Jahren, schrieb General v. Bangold, ein gar heller Kopf, ein gewissenhafter Berichterstatter und feiner Beobachter, über einzelnes von dem Erlebten sein Urteil nieder.*) Er hatte den Zug nach Rußland als Hauptmann im Generalstabe mitgemacht; manchen Einblick mochte ihm während dieses Feldzugs und während der nachstfolgenden seine Stellung gewähren, um ihn zu richtigem Urteil zu befähigen.

„Unstreitig," sagt Bangold in seinen später niedergeschriebenen Betrachtungen, „darf die bei weitem größte Veranlassung zu dem Untergange des französischen Heeres seinem eigenen Oberfeldherrn beigemessen werden. Er setzte seine Truppen von der Oder bis nach Moskau mit einer rücksichtslosen Eilfertigkeit, als handelte es sich bloß um einen Marsch von dem Inn nach Wien, ohne Beachtung des ungeheuren Unterschieds in den Entfernungen und den Verpflegungsmitteln und ohne alle Bemessung der physischen Kräfte der Menschen und Tiere. Auf diese Weise hat er durch übermäßige Marschanstrengungen und durch den Hunger, der aus den mangelhaften Verpflegungsanstalten notwendig folgte, den Untergang des Heeres vorbereitet.

„Auf dem Rückzug endlich wuchs von Tag zu Tag die Zahl der Wehrlosen gegenüber der noch schlagfertigen Mannschaft. Von Smolensk an überstieg die Zahl der Wehrlosen schon jene der Fechtenden; endlich zwischen der Beresina und dem Niemen glich das Heer nur noch einem Zug wandelnder Leichen, welchen durch eine unverhältnismäßig geringe Anzahl bewaffneter Truppen das Geleite gegeben wurde."

Mit Prahlereien gegen Feinde und Bundesgenossen, mit Demütigung der letzteren, mit hochnasiger Geringschätzung jeglichen Widerstandes hatte der Feldzug begonnen. Jetzt stiegen in mancher Seele Zweifel auf, ob denn das Uebergewicht der französischen Waffen so fortdauernd, so selbstverständlich sei. Aus solchen Zweifeln entstand eine Erschütterung des Selbstvertrauens und der Zuversicht, und dies Gefühl hat bei den französischen Unterführern im Feldzug 1813 eine entscheidende Rolle gespielt. „Sie sind in Rußland schwach geworden," sagte Napoleon von seinen Marschallen. —

Neuer Waffenlärm aber tönte herüber aus der Rüstkammer Frankreichs, aus Paris, während der letzten Tage des Dezember 1812 und in den ersten Monaten des Jahres 1813. Am 18. Dezember 1812 war zum Erstaunen aller Pariser Napoleon unter ihnen erschienen. Aus dem Erstaunen, aus der Verblüffung wuchs bald neue Bewunderung des außerordentlichen Mannes hervor. Und jetzt wurde es rege im Kabinet des Kaisers, in der Presse, im Senat.

Was alles in diesen Tagen die Herzen der Unterrichteten unter den Franzosen beschäftigt hat, darüber gibt Graf Winkingerode in einem Schreiben

---

*) Hinterlassene Papiere unter den Akten des Kriegsministeriums.

aus Paris vom 27. Dezember einige Aufklärung: „Jene Abneigung gegen
Ausdauer im Unglück, welche Napoleon aus Spanien zurückführte, ſcheint die
einzig wahre Urſache zu ſein, welche ihn beſtimmte, in aller Stille das Hauptquartier zu verlaſſen und hieher nach Paris zurückzukehren.

„Seit ſeiner Rückkehr ſucht der Kaiſer durch Heiterkeit und Unbefangenheit
das Publikum zu blenden, welche um ſo weniger an ihrer Stelle erſcheinen,
je weniger es möglich iſt, der allgemeinen Trauer und Unzufriedenheit und
ihren überlauten Ausbrüchen Einhalt zu thun. — Rätſelhaft bleibt es, was
ihn beſtimmt haben mag, den Ruin ſeiner Armee und den Umfang ſeines
Unglücks mit einem ſo ungewöhnlichen als im Grunde unnötigen Freimut
zu bekennen, welcher zur Folge hat, daß die ganze franzöſiſche Nation und alle
verbündeten Völker ſich die Lage der Dinge womöglich noch verzweifelter denken,
als ſie wirklich iſt.

„Hienach können, — welche Einwendung auch die wohlbegründete Meinung
von der unerſchütterlichen Feſtigkeit dieſes bisher ſo großen Mannes dagegen
machen mag, — ſelbſt diejenigen Perſonen, die ihm am ergebenſten und am
überzeugteſten ſind, daß allen ſeinen Handlungen eine tiefe Berechnung zu
Grunde liege, — ſelbſt dieſe Perſonen, ſage ich, können für jenes 29. Bulletin
und für des Kaiſers gegenwärtiges Benehmen keinen andern Schlüſſel finden
als verlorene und noch immer nicht ganz wiedergefundene Faſſung, verbunden
mit einer ſchon zur Gewohnheit gewordenen gänzlichen Geringſchätzung der
öffentlichen Meinung und vorzüglich der franzöſiſchen Nation.“

Noch am letzten Tage des Jahres 1812 hatte der öſterreichiſche Geſandte,
Graf Bubna, eine mehrere Stunden dauernde Audienz beim Kaiſer, um zu
erfahren, wie zwar ungewohntes Klima und Froſt die Streitkräfte trotz aller
taktiſchen und ſtrategiſchen Ueberlegenheit vernichtet hätten, wie aber neue
Streitmittel jetzt ſchon bereit ſtehen und nächſtens eine ungeahnte Höhe erreichen
werden, um alle Gegner niederzuwerfen und die alte Ueberlegenheit herzuſtellen,
welche auf kurze Zeit der Unerbittlichkeit des Winters habe weichen müſſen.
Dasſelbe Thema behandelten auch die Briefe Napoleons an ſeinen Schwiegervater, den Kaiſer Franz, und die anderen verbündeten Souveräne, an König
Friedrich von Württemberg zum Beiſpiel vom 18. Januar 1813. In den
Reden im Senat, in der Preſſe wurde Napoleon nicht müde, die Ruſſen als
die wirklich Beſiegten hinzuſtellen, die Franzoſen als diejenigen, welche jetzt im
Augenblick der grimmigen Feindſchaft des Winters zwar wichen, aber nur um
die Waffen von neuem ſcharf zu machen bei ſich ſelbſt im eigenen Hauſe, wie
auch in den Ländern der verbündeten Mächte.

Mit beſonderer Genugthuung wurde jetzt in den amtlichen Berichten
darauf hingewieſen, daß die Bevölkerung des alten, echten Frankreich ſich auf
28 Millionen gehoben habe gegen 26 Millionen zur Zeit der Revolution.
„Die Volksmenge des jetzigen franzöſiſchen Reiches aber in ſeinen

130 Departements beträgt 42365000 Seelen. Wenn man die Einwohner nach ihrer Sprache in runde Zahlen teilt, so sprechen 26 Millionen französisch, 6500000 italienisch, 4300000 flamändisch oder holländisch, 41000000 deutsch, 967000 bretonisch, 108000 baskisch; — das Königreich Neapel zählt 4590000 Einwohner, Spanien 10543000, die Schweiz 1434000, Bayern 3330000, Württemberg 1302000, Westfalen 2066000, Sachsen 2000000, Großherzogtum Baden 1000000, Großherzogtum Hessen 565000, Großherzogtum Frankfurt 290000, Großherzogtum Berg 743000, Erfurt und Katzenellenbogen 69000); das Großherzogtum Warschau insbesondere 3800000; die Staaten der zweiten Klasse des Rheinbundes 1632000. Die Gesamtzahl der Bevölkerung aller dieser Staaten erhebt sich auf beinahe 40 Millionen. Frankreich also und die mit ihm verbündeten Staaten geben eine Volksmenge von mehr als 82 Millionen Seelen, das Militär nicht inbegriffen."

Eigentümlich ist es, daß in diesen Ausführungen Oesterreich sowohl als Preußen nicht zu den verbündeten Mächten gerechnet sind, was sie doch thatsächlich zu Ende des Jahres 1812 noch waren.

Während man so in Paris auf die Unerschöpflichkeit der Mittel pochte, bereitete sich im Laufe des Monats Januar 1813 eine vollständig neue Gruppirung der Mächte vor. Im russischen Hauptquartier hatte schon zu Ende des Monats Dezember 1812 Kaiser Alexander die Leitung der politischen wie der militärischen Operationen übernommen. Schritt für Schritt verlegte er sein Hauptquartier immer mehr nach Westen; Schritt für Schritt wurde aus dem Verteidigungskrieg ein Eroberungszug, dessen Ziel es war, die alten Verbündeten, Preußen und Oesterreich, an sich zu ziehen, für Teutschland die Unabhängigkeit und eine geeignete Verfassung zu erkämpfen; vor allem aber die Uebermacht Frankreichs, seine hochfahrende Anmaßung zu brechen. Schon konnte in einzelnen Köpfen der Gedanke Gestalt gewinnen, daß es sich wohl für die Ehre Rußlands ziemen möchte, die Frechheit des Einzuges in Moskau durch einen Besuch in Paris zu erwidern.

Am nächsten der Machtsphäre Rußlands lag natürlich Preußen. Die Gefährlichkeit der Lage, die eigene Schwäche und auch die augenblickliche Rußlands machte, dem Schritt des Generals York gegenüber, zunächst eine Scheinpolitik äußerlichen Festhaltens am französischen Bündnis nötig, um unter günstigen Verhältnissen die militärische Vorarbeit vollenden und zuletzt die beschwerliche Maske abwerfen zu können.

Anders lagen die Dinge für Oesterreich. Dem Mittelpunkt napoleonischer Macht weit entrückt, wurde es für diesen Staat möglich, sich unter dem Vorgeben eines allgemeinen Friedensvermittlungsversuchs von allen Verpflichtungen gegen Frankreich loszuschälen und sich volle Unabhängigkeit des Handelns nach allen Seiten zu wahren, bis ihm endlich der Zeitpunkt gekommen schien, mit tüchtig vorbereiteten und verstärkten Streitkräften auf den Plan zu treten, um das Ziel zu verfolgen, das sich Metternich für seinen Staat gesteckt hatte: als oberster Schiedsrichter unter die bewaffneten Mächte ringsum zu treten und sein Uebergewicht geltend zu machen für Deutschland sowohl als für Italien.

Von den Mächten des Rheinischen Bundes mochten einzelne der kleineren in Mittel- und Norddeutschland sich wohl an Preußen anlehnen; der mächtigste Staat im Süden des Bundes aber, Bayern, dem Machtbereich Oesterreichs nahe gelegen, fühlte sich bald durch dessen neue Politik beeinflußt und zeigte sich mehr und mehr zurückhaltend gegen Napoleons Ansprüche.

Der letzte Waffengang unter der Fremdherrschaft.

.

I. Bis zum Waffenstillstand im Sommer 1813.

Der König von Württemberg und der Kaiser der Franzosen; allgemeine Stimmung.

„An dem heutigen Neujahrstag wurde das Andenken der angenommenen Königswürde früh 8 Uhr durch 100 Kanonenschüsse, das Geläute aller Glocken und hierauf abgehaltenen feierlichen Gottesdienst in der hiesigen Residenz erneuert; alle übrigen, an diesem Tage sonst gewöhnlichen Solennitäten, namentlich auch die feierliche Gratulation vor dem Throne von seiten des königlichen Hofes, Militärs und der höheren Zivilautoritäten hatten Seine Königliche Majestät für diesmal abzustellen geruht." Mit diesen Worten eröffnete die offizielle Stuttgarter Zeitung ihren Jahrgang 1813.

Seit dem Jahre 1806, als mit dem 1. Januar die Königswürde angenommen war infolge der Abmachungen, welche dem Preßburger Frieden vorausgingen, war der Neujahrstag am Hofe in Stuttgart stets mit besonderem Glanze gefeiert worden. Aber heute? Wie konnte man an festliche Tage denken inmitten solchen Jammers? — Neue Steuern wurden ins Land ausgeschrieben und Aushebungskommissionen begannen ihr Werk. In einem Manifest setzte der König seine Stellung zu diesen neuen Opfern, insbesondere zu der neuen Vermögens-, Besoldungs- und Pensionssteuer, auseinander:

„Liebe Getreue! Um den großen Aufwand bestreiten zu können, welchen der durch die neuesten Kriegsereignisse erlittene bedeutende Verlust herbeiführt, sehen Wir uns gezwungen, um so mehr zu außerordentlichen Hilfsmitteln zu schreiten, als die Ausgaben, die seit dem Anfang des gegenwärtigen Kriegs auf unserer Staatskasse haften, die gewöhnlichen Einnahmequellen erschöpfen.

„Wenn wir dadurch Unseren guten und getreuen Unterthanen unverschuldete neue Lasten aufzuerlegen genötigt sind, so fühlen Wir nur zu sehr, wie schwer ihnen unter den gegenwärtigen Verhältnissen diese Opfer werden müssen.

„Wir haben daher zum Beweis, daß Wir die notwendig gewordenen Entbehrungen mit ihnen teilen und nichts fordern wollen, was nicht unentbehrliches Staatsbedürfnis ist, bei Unserer königlichen Hofhaltung, dem Marstall und den übrigen dahin gehörigen Behörden die größte Sparsamkeit angeordnet und auch in allen Zweigen der Staatsadministration solche Vorkehrungen getroffen, wodurch die Ausgaben nur auf das Notwendigste beschränkt werden.“

Jetzt, in diesen Tagen, hatte der an allen Thüren horchende und lauernde französische Gesandte in Stuttgart, Dumoustier, alle Hände voll zu thun. Seine Aufgabe war, darüber zu wachen, daß den vertragsmäßigen Verpflichtungen mit Stellung und Ausrüstung neuer Truppen pünktlich nachgekommen werde. Dies pflichtmäßige Thun allein aber genügte ihm nicht; er sah darauf, daß mit diesem Thun sich eine durchaus freundliche Miene verband. Nicht sauer sehend sollte man neue Opfer für Frankreich bringen, nicht sollte man der früher gebrachten wehklagend gedenken. Das alles mochte der Gesandte nicht leiden; denn seinem Herrn und Meister war nichts so zuwider als Wehklagen um Dahingegangene. Erst vor wenigen Monaten waren ja auch die Trauerkleider abgelegt worden, als der empfindsame Kaiser von Mainz in Triumphzug zum Fürstentag nach Dresden zog und diejenigen Städte berührte, in denen ob der Verluste auf den spanischen Schlachtfeldern Leid eingekehrt war.[*] Die Gefühle der Freundschaft, der klaglosen Ergebenheit gegen Frankreich dürfen niemals erkalten; darauf hatte der Gesandte zu sehen. Und jetzt mußte Dumoustier alle diese Vorgänge im schwäbischen Lande erleben: wie vor der allgemeinen Trauer die Feste wichen, wie die Namen der Toten in den öffentlichen Blättern genannt wurden, wie der König sich zu seinem Volk bekannte und von „unverschuldeten neuen Lasten“ sprach. Das mundtote Volk konnte ja dabei auf den Gedanken verfallen, als ob Napoleon, als ob Frankreich eine Schuld trafe.

Und diesem schwäbischen Volke traute der Gesandte nicht mehr ganz. Schon im Sommer des Jahres 1812, als Napoleon die „propos“ der württembergischen Generale tadelte, hatte Dumoustier von dem Minister des Auswärtigen, Maret, aus Kowno Nachrichten erhalten, welche besagten, daß es einige württembergische Kommandeure an dem nötigen Eifer für Aufrechterhaltung der Disziplin fehlen lassen und einen „esprit politique“ an den Tag legen.

Der Gesandte wußte auch, daß man in Stuttgart schon früher von einem

<hr />

*) Bernays, Schicksale des Großh. Frankfurt 2c. Berlin 1882. S. 346.

geheimen Orden sprach, der den Namen Tugendbund führe und den Zweck
habe, deutschen Geist wieder herzustellen und zu erhalten trotz der Fremdherrschaft,
zur Vaterlandsliebe und zu anderen Bürgertugenden zu ermahnen. — Der
diktatorische und bevormundende Charakter der Regierung aber ließ keinerlei
freimütige Aeußerungen zu. So haben wir nur wenige Berichte über die
Stimmung des Volks in jenen Tagen. Horcherei und gewerbsmäßiges
Denunziantentum, erzählt uns Pahl,*) hatten es unmöglich gemacht, sich über
Staats- und Kriegsereignisse des Tags, wie wundersam sie sich auch drängten
und die Geister erregten, sowie über Fragen der allgemeinen Politik irgendwie
auszusprechen. Diejenigen aber, welche das Bedürfnis einer freieren und
edleren Mitteilung fühlten, bildeten für sich besondere Zirkel, zu welchen kein
Uneingeweihter Zutritt hatte, wo man, ungenirt durch die Kundschafter, von
denen man sich an öffentlichen Orten überall umgeben sah, seine Ansichten und
Gefühle gegenseitig austauschen konnte. Eine solche Gesellschaft, welcher Pahl
auch angehörte, traf sich zu Zeiten in Marbach. (S. oben S. 60.)

„Die Mitglieder, dem größeren Teil nach hochgestellt im Staats- und
Militärdienste, waren Männer von ausgezeichneter Bildung, das Unglück
der Zeit tief fühlend, entrüstet über die Bedrückungen, welche fremde und
unter ihrem Schutze einheimische Gewalt über das Vaterland häufte, und nicht
verzweifelnd an einem Umschwung der Dinge, durch den seinerzeit die Un-
bilden der Gegenwart gerächt und der Anbruch einer besseren Zukunft eingeleitet würde. Hier ward für uns alle, denen, sobald sie das Haus und
den Familienkreis verließen, die Vorsicht das strengste Verstummen gebot, das
Bedürfnis befriedigt, in einem größeren Zirkel unterrichteter Männer die Eindrücke mitzuteilen, welche die Ereignisse der Zeit auf uns gemacht, und von
Freunden, mit denen eine genaue Geistesverwandtschaft uns verknüpfte, zu
vernehmen, wie ihnen die an dem politischen Horizont auf und nieder gehenden
Zeichen erscheinen; und dieser vertraute und doch offene Wechsel der Ansichten
gab uns das angenehme Gefühl einer wenigstens augenblicklichen Entbindung
von dem Zwange, der an allen Orten und Enden auf den Geistern lag, und
nie schieden wir von einander, ohne unseren Sinn für Recht und Wahrheit
gestärkt und uns in dem Vorsatze befestigt zu fühlen, den Uebeln der Zeit,
jeder in seinem Bereiche, entgegenzuwirken und sich von ihren Verderbnissen
unbefleckt zu erhalten.

„Was hier erzählt, geurteilt, gewünscht und gehofft wurde, gab uns
allerdings nach der damals geltenden kabinetsrichterlichen Praxis, ohne Ausnahme, die vollkommene Qualifikation zum Asperg; aber da alles, was wir
verhandelten, bei verschlossenen Thüren geschah und von den Mitgliedern des
Zirkels als unverletzliches Geheimnis treu bewahrt wurde, so war es der

---

*) Pahl, Denkwürdigkeiten aus meinem Leben rc. Tübingen 1840. S. 392 ff.

Spionerie, obgleich unser abgeschlossenes Zusammentreten von ihr nicht unbeachtet blieb, unmöglich, einen Verdacht gegen dasselbe zu begründen, und
wir hatten das Vergnügen, unsere Versammlungen so lange fortzusetzen, bis
nach den Unfällen in Rußland auch in ihnen die Hoffnungen rege wurden,
welche damals in ganz Europa aufgingen, endlich den Sturz Napoleons
bei offenen Thüren feiern zu können."

Kaum ist irgend ein Name zu nennen aus den höheren Kommandostellen
oder leitenden Staatsämtern, der nicht hier im Marbacher Zirkel vertreten
gewesen wäre. Neben den Leiden der Gegenwart scheinen auch die in der
Karlsschule aufgenommenen Lehren zusammengeführt zu haben. Ob die Marbacher Gesellschaft oder ein Teil derselben noch weiter gewirkt hat, geht aus
Pahls Mitteilungen nicht hervor; doch ist es wahrscheinlich nach einer Nachricht, welche sagt: „In Süddeutschland wurde eine günstige Stimmung für
Preußen unterhalten durch die deutschen Gesellschaften, die zur Zeit der
Freiheitskriege sich gebildet hatten." *)

Am treffendsten hat König Friedrich selbst die Stimmung im Lande
gekennzeichnet in einem Briefe an seinen Gesandten in Paris vom Februar 1813:
„Auch kann ich Ihnen nicht bergen, daß das Mißvergnügen mit allem, was
französisch ist, in Stuttgart und auf dem platten Lande täglich steigt. Die
Rückkehr der Offiziere, mehrerer Kranken, Estropirten und Dienstuntüchtigen,
die man hat entlassen müssen, welche alle das erlittene Ungemach und die
erduldeten Greuelscenen aller Art unumwunden den Fehlern und dem Eigen-
sinn eines Einzigen zuschreiben, bringt täglich mehr eine Stimmung hervor,
welche mich zwar in Betreff der Treue und Anhänglichkeit gegen mich und
mein Haus ganz Nichts befürchten läßt, deren Einfluß aber auf Offiziere und
Soldaten mehr als Besorglichkeit erregen muß. Die Mißhandlung, so ich in der
Person meines Gesandten habe erfahren müssen, die Aeußerungen wegen meiner
braven Truppen, die Drohungen gegen mich und einzelne Diener des Staats
haben kein Geheimnis bleiben können. Der Hof und meine Tafel sind vielleicht
die einzigen Orte, wo man diese Gesinnungen nicht laut werden läßt. Aber
selbst die gemäßigsten scheinen durch Ueberdruß ihren bisherigen Charakter zu
verleugnen. Man fängt an, an verschiedenen Orten auf dem Lande, unter
anderen zu Biberach, Aufrufe an das Volk anzuschlagen, worin man von
Befreiung von dem drückenden Joche unter Mithilfe von Oesterreich spricht."

Alles das war schon zu Ende des Jahres 1812 und im Januar 1813
hervorgetreten. Und zu all dem sah sich der französische Gesandte in Stuttgart selbst angefeindet durch die öffentliche Meinung und, wie er voraussetzte,
durch gewisse Maßnahmen des Königs gegen ihn, welche den Zweck verfolgten,

---

*) Historisches Taschenbuch 1847. Ueber die öffentliche Meinung in Deutschland zur
Zeit der Freiheitskriege. S. 504.

ihn in der Gesellschaft vollständig zu vereinsamen. Er fühlte, daß man seine lästige Gegenwart gern entbehren würde. Ein Teil seiner nach Paris ab-gelassenen Berichte klang durch in einem Schreiben Napoleons an König Friedrich vom 18. Januar 1813; seines hauptsächlichsten, durch die Gesandtschaftsberichte erregten Grolles aber entledigte sich der Kaiser in einer späteren Audienz, welche der württembergische Gesandte Graf Winzingerode bei ihm hatte.

Das, was Dumoustier von den Vorgängen in Stuttgart gemeldet hatte, behandelt Napoleon zunächst in dem Brief vom 18. Januar 1813 an König Friedrich. Er halte an dem Gebrauche fest, sagt der Kaiser, bei wichtigen Veranlassungen ihm die ganze Lage der Dinge darzustellen. Napoleon bespricht dann ausführlich seine Handlungsweise im Feldzuge gegen Rußland; wie er eigentlich überall Sieger gewesen sei, wie aber der Frost und die Härte des Winters ihm alle Vorteile wieder entrissen. Nunmehr aber habe er der-artige Maßnahmen getroffen, um mit stärkeren Streitkräften als jemals auftreten zu können. „Aber diese Lage der Dinge ist soeben jählings geändert worden durch den Verrat des Generals York, welcher mit dem 20 000 Mann starken preußischen Corps zum Feinde übergegangen ist. Bei dieser Gelegenheit hat mir Preußen die stärksten und, wie ich glaube, aufrichtigsten Zusicherungen über seine Absichten gegeben; aber solche Worte können es nicht ungeschehen machen, daß seine Truppen auf seiten des Feindes stehen."

Die nächsten Folgen dieses Verrats seien, daß die Franzosen hinter die Weichsel zurück müssen, daß der künftige Krieg sich den Grenzen Teutschlands nähere. Um den Rheinbund zu decken, habe er so viel möglich vorgesorgt. „Aber alle die verbündeten Staaten müssen die Notwendigkeit fühlen, ihrerseits solche Anstrengungen zu machen, wie sie der geschaffenen Lage entsprechen. Und nicht nur gegen den äußeren Feind gilt es, sich vorzusehen. Viel gefähr-licher droht der Geist der Revolution und der Anarchie. Da hat der Kaiser von Rußland den Herrn v. Stein zum Staatsminister ernannt; ihn und alle mit ihm im Einverständnisse Lebenden läßt er in seinen Staatsrat zu, jene Menschen, welche schon lange die Lage und Gestaltung Teutschlands zu ändern und dies zu erreichen suchen durch Umsturz und Revolutionen."

Auch der Rheinische Bund und das Fortbestehen seiner Fürstenhäuser werden bald von diesen Bestrebungen bedroht sein. „Ich habe Garantien übernommen für diese Fürstenhäuser gegen äußere und innere Feinde. Ich werde meine Verpflichtungen erfüllen. Die großen Opfer, welche ich von meinen Völkern fordere, alle meine weitgehenden Veranstaltungen haben kein anderes Ziel als Erfüllung meiner Verpflichtungen. Aber wenn ich meiner-seits alles thue zum Wohle der verbündeten Fürsten, so darf ich wohl auch mit Recht hoffen, daß sie nicht sich selbst im Stiche lassen und nicht ihre eigene Sache verraten. Sie würden aber Verrat an ihr begehen, wenn sie

nicht ihre eigenen Machtmittel mit den meinigen verbinden und die wirksamsten
Maßnahmen ergreifen würden, um ihre Infanterie und Artillerie, ganz besonders auch ihre Kavallerie in den besten Stand zu setzen, wenn sie nicht
allem aufbieten würden, um von den Grenzen Teutschlands den Krieg fern
zu halten und alle Anschläge des Feindes zu vernichten." Dazu gehöre
auch, daß sie jeder Agitation von vornherein die Spitze abbrechen, sie unschädlich machen, die öffentliche Meinung nicht irreführen lassen durch lügnerische
Nachrichten und verderbliche Irrlehren, daß sie unermüdlich wachen über die
Erhaltung der öffentlichen Ruhe.

Aber er habe noch mehr zu sagen, fährt Napoleon fort, in diesem durchaus
vertraulichen Brief.*) „Es hat mich peinlich berühren müssen, ich muß es
bekennen, daß aus der Ansprache, mit welcher Eure Majestät eine neu auf-
erlegte Steuer begleitete, herauszulesen war, wie Eure Majestät selbst keine
Schuld treffe an den unglücklichen Umständen, die solche neue Steuer notwendig machen, wie also dadurch ein Tadel auf Frankreich geschoben
werden wolle." Derartige Verluste bringe der Krieg naturgemäß mit sich;
sie seien groß, aber diejenigen Frankreichs noch viel größer. „Die Gefahr,
gegen die man sich verschanzen muß, das ist die Aufwiegelung der Völker.
Aber wie kann man hoffen, dem zuvorzukommen, wenn die Fürsten selbst eine
Sprache führen, welche geeignet ist, die Gemüter aufzuwiegeln! Die Notwendigkeit, auf die Mitwirkung Eurer Majestät verzichten zu müssen, würde
für mich eine Sache von nicht allzu großer Bedeutung sein. — Die An-
stifter der Wirren sind gleicherweise allen Rheinbundfürsten feindlich gesinnt;
sie verschonen nicht einen einzigen mit ihrem Haß. Die Schaffung dessen,
was sie ‚Teutschland‘ heißen, ist das Ziel ihrer Anstrengungen, und sie
wollen dies Ziel erreichen durch Umsturz und Revolutionen, welche die verschiedenen Staaten nach deren Vernichtung der Gnade des Mächtigsten aus-
liefern würden. Ohne des Vergangenen zu gedenken, nur den Forderungen
der Gegenwart entsprechend, verlange ich deshalb von Eurer Majestät, jeden
Verkehr Ihrer Unterthanen mit Rußland unmöglich zu machen, alle Verbindungen
aufzulösen, welche es auf Unordnungen abgesehen haben, und Ihren Unterthanen die Gefühle der Freundschaft gegen das französische
Volk einzupflanzen. Noch richte ich die Aufforderung an Eure Majestät,
alles aufzubieten, um deren Kontingent auf denselben Fuß, wie vor dem
Kriege, zu setzen. Der Erfolg der gemeinschaftlichen Anstrengungen in einem
zweiten Feldzug wird der Triumph der gemeinschaftlichen Sache sein; oder
aber, wenn der Feind durch Unterhandlungen dem Kriege zuvorkommen sollte,
werden wir in der Großartigkeit unserer paratstehenden Machtmittel die feste

---

*) Schloßberger, Polit. und milit. Korrespondenz König Friedrichs ꝛc. Stuttgart 1889.
S. 258 ff. und Corresp. de Nap. 24. Bd. S. 407.

Garantie eines gesicherten und ehrenhaften Friedens besitzen, dessen erste Bedingung die sein wird, den gegenwärtigen Besitzstand aufrecht zu erhalten, ohne irgend etwas zu ändern von den Grundgesetzen des Rheinischen Bundes, weder was seine Interessen noch was seine Fürsten betrifft."

Einst nach dem Luneviller Frieden und ganz besonders im Herbst des Jahres 1805 hatte Napoleon die Mediatisirung, das Aufhören der Dynastie, durchblicken lassen, wenn nicht sofortiger Anschluß an die Sache Frankreichs erfolge; einst hatte er Belohnungen an Land und Leuten in Aussicht gestellt für geleistete Dienste; jetzt malte er das Gespenst der Revolution und des Umsturzes an die Wand, wenn die Fürsten nicht mit allen ihren Machtmitteln sich ihm zur Verfügung stellen, wenn sie nicht ihren Völkern Gefühle der Freundschaft für Frankreich einpflanzen; jetzt stellte er als Lohn der gemeinschaftlichen That die Erhaltung des gegenwärtigen Besitzstandes in Aussicht; jetzt spielte er den Beleidigten, weil es nach den Worten des Königs Friedrich den Anschein haben könnte, als treffe Frankreich irgend welche Schuld wegen des unheilvoll ausgefallenen Zugs nach Rußland.

Der Eindruck, den dies Schreiben auf König Friedrich machte, war keineswegs der von Napoleon gewollte. Besorgt war man freilich geworden wegen der nächsten Zukunft in Stuttgart wie in München; aber diese Sorge entstammte durchaus nicht dem Gedanken an eine die Throne gefährdende Revolution. Sie kam aus einer ganz andern Quelle. Württemberg wie Bayern waren groß geworden und hatten Bedeutung erlangt, Bayern eine sehr ins Gewicht fallende, Württemberg wenigstens einige, auf Kosten von Oesterreich und Preußen. „In der Schwäche Oesterreichs und Preußens lag unsere Stärke," sagt Montgelas in seinen Denkwürdigkeiten. Und diese zwei Mächte schienen Schritte zu thun, welche eine Auseinandersetzung mit Frankreich auf dem einen oder anderen Wege wahrscheinlich machten. Wiederherstellung des früheren Besitzstandes, entweder vollständig oder doch annähernd, mußte die notwendige Folge solcher Auseinandersetzung mit Hilfe Rußlands sein. Und das war es, was man in Stuttgart wie in München von der Zukunft fürchtete. Reichsstädte, geistliche Güter, Ritterschaft waren in den Grenzen der beiden sich dehnenden süddeutschen Königreiche verschwunden. Aber dazu hatten die Friedensschlüsse 1805, 1807 und 1809 noch bedeutende Stücke der beiden Großmächte Oesterreich und Preußen gefügt. Bayern erhielt seine südliche Ausdehnung auf Kosten von Oesterreich, im Norden vollendete es seine Abrundung durch Stücke, die man vom preußischen Staat abgerissen, durch die fränkischen Fürstentümer. Württemberg war an den Bodensee gelangt, war an die Handelsstraße mit der Schweiz gerückt worden durch Einverleibung des österreichischen Besitzes in Oberschwaben und an der Donau; kleine Splitter von Franken waren aus preußischem Besitz herübergekommen. Eine Hinneigung zu Oesterreich, ein fester Glaube daran, daß diese Macht wieder in ihre alten

Rechte werde eingesetzt werden, hatte deutlich aus dem Verhalten der Bewohner Oberschwabens und Mergentheims im Jahre 1809 gesprochen. Mußten die an Bayern und Württemberg von den Großmächten abgetretenen Stücke zurückerstattet werden, so stiegen die beiden süddeutschen Königreiche von ihrer mühsam erklommenen Höhe herab.

Das war es, was in München wie in Stuttgart den Blick in die Zukunft trübte. In der That hat die Furcht wegen einer möglichen Zurückerstattung Bayern lange Zeit von einer entschiedeneren Haltung zurückgeschreckt. Und doch hatte Bayern vor seiner Thüre die staatlichen Gebilde von Würzburg und Frankfurt, welche kein Recht auf Fortbestand hatten. Es konnte möglicherweise entschädigt werden. Bei Württemberg lag das alles anders. König Friedrich fand nicht wohl Anlehnung weder an Oesterreich noch an Preußen; seine Freundschaft mit Kaiser Alexander war noch nicht hergestellt. Wirkliche Freunde hatte der eigenwillige Mann nicht. Dazu konnte er sich nicht verhehlen, daß seine Gewaltherrschaft im Lande keineswegs beliebt war. Er sah das alles klar; denn er hatte ja Einblick auch in vertraulich scheinende Korrespondenzen, in Vorgänge innerhalb der Familienkreise, in gesellschaftliche Zirkel, welche sich, wie der in Marbach, für vollständig abgeschlossen hielten. Zugleich aber durfte sich der König gestehen, daß alle die Unzufriedenheit, die sich da und dort Luft machte, im Grunde nicht gegen ihn als Regenten gerichtet war, sondern mehr gegen ihn als den gewaltthätigen Ausführer fremder Befehle; noch viel weniger sah er seinen Thron, seine Dynastie bedroht.

Das, was der Tugendbund anstrebte, war in vielfach entstellter Weise zu seiner Kenntnis gekommen, und er verabscheute gründlich derartige Thätigkeiten. Zudem wußte er aber ganz genau, daß die biederen Männer, welche in Marbach und vielleicht auch an anderen Orten zusammenkamen, weit entfernt waren von allen nationalen, deutschtümelnden Bestrebungen, daß sie ganz und gar nicht mit Umsturz umgingen, vielmehr philosophischen Idealen nachjagten und Begriffe zu verwirklichen suchten, wie sie die Rechtsanschauungen aufstellten, einstmals verherrlicht und ausgebreitet durch die Hohe Karlsschule. Für ihn galt es deshalb zunächst, Zeit zu gewinnen, um seinen endgiltigen Entschluß sich vielleicht vorbehalten, um möglicherweise seine neu aufgestellten Truppen innerhalb der Grenzen seines Landes aufsparen zu können, wozu er außerordentlich große Neigung verspürte. Vorerst aber beantwortete er das Schreiben Napoleons, sein Bangemachen vor der Revolution, seine Anklage wegen des angeblich auf Frankreich geworfenen Tadels so freimütig als denkbar am 26. Januar 1813: er dankte zunächst für die ausführlichen Mitteilungen über den Verlauf des jüngsten Feldzuges und über die zu Fortsetzung des Kriegs getroffenen Maßnahmen. „Ich habe nie an den großen Mitteln gezweifelt, die ein so ungeheures Reich entwickeln kann, und an den wohlwollenden Absichten Eurer Majestät gegenüber Ihren Verbündeten, von denen Sie uns einen neuen Beweis geben durch die Maßnahmen, welche darauf abzwecken, den Feind von den Grenzen des Rheinbundes fern zu halten."

In diesem Briefe aber, fügt der König bei, wolle er sich nur auf das beschränken, was ihn und sein Land betreffe. Die Worte, mit denen er die neuen Steuergesetze eingeleitet, habe man dem Kaiser in falschem Lichte dargestellt. Er könne am besten darauf antworten dadurch, daß er das Original einsende. Der Kaiser sei freilich des Deutschen nicht mächtig genug, aber ein Dolmetscher werde die Harmlosigkeit des Schriftstücks darthun. Er wage zu behaupten, daß diejenigen, welche nach Paris über die Regierungen und Völker Deutschlands berichten, weder die einen noch die anderen kennen. Ein einziges Wort, eine Rede des Kaisers genüge, um die französische Nation zu enthusiasmiren. „Bei den Deutschen verhält es sich damit ganz anders. Von Natur nüchtern und kritisch angelegt, verlangen sie von ihren Fürsten den größten Freimut und die Darlegung von Gründen. Sobald sie überzeugt sind (und sie sind es immer, wenn sie diese zwei Quellen ihres Vertrauens vor sich sehen), ohne enthusiasmirt zu sein, zeigen sie sich bereit, alles zu thun, alles zu ertragen und jedes Opfer auf dem Altar des Vaterlandes darzubringen.

„Ich will hier nur von der Treue meines Volkes und der benachbarten Völker sprechen. Seit 800 Jahren an die Familie ihrer Fürsten gewöhnt, ist ihre Treue über jeden Zweifel erhaben. Davon konnte ich mich überzeugen, als in den letzten Jahren des abgelaufenen Jahrhunderts die revolutionäre Regierung Frankreichs die Völker gegen ihre Fürsten aufzuwiegeln suchte; in Württemberg hat sich nicht ein einziges Dorf, nicht ein einziger Weiler dazu hergegeben, den Wünschen der Aufwiegler zu willfahren. Ich regiere jetzt vierzehn Jahre, während welcher sechs auf einander folgende Kriege mich genötigt haben, außerordentliche Auflagen vorwegzunehmen, bedeutende Rekrutirungen anzustellen, — ich habe keinerlei Widerrede, keinerlei Widerstand gefunden, wohl aber die vollständigste Hingabe und unbedingten Gehorsam. Das sind Thatsachen, welche Eure Kaiserliche Majestät kennen lernen und auf ihre Wahrheit untersuchen kann. Nach ihnen ist mein Volk zu beurteilen, welches, so wenig zahlreich es auch ist, mir doch Proben von Energie und Anhänglichkeit gegeben hat, die es meinem Herzen so teuer machen."

Einzelne Unzufriedene, die es überall gebe, können täuschen, und daher kommen dann die falschen Berichte der Fremden, welche unter uns leben. Uebrigens sei er trotz allen gerechtfertigten Vertrauens stets zugleich wachsam gewesen. Lange bevor von den geheimen Gesellschaften in Norddeutschland die Rede gewesen, habe er alles niedergehalten und überwacht, was sich jenen Ansichten zu nähern schien bis hinein in die Logen der Freimaurer. Die Universität Tübingen und die Diener der Kirche seien gehörig unter Aufsicht.

„Mit Rußland besteht keinerlei Verbindung oder Korrespondenz, ausgenommen

einige Briefe der Kaiserin, meiner Schwester, an Prinzessinnen ihrer Familie,
Briefe, von denen ich Kenntnis habe, deren Inhalt sich nur in freundschaftlichen Mitteilungen bewegt."

Um die Verluste richtig beurteilen zu können, müsse man sie betrachten
in ihrem Verhältnis zur Bevölkerung. „Auf 1400000 Einwohner, auf eine
Einnahme von weniger als 20 Millionen habe ich 14000 Mann verloren,
meine ganze Artillerie mit 32 Stücken, die gesamte Kavallerie, alles Fuhrwesen,
zusammen 4000 Pferde, alle Waffen, auf 375 Offiziere sind 205 abgegangen;
es bleiben mir in diesem Augenblick nur 143 bewaffnete Menschen, die ich noch
gebrauchen kann." Auch die Cadres seien dermaßen reduzirt, daß 80 Offizier-
stellen unmöglich besetzt werden können. Demungeachtet habe er seit dem Tage,
an welchem er durch das 29. Bulletin das Unglück der Armee erfahren, keinen
Augenblick verloren, um nach Maßgabe der Mittel das Kontingent wieder in
stand zu setzen. Die Aushebung begegnet freilich keinen Schwierigkeiten;
aber andere Hindernisse stellen sich entgegen. Vor Mitte März können die
Pferde nicht beschafft werden; vor 15. April seien die Truppen nicht bewegungsfähig; nach diesem Zeitpunkt können marschiren: 10 Bataillone Infanterie,
3 Reiterregimenter und etwas Artillerie. Mangel an Offizieren sei in diesem
Augenblick das hauptsächlichste Hindernis. Der Kaiser werde aber aus diesen
Darlegungen ersehen ꝛc.*)

Dem verwöhnten Liebling des Glückes ging es schwer ein, in so frei-
mütiger Weise von den Opfern eines kleinen verbündeten Volkes hören zu
müssen, davon, daß einstmals die Umsturzideen von Frankreich ausgegangen,
daß man aber in der Liebe zum alten Fürstenhaus stark genug gewesen sei,
diesen Ideen Widerstand zu leisten; wie eine Versündigung gegen die Hoheit
Frankreichs, gegen die eigene erschien es ihm, daß man von Opfern zu
sprechen wagte, von Schwierigkeiten, daß man die Verluste so in den Vordergrund rückte. Dazu mochte sich der jetzt besonders reizbar gewordene Imperator
des politischen Geistes erinnern, der „propos", welche er im Sommer 1812
bei den württembergischen Truppen gefunden, des Umstandes, daß des Königs
von Württemberg Schwester, die Kaiserin-Mutter von Rußland, zu seinen geschworensten Feinden gehöre, daß die Brüder des Königs in den Reihen der
Gegner standen; und eben dieser König, statt schweigsam und freudigen Gemüts
neue Truppen zu liefern, fuhr fort, Worte zu sprechen und Handlungen zu
begehen, welche geeignet waren, die Meinung zu verbreiten, als könnte für all
dies Unglück Frankreich eine Schuld treffen oder seinen Kaiser. Und das alles

*) Vgl. hier und über das Folgende: Schloßberger, Lit. Beil. des Staatsanzeigers
für Württemberg 1887 und 1888 und weiter: Preuß. Jahrbücher 1895, Dezember; im
übrigen Gesandtschaftsberichte im königl. Hausarchiv.

in der Zeit, da Schwarzenberg so gut wie zum Feinde übergegangen war, da Oesterreich sich unabhängig wieder auf eigene Füße stellte, da der König von Preußen nach dem freien Breslau übergesiedelt war, da York schon im Lager der Feinde stand, da alles norddeutsche Land durch den Freiherrn v. Stein und seine Anhänger aufgerufen wurde, da es widerhallte vom hellen Klingen der Waffen und den wundersüßen Weisen lauschte von Völkerglück, von des Vaterlandes Freiheit und Ehre.

In einer Audienz, welche beinahe eine Stunde dauerte, empfing Napoleon am 3. Februar 1813 den württembergischen Gesandten Grafen Winzingerode, dessen Händen er zwei weitere Schreiben des Königs Friedrich entnahm. Zunächst zeigte der Kaiser sich vollkommen gefaßt und ruhig, bis er sich endlich seiner übeln Laune vollständig hingab. Winzingerode berichtete sofort seine Audienz an den König, indem er mit dem Bemerken einleitet, er werde alles wortgetreu wiedergeben, nur das weglassen, wogegen seine Feder sich sträube, was gegen seine schuldige Ehrfurcht verstoßen würde.

Nach einer Pause, sagt der Gesandtschaftsbericht, überließ sich Napoleon vollständig dem Ausbruch seines Zornes und rief:

„Ihr König reizt sein Land auf, er bringt es in Erregung gegen mich; er thut unrecht, denn er wird selbst das erste Opfer sein. Das könnte mir gleichgiltig sein; im Gegenteil, ich könnte dabei nur gewinnen; denn wenn er sich seines Besitzes beraubt haben wird, sich selbst und seine Familie, so wird niemand ihn beerben als ich. Aber ich finde in diesem Verhalten nicht mehr jenen Geist, jene Vorzüge, welche ich an ihm bis daher kennen gelernt habe; er besitzt reiche Gaben, aber um so unbegreiflicher ist sein Verhalten. Ja, wenn er einer von jenen schwachen, energielosen, unbefähigten Fürsten wäre, deren es heute eine so große Anzahl gibt, dann könnte ich ihn verstehen. Aber zu diesen gehört Ihr König nicht. Also muß ihm bei seinem Verhalten ein bestimmtes Ziel vorschweben.

„Aber welches? Will er sich zum Verbündeten der Engländer, der Russen machen, dieses Herrn v. Stein, aller dieser unruhigen Köpfe, welche Teutschland in Revolution stürzen wollen? Will er sich an die Spitze der deutschen Erhebung stellen? Gut, es sei! Er soll sich erklären, daß er nicht mehr innerhalb des Rheinischen Bundes stehen will, und wir werden ja sehen. Aber er könnte sich täuschen. Ich bin noch nicht so schwach, als er sich vorstellt; noch vor dem Frühjahr werden Engländer, Russen, Schweden, und wie sie alle heißen, weggefegt sein bis zur Weichsel.

„Aber wenn das nicht seine Wünsche sind," fuhr der Kaiser fort, gewissermaßen als Antwort auf den Ausdruck der Verwunderung im Antlitz des Gesandten; „wenn das nicht seine Wünsche sind, was will er dann? Was sollen denn diese abbestellten Festlichkeiten bedeuten, diese Publikationen und Anreden, mit denen er mich anklagt vor seinen Unterthanen, vor allen verbündeten Völkern, durch welche er zugleich die allgemeine Unzufriedenheit steigert? Das alles unternimmt er doch nicht, um mir angenehm und förderlich zu sein.

„Er hat ja viel verloren. Gut. Wir haben alles verloren. Hat man deshalb an einem andern Hof Festlichkeiten abbestellt? Hat man wo anders den Unterthanen gesagt, daß man nur mit Bedauern neue unverschuldete Lasten auflege? Hat man wo anders in den öffentlichen Blättern die Namen erlorener Offiziere vier Seiten lang lesen können? Ist der jetzige Augenblick geeignet für Derartiges? Der König von Bayern hat noch viel mehr verloren als der Ihrige, er hat zweimal sein Kontingent erneuert; der König von Dänemark ist von allen Seiten bedroht und eingeschlossen. Wohl; und doch geben mir beide nur Grund zur Zufriedenheit; der letztere sogar erklärt, daß er lieber sterben als mir untreu sein wolle. Alle meine Verbündeten haben ihren Eifer und ihre Aufmerksamkeit verdoppelt; der König von Württemberg ist der einzige, der mich verlassen hat."

Hier endlich fand Winßingerode Gelegenheit, einzuwerfen: „Majestät, ist es mir erlaubt, ein Wort zu reden?" Auf die Bejahung hin sagte der Gesandte: Jeder Ausdruck für sein Erstaunen fehle ihm. Der König wisse, daß einzelne seiner Maßnahmen, falsch gedeutet, des Kaisers Unwillen erregt haben, lebe aber des Glaubens, diesen ausgeglichen zu haben durch die abgegebenen Erklärungen; er ahne diese schimpfliche Auffassung seines Handelns, wie sie eben zum Ausdruck gekommen sei, nicht im mindesten, und keiner der Verbündeten verdiene derartige Verdächtigung weniger. „Seine Vertragstreue ist bekannt, er braucht gar keine Sicherheit zu geben; wenn das doch nötig werden sollte — hier, Majestät, ist mein Kopf!"

Der Gesandte ging nun daran, dem Kaiser die einzelnen Beschwerden, die er vorgebracht, näher zu beleuchten. Ueber die Abbestellung der Festlichkeiten zu Neujahr sagte Napoleon wenig; wegen der neuen Steuer wußte er nur zu erinnern, daß eine Besteuerung des Kapitalvermögens stets unbeliebter sei als diejenige des Einkommens; bitter aber sprach er sich wegen der öffentlichen Todesanzeigen aus: „In den früheren Kriegen hatte das nichts zu bedeuten, weil wir Sieger waren und weil Sie fast nichts verloren hatten; aber diesmal hätte man merken sollen, daß man sich anders und viel umsichtiger verhalten mußte. — Sind denn die Handlungen Ihres Königs nicht deutlich genug? Lassen Sie sich einmal die Berichte des Herrn Dumoustier geben; Sie werden sehen, daß diese voll Lobeserhebungen des Königs sind. Aber wenn der Gesandte unnötig geschwatzt hat, ist jetzt der Augenblick, sich darum zu bekümmern und eine große Staatsangelegenheit daraus zu machen? — Sie halten auch unnötige Reden (propos); ihr alle räsonnirt; kümmere ich mich darum? Ist der jetzige Augenblick richtig gewählt, um sich mit dem Gesandten Frankreichs zu überwerfen? Zwei Personen arretiren zu lassen, weil sie in sein Haus kamen? Sein Haus von der ganzen Stadt meiden zu laſſen? Führt man ſich ſo auf ſeinen Freunden gegenüber, wenn ſie im Unglück ſind? Iſt das zartfühlend?

„Will denn Ihr König, indem er ſich ſo öffentlich gegen mich erklärt, ſein Volk aufwiegeln und alle Unzufriedenen um ſich verſammeln? Ich werde meinen Geſandten nicht zurückziehen, und wenn man ihn zwingt, Stuttgart zu verlaſſen, ſo wird kein anderer mehr dorthin gehen. Wenn mir der König ſein Kontingent verweigert hätte, wäre es mir nicht ſo nahe gegangen, als es jetzt ſein Verhalten thut. Wenige Generale ausgenommen ſind eure Offiziere lauter Räſonneure.“

Mit neuem Anlaufe in ſeiner komödienhaft geſteigerten Entrüſtung wandte ſich nun der Kaiſer den beiden Generalen v. Woellwarth und v. Walsleben zu, die er wegen ihrer unzuverläſſigen politiſchen Geſinnung im Sommer 1812 von der Armee entfernt habe, deren Namen er nicht auszuſprechen vermöge; zugleich berührte er die Iſolirung des Geſandten Dumouſtier in Stuttgart.

„Dieſe zwei Generale habe ich von der Armee entfernt, und der König ſtellt ſie wieder im aktiven Dienſt an. Will der König mich verhöhnen, will er ſich über mich luſtig machen? Der Löwe iſt noch nicht tot, ſo daß man über ihn hinunter … könnte. Wenn der König mir dieſe beiden … wieder zur Armee ſchickt, werde ich ſie erſchießen laſſen; aber bei der Armee oder nicht, ich werde ſie zu finden wiſſen. Ihr König muß ſich für recht mächtig halten, um ſich ſo öffentlich gegen mich zu erklären, aber er ſoll ſich in acht nehmen. Wenn er ſein Benehmen nicht ändert, werde ich von meinen Rechten als Protektor Gebrauch machen und die württembergiſchen Landſtände wieder herſtellen zugleich mit den Rechten der Reichsritterſchaft. Wenn in Ihren Zeitungen noch ein einziger Artikel erſcheint, der gegen mich gerichtet iſt, ſo wird der Moniteur damit ins Gericht gehen. Kein einziger meiner Verbündeten hätte durch ſein Verhalten mich ſo entrüſten können, als es Ihr König durch das ſeinige gethan hat. Auf ihn hielt ich am allermeiſten; er iſt es, für den ich am meiſten gethan habe, und er gerade iſt der einzige, der mich verläßt. Sagen Sie ihm das und ſagen Sie ihm zugleich, daß ich auf ſein Kontingent verzichte. Er ſoll mir ein paar Regimenter Reiterei geben, das übrige mag er zurückbehalten.“

Winzingerode hielt dem allem ruhig entgegen: Wenn das Haus des franzöſiſchen Geſandten in Stuttgart vereinſamt ſei, ſo geſchehe das ohne Zweifel deshalb, weil die königlichen Diener die Ausdrücke des Geſandten über ihren Herrn hören wollen.

„Nein,“ ſagte der Kaiſer, „man hat es ihnen verboten.“

Winzingerode kam nun auf die zwei Generale zu ſprechen; er erinnere ſich, daß während ſeines Aufenthaltes in Stuttgart zwei auf die Feſtung geſchickt und vor Gericht geſtellt worden ſeien. Seien ſie freigeſprochen worden, ſo geſchah das ſicher wegen mangelnder Beweiſe.

Noch drückte den Gesandten der vom Kaiser ihm persönlich gemachte Vorwurf, daß er sich auch ungehörige Ausdrücke erlaube, er bat deshalb um Aufklärung.

„Ganz wohl," lautete die Antwort Napoleons; „wenn Sie es nicht selbst sind, so sind es Ihre Kinder. Man erkennt die Gesinnungen des Vaters aus denen der Kinder."

„Majestät — was können meine Kinder wohl gesagt haben?"

„Ach was! Sie seien Deutsche und —" das übrige blieb unverständlich.

„Majestät," erwiderte Winkingerode mit Lachen, „meine Kinder sind sechs und acht Jahre alt."

„Daraus sieht man klar, daß es nicht ihre eigene Meinung ist, die sie ausplaudern, sondern die ihrer Eltern."

In den weiteren Ausführungen wiederholte der Kaiser, daß er auf das, was man ihm hinterbracht habe, keinen Wert lege; er entließ den Gesandten, dem er nochmals wiederholte: „Sagen Sie Ihrem König, er sei der einzige, der mich verlassen hat."

Mit den letzten Worten gedachte Napoleon seinen Zweck am raschesten zu erreichen: die Anspornung des Königs von Württemberg zum Wettlauf mit den anderen Fürsten in der Bereitwilligkeit, neue Machtmittel zur Verfügung zu stellen. — „Wenn man eine Schlacht schlagen will, so darf man nicht ein einziges Bataillon vergessen, das man möglicherweise noch herbeirufen könnte," so sagte an anderer Stelle der Meister in seiner Kunst, und Napoleon bereitete sich vor, eine gar wichtige Schlacht zu schlagen; er war im Begriff, einen Zug zu unternehmen, bei dem alles auf dem Spiele stand. So wird er auch nicht leichten Herzens auf ein Kontingent verzichtet haben, das doch eine starke Division repräsentirte. Aber alles, was er da in erkünstelter Steigerung herausgepoltert, war ja nur bestimmt, den König Friedrich um so bestürzter und williger zu machen. Denn jetzt durfte er um keinen Preis die Zahl der Feinde oder der Zweifelhaften vermehren.

Graf Winkingerode kannte auch die Art Napoleons, sich zu geben, allzu genau, um seinen Bericht abgehen zu lassen, ehe er Maret, den Minister des Auswärtigen, gesprochen hatte. Von ihm wollte er erfahren, wie das alles gemeint und was davon ernst sei. Maret war lange durch den Gesandten Dänemarks aufgehalten worden; er hatte den Kaiser noch nicht gesehen. Winkingerode brachte vor, was ihn kränkte; wenn der Kaiser Notiz von dem Geschwätz sechsjähriger Kinder nehme, so dürfe der König von Württemberg doch auch Genugthuung für die schändlichen Ausdrücke des Herrn Dumoustier verlangen. Maret drückte sein aufrichtiges Leidwesen darüber aus, daß die Dinge so weit gekommen, und versprach sein möglichstes zu thun.

Graf Winkingerode, ein Mann von nicht gewöhnlichem Scharfblick, der sich niemals ins Bockshorn jagen ließ, weder durch plebejischen Ton noch durch den plumpen Glanz des neu geschaffenen napoleonischen Thrones, hatte kurz vorher

Briefe des Königs Friedrich erhalten, welche ihm zur Richtschnur für sein Auftreten dienen konnten. „Mit dem Inhalt des 29. Bulletin," schrieb der König, „hatte jede freudige Festlichkeit auf das unanständigste kontrastirt. Es ist Uns deshalb aufgefallen, wie man den Gefühlen der Menschlichkeit, Schicklichkeit und Vaterliebe gegen die Unterthanen eine so nachteilige und zugleich künstliche Deutung hat geben können. Unmenschlichkeit wäre es gewesen, wenn der Regent allein an der allgemeinen Trauer nicht teilgenommen hätte." — „Der an allen Höfen, wo er seither gewesen, verabscheute Gesandte Dumoustier, hat eben das Spiel, welches er allerorten getrieben, auch hier seit seiner Ankunft fortgesetzt. Alles das aber," fährt der König fort, „übersteige ein Ausdruck, welchen Dumoustier gegen einen Beamten in Stuttgart gethan, als von der großen Kraftentfaltung die Rede war, mit welcher die Neuaufstellung der Armee betrieben werde. ‚Das ist richtig, sagte dabei Dumoustier, aber wenn man bösartig reden wollte, so könne man mit dem gleichen Recht sagen: Alle diese Waffenrüstungen sind gegen den Kaiser gerichtet so gut wie für ihn.'"

Winzingerode wußte auch, daß am 14. und 21. Januar in der „Stuttgarter Zeitung" die Namen der toten Offiziere, der gefallenen sowohl als der an Krankheit und Kälte zu Grunde gegangenen, veröffentlicht wurden, wie das Brauch war auch in früheren Feldzügen. Es war ihm bekannt, wie Maret mehr und mehr der Meinung sich hingab, als werde in Württemberg mit Absicht darauf hingearbeitet, dem Kaiser zu mißfallen. Das Volk halte sich so schon immer für beklagenswert, führte Maret weiter aus; wozu denn auch noch Feste abbestellen und mitjammern? Wer soll denn schuld sein an den neuen Steuern und sonstigen Opfern? fragen sich die Leute. So werden sie darauf geführt, daß nur Frankreich die Schuld treffen könne. Aus der Gefährlichkeit des Tugendbundes, fügte der französische Minister schon früher bei, gehe doch zur Genüge hervor, wie notwendig es werde, die Augen aller verbündeten Mächte allein auf den Kaiser zu richten, als den einzigen Bürgen ihrer Wohlfahrt und Existenz.

Erst gegen Mitternacht konnte Winzingerode am 3. Februar eine zweite Verhandlung mit Maret haben. Dieser hatte inzwischen den Kaiser gesehen, war auch bemüht, alle Eindrücke zu lindern und abzuschwächen, erklärte aber, daß er mit seinen Bemühungen beim Kaiser nicht gut angekommen sei, weil dieser einstweilen das Schreiben des Königs vom 26. Januar gelesen gehabt habe. Besonders die Stelle, bei welcher der König die achthundert Jahre hervorhob, seit welchen das württembergische Volk schon unter seinem Hause stehe, diese Stelle habe den Kaiser besonders peinlich berührt, weil sie zu besagen scheine: der König von Württemberg sei ein älterer Herrscher als der Kaiser.

„Der Kaiser," fügte Maret bei, „ist doch als Souverän älter als der König; der König ist ja nur Souverän durch ihn; diese Haltung ist es, die den Kaiser aufs äußerste verletzt hat, dazu noch in einem Augenblick, in welchem

alle anderen Verbündeten ihre Maßnahmen und ihre Aufmerksamkeiten für ihn
verdoppeln, in welchem er durch seine Art zu denken viel empfindlicher dafür
sein muß, in welchem alles ihm den Beweis liefert, daß der König von Württemberg mehr, als es wohl klug war, sich den ersten wehmütigen Eindrücken und
Klagen über die erlittenen Verluste nicht nur vollständig hingegeben hat, sondern
auch die bestimmte Absicht hegte, sein Verhältnis zu Frankreich zu ändern. —
Der Kaiser nährt keinen Verdacht gegen die Treue des Königs, das ist nicht
möglich; aber er kann sich nicht verhehlen, daß die Unzufriedenen in ganz
Deutschland zunehmen werden an Zahl und an Kühnheit, wenn sie sehen,
daß Frankreich öffentlich durch einen Fürsten des Rheinbundes beschimpft ist,
wie das geschah durch die gegen Herrn Dumoustier ergriffenen Maßnahmen,
durch die Reaktivirung der beiden vom Kaiser selbst entlassenen Generale und
durch alle die Veröffentlichungen.

„Der Kaiser wird Herrn Dumoustier nicht zurückrufen, weil er glaubt,
daß dieser Schritt im jetzigen Augenblick einen für Frankreich allzu ungünstigen
Eindruck hervorbringen würde. Sollte der König durch seine Maßnahmen
Herrn Dumoustier zwingen, Stuttgart zu verlassen, so würde er nicht mehr
ersetzt werden. Im übrigen ist der Kaiser überzeugt, daß sein Geschäftsträger
den Ausdruck, dessen man ihn bezichtigt, nicht gebraucht habe und daß hier
nur ein Mißverstehen obwalten kann.

„Was Ihre eigene persönliche Angelegenheit betrifft,“ fuhr Maret zu
Winzingerode fort, „so beauftragt mich der Kaiser, Ihnen zu sagen, daß diese
Sache ihm vor Jahresfrist hinterbracht worden sei und daß er niemals das
mindeste Gewicht darauf gelegt habe.“

Graf Winzingerode hielt noch entgegen: die ganze Welt wisse ja, daß
der Kaiser seinen Thron nicht ererbt habe; er werde aber darum nicht minder
bewundert. Deshalb könne es auch erlaubt sein, von den altererbten Thronen
zu sprechen. „Es ist jetzt nicht der Augenblick dazu,“ gab Maret zurück. —
Was die beiden Generale Woellwarth und Walsleben betreffe, fügte Maret
bei, die so lange im Arrest gesessen, um dann freigesprochen zu werden, so
seien sie von einem französischen Marschall, den sie nicht gekannt hatten, im
Sommer 1812 mittelst förmlicher Meldung beim Kaiser angeklagt worden, in
seinem Beisein auf dem Gute eines polnischen Edelmannes schändliche propos
gegen ihren König und gegen den Kaiser gehalten und die bestimmte Absicht
an den Tag gelegt zu haben, bei der ersten Gelegenheit zum Feind übergehen
zu wollen. Jener polnische Edelmann und dessen Schwiegersohn hatten das
bezeugt. Die Schriftstücke seien ohne Zweifel im Sommer 1812 Seiner
königlichen Hoheit dem Kronprinzen mitgeteilt worden und hatten hinlänglichen
Grund zur Verurteilung enthalten.

Wegen des Vorfalls mit seinen Kindern erklärt Graf Winzingerode: im
verflossenen Jahr hätte jemand auf dem Gute des Grafen Renaud sich mit

den Kleinen den Scherz gemacht und sie gefragt: ob sie Teutsche oder Franzosen wären; worauf die Knaben begreiflich geantwortet: sie seien Teutsche. „Sollte mir der Kaiser daraus, daß ich meine Kinder zu Teutschen erziehe, einen Vorwurf machen wollen, so bedaure ich es von Herzen, tröste mich aber mit der Gewißheit, daß Eure Majestät gerechter sind. Daß die ganze Sache nichts sein kann als dies, verbürge ich."

Zum Schluß fügt Winzingerode noch bei, falls der König das, was mit Würde geschehen könne, um die guten Verhältnisse wieder herzustellen, einleiten wolle, die geeignetsten Schritte wohl darin bestehen würden: die betreffenden beiden Generale zu bestrafen und die Kavallerie auf Kosten der Infanterie zu vermehren. — „In keinem Augenblick habe ich mehr gewünscht, Euter Majestät sprechende Beweise meiner Treue und Anhänglichkeit geben zu dürfen und zu können. Und das sage ich nicht aus Decouragement. Ich bin nicht decouragirt, war es nie weniger als in und seit meiner Audienz, werde gerne hier aushalten, wenn ich für nützlich gehalten werde, und halte auch die Wiederherstellung der alten Verhältnisse keineswegs für schwer." — Aber es müsse hinsichtlich der vom Kaiser geführten Hauptbeschwerden durch Entgegenkommen des Königs etwas geschehen und dies um so mehr, „je panischer hier in Paris die Furcht vor einem Aufstand in Teutschland ist, der im Bergischen, in der Gegend von Düsseldorf und Elberfeld, gerade da, wo man den Stuttgarter Artikel abgedruckt hat, schon in vollen Flammen steht; je mehr Napoleons Laune durch die abscheulichen Artikel der englischen Blätter gereizt wird; je mehr er Gründe finden möchte, seine Bundesgenossen den unglücklichen russischen Feldzug entgelten zu lassen und den verzweifelten Augenblick zu verzweifelten Entschlüssen zu wählen."

An demselben 3. Februar 1813 hat Napoleon einen bei weitem härteren und bedeutungsvolleren Strauß mit dem österreichischen Abgesandten Grafen Bubna gehabt. Drei Stunden dauerte die Audienz, in welcher der Gesandte dem Kaiser nach und nach beizubringen hatte, wie das österreichische Kabinet es unternommen habe, den Fürsten Schwarzenberg mit seiner Armee allmälich von dem französischen Oberkommando und der Großen Armee loszureißen, um ihn nach Westgalizien innerhalb der eigenen Grenzen zurück zu nehmen, wie jetzt dasselbe Kabinet bereit sei, den Frieden zu vermitteln. „Es war nicht die fliegende Hitze des Jähzorns, berichtet Bubna, was bei diesen Eröffnungen den Kaiser in heftige Erregung brachte; es war die Bestürzung über eine ganz ungeahnte Wendung, deren vollen Ernst er wohl zu würdigen wußte." *)

Napoleon bekundete die ganz entschiedene Neigung, den Fall Schwarzenberg mit dem Fall York auf eine Linie zu stellen und beim gesetzgebenden

*) Onken, Oesterreich und Preußen im Befreiungskriege. I. 106.

Körper in derselben Weise zu verwerten, um die Notwendigkeit neuer Rüstungen daraus abzuleiten. Nur die Ueberlegung, daß hiezu der Augenblick nicht günstig sei, daß ein Bruch mit Oesterreich ihm selbst verderblich sein würde, scheint seinen Entschluß abgelenkt zu haben. Aber das sah er klar: die eigenmächtige und einseitige Verfügung des österreichischen Kabinets vom 24. Januar über das Corps Schwarzenberg war gleichbedeutend mit Abfall.

Was bedeutete dagegen die Konvention des Generals York mit den Russen am 30. Dezember 1812? Das hatte York ohne direkten Befehl seines Königs gethan. Sein Schritt kam von ferne nicht auf gegen das, was Schwarzenberg nach dem Befehl seines Kaisers that und thun mußte. Dennoch hielt Napoleon an sich aus demselben Grunde, aus dem er den König von Preußen für die That Yorks nicht verantwortlich machte, obwohl gerade Yorks Brief an Macdonald in seinem Hinweis auf Verhandlungen zwischen Preußen und Rußland ihm so verdammenswert erschienen war. — „Da möchte einen ja der Schlag rühren," hatte Friedrich Wilhelm III. ausgerufen, als er diesen Hinweis auf die geheimsten Faden der preußischen Politik aus dem Schreiben Yorks herauslas und fürchten mußte, gerade diese Ausplauderei werde zu den ernstesten Verwicklungen Anlaß geben. Aber Napoleon hielt an sich, weil er in diesem Augenblicke den Bruch mit beiden Mächten nicht wollte und nicht wollen durfte.

An demselben 3. Februar 1813 war es auch, daß König Friedrich Wilhelm III. aus Breslau den Aufruf an die bisher dienstfreie Jugend vom 17. bis 24. Lebensjahr erließ zur Bildung freiwilliger Jägerabteilungen. Hardenbergs Politik hatte es zu stande gebracht, daß auf Seite der französischen Behörden vollkommene Vertrauensseligkeit den Preußen gegenüber herrschte. So war es möglich, daß am hellen lichten Tage der König aus der Mitte eines französischen Heeres von Berlin nach Breslau übersiedelte. Der Ton der französischen Machthaber groß und klein, eben noch vor wenigen Wochen so lärmend, säbelrasselnd, voll gefährlicher Drohungen, war bedeutend herabgestimmt, fast kleinlaut geworden. So konnte nach außen hin der eigentliche Sinn der Abreise aus Berlin, der gesamten Politik, des Aufrufs vom 3. Februar noch streng geheim gehalten werden. Und doch trat jetzt gerade in Preußen jenes unsichtbare Heer unter die Waffen, das Scharnhorst schon in den Tagen der Fremdherrschaft vorbereitet, auf das Fichte im Winter 1807 1808 in seinen Reden an die deutsche Nation hingewiesen; zu Tage traten die ersten Wunder der allgemeinen Wehrpflicht,*) die Scharnhorst geweissagt hatte, als seine Lehre den einen noch eine Thorheit, den anderen ein Aergernis schien; über alles Erwarten ging jetzt herrlich in Erfüllung Scharnhorsts Glaube an die Wehrkraft des Idealismus, der in der Seele der Gebildeten wohnt.

Nach dem Gesandtschaftsbericht aus Paris vom 25. Februar „hat selbst

---

*) Onden, Zeitalter der Revolution 2c. II. 573.

Maret eingestanden, nicht mehr mit Zuversicht auf Preußen rechnen zu dürfen, nachdem der Enthusiasmus, mit welchem die waffenfähige Jugend in Preußen sich unter den Fahnen einfindet, beweist, daß sie darauf rechnet, gegen und nicht für Frankreich zu fechten; bald kann man auf 100,000 Preußen im Felde rechnen."

Am 30. Januar schloß Schwarzenberg seinen Waffenstillstand mit Kutusoff ab; Oesterreich und Preußen hatten jetzt gleicherweise ohne besondere diplomatische Erklärungen die Heeresfolge eingestellt. Faktisch wenigstens waren schon die Vorposten des französischen Bündnissystems gegen Rußland abgefallen. Die wirkliche Kriegserklärung des mit Rußland verbündeten Preußens erfolgte am 16. März, diejenige Oesterreichs erst am 10. August 1813. Damit hatten sich Hardenberg und Metternich an dem Ziele eingefunden, das sie sich in ihren Schreiben vom September und Oktober 1812 gesteckt.

———

Während die Dinge in der Politik der großen Staaten ihren Lauf nahmen, ohne daß Napoleon im stande war, sie in seinem Sinne zu beeinflussen oder gar zu lenken, erwies er sich um so rühriger, die kleineren Staaten an sich zu ketten durch die alten Mittel des Bangemachens und der Anfeuerung zum Wettlauf unter einander. Diese Staaten des Rheinbundes waren gewohnt, vollständig abgeschlossen gegen einander ihre eigenen Wege zu gehen; ein gegenseitiges Einverständnis brauchte Napoleon nicht zu fürchten; sie waren sich vollständig fremd; er befand sich in der Lage, immer einen gegen den andern auszuspielen, den einen durch das Beispiel des andern beschämen oder anfeuern zu können. — König Friedrich von Württemberg war durch den Bericht des Grafen Winzingerode nicht wenig betroffen. Er teilte denselben auch dem Kronprinzen Friedrich Wilhelm mit. Auf dem Wege zur Genesung begriffen, war der Kronprinz, von Wilna über Königsberg reisend, am 9. Oktober 1812 in Stuttgart angekommen. Er hatte sich seitdem vollkommen erholt und dankte dem König mit den Worten: „Dieser Bericht hat mich auf das äußerste überrascht und übertrifft alles, was ich erwartet hatte. Diese ganze Angelegenheit ist so bezeichnend für den Charakter der Hauptperson, daß es wirklich sehr zu beklagen ist, wie die Lage der Dinge es nicht zuläßt, einen so entscheidenden Zug der Zeitgeschichte einzuverleiben, um die Vorstellungen der Zeitgenossen richtig zu stellen. Friedrich." [*]

———

[*] Der Kronprinz nannte sich im dienstlichen Verkehr, als kommandirender General, stets Friedrich Wilhelm. In der Familie wurde er aber Friedrich, meist nur Fritz, genannt. Als König hätte er somit Friedrich II. geheißen. Es wird erzählt, daß er auf diesen Namen verzichtet habe aus Pietät gegen den von ihm hochbewunderten Friedrich den Großen, den Einzigen.

Für seine Person war der König sofort entschlossen, alles einzuleiten, um eine Aussöhnung herbeizuführen. Er ordnete deshalb seinen Minister der auswärtigen Angelegenheiten, Grafen v. Zeppelin, als außerordentlichen Gesandten nach Paris ab, wobei er ihm ein vom 8. Februar datirtes Schreiben an den Kaiser mitgab: Graf Winßingerode habe ihm über die gehabte Audienz Bericht erstattet. Schwer sei es ihm, Ausdrücke zu finden, welche seinen Schmerz darüber bezeichnen könnten, daß ihm Absichten zugeschoben werden, welche seinem Charakter und allen seinen Bestrebungen so ganz fern liegen.

Welche Bedeutung könne Rußland, könne England für ihn haben. „Sollte mir denn ganz die Kenntnis von der geographischen Lage meines Landes abhanden gekommen sein? Wäre es denkbar, daß ich — nahe dem Greisenalter — alle Frucht der Erfahrung verloren hätte, um mich in Illusionen zu wiegen, die kaum der jugendlichen Ueberspanntheit verziehen werden könnten?" Der Kaiser werde gerecht sein, werde mit dem erprobten Charakter und gesunden Menschenverstand des Königs rechnen; so könne man mit Sicherheit auf die Rückkehr der alten guten Beziehungen zahlen.

Am 12. Februar 1813 kam Zeppelin in Paris an; am 13. hatte er eine Besprechung mit Maret, dem Minister des Auswärtigen. Er berichtet darüber: Kalt sei der Empfang gewesen und der Minister wurde erst freundlicher, als Zeppelin die einzelnen Beschwerdepunkte: Abbestellung der Festlichkeiten, Fassung des Edikts bei der Vermögenssteuer, Namensliste der toten, erstorbenen und vermißten Offiziere, Ausweisung solcher, die den Gesandten Dumoustier besucht, erörtert hatte. — „Lang und deutlich glaubte ich besonders mich über die Beschwerden gegen die beiden Generale v. Woellwarth und v. Walsleben und die vom Kaiser gegen sie gemachten Ausfälle äußern zu müssen. Es gelang mir bald, den Minister zu überzeugen, daß Eure Majestät nichts verabsäumt haben, um einen sicheren Beweis zu erlangen, ob sie sich der ihnen zur Last gelegten Vergehen wirklich schuldig gemacht hatten, um nach dem Grade derselben bestraft zu werden. Maret leugnete ganz die von dem Grafen Winßingerode gemachte Behauptung, als müsse sich in den Handen Seiner königlichen Hoheit des Kronprinzen wahrscheinlich ein schriftlicher Beweis über die Vergehen der beiden Generale befinden."

„Es ist wahr," fuhr Maret fort, „der Kaiser befahl mir, Erkundigungen einzuziehen, ob die propos, welche die Generale in dem Hause eines polnischen Edelmannes gehalten hatten, wahr seien. Um mich dieses Auftrags zu entledigen, beauftragte ich einen Reisenden, dessen Weg über das Gut dieses Edelmannes ging, sich genau über alles zu unterrichten, was man den württembergischen Generalen zur Last lege. Kurz darauf erhielt ich wirklich die Antwort, daß die Edelleute ihr Ehrenwort gegeben hatten, die propos mit angehört zu haben. Dies schickte ich dem Kaiser ein und das ist zugleich alles, was ich von der Sache weiß."

Zeppelin erzählt, er hätte auf dies hin die Verhöre der beiden Generale aus der Tasche gezogen und nachgewiesen: einmal, daß Woellwarth gar keiner propos angeklagt war und zum andern, daß auch nach Benachrichtigung des Marschalls Berthier sich kein weiterer Schuldbeweis gegen die beiden habe auftreiben lassen. Maret habe daraufhin versprochen, alles günstig beim Kaiser zu befürworten.

An demselben 13. Februar abends war Zeppelin zu Konzert und Ball bei Maret und erzählt: „Hier machte mir der Minister die Eröffnung, daß der Kaiser äußerst wünsche, sogleich 6 Bataillone nach Würzburg marschiren zu lassen, und er habe deshalb eine Stafette an Dumoustier geschickt, um Eure Majestät zu ersuchen, zwei Bataillone von dieser Zahl so bald als möglich dahin in Marsch zu setzen; die anderen 4 Bataillone würden von Baden und Darmstadt nach Würzburg beordert werden. So sehr ich überzeugt bin, daß diese Anforderung Eurer Majestät höchst unangenehm sein wird und ich auch dem Minister bemerkte, daß ich nicht zu verbürgen vermöge, ob die Organisation der Truppen, besonders da es noch immer an den Gewehren aus Mutzig fehle, schon so weit vorgerückt sei, daß dieser verlangte Teil des Kontingentes gleich marschiren könne, so wenig kann ich es unterlassen, Eurer Majestät ehrerbietigst zu bemerken, daß nach meiner unmaßgeblichen Meinung eine abschlägige Antwort nicht ratsam und selbst gewagt sein würde. Der Minister schloß diese Materie mit der Bitte, daß ich Eurer Majestät deshalb auch schreiben und die Wünsche des Kaisers in Erfüllung zu bringen mitwirken möchte."

„Auf meiner Reise hierher," fügt Zeppelin noch bei, „habe ich Gelegenheit gehabt, mehrere französische Truppenabteilungen, welche nach Mainz marschirten, zu sehen. Kein einziger Soldat konnte 18 Jahre alt sein und diese jungen Knaben unterlagen unter der Last ihrer Gewehre und Tornister. Paris hat von seiner Lebhaftigkeit sehr verloren, der Unterschied ist mir bedeutend aufgefallen. Die Stimmung ist im allgemeinen traurig und von keiner Karnevalsbelustigung in Privathäusern ist die Rede. — Der Kaiser wünscht die Krönung der Kaiserin und des Königs von Rom in einem hohen Grade; die Weigerung des Papstes und die Ungewißheit, in welcher der Kaiser über das künftige Verhalten von Oesterreich ist, verhindern ihn allein an diesem Vorhaben. — Heute morgen ist die Erlaubnis zu einem weiteren Anlehen von Waffen aus dem Straßburger Arsenal für uns eingetroffen; es geht mit gegenwärtigem Kurier dem Major v. Lienhard in Straßburg zu.

Paris, den 14. Februar 1813.

Zeppelin."

Schon am 15. Februar erhielt Zeppelin eine Audienz beim Kaiser, die alles entschied. Er habe gehofft, berichtet Zeppelin, den Kaiser in ruhigerer Stimmung zu treffen, „aber es wäre doch kühn gewesen, einen Empfang auch nur zu ahnen, wie er mir zu teil ward und mich in den Stand setzte, durch eine ganze Stunde den Kaiser ruhig über alle Gegenstände meiner Mission zu unterhalten.

„Ohne mich beim Eintritt zum Wort kommen zu lassen, fing der Kaiser an, mit großer Freundlichkeit mir zu sagen: ‚Ah, da sind Sie ja! Ich kenne den Zweck Ihrer Sendung, wir wollen darüber reden; geben Sie mir den Brief.'

„Nun lehnte sich der Kaiser an einen Tisch und sagte: Sie wissen und die ganze Welt weiß es, daß ich unglücklich gewesen bin, daß ich meine Armee verloren habe, daß ich nach Paris zurückgekehrt bin, das Herz voll Weh über all dies Unglück. Der Augenblick war entscheidend, das war der Prüfstein für die Treue meiner Verbündeten und ich erwartete Trost zu finden, der nicht seine Quelle hatte in Höflichkeit oder politischen Rücksichten, sondern in der Teilnahme für meine Stellung. Alle haben das gethan, haben mir Briefe geschrieben (ich wollte ja nichts weiter) voll von dem Mitgefühl der Freund-schaft und Versicherungen der Teilnahme für mich. Alle haben dieselben Verluste gehabt wie Ihr König; er allein aber hatte kein Wort für mich und er ist es doch gewesen, dem ich die unzweideutigsten Proben meiner Freundschaft gegeben; er war es allein von allen Fürsten des Rheinbundes, mit dem ich über meine Entwürfe, über meine Politik sprach. Mein Vertrauen in seinen Charakter mußte schon deshalb ungewöhnlich stark sein, weil ich in ihm den Bruder meiner geschworensten Gegnerin, der Kaiserin-Mutter von Rußland, erblicken mußte und in den Reihen aller Armeen, die ich zu bekämpfen hatte, seine Brüder in Waffen gegen mich fand. Ich verberge Ihnen nicht, daß ich von jener Zeit an das Verhalten gegen mich im Zusammenhang fand mit den Maßnahmen, die Ihr König zu Hause traf, und mit der von ihm ausgehenden Behandlung meines Geschäftsträgers in Stuttgart."

Zeppelin erwiderte auf dies: Der König habe allerdings im Sinne gehabt, bei der Rückkehr des Kaisers nach Paris am 18. Dezember 1812 nicht nur ein teilnehmendes Schreiben zu senden, sondern auch dies überreichen zu lassen durch einen eigenen Gesandten, aber er habe gezweifelt, ob das in jenem Augenblick angenehm gewesen wäre.

„Ich habe von meinem Minister gehört," fuhr Napoleon fort, „was zu sagen war über das Notsteuergesetz und über die namentliche Liste der erfrorenen oder gefangenen Offiziere, welche in Ihren Zeitungen veröffentlicht worden ist. Lassen wir das, aber ich hätte es lieber gesehen, wenn das geschehen wäre etwa erst in einem Monat von jetzt ab, wo ich dann mit 400 000 Mann an der Oder stünde, und mir die durch derartige Publikationen in Deutschland hervorgebrachte Erregung nichts mehr gemacht hätte. Die Maßnahmen aber gegen meinen Gesandten in Stuttgart, das ist von anderer Natur und hat meine Stimmung wesentlich beeinflußt. Wenn der König sich über ihn zu

bellagen hatte, warum denn nicht vertrauensvoll schreiben? Ich hatte ihn abberufen. — Niemand hat von mir etwas zu fürchten, so lange ich im Glück
bin; aber im Unglück bin ich außerordentlich empfindlich wegen jeder Aufmerksamkeit."

Zeppelin erzählte nun, wie es mit den Maßnahmen gegen den Gesandten
Dumoustier sich verhalten habe, und er glaubte bemerken zu können, daß beim
Kaiser einige Verwunderung Platz griff, die nicht zum Vorteil des Herrn
Dumoustier ausgelegt werden konnte und vielleicht ein Vorbote war, daß man
seiner in einiger Zeit los werden könnte.

„Bis hierher war ich glücklich gekommen, aber mit etwas größerer Besorgnis
fing ich nun an, von den Generalen Woellwarth und Walsleben zu sprechen.
Hierüber fand ich den Kaiser gut unterrichtet. Eure Majestät werden mir leicht
glauben, welche angenehme Empfindung diese glückliche Wendung in einer
epineusen Sache bei mir anregte. Der Kaiser faßte mich an dem Knopfe
meines Kleides und sagte: Mein Lieber, die Ausdrücke sind zweifellos; Sie
können sich darauf verlassen, aber ich will nicht haben, daß man den Leuten
den Prozeß macht. Ich will sie nicht unglücklich machen. Wozu soll das
nützen? Wenn der König nur nicht gerade den gegenwärtigen Augenblick
gewählt hätte, um sie zu reaktiviren; später, dann hätte ich keine Notiz davon
genommen."

Alles war beigelegt, als Zeppelin erklärt hatte, welcher Art der aktive
Dienst gewesen und wie General Woellwarth niemals wegen unangemessener
propos angeklagt gewesen sei. — „Nachdem ich den Kaiser gebeten hatte, mir
durch ein Schreiben an Eure Majestät die Versicherung mitzugeben, welche die
fortdauernden freundschaftlichen Gesinnungen gegen Eure Majestät bestätige,
entließ mich der Kaiser.

Paris, den 15. Februar 1813.

Zeppelin."

Ju einem Schreiben vom 19. Februar drückte König Friedrich dem außerordentlichen Gesandten seine Zufriedenheit aus über die Art und Weise, wie
er sich seines Auftrags entledigt. „Einen Umstand muß ich als äußerst sonderbar herausheben," sagt der König. „Er betrifft die Kaiserin, meine Schwester,
welche Napoleon seine geschworenste Feindin nennt, von welcher er aber wissen
muß, — falls er so gut informirt ist, wie er behauptet —, daß ich seit vielen
Jahren in ganz keiner genauen Verbindung mit ihr stehe, ja sogar — seit
den Vorfallenheiten mit dem Herzog Louis — beinahe bronillirt war, auf alle
Fälle aber für ihr Thun und Lassen nicht verantwortlich sein kann. Was
meine Brüder betrifft, denen er überall mit den Waffen in der Hand begegnet,
so wird der Kaiser sich doch wohl erinnern, wie ich gegen sie verfahre und wie
ich selbst, wenn er sie in Schutz genommen, die notwendigen Maßregeln gegen
seine Ansicht durchgesetzt habe. Mehr auf sie zu wirken, lag außer den Grenzen

meiner Macht. Auch muß ich bemerken, daß, so viel mir bewußt, der Herzog Alexander kein militärisches Kommando bei der russischen Armee gehabt hat.

„Daß Sie so lange in Paris verbleiben, bis Sie die schriftliche Antwort des Kaisers zu erhalten vermögen, leidet keinen Zweifel. — Noch scheint der französische Gesandte keine Aufträge wegen des zu stellenden Regiments erhalten zu haben. Ich habe ihn angewiesen, in allem, was nicht laufende Sachen sind, sich an den Staatssekretär per Note zu wenden, indem man mit diesem Mann sehr vorsichtig sein muß. Ob wir seiner los werden, scheint mir sehr zweifelhaft. Indessen werden seine Einstreuungen viel von ihrem Gift verloren haben. Er fährt fort, sein gehässiges und abgeschmacktes Benehmen bei jeder Gelegenheit an den Tag zu legen."

Ob Wintzingerode noch mit Nutzen in Paris belassen werden könne, darüber möchte der König noch Aufschluß haben. „Gestern ist mit der Post, um gelesen zu werden, das in Abschrift beiliegende Schreiben an Sie abgegangen. — Unter Wiederholung meiner vollkommensten Zufriedenheit :c."

Kaum war dies Schreiben nach Paris abgegangen, als der französische Gesandte in Stuttgart bei der königlichen Regierung das Verlangen im Namen des Kaisers stellte, es sollen mit Beschleunigung zwei Bataillone und eine Batterie nach Würzburg abmarschiren.

Noch am 20. Februar ließ König Friedrich ein darauf bezügliches Schreiben an den Grafen Zeppelin in Paris abgehen: „Ich habe geglaubt, dies Schreiben Ihnen mitteilen zu müssen, um Sie in den Stand zu setzen, bei Gelegenheit zu erforschen, ob der darin herrschende rauhe, beinahe befehlende Ton, der von dem in allen ähnlichen Gelegenheiten von seinen Vorgängern gebrauchten so sehr abweicht, auf einer Weisung seiner Regierung beruhe oder Folge von des Gesandten Sinnesweise sei. Aus der in Abschrift beiliegenden an den Gesandten Dumoustier erlassenen Antwort werden Sie ersehen, daß ich mich wegen Ab-sendung der beiden Bataillone, sobald die Waffen aus Mutzig angekommen sein werden, bereit erklärt habe, um dem Vorwurf der Nichtbereitwilligkeit mich zu entziehen; aber zugleich habe ich bemerklich machen müssen, daß diese zwei Bataillone keine Soldaten, sondern noch ganz rohe, unererzierte Rekruten sind, von lauter neuen Unteroffizieren und zur Hälfte neuen Offizieren kommandirt werden, daß ich also für die Resultate, wenn sie gebraucht werden sollten, keines-wegs stehen kann, daher mich zum voraus vor allem Vorwurf verwahren will. Das werden Sie ausdrücklich dem Minister und, wenn Sie können, dem Kaiser erklären.

„Was die Artillerie betrifft, so ist es platterdings eine Unmöglichkeit, auch nur eine Kanone vor März in Bewegung zu setzen. Ich thue gewiß, was ich kann, um jeder Unannehmlichkeit auszuweichen, aber was außer der Möglichkeit liegt, läßt sich nicht erzwingen. Uebrigens ist nach heute eingelaufenen Depeschen zu Karlsruhe dasselbe Ansuchen mit Truppen geschehen. Nach

Angabe meines Gesandten Gallatin aber befindet man sich daselbst unvermögend, der Forderung zu entsprechen.

„Ich sehe zum voraus, daß von meinen abzuschickenden uniformirten Bauernjungen die Hälfte davonlaufen wird, ehe sie an dem Ort ihrer Bestimmung ankommen, weil die Leute noch ganz keinen richtigen Begriff ihrer Bestimmung haben. Indessen, es ist vorausgesagt worden, es komme also, wie es wolle, so habe ich keine Schuld. Sie werden sich also bemühen, immer darauf zurückzukommen, daß ich diese beiden Bataillone bloß marschiren lasse, um nicht wiederum einer Widersetzlichkeit beschuldigt zu werden.“

Ein Schreiben ganz in ähnlichem Sinn ging vom Staatssekretar Vellnagel in Stuttgart an den Gesandten Dumoustier ab. Der König hatte es selbst verfaßt und eigenhändig niedergeschrieben, wie denn bei König Friedrich der umgekehrte Fall von dem gewöhnlichen eintrat: er ließ sich von seinen Ministern, kommandirenden Generalen, Geschäftsträgern u. s. f. keine Schreiben im Entwurf vorlegen, sondern er fertigte ihnen die Konzepte aus, gab sie ihnen in der Tasche mit und sie brauchten nur im gegebenen Fall Datum und gegenwärtige Umstände einzusetzen, um ein Schreiben ganz im Sinne ihres Herrn vom Stapel lassen zu können.

Kurze Zeit darauf schrieb Zeppelin aus Paris, der Minister Maret scheine allmälich in der Verteidigung des Gesandten Dumoustier etwas lauer zu werden; insbesondere äußerte er: Wenn man in Zukunft etwas über Dumoustier zu klagen habe, so solle man sich vertraulich an ihn wenden; er werde Abhilfe schaffen. Dumoustier wurde in der That auf seinem Posten ersetzt durch Latour Maubourg, aber erst im Laufe des Sommers.

Von dem ganzen Umschwung der Lage auf dem Kriegsschauplatz in Polen setzte König Friedrich seinen außerordentlichen Gesandten in Paris in Kenntnis durch ein Schreiben vom 23. Februar: „Die Einnahme von Warschau durch die Russen ist in ihren Folgen so bedeutend gewesen und die Fortschritte der russischen Armee sind so schnell, haben auf die politische Lage einen solchen Einfluß, daß ich es für wesentlich ansehe, Sie davon in Kenntnis zu setzen. Die Gesinnungen Oesterreichs erhellen aus der in dem beiliegenden Blatt enthaltenen Verordnung, welche durch das, was der Kaiser unumwunden hierüber gegen den Grafen Beroldingen in der letzten Audienz äußerte, bestätigt wird.

„Wenn die Nachricht von Warschau, wie von der Defektion und Auflösung der französischen Armeeüberreste, das nun wahrscheinlich schon erfolgte Eintrücken der Russen in Berlin, zu Paris bekannt werden wird, sind von neuem die heftigsten Explosionen von seiten des Kaisers zu erwarten. Es werden Zumutungen aller Art geschehen. Man wird verlangen, Kavallerie, Artillerie und Infanterie, die kaum einige Tage bestehen, marschiren zu lassen. Sie werden aber hierüber von der Ihnen und dem Kaiser bereits bekannt gemachten Erklärung nie abweichen und die dem französischen Gesandten erteilte

Antwort zur Grundlage aller Ihrer Rückäußerungen machen. Eine von seiten der Lieferanten eingetretene, aber von ihnen nicht verschuldete Verspätung setzt den Termin der Berittenmachung der Kavallerie und Mobilmachung der Artillerie noch weiter hinaus und ich kann mich der Gefahr nicht aussetzen, wie es die italienischen, westfälischen Truppen und niederrheinischen Kohorten schon gethan haben, von meinen Truppen die Waffen wegwerfen zu sehen, um zum Feinde überzugehen, welches unausbleiblich der Fall sein würde, wenn man uns nicht Zeit läßt, militärischen Geist und Disziplin in diese neue Einrichtung hineinzubringen. Auch kann ich Ihnen nicht bergen, daß das Mißvergnügen mit allem, was französisch ist, hier täglich steigt.

„Alle diese Umstände machen es zur dringenden Notwendigkeit, in dem angenommenen Ausrüstungssystem zwar unaufhaltsam fest fortzugeben, aber nichts zu übereilen, durch keine unbesonnenen, voreiligen Schritte Resultate herbeizuführen, die man nachher zu spät bereuen würde." Nachschrift: „Die Mine wird größer und größer; Gott möge uns beschützen, wenn sie springt."

Einem Mann von so klarem, weitem Blick, wie ihn König Friedrich besaß, mochte die Lage der Dinge in Mitteleuropa als eine für Napoleon recht ungünstige erscheinen: Preußen befand sich faktisch schon im Lager der Russen, trat Oesterreich noch dahin über, so war für Bayern und Württemberg die Zeit gekommen. Alles hing hier von Oesterreich ab. Vom 9. März 1813 berichtet der preußische Geschäftsträger in Stuttgart, Scholz, nach Berlin: „Niemand zweifelt hier, daß, wenn Oesterreich sich gegen Frankreich erklärte und ein Heer in Bayern einrücken ließe, der König von Württemberg sich ihm anschließen würde; bis dahin aber muß er temporisiren und das thut er, glaube ich, so gut er kann."

Aus Berlin bestätigt der Gesandtschaftsbericht die außerordentliche Bewegung unter der Jugend aller Klassen, vorzüglich unter den Studenten. Universitäten und Kammergericht stehen verwaist, und so auch jede Art Zunft, Gewerbe und Handelsstand. — Nach all diesen Vorgängen habe St.-Marsan seine Pässe verlangt; jetzt, Ende Februar, stehe er wieder gut mit dem König, der die Versicherung abgegeben, diese Rüstungen haben den Zweck, in Uebereinstimmung mit Oesterreich die angefangenen Unterhandlungen zu unterstützen.

Als der Kronprinz Friedrich Wilhelm die Gesandtschaftsberichte aus Paris mitgeteilt erhielt, schrieb er seinem Vater zurück: „Es ist schwer, mit Lachen an sich zu halten, wenn man diese kleinlichen Kunstgriffe sieht und diesen Mangel an Aufrichtigkeit, um an sein Ziel zu kommen; die Stellung, welche Eure Majestät zu nehmen beabsichtigt, scheint mir sehr weise zu sein."

Vor allem galt es, Zeit zu gewinnen bis zur Entscheidung Oesterreichs.

In einem Schreiben vom 24. Februar berichtet Zeppelin noch aus Paris: daß er jetzt das Antwortschreiben des Kaisers erhalten habe und seine Heimreise beschleunigen werde; seine Gesundheit aber, welche durch das ungewohnte stete Nachtwachen gelitten habe, werde nicht gestatten, die Reise sehr zu beschleunigen. Wegen der Schwester des Königs, der Kaiserin-Mutter von Rußland, welche Napoleon seine schlimmste Feindin genannt habe, müsse er noch etwas nachtragen. — „Es bot sich mir in der vergangenen Nacht noch eine sonderbare Veranlassung dar, über die gänzlich gehemmte Kommunikation zwischen Eurer Majestät und der russischen Kaiserin-Mutter mit dem Minister Maret zu sprechen. Die Gelegenheit dazu gab mir die Eröffnung des Ministers, daß meiner Sendung hierher, sowohl im diplomatischen Corps als auch unter den Pariser Politikern, der Zweck einer Einleitung zum Frieden zwischen Frankreich und Rußland unterlegt wurde, daß der Kaiser Alexander und die Kaiserin-Mutter sich deshalb an Eure Majestät, als nächsten Verwandten und zugleich Alliirten von Frankreich, gewendet hätten, und daß aus der so ungewöhnlich schnell nach meiner Ankunft erhaltenen Privataudienz beim Kaiser ein Grund mehr für diese Behauptung abgeleitet werden wolle. Meine Verwunderung über dieses auffallende Gerücht beantwortete der Minister mit dem Ausruf: ,Und doch wäre das ein sehr glücklicher Fall.' Wir wurden unterbrochen und ich getraue mir nicht, zu entscheiden, ob diese Sage, von der ich auf anderem Wege nichts erfahren habe, wirklich in Umlauf war oder von dem Minister absichtlich, in Verbindung mit irgend einer Idee, aus der Luft gegriffen wurde.

„Fast jeden Abend hat mir der Minister mit vieler Offenheit über die Lage der Dinge Eröffnungen gemacht; der Wunsch nach Frieden bleibt überwiegend, obwohl die Hoffnung darauf mehr und mehr verschwindet. Die Unruhe über Preußens Betragen und die Besorgnis wegen eines Aufstandes im Norden steigt mit jedem Augenblick. Die letzten Nachrichten des Gesandten St.-Marsan aus Breslau lassen, wie ich deutlich aus den Aeußerungen des Ministers Maret entnehmen konnte, keinen Zweifel über das veränderte System der preußischen Regierung übrig. — Von der Abreise des Kaisers ist nach der Versicherung des Ministers gar nicht die Rede. Gut unterrichtete Personen behaupten sogar, daß dieselbe vor dem Monat Mai nicht stattfinden werde. Die noch wenig vorgerückte Organisation einer neuen Armee, um offensiv agiren zu können, gibt dieser Vermutung viel Wahrscheinliches."

Das Schreiben, welches Zeppelin von Napoleon erhielt, ist vom 20. Februar datirt: „Mein Herr Bruder! Den Brief Eurer Majestät vom 8. Februar habe ich mit vielem Vergnügen gelesen. Das, was er enthält, führt zu unmittelbarer Ueberzeugung und konnte in mir die Meinung nur befestigen, welche ich von jeher von Eurer Majestät gehabt habe. Eure Majestät mag versichert sein, daß meine Gesinnungen gegen Sie und Ihr Haus stets dieselben sein werden. Ich beziehe mich hierbei auf meine dem Grafen Zeppelin gemachten Eröffnungen betreffend den Zweck seiner Reise :c."

Zunächst war der Streit damit beigelegt. König Friedrich aber, wenn es ihn auch keineswegs verlangte, sofort mit Rußland und Preußen zu gehen, mochte sich doch innerlich abgestoßen fühlen durch den kalten, rohen Egoismus des immer noch übermächtigen Mannes, der den württembergischen Namen schon im Feldzuge 1812 auf das empörendste beleidigt hatte. Die hochfahrende Weise, wie im Sommer 1812 Napoleon und seine nächste Umgebung gegen den Kronprinzen und die Württemberger vorgingen, hat dem König mehr als alles andere die Augen geöffnet.

Derjenige aber, der von dem Grundsatze ausging, daß Selbstsucht der trivialsten Art der einzige Hebel sei, durch den der Mensch in Bewegung gesetzt werde, stand jetzt im Begriff, auf den Plan zu treten gegen Gewalten geistiger Natur, für deren mächtige Regungen im Menschen- und Volksgemüt jegliches Verständnis ihm abging.

Kriegslage; Mobilmachung.

Während Napoleon die unzweideutigsten Beweise erhielt von dem Abfall Oesterreichs, von der Hinneigung Preußens zum Bundnis mit Rußland, ohne daß er im stande war, das alles zu hindern, während er mit studirter Empfindlichkeit einem zwar willensstarken, aber durch seine Machtmittel zu einer bescheidenen Rolle verurteilten Fürsten des Rheinbundes gegenübertrat, — während das in Paris geschah, schrieb in denselben Tagen der österreichische Gesandte, Graf Zichy, von dem in Breslau residirenden preußischen Hofe: „Die Opfergaben an Menschen und Geld, welche in Preußen aus allen Provinzen kommen und von denen man in Breslau ganz hervorragende Beispiele kennt, lassen alle Erwartungen der Regierung hinter sich. Da ist keiner, der nicht die edelste Hingebung an den Tag legen möchte, und jeder legt sich die schwersten Opfer auf, um zum Besten des Landes beizutragen; es ist wie ein allgemeines Einverständnis, daß in diesem Punkt den Behörden nichts dürfe zu wünschen übrig gelassen werden. — Jeden Tag kommen in Breslau Rekruten und Urlauber an, die Freiwilligen strömen herzu, und in Berlin, höre ich, gehen die Einstellungen vor sich mit einer Raschheit und einem Erfolge, der erstaunlich ist.“

Das ist am 15. Februar geschrieben worden, und nun brachte jeder Tag seine Neuigkeit. Vom 16. Februar berichtet der württembergische Ministerresident v. Kaufmann aus Berlin: „Der Zulauf von denjenigen, welche dem von Breslau ergangenen allgemeinen Aufgebot Folge leisten, vermehrt sich täglich aus allen Ständen und Klassen, so daß schon mehrere Gewerbe, namentlich das Bäckerhandwerk, wegen Mangels an Arbeitern notleiden. Man sieht auf den Straßen von Berlin fast nichts als solche Freiwillige mit Säbeln und Flinten bewaffnet, die sich zum Auszug nach Schlesien oder neuerdings auch nach Kolberg vorbereiten. Alles, was die Gemüter noch mehr erhitzen kann, wird dabei in Bewegung gesetzt. Kirche und Theater werden dazu benützt. So hat am vorigen Sonntag in der Dreifaltigkeitskirche der Prediger Schleiermacher, ein bekannter, höchst eifriger Anhänger des Tugendbundes, an etlichundbreißig solcher Vaterlandsverteidiger, welche in Begleitung einer großen Anzahl, namentlich weiblicher, Familienmitglieder das heilige Abendmahl genossen, eine feurige, den Gesinnungen dieser jungen Leute entsprechende Rede gehalten, worin das Feierliche der kirchlichen Handlung mit der gegenwärtigen Lage des Vaterlandes und dem erhabenen Beruf, solches vom fremden Joche zu befreien, in Verbindung gebracht wurde.

„Am Abend des nämlichen Tages ward im Schauspielhaus Johann von Montfaucon aufgeführt, wo bei einer jeden nur auf das entfernteste zu einer Anspielung auf gegenwärtige Zeiten sich eignenden Stelle der größere Teil des Publikums, besonders die im Parterre versammelte kriegslustige Jugend, den lauten Beifall mit Ungestüm und langdauerndem stürmischem Jubel zu erkennen gab. Da diese immer allgemeiner werdende Stimmung sich hier in Berlin unter den Augen der französischen Militärbehörde so hervorthut, so läßt sich erwarten, daß in Schlesien, wo dieselbe sich noch freier ergießen kann, bald zu ernsthaften Auftritten Veranlassung geben werde.

„Die Berliner Anhänger dieser sich täglich vergrößernden Bewegung sind auch innigst überzeugt, daß ihre Erlösung von Schlesien her in ganz kurzer Zeit anrücken und die Franzosen zum Rückzug nötigen werde; daß man sich an die Russen anschließen und die Verfolgung des für gemeinsam zu erklärenden Feindes bis an den Rhein vollenden werde, wobei auf den Beistand, welchen man von den Mißvergnügten in Westfalen, im Bergischen, längs des Rheins und in ganz Teutschland erwartet, mit lautem und zuversichtlichem Vertrauen gerechnet wird." Der Ruf zu den Waffen vom 3. Februar und das Edikt vom 9. Februar über Aufhebung von Dienstbefreiungen, beide aus Breslau vom König Friedrich Wilhelm III. erlassen, seien für den französischen Gesandten St.-Marsan förmliche Ueberraschungen gewesen. „Eine nicht ganz unwahrscheinliche Vermutung ist," fährt der Gesandte in Betrachtung der rasch auf einander folgenden Entschlüsse fort, „daß die Berufung, welche General York in seiner öffentlichen Erklärung auf eine am 20. Dezember 1812 erhaltene Ordre gemacht hatte, und die Besorgnis, sich dadurch kompromittirt zu sehen, den Entschluß zu Ergreifung dieser Maßregeln wenigstens beschleunigt haben dürfte und daß damit eine bewaffnete Mediation erzielt werden wolle." (Vgl. hierüber Luden, Zeitalter der Revolution ꝛc. II. 533, 534 und Anmerkung, S. 554.)

In Berlin hatte Marschall Augereau mit 12 000 Mann die Wache, aber

die Italiener dieses Corps seien sehr mißstimmt; die Russen hätten versprochen,
am 22. Februar in Berlin einzureiten. — Aus Dresden berichtet der württembergische Gesandte v. Linden, der Oberforstmeister v. Reizenstein sei am
15. Februar aus Breslau zurückgekehrt und erzähle: „Den König von Preußen
habe ich in den kritischen Momenten seines politischen Lebens gesehen; er sah
nachdenkend und gebeugt aus und ertrug sein Geschick in stumpfer Gelassenheit;
dermalen aber spricht Heiterkeit, Leben und Kraft aus ihm. Tag und Nacht
ist er beschäftigt und um acht Uhr des Morgens auf dem Paradeplatz, um die
Regimenter zu mustern. Diese Musterung dauert den ganzen Tag. In seiner
Gesellschaft sieht man die gefangenen russischen Offiziere." Laut spreche man
über die gegenwärtigen Verhältnisse. „Der französische Gesandte St.-Marsan
war auch in der Kasinogesellschaft anwesend. Man begegnete ihm, wie dies
bei allen Gelegenheiten der Fall ist, mit der größten Achtung, ließ sich aber
nicht abhalten, mit Freimütigkeit das preußische Gefühl laut auszusprechen. Die
Armee der Preußen wächst von Tag zu Tag, indem alles, alt und jung, ledig
und verheiratet, nach Breslau strömt."

Am 26. Februar schloß Preußen sein Schutz- und Trutzbündnis mit
Rußland, am 11. März marschirten die Russen in Berlin ein; die Franzosen
gingen hinter die Elbe und Saale zurück; am 16. März teilte die preußische
Regierung dem Kaiser der Franzosen ihr Bündnis mit Rußland mit; damit
war der Krieg erklärt. Am 17. März folgte der Aufruf: An Mein
Volk; am 22. marschirte Blücher in Sachsen ein; am 17. schon streiften die
Kosaken durch die Straßen Hamburgs.

Mit Verwunderung sah jetzt das alte Geschlecht in Preußen und ganz
Norddeutschland, wie plötzlich die Jüngeren ganz andere geworden waren, wie
eine neue Generation heranwuchs, dem politischen Bedürfnis der Gegenwart
lebend, wohl auch aus dem geistigen Leben der Vergangenheit schöpfend, aber
zugleich mit praktisch gestaltendem Blick der Zukunft zugewandt. Das waren
nicht mehr die Leute, welche ihre höchste Labung in ästhetischen Genüssen fanden
und es für verlorene Zeit hielten, auch noch politisch denken zu müssen; das
waren nicht mehr die empfindsam weichen Menschen mit ihrem weltbürgerlichen
Glaubensbekenntnis. Eine neue Lust machte sich geltend, die Freude an der
Gemeinschaft aller Stände, die Befriedigung am Zusammenwirken mit den
Volksgenossen hoch und nieder, gelehrt und ungelehrt. Und damit kam neben
der Erziehung zur Mannhaftigkeit der demokratische Zug in das Leben
des Volks.

Am 25. März erschien der Aufruf des russischen Oberbefehlshabers an
die Teutschen, der die Worte enthielt: „Und so fordern wir denn treues
Mitwirken besonders von jedem deutschen Fürsten und wollen dabei gern
voraussetzen, daß sich keiner finden werde unter ihnen, der, indem er der
deutschen Sache abtrünnig sein und bleiben will, sich reif zeige der verdienten

Vernichtung durch die Kraft der öffentlichen Meinung und durch die Macht gerechter Waffen."

Die verbündeten Preußen und Russen überschritten die Elbe und rückten in Dresden ein. Man versuchte die sächsischen Lande in Verwaltung zu nehmen, der König von Sachsen war nach Regensburg geflohen; im Königreich Westfalen begann man zu zittern und zu flüchten; das französische Reich schien aus einander fallen zu wollen, allerlei Gerüchte schwirrten durch die Luft; da erschien Napoleon selbst im Felde, und seine erste Waffenthat bei Großgörschen in den ersten Tagen des Mai zerhieb den ganzen bunt verschlungenen Knäuel von Unsicherheiten und brachte Klarheit in die Lage: die Macht Frankreichs und des Rheinbundes neu gestärkt, Rußland und Preußen auf ihre eigenen, noch unzureichenden Kräfte zurückgewiesen, Oesterreich beobachtend auf der Seite.

Voll Sorge, mit begreiflichem Schwanken, mußten die süddeutschen Staaten, besonders Bayern und Württemberg, bisher in die Zukunft blicken.

In einer Depesche vom 18. Februar schreibt Metternich dem österreichischen Geschäftsträger, Baron v. Binder, in Stuttgart: „Was Sie uns über den Anschein eines Wechsels in den Gesinnungen des Königs melden, der in seinem Eifer für die Kriege Frankreichs zu erkalten scheint, verdient weiter verfolgt und näher beobachtet zu werden. Ohne seinen Verpflichtungen gegen Frankreich untreu zu werden, könnte er der Wiederherstellung des Friedens viel nützen, wenn er die Ausrüstung seines Kontingents nur langsam betriebe. Der König kann nur gewinnen, wenn er in seinen Rüstungen ein weises Temporisiren beobachtet."*) Wenn König Friedrich es ermögliche, Zeit zu gewinnen, so werden auch die Unterhandlungen freieres Spiel erhalten. Die Absichten Oesterreichs in der gegenwärtigen Krisis seien vollständig rein; man habe keinerlei Vergrößerungen auf Kosten des Rheinbundes im Auge. Kaiser Franz sei weit entfernt, an Wiederherstellung der alten Ordnung in Deutschland zu denken. Im Gegenteil erblicke er einen großen Vorteil in der Unabhängigkeit der Mächte, welche durch ihre Lage geeignet sind, zwischen Oesterreich und Frankreich als Mittelglieder zu dienen.

Und am 7. April schrieb Metternich an den Gesandten Binder in Stuttgart: „Wir wünschen, daß der König von Württemberg sich mit uns in möglichst direkten und vertraulichen Verkehr setze. Wir sind weit entfernt, ihn zu kompromittiren. Unsere Haltung ist klar: Wir wünschen ebenso wenig die Ueberlegenheit Frankreichs wie diejenige Rußlands; unsere Absichten sind gemäßigt und mit den Mittelmächten zusammengehend. Wir streben gerechtes Gleichgewicht an zwischen den Großmächten, Unabhängigkeit und Wohlfahrt für die Mächte vom zweiten und dritten Rang. Wenn der König eine Vertrauensperson schicken will, kann sie bei uns in Wien sich aufhalten etwa unter dem

*) Enden, Oesterreich und Preußen im Befreiungskrieg I. 320 ff.

Vorwand des Waffeneinkaufs. Für den König von Württemberg hat wohl auch die Nachricht Wert, daß der König von Preußen uns in dem Grad sein Vertrauen schenkt, daß er beinahe sein eigenes Geschick unserer Entscheidung anheimgibt." (Beil. 2 zur Exposition des relations pol. ꝛc. K. Hausarchiv.)

Auf seiner Rückreise von Paris kam der preußische Geschäftsträger, Fürst Haßfeld, über Stuttgart. Was er hier gehört und erlebt hat, erzählt sein, Berlin den 13. April datirter, an Friedrich Wilhelm III. gerichteter Reisebericht. „In Stuttgart hat mir der König durch den Minister des Auswärtigen, Grafen Zeppelin, sagen lassen, er sei in Verzweiflung darüber, daß er mich nicht empfangen könne, aber ich würde selbst fühlen, daß, da er den Herrn Dumoustier als französischen Geschäftsträger am Hofe habe, den ärgsten Quäler und Wühler von ganz Frankreich, er nicht unzeitig Verdacht erregen dürfe, und daß er überzeugt sei, ich würde diese Rücksichtnahme selber billigen.

„Ich habe mit dem Baron Binder und dem Grafen Zeppelin selbdritt dinirt, und beide haben mich von den höchst wichtigen Mitteilungen unterrichtet, welche der Fürst Schwarzenberg dort auf der Durchreise gemacht hat und die Euer Majestät ohne Zweifel schon bekannt sind, nicht minder von der Erklärung, welche der König von Württemberg infolge davon dem französischen Geschäftsträger Dumoustier abgegeben hat, nämlich, daß er in keinem Fall seine Truppen außerhalb seines Königreichs werde marschiren lassen, und bei dem Geist, den er hat, bei seiner Entschlossenheit und namentlich nach den Eröffnungen des Fürsten Schwarzenberg zweifle ich nicht, daß er den ersten günstigen Augenblick ergreifen wird, um sich gleichfalls von dem Joche zu befreien, welches schon so lange auf ihm und seinen Staaten lastet.

„Im übrigen kann ich Euer Majestät nicht mit zu starken Farben die Begeisterung schildern, die ich überall für die Sache Euer Majestät sowohl in Baden als in Württemberg gefunden habe, ganz besonders aber in Ansbach und Bayreuth, wo die Bewohner mit Herz und Seele Preußen geblieben sind und die Ankunft der preußischen Truppen herbeisehnen wie das Erscheinen des Messias."

Dem Fürsten Schwarzenberg gegenüber, als dieser durch Stuttgart nach Paris reiste, erklärte der König von Württemberg, obwohl der leiseste Verdacht Frankreichs bei seiner geographischen Lage ihm verderblich werden müsse, stehe er doch nicht an, auf die freundschaftlichen Zusicherungen hin, auf die ausgesprochenen liberalen Absichten, welche den Wunsch der ganzen Menschheit verwirklichen wollen, einzugehen. Ende April wurde von Wien aus der Wunsch nach weiteren vertraulichen Unterhandlungen ausgesprochen; Friedrich sandte den Oberst v. Varnbüler dorthin. Doch kehrte dieser nach Wochen ohne greifbares Resultat zurück. Die Siege Napoleons hatten aufschiebend gewirkt.

In München wagte Fürst Schwarzenberg, als er Ende März auf der

Durchreise dorthin kam, dem französischen Gesandten, Grafen Mercy Argenteau, Dinge zu sagen, die im Zusammenhalt mit den von Preußen in München angeknüpften Unterhandlungen bei Hof den allertiefsten Eindruck machen mußten, wie sie ihm gewiß kein Geheimnis geblieben sind. Schwarzenberg meinte ganz unbefangen, der Kaiser Napoleon werde gut thun, sich in seine Rheingrenze zurückzuziehen, die Hansestädte freizugeben, auf Illyrien zu verzichten und die deutschen Fürsten freizulassen. Frankreich werde nach solchen Verzichten immer noch groß und stark genug sein. So, wie die Lage der Dinge sei, könne sie nicht bleiben. Das müsse sich jeder Franzose selbst sagen, der den Zustand der Geister in Deutschland kenne.

Allgemein wurde Fürst Schwarzenberg, der seine Verwendung bisher bald im Lager, bald in der Diplomatie gefunden, als der künftige Oberbefehlshaber der ins Leben zu rufenden großen österreichischen Armee in Böhmen bezeichnet.

Im Laufe des Monats März und Anfang April 1813 haben zwischen Preußen und Bayern Verhandlungen stattgefunden, welche davon ausgingen, daß Preußen wohl in Norddeutschland eine führende Stellung anstreben werde, daß ihm aber alle Eroberungsgelüste auf Süddeutschland ferne liegen. Der preußische Geschäftsträger am Hof zu München hatte schon zu Anfang des Jahres allerlei Anzeichen eines beginnenden Gesinnungswechsels wahrgenommen. In den entscheidenden Kreisen aber, bei dem Minister Montgelas ganz besonders, war es die Furcht, Franken an Preußen herausgeben zu müssen, welche allen Entschlüssen hindernd in den Weg trat. Dazu erwiesen sich die Streitkräfte Bayerns noch schwach, erst in der Reorganisation begriffen; man sah sich von der italienischen Grenze her bedroht.

In den ersten Tagen des April war der preußische Geschäftsträger, nachdem er beruhigende Versicherungen wegen der fränkischen Fürstentümer abgegeben, auf dem Punkte, eine Neutralitätskonvention mit Bayern abzuschließen, als plötzlich die Stimmung am Münchener Hofe umschlug. Oesterreich zeigte sich sehr unentschieden; seine Gesinnungen wurden so dargestellt, als wären sie unzertrennlich mit den Interessen Frankreichs verbunden; aus Paris gingen Nachrichten ein von den überaus großen Rüstungen, von den Erfolgen, welche Napoleon, der zur Armee abgegangen sei, mit Sicherheit vor sich habe. — So hat am 11. April die geheime Unterhandlung Preußens über Bayerns einstweilige Neutralität und späteren Uebertritt mit einem schroffen Bruche geendet.

Montgelas hatte zunächst noch den Sieg davongetragen über den Kronprinzen Ludwig und den General Wrede.

Doch war für Bayern, Napoleon gegenüber, immer der Vorwand wegen der Haltung Oesterreichs geblieben. Und Bayern nützte diese Lage gehörig aus: vor allem sei es nötig, die Grenzen zu decken, in Salzburg und am Inn auf der Hut zu sein. Hier standen unter dem Grafen Wrede denn auch die hauptsächlichsten bayrischen Streitkräfte, welche sich allmälich bis über 30000 Mann verstärkten. Nur eine schwache Truppe, die Division Raglowich, war an der nördlichen Grenze Bayerns versammelt. Die Absendung dieses Heeresteils zur Großen Armee Napoleons nach Sachsen konnte schließlich nicht mehr verweigert werden. Doch war diese Division Raglowich, 7000 bis 8000 Mann stark, von Anfang an nicht vollzählig; auch wurden ihre Verluste niemals ergänzt, so gebieterisch dies Napoleon auch verlangte. Bayern war demnach im stande, die Mobilmachung von Linie und Landwehr mit allem Bedacht und systematisch zu betreiben, ohne sich auf dem Kriegsschauplatz allzu sehr in Anspruch genommen zu sehen.

Durch das Verhalten Oesterreichs ergaben sich die verschiedensten Ab = stufungen im Verhalten der einzelnen Staaten. Im Norden mochten sich einige staatliche Existenzen an Preußen anschließen, aber im Süden hing alles von Oesterreich ab. Eine von Osten nach Westen, von Staat zu Staat weiter fortschreitende Gemeinschaft mit Frankreich bildete sich in dieser Gruppe heraus. Im äußersten Osten der österreichische Staat vollständig der französischen Machtsphäre entrückt, seiner Unabhängigkeit zurückgegeben, im stande, frei zu handeln nach allen Seiten hin, im Innern beschäftigt, seine unglaublich gesunkenen Machtmittel zu heben, um in absehbarer Zeit als wirk = liche, ausschlaggebende Großmacht auftreten zu können; zunächst westlich davon Bayern, auf dem Wege zur Neutralität, halb neutral jetzt schon, in die Lage versetzt, fern von dem eigentlichen Kriegsschauplatz an der Neubildung seiner Streitkräfte arbeiten zu können, nur mit wenigen Truppen im Lager Napoleons stehend.

Schon einen beträchtlichen Schritt weiter im Anschluß an Frankreich mußte Württemberg gehen. Sein König, notdürftig ausgesöhnt mit Napoleon, mußte jeden Anlaß meiden, sich aufs neue verdächtig zu machen. Mehr und mehr zeigte es sich, daß an Oesterreich keinerlei Rückhalt sei, vorerst wenigstens; so galt es, klug die Zeit zu nutzen und alles zu vermeiden, was dem regen Mißtrauen des französischen Gesandten in Stuttgart irgendwie Nahrung geben konnte. Wären die französischen Geschäftsträger in Berlin und Wien, St.=Marsan und Otto, nur mit einem Bruchteil des Talents im Lauern und Spioniren begabt gewesen, das Dumoustier in Stuttgart besaß, so mußten die Aufdeckungen der preußischen und österreichischen Politik die überraschendsten Resultate herbeiführen. Durch kluges Verhalten hoffte es König Friedrich wenigstens so weit zu bringen, daß er seine Truppen, oder doch den größeren Teil derselben, zu Hause behalten könne.

Baden endlich, unter den Kanonen von Straßburg gelegen, mußte sich von Anfang an willenlos den Anordnungen Napoleons fügen. So ging die Abstufung von Osten nach Westen von der vollständigsten Unabhängigkeit bis zu bedingungsloser Heeresfolge.

Das brauchte Napoleon nicht zu fürchten, daß sich die einzelnen Rheinbundstaaten unter einander verständigen oder nur, daß der eine oder andere derselben sich seinem Nachbar vertraulich nähere. Etwas Derartiges war bei Rheinbundgemütern vollständig ausgeschlossen. Die Politik Frankreichs, nicht erst die napoleonische, hatte es ja verstanden, die einzelnen Staaten sich fern zu rücken, unter einander vollständig fremd zu machen. Durch seinen Grundsatz: Bayern den Bayern, Sachsen den Sachsen, Württemberg den Württembergern u. s. f., wußte Napoleon das Gefühl des Fremdseins, die Neigung zur Gegnerschaft, die Abgeschlossenheit noch mehr zu steigern. So kam es, daß die einzelnen kleinen Regierungen und ihre Staatsmänner im gespreiztesten Tone mit einander verkehrten, als lägen Meere und unabsehbare Landstrecken zwischen ihnen, als seien es tausend Meilen von den „Provinzen" des einen bis in die „Staaten" des andern. Von den durch so vollständige Entfremdung Auseinandergehaltenen konnte in der That nichts Gemeinschaftliches in Scene gesetzt werden. Es galt dem Oberherrn nur, durch Lobsprüche, Tadel, Empfindlichkeit, Versprechungen, Drohungen den Wetteifer unter einander rege zu erhalten.

Auch diese Verhältnisse aber klärten sich mit einem Schlage, als in den ersten Tagen des Mai die Kunde von dem Erfolge Napoleons auf dem Felde von Großgörschen die etwa noch Zweifelnden und Wankenden erreichte.

Einmütige Erhebung aller deutschen Staaten zur Abschüttlung der Fremdherrschaft, eine solche Erhebung, ausgeführt in den Monaten März und April 1813, hätte die Entwicklung der Dinge für Mitteleuropa in ganz neue Bahnen gelenkt. Eine solche Entschiedenheit lag aber noch nicht im Interesse Oesterreichs. Eine Erhebung Süddeutschlands hätte sofort eine französische Armee auf die alte Siegesstraße an der Donau gelockt, lange bevor Oesterreich seine Rüstung anlegen konnte. Eine derartige Verschiebung des Kriegstheaters mußte Oesterreich unter allen Umständen verhindern.

———————

Als Napoleon am Abend des 18. Dezember 1812 in Paris angekommen war, aus Rußland mit wunderbarer Schnelligkeit herbeieilend; als er am Morgen des 19. Dezember rastlos wie immer an die Arbeit ging, da schien es, als dürfe er den Schatz von Waffenmacht, der noch unversehrt, unangebrochen im Schoß der französischen Nation ruhte, nur heben, um mächtiger im Felde zu stehen als jemals vorher. — Einst hatte die Revolution die Menschen zu Hunderttausenden weggefressen, zwecklos und ohne einen Unterschied zu machen zwischen reich und arm, hoch und nieder, gelehrt und ungelehrt. Das war ganz anders geworden, seit Napoleon das Heft in sicherer Hand hielt. Er, der Menschenverächter, schonte freilich das Blut nicht, sobald er einmal im Sattel saß und den Degen gezogen hatte; kein Opfer war ihm zu groß, um

den Zweck des Krieges, den Sieg, zu erringen. Aber in der Aufbringung der
Streitkräfte wußte er stets weise Mäßigung zu halten. Die Aushebung der
waffenpflichtigen Mannschaft war bis daher weder in Frankreich noch im Rheinbund drückend gewesen. Stark gelitten hatten immer nur die Regimenter,
welche in Spanien gewesen waren. Aber im ganzen wurden die Aushebungs-
gesetze milde gehandhabt; wer irgend Mittel besaß, konnte sich loskaufen. Diese
Maßregel brachte manchen Vorteil ein: die für andere dienenden alten Soldaten
konnten bei der Fahne behalten werden als Kern für die jungen Rekruten, als
Lehrer, als Vorbilder und vor allem als Träger der Tradition vom helden-
mäßigen, vom unbesieglichen Kaiser, als Erzähler von tausend Anekdoten und
Legenden. Und zum zweiten erwuchs der weitere Vorteil, daß die besitzenden
Klassen sich durch die Aushebungen nicht bedrückt fühlen konnten, sondern Anlaß
bekamen, laut die humanen Maßnahmen der Regierung zu preisen.

Doch den Nachteil brachte das in Uebung befindliche Kriegsdienstgesetz mit
sich, daß es eigentlich nicht möglich war, ausgediente ältere Klassen der
pflichtigen Mannschaft in den Dienst zurückzurufen; um die Truppen zu
vermehren oder um geschwächte Truppenkörper neu aufzustellen, war man
genötigt, zu neuen Aushebungen junger Leute zu schreiten. Und darin
lag die Schwäche des Stellvertretungssystems, des Loskaufs. Nationalgarden
konnten in beschränkter Zahl wohl beigezogen werden, aber der eigentliche
Brunnen, aus dem sich neue Kräfte schöpfen ließen, war nicht zu suchen in
älteren beurlaubten Leuten, sondern überwiegend in der heranwachsenden
Jugend. Jetzt zeigte sich der Uebelstand; die Armee war wie weggeblasen;
um sie zu ergänzen oder vielmehr um sie neu zu bilden, waren immer
tiefere Griffe in die Jahrgänge der heranwachsenden Jugend notwendig; immer
seltener, immer teurer wurden die Ersatzmänner, welche für die Söhne reicher
Eltern die Waffen zu tragen bereit waren.

Schon in den ersten Monaten des Jahres 1813 aber verfügte Napoleon
über 350000 Mann, welche im stande waren, nach Teutschland zu rücken,
um sich mit den Trümmern der Großen Armee und den Bundesgenossen zu
verbinden und eine Streitmacht zu bilden fast großartiger noch an Zahl, als
sie den Niemen im Sommer 1812 überschritten hatte. Der Abfall des Generals York gab Gelegenheit, den Senat zu noch weiteren Anstrengungen und
Erhöhung der Streitmacht geneigt zu machen. Was aus Rußland zurückkam,
hielt einstweilen die Festungen besetzt oder stand in kleinen Haufen zuerst an
der Weichsel, dann an der Oder, endlich an der Elbe und Saale. Die Reste
erwiesen sich zum Teil als wertvoll genug: nicht weniger als 2459 Offiziere*)
gingen als Ueberbleibsel der Garde, des I., III. und IV. Corps in die Neuformationen über.

---

*) Bernhardi, Toll ꝛc. II. 319.

Die französische Armee des Jahres 1813, wiederum die Große Armee genannt, bildete ein Völkerheer in eben demselben Sinne wie im Jahr 1812; nur die Preußen und Oesterreicher fehlten. Der Kern der Infanterie kam aus Spanien, etwa 30000 Mann; außerdem lieferte die spanische Armee Tausende von Offizieren und Unteroffizieren, alle im kleinen Kriege wohl erfahren und deßhalb treffliche Lehrmeister der eben Ausgehobenen, denen in aller Eile, oft nur an Rasttagen auf den langen Märschen, die ersten Begriffe ihrer Thätigkeit und ihrer Bestimmung beigebracht werden mußten. So erwies sich die Infanterie bald überaus tüchtig und sofort verwendbar. Anders stand es mit der Reiterei. Da ließ sich nichts aus dem Boden stampfen; Abrichtung der Pferde und Reiter verlangten gebieterisch eine gewisse Zeit. Es befand sich so die Große Armee in den Monaten April und Mai fast noch ohne Reiterei.

Am 17. April früh nun zwei Uhr kam Napoleon in Mainz an und blieb daselbst bis zum 24. April in rastloser Thätigkeit beschäftigt, um seine Armee so tüchtig zu machen, daß er einen Schlag wagen konnte, ehe die Zahl seiner Feinde sich durch neue Bündnisse vermehrte, einen Schlag, der bestimmt war, alles zu entscheiden, Preußen und Rußland zu isoliren, die Wankenden zu stärken. Seine Garde, alte und junge, stand schon in Frankfurt; von der Marine waren zahlreiche Truppenteile angekommen, um ein neues Element von Kraft und Wucht der Infanterie und Artillerie einzuverleiben. Am 24. April hielt Napoleon Heerschau und fuhr dann über Erfurt nach Weimar. Hier stellte er sich an die Spitze seiner Armee (120000 Mann in vier Corps: Vizekönig Eugen, Bertrand, Macdonald, Marmont) und fädelte sie auf der Heerstraße ein, welche über Weißenfels, Lützen, Markranstädt, Lindenau nach Leipzig führt. Ihm gegenüber standen die Russen mit 36000 und die Preußen unter Blücher und York mit 33000 Mann.

Es war ein Wagnis ohnegleichen, was Preußen unternommen hatte: der Anschluß an Rußland ohne gleichzeitigen Beitritt von Oesterreich. Fest entschlossen war innerlich Friedrich Wilhelm III. gewesen, keinen Schritt weiter hinaus in die Oeffentlichkeit zu thun, ohne mit dem stillschweigend verbündeten Nachbarstaate Hand in Hand zu gehen. Er sträubte sich, so lange es irgend anging, so lange, als es eben ermöglicht war durch die bis an die Grenze des Erlaubten getriebene diplomatische Irreleitung Frankreichs. Von allen Seiten suchte man ihm die Notwendigkeit und den Vorteil eines Anschlusses an Rußland nahe zu legen. Aber da drängte sich wieder die Erinnerung an namenloses früheres Unglück in den Vordergrund. So waren seine Generale auch vor ihm gestanden im Herbst des Jahres 1806: es könne nicht fehlen an dem Erfolge, die Sachen liegen so günstig, als nur zu wünschen sei. Der in jener Zeit noch unerfahrene König, der Mann mit dem gesunden, geradeaus blickenden Verstand, erkannte damals mit Bestürzung, wie man durch allerlei Künsteleien Selbsttäuschungen hervorgerufen, wie man die einfachen, wirklichen

Verhältnisse durch willkürliche Voraussetzungen, durch lecke unterstellende Griffe verschoben hatte. Nicht ohne Furcht vor der Zukunft gab damals der König die Entwürfe zurück mit den Worten: „Ich hoffe, daß ich mich getäuscht habe."

Seitdem war er argwöhnisch geworden. Freilich war es vor sieben Jahren mit dem Kriegführen eine ganz andere Sache gewesen. Die Mühen der Regierung, ihre Erfolge, ihre Schwierigkeiten, ihre Konflikte — alles war früher dem Volke vollständig gleichgiltig gewesen, so gleichgiltig, als hätte sich die öffentliche Thätigkeit in einer ganz anderen Welt abzuspielen. Im Interesse einer Regierung, welche ihre Aufgabe nur fand im Zwang und in täglicher Bevormundung, konnte es auch gar nicht liegen, das Volk zur Mitarbeit, zum Einverständnis heranzuziehen.

Das aber hatte sich heute gründlich geändert. Das jetzige, in alle Geheimnisse des öffentlichen Lebens sich eindrängende Geschlecht suchte die Regierung förmlich mit sich fortzureißen. Deutlich sah man es der Bewegung an: das ist des Volkes Kampf, das ist der vom Volk erwählte Krieg; je höher man stehe an Einfluß, an Rang, an Besitz und Gelehrsamkeit, desto weniger dürfe man sich ihm entziehen. So kam endlich Friedrich Wilhelm III. dazu, sich den Seinigen anzuschließen, auch mit Verzicht auf den augenblicklichen und gleichzeitigen Beitritt Oesterreichs. Er that diesen Schritt wohl in allzu großem Vertrauen auf die in Bereitschaft stehende Macht Rußlands und in der Hoffnung, daß Oesterreich nicht allzu lange auf sich warten lassen werde.

In dem Vertrag vom 26. Februar, in welchem Rußland und Preußen sich feierlich gelobten, gegenseitig für einander einzustehen, war festgesetzt worden, daß Rußland mit 150000 Mann, Preußen mit 80000 Mann im Felde erscheinen werde. Einen wunderlichen Eindruck aber mußte es machen, als man erfuhr, daß zu Anfang des Monats März die ganze russische Armee nur noch aus 40000 Mann bestehe, welche das Feld halten können; 30000 unter Kutusoff bei Kalisch und 10000 unter Wittgenstein, der seine Kräfte durch rege Thätigkeit zu vervielfältigen schien und ganz Norddeutschland bis zur Elbe durchstreifte. Unzählige Mannschaften waren den Russen auf dem langen Marsche liegen geblieben; dieselben Strapazen, dieselben Uebel, welche die Große Armee Napoleons aufgezehrt hatten, rissen auch Stück um Stück vom Bestande der nachrückenden russischen Armee ab. Unter diesen Umständen mußte es für den Kaiser Alexander eine wahre Erleichterung sein, wie eine Befreiung mußte es wirken, als er das junge Preußen zum Bundesgenossen erhielt, das Land voll froher Hoffnung, voll jugendlichen Schwungs, voll herrlicher Manneskraft, einen unerschöpflichen Boden, aus welchem jetzt Gewarnnete in dichten Haufen emporwuchsen.

Die Festungen an der Weichsel und Oder, welche die Franzosen noch besetzt hatten: Danzig, Thorn, Modlin, Zamosc, Glogau, Küstrin, Stettin, alle mußten von preußischen und namentlich von russischen Truppen eingeschlossen oder doch beobachtet werden. So gingen von der beiderseitigen Feldarmee nicht wenige Heeresteile ab. Reservetruppen sollten aus dem Innern Rußlands im Anmarsch sein.

Die preußische Feldarmee bestand vorerst aus annähernd 57000 Mann, eingeteilt in vier Corps, dasjenige des Generals der Kavallerie v. Blücher mit 26000 Mann und drei schwächere Corps unter York, Bülow, Borstell. — Vom 16. bis 24. März setzten sich von Breslau aus die Truppen unter Blüchers Befehl in Marsch nach der Elbe. Es waren das Tage ernster Feier für das ganze Volk. Am 12. April stand Blücher in Zwickau, am 14. kam er in Altenburg an und blieb hier bis zum 28. April. York mit seinem bei weitem schwächeren Corps hielt am 17. März seinen Einzug in Berlin und näherte sich der Elbe. Die Franzosen hatten sich alle hinter die Elbe und die Saale zurückgezogen. Die Preußen aber mußten zum Einschließen der Festungen 44000 Mann zurücklassen, und 27000 Mann befanden sich in dritter Linie; zumeist Landwehren und Neuformationen.

Am 21. April hatten die Verbündeten Dresden erreicht; am 24. hielten der Kaiser von Rußland und der König von Preußen hier ihren feierlichen Einzug; der König von Sachsen hatte sich geflüchtet. Dem gegenüber blieb die französische Armee im Vorrücken auf Leipzig begriffen; am 28. April hatte sie Eckartsberga, Naumburg, Jena, Weimar erreicht; am 30. war Napoleon mit den Garden und dem Hauptquartier bis Weißenfels vorgerückt. Am 1. Mai hatten Kaiser Alexander und Friedrich Wilhelm III. mit ihren Hauptquartieren Borna erreicht. Man stand sich jetzt so nahe, daß es notwendig zu einem Zusammenstoß kommen mußte.

————

In dem französischen Kriegsheer, das sich den Ebenen Leipzigs näherte, in den Corps von Ney, Bertrand, Marmont, Oudinot, Lauriston, Macdonald, waren die Truppen der Rheinbundstaaten noch wenig zahlreich vertreten. Die meisten dieser Staaten arbeiteten noch an der Neuformation ihrer Truppen oder ließen diese eben nach dem Kriegsschauplatz abmarschiren. In Württemberg war am 19. April eine Kolonne, der erste Teil des Kontingents, aufgebrochen, um sich der Großen Armee anzuschließen.

Vier Aushebungen waren im Königreich rasch auf einander gefolgt, am 24. Dezember 1812, am 15. Januar 1813, am 1. und am 15. Februar desselben Jahres; sie ergaben zusammen 13000 Mann, ein Prozent der Bevölkerung. Zum Ausmarsch ins Feld waren ziemlich dieselben Truppenteile wieder bestimmt, welche den Feldzug in Rußland mitgemacht hatten. Pferdeanlauf und Aushebung von Pferden sollten so rasch als möglich die Kavallerie und Artillerie wieder bewegungsfähig machen; Waffen wurden neu hergestellt in den königlichen Werkstätten oder von Mutzig und Straßburg in Empfang genommen.

Nach Würzburg hatte man von König Friedrich so rasch als möglich zwei Bataillone verlangt. Das Regiment Nr. 7 war bestimmt, am 4. März dahin abzugehen in der Stärke von 1174 Mann. Denn an der vollen Etatstärke mit 1434 Mann rechnete der König noch die Mannschaft ab, welche vom Feldzug 1812 her in den Festungen Danzig und Küstrin stand. Der Generalinspektor der Infanterie v. Phull berichtet vom 27. Februar, daß er Revue über das Regiment Nr. 7 gehalten habe. Die Mannschaft bestehe 1) aus Leuten von der letzten Rekrutirung; 2) aus alten Leuten, die von anderen Regimentern herversetzt worden seien; 3) aus solchen Leuten, welche den Feldzug nach Rußland mitgemacht hatten; diese letzteren: 1 Quartiermeister, 3 Korporale, 79 Soldaten habe er nochmals untersuchen lassen; sie haben sich alle als gebrechlich erwiesen, nur bedingt brauchbar, mit Brustbeschwerden und Fieberanfällen behaftet; er habe sie deshalb zum Regiment Nr. 8 versetzt. — Das sei nicht richtig gehandelt, verfügte der König; sie gehören in die Spitäler, denn das Regiment Nr. 8, wenn es auch in der Heimat bleibe, sei doch kein Invalidencorps.

Die allgemeine Neuformation hat mit dem 1. Februar 1813 begonnen unter spezieller Aufsicht des Generallieutenants v. Franquemont. Offizierersatz wird geschaffen durch Beförderung der aus der Offizierbildungsanstalt in Ludwigsburg Austretenden, durch das Pagencorps und die Ernennung von verdienten Unteroffizieren zu Lieutenants; Ausländer aber sollen nur angenommen werden, wenn sie von Adel sind oder schon gedient haben. Den Offizieren werden für ihre Equipirung bedeutende Beihilfen zugewiesen.

Ueber alle Fortschritte in Ausrüstung und Einübung, über alle Anstände muß an den König berichtet werden. Ein Teil des Regiments Nr. 8 wird schließlich ganz aufgelöst und unter die neu zu formirenden Regimenter Nr. 4 und 6 verteilt.

Zunächst waren zum Ausmarsch bestimmt zwei Infanteriebrigaden unter den Generalen Neuffer und Stockmayer, die Regimenter Nr. 1 und 2, 7, 9 und 10, die letzteren beiden Nummern die Jäger und leichte Infanterie umfassend; ferner eine Kavalleriebrigade, Regimenter Nr. 1 und 2, zwei Batterien. Alles unter Kommando des Divisionsgenerals Generallieutenant v. Franquemont, dessen Generalstab aus dem Major v. Wimpffen, Major v. Bangold, Hauptmann Jancigny bestand; alles in allem 7261 Mann.

Wie wir wissen, war schon am 4. März von Crailsheim aus das Regiment Nr. 7 nach Würzburg abgegangen unter dem Oberst v. Spitzemberg. Am 7. März rückte es in Würzburg ein. Sein Kommandeur hatte vom König die geheime Instruktion erhalten: wenn die französische Armee gezwungen werde, gegen den Rhein zurückzugehen, so solle er mit dem Regiment Nr. 7

sich dem Königreich nähern. Sollte ihm das versagt werden, so könne er mit
der französischen Armee den Rückzug bis an den Rhein fortsetzen. Falls er
gezwungen werde, den Fluß zu überschreiten und nach Frankreich zu marschiren,
solle er allen Offizieren diesen Befehl kund geben und sich mit dem ganzen
Regiment kriegsgefangen betrachten, außer stande, die Waffen länger zu tragen.

Während des russischen Feldzuges hatte es dem König vielfachen Verdruß
bereitet, daß er über den esprit politique, über die „propos" der Offiziere
immer von neuem Klagen hören mußte. Um dem zu begegnen, ließ er bei der
großen Parole am 16. April in Mergentheim bekannt machen:

„Seine königliche Majestät haben höchst mißfällig vernommen, daß sich
einige Offiziere Ihrer Armee erlaubt, über Kriegsereignisse, Politik und Verhältnisse mit anderen Mächten unanständige Aeußerungen laut werden zu lassen.
Allerhöchstdieselben wollen solche wiederholt andurch auf das ernstlichste verboten
haben und all und jeden Offizier auf den unbedingten und stillschweigenden
Gehorsam gegen die Befehle Seiner königlichen Majestät, so ihnen durch ihre
Vorgesetzten bekannt gemacht werden, verwiesen haben. Sollte sich der eine
oder andere demungeachtet irgend eine Aeußerung erlauben, welche der denen
mit Seiner königlichen Majestät verbündeten Mächten schuldigen Ehrfurcht
zuwiderliefe, so sind die Brigadiers und Kommandeure auf ihre größte Verantwortlichkeit angewiesen, solches unverzüglich dem kommandirenden Divisionär
zu melden, welcher angewiesen ist, die als Staatsverbrecher zu Behandelnden
in Ketten an Seine königliche Majestät zurückzusenden, allerhöchst welche dieselben mit der wohlverdienten Lebensstrafe den Kriegsgesetzen gemäß belegen
lassen werden." —

Einige Offiziere und höhere Beamte erhielten vom König den Auftrag,
in Franken und Thüringen die Gesinnungen des Volks zu sondiren und
Stimmungsberichte einzusenden. Vom 8. April 1813 schreibt der Major
v. Seybothen aus Bayreuth: „Sowohl in der Stadt Hof, wie in den Fürsten-
tümern Ansbach und Bayreuth bemerkte ich, daß die Einwohner der Städte
wie auch das Landvolk mit Enthusiasmus für die Preußen eingenommen sind.
— Die Preußen sollen in ihren Kantonirungen fleißig exerziren. — Viele Bewegung bringe der Aufruf Blüchers an die Sachsen hervor, in welchem gesagt
sei: ,den Freund deutscher Unabhängigkeit werden wir als unsern Bruder betrachten, den irre geleiteten, schwachsinnigen mit Milde auf die rechte Bahn
leiten, den ehrlosen, verworfenen Handlanger fremder Tyrannei aber als einen
Verräter am gemeinschaftlichen Vaterland unerbittlich verfolgen'." Major
v. Bangold berichtet aus Nürnberg vom März 1813: es scheine, Bayern be-
fleißige sich, um so spät als möglich mit seinen Rüstungen fertig zu werden.

Der Kammerherr v. Jasmund, Landvogt am Kocher mit dem Sitz in
Ellwangen, schreibt vom April 1813: Die Bürgerschaft in Crailsheim allein
komme ihm etwas aufgeregt und verdächtig vor, sonst sei alles ruhig. Vom

10. April lautet sein Bericht: Der bayrische General Graf Wrede habe auf seiner Reise nach München Ellwangen passirt; er habe eine Unterredung mit Wrede gehabt und dabei erfahren, daß der König von Bayern in Paris unterhandle zu dem Ende, daß er seine Truppen nicht mehr außerhalb der Grenzen Bayerns verwenden lassen müsse. Wrede habe bei ihm auch die neuesten Zeitungen gelesen und auch den Aufruf des Königs von Preußen an sein Volk vom 17. März. Beim Lesen dieser Zeilen habe Wrede ausgerufen: „Schön geschrieben und sehr wahr und gar nicht geschimpft!" — „Die Leute in der Provinz Ansbach fahren fort, laut ihre Anhänglichkeit an Preußen zu äußern, und sind überzeugt, daß, sobald Russen und Preußen bis in diese Gegend vordringen werden, sie sogleich in preußische Zivilverwaltung genommen werden würden." — Alle Depots aus Ansbach, Nürnberg und anderen Städten seien nach Ingolstadt abmarschirt; die Franzosen und Italiener hätten sich sehr gewundert, daß, während sie selbst vorwärts gehen, die Bayern sich rückwärts wenden. — Ein reisender Kaufmann, zugleich Berichterstatter für die württembergische Regierung, schreibt aus den ersten Tagen des Mai von Dresden: „Wie die Einwohner von Dresden gesinnt sind, weiß ich wahrlich nicht; ich glaube, sie sind gar nicht gesinnt; den einen Tag muß man den Kaiser Alexander leben lassen und die Russen bis in die Wolken erheben, den andern ‚Vive Napoléon!‘ rufen."

Indessen war General v. Franquemont marschfertig geworden und brach am 19. April von Mergentheim mit seiner schwachen, zumeist aus Rekruten bestehenden Division auf in der Richtung nach Leipzig zur Vereinigung mit der Großen Armee unter Napoleon. Ueber Schweinfurt und Hildburghausen war am 2. Mai Camburg erreicht; am 3. Mai lagerten die Württemberger bei Kaja unweit Lützen auf dem Schlachtfeld, auf dem sich tags zuvor die Schlacht von Großgörschen abgespielt hatte; am folgenden Tage, am 4. Mai, vereinigte sich die württembergische Division mit dem IV. Corps des Generals Bertrand unter der Bezeichnung als 38. Division. Mit Vergnügen, schreibt König Friedrich aus Ludwigsburg, habe er den Berichten entnommen, daß seine Truppen aus allen Verhältnissen zu Marschall Ney getreten und dem IV. Corps zugeteilt worden seien.

General v. Franquemont war ein feiner Beobachter und fleißiger Berichterstatter, der seine eingehenden Meldungen an den König meist selbst mit seiner außerordentlich zierlichen und pünktlichen Hand abfaßte. Der Kaiser hatte von Mainz aus den Oberbefehl selbst übernommen; als major général begleitete ihn, wie im Jahre 1812, der Fürst von Neuchatel und Wagram, Marschall Berthier. In der Gegend von Schweinfurt, am 23. April, kam ein Adjutant Berthiers zu Franquemont, um ihn zu veranlassen, die Märsche zu beschleunigen und größer zu entwerfen. „Da mir aber meine Marschroute vorgeschrieben ist, so werde ich bei der erst entworfenen bleiben," gab Franquemont zurück; „denn ich sehe nicht ein, warum ich aus eigenem

Antriebe Mannschaften und Pferde gleich anfangs durch starke Märsche zu sehr abmatten sollte."

„Das Mißtrauen der Franzosen fängt schon an, sich zu zeigen. Am 21. früh kam, noch in Würzburg, ein Adjutant des Fürsten von Neuchatel zu mir, wahrscheinlich um sich von der Ankunft des Corps zu vergewissern; zum Schein begehrte er für den Fürsten die entworfene Marschroute bis Hildburghausen. Wenige Stunden darauf ließ sich ein Adjutant des Kaisers melden. Er fing damit an, einen sogenannten état de situation zu begehren über die Stärke der Truppen, fragte, wie lange die Truppen dienten und dergleichen mehr; die Frage kam auch vor, welcher General die Kavallerie kommandire. Ueberhaupt konnte er das Verlangen nach mehr Kavallerie nicht bergen. Ich glaube mich nicht zu irren, wenn ich angebe, es sei unter anderem auch darauf abgesehen gewesen, mich auszuholen. — Schon mehrere Tage sehe ich einzelne Compagnien Franzosen marschiren, lauter elendes Volk. — Da nach der Aussage großherzoglicher Beamten in Würzburg es wirklich an dem ist, daß der Marschall Augereau Generalgouverneur mehrerer Großherzogtümer in Deutschland geworden ist, so halte ich den Weg, Eurer königlichen Majestät meine Berichte per Estafette zu schicken, nicht mehr für sicher genug und werde daher den anderen Befehl befolgen, die Kuriere bis Mergentheim zu schicken."

Durch Ordre vom 26. April aus Erfurt hatte der Kaiser verfügt, daß die Württemberger unter Franquemont als 38. Division dem IV. Corps des Generals Bertrand beitreten, das noch weitere zwei Divisionen in sich begriff, eine französische, Morand, und eine italienische, Peri.

Vom 29. April berichtet Franquemont aus Königsee: „Von dem Stande der Armee kann ich Eurer Majestät nichts melden, da die Gerüchte davon zu widersprechend sind. Die Preußen schicken hin und wieder Patrouillen über die Saale, und noch ehegestern haben diese in hiesiger Gegend einen Adjutanten des Generals Bertrand aufgehoben." — „Der Geist, der in mehreren Truppen des Rheinbundes herrscht, wird von den Einwohnern der Ortschaften, durch welche wir passirt sind, eben nicht sehr günstig für Frankreich geschildert, denn ein frankfurtisches Regiment hat sich auf dem Marsche von Frankfurt nach Würzburg fast ganz aufgelöst. Die Hessen desertiren gleichfalls stark und halten selbst an öffentlichen Orten Reden, die ihnen wahrlich zur Schande gereichen, zum Beispiel: Wir warten nur auf den Augenblick, den Feind zu sehen, um unsere Gewehre wegzuwerfen. Die hessischen Offiziere sagen, es wäre ihnen lieb, wenn ihre Leute desertirten."

„Der Prinz Emil von Hessen erzählte mir, der französische Kaiser habe an Baden und Hessen außer dem Kontingent noch eine beträchtliche Forderung an Kavallerie gemacht. — Ein herzoglich sächsisches Bataillon wurde vor kurzem, man sagt, nur von 20 preußischen Husaren gefangen genommen. Ein Mann aus hiesiger Gegend versicherte mich, er habe dieses Bataillon durch 20 Husaren

eskortiren gesehen; die Gefangenen hatten Säbel und Tornister behalten, auch
seien die Gewehre nachgefahren worden."

Am 3. Mai kam die Division bis Kaja in der Gegend von Lützen.
„Letzterer Marsch," schreibt Frankenmont, „welcher für einige Infanterieregimenter bei 12 Stunden betrug und noch durch die Annäherung von feindlichen Truppen erschwert wurde, ist dennoch in größter Ordnung zurückgelegt
worden. Ich war der Meinung, daß uns dieser Marsch mit dem IV. Armeecorps vereinigen würde, allein der General Bertrand war bereits abmarschirt,
und ich bin schon mehrmal in dem Fall gewesen, ihn aufsuchen lassen zu müssen."

„Bei der französischen Armee befinden sich noch keine Magazine; man ist
genötigt, von demjenigen zu leben, was man findet. Dies geschieht bei uns
mit der größten Ordnung und durch die aufgestellten Kommissare. Es werden
freilich Klagen und Schmähschriften uns nachfolgen, indem die Einwohner der
hiesigen Lande sehr gut preußisch und russisch sind. Indessen stimmen sie darin
überein, daß bei dieser grausamen, aber notwendigen Maßregel Eurer Majestät
Truppen noch am schonendsten zu Werke gehen. Das Regiment Nr. 7 hat
sich in Jena mit der Division vereinigt."

„Der General Bertrand soll ein ganz artiger Mann sein, allein
etwas konfus geht es bei ihm her; denn ich bin oft genötigt, ihn suchen zu
lassen, weil ich nicht weiß, wo sein Hauptquartier ist."

Obwohl in der Schlacht bei Großgörschen am 2. Mai die russisch-preußische
Armee genötigt worden sei, das Schlachtfeld zu räumen und ostwärts gegen
die Elbe zurückzugehen, so scheinen doch die leichten Reiter der Verbündeten
noch die ganze Gegend zu beherrschen. Um einen Brief zu überbringen, seien
die Franzosen genötigt gewesen, eine ganze Compagnie mitzuschicken; Wagenkolonnen im Rücken der Franzosen seien aufgehoben worden. „Die Einwohner
stehen Schildwache für die Preußen und Russen, damit man diese nicht so bald
gewahr wird," schreibt Frankenmont.

Weiter berichtet er: „Gegenwärtig stehen die Truppen Eurer Majestät auf
einem Teile des Schlachtfeldes. Die Schlacht vom 2. Mai war sehr blutig.
Die Stadt Naumburg ist, so wie die ganze Umgebung, voll von blessirten Franzosen. Der Weg von Naumburg nach Weißenfels war auch damit bedeckt.
Man rechnet 12000 blessirte Franzosen. Auf dem Schlachtfeld mögen noch
4000 bis 5000 Tote, meist Preußen und Russen, unbegraben liegen; die
verwundeten Preußen und Russen ließ man ohne Verband liegen; ich ließ sie
verbinden. — Der General Marchand, welcher die Darmstädter, Frankfurter
und Würzburger kommandirt und in hiesiger Gegend im Lager steht, erzählt,
daß die Schlacht sehr entscheidend für die Franzosen gewesen wäre, wenn man
Kavallerie gehabt hätte. Was die feindliche Kavallerie getrieben hat, kann ich
nicht erraten." — „Die Preußen behaupten, die Russen hätten in der Schlacht
nichts gethan, sie hätten aber die Preußen brav ins Feuer getrieben." —

Zweifel und Abneigung waren die Gefühle, welche die württembergischen Truppen begleiteten bis hinein in den Verband der Großen Armee; aber sie wurden im Bann gehalten durch Pflichtbewußtsein und treues Festhalten an der Sache des Königs, obwohl überall in Norddeutschland die mächtigen Kundgebungen des Nationalgefühls sich geltend machten, obwohl in heller Lohe der Patriotismus der Preußen aus den Reihen der Gegner den Landsleuten entgegenschlug. Die Unentschiedenheit und der Zwang der Lage erheischten eben in Süddeutschland die äußerste Vorsicht und Zurückhaltung und bedingten die vertragsmäßige Erfüllung der bestehenden Verbindlichkeiten. So zogen noch einmal die württembergischen Regimenter aus, um sich für eine fremde Sache zu schlagen, entschlossen, den Waffenruhm zu wahren, den sie auf so vielen Schlachtfeldern sich erworben. Sie beseelte freilich kein richtiger Patriotismus, aber eine Art von trotziger Unbeugsamkeit.

Erst wenige Monate waren vergangen, seit die Totenlisten Angst und Trauer, banges Erwarten fast in jede Familie im Lande getragen; wehmütig sah man jetzt die neuen Opfer denselben Weg gehen. Zu einigem Troste sagte sich die Menge: je himmelstürmender, je frevelhafter die Unternehmungen des fremden Zwingherrn sich gestalten, je mehr sie alles Heilige und den Menschen Teure antasten, desto näher werde das Ende rücken, desto gerechtfertigter erscheine die Hoffnung, daß der Himmel selbst dem endlosen Streite, der Schlächterei, dem Zusammentreten des Menschengeschlechts Einhalt thun werde.

Nicht ohne Besorgnis mochte der König seinen Truppen nachblicken. Seit länger als einem Jahrzehnt arbeitete er unverdrossen daran, sein Truppencorps in tüchtigen Stand zu setzen, es wie aus einem Guß erscheinen zu lassen als eine niemals versagende, schneidige Waffe. Die Schule unter bewährten französischen Führern konnte nicht ohne Einfluß bleiben. Den Meistern ebenbürtig an Kriegserfahrung und Tüchtigkeit waren die Truppen nach Rußland ins Feld gezogen; stolzer und glänzender als jemals hatte sich das kleine Armeecorps gefühlt mit dem Kronprinzen an der Spitze. Aber darum war es auch empfindlicher geworden für jede Zurücksetzung.

Und es hatte nicht an Zurücksetzungen gefehlt, an Beschimpfungen und Einschüchterungen. Der König mußte mit ansehen, wie seine Soldaten, den Franzosen an Wert gleichstehend, doch immer als Leute niederer Klasse behandelt wurden. So wuchs die Abneigung und Spaltung zwischen den Franzosen und den Hilfsvölkern. Die schlechte Vorsorge, das Spielen mit den Menschenleben mußten die Augen öffnen auch denjenigen, welche bisher, von kriegerischem Glanze geblendet, voll Begeisterung der Fahne Napoleons gefolgt waren.

Die eigentümlichen politischen Verhältnisse, die Unsicherheit der kriegerischen Erfolge, das Beispiel, das der General York gegeben, veranlaßten den König zu der geheimen Instruktion, welche dem General v. Franquemont vor seinem Abmarsch eingehändigt wurde. Sie hat Aehnlichkeit mit den Anord-

nungen, welche schon früher dem Regiment Nr. 7 bei seinem Abmarsch nach
Würzburg am 4. März zugestellt worden waren. — Bei besonderen Kriegs-
ereignissen, sagt Franquemonts geheime Instruktion, seien auch besondere Maßregeln zu ergreifen. Wäre das französische Corps, dem die Württemberger zugeteilt werden, besonders unglücklich, muß es sich weit zurückziehen, so soll
Franquemont sich gegen die württembergische Grenze dirigieren, in keinem Fall
aber soll er den Rhein überschreiten. Den Fall angenommen, daß die Württemberger gezwungen würden, es zu thun, so sollten sich von dem Augenblicke an
alle Offiziere als kriegsgefangen erklären, die Mannschaft aber sei ihrer Pflichten
los und ledig. Selbständig in Unterhandlungen mit russischen oder preußischen
Heerführern zu treten, bleibe unter allen Umständen verboten.

Bautzen.

Es war gut gedacht, als die verbündete russisch-preußische Armee es unternahm, den langgedehnten Heerwurm des französischen Heeres, das sich vom
Westen her auf der Hauptstraße gegen Leipzig heranwalzte, am 2. Mai bei
Großgörschen zu durchschneiden, um die einzelnen Stücke zu schlagen, bevor
sie Leipzig erreichen konnten. Es war auch durchaus richtig, der feindlichen
Uebermacht gegenüber, vor der man bei Großgörschen hatte weichen müssen,
auf den Höhen östlich von Bautzen eine Defensivstellung zu beziehen, um den Angriff des Gegners anlaufen zu lassen. Alles das war gut und richtig im
ursprünglichen Gedanken und in der Anlage; als verfehlt aber erwies sich die
Ausführung.

Den Oberbefehl über Preußen und Russen führte ursprünglich Kutusoff,
dann Wittgenstein und zuletzt Barclay de Tolly. Im Lager befanden sich aber
zugleich beide Monarchen. Friedrich Wilhelm III. enthielt sich zwar jeder Be-
einflussung, aber Kaiser Alexander brachte nicht selten seine eigenen Ansichten
und Befehle zur Geltung. Dadurch schon verlor der Oberbefehl an Einheitlichkeit, während es ihm von vornherein schon an durchgreifender Bestimmtheit, an
Klarheit und rücksichtslosem Zwang fehlte. Es blieb in der Ausführung, im
Gefecht allzu viel der gegenseitigen kameradschaftlichen Unterstützung, dem Gebot
des Augenblicks überlassen. Eine derartige Freiheit vermag wohlthätig zu wirken,
sobald die Felder der Thätigkeit den einzelnen Kampfgruppen bestimmt zugewiesen sind, sobald jedem Corps Ziele und Wege im Rahmen des Ganzen
vorgezeichnet erscheinen. Ist das nicht der Fall, so werden die einzelnen Kampfgruppen, deren Thätigkeiten durch kein gemeinschaftlich anzustrebendes Ziel unter

sich verknüpft sind, zersplittert und nutzlos aufgezehrt werden. Ein einziges Gemeinschaftliches aber trat in den Kämpfen bei Großgörschen und auf den Höhen von Bautzen im Lager der Verbündeten hervor: das rechtzeitige Erkennen, daß mit diesen Einzelkämpfen der französischen Ueberlegenheit gegenüber ein Erfolg nicht zu erringen sei. In beiden Fällen ist auch der Rückzug so zeitig und so festen Trittes begonnen worden, daß an eine Ausnützung des augenblicklichen Erfolges nicht zu denken war. So sind die beiden Siege für den das Schlachtfeld Behauptenden keineswegs von weittragendem militärischem Werte gewesen. Desto bedeutsamer aber zeigten sie sich in politischer Richtung.

Sehnsüchtiger als jemals wandten sich die Augen nach Wien, von woher man Hilfe erwartete. Metternich sandte in der That auch den Grafen Stadion am 8. Mai in das Lager der Verbündeten ab, um die Gemüter aufzurichten. Er hatte den richtigen Mann gewählt. Der Name Stadions, des Freundes von Preußen, bürgte auch für die Gesinnungen derjenigen, die ihn abgesandt hatten. Er überreichte ein Schreiben des Kaisers Franz vom 7. Mai: „Ich hege den Wunsch, daß ohne weiteres Blutvergießen eine wünschenswerte Ordnung der Dinge in Europa erzielt werden könne. Im andern Fall werden unsere vereinten Streitkräfte, nach einem festen Gesichtspunkt und im vollkommensten Einverständnis geleitet, uns zweifellos an das edelste Ziel gelangen lassen, das die Mächte sich vorsetzen können." Graf Stadion traf die beiden verbündeten Monarchen am 14. Mai in Wurschen hinter der Stellung von Bautzen, welche die Armeen eben bezogen, während die Franzosen noch ziemlich entfernt an der Elbe standen. Ein Bündnis mit Oesterreich wurde jetzt als selbstverständlich angesehen und Graf Stadion in allem so behandelt, als befinde er sich schon im Einverständnis.

Für Preußen mußte es von ganz besonderem Wert sein, rasch zu einem Bündnis zu kommen. Um es in eigener Person und wirksam zu betreiben, achtete Scharnhorst seiner bei Großgörschen erhaltenen Wunde nicht und machte sich eiligst auf den Weg nach Wien. Oesterreich seinerseits sammelte seine Armee im nördlichen Böhmen und stellte sie zu beiden Seiten der Elbe auf, um für eine bewaffnete Friedensvermittlung die nötige Grundlage zu schaffen.

Am 2. Mai also war die gesamte französische Armee mit Napoleon im Marsche auf der großen Straße von Weißenfels nach Leipzig. Die Verbündeten hatten den Plan, von Pegau über Großgörschen vorrückend, der langen Marschkolonne in die rechte Seite zu fallen und sie zu durchstoßen. Dem ersten Versuche setzte sich der Marschall Ney mit seinem Corps entgegen und hielt fest, bis Napoleon auf der großen Straße mit den Hauptkräften der Armee Kehrt gemacht hatte und über Lützen zu Hilfe eilte. Nun begann Napoleon sein altes bewährtes Manöver: er ballte dichte Infanteriekolonnen und große Artilleriemassen zusammen, mit rastloser Thatigkeit flog er von einem Punkte zum andern, trieb an, begeisterte seine jungen Soldaten, drängte mit nachrückenden Reserven die Stürmenden vorwärts und entriß so den Preußen trotz ihres freudigen, todesmutigen Ringens bis zum Abend die Dörfer Kaja, Rahna, Großgörschen, Starsiedel, die Stützpunkte der ganzen Unternehmung.

Den Preußen war es zu Mute, als hätten sie einen Sieg erfochten, als könnte am 3. Mai noch einmal um den Erfolg gerungen werden. Allein im Hauptquartier der Monarchen ward in der Nacht vom 2. zum 3. Mai der Rückzug hinter die Elbe beschlossen. Am 11. Mai stand das Hauptquartier der verbündeten Herrscher in der Stadt Bautzen. Die preußische und die russische Armee befanden sich noch im Marsche, westlich von Bautzen, da und dort in Nachhutgefechten gegen die französischen Corps, welche schon die Elbe passirt hatten. An demselben 11. Mai war Napoleon nebst seinen Garden und dem Hauptquartier in Dresden angelangt. Mit neuen Beteuerungen seiner Freundschaft war der König von Sachsen in seine Hauptstadt zurückgekehrt und stellte seine Truppen dem französischen Kaiser vollständig zur Verfügung. Ueberall im Rheinbunde schloß man sich wiederum enger zusammen und erhöhte seine Leistungen.

Vom Schlachtfeld von Großgörschen und von der Elbe aus trieb Napoleon seine verschiedenen Corps fächerförmig vor und zwar das XI. Armeecorps des Marschalls Macdonald von Dresden aus gerade ostwärts auf der großen Straße nach Bischofswerda; das VI. Corps, Marmont, links davon bis Reichenbach, und das IV., Bertrand, bis Königsbrück. Das XII. Corps des Marschalls Oudinot befand sich mit den Garden noch in Dresden. Alle anderen Corps aber, Ney mit dem III. Corps, Lauriston mit dem V. und Reynier mit dem VII. standen weiter nordwärts bei Torgau und Wittenberg.

Dies Ausbreiten nach Norden und Nordwesten hatte seinen Grund darin, daß Napoleon annahm, nach der Schlacht bei Großgörschen werden die Preußen in der Richtung auf Berlin zurückgehen und nur die Russen auf dem direkt nach Osten, nach Bautzen, führenden Wege bleiben. Der Marschall Ney war deshalb bestimmt, von Torgau und Wittenberg aus mit seinem eigenen III. Corps, mit dem V. und VII. die Wiedergewinnung von Berlin zu betreiben. Und an dem Gewinn von Berlin lag dem französischen Kaiser von Anfang an ungemein viel; es hat dies Verlangen bestanden bis in den Herbst des Jahres 1813 hinein, so lange irgendwie Kräfte für die nördliche Richtung zu erübrigen waren. Mit der Wegnahme von Berlin gedachte er eben der Sache der Verbündeten und zugleich der verhaßten Seite der Ideologen einen ganz besonders empfindlichen Schlag zu versetzen.

Gegen die Mitte des Monats Mai erkannte Napoleon, daß nur untergeordnete Streitkräfte auf dem Wege nach Berlin stehen, daß die Verbündeten in geschlossener Masse sich gegen Osten, gegen die Höhen hinter Bautzen dirigirt haben, daß alle seine Kräfte nötig seien, um den erkämpften Erfolg festzuhalten und im Vormarsch zu bleiben, um neuen Sieg, vielleicht ausschlaggebenden, zu erringen. Er hatte Zeit, hier vor Bautzen alle seine Kräfte zu vereinigen. Einem thätigen Feinde gegenüber hätte dies fächerförmige Auseinandergehen, wie es Napoleon anordnete, nicht ungestraft geschehen können. Tagelang standen die Corps von Macdonald, von Marmont und Bertrand vereinzelt im Angesicht der versammelten Gegner. Hätten diese ihre überlegene Reiterei benützt, gehörig ausgekundschaftet und rührigen Unternehmungsgeist gezeigt, so konnte Macdonald jedenfalls in der Nähe von Bischofswerda vereinzelt gefaßt und geschlagen werden. Derartige Ideen tauchten auch in den Köpfen von Gneisenau und anderen auf, kamen aber bei der lässigen russischen Oberleitung zu keiner Beachtung. So erhielt Napoleon Zeit, seinen Fehler, den er infolge einer willkürlichen Annahme gemacht, wieder zu verbessern und zwar in einer für die Stellung hinter Bautzen geradezu verderblichen Weise.

Napoleon bekundete nicht selten die Neigung, gerade nach einer gewonnenen Schlacht dem weichenden Gegner seine eigenen Ansichten oder Wünsche zu unterschieben. Es war am frühen Morgen des 17. Juni 1815. Die Schlacht bei Ligny war geschlagen; am Abend des 16. Juni und noch während der Nacht waren die Preußen zurückgeströmt. Und Napoleon dachte sich nicht anders, als daß sie in fast östlicher Richtung zum Rheine zurückweichen werden, dahin, woher sie gekommen, wo ihre Unterstützungen standen. So sandte er in aller Frühe das Corps Grouchy nach, um die Weichenden im Laufen zu erhalten. Er selbst blieb mit der Hauptarmee stehen. Sie sollte sich etwas erholen und darauf sofort mit dem nahestehenden englischen Heere abrechnen. Am Tage der Abrechnung aber, am 18. Juni, bei Waterloo, da fehlte ihm gerade Grouchys Corps, nach welchem er sehnlichst Ausblick hielt. Die Kühnheit der Preußen, sich mit ihrem Rückzug den Engländern zu nähern und von ihren eigenen Quellen abzuwenden, diesen überaus mannhaften Entschluß hatte Napoleon nicht für möglich gehalten.

In den Maitagen 1813 ließen ihm die schwerfälligen Bewegungen der vereinigten Gegner vollauf Zeit, um Ney mit den Seinigen zurückzurufen, dahin, wo wirklich die Entscheidung lag, wo sie erkämpft werden mußte mit Einsetzung der ganzen Ueberlegenheit der französischen Streitkräfte. Denn keineswegs einheitlich geordnet, von Einem Ratschluß ausgehend, erwiesen sich diejenigen Erwägungen, deren Bestimmung es war, dem sieggewohnten Kaiser einen Erfolg abzuringen.[*] Das war ein endloses Beraten und Herumfragen in den Hauptquartieren der Monarchen; bald brachte Kaiser Alexander einen Gedanken vor, der ganz oder teilweise zur Ausführung kam, bald kramten Toll, Knesebeck, Müffling ihre Weisheit aus, bald wußte Gneisenau, der an Scharnhorsts Stelle getreten, bald Miloradowitsch, oder Blücher, Kleist, York etwas durchzusetzen; da wurde ein Befehl befolgt, dort nicht oder nur teilweise. Und das gegenüber dem

[*] Perz-Delbrück, Das Leben des Feldmarschalls ꝛc. Gneisenau. II. 609 ff.

einzig geltenden Willen, dem mit aller Rücksichtslosigkeit alle Faden in der Hand haltenden Lenker der Dinge im französischen Lager. Aber eigentümlich, gegenüber den Feldzügen 1806 und 1809 fehlte auch hier die schnellende Federkraft, die blitzartig rasche Bewegung, der rasch zuschlagende Entschluß. Es mag das in den Persönlichkeiten gelegen haben, in Napoleon selbst und in den Führern, die des ewigen Lebens im Felde satt zu werden anfingen; zum Teil wohl auch in der Armee und ihren einzelnen Bestandteilen, wo die Männer in der vollen Kraft der Jahre nicht die Mehrzahl bildeten, wo namentlich eine durchgebildete, auf der Höhe ihrer Aufgabe stehende Reiterei kaum vorhanden war.

Die Operationsarmee Napoleons bestand zunächst außer den Garden in acht Armeecorps und zwei schwachen Kavalleriecorps. Nur zwei Corps hatten dieselben Kommandeure und dieselbe Nummer behalten wie im Feldzug gegen Rußland: das III. Corps des Marschalls Ney und das VII. des Generals Reynier. Bayern und Westfalen formierten keine eigenen Corps mehr, sondern bildeten Bestandteile, jene vom XII., diese vom VI. Corps.

Im einzelnen: die Garden, lauter Franzosen, 15000 Mann stark.

Das II. Corps des Marschalls Victor, in der Bildung begriffen, bis jetzt 8000 Mann stark, noch an der Saale.

Das III. Corps des Marschalls Ney, 40000 Mann stark, in 5 Divisionen, davon vier französische, eine deutsche.

Das IV. Corps des Generals Bertrand, 20000 Mann; je zu einem Dritteil Franzosen, Italiener, Württemberger.

Das V. Corps des Generals Lauriston, 15000 Mann, allermeist Franzosen.

Das VI. Corps, Marschall Marmont, 25000 Mann, Franzosen und Westfalen.

VII. Corps, General Reynier, 14000 Mann, Franzosen und Sachsen.

XI. Corps, Marschall Macdonald, 15000 Mann, Franzosen.

XII. Corps, Marschall Oudinot, 25000 Mann, Franzosen und Bayern.

Dazu noch 1. Kavalleriecorps, Graf Latour-Maubourg und 2. Kavalleriecorps, Sebastiani.

Die übrigen Corps formierten sich erst oder waren detachiert; so das I. Corps, Vandamme, VIII., Poniatowski, IX., Augereau, X., Rapp, eingeschlossen in Danzig, XIII., Davoust, XIV., St.-Cyr; Kavalleriecorps des Generals Arrighi, Herzog von Padua. — Für alle Heereskörper aber, auch für die schon vor dem Feind befindlichen, rückten weitere Truppenteile nach, sowohl aus Frankreich wie aus den Rheinbundstaaten groß und klein, mit Ausnahme von Bayern. So verfügte jetzt für den Augenblick Napoleon nur über die Spitzen seiner großen Armee, eigentlich nur die Vortruppen führte er ins Gefecht; waren erst seine Garden und die vierzehn Armeecorps auf ihre normale Stärke, im Durchschnitt rund je 35000 Mann gebracht, so verfügte er über eine halbe Million Streiter. Diese Erwägungen mögen es auch gewesen sein, welche den Gedanken an Waffenstillstand in ihm erweckten.

Unter den großen Namen vom Kriege gegen Rußland her vermißt man zunächst Murat; er schloß sich erst später an; an neuen Namen erscheinen die Kommandeure des IV. und des V. Corps, Bertrand und Lauriston. Der erstere hatte sich einen Namen erworben als vorzüglicher Ingenieur, der andere war Artillerist. Mit den Talenten beider machte jetzt der Kaiser, indem er sie an die Spitze von Armeecorps stellte, einen Versuch.*)

„Der General Bertrand," berichtet Franquemont aus Tharandt vom 9. Mai, „beträgt sich stets sehr artig bis jetzt. Die Abschickung des Generals v. Zett auf Rekognoszirung machte mich fürchten, man werde die Kavallerie von der Infanterie trennen, allein kaum war das Detachement zurück, als er mir sagte, alles wieder an mich zu ziehen. — Die reitende Batterie gefällt dem General ungemein wohl. Ueberhaupt zeichnet sich die Bespannung der königlichen Artillerie ganz ungemein vor der französischen aus. Bei dieser hat der Sechspfünder nur 4 Pferde, welche meist von den Geschenken herrühren, die von Departements, Städten u. s. w. dem Staate gemacht worden sind. Diese Pferde sind dann so schlecht, daß von der Batterie, die uns am 7. so sehr aufhielt, nicht weniger als zehn fielen. Der General Bertrand sagte mir, fürs künftige mich durch die schlecht bespannte Artillerie nicht aufhalten zu lassen, sondern an ihr vorbeizumarschiren.

„Das IV. Armeecorps besteht an Infanterie aus der französischen Division Morand, bei der sich auch ein illyrisches Regiment befindet, und aus einer italienischen Division, die sehr indisziplinirt ist und viel Desertion hat, und aus den königlichen Regimentern. An Kavallerie hat dieses Armeecorps außer den 2 königlichen Regimentern 1 italienisches Lanciers- und 1 neapolitanisches Jägerregiment. 2 italienische Kavallerieregimenter werden noch erwartet. Bis jetzt sind Eurer Majestät Truppen noch in keinem Teile hintangesetzt oder härter als die anderen Divisionen in Märschen angelegt worden; ich werde ganz behandelt wie ein anderer französischer Divisionsgeneral und man mischt sich in das Innere nicht.

„Die bisherigen starken Märsche, die Biwals im schlechtesten Wetter, die Vorsichtsmaßregeln gegen Angriffe und Ueberfälle, die abscheulichsten Wege, der hin und wieder eingetretene Mangel haben Infanterie und Kavallerie sehr zurückgebracht. Es sind von der Infanterie Trainers zurückgeblieben. Nicht übler Wille, sondern völlige Ermattung ist der Grund. Der absolute Mangel an Vorspann, den die Feinde mitgenommen haben, hinderte mich, Wagen zur Fortbringung der Zurückgebliebenen herbeizuschaffen. Die Verpflegung geschieht durch Requisitionen, welche die Regimenter durch die Regimentsquartiermeister machen und eintreiben lassen.

„Auf den 11. Mai," berichtet Franquemont weiter an den König, „erhielt

---

*) Marbot, Mémoires etc. III. 260.

ich Befehl, mit den sämtlichen Truppen vor das Pirnaische Thor in Dresden zu marschiren, um mit dem ganzen IV. Corps die Elbe zu passiren. Um zehn Uhr vormittags kam ich auf dem bestimmten Punkt an; es war aber sechs Uhr abends vorbei, ehe die Reihe des Defilirens an mich kam. Seine Majestät der Kaiser der Franzosen stand auf der Brücke und sah das IV. Corps defiliren. Die Leute waren so propre, als es die Umstände und der diesen Vormittag gefallene Regen erlaubten. Welches Urteil der Kaiser über die Truppen gefällt hat, das kann ich nicht sagen, da er während des Defilirens bloß mit dem General Bertrand sprach. Dieser kam sodann dem Armeecorps nach, stieg, als er zu mir kam, ab und, ob er sich gleich bis jetzt ganz artig und freundschaftlich betrug, so war er es doch bei dieser Gelegenheit noch viel mehr."

Die Kavallerie des IV. Corps sei bis Königsbrück vor, die württembergische Infanterie habe Ottendorf erreicht am 12. Mai. Die Kranken werden alle nach Dresden geschafft. „Der König von Sachsen ist am 12. Mai mittags zu Dresden angekommen; der französische Kaiser war ihm entgegen geritten. Von der böhmischen Grenze bis Dresden waren Detachements der kaiserlichen Garde zu Pferde als Eskorte für den König von Sachsen aufgestellt."

Aus Königsbrück vom 14. Mai meldet Franquemont weiter: es sei am 13. zum erstenmal aus französischen Magazinen gefaßt worden, Brot und Mehl, und „diese Austeilung geschah auf eine Art, daß wir dabei nicht zu kurz kamen." Die Verpflegung geschehe sehr unregelmäßig, „öfters tritt der Fall ein, daß mehrere Tage weder aus Magazinen noch durch Requisition Lebensmittel erhalten werden können; deshalb ist in der französischen Armee die Einrichtung getroffen, daß jeder Soldat mit einem Mehlsäckchen versehen sein muß, welches 5 bis 9 Pfund fassen kann, welches der Soldat gelegentlich füllt und in dem Tornister verwahrt." Derartige Mehlsäckchen habe er nun auch für die württembergischen Truppen anfertigen lassen. Der Lebensmittel-transport des Hauptmanns v. Sudow habe nur zum Teil zu den Truppen gelangen können, „indem der Kaiser den größeren Teil an der Brücke von Dresden abladen und die Vorspannswagen wegnehmen ließ." In Dresden selbst und in der Gegend östlich davon, bei Königsbrück, Reichenbach, Bischofswerda sammelten sich jetzt gewaltige Truppenmassen, welche sich in dem fast vollständig erschöpften Lande nur schwer verpflegen konnten; in Dresden standen Garden und XII. Corps, wenigstens 40000 Mann, und am 11. Mai waren über die Elbbrücke aufs rechte Ufer mit ostwärts gerichtetem Marsche passirt 109 Bataillone, 28 Schwadronen, 18 Batterien, 60—70000 Mann.

Vom 14. Mai aus Königsbrück meldet Franquemont: „Da General Bertrand anfängt, uns zu Rekognoszirungen zu gebrauchen, so bin ich im stande, etwas Gewisses vom Kriegsschauplatz anzugeben." Der General von Stockmayer, der gestern den Oberstlieutenant v. Hügeden auf Rekognoszirung geschickt, melde: es seien Anzeichen dafür vorhanden, daß sich die Russen und Preußen bei Bautzen halten wollen. „Ich glaube aber, daß sie über die Oder gehen werden, da sie in der Stellung von Bautzen umgangen werden können. Der zweitägige Stillstand bei Ottendorf machte bei der Armee Sensation, man vermutete, daß der französische Kaiser entweder des österreichischen Kabinets nicht gewiß sei, oder seine Kavallerie erwarte. Auch soll er wirklich gestern bei Dresden über 10000 Mann Kavallerie Revue gehalten haben. In der Nähe dieser Stadt habe ich beim Durchmarsch schon viele und schön berittene französische Kavallerie gesehen. Wenn die Russen sich bei Bautzen halten, so wird es morgen oder übermorgen zu einer Affaire kommen."

Trat Napoleon in der Mitte des Monats Mai mit den Truppen, welche er zunächst um sich hatte, den Vormarsch mit der Richtung nach Osten an, so mußte er unfehlbar auf die Front der verbündeten Armee an der Spree bei der Stadt Bautzen treffen. Alle Nachrichten bestätigten, daß seit dem 13. Mai die Russen und Preußen auf den Höhen von Bautzen sich zu hartnäckiger Verteidigung einrichten mit der allgemeinen Front nach Westen. Gelang es Napoleon noch, seine bei Torgau unter Ney stehenden Kräfte durch einen Marsch über Hoyerswerda und Königswartha herbeizuziehen, so faßte er damit die rechte Flanke des bei Bautzen stehenden Gegners und konnte sogar seinen Rücken bedrohen; denn Ney marschirte beinahe unter einem rechten Winkel zu Napoleons Hauptarmee heran und konnte somit den rechten Flügel der Verbündeten überrennen, während Napoleon selbst die Front angriff. Zudem waren die Stärkeverhältnisse derart, daß für die getrennten Teile der französischen Armee von dem schwächeren Gegner nichts zu fürchten; denn Ney verfügte immerhin über 40000, Napoleon über 100000 Mann.*)

In der That hatten die Verbündeten sich in Bautzen selbst und auf den Höhen zu hartnäckiger Verteidigung entschlossen. Zu aller Bewußtsein kam es von Tag zu Tag mehr, daß man in gänzlich ungerechtfertigter Weise sich so weit zurückziehe, daß es jetzt gelte, nachdem man die Linie der Elbe frei gegeben, den Gegner zu erwarten und sich nochmals mit ihm zu messen. Denn ungebrochenen Mutes fühlten sich Preußen wie Russen trotz Großgörschen. Man war ja ausgegangen mit so heißer Sehnsucht, an den Feind zu kommen, mit so vollem Vertrauen in die eigene Kraft, in die unerschöpflichen Machtmittel eines Volkes, das, wie das preußische, diesen Krieg zu seinem Krieg, zu seiner eigensten Sache gemacht hatte. — So wurden auch die Anträge auf Unterhandlungen, welche Napoleon in diesen Tagen durch Caulaincourt bei den Monarchen stellen ließ, abgewiesen. Man fühlte sich stark genug zum Schlagen;

---

*) Ueber die Stärkeverhältnisse vgl. Plotho, Der Krieg in Deutschland und Frankreich 2c. Berlin 1817, I. 148 ff., 159 f., samt Anlagen; und Perz-Delbrück, Gneisenau 2c., II. 618 ff. und Anmerkung.

auch die Zahl der Streiter hatte sich gehoben durch den Hinzutritt des Heeres-
teiles von Miloradowitsch; man zählte jetzt 85 000, mit den Kosaken vielleicht
90 000 Mann Russen und Preußen in Reih und Glied.

Es war ein eigentümliches Gelände, das man zum Schlagen gewählt
hatte. Nach der Zusammensetzung der verbündeten Armee hätte man glauben
sollen, die Ueberlegenheit an Reiterei gegenüber den Franzosen komme mehr zur
Geltung, es werden diejenigen Strecken von Sachsen ausgesucht werden, in
welchen diese Waffe den Ausschlag zu geben vermöge. Das war keineswegs
der Fall auf dem außerordentlich durchschnittenen Schlachtfeld von Großgörschen;
das traf auch heute nicht zu, da man sich in einen Winkel von Sachsen ver-
zogen hatte, in welchem eine reiche Abwechslung von Thalsenkungen und Höhen,
von Flußläufen und Teichen da und dort wohl günstige Verteidigungsbedingungen
schafft, aber zugleich den Gebrauch der Reiterei im großen ausschließt und
manchen verdeckten Weg dem Angriff zuweist. Es schien, als haben sich die
Verbündeten mit ihrer linken Flanke so nahe als möglich an die österreichische
Grenze geschmiegt.

Die Stellung der Verbündeten lehnte sich links gegen Süden an die
Ausläufer des böhmischen Gebirgs, aus welchem in einem tief eingeschnittenen
Thal die Spree oberhalb der Stadt Bautzen heraustritt und unterhalb derselben gegen Norden und Nordosten hinströmt in einer mit Wiesen, Teichen
und Dörfern erfüllten Thalebene, während auf dem rechten Ufer mehrere
Reihen hinter einander und neben einander liegender Kuppen, die Spitzberge,
sich erheben.

Zur Linken im Gebirge oder diesem doch benachbart, lehnten sich die
Russen an die Dörfer Klein-Jenkwitz und Baschütz; nach rechts hin kamen die
Preußen bei Litten und Kredwitz und dehnten sich aus über den Kopatschberg und andere Höhen zur Spree bis Doberschütz; weiter nach rechts kamen
wieder Russen bis zum Windmühlenberge von Gleina. — Dies die Hauptstellung, deren Schwäche, Zerrissenheit und Zerteiltheit noch vermehrt wurde
durch die ungeheure Frontausdehnung von 14 Kilometern.

Den Russen schwebte immer, wenn von Stellungen die Rede war, Borodino vor; so begannen sie auch hier zu schanzen und Werke aufzuführen, in
denen eine Menge von Geschützen untergebracht wurde; namentlich auf dem
linken Flügel, im Gebirge oder doch nahe demselben, erstanden Erdwerke von
gewaltiger Ausdehnung. Man fürchtete eben von Anfang an, Napoleon möchte
diesen Flügel für seinen Angriff wählen und die Verbündeten von der Fühlung
mit der österreichischen Grenze abdrängen. Erst zu spät erkannte man, daß der
wirklich gefährdete Flügel nicht der linke sei, sondern der rechte auf dem Windmühlenberge von Gleina. Denn gegen diesen war der Stoß des von Hoyerswerda und Königswartha anrückenden Marschalls Ney gerichtet.

Durch die Stellung läuft mit der Richtung genau gegen Osten die

Straße von Bautzen über Wurschen, Weißenberg nach Görlitz, die eventuelle Rückzugslinie für das verbündete Heer. Innerhalb der Hauptstellung zieht die Straße nicht allzu weit hinter den Dörfern Purschwitz, Kleinbautzen, Preititz und Baruth vorüber, welche alle hinter dem gefährdeten rechten Flügel liegen. War dieser bedroht, so war es auch die Rückzugsstraße.

Zu diesen Mängeln der sogenannten Stellung kam noch ein weiterer: der vorgeschobene Posten in der Stadt Bautzen selbst mit den anliegenden Höhen von Burk und Niederkaina. Solche vorgeschobene Posten sind meist von vornherein bestimmt, verloren zu gehen und ihre geschlagenen Verteidiger nach rückwärts zu entsenden. Die Spree, welche an einem Teil der Hauptstellung entlang läuft, ist freilich nur auf Brücken zu überschreiten, aber diese sind in großer Zahl vorhanden und Schiffbrücken können leicht geschlagen werden. Das linke Ufer der Spree befand sich im allgemeinen in den Händen der Franzosen, denen ebenfalls einige beherrschende Höhen zu Gebot standen, so der Windmühlenberg westlich von Bautzen und der Gottlobsberg unterhalb von Bautzen zwischen den Dörfern Nimschütz und Niedergurig; flußabwärts von diesem Dorfe befindet sich eine Brücke über die Spree bei Klix gegenüber dem Windmühlenberge von Gleina.

Im russischen Hauptquartier legte man den Hauptwert auf den linken Flügel bei Klein-Jenkwitz und Baschütz; dort stand deshalb die russische Hauptmacht unter Miloradowitsch, Prinz Eugen von Württemberg, St. Priest mit 46000 bis 47000 Mann, wohl verschanzt und mit Vortruppen in der zur Verteidigung hergerichteten Stadt Bautzen und Umgebung. Rechts von der russischen Hauptmacht stand das eigentliche Zentrum der Hauptstellung in Kreckwitz und auf den Kreckwitzer Höhen — den Spitzbergen — Preußen unter Blücher, York und Kleist, 31600 Mann. Den rechten Flügel endlich bildeten 10000 Russen unter Barclay de Tolly. — So verminderten sich in verhängnisvoller Weise vom linken zum rechten Flügel die Kämpferzahlen in den verschiedenen Kampfgruppen des 14 Kilometer langen Halbkreises der Hauptstellung.

Daß gegen den schwachen rechten Flügel von Torgau und Hoyerswerda her ein französisches Corps anrücke, hatte man am 18. Mai im verbündeten Lager erfahren. Es wurde auch sofort ein energisches Entgegentreten beschlossen; Barclay de Tolly sollte mit 22000 Mann nach Hoyerswerda entgegenrücken, um das anrückende isolierte Corps anzugreifen und zurückzuwerfen. Es gelang auch, am 19. Mai die italienische Division Peri des IV. Corps in Königswartha zu überfallen und übel zugerichtet nach Hause zu senden. Der Hauptschlag aber mißglückte; Lauriston und Ney hatten sich schon vereinigt. Barclay fand von seiten dieser weit überlegenen Feinde einen kräftigen Widerstand und kehrte nach ruhmvollen angestrengten Kämpfen und zwei Nachtmärschen in der Frühe des 20. Mai mit empfindlichem Verlust auf seinen Platz am rechten Flügel der Hauptstellung bei Bautzen zurück.

Jetzt konnte man hier bei den Verbündeten wissen, von welcher Seite die Gefahr drohte. Schon aber begann auch die Bedrohung der Front durch Napoleon selbst, und es scheint nicht, daß der rechte Flügel Barclays bei Gleina eine ins Gewicht fallende Verstärkung erhalten hat.

Schon am 19. Mai war Napoleon bei seiner Armee erschienen auf den Höhen westlich von Bautzen. Die fünf Armeecorps, mit denen er die Brücke in Dresden passirt hatte, sahen sich hier auf dem linken Ufer der Spree zum Angriff zunächst auf die Stadt Bautzen vereinigt. Rechter Flügel oberhalb Bautzen, Oudinot mit dem XII. Corps, 25000 Mann; gegen die Stadt selbst gerichtet XI. Corps, Macdonald, mit 12000 Mann; unterhalb der Stadt VI. Corps, Marmont, 20000 Mann, und IV. Corps, Bertrand, mit 15000 Mann. Alle diese vier Corps unter der Oberleitung des Marschalls Soult, welcher nach der Schlacht von Bautzen sofort wieder nach Spanien abging. Die Garden, 20000 Mann, auf den Höhen westlich von Bautzen, unter des Kaisers eigenem Befehl.

Den rechten Flügel von Soults Armee bildete somit das XII. Corps, Oudinot, den linken das IV. Corps, Bertrand, dem es oblag, die auf dem linken Ufer der Spree noch herumschweifende leichte Reiterei des Gegners fern zu halten und die Verbindung mit dem über Hoyerswerda heranrückenden Marschall Ney zu suchen.

Franquemont berichtet: am 16. Mai sei die Division von Königsbrück aufgebrochen nach Prischwitz, auf der linken Flanke stets von Kosaken umschwärmt. Im Lager bei Großweicha habe man sich am 18. mit der Großen Armee vereinigt. An diesem Tage kam auch, als Bauer verkleidet, der Hauptmann Faucigny des Generalstabs aus Dresden zurück, wohin er von Franquemont gesandt worden war, um einen Bericht über die Bewegungen des Feindes an Berthier zu erstatten. Der Hauptmann meldete, am 17. Mai sei er von Dresden abgefertigt worden und habe sich mit 10 Chevaurlegers auf den Weg gemacht, um über Camenz ins Lager vor Bautzen zu kommen. Unterwegs drohten überall Kosaken. Doch gelang es ihm, noch 20 französische Traineurs zu sammeln und so seine Schützen zu verstärken. Plötzlich aber wurde er von 200 bis 300 Kosaken überfallen; Widerstand war nutzlos, sie mußten alle mit. Da flüsterte der Chevaurlegersunteroffizier dem Hauptmann zu, er solle sich doch auf das rascheste Chevaurlegerspferd werfen und entfliehen. Es gelang das auch dem Hauptmann Faucigny in einem weniger bewachten Augenblick; er sprengte seitwärts und kam ins Dorf Oberlicht. Hier verbarg ihn ein Bauer; auch etliche Chevaurlegers retteten sich noch ins Dorf. Mit dem Bauern tauschte Faucigny die Kleider, rettete seine Depeschen und kam auf Nebenwegen am 19. Mai ins Lager. Noch lange Zeit, auch nach der Schlacht von Bautzen, bis zum Waffenstillstand war ganz Sachsen unsicher gemacht durch Kosaken und Freicorps. Auch noch weiter im Rücken, in der

Saalegegend, streiften die Freicorps, insbesondere die Lützower, und durchschnitten nicht selten die Verbindung mit Erfurt und Mainz. Wie Luftgebilde pflegten diese Streifscharen zu erscheinen und wieder zu verschwinden, ohne daß man im stande war, sie zu fassen. Daher der immer wachsende Aerger im französischen Hauptquartier über diese Belästigungen, über dies Abfangen von Depeschen, Wegnehmen von Fuhrparks, Nötigung zu starken Bedeckungen.

Im Laufe des 19. Mai hatte die württembergische Division eine Rekognoszirung die Spree abwärts gegen Klix ausgeführt, um die linke Flanke zu sichern; am Morgen des 20. rückte mit vielen Verlusten die italienische Division Peri beim IV. Corps ein; rechts von diesem Corps begannen um die Mittagszeit das VI., XI. und XII. Corps gegen die Spree und gegen die Stadt Bautzen vorzurücken; das IV. Corps vereinigte sich in der Nähe des Dorfes Cualitz, um ebenfalls mit der Richtung auf Niedergurig und den Gottlobsberg gegen die Spree vorzugehen.

Wir haben oben gesehen, in welcher Weise die dem Marschall Soult unterstellten vier französischen Armeecorps angestellt waren, um die Stadt Bautzen wegzunehmen und die Spree zu überschreiten. Um zehn Uhr am Vormittag des 20. Mai ließ Napoleon, der selbst auf dem Windmühlenberg westlich von Bautzen stand, die Waffen ergreifen. Bald war an den Ufern der Spree gegenüber von Bautzen und Burk das Gefecht allgemein; zunächst Kanonade. Unterhalb der Stadt, bei der Pulvermühle, waren von Marmont Brücken geschlagen; die große steinerne Stadtbrücke war stehen geblieben; den Zugang zu ihr erkämpfte sich Macdonald. Ein kühner Haufen von Voltigeurs verschaffte sich Eingang in die Stadt; abends sechs Uhr mußte die russische Besatzung, 8 Bataillone und zahlreiche Artillerie, die Stadt räumen und nach den Höhen von Niederkaina zurückgehen. Macdonald und Marmont setzten sich nun östlich der Stadt fest. Immer noch hielt sich der General Kleist auf den Höhen von Burk; erst gegen neun Uhr abends, als das VI. und IV. Corps von Niedergurig her drohten, war er genötigt, in die Hauptstellung zurückzugehen. Oudinot mit dem XII. Corps hatte oberhalb Bautzen die Spree überschritten und die Russen in ihre verschanzte Stellung zurückgedrängt.

Erst mit der völligen Nacht schwieg rings das Feuer, und das war das Resultat dieses Gefechtstages: die russischen und preußischen Vortruppen hatten in Bautzen und an der Spree entlang gefochten und alles Terrain vor der Hauptstellung verloren. Der rechte Flügel unter Barclay war gar nicht belästigt worden; und das kam noch zum Resultat dieses 20. Mai hinzu: die Gewißheit, daß am nächsten Tage der Marschall Ney mit seinem eigenen, dem III. Corps, dem V., Lauriston, und vielleicht sogar dem VII., Reynier, von Königswartha und Klix her den schwachen rechten Flügel unter Barclay umfassend angreifen werde. Dann mußte eigentlich schon die numerische Ueberlegenheit Napoleons eine Entscheidung bringen.

In der Nacht vom 20. zum 21. Mai richteten sich die Verbündeten vollends in ihrer Hauptstellung ein; Kaiser Alexander nächtigte in Klein-Purschwitz unmittelbar hinter der Hauptstellung; König Friedrich Wilhelm III. in Wurschen. In Bautzen, kaum eine Meile von der Hauptstellung der Verbündeten, wählte Napoleon mit den Garden sein Hauptquartier; das XII., XI. und VI. Corps standen auf dem rechten Spreeufer zwischen ihm und der Hauptstellung des Gegners; das IV. Corps verblieb noch auf dem linken Ufer der Spree zwischen Niedergurig und Cualitz. Marschall Ney erhielt den Auftrag, mit seinen Streitkräften links vom IV. Corps auf das Dorf Klix vorzugehen, die Spree hier zu überschreiten und den rechten Flügel der Verbündeten am Windmühlenberge von Gleina zu umklammern.

Die ersten Morgenstunden des 21. Mai trafen jeden Kämpfer auf seinem Posten. Es begann das Gefecht im Gebirge, dem linken Flügel der Russen gegenüber; bald zeigte sich, daß die Franzosen, das XII. Corps, hier nicht im stande waren, Terrain zu gewinnen, daß die Entscheidung überhaupt nicht hier liege, sondern auf dem rechten Flügel bei General Barclay auf dem Windmühlenberge von Gleina.

Es war um 6 Uhr in der Frühe, als Marschall Ney sich bei dem Dorfe Klix den Uebergang über die Spree erzwang; er sammelte seine weit überlegenen Kräfte auf dem linken Ufer zum Angriff gegen den Windmühlenberg von Gleina. Festen Fußes empfingen ihn die Russen, aber endlich mußte Barclay der vierfachen Uebermacht und Umklammerung von rechts her weichen. Er ging auf die Höhen von Baruth zurück. Ney drang mit Massen nach und setzte sich im Dorfe Preititz fest. Damit kam er in die rechte Flanke des Zentrums unter Blücher, damit näherte er sich auch in höchst bedrohlicher Weise der Rückzugsstraße nach Wurschen und Weißenberg; er durfte in Preititz nicht geduldet werden. General Blücher beauftragte Kleist mit der Wegnahme des Dorfes Preititz und dem keine Gefahr und Feindesüberlegenheit kennenden Ansturme der preußischen Garde und Linie gelang es auch, die Truppen Neys gegen Gleina hin zurückzuwerfen und das Dorf Preititz zu behaupten. Es ging gegen die Mittagszeit, als Napoleon auch das Zentrum der gegnerischen Aufstellung mit Ueberlegenheit angreifen ließ.

Die Stützpunkte dieses Zentrums bei Litten, bei Kreckwitz und auf den Spitzbergen, besonders Kopatschberg, waren von den Preußen unter Blücher und York besetzt, verstärkt durch schwere russische Geschütze. Blücher auf den Höhen von Kreckwitz befand sich in übler Lage: in der Front rückte von Niedergurig das IV. Corps unter Bertrand heran, links drohte Marmont mit dem VI. Corps und seine rechte Flanke war dem Feuer des III. Corps unter Ney ausgesetzt, der zwar Preititz verloren hatte, aber auf den Höhen nördlich davon Batterien gegen Blüchers rechte Flanke auffahren ließ. Bisher war das Geschützfeuer der Franzosen von den Preußen und Russen kräftig beantwortet worden, aber jetzt ereignete sich das Unglück, daß die schweren russischen Geschütze sich verschossen hatten; sie mußten aus Blüchers Hauptstellung abfahren; das Feuer der Franzosen begann hier im Zentrum überlegen und umfassend zu werden.

Die Entscheidung nahte heran; das IV. Corps hatte bei Niedergurig die Spree überschritten und schickte sich nun an, die Kreckwitzer Höhen, die sogenannten Spitzberge, zu erstürmen. Die württembergische Division im ersten Treffen, die französische Morand im zweiten, Italiener in Reserve, so rückte das IV. Corps die Höhen herauf. Die vordersten württembergischen Bataillone verloren eine Menge Leute, aber endlich waren die Preußen, von drei Seiten umfaßt, genötigt, die Höhen zu verlassen und auf Purschwitz zurückzugehen, in die Nähe der allgemeinen Rückzugslinie nach Wurschen.

Während dieser Zeit hatte auf dem äußersten rechten Flügel Barclay in ungleichem Kampfe gestanden. Denn mit einem Teile seines eigenen, des III. Corps, unterstützte Ney den General Lauriston gegen Barclay, mit dem andern Teil aber bedrohte er fortwährend die rechte Flanke Blüchers. Auf dem linken, stark verschanzten und mit den russischen Hauptkräften besetzten Flügel, bei Miloradowitsch, fiel den ganzen Nachmittag nichts Entscheidendes vor, ja der russische General errang sogar ein paar kleine Vorteile. Desto schlimmer stand es im Zentrum und auf dem rechten Flügel. Gneisenau hat das genau beschrieben, wie umfassend der Angriff gewirkt habe, wie endlich der Entschluß zum Rückzug noch zeitig genug gefaßt worden sei, um diesen durchaus geordnet durchzuführen, als eine Art von Abbrechen der Schlacht vor der unvermeidlich hereinbrechenden Katastrophe. Es erwies sich die gewagte Maßregel hier als ausführbar bei Truppen, die auch heute trotz der feindlichen Ueberlegenheit stets mit ungebrochenem Mute gefochten hatten, bei deren mannhaftem Sinn jede Panik ausgeschlossen war, die sich bereit zeigten, jeden Augenblick wieder Front zu machen.

Der planmäßig durchgeführte Rückzug begann denn auch um vier Uhr nachmittags in drei Kolonnen. Die erste Kolonne bildeten die Truppen der Generale Blücher und York auf der Straße nach Wurschen und Weißenberg; die zweite Kolonne, Miloradowitsch, vom linken Flügel der Hauptstellung, ging ziemlich unbelästigt längs des Gebirges über Hochkirch und Löbau nach Reichenbach. Das Zusammenziehen der dritten Kolonne aber, der Truppen unter Barclay, vom rechten Flügel her auf die Hauptstraße nach Weißenberg hinter die erste Kolonne, verursachte die meisten Schwierigkeiten. Nur den äußersten Anstrengungen der preußischen und russischen Reservetruppen gelang es, die vordrängenden Massen vom Corps Ney beim Dorfe Preititz zurückzuhalten. Es war fünf Uhr nachmittags, als das verbündete Heer in völligem Rückzug begriffen war; eine fürchterliche Kanonade war die Einleitung des Feindes zur Verfolgung. Die Ordnung aber im verbündeten Heere blieb unerschütterlich; der Sinn der Soldaten blieb ungebeugt, weil sie sich keineswegs für geschlagen hielten.

Am Abend des 21. hatte Blücher mit den Preußen und den Russen unter Barclay eine Aufstellung bei Weißenberg erreicht; etwa 10 Kilometer weiter südlich stand die russische Hauptarmee unter Miloradowitsch bei Löbau. Die Angriffe der verfolgenden französischen Kolonnen waren abgeschlagen worden.

So war der entscheidungsvolle Tag zu Ende, an welchem die Württemberger durch ihr Eingreifen einen besonders ruhmvollen Anteil am Siege für sich in Anspruch nehmen durften. Wir kehren deshalb auf das linke Spreeufer unterhalb der Stadt Bautzen zurück, am Morgen des ersten Schlachttages, des 20. Mai. Die württembergische Division stand hier aufmarschiert als erstes Treffen des IV. Corps. Ihr Stand war an diesem Tage:

8 Bataillone mit zusammen 4764 Mann, formirt in die 3 Linienregimenter Nr. 1, 2 und 7, das 9. Jägerregiment König und 10. leichtes Infanterieregiment (letztere je 1 Bataillon stark), eingeteilt in 2 Brigaden unter den Generalen Neuffer und Stockmayer.

8 Schwadronen mit 809 Mann formirt in eine Brigade unter dem General Jett, bestehend aus dem 1. Chevaurlegersregiment und dem Jägerregiment Nr. 3, Herzog Louis.

2 Batterien, eine reitende und eine fußgehende, mit zusammen 12 Geschützen (8 Sechspfünder, 4 siebenpfündige Haubitzen) und 235 Mann Bedienung.

Ausrückstärke der ganzen Division unter dem Gewehr: 5808 Mann.

Vom 20. Mai berichtet Franquemont: „In der Frühe des 20. war man, wie bestimmt, um drei Uhr bereit. General Bertrand kam um vier Uhr zu mir und befahl, eine Stellung bei dem Dorfe Cölln zu beziehen. Wir standen hier nicht lange, als der Marschall Soult ankam. Er behandelte den General Bertrand eigentlich recht grob. Ich erfuhr zufällig, daß dieser Mann die Armeecorps auf dem rechten Flügel kommandiren solle. Jetzt ging es los bei Soult. Man konnte nicht genug Adjutanten auftreiben, so viel wurde nach allen Seiten hin gemeldet. Die Kolonne, die man hatte marschiren sehen und die alle diese Unruhen veranlaßt hatte, war unsere eigene italienische Division, welche durch eigene Schuld in Königswartha eine Schlappe erlitten hatte und sich jetzt heranzog."

Gegen die Mittagszeit begannen rechts vom IV. Corps die Heeresteile der Marschalle Marmont, Macdonald und Oudinot gegen die Spree und die Stadt Bautzen vorzurücken. Nach der linken Flanke hin hatten die württembergischen Reiter und die Kavallerie von Latour-Maubourg aufgeklärt; es schien von dieser Seite nichts zu befürchten. So erhielt das IV. Corps seine Richtung gegen die Spree und den Gottlobsberg. Dieser liegt auf dem

linken Ufer der Spree; dem Gottlobsberg gegenüber auf dem rechten Ufer
der Spree erheben sich Bölauberg und Kiefernberg, hart am Flusse; beide
waren von den Preußen besetzt. Weiter rückwärts hinter diesen ersten Höhen
am Fluß ist der Kopatschberg, der Weinberg und der Weiße Stein gelegen;
hinter diesen folgen noch andere Hügelreihen, die Spitzberge genannt, auch
Kreckwitzer Höhen nach dem benachbarten Dorfe Kreckwitz geheißen, dem Zentrum
der preußischen Hauptstellung, wo Blücher selbst kommandirte.

Jn den eingenommenen Stellungen am Gottlobsberg wurde vom Corps
Bertrand genächtigt, mit Vorposten an der Spree und gegen die vom Feinde
besetzten Spitzberge. Die Reiterei suchte links die Verbindung mit dem im
Anmarsch befindlichen Marschall Ney und rechts mit dem VI. Corps, Marmont.
Dort, auf dem rechten Spreeufer, in jener Welt von Höhenzügen und Spitzbergen gegen Kreckwitz hin, dort lag, das wußte man, das Feld der Thätigkeit für den folgenden Tag.

Am zweiten Schlachttage, am 21. Mai, berichtet Franquemont
weiter: „Jn aller Frühe, nachdem kaum die Schlacht in der Gegend von
Bautzen wieder angefangen hatte, kam der Marschall Soult in unser Lager,
ließ mich rufen und sagte, daß der Kaiser heute mit aller Anstrengung von
Bautzen her angreifen werde, daß der Marschall Ney von Hoyerswerda links
ebenfalls im Anrücken sei und daß, wenn diese Angriffe gut von statten gingen,
ich mit der Division zwei Hügel, die er mir zeigte, gleichfalls angreifen solle.
Mir war hierbei gar nicht wohl zu Mut. Denn schon aus der Stellung,
welche die auf jenen Hügeln befindlichen Batterien hatten und aus dem Laufe
anderer Hügel ließ sich vermuten, daß wir durch ein mehrfach sich kreuzendes
Feuer wandern müßten. Jch sagte dem Marschall Soult auch, daß ich glaube,
die Division an sich sei für ein solches Unternehmen zu schwach. Er antwortete darauf: Die Württemberger sollen durch 40 Kanonen, die Division
Morand und die Italiener unterstützt werden.“

Jndessen habe die Schlacht an Heftigkeit zugenommen; links sei noch keine
Verbindung mit Ney hergestellt gewesen. „Da kam der Marschall Soult zum
zweitenmal zu mir und wiederholte, was ich nur zu gut verstanden hatte. Jch
sprach ihm nochmals von der Schwäche unserer Division und daß ich lauter
Rekruten hätte, daß zu dem mir gewordenen Auftrag gute alte Soldaten erforderlich seien.“

Es ging gegen Mittag; man sah, wie die französische Armee auf dem
rechten Ufer der Spree Fortschritte machte, wie das VI. Corps Terrain gewann.
„Es mochte ungefähr 12 Uhr sein, als mir der Marschall Soult Befehl gab,
die Spree zu passiren und mich mit der Division in einer Senkung aufzustellen. — Das wurde ausgeführt, und nun schickte Soult den Befehl, mit dem
Angriff zu beginnen. Ohne Stocken, mit aller Ruhe, in der schönsten Haltung,
Gewehr im Arm, rückten die Kolonnen 1000 Schritt weit vor bis auf

200 Schritt vom Feinde. Mit Geschrei stürzten sie sich jetzt auf diesen selbst. Er erwartete den Stoß nicht, sondern ging zurück, nachdem seine Batterien schon vorher abgefahren waren." Hier war es, wo Franquemont an der Spitze der Sturmkolonne schwer verwundet wurde.

General Neuffer übernahm für ihn die Führung der Truppen und setzte sich an die Spitze, als die Preußen das Gefecht erneuerten und zum Gegenstoß anrückten. Da fiel auch Neuffer verwundet nieder und das Kommando ging auf den jüngsten General der Division, auf Stockmayer, über. Diese seltene Verkettung von Umständen, während das Gefecht immer vorwärts ging, hatte zur Folge, daß von den verwundeten Führern Franquemont und Neuffer nur Bruchstücke von Originalberichten vorhanden sind. Dagegen hat General Stockmayer einen vollständigen Bericht zusammengestellt und zudem besitzen wir eine Darstellung im Manuskript aus dem Jahre 1823,*) herrührend von General Bangold, der als Major des Generalstabs während der ganzen Schlacht dem Divisionskommandeur zur Seite stand. Bangold erzählt:

„Es war 1 Uhr nachmittags am 21. Mai, als General Franquemont die Division der Württemberger zum Angriff ordnete. Rechts deckten die zwei Reiterregimenter; auf dem Kiefernberge fuhren 24 Geschütze auf, doch so, daß die Schußlinien vom Gottlobsberg freiblieben, und machten ein Geschwindfeuer gegen den Kopatschberg. In unmittelbarer Folge setzten sich die 8 württembergischen Bataillone im Geschwindschritt in Bewegung mit Compagnien auf halben Abstand in Kolonne geordnet, die Brigade Stockmayer an der Spitze; Richtung auf den Kopatschberg.

„Sobald der Kopf der Kolonne sich zeigte, richtete sich das Geschütz des Kopatschberges auf diesen. Bei dem weiteren Vorrücken empfing die Kolonne auch ein Flankenfeuer links von der Seite der Weißen Steine. Um diesem auszuweichen, wendete sich die Kolonne nicht sogleich gegen den Kopatschberg, sondern marschirte eine geraume Strecke in der Richtung gegen Kredwitz, so viel als möglich die leichten Vertiefungen des Bodens benützend. Dann wandte sich die Kolonne wieder gegen den Kopatschberg. In diesem Augenblick empfing sie ein Flankenfeuer von einer vorwärts Kredwitz aufgefahrenen Batterie, deren erste Schüsse gleich in die Kolonne schlugen. Schnell besonnen befahl General Franquemont, daß das 2. Bataillon des 2. Regiments in beschleunigtem Schritt gegen Kredwitz vorgehen und einen lebhaften Scheinangriff gegen dieses Dorf machen solle, um das Feuer der Batterie auf sich zu ziehen.

„Die Kolonnen setzten indessen, das Gewehr im Arm, ihren Sturmmarsch ohne die geringste Stockung im heftigsten Feuer fort. In einer Entfernung von 200 Schritten von der feindlichen Batterie stürzte der Kopf der Kolonne

---

*) Im Einverständnis mit Franquemont ausgearbeitet und in den Akten des Kriegsministeriums aufbewahrt.

im Lauf und unter Geschrei mit dem Bajonnet auf den Feind los. Dieser erwartete jedoch den Stoß nicht. Die Batterie protzte schnell auf und fuhr ab, die Infanterie wich feuernd gegen den Weinberg zurück. Die Angriffskolonne der Württemberger deployirte sogleich rechts und links auf dem Kopatschberge und begann das Kleingewehrfeuer gegen den zurückweichenden Feind."

Die Brigade Siccard der Division Morand war indessen von dem Kiefern- berg auf den Galgenberg gerückt und hatte im Viereck Aufstellung genommen.

Der Feind dagegen verstärkte sich und, unterstützt von seinen Batterien auf dem Weinberg und Weißen Stein, rückte er gegen den Kopatschberg vor, um denselben wieder zu nehmen. Die feindliche Infanterielinie drang bis auf 50 Schritte an die unserige heran; es entstand ein mörderisches Klein- gewehrfeuer. Die württembergische reitende Batterie und bald darauf auch die Fußbatterie waren mittlerweile in die Gefechtslinie eingerückt und machten ein wirksames Feuer. Der Feind sah sich genötigt, wieder gegen den Weinberg zurückzuweichen.

Am Schlusse dieses heftigen Gefechtsabschnittes wurde General Franque- mont schwer verwundet und General Neuffer übernahm den Oberbefehl.

Während in der Front die Preußen vom Kopatschberge wieder zurück- wichen, richteten sie von links her, von der Höhe der Weißen Steine, ein ver- derbliches Feuer gegen die isolirte württembergische Division. Neuffer ließ deshalb die noch rückwärts stehende Brigade Siccard ersuchen, bis auf die Höhe der Württemberger vorzurücken und diese zu unterstützen. Zur augen- blicklichen Deckung der linken Flanke ließ Neuffer einen Haken bilden. Während dieser Anordnungen erhielt er selbst eine schwere Wunde; der Oberbefehl ging an den General Stockmayer über.

„Am Fuße des Weinbergs bildete sich nunmehr eine neue feindliche Angriffs- linie, welche abermals gegen den Kopatschberg vordrang. Der Angriff war vorhergesehen. General Stockmayer hatte, um demselben mit Kraft zu begegnen, die Ordnung seiner Linie berichtigt, die beiden württembergischen Batterien zweckmäßig gestellt, auch eine herbeieilende italienische Batterie auf dem rechten Flügel auffahren lassen. Die feindliche Angriffslinie drang zwar bis auf 60 Schritte von dem Kamme des Kopatschberges vor, wurde aber hier durch ein wohlgerichtetes Geschütz- und Gewehrfeuer zurückgeworfen und im Weichen mit schnellen Abseuerungen verfolgt. Zugleich war die Brigade Siccard in die Höhe der Württemberger vorgerückt bis auf den Weißen Stein."

Das ereignete sich alles in der Front. Wir haben aber gesehen, daß beim Sturmmarsch gegen den Kopatschberg Franquemont ein Bataillon rechts entsendete, um durch einen Scheinangriff auf das Dorf Kredwitz das preußische Geschützfeuer von der stürmenden Kolonne abzulenken. Der Bataillonskommandeur, von der Ansicht ausgehend, daß ein ernstlicher Angriff ihm weniger Menschen kosten würde als der befohlene Scheinangriff, entschloß sich, mit seinem Bataillon das Dorf zu stürmen. Es gelang ihm auch wirklich, in das Dorf einzudringen; allein er wurde daselbst von einer überlegenen Macht umringt und schwer verwundet mit dem größten Teil seiner Mannschaft gefangen.

Der Rest der Division Morand und die italienische Division hatten sich in der Zwischenzeit am Kiefernberge gesetzt. — Vorne aber bei den Württembergern wurde der Angriff auf die vorliegende Höhe, auf den Weinberg, beschlossen. Die drei Batterien fuhren in wirksame Schußnähe vor und machten einige schnelle Absenkerungen gegen den Weinberg. Währenddem bildete die württembergische Division die Angriffskolonne und begann den Vormarsch. Bei Annäherung derselben trat der Feind den Rückzug an, ohne den Weinberg streitig zu machen. Die württembergische Kolonne, zur Linken von der Brigade Ficcard begleitet, folgte dem Gegner über die Kreckwitzer Höhen und Kuppen in der Richtung auf Purschwitz. Da der Feind sich nicht mehr zur Wehre setzte, so konnte ihm nur noch durch Geschützfeuer zugesetzt werden, weshalb die Batterien immer schnell auf die geeigneten Höhen vorfuhren und lebhaft feuerten. Als zweites Treffen rückte der Rest des IV. Corps nach.

„Die sämtliche Reiterei des Corps, zwei württembergische, ein neapolitanisches Regiment, befand sich zur Deckung auf der rechten Flanke. Als die württembergische Infanterie eben vom Weinberge gegen den Krähenberg vormarschierte, prallte eine feindliche Reiterabteilung von ein paar Schwadronen von Kreckwitz her gegen die rechte Flanke heran; sie wurde aber durch eine schnelle Gegenbewegung unserer Reiterei zum Rückzug genötigt. Bald darauf zeigte sich zwischen Kreckwitz und dem Krähenberge der Kopf einer bedeutenden Reiterkolonne, welche schon begann, sich zum Angriff zu entwickeln; sie wurde durch ein wohlangebrachtes lebhaftes Geschützfeuer ebenfalls wieder zurückgetrieben.“

Am östlichen Auslaufe der Kleinbautzener und Kreckwitzer Höhen vereinigte sich das IV. Armeecorps mit dem rechten Flügel des Marschalls Ney. — So vollzog sich hier das entscheidende Ereignis des Tages: der Zusammenschluß der beiden französischen Armeeteile, welche bisher getrennt, Soult von Westen, Ney von Norden her, ihre Stöße auf die feindliche Stellung geführt hatten. — Die feindliche Armee, fährt der Gefechtsbericht fort, welche nunmehr den Schlüssel ihrer Stellung verloren hatte und überdies von dem linken Flügel des Marschalls Ney auf ihrer Rückzugslinie bedroht wurde, trat den allgemeinen Rückzug an. Das IV. Armeecorps rückte noch an diesem Abend ohne weiteres Gefecht bis Hochkirch.

Diejenigen Kriege, welche das Volksgemüt zu seinen eigenen macht, in denen es für eines seiner Heiligtümer kämpft, sei es Religion oder Vaterland, solche Kriege sind ihrem Wesen nach eigentlich endlos. Man greift immer wieder hinein in den unerschöpflichen Brunnen der Volkswehrkraft und verschiebt den Frieden bis zu gänzlicher Erschöpfung. Sogar über den Friedensschluß hinaus verlängern wirkliche oder vermeintliche Kränkungen den Kriegszustand der Gemüter. Die Volkskriege sind es aber auch, welche durch ihre Exbitterung, durch den heiligen Ernst, mit dem sie geführt werden, durch den entschlossenen Grimm die Schlachten so heftig, so blutig gestalten, die Menschenverluste zu einer ungeheuren Höhe steigern.

Die Kabinetskriege vom Jahre 1792 ab bis 1806 haben kaum nennenswerte Verluste auf dem Schlachtfeld herbeigeführt. Einzelne Kämpfe in den Alpen und in Italien, in denen man sich verbissen hatte, mögen ausgenommen sein. Im allgemeinen aber führten die alten Mächte jene Kabinetskriege noch mit einer Art feudalen Zeremoniells. Der vaterländische Krieg in Rußland war es ganz besonders, der patriotische Begeisterung und Erbitterung weckte unter rücksichtsloser Führung des Kriegs auch von seiten der Frankreich feindlich gegenüberstehenden Mächte. Anklänge an diese Art der Kriegführung fanden sich schon 1807 und 1809. Aber erst 1812 in Rußland mehrten sich die Verluste in den Schlachten nach der Weise der Volkskriege.

Als vollends das preußische Volk sich erhob mit dem festen Entschlusse, die verlorene Waffenherrlichkeit wieder herzustellen und die Unabhängigkeit zu erringen, kurz, mit dem Entschlusse, Sieger zu sein, da sah man zugleich voraus, daß dieser Krieg sich nicht endigen könne nach ein paar geführten Schlägen, daß seine Schlachten an Opfern reich sein werden.

Wie mannhaft überall die angreifenden Franzosen in der zweitägigen Schlacht von Baußen empfangen worden sind, das zeigte sich an ihren Verlusten; über 20000 Tote und Verwundete wurden gezählt, etwa 14 Prozent der Gesamtstärke. Den stärksten Verlust erlitten dabei die Württemberger: auf 5808 Mann, die ins Gefecht rückten, zählte man an Toten und Verwundeten 48 Offiziere und 1211 Mann; über 20 Prozent. Der Verlust an Offizieren im Verhältnis zur Mannschaft ist bei den Württembergern ein sehr beträchtlicher; unter den Lebenden kam ein Offizier auf 40 Mann, bei den Toten und Verwundeten aber ein Offizier auf 25 Mann. Zu den Schwerverwundeten zählten die beiden Generale Franquemont und Neuffer; auch einer der französischen Generale war verwundet worden, der Divisionsführer Laurencez vom XII. Corps. Außerdem hat die württembergische Division 300 Mann an Gefangenen verloren, welche in dem Dorf Kreckwitz abgeschnitten worden waren. In Baußen wurden Spitäler errichtet und die Verwundeten vorerst alle dorthin gebracht. —

Daß er vor einem schweren Gange stand, das fühlte Franquemont wohl, als ihm um die Mittagszeit des 21. Mai der Marschall Soult von der Höhe des Gottlobsbergs die vom Feinde besetzten Kuppen auf dem rechten Spreeufer zeigte, welche von den Württembergern gestürmt werden sollten. Franquemont suchte immer noch Zeit zu gewinnen und seiner schwachen Division die

Mithilfe der französischen zu sichern. Sein Nachfolger im Kommando, General Neuffer, berichtet darüber an den König aus dem Spital Bautzen vom 26. Mai: Er könne den König versichern, daß Franquemont alles angewandt habe, um das Blut der Leute zu schonen, aber es seien die Württemberger von den Franzosen nicht so unterstützt worden, wie es versprochen gewesen. „Der Befehl zum Angriff war schon zweimal gegeben und General Franquemont suchte durch neue Anfragen immer wieder Zeit zu gewinnen und den versprochenen gemeinschaftlichen Angriff der Division Morand abzuwarten, allein der letzte Befehl des Marschalls Soult erlaubte kein längeres Zaudern. Die Ehre von Eurer Majestät Truppen wäre kompromittirt worden, man mußte das Wagestück beginnen und den Schlüssel der feindlichen Position angreifen. Es wurde dies mit ebenso viel Glück als Bravour ausgeführt. Unser würdiger Chef ging uns mit gutem Beispiel voran, er marschirte an der Spitze der Kolonne. — Wäre der Boden hart gewesen und hätte die feindliche Kavallerie ihre Schuldigkeit gethan, so wäre wohl kein Mann davon gekommen. General Bertrand, der in Ungnade zu sein scheint, wohnte der Schlacht gleichsam nur als Zuschauer bei, indem der Marschall Soult das Kommando des IV. Corps übernommen hatte. Hätte General Bertrand, unter dessen Kommando wir uns stets so glücklich fühlen, der uns vom ersten Augenblick an auf die artigste und freundlichste Weise behandelte, das Kommando über uns allein geführt, so würde gewiß nicht so viel württembergisches Blut geflossen sein."

Ueber den Sturm der Württemberger auf den Kopatschberg berichtet General Stockmayer in seinen Aufzeichnungen: „Unerachtet des heftigsten feindlichen Feuers in der Front und beiden Flanken, das so manchen Braven aus unseren Reihen riß, entledigte sich dennoch die Division ihres schweren Auftrags im Angesicht der ganzen feindlichen und der französischen Armee auf eine Art, welche nicht nur die Bewunderung Napoleons, sondern auch die der feindlichen Armee erregte, wie wir späterhin aus Berichten beiderseits erfahren haben. Als der Kaiser Napoleon auf einer rechts von uns liegenden Anhöhe dem schönen und wohlgeordneten Angriff unserer Division zusah, erkundigte er sich nach dieser und sagte dann, auf uns hinweisend, laut zu seinem Gefolge: „Sehen Sie, meine Herren, mein Vetter, der König von Württemberg, entschuldigt sich bei mir, daß er nach den Verlusten im letzten Feldzug mir zumeist nur Rekruten schicken könne; nun, meine Herren, sagen Sie, sind das Rekruten?"

Nachdem die feindliche Artillerie abgefahren, sei die Höhe genommen worden, erzählt Stockmayer weiter; die Württemberger setzten sich fest und führten ein lebhaftes Feuergefecht. „Das Feuer dauerte noch gar nicht lange in unserer neuen Stellung, als der Souschef unseres Generalquartiermeisterstabs, Major Bangold, sich bei mir meldete, da General Franquemont soeben schwer verwundet worden sei. Ich bemerkte zu Bangold, daß er sich bei General Neuffer zu melden habe, da dieser älterer General sei als ich. Als mir darauf Bangold entgegnete, derselbe sei soeben auch am Beine blessirt worden, sagte ich: „Nun, so bleiben Sie eben so lange bei mir, bis ich auch blessirt sein werde." Ich übernahm nun das Kommando und traf Maßregeln, um die Angriffsversuche des Feindes zurückzuweisen. Kurz darauf kam Marschall Soult zur Division und belobte das Benehmen der Württemberger auf das schmeichelhafteste. Endlich begann auch der rechte Flügel des Feindes vor einer überlegenen Macht sich zurückzuziehen. Diese war das Corps des Marschalls Ney, welcher endlich auch auf diesem Punkt gesiegt hatte und dadurch die ganze feindliche Stellung in die Flanke nahm. Die Adjutanten des Kaisers stürzten überall durch die Reihen und schrieen: L'empereur a dit, la bataille est gagnée; vive l'empereur! was mit dem höchsten Enthusiasmus von vielen tausend Zungen um so mehr wiederholt wurde, als man zuvor des Sieges nicht ganz gewiß war. — Der Verlust der Württemberger in dieser Schlacht war sehr bedeutend. Doch noch größer war im Verhältnis dazu der Ruhm, den sich die württembergischen Truppen hierbei erworben haben. Auch die offiziellen Berichte der Russen und Preußen geben an, daß die Höhen von Kreckwitz der Schlüssel ihrer Stellung gewesen seien und daß die Erstürmung derselben und ganz besonders deren Behauptung sie bewogen habe, die Schlacht abzubrechen und sich zurückzuziehen."

Borodino und Bautzen sind in der That, rein militärisch betrachtet, die zwei glänzendsten Waffengänge, welche die Württemberger in der Neuzeit bis zum Jahre 1870 gemacht haben.

„Von Napoleon wurde ich," fährt General Stockmayer fort, „zum Kommandeur der Ehrenlegion ernannt, welche Ernennung mit einer jährlichen Revenue von 2000 Franken verbunden war." — Gegen Offiziere und Mannschaften erwies sich Napoleon diesmal ganz besonders freigebig mit Ehrenlegion und Dotationen. König Friedrich zeichnete den General Franquemont, so wie es einst bei Scheler nach Borodino geschehen, ob seiner Mannhaftigkeit und Umsicht ganz besonders aus und ernannte ihn zum Grafen des Königreichs.

―――――――

Dem angenommenen Grundsatz folgend, möglichst nahe an der österreichischen Grenze zu bleiben, ging das verbündete Heer der Russen und Preußen zurück und zwar jetzt unter Barclay de Tollys Oberbefehl über Lauban, Goldberg, Jauer, Striegau; das Hauptquartier hatte am 28. Mai Schweidnitz erreicht. Am 31. Mai bezog das Heer der Verbündeten die verschanzte Stellung bei Pülzen, um dem Feinde nochmals die Stirne zu bieten.

Schon vom Schlachtfeld von Bautzen weg ging der Rückzug außerordentlich langsam und in der größten Ordnung von statten. Das war keine Verfolgung, was die Franzosen ausführten, sondern ein zögerndes, jeden Tag aufs neue erkämpftes Nachmarschiren. Es war wie nach Smolensk zu Ende des August 1812, als die russische Armee festen Fußes zurückging, aber jeden Tag an Zahl wie an Widerstandsfähigkeit gewann. — Aus dem württembergischen Hauptquartier berichtet General Stockmayer: es sei schwer, Berichte zu schicken, weil die Kosaken alles, was nach Dresden gehen wolle, abfangen. Unablässig folge man dem Gegner und zwar rechts am Gebirge hin das XI. Corps, dann IV. und links VI. Corps. Kurz seien die täglichen Marsche, aber lang die Gefechte; es sei sehr ermüdend, weil stets querfeldein, hügelauf und ab und dabei unablässig vom Feinde beunruhigt.

Am 23. Mai abends hatte Napoleon sein Hauptquartier in Görlitz mit den Garden, III. und VI. Corps; rechts davon gegen das Gebirge hin stand bei Hermsdorf das IV., bei Schönberg das XI. Corps, auf der Straße nach Lauban das VII. Corps und am weitesten links auf der Straße nach Bunzlau, Haynau, Liegnitz mit der Richtung auf Breslau Lauriston mit dem V. Corps. Das XII. Corps war gar nicht mit nach Schlesien gerückt, sondern hatte sich nordwärts gewandt mit dem Ziele Berlin; dafür begann Marschall Victor mit dem II. Corps nachzurücken.

Am 25. Mai verlegte Napoleon sein Hauptquartier nach Bunzlau, das V. Corps vorgeschoben gegen Haynau. Am folgenden Tage hatte dies Corps die Spitze. Als es am Nachmittag die Stadt Haynau im Rücken hatte, da flammte zur Seite eine Windmühle in die Höhe. Der Kommandeur erkannte sofort in der aufsteigenden Lohe und Rauchsäule ein verabredetes Zeichen und gab dem Fußvolk Befehl, es solle sich rasch in Vierecke formiren. Allein den Truppen blieb kaum so viel Zeit übrig, um sich vom Marsch weg in unordentliche Haufen zu sammeln, da brausten auch schon die preußischen Reiter heran, Garde, schlesische Kürassiere und Ulanen. Nur die französische Artillerie war kampfbereit und schleuderte den Anstürmenden eine Ladung Kartätschen entgegen. Aber nichts vermochte die freudige Kampflust und Kühnheit aufzuhalten; mitten unter die Haufen hinein setzten die Preußen. Die französische Reiterei entfloh sogleich, Infanterie und Kanoniere wurden niedergehauen und auseinander gesprengt; Lauriston verlor 1500 Mann; 300 bis 400 Gefangene, 18 Geschütze führten die Preußen hinweg.

Dem Gefühl, durch keine tüchtige Reiterei gedeckt zu sein, welche im stande war, die Neckereien und das tägliche Anbeißen des Gegners zurückzuweisen, dem wachsenden Gefühl der persönlichen Unsicherheit entsprang wohl auch der Befehl Napoleons vom 24. Mai, der alles in der Umgebung des Kaisers auf dem Marsche ordnete, insbesondere auch den Zweck hatte, das kaiserliche Hauptquartier, wenn es in Bewegung war, gehörig zu decken und es nicht durch die Masse der ohne feste Ordnung Reitenden kenntlich zu machen. Es bestimmt dieser Befehl: „Wenn der Kaiser zu Pferde steigt, darf ihm niemand folgen, von welchem Rang er auch sei. Es werden sich ihm nur anschließen:

der major général, der Marschall vom Dienste, der Oberststallmeister, zwei
Adjutanten, welche der Kaiser selbst bezeichnet, zwei Ordonnanzoffiziere, ebenfalls
von Seiner Majestät bestimmt, ein Page, Roustan und ein einziger Oberstall-
meister." Ausgeschlossen sollen sein: Reitknechte, Handpferde, Diener u. s. f.
Die Leibwache von 25 Mann soll der General Guyot führen und bei ihm
befindet sich auch der polnische Offizier Wonzowitz als Dolmetscher. Weiter
rückwärts folgt eine Schwadron Grenadiere zu Pferde und hinter diesen hält
sich das Hauptquartier auf mit allen Generalen und Adjutanten. Zwei weitere
Schwadronen Jäger und Chevaurlegers bewegen sich immer so, daß sie, den
Umständen sich anpassend, den Kaiser decken. „Die Personen, welche den Kaiser
begleiten, halten sich immer zu zweien oder zu vieren in Reihen, aber niemals
in ungeordneter Masse."

Am 27. Mai rückte Napoleons Hauptquartier nach Haynau; ein Teil
seiner Truppen hier und in Liegnitz, das IV. Corps mit dem VI. und XI.
weiter gegen Südosten nach Goldberg und Jauer gerichtet. Um diese Zeit
befand sich das Hauptquartier der Verbündeten in Schweidnitz; mit allem
Eifer arbeitete man an Verstärkung der Festungswerke; die Armee setzte sich
bei Pülzen, die Nachhut des ganzen Kriegsheeres stand hinter dem Striegauer
Wasser bei Jarischan und Herzogswalde.

Schritt für Schritt sich vorwärts tastend mußten von Goldberg und Jauer
her das IV. Corps Bertrand, VI. Marmont und XI. Macdonald auf diese
Nachhuten am Striegauer Wasser stoßen.

Es war am Morgen des 31. Mai um 9 Uhr, als von Jauer her das
IV. Corps auf Striegau vorrückte gegen die Nachhut der Russen unter General
St. Priest. General Stockmayer mit der württembergischen Division marschirte
voraus; es folgten als Unterstützung die französische und italienische Division.
Die Russen standen in den Dörfern Herzogswalde und Großrosen. Gegen
das erstere Dorf rückte Macdonald mit dem XI. Corps; gegen das letztere
Bertrand. Der Angriff des Generals Stockmayer war so geordnet, daß eine
Kolonne der Württemberger durch das Dorf Pfosen vorrückte, während die
andere seitwärts durch den Wald vorging, um die Stellung der Russen zu
umgehen und das Dorf Großrosen zu besetzen. Als die württembergische Division in die Höhe von Herzogswalde kam, wurde sie vom Feinde mit Geschützfeuer begrüßt, welches von den zwei Batterien der Württemberger bald zum
Schweigen gebracht wurde. Jetzt aber zeigte der Feind hinter Großrosen weit
überlegene Kräfte und Stockmayer erhielt Befehl, vorerst Halt zu machen.

Nachmittags 4 Uhr erteilte Bertrand nochmals den Befehl zum Angriff
auf Großrosen. Der Wald wurde weggenommen und Stockmayer war im
Begriff, auf das Dorf vorzurücken, als er durch eine Wunde außer Gefecht
gesetzt wurde. Die Führung der Infanterie ging nunmehr auf den Oberst
v. Spitzemberg über. Es gelang den Württembergern noch am späten Abend,

das Dorf Großrosen wegzunehmen; doch konnte es dem entschlossenen Ansturm des Feindes gegenüber nicht behauptet werden. Während der Nacht ging Bertrand mit dem ganzen IV. Corps in die Stellung bei Jauer zurück. — Die Württemberger hatten an diesem Tage an Toten und Verwundeten verloren: 8 Offiziere, 351 Mann; dazu 132 als gefangen und vermißt. Am 2. Juni war der ausrückende Stand der gesamten Infanterie mit 8 Bataillonen samt der Fußbatterie noch 2491 Mann. So sehr hatte die stete Abnützung die Kräfte heruntergebracht. In besserem Stande befanden sich noch die beiden Reiterregimenter und die reitende Batterie.

Nunmehr lagen sämtliche Generale der Infanterie als verwundet im Lazaret: Graf Franquemont, Neuffer und Stockmayer. Beim Kontingent befand sich somit nur noch ein einziger General dienstthuend, der Brigadekommandeur der Reiterei v. Jett. Er übernahm den Oberbefehl, bis der Generallieutenant Koch eintraf, den der König wegen des starken Abgangs an Generalen nachgesendet hatte. Erst am 10. Juli konnte Graf Franquemont wieder den Oberbefehl übernehmen; wenige Tage nach ihm rückte auch Stockmayer wieder ein; Neuffer dagegen vermochte seiner Wunde halber nicht mehr in der Front zu dienen; seine Brigade übernahm General v. Spitzemberg, während Generallieutenant Koch die bald auf drei Brigaden vermehrte Infanterie befehligte.

In der Nähe von Jauer und in dieser Stadt selbst blieb das IV. Corps zunächst stehen. War hier durch die feste Stellung der Verbündeten dem weiteren Vorrücken Einhalt gethan, so gelang doch am 1. Juni den Franzosen die Besetzung von Breslau; das V. Corps, Lauriston, zog in die Hauptstadt Schlesiens, jetzt eigentlich Preußens, ein und drohte, von Osten her die Armee der Verbündeten abzuschneiden. — So schien die Lage für Napoleon keine gerade ungünstige zu sein und doch mußte er sich sagen, daß er bei der immer mehr abweisenden Haltung Oesterreichs, bei seinem gänzlichen Mangel an Reitermassen, bei der auf halbem Wege stehen gebliebenen Organisation seiner Feldarmee den Verbündeten gegenüber mehr und mehr in Nachteil komme. Ein paar Monate, meinte der Franzosenkaiser, und er werde stark genug sein, um die Verbündeten, auch wenn Oesterreich dazu treten sollte, niederringen zu können. Denn von Rußland, sogar von Preußen glaubte er, sie seien an der Grenze ihrer Anstrengungen angekommen.

So kam es, daß er mit Aufgeben der meisten erfochtenen Vorteile am 4. Juni zu Poischwitz einen Waffenstillstand von sechs Wochen mit den Verbündeten einging. — Es ist eigentümlich, wie vielfache Unzufriedenheit dieser Stillstand hervorgerufen hat. Napoleon hatte der Welt, hatte Frankreich, hatte seiner Armee unendlich oft wiederholt, wie er jetzt eben auf glänzendem Siegeszug sich befinde. Und nunmehr das verblüffende Ereignis: er ließ sich unterbrechen. In Preußen sah man täglich, wie die Wehrkraft sich hob an Zahl, an Mut und Selbstvertrauen; man hielt sich nicht für geschlagen; in der

Front verstärkte man sich täglich und im Rücken des Feindes durchschnitten und durchritten die Lützower und andere kühne Scharen die Verbindungslinien mit Erfurt und Mainz. Und jetzt diese verwünschte Unterbrechung, durch welche der Gegner in den Stand gesetzt werde, alle Kräfte seines weiten, wohlbevölkerten Reiches herbeizuziehen.

Auf der andern Seite wissen wir, in welch bedrohlicher Lage der Zweibund zwischen Rußland und Preußen sich befand. Weit ist der russische Boden, endlos das sich ostwärts dehnende Land, nahe die Grenze Polens. Sollte denn die russische Armee sich hier in Schlesien lahm legen lassen? Sollte man nicht die eigenen weiten Gefilde wieder gewinnen? Eine Trennung von der preußischen Armee mochte ja nur ein augenblicklich aufsteigender Gedanke sein; aber ein Gedanke war es immerhin. Was dann für die preußische Armee? Das Preußenland ist bald zu Ende; bald steht man an der Grenze. Sich an die Russen anschließen? Und Oesterreich zögerte immer noch, wartete auf seinen Vorteil.

Einem Zurückweichen auf den polnischen und russischen Boden, einer Trennung der Russen und Preußen beugte der Waffenstillstand vor. Napoleon, der es gar eilig mit der Einstellung der Feindseligkeiten hatte, verzichtete auf Breslau und auf den allergrößten Teil von Schlesien. So blieb die verbündete Armee in unmittelbarer Berührung mit der österreichischen Grenze und in engem Verbande unter sich; die begonnenen Reserveformationen in Preußen vermochten in Ruhe eine feste Gestalt anzunehmen, die russischen Zuzüge erhielten Zeit zur Annäherung, — lauter Gründe, die sechswöchige Waffenruhe mit Befriedigung zu begrüßen.

Es kam nun auf beiden Seiten darauf an: wer vermochte die Zeit am besten zu nützen und aus dem Stillstand heraus mit überlegenen Kräften und gehobenem Selbstvertrauen auf den Plan zu treten?

Der am 4. Juni geschlossene Waffenstillstand bestimmte, daß das der französischen Armee zugewiesene Gebiet durch eine Linie begrenzt werden solle, welche noch ein kleines Stück der böhmisch-schlesischen Grenze umfaßt, dann zum Bober und zur Katzbach führt, ferner zur Oder. Sie folgt der Oder bis zur Grenze zwischen Sachsen und Preußen und geht dann zur Elbe; an diesem Flusse läuft sie entlang mit gewissen Abweichungen. Zunächst schließt sich an diese Grenzlinie eine neutrale Zone an, auf welche das Gebiet für die russisch-preußische Armee folgt. Ueber die Festungen, die Unterbrechung der Belagerung (Danzig, Modlin, Zamosc, Stettin, Küstrin), über das Versehen mit Lebensmitteln sind besondere Anordnungen getroffen.

Artikel 10: „Alle Truppenbewegungen sollen so eingerichtet werden, daß jede Armee ihre neue Linie am 12. Juni einnimmt. Alle Corps oder Parteien der verbündeten Armee, welche sich jenseits der Elbe oder in Sachsen befinden, sollen nach Preußen zurückkehren." — Art. 11: „Offiziere von der französischen

und verbündeten Armee sollen gemeinschaftlich abgefertigt werden, um den Feindseligkeiten auf allen Punkten durch Bekanntmachung des Waffenstillstands Einhalt zu thun."

Von beiden Seiten werden zwei Generale zu Kommissaren ernannt, deren
Bestimmung es ist, über die Vollziehung der Stipulationen zu wachen und
etwaige Streitigkeiten zum Austrag zu bringen.

Die allermeisten Truppenteile von beiden Seiten blieben in denjenigen
Teilen Schlesiens stehen, in denen eben noch gekämpft worden war. Die
Hauptquartiere des Kaisers von Rußland und des Königs von Preußen wurden
in die Nähe von Reichenbach verlegt, südlich von Schweidnitz, zugleich in Nähe
der österreichischen Grenze. Auf dem linken Flügel der verbündeten Armee
und an die böhmische Grenze anstoßend standen die russischen Corps unter
Wittgenstein und Langeron; Blücher mit den Preußen weiter rechts bei Strehlen;
bei Ohlau pflanzt sich preußische Besetzung des Landes aufs rechte Odernfer
hinüber und setzt sich mit russischen und preußischen Truppen fort bis Wohlau
und Lissa.

Den Kantonirungen des verbündeten Heeres gegenüber führte Napoleon
seine Armee in die Quartiere mit dem rechten Flügel nach Görlitz, wohin das
VII. Corps, Reynier, zu liegen kam; ferner nach Greifenberg, Bunzlau, Goldberg, Liegnitz, XII., VI., V., III. Corps; IV. Corps, Bertrand, nach Sprottau
und in dessen Verband die württembergische Division, welche am 10. Juni die
ihr angewiesenen Quartiere in Primkenau und Umgebung erreicht hatte.

Sein Hauptquartier verlegte Napoleon nach Dresden, wo auch
der größere Teil der Garden lag; Oudinot mit dem XII. Corps in Kottbus,
II. Corps Marschall Victor bei Grüneberg; VIII. unter Poniatowski sammelte
sich bei Zittau; das 1. und 2. Kavalleriecorps in Sagan, Freistadt und
Greifenberg; das 3. Kavalleriecorps des Generals Arrighi, Herzogs von Padua,
das eigentlich nie recht zu stande kam, in Leipzig. —

Aus den Kriegen der früheren Jahre war man gewohnt, den Waffen-
stillstand jedesmal anzusehen als den Vorboten eines erzwungenen, faulen
Friedens, der aufs neue die Völker in die Knechtschaft Frankreichs führte.
Wenn diejenigen, welche auch den Waffenstillstand vom 4. Juni mit einem
Schrei der Entrüstung begrüßten, genauer hinblickten, so mußten sie wohl er-
kennen, daß diesmal die Waffenruhe von ganz anderer Natur sei, daß die
Streitkräfte ungebrochen dastehen, in stetem Aufschwung begriffen, daß der zu-
künftige Bundesgenosse Oesterreich es sei, der noch Wochen oder Monate der
Vorbereitung brauche, um thätig eingreifen zu können.

II. Waffenstillstand.

Kitzen.

Der Nationalkrieg, wie ihn die Russen geführt und ausgebildet hatten im Herbst und Winter 1812, war ganz dazu geeignet, die Leistungen des einzelnen in den Vordergrund zu stellen. Jeder mußte das Seinige beitragen, um die fremden Eindringlinge vom heimischen Boden zu vertreiben. Der eine gab Geld, der andere machte Lieferungen, ein dritter stellte sich selbst freiwillig mit Waffen und Roß. Dort erklärte sich einer bereit, mit seinen Erfahrungen und Kenntnissen an die Spitze zu treten; wieder an anderem Platze brachte eine Gemeinde, eine Landschaft die nötigen Mittel auf zum Unterhalt einer unternehmungslustigen Schar. So entstanden Freiwilligentrupps, Compagnien, Regimenter; kühne Führer bildeten sich aus, welche gewohnt waren, mit ihren unermüdlichen Reitern im Rücken des Feindes zu schwärmen und möglichst viel Abbruch zu thun. Vollführte doch in der Mitte des Monats November 1812 Tschernitscheff seinen kecken Zug von Minsk über die Verbindungslinie der Franzosen hinüber nach Norden gegen die Düna zu Wittgensteins Heer. Und als die Russen in das preußische Land einmarschierten mit den ersten Monaten des Jahres 1813, da ritten ihre leichten Reitercorps über die Oder und über die Elbe; am 17. März hatte Tettenborn mit 1700 Kosaken Hamburg erreicht und hielt seinen feierlichen Einzug in die patriotisch erregte Hansestadt.

Solche Beispiele zündeten in Preußen. Denn gerade die preußische Armee war von jeher recht die Heimat unternehmungslustiger Freicorps gewesen, deren Bestimmung darin bestand, der regulären Armee gewagte Unternehmungen im kleinen abzunehmen, gegen den Feind hin aufzuklären, ihn in seinem Rücken zu beunruhigen, Zufuhren abzuschneiden u. s. f. Der eigentliche Schöpfer der Freicorps ist Friedrich der Große; er hat sie zu außerordentlicher Vollkommenheit ausgebildet und viel Nutzen aus ihren Leistungen gezogen.

Seit ſeiner Zeit ſind die Freicorps in der preußiſchen Armee wie mehr ver-
geſſen worden. Der lau geführte Krieg zu Ende des 18. Jahrhunderts war
der Errichtung von Freicorps keineswegs günſtig. Aber kaum begann wieder
volkstümlich kriegeriſche Luſt zu wehen zu Ende 1806 und im Jahr 1807, da
wuchſen die Freiſcharen auch wieder aus dem Boden heraus.

Friedrich der Große fühlte ſich mit ſeiner wohl geübten Armee allen ſeinen
Gegnern überlegen in der rangirten Schlacht. Faſt wehrlos aber ſtand die
ſchwerfällige, wenn auch noch ſo tüchtige Maſchine ſeines Heeres den ſtreifenden
Scharen der Kroaten und Huſaren gegenüber. Ein zerſtreutes Gefecht zu führen,
galt für unvereinbar mit der gravitatiſchen Würde, mit den Anſprüchen preußiſcher
Linientruppen; auch ſonſt erſchien die Sache bedenklich. So verfiel der König
zu Anfang des ſiebenjährigen Kriegs auf die Errichtung von Freicorps, Frei-
ſchwadronen, Freibataillonen, Freiregimentern, d. h. von ſolchen Corps, Bataillonen und Regimentern, welche frei ſtanden, gleichſam in der Luft ſtanden
neben den etatsmäßig vorhandenen, mit ihren Kantons, ihren Erſatzbezirken
organiſch verbundenen Linientruppen.

Ausländer, Kriegsgefangene, rauf- und beuteluſtiges Volk bildeten den
Stamm zu dieſen Freiformationen; dazu kamen diejenigen Streitluſtigen, welche
wohl den Pulvergeruch liebten, aber die Enge des Kamaſchendienſtes ver-
abſcheuten. Im Bedarfsfall wurden dieſe Corps improviſirt, verſtärkt, mit Vorteil da und dort verwendet, aber entlaſſen, ſobald der letzte Schuß gefallen
war. Anſpruch auf Dauer, auf Fortbeſtand hatten ſie nicht; ſie beſaßen ja
auch kein Territorium, keinen Erſatzbezirk; darum hießen ſie „frei". Denn die
preußiſchen Linientruppen, obwohl ſie zu einem großen Teil aus geworbenen
Ausländern beſtanden, erhielten doch ihren jährlichen Erſatz aus ihren Er-
gänzungsbezirken, aus ihren Kantonen. Freicorps aber ſollten nur geworbene
Ausländer umfaſſen; der Staat ſchaffte lediglich den Unterhalt, Waffen, Sold,
Kleidung auf den jedesmaligen wirklichen Stand. — Was die Freicorps Friedrichs
des Großen geleiſtet, die Corps von Mayr, Wunſch, Kleiſt, Belling, Werner
und andere, weiß alle Welt.

Bekannt iſt, wie im Jahre 1807 Ferdinand Schill und der raſtloſe Ritt-
meiſter v. d. Marwitz Freicorps errichteten, um bei dem drohenden Zuſammen-
brechen des Staates der ſtehenden Armee einen Kräftezuſchuß darzubieten. So
wurde die fridericianiſche Tradition wieder aufgenommen. In höherem Grade
geſchah das noch, als mit dem Beginn des Jahres 1813 vor aller Augen
deutlich wurde, wie der nach Unabhängigkeit, nach Freiheit ringende Staat die
Kräfte keines einzigen entbehren könne, wie man dahin trachten müſſe, die vor-
handene Kraft zu ſtärken und zu vervielfältigen. So dachte man in den
Kreiſen der Kampfluſtigen zeitig wiederum an die Freicorps wie im Jahre 1807,
da es zu tagen angefangen hatte. Und jetzt kam auch dem Worte, der Bezeichnung: „Freicorps, Freicompagnie, Freiſchwadron" eine höhere Weihe zu.

da der König die Söhne der seither vom Dienst befreiten höheren Stände zum freiwilligen Dienst aufgerufen hatte.

Diejenigen zwar, welche geborene Preußen waren, sollten ihren Dienst leisten in den Freiwilligen-, den Jägerabteilungen der einzelnen Regimenter und einen Zuschuß an moralischer Kraft, an Begeisterung und Hingebung in diese hineintragen. Aber da wohnten noch viele Volksgenossen um die Grenzen des eingeschnürten preußischen Staates herum, deren kampflustige Söhne mit leuchtendem Auge, mit Neid im Herzen die Preußenkinder unter die Fahne der Freiheit, des Vaterlandes eilen sahen; — Sachsen, Westfalen, Mecklenburger, Hanseaten und solche, welche ehemals dem Staate Friedrichs des Großen angehört hatten. Auf derartige Elemente war besonders gerechnet, als der Major v. Lützow mit anderen Offizieren im Bunde am 18. Februar 1813 die königliche Erlaubnis erhielt, ein Freicorps anzuwerben, „vorzüglich von Ausländern". Der Staat liefert die Waffen und die Besoldung für den wirklichen Bestand; der Name des Corps solle lauten: „Königlich preußisches Freicorps."

Mit dem Frühjahr kam denn auch die rechte Zeit für die Streifcorps und Parteigänger. Von keiner der beiden Seiten stand noch eine Hauptarmee im Feld, die Operationslinien waren noch nicht festgestellt und gedeckt, wichtige Punkte entblößt, im Aufmarsch befanden sich erst die Neubildungen, somit reichliche Gelegenheit zu kühnen Streichen und Ueberfällen. In den Monaten März und April zogen denn auch ins Feld hinaus weit über die Elbe bis zur Weser hin die Corps von Tettenborn, Tschernitscheff, Borisoff, Benkendorff, Dörnberg, Colomb und Lützow. Die genannten Führer standen zumeist an der Spitze von leichten Truppen, welche aus dem Verband der russischen und preußischen Armee abkommandirt waren; Lützow allein führte eine vollständig aus Freiwilligen angeworbene Schar nach Art der alten Freicorps ins Feld. Allein die Zusammensetzung hatte sich gar sehr verändert. „Nirgends auf der Welt," schrieb Theodor Körner am 18. März 1813 an Förster, „findest Du solche Gesellen beisammen als bei unserer schwarzen Schar. Das Corps zählt jetzt schon an 1000 Mann, ein wallensteinisches Lager in einer erhöhten Potenz. Zusammengeschneit aus aller Herren Ländern sind wir, das ist wahr; auch fehlt es nicht an lustigen Brüdern, da alle Universitäten uns ihre flottesten Burschen geschickt haben; allein Roheit und Gemeinheit sind gebändigt durch die heilige Weihe unseres Berufs." — Studenten, aber auch reife Männer, Professoren, Aerzte, Künstler, Geistliche, Naturforscher bildeten das belebende Element für eine nicht minder bunt gemischte Mannschaft, die aus Handwerksgesellen, Ladenjungen, Bauernburschen und Landstreichern bestand.

Einige Aehnlichkeit hatte Lützows Freicorps mit der russisch-deutschen Legion, welche auch aus allerlei Volk durch Werbung zusammengestellt war. Aber bei Lützow waren die guten, die vornehmen Elemente bei weitem zahlreicher vertreten, als bei irgend einem andern Corps. Ja, in engem Rahmen drängten sich geradezu tüchtige Talente, brausender Wagemut, begeisterte patriotische Leidenschaft derartig, daß es schade war, für alle die Träger so herrlicher Eigenschaften kein weiteres Thätigkeitsfeld schaffen zu können. Hier im engen Kreise, der allzu viel Tüchtigkeit umschloß, konnte der einzelne wenig nützen; gehörig vermengt und verteilt aber hätten diese Elemente den Sauerteig für eine Reihe von Regimentern abgeben können.

In der alten Zeit dachte man nicht allzu hoch über Freicorps; in den Tagen Friedrichs des Großen rechnete man sie zu den Truppen vom zweiten Rang und hielt sie für nicht ganz voll. Daher ist es auch zu erklären, daß manche preußische Führer von der alten Schule nun auch von den Lützowern, vom königlich preußischen Freicorps, keine allzu günstige Meinung halten. Erst als die Leistungen des Corps von seiner ungemeinen Tüchtigkeit zeugten, als die Lützower durch den Schaden, den sie angerichtet, den ganzen Haß und Aerger Napoleons und seiner Generale sich zugezogen, erst dann begann das Corps der Liebling aller im Volke wie in der Armee zu werden. Man drängte sich in seine Reihen, und das gereichte dem Corps keineswegs zum Vorteil. Je mehr die Rahmen sich erweiterten, desto mehr verlor das Corps an Beweglichkeit, desto langsamer wurden seine Märsche, desto umständlicher gestaltete sich seine Leitung. Ursprünglich war ein solches Streifcorps im Rücken des Feindes gedacht als eine leicht beschwingte Schar, die im stande blieb, jeder kritischen Lage zu entwischen. Verlangsamung der Bewegungen, Schwierigkeit der persönlichen Leitung, Unmöglichkeit der Benützung des Augenblicks, — das war es, was schließlich dem Corps zum Verderben gereichte.

Streng urteilt Cnistorp in seiner vor kurzem erschienenen Geschichte der Nordarmee (I. 128): „Lützows Truppe bestand aus 3 Bataillonen, 5 Schwadronen, 8 Geschützen. Die enthusiastische Stimmung der Zeit hatte vorzugsweise die Richtung zu diesem Corps genommen und es durch Freiwillige, unter denen die gebildeten Stände, zugleich aber auch unlautere Elemente stark vertreten waren, zu unverhältnismäßig hoher Zahl angeschwellt. Das Gefüge und die Mannszucht blieben bei der jungen Zusammensetzung, dem Mangel an Offizieren und bei unkräftiger Führung sehr lose; die praktischen Leistungen haben nicht diejenige Höhe erreicht, welche die Stimme des Landes und der Presse gern dem anerkennenswerten Streben zugesprochen hätte." Die Aufgabe aber, dem Feinde unbequem zu werden, wußte das Corps in hohem Maße zu erfüllen; Beweis dafür ist, daß Lützow sich der Abneigung Napoleons im höchsten Grade zu erfreuen hatte.

Neben dem Lützowschen Freicorps entstanden weitere Formationen, auch aus einer Art von Freiwilligen bestehend: das Elbinfanterieregiment, das aus unzuverlässigen Gefangenen sich zusammensetzte, das Bataillon Reiche, das ähnliche Bestandteile in sich aufnahm, aber mehr guten Willen zeigte. Bessere Elemente

begriffen in sich die kleinen Scharen unter Schill und Hellwig. Auch die
großen freiwilligen Legionen: russisch-deutsche, hanseatische, britisch-deutsche zählten
in ihren Reihen zum Teil wackere Bestandteile. Die unterste Stelle bei den
zahlreichen Freiformationen nahm wohl das Freicorps des Kapitäns Figner
ein, das aus italienischen und spanischen Ueberläufern und Gefangenen sich
zusammensetzte; wir werden ihm später begegnen.

Als Feld seiner Thätigkeit hatte Lützow in Uebereinstimmung mit dem
kleinen Streifcorps des Rittmeisters v. Colomb sich den westlichen Teil von
Sachsen, Thüringen und die Gegend bis nach Hof ausersehen. Am 4. Juni
trafen Colomb und Lützow unweit Weimar zusammen. Eine gemeinschaftliche Unternehmung wurde verabredet. Colomb marschirte mit seinen
Leuten, es war eine Schwadron Freiwilliger des brandenburgischen Husarenregiments, gegen die böhmische Grenze, wo er den Abschluß des Waffenstillstands erfuhr. Im Einverständnis mit den sächsischen Behörden zog er der
Elbe zu und hatte am 22. Juni sein letztes Nachtquartier bei Köthen. Da
rückte des Abends der westfälische General v. Hammerstein mit 4 Schwadronen
und einem Bataillon heran, das Streifcorps anzugreifen, weil es, der Waffen-
stillstandsübereinkunft entgegen, sich noch auf dem linken Elbufer befinde; er
verlangte, Colomb solle sich mit seinen Leuten zu Gefangenen ergeben. Sofort
aber wurde Alarm geblasen, die kleine Schar versammelte sich und entwischte
rasch dem zahlreichen Feind, indem sie bei Aken auf das rechte Elbufer über-
setzte; den Verlust von 14 Mann freilich hatte sie zu beklagen.

Lützow für seinen Teil war von Weimar aus mit seiner Reiterei weiter nach
Süden gedrungen; er hatte es auf die früheren preußischen Besitzungen um Bayreuth abgesehen. Bis Hof war er gekommen am 9. Juni, als er den Abschluß
des Waffenstillstands erfuhr. In Plauen gedachte er so lange zu warten, bis
er von den näheren Festsetzungen Kunde erhalten haben würde. Erst am 14. Juni
ward ihm diese durch das sächsische Kriegsministerium zu teil und ihm zugleich
ein sächsischer Offizier als Marsch- und Verpflegungskommissarius beigegeben.

Obgleich Lützow jetzt genau wußte, daß er den 12. Juni, den Termin zur
Erreichung des rechten Elbufers, versäumt hatte, vermochten ihm doch die Maßnahmen des sächsischen Kriegsministeriums das Gefühl vollkommener Sicherheit
zu geben; so entschied er sich für den kürzesten Weg über Leipzig, um an die
Elbe zu kommen. Er brach demgemäß am 15. Juni von Plauen auf mit
6 Schwadronen und 300 Mann Fußvolk, das er sich aus Kriegsgefangenen und
rheinbündlerischen Ueberläufern formirt hatte. Am 17. Juni fand Lützow die Stadt
Zeitz von württembergischen Truppen besetzt; er umging den Platz, nachdem er
dem in Zeitz kommandirenden Oberstlieutenant v. Kechler Meldung von seinem
Marsche hatte machen lassen. Gegen 6 Uhr abends war das Dorf Kitzen erreicht, zwei Meilen südwestlich von Leipzig. Hier gedachte Lützow zu biwakiren.

Das war die Lage der Dinge zu einer Zeit, in welcher die Stadt Leipzig eine wesentliche Verstärkung ihrer Garnison erhalten hatte. König Friedrich von Württemberg mochte eine Zeit lang gehofft haben, daß die erste Kolonne, welche er unter Franquemont im April über 7000 Mann stark hatte abmarschiren lassen, als Kontingent diesmal genügen werde, daß er seine übrigen Truppen zu Hause behalten dürfe, um, ähnlich wie Bayern, nach den Umständen handeln zu können. Die Siege bei Großgörschen und Bautzen aber gaben dem neuen Zuge Napoleons ein ganz anderes Gesicht. Da stand er wieder, der allmächtige Imperator, und verlangte weitere Heeresfolge vom Rheinbunde. Bayern mochte sich immer mit Oesterreichs Haltung hinausreden, aber Württemberg mußte am 26. Mai nochmals zwei Brigaden marschiren lassen; eine Infanteriebrigade unter General Doering mit den Regimentern Nr. 4 und 6 und eine Kavalleriebrigade unter General Graf Normann mit den Regimentern Leibchevauxlegers Nr. 2 und Jäger König Nr. 4. Jeder Brigade war eine Batterie beigegeben; in allem 4356 Mann, 1331 Pferde.

Der Marsch sollte über Schweinfurt, Hildburghausen, über den Thüringerwald nach Leipzig führen. Die Meldungen aus Meiningen und Erfurt lauten dahin, daß der Marsch gut von statten gehe, daß von feindlichen Streifparteien nichts gespürt werde. In der Nähe von Erfurt seien sie auf eine starke französische Marschkolonne gestoßen, welche auf Anordnung des Generals Arrighi, Herzogs von Padua, unter das Kommando des Divisionsgenerals Fournier gestellt worden sei. „In Naumburg traf in der Nacht vom 7. auf den 8. Juni ein Adjutant des Herzogs von Padua aus Leipzig ein, der die Nachricht von dem Waffenstillstand brachte und zugleich versicherte, daß die feindlichen Corps, welche zwischen Leipzig und Naumburg sich befanden, ihn durchpassiren ließen und auch den Waffenstillstand mit Jubel aufnahmen. — Wir trafen am 9. Juni in Leipzig ein. — Seine Excellenz der Herzog von Padua versicherte mich, daß die zwei württembergischen Brigaden in Leipzig und Gegend einige Zeit bleiben würden, und liegt die sämtliche Infanterie und Artillerie in Leipzig selbst, die Kavallerie aber von hier bis auf zwei Stunden auf der Straße gegen Merseburg in Kantonirung."

Um ein Haar hätte Tschernitscheff am 7. Juni mit ein paar tausend Mann, bei denen sich auch die Infanterie Lützows befand, die Stadt Leipzig weggenommen. In dieser Stadt befand sich nur schwache französische Besatzung. Aus einigen Rekrutentrupps und Marschabteilungen suchten Arrighi und Fournier sich die Grundlagen für das aufzustellende 3. Reitercorps zu schaffen. Doch waren sie noch nicht recht widerstandsfähig und hätten dem ungestümen Angreifer weichen müssen, wenn nicht im richtigen Augenblick die Kunde vom Waffenstillstand den Kampf unterbrochen hätte.

Als der ältere der beiden württembergischen Brigadekommandeure meldet General Doering weiter vom 15. Juni aus Leipzig: „Auf Befehl Seiner

Majestät des Kaisers von Frankreich marschirte der Oberst Prinz von Hohen-
lohe mit dem ersten Bataillon des Infanterieregiments Nr. 4 und zwei Estadrons nach dem Herzogtum Dessau ab, um den auf dem rechten Elbufer
gelegenen Teil desselben zu besetzen."

„Zur nämlichen Zeit wurden auf Befehl Seiner Majestät des Kaisers
vier Marschkolonnen, jede aus 200 Mann Infanterie und 100 Mann
Kavallerie errichtet, welche die noch hin und her streifenden Partisans im Rücken
der Armee, Teile des Tschernitscheffschen Corps, vorzüglich von einem preußischen
Major v. Lützow kommandirt, auffangen sollen."

„Seine Excellenz der Herzog von Padua, der von den Truppen Eurer
Majestät sehr vorteilhaft eingenommen ist und denselben bei jeder Gelegenheit
die größten Lobeserhebungen erteilt, versicherte mich, daß dieser Auftrag aus
besonderem Zutrauen von Seiner kaiserlichen Majestät und auf ausdrücklichen
Befehl den Truppen Eurer Majestät allhier anvertraut werde. — Diesem Befehl zufolge marschirten die vier Kolonnen unter den Befehlen des Obersten
v. Mylius, Oberstlieutenants v. Moltke, Oberstlieutenants v. Kechler und Majors
v. Fribolin heute von hier ab."

Die Instruktion, welche die vier Kolonnenführer von dem General
Arrighi, Herzog von Padua, erhielten, ist gleichlautend mit Ausnahme der
Marschziele:

„Leipzig, den 14. Juni 1813.

„Der Oberstlieutenant v. Kechler ist angewiesen, mit 200 Mann Infanterie und 100 Reitern von den württembergischen Truppen das Gelände in
den nachbenannten Bezirken zu durchsuchen: von Leipzig nach Gotha, von da
nach Schmalkalden, Hildburghausen, Saalfeld, Plauen, Zwickau und von da
am linken Pleißeufer entlang bis Leipzig. — Nach allen Richtungen ist diese
Landstrecke zu durchkreuzen, ohne feste Marschroute zu halten, um die Parteigänger, von welcher Nation sie auch seien, zu entdecken und festzunehmen,
welche trotz des Waffenstillstandes auf eigene Rechnung den Krieg noch weiter
führen oder sich verborgen halten in Wäldern, Höfen, Dörfern, mit dem Zwecke,
nach dem Waffenstillstand plötzlich und unvermutet wieder aufzutauchen."

„Oberstlieutenant v. Kechler wird alle möglichen Nachrichten einziehen und
durch Drohungen die Behörden auf dem Lande zwingen, ihm dienliche Nachrichten zu geben. Selbst den eigenen Truppen soll er seine Marschrichtung
geheim halten und auch die Zeit, die er in jeder Gegend zu verweilen
gedenkt."

„Wenn er bewaffnete feindliche Parteien antrifft, welche sich nicht ergeben
wollen, so soll er sie niedersäbeln lassen, alle anderen aber soll er entwaffnen
und gefangen nehmen und sie unter sicherm Geleite nach Leipzig bringen lassen.
Die Begleitmannschaft ist dahin zu instruiren, daß auf die, welche zu entweichen
suchen, Feuer zu geben ist. — Um die Infanterie rasch fortzubewegen, sollen

im Bedarfsfall Wagen requirirt werden. Alle zwei Tage ist Meldung zu
erstatten. Nach Beutepferden, nach Waffen und Ausrüstung ist zu fahnden.“

„Allen französischen Behörden, welche der Herr Oberstlieutenant auf seinem
Wege trifft, wird er von seinem Auftrag Kenntnis geben und dienliche Nach-
richten von ihnen einziehen. Er wird erst dann mit seinem Detachement den
Rückmarsch antreten, wenn er entweder unmittelbar von mir den Befehl dazu
erhalten hat oder durch die Vermittlung des kommandirenden württembergischen
Generals in meinem Auftrag.“

General Herzog von Padua

I. G. Arrighi.“

Ein direkter Befehl Napoleons war es also, dessen sich hier der General
Arrighi entledigte. Seine Ernennung zum Herzog von Padua verdankt der
Divisionsgeneral Arrighi de Casanova seiner Verwandtschaft mit Napoleon.
Er war ein geborener Korse. In der Garde als Kavallerieoffizier rasch aufwärts gestiegen, hatte er wohl Gelegenheit gehabt, persönliche Tapferkeit, aber
nicht Talent als Reitergeneral zu zeigen. Er war 35 Jahre alt, als er im
Frühjahr 1813 an die Spitze des 3. Reitercorps gestellt wurde; Napoleon
wünschte, junge Führer heranzubilden. Aber Arrighi war nicht im stande,
seine Regimenter zu kriegerischer Tüchtigkeit zu bringen, und der weitere Verlauf
hat seine Beförderung zu der Stelle eines Reitercorpsführers nicht gerechtfertigt. Weder Oudinot noch Ney haben ihn in dieser Charge verwendet,
sondern seine Truppen divisionsweise bei den Infanteriecorps verteilt und ihn
persönlich im Hauptquartier behalten. Zu Anfang des Jahres 1814 hat er
eine Infanteriedivision der Reserve in Paris erhalten.*)

Einer der Divisionsgenerale des Generals Arrighi, Herzogs von Padua,
war Fournier, den wir schon in den Novembertagen 1812 kennen gelernt
haben als Kommandeur der aus lauter deutschen Regimentern bestehenden
Kavalleriedivision im Corps des Marschalls Victor in der Schlacht an der
Beresina. Er wird von Winzingerode als identisch mit demjenigen Fournier
bezeichnet, „der von der Revolution und den Greueln von Lyon her bekannt ist.“

Oben haben wir gesehen, wie in den Tagen vom 15. bis 17. Juni der
Major v. Lützow mit seiner Schar von 6 Schwadronen und 300 Mann
Infanterie im Marsch begriffen war von Plauen über Gera, Zeitz, Pützen auf
Leipzig. Am 15. Juni setzte sich auf demselben Wege von Leipzig aus nach
Zeitz der Oberstlieutenant v. Mechler an der Spitze seines Detachements,
200 Mann Infanterie, 100 Reiter, in Bewegung, in der Tasche jene Instruktion, die ihm vorschrieb, bewaffnete Scharen niederzusäbeln, wenn sie sich
nicht ergeben oder aber nach Leipzig zu bringen, nachdem sie die Waffen ge-
streckt und sich kriegsgefangen ergeben hatten.

---

*) Cuistorp, Geschichte der Nordarmee im Jahre 1813. Berlin 1894. I. 133.

Mit Notwendigkeit mußten Kechler und Lützow auf einander stoßen. Wie das sich zugetragen, soll Oberstlieutenant v. Kechler in seinem ausführlichen, gewissenhaften Bericht selbst erzählen: „Den 15. Juni marschirte ich von Leipzig als Kommandant einer colonne mobile bestehend aus 100 Mann vom Jägerregiment zu Pferd König, geführt von Major v. Brandenstein, und 200 Mann Infanterie vom Regiment Nr. 4. Auf einer vom Herzog von Padua erhaltenen schriftlichen Instruktion war hauptsächlich dieses enthalten, den mir vorgeschriebenen Distrikt zu durchkreuzen, sämtliche in den Gebirgen befindlichen feindlichen Parteien aufzusuchen, und wo ich solche finde, zu desarmiren.

„Mit dieser Instruktion versehen, marschirte ich also am 15. Juni von Leipzig ab nach Weißenfels und setzte meinen Marsch von da nach Zeitz fort. Beim Einrücken in Zeitz erfuhr ich vom Magistrat daselbst, daß sich ein preußisches Freicorps (genannt die Schwarzen) in der Gegend von Gera und Neustadt aufhalte, worunter 120 Kosaken und ungefähr 60 Mann Infanterie, das übrige in leichter preußischer Kavallerie bestehe. In dem Augenblick, als ich im Begriff war, eine Meldung über diese erhaltenen Nachrichten an den Herzog von Padua zu machen, kam ein Kurier mit Depeschen von einem französischen General in Gera an den Herzog von Padua an, der zugleich die Nachricht brachte, daß in Gera vor einigen Stunden 3000 Franzosen eingerückt seien.

„Auf diese Nachricht schickte ich sogleich einen Jäger vom Regiment König als Kurier an den Kommandanten der französischen Truppen in Gera mit einem Schreiben ab, in welchem ich den Zweck meiner Sendung bekannt machte und mich offerirte, wenn er es für nötig halte, in der Nacht noch mit meiner Kolonne mich zu Gera an ihn anzuschließen und mit ihm dann gemeinschaftlich dieses Corps anzugreifen. Dieser Jäger kam aber abends 5 Uhr, ohne ein Schreiben vom Kommandanten mitzubringen, bei mir in Zeitz an, sondern brachte bloß einen Zettel vom Marschkommissar daselbst, der mich benachrichtigte, daß das feindliche Corps unter Kommando des preußischen Majors v. Lützow den Waffenstillstand anerkannt habe und im besten Einverständnis mit den Franzosen an Gera vorbeimarschirt sei, um noch in Zeitz Nachtquartier zu nehmen und sofort den nächsten Weg an die Elbe fortzusetzen; auch schrieb er mir, daß der Major v. Lützow, sowie noch mehrere preußische Offiziere bei dem französischen General in Gera zu Mittag gespeist hätten. Der Jäger selbst erzählte mir, daß die Kosaken ihn hätten frei und ungehindert durchpassiren lassen.

„Mit dieser unvollständigen Nachricht nicht zufrieden, schickte ich sogleich den Lieutenant v. Reischach mit meiner Instruktion nach Gera ab, um Gewißheit über die Verhältnisse der Franzosen zu dem feindlichen Corps zu erhalten; habe auch dem Lieutenant v. Reischach expresse aufgetragen, im Fall die

Franzosen in Gemeinschaft mit mir etwas unternehmen wollten, ja auf keine mündliche Versicherung zu gehen, sondern solches schriftlich zu verlangen. — Nachts
1 Uhr kam Lieutenant v. Reischach von Gera retour und meldete mir, daß
der französische General wie mehrere Obersten zu Gera sehr unschlüssig in der
Sache gewesen seien; der eine wollte attakiren, der andere hatte es wieder ver-
worfen; besonders der General erklärte sich, daß, da dieses Corps den Waffenstillstand anerkannt habe, es zu spät sei und er marschire mit seinem Corps
morgen nach Altenburg weiter. Der Lieutenant v. Reischach bat wiederholt
dringend um eine schriftliche Antwort; dieses war aber vergebens, und wie er
sah, daß nichts zu machen war, so ging er ab.

„Auf seiner Rückreise von Gera nach Zeitz mußte Lieutenant v. Reischach
die ganze feindliche Kolonne (Lützow) passiren, welche ihn mit aller Höflichkeit
behandelte und ohne Aufenthalt passiren ließ.

„In dieser meiner sonderbaren Lage gab ich meinen Vorposten den Befehl, die Preußen, wenn sie ankommen sollten, nicht passiren zu lassen, sondern
solche abzuweisen und im Fall, daß sie sich nicht abhalten lassen wollten, auf
sie Feuer zu geben. — Die Preußen kamen, sind aber, als man es ihnen
sagte, sogleich wieder umgekehrt. Zugleich schickte ich augenblicklich meinen
Adjutanten, Lieutenant Bonz, an den Herzog von Padua nach Leipzig ab und
meldete dem Herzog die ganze Sache, so wie ich sie eben erzählt habe. Die
Preußen ließ ich bis zur Zurückkunft meines Adjutanten nicht aus dem Auge
und beobachtete sie durch Patrouillen.

„Am 17. Juni in der Frühe um 6 Uhr kam noch vor der Zurückkunft
meines Adjutanten ein sächsischer Kommissar bei mir in Zeitz an und sagte,
er sei von Major v. Lützow geschickt, mich zu avertiren, daß ihm aus dem
französischen Hauptquartier die Gewißheit des Waffenstillstands durch einen
sächsischen Hauptmann Namens Montbé mit der Weisung zugeschickt worden sei,
daß vermöge der Uebereinkunft des Waffenstillstandsvertrags er unter Führung
eines sächsischen Marschkommissars den nächsten Weg an die Elbe zu nehmen
habe. Er werde an Zeitz vorbeimarschiren, ohne meine Vorposten zu berühren,
und hoffe, daß von meiner Seite ihm nichts Feindseliges zugefügt werde.

„Ich antwortete dem Marschkommissar, da die Sache sich so verhalte,
werde ich dieses feindliche Corps meinerseits nicht inkommodiren; er solle nur
zumarschiren, machte aber sogleich durch einen Kurier die schriftliche Meldung
an den Herzog von Padua hierüber, erhielt aber auf diese Meldung keine Antwort. — Gegen Mittag um 12 Uhr am 17. April kam mein Adjutant, ohne
eine schriftliche Ordre mitzubringen, von Leipzig wieder in Zeitz an. Es war
ihm aufgetragen, mir zu sagen, den preußischen Major v. Lützow, wo ich ihn
finde, zu stellen und ihm zu sagen, daß er nicht weiter marschiren solle, sondern
den Offizier, welchen der Herzog von Padua zu seiner Führung ihm zuschicken
werde, abzuwarten. Ich fragte den Adjutanten, ob sonsten ihm kein weiterer

Auftrag an mich erteilt worden; nein, man hätte ihm sonsten nichts aufgetragen, als mir zu sagen, daß General Graf Normann mit einer Kolonne gegen Pegau aufgebrochen sei.

„Den preußischen Major v. Lützow traf ich endlich bei Kitzen; der Offizier, der die Arrieregarde vom preußischen Corps führte, ließ, als ich ihm sagte, daß ich ihren Kommandeur sprechen müsse, sogleich den Major v. Lützow holen. Dieser kam auch mit noch mehreren preußischen und russischen Offizieren; ich entledigte mich bei ihm meines Auftrags in Gegenwart des Majors v. Branden-stein vom Jägerregiment zu Pferd König und mußte dem Major v. Lützow zugleich noch sagen, daß wenn er weiter marschiren würde, er sich Feindselig-keiten und Unannehmlichkeiten aussetzen würde, indem noch mehrere Kolonnen von uns in der Gegend herumschwärmen, die den Befehl haben, ihn, wo sie ihn finden, feindlich zu behandeln. Der Herzog von Padua habe zwar bereits schon Offiziere an die verschiedenen Kolonnen abgeschickt mit dem Befehl, ihn nicht feindlich zu behandeln; man könne aber nicht wissen, ob diese Offiziere die betreffenden Kolonnen zeitig genug finden würden; es sei daher zu seiner Sicherheit notwendig, den Offizier vom Herzog von Padua abzuwarten, der ihn führen werde.

„Der Major v. Lützow zeigte viel Unruhe und äußerte, daß er Ursache habe, sehr mißtrauisch gegen die Franzosen zu sein, und daß er es vor ein besonderes Glück halte, von Württembergern sich begleitet zu sehen. Er glaube mir auf mein Wort und werde daher sogleich mit seiner Kolonne Halt machen. Er ersuchte mich aber, ihm nur so lange einen von meinen Offizieren als Geisel zu seiner Sicherheit zu geben, bis derjenige vom Herzog von Padua ankomme. Dieses habe ich ihm aber abgeschlagen; er wiederholte mehrmals sein Begehren um einen Offizier, ich habe es ihm aber bestimmt abgeschlagen und ihm gesagt, daß, da ich hiezu keinen Auftrag hätte, ich es auch nicht thun könne. Da ich dieses ihm so bestimmt abschlug, so machte es ihn wieder aufs neue unruhig.

„Ich sagte ihm: ‚Herr v. Lützow, ich habe mich bei Ihnen hiemit meines Auftrags entledigt, machen Sie jetzt, was Sie wollen; wollen Sie fortmarschiren, ohne den Offizier vom Herzog abzuwarten, so halte ich Sie meinerseits gar nicht davon ab; ich werde Sie aber im Auge behalten.‘

„Dann fing Lützow noch einmal an, mich zu fragen: ‚Herr Oberst-lieutenant! kann ich denn ganz ruhig sein, darf ich versichert sein, daß man gegen mich nichts Feindliches unternimmt; können Sie mir Ihr Ehrenwort geben?‘

„Darauf erwiderte ich: ‚Herr Major, ich kann Ihnen mein Ehrenwort geben, daß ich von nichts Feindseligem gegen Sie weiß, sonst hätte ich ja selbsten schon Sie attakiren und feindlich behandeln müssen.‘

„Dann reichte Lützow mir seine Hand und sagte: ‚Ich glaube Ihnen, ich ehre Sie als Württemberger und als Deutscher; ich werde mit meiner Kolonne in dem vor uns liegenden Dorfe Kitzen halten und den Offizier vom Herzog von Padua abwarten; ich gebe Ihnen mein Ehrenwort, daß ich mich ruhig in meinem Dorfe verhalten will und nichts Feindseliges gegen Sie unternehmen werde. Sie werden mir auch das Ihrige geben, daß Sie nichts Feindseliges gegen mich unternehmen.'

„Nun sagte ich: ‚Ich hänge von Umständen und Befehlen meiner Höheren ab, gebe Ihnen aber mein Ehrenwort, daß ich ebenfalls in meinem Dorfe (welches dreiviertel Stunden von dem seinigen entfernt war) keine Bewegung machen werde, ohne Sie vorher zu avertiren.'

„Nun gingen wir aus einander. Noch muß ich bemerken, daß Herr v. Lützow mit vieler Herzlichkeit, Rechtlichkeit und Aufrichtigkeit gesprochen hat. Wie wir schon aus einander waren, ist er noch einmal umgekehrt, bat mich, mit ihm auf die Seite zu kommen, und sprach noch einmal folgendes zu mir, indem er mich bei der Hand nahm: ‚Lieber Herr v. Kechler, nehmen Sie mir es nicht übel; ich glaube Ihren Worten und setze in Sie, wie ich mich ja schon erklärt habe, kein Mißtrauen. Daß ich aber gegen die Franzosen mißtrauisch bin, werden Sie uns Preußen nicht übel nehmen. Ich befürchte eben immer, daß mir durch die Franzosen noch Leids zugefügt wird. Sie haben bis daher als Offizier vom Dienst mit mir gesprochen; können Sie mir auch privatim Ihr Ehrenwort geben, ob ich nichts von den Franzosen zu befürchten habe?'

„Ich antwortete ihm: ‚Herr Major, was ich mit Ihnen bis daher gesprochen, ist die reine Wahrheit; mein Adjutant hat mir keinen andern Befehl gebracht, als wie den Auftrag an Sie. Wollte man Sie feindlich behandeln, so hätte ich ja bestimmte Ordre erhalten müssen, Sie zu attakiren, und ich bin meinerseits vollkommen überzeugt, daß man Sie wird ruhig passiren lassen.'

„Hierauf versetzte er wieder: ‚Herr Oberstlieutenant! einen Fehler habe ich gemacht, daß ich den sächsischen Hauptmann Montbé, welcher aus dem französischen Hauptquartier von Dresden mit der Waffenstillstandsnachricht an mich abgeschickt war, nicht bei mir behalten habe, sondern solchen wiederum abgehen ließ.'

„Wir nahmen nun von einander Abschied und jeder ging in seinen betreffenden Ort.

„Wie ich zu meiner Kolonne mit dem Major v. Brandenstein zurückkam, erfuhr ich, daß der General Graf Normann mit einer colonne mobile bei Lützen stehe, welches dreiviertel Stunden von meinem Ort entfernt war. Ich ritt en carrière sogleich selbsten zu ihm, um ihn von meinen Verhältnissen zu Lützow zu unterrichten. Wie ich in Lützen ankam, war General Graf Normann mit der Kolonne schon abmarschirt; ich holte ihn eine halbe Stunde von Lützen ein auf der Straße, welche gegen das Dorf Kitzen führt, wo Lützow stund.

„Wie ich die Tete der Kolonne erreichte, so fand ich nebst dem General

Graf Normann noch den französischen General Fournier. Wie dieser gewahr wurde, daß ich der Kommandant der Zeitzer Kolonne sei, so hat dieser Mann, der französische General, mir nicht befohlen, sondern nur geschrieen: „Attaquez les Prussiens! Sie sind mir mit Ihrem Kopf verantwortlich, daß kein Preuße durchkommt; gehen Sie, gehen Sie geschwind!"

„Ich habe ihm dann ebenfalls mit lauter Stimme geantwortet: daß ich vor einer halben Stunde mit Lützow parlamentirt und mich meines erhaltenen Auftrags vom Herzog von Padua entledigt hätte.

„Zuerst äußerte General Fournier seine Unzufriedenheit darüber, daß ich mit Lützow parlamentirt hätte. Ich sagte ihm, daß ich es nicht für mich, sondern auf Befehl des Herzogs von Padua gethan hätte, gab meinem Pferd die Sporen und ritt meinem Ort zu. Dann ließ Fournier mich wieder rufen und sagte mir: ich hätte recht klug gehandelt und recht gut daran gethan, daß ich mit Lützow parlamentirt hätte. Nun ritt ich fort meinem Ort zu, wo ich einen Weg über Gräben und Wasser von wenigstens dreiviertel Stunden zurückzulegen hatte. Ich kam in meinem Orte zwischen Licht und Dunkel an, schickte sogleich einen Unteroffizier vom Jägerregiment zu Pferd König nebst einem Trompeter und folgendem Billet an Major v. Lützow ab:

„Herr Major v. Lützow!

„Soeben erhalte ich Marschordre. Unser beiderseits gegebenes Ehrenwort ist hiemit aufgelöst.

v. Kechler.'

„Leider hat dieser Unteroffizier den Major v. Lützow nicht mehr getroffen, denn Lützow war schon durch die Kolonne des Generals Fournier delogirt.

„Ich rückte einstweilen mit meiner Kolonne vor und folgte nur dem in der Entfernung gehörten Lärmen und einzelnen Schüssen. So marschirte ich mehrere Stunden, bis ich endlich nachts 12 Uhr mit der Kolonne des Generals Fournier bei Nauendorf mich vereinigte, wo die ganze Geschichte vorüber war und wir bei benanntem Dorfe bivakirten.

„Dieses ist die wahre Darstellung und Erzählung meiner Handlungen und meiner Lage.

„Bautzen, den 5. Juli 1813.

v. Kechler."

Die Schlichtheit und Aufrichtigkeit, mit der ein pflichteifriger und gewissenhafter Soldat erzählt, wie er, vorsichtig nach allen Seiten um sich spähend, den Geist seines Auftrags zu erfüllen strebte, läßt jedes Wort in diesem Berichte werthvoll erscheinen. Seine Meldung an den Herzog von Padua nach Leipzig in der Nacht vom 16. zum 17. Juni aber hat das Verderben der Lützower beschleunigt. Wahrscheinlich hatte Arrighi schon durch andere Kundschaft den Aufenthalt der Lützower erfahren, jedenfalls bestätigte die Meldung

Kechlers etwa schon Gehörtes. Jetzt galt es, um den von Napoleon selbst gegebenen Befehlen Wirksamkeit zu sichern, die Lützower festzuhalten. Dazu mußte die Anweisung an Kechler dienen: die Lützower sollten halten bleiben und warten, bis der vom Herzog von Padua gesendete Offizier eintreffe, um die weiteren Wege zu zeigen.

Und in der Zwischenzeit bereitete Arrighi seinen Anschlag vor und sandte auch den Offizier, der wußte, um was es sich handle, — Fournier.

Wir wissen, wie am 11. Juni die württembergischen Generale Doering und Graf Normann in Leipzig angekommen waren, der erstere mit 4 Bataillonen, der zweite mit 8 Schwadronen. Jetzt nach Abgang der verschiedenen Kolonnen waren noch 2 Bataillone und 2 Schwadronen vorhanden, außerdem 2 Batterien. General Fournier befehligte in Leipzig noch eine kleine Anzahl Fußtruppen und Reiter.

Mittel waren also vorhanden, um die Absichten Napoleons zur Ausführung zu bringen. Die mobilen Kolonnen waren am 15. Juni auf unmittelbaren Befehl Napoleons abgegangen, das haben wir gehört; so wird auch die Instruktion, nach welcher die Streifscharen, die noch auf dem linken Elbufer weilten, Colomb und Lützow, auf die eine oder andere Weise unschädlich zu machen waren, von Napoleon selbst herrühren. Und die Sache blieb ja zunächst in der Verwandtschaft, Arrighi wußte darum und Fournier bildete das Werkzeug; er verriet sich und seinen Auftrag in der Aufwallung Kechler gegenüber: „Attaquez les Prussiens!" — Formell war ja Napoleon gewissermaßen im Rechte: es durften keine Streifcorps sich auf dem linken Elbufer aufhalten nach dem 12. Juni.

So ging in der Frühe des 17. Juni von Leipzig eine gemischte Kolonne ab (1 Bataillon Marine, 3 württembergische Compagnien, 2 württembergische Schwadronen, 200 französische Dragoner, 3 württembergische Geschütze), deren französischen Teil der Divisionsgeneral Fournier, den württembergischen aber General Graf Normann kommandierte, so jedoch, daß die Leitung des Ganzen dem General Fournier anheimfiel. Ueber die Thätigkeit dieser Kolonne berichtet der General Graf Normann:

„Leipzig, den 23. Juni 1813.

„An den König.

„Eurer königlichen Majestät wird der General v. Doering schon gemeldet haben, daß am 15. d. vier mobile Kolonnen von Leipzig abgegangen sind, um die russisch-preußischen Parteigänger, die sich diesseits der Elbe befinden, zu fangen oder zu vernichten.

„Am 17. Juni früh ließ mich der Herzog von Padua holen und gab mir den Befehl, mit zwei Esladrons, drei Compagnien und drei Piecen sogleich aufzubrechen, um unter dem Kommando des Divisionsgenerals Fournier, der

ein französisches Bataillon und 200 Dragoner bei sich hatte, einem preußischen
Corps, das von Gera gegen Zeitz und Pegau marschire, entgegenzugehen.
Abends erfuhren wir, daß dasselbe in Kitzen, unweit Lützen stehe.

„Ich bekam den Befehl, mit den zwei württembergischen Eskadrons und
zwei Compagnien das Dorf, ohne den ersten Schuß zu thun, zu besetzen, die
Parlamentaire aber an den Divisionsgeneral zu schicken. Vierhundert Schritt
von Kitzen sah ich, daß die Preußen links vom Dorfe auf dem Weg nach Leipzig
in Schlachtordnung standen; die Bagage dieses Corps aber schon den Weg
nach Leipzig einschlug. Die Abenddämmerung war schon eingetreten; ich sah
jedoch noch, daß mir fünf Eskadrons entgegenstanden und daß bei der Bagage
noch starke Eskorte war.

„Ich formirte meine Kavallerie und Infanterie in zwei Kolonnen und
rückte so weiter vor. Nun kam mir der preußische Major v. Lützow, der
dieses Corps kommandirte, mit einem Trompeter entgegen und fragte: Was
dieses bedeute und ob ich ihn angreifen würde? — Ich antwortete: Ich habe
Befehl, bis in das Dorf, wo Sie stehen, zu marschiren; da ich Sie nun hier
finde, werde ich bis vor ihre Linie rücken und die weiteren Befehle abwarten.
Sie selbst können zum Divisionsgeneral gehen, und ich werde, da ich dazu
keinen Befehl habe, Ihre Truppen in dieser Zeit nicht angreifen. Major
v. Lützow ritt nun zu dem Divisionsgeneral zurück.

„Auf zwanzig Schritt von der feindlichen Front hielt ich an, ließ die Infanterie
rechts der Straße deploniren und stellte die drei Piecen, die indessen angekommen
waren, links auf eine kleine Anhöhe unter dem Schutz derselben; die Kavallerie
stellte sich links der Straße in Linie und der Divisionsgeneral stellte die
Dragoner und französische Infanterie als zweites Treffen auf.

„So lange ich mit dieser Aufstellung beschäftigt war, sah ich die in
Reserve stehenden feindlichen Eskadrons abbrechen und ihrer Bagage folgen.
Nun ritt auch der Major v. Lützow, vom Divisionsgeneral kommend, im
Galopp an mir vorbei und sogleich brachen die in erster Linie stehenden
feindlichen Eskadrons auch ab, um die Straße von Leipzig einzuschlagen.
Kurz darauf befahl mir der Divisionsgeneral, mit den 2 Eskadrons längs dem
Feinde vorzutraben und ihm zu erklären, daß er sich ergeben müsse, im
Weigerungsfalle aber ihn dazu zu zwingen.

„Es wurde schon sehr finster und ich mußte, um sie nicht aus dem Gesicht
zu verlieren, sehr nahe an ihnen vorreiten. Die Preußen ritten hierauf immer
schneller und ich war gezwungen, Galopp zu kommandiren. Nun fiel ein
Schuß auf uns und sie fingen an, Carrière zu reiten. Ich würde sie nun in
einem Augenblick gar nicht mehr gesehen haben, wenn ich nicht Marsch! Marsch!
kommandirt hätte. Ohne Säbelhieb konnte es bei der eingetretenen Finsternis
nicht abgehen; auch konnte Reih und Glied wegen der tiefen Graben an der
Straße nicht gehalten werden. Die Preußen stützten sich bei einem Dorfe und

drohten in die linke Flanke zu fallen. Dieses zwang mich, die französischen Dragoner zur Deckung derselben vorzurufen. Was nicht auf der Straße selbst war, konnte der tiefen Gräben wegen nicht in das Dorf kommen. Es gab einen kleinen Halt, während dessen die Preußen nicht aufhörten zu schießen, die unsrigen aber ihnen zuriefen: sie sollten absitzen und sich ergeben, so würde man ihnen nichts thun.

„Sobald unsere linke Flanke völlig gedeckt war, befahl ich dem Oberst, Prinz von Wallerstein, nun, da sie sich nicht ergeben wollten, förmlich einzuhauen. Der Oberst sprengte mit der möglichst gesammelten Mannschaft über den Graben und das ganze feindliche Corps zerstreute sich. Es war zu finster, um die Verfolgung fortzusetzen, und der Divisionsgeneral befahl in Knautnauendorf, ohnweit von dem Dorfe zu biwakiren.

„Den 18. Juni früh erhielten wir die Nachricht, daß ohnweit Leipzig etwa 100 Mann des preußischen Corps über die Elster gegangen wären, welche wir verfolgen mußten, und ich streifte so bis gestern abends zwischen Leipzig, Halle, Dessau und Düben, wo ich den Befehl erhielt, für meine Person nach Leipzig zurückzukehren, durch die zwei Estadrons die vier mobilen Kolonnen zu verstärken, die Infanterie und die drei Piecen aber nach Dessau dem General Doering zu schicken. Heute früh (23. Juni) erhielt ich den Befehl von dem Herzog, die mobilen Kolonnen noch weiter zu verstärken, so daß jetzt bei jeder derselben zwei Estadrons sind.

„Von unserer Seite blieb am 17. Juni 1 Jäger tot; verwundet: 1 Offizier und 6 Mann. Dagegen haben wir 10 Offiziere und gegen 100 Mann gefangen*) und 65 Pferde erbeutet. Die Pferde sind in dem erbärmlichsten Zustande ꝛc.

Graf Normann."

Als einige Zeit später der General Graf Franquemont von Normann auch eine Darstellung des Hergangs am 17. Juni verlangte, reichte sie Normann ein aus Warthau den 14. August mit einem Beibericht, der einige beachtenswerte Angaben enthält:

„Eurer Excellenz

habe die Ehre, die verlangten Angaben über die Affaire mit dem Lützowschen Corps zu übersenden. Noch muß ich Eurer Excellenz folgendes, was ich nicht in der Geschichtserzählung bemerken wollte, anführen. — Der General Fournier hatte mir die Befehle, die er wegen dem Verhalten gegen dieses Corps erhalten hatte, nur unter dem Siegel der größten Verschwiegenheit stückweise gesagt oder lesen lassen. Ich konnte daher dem Major v. Lützow unmöglich

---

*) Unter den Gefangenen fanden sich drei württembergische Deserteure, welche späterhin abgeurteilt wurden.

mehr sagen, als ich wirklich Befehl hatte. Uebrigens glaubte ich ihm dadurch, daß ich mit gezogenem Säbel gegen ihn marschirt bin, daß ich hartnäckig auf dem Vorrücken bestanden und auf zwanzig Schritt vor seiner Front die Kanonen abprotzen und das Ladzeug zur Hand habe nehmen lassen, nur zu viel gezeigt zu haben, was seinem Corps bevorstehen könnte.

„Währenddem der Major v. Lützow bei dem Divisionsgeneral war und ich von wenigstens zehn preußischen Offizieren umgeben vor der Front stand, kam eine französische Ordonnanz und brachte mir folgenden mündlichen Befehl: Le général vous fait ordonner de faire arrêter à son retour le colonel, qui parle dans ce moment avec lui.

„Ich ritt sogleich von den preußischen Offizieren, welche diesen Befehl alle gehört, aber vermutlich aus Mangel an Sprachkenntnis nicht verstanden haben müssen, weg und sagte der Ordonnanz, er möchte dem General sagen, daß ich dies nicht thun könnte, indem ich dem Major v. Lützow mein Wort zu seiner Sicherheit gegeben hätte.

„Als ich den Befehl erhielt, links vorzutraben, um die Tete zu erreichen, war es schon ganz Nacht, die Kolonne war wenigstens 1½ Viertelstunden lang; die französischen Dragoner folgten nur im Schritt, die Infanterie konnte noch weniger folgen; ich wäre also, wenn sie mich ruhig hätten vorbeitraben lassen, mit zwei Escadrons gegen fünf auf eine halbe Stunde von allem Soutien gestanden. Es war mir daher nicht ganz unlieb, daß die Preußen den ersten Schuß thaten.

„Der General Fournier hat mir anfänglich Vorwürfe gemacht, daß ich den Major Lützow nicht beim Parlamentiren arretirt hätte. Ich habe ihm natürlich geantwortet, daß ich mein Wort nicht brechen konnte und daß er selbst es hätte thun können. Später erklärte er mir, er hätte in meinem Fall ebenso gehandelt, er hätte aber geglaubt, seine Pflicht zu thun, indem er mir den Befehl gab, den Major zu arretiren.

„Der Herzog von Padua hat mir etliche Tage darauf, als ich nach Leipzig kam, gesagt: ich hätte den Lützow entschlüpfen lassen, weil ich mit ihm verwandt sei. Ich sagte ihm nun, daß ich nicht mit ihm verwandt sei und daß ich mein Ehrenwort nicht hätte brechen können, welches er auch nachher billigte. Uebrigens beweist es doch, daß die französischen Generale die Schuld des Entschlüpfens des Majors v. Lützow haben wollen ganz auf mich schieben.

„In den Angaben der Preußen über diese Affaire scheint es, daß ich etlichemal mit dem Oberstlieutenant v. Kechler, der eine mobile Kolonne kommandirt hat, verwechselt worden bin. Denn dieser hat den Tag über schon mit dem Major v. Lützow in Unterhandlungen gestanden, abends aber keinen Teil an der Affaire genommen.

Graf Normann.“

So hatte also der General Fournier einen geheimen Befehl bei sich, den er unter dem Siegel der Verschwiegenheit stückweise dem Grafen Normann mitteilte, und dieser wiederum suchte durch seine Maßnahmen den Gegner indirekt aufzufordern, doch aufzubrechen und zu entwischen. Eine Verwechslung der beiden Persönlichkeiten Kechler und Normann schien von vornherein wahrscheinlich: zwei Württemberger, die beide mit Lützow verhandelten. Der eine gab sein Ehrenwort, nicht anzugreifen ohne vorherige Benachrichtigung; der andere griff an. So mögen die beiden Persönlichkeiten im Grunde weniger verwechselt als vielmehr in eine einzige zusammengeschmolzen worden sein. Die Legendenbildung, welche sich gar bald des Stoffes bemächtigte, schuf so eine Figur, welche trotz gegebenen Ehrenwortes die Lützower angriff. Der von Kechler abgeschickte Unteroffizier hatte ja den Führer des Freicorps nicht mehr angetroffen.

In aller Frühe am 18. Juni erstattete General Fournier Meldung über das bei Kitzen Vorgefallene an den Herzog von Padua, ein Bericht, der in Abschrift sich bei den hiesigen Akten befindet.

„Schönau, den 18. Juni 1813, 4 Uhr morgens.

„Den verlangten ausführlichen Bericht über die Affaire bei Kitzen habe ich die Ehre Eurer Exzellenz vorzulegen. — Gestern früh 10 Uhr bin ich behufs Ausführung der Befehle Eurer Exzellenz von Leipzig abmarschirt mit 1100 Mann Infanterie, 420 Reitern und 3 Geschützen; Richtung des Marsches auf Pegau.

„Nachrichten, welche ich über den Marsch des Lützowschen Corps erhielt, bestimmten mich, die Richtung zu ändern; eine Meile von Zwenkau ließ ich gangbare Furthen aufsuchen und zog mit aller Beschleunigung nach Lützen. Weder die Behörden noch die besseren Einwohner in Lützen wollten etwas vom Erscheinen des Feindes in der Nähe ihrer Stadt wissen. Durch den Gendarmeriewachtmeister von Lützen wurden endlich ein paar Frauen vorgeführt, nach deren Aussagen ich vermuten konnte, daß das Corps Lützow sich bei Kitzen herum finden könnte; andere Nachrichten, welche ich um dieselbe Zeit durch den württembergischen Oberstlieutenant erhielt, der die mobile Kolonne bei Zeitz führt, und der den Bewegungen des Gegners gefolgt ist, bestätigten meine anfänglichen Vermutungen; ich marschirte demnach auf das Dorf Kitzen zu, 1½ Lieues von Lützen.

„Der württembergische General Graf Normann hatte dabei die Spitze mit der Kavallerie, ich gab ihm auf, gegen Kitzen vorzurücken und das Dorf zu durchschreiten; ich fügte bei, er solle jedem Parlamentär eröffnen, daß er nichts Feindseliges begehen werde, daß aber seine Befehle, die er befolgen müsse, dahin lauten, in das Dorf Kitzen einzudringen. Es war 8½ Uhr abends. — Da präsentirte sich der Major Lützow selbst und verlangte zu wissen, ob man den Waffenstillstand anerkennen wolle oder ihn zu brechen beabsichtige; wiederholte diese Frage und fügte bei, daß er ohne jede Schwierigkeit an französischen Truppen und französischen Generalen vorübermarschirt sei.

„Ich antwortete ihm, daß meine Befehle dahin lauten, den Waffenstillstand anzuerkennen, zu respektiren und respektiren zu lassen, aber daß diese selben Befehle, über die mir kein Urteil und keine Deutung zusteht, mir bezüglich des Corps von Lützow vorschreiben, seinen Marsch festzulegen und ihm aufzugeben, mir mit der ganzen Kolonne nach Leipzig zu folgen, wo die nötige Auseinandersetzung mit dem Herzog von Padua erfolgen wird.

„Der Major Lützow antwortete, er beanspruche seine Marschrichtung wählen zu dürfen, er sei frei in diesem Punkt; sobald ich seinem Marsche ein Hindernis bereiten würde, so würde er zu kämpfen wissen.

„Ich wies den Major Lützow auf das Mißliche dieses Entschlusses hin und bemerkte ihm, daß, so wie die Lage der kriegführenden Armeen im Augenblicke sei, in meinem Vorschlag weder eine Feindseligkeit noch eine Beleidigung liege, daß ich im übrigen den Kampf nicht scheue. Er zog sich im Galopp zu seiner Truppe zurück, die rückwärts von Kitzen in Schlachtordnung stand, und ich marschirte unmittelbar auf sie zu, ohne aber Feuer zu geben.

„In dem Augenblick, wo der General Normann Befehl erhielt, an der linken Flanke der Kolonne Lützow vorzureiten und die Spitze zu erreichen, ohne sie anzugreifen, ließ der Major Lützow Feuer auf den General Normann geben, welcher, ohne zu antworten, jetzt scharf einzuhauen begann.

„Das Handgemenge war blutig und hartnäckig, aber der Anblick des Marinebataillons, welches im Sturmschritt anrückte, unter den Rufen: Vive l'empereur! entschied die Flucht des Feindes, welcher im Galopp nach verschiedenen Richtungen aus einander stob. Ich folgte der stärksten Kolonne und erreichte um Mitternacht Knautnauendorf, wo ich die Truppen bivakiren ließ. Sie waren von Müdigkeit überwältigt. Das Marinebataillon hatte 14 Lieues gemacht.

„Den Spuren des Feindes folgend, habe ich diesen Morgen 5 Uhr Knautnauendorf verlassen. Ich habe mich versichert, daß er auf Merseburg geht; ich werde heute abend in Merseburg sein und morgen werde ich die Jagd auf das vagabundirende Corps fortsetzen.

„Im Kampfe bei Kitzen hat dies Corps 12 Offiziere verloren, 70 Reiter wurden gefangen, 30 getötet, 100 Pferde sind in unseren Händen. Von unserer Seite sind 5 tot, 25 verwundet.

„Ich mache hauptsächlich den Prinzen namhaft, der als Oberstlieutenant bei den württembergischen Chevauxlegers steht, einen jungen Mann von 21 Jahren und von glänzender Tapferkeit, und den Kommandeur des Marinebataillons.

Le général Fournier."

Wenn der General in seinem Bericht von einem Gefecht bei Kitzen spricht, so kann er das doch nur euphemistisch thun, und in dem Sinne, als eben die Notwehr der einzelnen auch ein Kampf ist. Ein Gefecht, in dem geschlossene Linien oder die Schützen von beiden Seiten auf einander stoßen, ein solches Gefecht konnte der Ueberfall seiner Natur nach nicht sein. Lützow ließ auch mit versorgtem Säbel marschiren so lange, bis die einzelnen genötigt waren, blank zu ziehen; er verlor 30 Tote, der Angreifer nur 5; daraus mag schon hervorgehen, mit wie wenig Schonung gegen mehr oder minder Unvorbereitete verfahren worden ist. Bei dem Urteil des Königs Friedrich über die ganze Angelegenheit werde ich darauf zurückkommen. Da Graf Normann nur von einem Toten auf seiner Seite spricht, so müssen die französischen Dragoner 4 Tote bei ihrem Handgemenge gehabt haben.

Das Fußvolk, welches sich Lützow aus Deserteuren und Kriegsgefangenen improvisirt hatte in der Stärke von 300 Mann mit einem einzigen Offizier, lief auf dem Kampfplatz vom Marsch weg ohne weiteres aus einander. — An Toten, Versprengten, schwer Verwundeten und Gefangenen verlor das Corps der Lützower selbst 305 Mann; einige Hundert retteten sich, der Schnelligkeit ihrer Rosse vertrauend; Lützow selbst entkam verwundet. In Genthin, das schon im Rayon der Verbündeten lag, sammelte er die Reste seiner Reiterschar am 22., 26. und 27. Juni.

Den Bericht Lützows über seine Lage vor dem Tage von Kitzen und über die Ereignisse bei Kitzen selbst ließ die preußische Regierung mit anderen Urkunden zusammenfassen in der: Relation officielle de l'attentat commis le 17 de ce mois contre le corps du major de Lutzow, extraite des rapports, procès-verbaux et autres pièces originales: — eine Urkunde, welche sich in Abschrift auch bei den hiesigen Akten befindet. Ursprünglich war diese aktenmäßige Darstellung für den Druck bestimmt und für möglichst weite Verteilung; deshalb ist auch die französische Sprache gewählt. Gneisenau war es,[*] der vorschlug, die Veröffentlichung zu unterlassen und die Verletzung des Waffenstillstands durch die Franzosen in einer praktisch bedeutsameren Weise auszunützen.

Die Relation berichtet: Lützow habe keine sichere Kenntnis vom Abschluß des Waffenstillstands gehabt, bis ihm solche zuging am 14. Juni in Plauen durch Herrn von Montbé, einen Adjutanten im sächsischen Dienst, der einen darauf bezüglichen Brief des Generallieutenants v. Gersdorff überbrachte. Sofort entschloß sich Lützow, über Gera die Elbe zu gewinnen unter Führung des als Kommissar beigegebenen Herrn v. Gößnitz. Diesen Entschluß teilte Lützow auch dem General v. Gersdorff mit, der das bezügliche Schreiben dem Kaiser Napoleon und dem major général Berthier unterbreitete. Es ist das

---

[*] Pertz, Gneisenau rc. III. 9 f.

eine erhärtete Thatsache; sie beweist, daß der Kaiser und sein Generalstabschef
vor dem 17. wußten, wo Lützow sich befand. — Am 17. kam das Corps bei
Zeitz an; um jeden Zusammenstoß zu vermeiden, ließ Lützow den württembergischen Kommandanten in Zeitz, Oberst Becker (soll heißen: Oberstlieutenant
v. Rechler), von seinem Marsch in Kenntnis setzen.

Am Abend des 17. Juni machte Lützow bei Kitzen Halt, zwei Meilen
von Leipzig. Kaum hatte man abgezäumt, als das Anrücken einer starken
Kolonne gemeldet wurde. Es war der Oberstlieutenant v. Rechler an der
Spitze seines gefechtsmäßig marschirenden Detachements. Bei der demnächst
stattfindenden Unterredung erklärte Rechler, daß der Herzog von Padua den
Major Lützow auffordere, seinen Marsch vorläufig einzustellen, bis von Leipzig
ein Offizier ankomme, den weiteren Marsch zu regeln. Lützow versprach zu
warten, und die beiden Truppenbefehlshaber gaben sich gegenseitig das Ehrenwort, ihren Truppen keinerlei feindselige Handlungen zu gestatten.

Alles dies veranlaßte Lützow, den Lieutenant v. Kropff nach Leipzig an
den Herzog von Padua zu schicken. Daraus resultirte aber keinerlei Erfolg,
vielmehr wurde Kropff als Gefangener behandelt.

Lützow wartete indessen vertrauensvoll die weitere Entwicklung der Dinge
bei Kitzen ab, als zwei neue Kolonnen gegen ihn anrückten. An der Spitze der
einen befand sich der württembergische General Graf Normann, an der Queue
der zweiten der französische General Fournier. In höhnischem Tone habe
Normann erklärt, daß er nur nach den Weisungen des Oberbefehlshabers
handle; Lützow wandte sich deshalb an Fournier, um nach den Beweggründen
dieser feindseligen Maßregeln zu fragen und seinerseits zu erklären, daß es
seine Absicht sei, die Elbe zu gewinnen, indem er gewissenhaft die Festsetzungen
des Waffenstillstands beobachte und hoffe, daß man ebenso gegen ihn verfahren
werde. Fournier erwiderte darauf: er gebe sein Ehrenwort, daß er den Major
nicht angreifen wolle, daß der Marsch der Preußen auf der Straße nach Leipzig
nicht beunruhigt werde und er sich begnügen wolle, sie zu begleiten.

Trotz gemachter Vorstellungen blieben während dieser Unterredung die
Kolonnen der Württemberger und Franzosen stets im Vormarsch. — Nach der
Unterredung kam Lützow nach Kitzen zurück und gab Befehl zum Abmarsch,
indem er wiederholte, es sei bei Todesstrafe verboten, irgend welche Feindseligkeit zu begehen. So setzte sich das Corps auf der Landstraße in Marsch.
Nach Zurücklegung von etwa 500 Schritten wurde es von allen Seiten von
feindlichen Kolonnen angegriffen, welche überraschend an verschiedenen Punkten
erschienen und mit verhängtem Zügel und geschwungenem Säbel einstürmten,
indem sie riefen: „Nehmet Pardon, ihr preußischen Hunde!" General Normann
selbst ermutigte seine Soldaten, indem er diese Beschimpfung ausstieß.

Durch das strenge Verbot des Corpsführers gebunden, leisteten die An-
gegriffenen zunächst keinen Widerstand; später versuchten sie es mit sehr

unvollkommenem Erfolg. Nur dem kleineren Teil gelang es, durch die Flucht einem schimpflichen Lose zu entgehen. Der Rest wurde zusammengehauen, verwundet, gefangen genommen und nach Leipzig geführt. Offiziere und Mannschaften erlitten die grausamste Behandlung.

An demselben 17. Juni traf in Dresden der Major v. Schütz ein, von General Barclay de Tolly gesendet, den Lützowern, die man bei Plauen vermutete, die Nachricht vom Waffenstillstand zu bringen. Der Major Schütz wendete sich an Berthier wegen seiner Weiterreise. Hier beim französischen Generalstab aber wollte man nichts vom Aufenthalt der Lützower wissen, man riet dem Major Schütz, seine Weiterreise bis auf sichere Kunde zu verlagen und vorerst nach Zerbst zu gehen, sich der dortigen Parteigänger anzunehmen.

Schütz ging auch nach Zerbst und erfuhr bei seiner Rückkehr zu seiner größten Ueberraschung, daß just an demselben 17. Juni, an welchem er in Dresden sich bei Berthier nach dem Aufenthalt der Lützower erkundigt habe, diese überfallen worden seien. In seiner Entrüstung verlangte Schütz sofort eine Audienz bei Berthier. Endlich erhielt er Gelegenheit, bei diesem seine Beschwerde vorzubringen. Berthier gab ihm zur Antwort, daß man diese Angelegenheit als ein einfaches Mißverständnis betrachten müsse, daß nach allem die Württemberger die Angreifer seien (Les Wurttembergeois étaient les agresseurs) und daß er in dieser Sache an die gemeinschaftlichen Waffenstillstandskommissare geschrieben habe, um die nötigen Erklärungen zu geben.

Auch bei ferneren Anfragen wich Berthier aus und begnügte sich zu antworten, daß er in beregter Sache ausführlich an den General Barclay de Tolly geschrieben habe. — Falsch sei, wenn behauptet werde, Lützow habe schon am 7. Juni vom Waffenstillstand erfahren und habe später dem Generalstabsoffizier, der die Kunde vom Waffenstillstand überbrachte, geantwortet, daß er ihn nicht anerkenne; Lützow habe im Gegenteil am 14. Juni dem Kapitän Montbé, dem Ueberbringer der Kunde, einen Brief an den General v. Gersdorff mitgegeben, der dem Kaiser Napoleon und Berthier vorgelegt wurde.

Gänzlich erfunden sei die Behauptung, Lützow habe die Feindseligkeiten vom 7. bis 18. Juni fortgesetzt. Statt jeder Genugthuung schlägt Berthier vor, die Gefangenen auszuwechseln, die man seit dem 4. Juni gemacht.

An den General Barclay de Tolly schrieb Berthier:

„Dresden, den 19. Juni 1813.

Major v. Lützow wurde am 7. Juni von dem Waffenstillstand benachrichtigt. Die Abschrift wurde ihm von einem Stabsoffizier überbracht. Er erhielt außerdem Kenntnis durch die deutsche Uebersetzung, welche der Herzog von Weimar hatte anfertigen, drucken, anschlagen und im Ueberfluß hatte verteilen lassen. Der Stabsoffizier machte dem Major bemerklich, er müsse am 12. Juni über die Elbe zurück sein; Lützow antwortete: er führe ein Freicorps; er erkenne den Waffenstillstand nicht an. — Vom 7. bis 18. hat Major v. Lützow die Feindseligkeiten fortgesetzt, Kuriere aufgefangen, Kontributionen erhoben u. s. f.

„Der Kaiser, mein Herr, ist am 10. in Dresden angekommen, und da er am 14. in Erfahrung brachte, daß die Feindseligkeiten in seinem Rücken fortgesetzt würden, so hat Seine Majestät angeordnet, auf die Parteigänger Jagd zu machen, da sie doch am 12. Juni schon über der Elbe sein mußten. Andere Parteigängercorps erklärten sich außer stande, den Waffenstillstand anzuerkennen; die einen behaupteten, sie seien von der schwedischen Armee abhängig, die andern wollten in englischem Sold stehen oder erklärten, sie seien Freicorps und Insurrektionsscharen. Es ist dieserwegen ein Tagesbefehl erlassen u. s. f.

„Die leichten Truppen Euer Exzellenz streifen durch das Land bis an die Thore von Liegnitz ꝛc.

Prinz v. Neuchatel
Alexander."

Mit dem von Berthier erwähnten Tagesbefehl schließt die Relation.

Eine eigentümliche Verkettung von mißlichen Umständen ist es, welche neben manchem Rätielhaften im Verhalten des Majors v. Lützow die Beurteilung seiner Lage und der beklagenswerten Katastrophe bei Kitzen erschwert. Wann erhielt Lützow die erste Kunde vom Waffenstillstand? Es ist das nicht der 7. Juni, wie die Franzosen wollen, aber der 9., an welchem der Kommandant von Hof, Major v. Vincenti, die Mitteilung von dem geschlossenen Waffenstillstand machte und sich in Ermanglung eines offiziellen Schriftstücks mit seiner Ehre für die Richtigkeit der Nachricht verbürgte. Es ist möglich, daß hier noch nichts mitgeteilt war über die Forderung vom Rückzug über die Elbe bis zum 12. Juni, als letztem Termin.

Was man nicht wünscht, glaubt man nicht gerne; und Lützow sah sich jetzt mitten in seinem Zug nach Bayreuth unterbrochen. — Am 10. Juni kam Napoleon nach bequemem Marsch vom Kriegsschauplatz in Dresden an; die Post mußte ihm doch vorausgeeilt sein. Am 10. war die Kunde von der Waffenruhe in Paris; am 11. stand sie dort in den Blättern. Und das Bergstädchen Plauen, so nahe am Kriegsschauplatz, mußte doch auch von ihr erreicht sein. Bis zur Mitternacht am 12. Juni war Zeit gegeben; wenn Lützow seine improvisirte, nichtsnutzige Infanterie und seine Bagage im Stiche ließ, so konnte er sich mit seinen Kosaken und den fünf Schwadronen retten; drei tüchtige Reitermärsche brachten ihn in Sicherheit.

Fünf Tage in Plauen warten, bis offiziell erhärtete Nachricht kam, — damit arbeitete er den Ränkespinnern geradezu in die Hände. Einigen Anhalt für Erklärung des längeren, unthätigen Aufenthalts in Plauen gibt ein Bericht des württembergischen Gesandten v. Linden in Dresden vom

25. Juni: Lützow rückte mit seinem Streifcorps am 10. Juni in Plauen ein. Der Kreishauptmann v. Waßdorf machte Vorstellungen, allein umsonst. Lützow behauptete, er könne den Waffenstillstand nicht eher anerkennen, als bis er von einer Militärbehörde amtlich in Kenntnis gesetzt sei. Auf dies hin eilte Waßdorf nach Dresden. Der König von Sachsen sandte mit Vorwissen des Kaisers den Hauptmann des Generalstabs Montbé nach Plauen. Dieser kommt am 14. Juni in Plauen an, trifft Lützow und macht ihn mit dem Waffenstillstand bekannt. Lützow nimmt solchen an und bricht auf. Bald merkt er, daß er von allen Seiten umschlossen ist. Deshalb schickt er einen Parlamentär nach Leipzig. — Die Leipziger sollen sich haben zu Schulden kommen lassen, daß sie dem preußischen Parlamentär Vivat! zuriefen und Gefangene verheimlicht haben. Diese ausgesprochene und bestätigte Begünstigung des Feindes soll der Grund zur Suspension des Rats, der Verfügung des Belagerungszustandes u. s. w. sein. So der Gesandte. — Graf Normann sagt: die Beutepferde bei Kitzen seien im erbärmlichsten Zustand gewesen. Das mögen eben die Pferde gewesen sein, welche am leichtesten zu fangen waren; dergleichen gibt es im Feld bei jedem Regiment; aber auf guten Pferden rettete sich eine stattliche Anzahl der nächtlich Ueberfallenen. Die schlecht Berittenen und die Infanterie mochten sich samt der Bagage von Plauen auf den ganz nahen österreichischen Boden retten; aber dann die übrigen, leicht beschwingt, fort über die Elbe. Ein so treffliches Material mußte erhalten werden.

Aber da lag eben der Fehler: die Schar war schon zu groß geworden, war nicht mehr nur durch einen Wink zu lenken; die Führung war jetzt zu umständlich. Denn das Ganze überstieg schon den Rahmen eines Reiterregiments. Derart große Scharen lassen sich vortrefflich in der Front verwenden. Die Enge aber im Rücken des Feindes, die täglich wechselnden Verhältnisse, der Zwang, jetzt fliehen zu müssen und im nächsten Augenblick wieder anzubeißen, das alles erfordert kleine Trupps, die den Feind nicht zur Ruhe kommen lassen, ihn aufstöbern und ärgern, wo sie können, aber sofort sich auch mit Windeseile seinem Zorn entziehen.

Ueber eine solche leichte Schar war Lützows Corps längst hinausgewachsen. Es war eine ernsthafte Kampfgruppe aus ihr geworden; dadurch verlangsamte sich Entschluß und Leitung.

Was die Ankündigung des Waffenstillstands bei den Lützowern durch einen französischen Stabsoffizier betrifft, so ist ein solcher wohl von Dresden abgeschickt worden, allein er kehrte um, ohne irgend jemand den Waffenstillstand angekündigt zu haben.*) Immerhin ist es denkbar, daß die Franzosen nicht von vornherein das Verderben Lützows beschlossen hatten; als er sich aber selbst ihnen gleichsam in die Hände lieferte, nachdem er sie so lange geärgert hatte

---

*) Jagwitz, Geschichte des Lützowschen Freicorps. Berlin 1892. S. 89.

und unfaßbar geblieben war, da mag der Plan aufgestiegen sein, ihn noch
länger hinzuhalten und die Netze um ihn zu legen. Die Versuchung war in
der That recht groß.

Sechshundert preußische Reiter lassen sich eben nicht überfallen, hat man
wiederholt gesagt. Richtig; als Lützow die Kolonnen gegen Kitzen anrücken
sah, da konnte er am Ende noch entkommen, immer vorausgesetzt, daß er
Bagage und Infanterie im Stiche lassen wollte. Aber Lützow war durch seine
Verhandlungen mit Kechler, wie wir gesehen haben, noch vertrauensvoller
geworden und Kechlers reitender Bote traf ihn nicht mehr an. Von den
Franzosen versehe er sich nichts Gutes, gegen diese hege er das tiefste Mißtrauen, so sprach sich ja Lützow dem Oberstlieutenant v. Kechler gegenüber aus.
Er vermutete wohl, es nur mit württembergischen Führern zu thun zu haben.
Dahinter aber stand in Wirklichkeit Fournier mit seiner geheimen Instruktion
in der Tasche, die er unter dem Siegel der Verschwiegenheit, wie Normann
uns erzählt hat, stückweise dem württembergischen Führer anvertraute.

„Les Württembergeois étaient les agresseurs“ — das waren die
Worte, welche Berthier dem irregeführten Major v. Schütz entgegenhielt, als
dieser, von Zerbst zurückkehrend, das Verderben der Lützower erfuhr und sich
mit seinen Beschwerden an die französische Behörde wandte. Wir werden unten
erfahren, in welcher Weise König Friedrich sich mit Berthier wegen dieser Worte,
die alle Schuld den Württembergern aufbürdeten, auseinandersetzte.

Noch bleiben ein paar andere Punkte zu erörtern übrig. Der Zusammenstoß bei Kitzen fand statt, als es schon ziemlich Nacht geworden war. Wer
hat den ersten Schuß gethan? Normann und Fournier wälzen das auf die
Lützower. Die Relation spricht sich darüber nicht aus. Wahrscheinlich ist es
nicht, daß die Lützower, von ihrem Führer hart bedroht, die Feindseligkeiten
eröffnet und damit ihre Lage verschlechtert haben. — Wenn Reitersmänner
einen ganzen langen Sommertag hindurch im Marsche, im Suchen, im Neben-
herjagen warm geworden sind, da mögen, so unschön es klingt, auch unparla-
mentarische Reden gefallen sein, wie das Sitte war schon bei den homerischen
Helden vor Troja, da man den Feind ein paar Schritte vor sich hatte.

So hat es an Anschuldigungen herüber und hinüber niemals gefehlt;
manches Unaufgeklärte hat das Dunkel begünstigt und eine pietätvolle Legende
hat noch weiter ausgemalt, wie die Besten der deutschen Nation gejagt und
gehetzt wurden von deutschen Söldnern im fremden Dienste und mit dem Bruch
heiliger Versprechen. Und leider, ganz unrecht hat die Legende nicht.

König Friedrich von Württemberg war gewohnt, jeden Vorfall
bei seinen Truppen scharfem Urteil und genauester Beleuchtung zu unterziehen.
Jede Unterlassung, jede unzeitige Nachgiebigkeit fand ihre schonungslose Rüge;

jede Verfehlung gegen taktische Regeln wurde rektifizirt; die Verpflegung, die
persönlichen Verhältnisse sahen sich genauester Kontrolle unterzogen; der Diensteifer wurde angespornt, die Hinneigung zu französischen Sympathien getadelt.
— Der Vorfall bei Kitzen, was voranging und nachfolgte, gab dem forschenden
Auge des Königs reichliche Ausbeute.

Es bedurfte nicht der Aufforderung, welche „einige Ehrenmänner teutscher
Nation" — Poststempel 28. Juli 1813 — nach Stuttgart an den König
gelangen ließen mit einem Bericht über „Die Meineidigkeit des Ueberfalls durch
die zwei Regimenter Reiterei." Ein Parlamentär sei nach Leipzig geschickt,
dort festgehalten worden und einstweilen habe man die 500 Lützower von allen
Seiten angefallen. — Es bedurfte dieses Anstoßes durchaus nicht, um den
König scharf zu machen. Er hatte schon früher angefangen, sich mit der Sache
zu beschäftigen. Außer dem Ereignis bei Kitzen war es noch ein Vorfall bei
der mobilen Kolonne des Majors Fribolin, der seine Aufmerksamkeit in Anspruch nahm.

Wir haben oben gehört, wie auf direkten Befehl des Kaisers am 15. Juni
von Leipzig vier mobile Kolonnen Württemberger abgingen. Was die Kolonne
Kechlers erlebte, ist erzählt worden; von den übrigen interessirt nur einigermaßen die Kolonne des Majors Fribolin, der den Befehl hatte, nach Halber-
stadt, Blankenburg, Osterode, Gottingen und anderen Plätzen zu gehen, um
Fahndungen vorzunehmen. — Von Osterode kam Fribolin mit seinem Detachement
nach Northeim und sandte seinen Adjutanten, den Lieutenant v. Lippe, an den
westfälischen Kommandanten voraus wegen Quartierbestellung. Der Kommandant
habe Ausweis verlangt: sie könnten ja auch Partisans sein oder verkleidete
Bürger. Fribolin, der kein Französisch spricht, sei indessen angekommen und
mit dem Rittmeister Graf Leutrum zum Kommandanten gegangen, wo Leutrum
eine außerordentlich heftige Scene mit dem letzteren hatte. Darauf habe Fribolin
Ruhe gestiftet und die Sache dem General Thümmel, dem Vorgesetzten des
Stadtkommandanten, gemeldet. Dieser General habe gesagt, er kenne von dieser
Seite den Kommandanten und werde ihn zur Verantwortung ziehen.

So unerheblich die ganze Sache erscheinen muß, so schwoll sie doch riesig
an bei der unerhörten Wichtigthuerei der Rheinbundstaaten unter einander.
Der Kriegsminister, Graf Höhne, geberdete sich, als müsse er das westfälische
Reich, dies Eintagsgebilde, gegen gewaltsame Eingriffe in Schutz nehmen.
Er fügt noch hinzu: Graf Leutrum habe ungebührlich über die Franzosen
rasonnirt, und alles dies habe sich zugetragen auf dem Gebiete vom Bruder
des Kaisers! —

Um sich einen Einblick und ein Urteil zu verschaffen ganz besonders in
der Angelegenheit mit dem Freicorps Lützow, verhandelte König Friedrich
zunächst mit seinem Militärbevollmächtigten im Hauptquartier Napoleons.
Es war für diesen Posten, wie im russischen Feldzug, Graf v. Beroldingen

bestimmt, jetzt zum Generalmajor befördert. Am 10. Juni war er in Dresden angekommen; schon auf der Reise, in Gotha am 8. Juni, hatte er den Waffenstillstand erfahren. „Ich begab mich sogleich in das von dem Kaiser bewohnte Landhaus des Grafen Marcolini, um meine Depeschen abzugeben und mich beim Hauptquartier anzumelden."*)

Vom 22. Juni berichtet Beroldingen weiter: „Diesen Morgen sagte mir der Fürst von Neuchatel, von Leipzig aus habe ihm der Herzog von Padua gemeldet, daß er alle Ursache habe, mit den Diensten zufrieden zu sein, welche die beiden württembergischen Brigaden gegen die feindlichen Streifcorps geleistet haben. Die Details davon sind hier noch nicht bekannt; Eure Majestät werden aber wohl schon direkte Meldung haben. Der major général fügte bei, der Kaiser werde die königlichen Truppen noch einige Zeit in jener Gegend behalten."

Vom 24. Juni: „Auf der gestrigen Parade schien der Kaiser sehr ungehalten darüber, daß der preußische Parteigänger Lützow denen gegen ihn ausgesandten mobilen Kolonnen wieder entkommen war. Er schob die Schuld besonders auf den Adjutantkommandant Carignan, ohne der königlichen Truppen zu erwähnen. — Gestern traf abermals ein preußischer Major als Parlamentär hier ein, dessen Sendung dem Anscheine nach die Beilegung der durch das Benehmen des Majors v. Lützow veranlaßten Streitigkeiten zum Zweck hat. Uebrigens kam es auch schon längs der Demarkationslinie wegen Besetzung einzelner Dörfer zu Streitigkeiten, bei welcher Gelegenheit die Franzosen die feindlichen Detachements ohne weiteres zu Gefangenen machten, wenn sie Ortschaften besetzt hatten, welche ihnen nach dem Vertrag nicht zukamen." Feindliche Partisans, wahrscheinlich Versprengte vom Lützowschen Corps, erscheinen sogar in der Nähe von Dresden; das Regiment polnischer Lanciers von der Garde sei mit der Säuberung der Gegend beauftragt. — Minister Nostitz sei vorgestern in aller Eile nach Leipzig abgereist; „so viel ist gewiß, daß sich diese Stadt die Ungnade des Kaisers durch das unkluge Betragen mehrerer ihrer Bürger zugezogen hat; sie sollen preußische Gefangene mit auffallender Freude empfangen und mehrere davon verheimlicht haben; auch sollen wieder viele englische Waren vorgefunden worden sein."

Vom 4. Juli: „Aus der mir allergnädigst zugeschickten Stuttgarter Zeitung erfuhr ich zuerst die Details über den Anteil, welchen die königlichen Truppen an der Gefangennehmung des Lützowschen Corps genommen haben. Im hiesigen Hauptquartier wird dieser Affaire so wenig als möglich erwähnt, da das Resultat, das Entkommen des Majors v. Lützow, den Absichten des Kaisers so wenig entsprach. — Der Adjutantkommandant, welcher durch Freilassung des preußischen Majors v. Lützow sich die Ungnade des Kaisers zugezogen hat, wurde am 1. Juli seiner Stelle entsetzt."

---

*) Das Nachfolgende aus der Privatregistratur des Königs Friedrich, von der ein Teil zu den Akten des königlichen Kriegsministeriums gekommen ist.

Indessen hatte König Friedrich sich näher über die Vorfälle in Leipzig und Kitzen unterrichtet und schrieb am 12. Juli an Beroldingen nach Dresden: „Die Generale v. Toering und Graf Normann melden unter dem 6. dieses, daß der Zerstreuung der Lützow'schen und Colomb'schen Streifpartien unerachtet die beiden Brigaden immer noch als colonnes mobiles im Dessauischen, Sächsischen und sogar Westfälischen gebraucht, oder vielmehr mißbraucht werden. Der Duc de Padua nimmt sich heraus, über dieselben ganz nach Belieben zu disponiren, hat die Brigadiers, sowie die Kommandanten der Regimenter zu den Depots geschickt, die Kommandanten der Kolonnen selbst ernannt. Diese Kolonnen müssen einzelnen Marodeurs, da keine Streifcorps mehr vorhanden, nachlaufen und eigentlich den Dienst der Gendarmerie verrichten, bei dieser Gelegenheit in Dörfern und Städten Haussuchungen anstellen, um Pulver, Gewehre und dergleichen aufzufinden, wobei, wie natürlich, bei neu aufgestellten, unter lauter jungen unerfahrenen Offizieren stehenden, Truppen Exzesse entstehen und alle Disziplin und Ordnung aufhören muß."

„Seine königliche Majestät befehlen dem General Graf Beroldingen über diese ganzen unerhörten Anmaßungen des Duc de Padua bei dem major général die ernsthafteste Beschwerdenote zu führen und schleunige Abhilfe im Namen Seiner Majestät zu verlangen mit dem Bemerken, daß eine solche Einmischung in die Interna des Corps und Hintansetzung der Generale und Kommandeure bei fremden Truppen beispiellos sei, auch selbst vom Kaiser immediate nie geschehe und unmöglich approbirt werden könne; daß Seine königliche Majestät billig erwarteten, daß beide Brigaden wieder zusammengezogen, ihren Kommandanten untergeordnet und je eher je lieber mit der Division des Grafen Franquemont vereinigt werden."

„Der General Graf Beroldingen wird hierbei eine sehr bestimmte und ernsthafte Sprache führen und eine starke Zurechtweisung des Herzogs von Padua verlangen. Uebrigens haben Seine Majestät den beiden Generalen Toering und Normann Ihr sehr großes Mißvergnügen mit ihrem schwachen Benehmen an den Tag gelegt, daß sie sich auf eine solche Weise haben mißbrauchen lassen und nicht wenigstens bei der großen Nähe von Dresden an den General Graf Beroldingen um Abhilfe gewandt haben, welches eine Sache von zweimal 24 Stunden im höchsten Fall gewesen wäre. Ueber die Art und Weise, wie dieser Allerhöchste Auftrag vollstreckt worden, erwarten Seine königliche Majestät Bericht."

Vom 16. Juli konnte Beroldingen melden, daß Berthier die Vereinigung der beiden Brigaden zugesagt habe. „Ich verfehlte nicht, den Fürsten von Neuchatel auf das Benehmen des Herzogs von Padua aufmerksam zu machen, worauf ich von demselben zur Antwort erhielt, daß der Kaiser diese Truppen zwar unter die Befehle des Herzogs von Padua gestellt habe, aber nicht, um selbe zu mißbrauchen; er wolle diese Sache daher genau untersuchen lassen und verspreche mir, daß wenigstens für die Zukunft keine derlei Mißbräuche mehr vorfallen werden."

Die Aufmerksamkeit des Königs Friedrich wurde indes durch die vielfachen Besprechungen immer wieder auf die Angelegenheit Lützow zurückgerufen. Am 19. Juli schrieb er deshalb an den Grafen Beroldingen: „Seine königliche Majestät finden sich veranlaßt, einen neuen Auftrag in der Lützowschen Sache zu geben. In mehreren öffentlichen Blättern ist sowohl des königlichen Armeecorps im allgemeinen als einzelner Offiziere im besonderen bei Gelegenheit der Zerstreuung und Gefangennehmung des preußischen Lützowschen Streifcorps auf eine beleidigende und nachteilige Weise erwähnt worden. Allerhöchst dieselben würden dieses mit einem verächtlichen Stillschweigen beantwortet haben, wenn sich der General Graf Franquemont zur Rettung der Ehre einzelner Offiziere nicht veranlaßt gesehen hätte, sich hierüber an Seine Majestät zu wenden und um Remedur zu bitten.

„Graf Beroldingen wird daher die beiliegende in französischer Sprache abgefaßte Darstellung dem major général mittelst einer Note zugehen lassen und in derselben sich sowohl wegen des von dem Fürsten von Neuchatel gebrauchten Ausdrucks: ‚Les Wurttembergeois étaient les agresseurs‘, als auch über die offenbar dem General Fournier zur Last fallenden Unregelmäßigkeiten, wodurch die württembergischen Generale und Kommandanten kompromittirt werden, — über ersteres um Erläuterung, über das zweite um Satisfaktion anhalten.

„Es ist überhaupt immer noch unerklärbar, wodurch sowohl der Herzog von Padua als der General Fournier berechtigt worden, die beiden königlichen Brigaden zu kommandiren und nach Belieben zu verwenden, da nirgends bemerkt worden, daß hierbei ein Befehl des major général zu Grunde liege. — Seine königliche Majestät befehlen dem Grafen Beroldingen bei dieser Sache, wo in öffentlichen Blättern die Ehre des Armeecorps kompromittirt wird, mit allem Ernst und ohne Schonung vorzugehen."

Als Beilage schickte der König einen in französischer Sprache zusammengestellten Auszug aus verschiedenen Zeitungen über den Vorfall bei Kitzen; zum größeren Teil enthalten sie die Ausführungen der Relation officielle, wobei auch die Antwort Berthiers an den Major v. Schütz erwähnt ist: „Les Wurttembergeois étaient les agresseurs"; und „qu'il n'y avait en que des Wurttembergeois". Auch ist der Meldung Kechlers gedacht und weiter gesagt: Der Vorwurf, das Ehrenwort gebrochen zu haben, falle in den Augen der württembergischen Offiziere bei weitem schwerer ins Gewicht als der andere Tadel wegen des Beginns der Feindseligkeiten.

Schon am 6. Juli fühlte sich Graf Franquemont verpflichtet, Aufklärungen über den Vorfall bei Kitzen zu schaffen; er meldet von diesem Tage aus seiner Krankenstube in Bautzen, wo er verwundet lag, an den König:

„Die Berliner Spenersche Zeitung Nr. 77 vom 29. Juni 1813 erwähnt bei Gelegenheit der Aufreibung des preußischen Lützowschen Freicorps eines königlich württembergischen Stabsoffiziers, der dem Major v. Lützow sein Ehrenwort gegeben haben soll, daß an keinen Angriff zu denken sei, der aber dennoch kurz darauf erfolgte. Da in diesem Artikel die Aufreibung des erwähnten Freicorps zum Teil dem Umstande zugeschrieben wird, daß der Major v. Lützow sich auf das Ehrenwort dieses württembergischen Stabsoffiziers verlassen habe, so ist dieser dadurch kompromittiert. Nicht lange, nachdem ich diesen Artikel gelesen hatte, kam der vom Regiment Nr. 4 zum Regiment Nr. 7 als Kommandeur versetzte Oberstlieutenant v. Kechler auf der Reise nach seiner neuen Bestimmung in Bautzen an und meldete sich bei mir. Ich sprach über gedachten Zeitungsartikel mit ihm; er sagte mir: er werde wohl damit gemeint sein, und erzählte mir sein Verhalten gegen den Major v. Lützow.

„Ob nun gleich der Zeitungsartikel kein offizieller Artikel, sondern nur ein Bericht von Augenzeugen ist, so gab ich dem Oberstlieutenant v. Kechler dennoch auf, eine Geschichtserzählung über sein Verhalten aufzusetzen, und lege diese hiemit bei.“

Auf diese Weise ist der wertvolle Bericht Kechlers entstanden über sein Zusammentreffen und seine Unterredung mit Lützow am 17. Juni; wir haben ja oben seinen Inhalt erfahren (S. 259 ff.). Bis dahin hatte Kechler wohl nur eine kurze Meldung an seine Vorgesetzten eingereicht, welche auch genügte, da er ja am 17. Juni mündlich bei seinem raschen Ritt nach Lützen den beiden Generalen Fournier und Graf Normann die nötigen Aufklärungen gegeben hatte.

Auch der Oberauditor Gmelin war längere Zeit mit der Angelegenheit Lützow beschäftigt, sammelte Zeitungsberichte und mündliche Aussagen. „Wenn ich gleich voraussehe, schreibt er vom 21. August, daß ich auch mit diesen Hilfsmitteln außer stande sein werde, ein völlig erschöpfendes Resultat der Untersuchung vorlegen zu können, weil mir eine offizielle Erklärung der französischen Behörde abgeht, so halte ich mich dennoch für verpflichtet, wenigstens allem aufzubieten, was nach den Umständen zu gründlicher Aufklärung der Sache dienen kann.“

Vom 10. August berichtet Graf Beroldingen aus Dresden: „Er habe die scharfe Note wörtlich abgeschrieben und an Berthier eingereicht, um endlich nach des Königs Weisungen Aufklärung in der Lützowschen Angelegenheit zu erhalten. Bis jetzt sei alles still; doch könne er aus seinem Empfang abnehmen, wie unangenehm den major général jedes Begehren berühre, das den Herzog von Padua angehe. Er werde sich aber nicht abschrecken lassen.“ — General Arrighi, der Herzog von Padua, war ja, wie wir schon erfahren haben, ein Verwandter der Familie Bonaparte von Korsika her.

Vom 12. August berichtet Beroldingen weiter: „Die mir von Euer Majestät zugesandte Note an den major général habe ich selbst überreicht und von ihm zur Antwort erhalten: Ihre Note wird dem Kaiser unterbreitet werden, und ich werde Ihnen seine Antwort übermitteln; denn ich selbst habe lediglich nur die Befehle Seiner Majestät auszuführen.

„Als ich ferner in den major général drang, meine früheren Noten endlich zu beantworten, sagte er: ‚Monsieur, je vous déclare que je n'ai jamais parlé des troupes wurttembergeoises à un faquin de parlementaire prussien, que j'ai d'ailleurs fort maltraité: je vous prie de l'écrire à Sa Maj. votre Roi. Melden Sie ihm dabei, wie ich hoffe, daß er mich für unfähig hält, ein derartiges Wort über seine Truppen zu gebrauchen, deren Verdienst ich sehr wohl zu schätzen weiß. Ich habe Ihnen schon versprochen, das Verhalten des Generals Fournier untersuchen zu lassen, wie auch dasjenige des Herzogs von Padua. Aber ich bin verpflichtet, Ihnen zu bemerken, daß die mobilen Kolonnen auf direkten Befehl Seiner Majestät des Kaisers gebildet worden sind und er selbst hat verordnet, daß jede aus einem Bataillon und einer Schwadron bestehen soll.‘

„Dieser Antwort ungeachtet ermangelte ich nicht, auf meinem früheren Begehren zu bestehen und über die Art, wie dieser kaiserliche Befehl ausgeführt wurde, Klage zu führen. Ueberhaupt wage ich es, Eurer königlichen Majestät zu versichern, daß ich keine Gelegenheit versäumt zu haben glaube, Eurer Majestät Vorschriften gemäß zu handeln, wobei ich nicht unbemerkt lassen darf, daß ich mir dadurch manche unangenehme Auftritte mit denen Offizieren des Generalstabes zugezogen habe, welche sich unterfingen, sich unanständige und vorlaute Bemerkungen zu erlauben, als da sind: es sei doch sonderbar, daß immer durch mich Beschwerden eingereicht würden, da doch von anderen Höfen nie eine Klage oder ähnliches käme. Es ist mir bis jetzt gelungen, diese Herren durch eine ernsthafte und nachdrückliche Sprache zur Ordnung zu verweisen und ich glaube nicht, daß sie sich dergleichen mehr erlauben werden. Ich habe mich deshalb in allen Geschäften direkt an den major général gewendet, der stets mit Verehrung von Eurer königlichen Majestät spricht und, wie er mir wiederholt versichert hat, nichts angelegentlicher wünscht, als Eurer königlichen Majestät gefällig zu sein, wenn es in seinen Kräften steht.“

Wenn König Friedrich sich schon seinem Militärbevollmächtigten gegenüber sehr deutlich ausgesprochen hatte, so that er dies in noch weit schärferer Weise gegen seine Brigadegenerale. Vom 12. Juli schreibt der König aus Stuttgart an die Generale Toering und Graf Normann: „Mit äußerstem Mißfallen hat Seine königliche Majestät wahrgenommen und in Erfahrung gebracht, daß die Truppen, trotz der Zurückwerfung der Lützowschen und Colombschen Streifscharen, auf eine unverantwortliche Weise vereinzelt und gleich Gendarmen zum Streifen, ja sogar zu Haussuchungen verwendet worden, welches, wie jedem einleuchtet, ebenso erniedrigend für den königlichen Dienst ist, als nachteilig auf die Diszziplin dieser Truppe einwirken muß.

„Ebenso können Seine Majestät ihren gerechten Unwillen über die bis zur Schwäche ausartende Nachgiebigkeit der Brigadiers gegen die Befehle und unbefugten Einmischungen des französischen Generals Herzogs von Padua in den inneren Dienst nicht unterdrücken, welcher, unrücksichtlich der Charge und der Anciennetät, nach Willkür die königlichen Offiziere zu dergleichen Kommandos namentlich beordert, welches niemals und unter keinen Umständen gestattet werden darf.

„Generalmajor v. Doering erhält diesfalls einen sehr derben Verweis mit dem Bemerken, daß seinerzeit das weitere folgen wird; ebenso Generalmajor Graf v. Normann, von welchem Seine Majestät diese Nachgiebigkeit gegen derlei Forderungen keineswegs erwartet hätten, da Seine Majestät nicht gemeint sind, derlei Eigenmächtigkeiten von französischen Generalen auf der einen Seite und von unverantwortlicher Nachgiebigkeit königlicher Brigadiers auf der andern Seite für die Zukunft zu dulden, und sind die Brigadiers vermöge ihrer Pflichten gegen den königlichen Dienst verbunden, solche Befehle, ehe sie befolgt werden, in reifliche Ueberlegung zu ziehen."

General Graf Normann insbesondere hatte sich seit dem Kitzener Tage die ausgesprochenste Ungnade seines Kriegsherrn zugezogen. Durch die vielfachen Einzelkommandos mußten die jungen, noch im Rekrutenalter steckenden Reiter auseinander kommen; die Disziplin litt not; es wurden Klagen laut, welche zu den Ohren des Königs drangen. Normann selbst, vom besten Willen beseelt, Abhilfe zu schaffen, sah sich meist außer stande, dies zu thun, da seine Regimenter aufs neue zerteilt und vielfach zerrissen wurden, seit er dem VI. Corps des Marschalls Marmont einverleibt worden war und die Umgebungen von Leipzig mit dem Kriegsschauplatz im östlichen Sachsen und in Schlesien vertauscht hatte. Vom 18. August ließ König Friedrich nachstehende Ordre an Normann ergehen:

„Seine königliche Majestät haben mit der größten Indignation vernommen, daß dessen Kavalleriebrigade sich aller Orten, wo selbige stationirt gewesen oder nur durchmarschirt ist, Erpressungen, Gewaltthätigkeiten, Plackereien und alle Arten von Zügellosigkeiten erlaubt hat, daß alle militärische Ordnung und Disziplin aufgehört und dieses keine reguläre Truppe, sondern eine Freibeuterbande geworden. Seine Majestät können diese Zerrüttung nichts anderem als der Schwäche und Nachlässigkeit des Generalmajors zuschreiben, welcher, anstatt diese schändliche Wirtschaft zu reprimiren, sie vielmehr durch unerhörte Nachsicht bestärkt. Seine Majestät aber sind jetzt entschlossen, nicht zu leiden, daß Regimenter, welche die Ehre haben, Ihren Namen zu tragen, die wohlverdiente Reputation der königlich württembergischen Truppen schänden, und werden bei der ersten einkommenden Klage den Generalmajor als Arrestant in das Königreich bringen und über ihn alsdann nach aller Schärfe verfügen lassen, die Banditenhorden aber kassiren und unter andere Regimenter stecken, nachdem die einzelnen

Offiziere nach Verdienst behandelt sein werden. — Den Empfang und die Publikation dieser Ordre wird der Generalmajor Seiner Majestät anzeigen und diese Meldung dem Grafen Beroldingen zur Besorgung einschicken."

Alle Klagen über seine Organe, über seine Truppen, seine Beamten u. s. f. fühlte König Friedrich, der alles in seinem Staate wie seine eigene persönliche Schöpfung ansah, als Anklagen gegen seine eigene Person, als persönliche Demütigung. Daher sein Unmut, seine leidenschaftlichen Auslassungen, wenn Klagen sich wiederholten. Bei allen solchen Rügen schoß er weit über das Ziel hinaus. Wie er im Feldzug 1812 die pflichteifrigen Verpflegungsbeamten, die eben nur ohnmächtig den Verhältnissen gegenüberstanden, mit Anschuldigungen überhäufte, so bedrohte er jetzt, ohne seine Worte abzuwägen, einen überaus tüchtigen Offizier, dem es im Bewegungskriege nach der Zerteilung seiner Regimenter außerordentlich erschwert war, eine Einwirkung auf seine Mannschaften und ihren Geist auszuüben.

Eine ganz besonders beanlagte Soldatennatur war ohne Zweifel der General Graf Normann. Aber in unseliger Weise hat der Tag von Kitzen sein ganzes künftiges Leben beeinflußt; die Geister der Lützower, kann man fast sagen, haben den jungen Mann immer und immer umgetrieben. Es erscheint das erklärlich, wenn man sich vorstellt, wie es Normann immer deutlicher wurde, daß die Franzosen in höchst unsauberer Weise gehandelt, daß sie ihn als Werkzeug benützt haben, daß ihm unter den verschiedenartigen Elementen des Lützowschen Corps doch einzelne von den Besten und Begeistertsten der Nation gegenüberstanden, daß es gerade bei diesem überlegten Streich Napoleons Absicht gewesen, die Kluft zwischen den deutschen Stämmen noch weiter und unüberbrückbarer zu machen.

Normann fühlte, daß er etwas gut zu machen habe: er trat am 18. Oktober auf dem Schlachtfeld von Leipzig mit seiner Brigade zu den Verbündeten über; dem Urteil seines Königs entzog er sich und starb als Philhellene, kaum 40 Jahre alt, 1822 an seiner Wunde in Missolunghi.

Es hat das alles der Generalstabsoffizier Franquemonts, Major von Bangold, zusammengefaßt in einer außerordentlich beachtenswerten Ausführung. Bangold war General geworden und blickte ruhig aus der Friedenszeit in den zwanziger Jahren zurück auf die Feldzüge, in denen durch seine Hände die Personalpapiere und die Gerichtsakten einer Menge von Offizieren zu gehen pflegten.

Wir wissen nicht, mir gelang es wenigstens nicht, herauszufinden, welches das Resultat der Untersuchung des Oberauditeurs Gmelin war in der Lützowschen Angelegenheit. In den Ausführungen Bangolds aber ist das Urteil des Königs über das Verhalten des Grafen Normann am Tage von Kitzen enthalten. Und dies Urteil trifft den Nagel auf den Kopf.

Den ganzen Sommer und Herbst über war Graf Normann mit seiner

Brigade von den übrigen Württembergern, die unter Franquemont standen, getrennt beim VI. Corps des Marschalls Marmont. Erst vor Leipzig, als hier alle französischen Corps sich zusammengedrängt fanden, kam auch Normann wieder in Berührung mit Franquemont, mit dessen Stab, mit den übrigen Württembergern. Es geschah dies am 16. Oktober. Zwei Tage darauf, am 18., führte Normann seine Scharen hinüber ins Lager der Verbündeten.

Der Zusammenhang dieser Ereignisse ist es, der Bangold Veranlassung zu seinem psychologischen Gemälde gibt.

General v. Bangold kommt in einem Artikel,[*] betitelt: „Tage der Schlacht von Leipzig", auf den Uebertritt der Brigade Normann in die Reihen der Verbündeten zu sprechen und sagt dabei:

„Die nachstehenden Bemerkungen werden die subjektiven Beweggründe dieser Handlung, über welche nach militärischen Grundsätzen das Verdammungsurteil gesprochen werden muß und die auch von dem Kriegsherrn streng geahndet wurde, näher erklären." — „Der Generalmajor Graf Normann besaß die Eigenschaften eines guten, praktischen Militärs. Er war thätig, mutig, entschlossen; er hatte ein richtiges Urteil über die Benützung des Geländes und über die Verwendung der verschiedenen Waffen. Er behielt die Geistesgegenwart in der Gefahr und wußte seinen Truppen Zuversicht einzuflößen. Sein Aeußeres war vorteilhaft; er stand in dem Alter der körperlichen und moralischen Kraft (er zählte eben 30 Jahre). Er sprach die französische Sprache mit hinlänglicher Geläufigkeit.

„Diese Eigenschaften empfahlen ihn bei seinen französischen Corpskommandanten, wie überhaupt bei den Franzosen; er erfreute sich eines sehr guten militärischen Rufes in der französischen Armee. Außer seiner Brigade waren gewöhnlich noch französische Truppen seinem Befehle anvertraut, und er stand nach der Beendigung des Waffenstillstands unmittelbar unter den Befehlen des Marschalls Marmont. Diese Auszeichnung schmeichelte seinem Ehrgeize. Sei es nun, daß er dadurch in der That zu einer großen Vorliebe für die Franzosen verleitet wurde, oder daß er derselben unverschuldeterweise geziehen wurde: den Verdacht der erwähnten Parteilichkeit hat er sich wirklich zugezogen, und ein großer Teil des Offiziercorps seiner Brigade äußerte sich mit Unzufriedenheit darüber, daß von ihm die württembergischen Truppen den französischen nachgesetzt würden.

„Die Klagen hierüber kamen auch zur Kenntnis des Kriegsherrn, der dem Generallieutenant Grafen Franquemont auftrug, das Mißfallen Seiner Majestät darüber dem General Grafen Normann auszudrücken und ihn zu erinnern,

---

[*] Die hinterlassenen Papiere des Generals v. Bangold sind 1859 aus Privatbesitz zunächst ins Archiv des württembergischen Generalstabs, später des Kriegsministeriums gekommen.

daß die Pflichten, die er als württembergischer General habe, ihm die ersten und heiligsten sein müßten.

„Am 16. Oktober abends kam Graf Normann zu dem General Graf Franquemont an das Gerberthor in Leipzig, bei welcher Gelegenheit dieser ihm den erwähnten königlichen Befehl mitteilte, auch ihm überdies die Eröffnung machte, daß im Falle eines allgemeinen Rückzugs der Absicht des Königs zufolge die württembergischen Truppen der französischen Armee nur bis an den Rhein folgen, diesen Fluß aber nicht überschreiten dürfen, sondern in das Königreich zurückkehren müssen. Diese Mitteilungen brachten den General Grafen Normann in eine sichtliche Verlegenheit und Verwirrung, welche noch durch die Erinnerung an einen früheren Verweis des Königs, den er wegen dem Vorfall mit dem Lützowschen Freicorps erhalten hatte, vermehrt worden sein mögen.

„In dieser Angelegenheit hatte er sich zwar durch die nachgewiesenen Befehle des französischen Divisionsgenerals Fournier D'Albe, welcher die Unternehmung unmittelbar selbst leitete, sowie durch die Darlegung des umständlichen Verlaufs der Begebenheit, in militärischer Beziehung gerechtfertigt; allein er konnte sich in den Augen seines Königs nicht von dem Vorwurfe reinigen, daß er wenigstens mehr Umsicht und Schonung in sein Benehmen hätte legen können.

„Wie dem auch sein möge, der Graf Normann fühlte, daß er etwas gut zu machen habe, und in dem Drange der Umstände griff er besinnungslos nach einem verzweifelten Mittel." —

So schmerzlich fühlbar wie am Tage von Kitzen ist wohl nicht noch einmal die fremde Knechtschaft geworden, die Notwendigkeit zu gehorsamen. Rein militärisch betrachtet hat sich mit dieser unumgänglichen Notwendigkeit Normann in den Augen des Königs gerechtfertigt. Aber nach der Ansicht des Königs verriet es nicht „Umsicht und Schonung", auch nur einen kleinen Schritt weiter zu gehen, als die äußerste Notwendigkeit gebot; es war nicht notwendig, den geheimen Wünschen der Franzosen entgegenzukommen. — Was der König sagen will mit den Worten seines Verweises an Normann, den wir aus dem Bericht Bangolds herauslesen können, ist wohl das: es war keineswegs notwendig auch für den Fall, daß der erste Schuß von den Lützowern abgegeben worden sein sollte, sofort scharf einzuhauen. Es genügte, wenn dem notwendigen Gehorsam gegen die Befehle des anordnenden Franzosen so weit nachgekommen wurde, daß die württembergischen Reiter durch alle Gangarten den Lützowern an der Seite blieben, um sie, wenn möglich, dahin zu bringen, wo man sie haben wollte, zur Waffenstreckung. Ein anderes Schreiben aus dem Kabinet des Königs Friedrich enthält die Stelle: „Das Benehmen des v. Normann gegen preußische Truppen und Lützow, welches zum wenigsten undelikat ist, hat ihm die Gnade des französischen Gouvernements zugewendet." — Und diese Gunst war es,

welche nach dem Verweise des Königs den Konflikt in dem Gemüte des braven
Offiziers hervorrief.

———

Noch ist es notwendig, eine Anzahl von Punkten besonders ins Auge zu
fassen. Dahin gehört einmal die späte Absendung eines Boten von seiten des
verbündeten Hauptquartiers, um die Kunde des Waffenstillstands an Lützow
zu überbringen. Am 17. Juni, haben wir gesehen, kam der Major v. Schütz
in Dresden an mit der für die Lützower bestimmten Nachricht; es war ein Fehler,
daß er sich so spät auf den Weg zu machen hatte; ein Fehler auch, daß er
sich von den französischen Behörden nach Zerbst ablenken ließ. Wer in oder
bei Zerbst sich befand von Parteigängern, der war im stande, sich mit einem
einzigen Sprung auf den preußischen Boden zu retten. Aber für den, der etwa
bei Plauen sich aufhielt, für den wurde die Lage doch höchst bedenklich und der
Major v. Schütz vermutete, daß Lützow bei Plauen stehe, und doch ging er
in die Falle, weil ihm die französischen Behörden sagten, es gelinge wohl,
während er in Zerbst sei, den Aufenthalt Lützows noch näher festzustellen.

Am 4. war der Waffenstillstand geschlossen mit den Bestimmungen, daß
Boten zu senden seien an die entfernten Trupps zur Benachrichtigung, daß sie
am 12. auf dem rechten Ufer der Elbe, auf preußischem Gebiet sein müssen.
So mußten doch wohl derartige Boten am 5. Juni aus dem Hauptquartier
der Verbündeten abgehen, und weil man nicht recht wußte, wo augenblicklich
Lützow und Colomb sich befanden, so mußten es mehrere Boten sein, die zu
suchen und aufzufinden wußten. Hatte man in der That keinerlei Nachrichten
über die Streifcorps, dann mußte in die Waffenstillstandspunktationen eine
besondere Bestimmung wegen der weit entfernten Corps aufgenommen werden;
dann war es ein Fehler, den Termin, an welchem alle diese Corps jenseits
der Elbe sein mußten, so nahe, auf den 12. Juni, zu setzen.

Aus seinem Hauptquartier Strehlen in Schlesien reicht Blücher am 15. Juni
seinem König einen Bericht Lützows ein, der bis zum 8. Juni geht, und zwar
thut das Blücher mit ungemein schmeichelhaften Ausdrücken über die bisherige
nützliche Thätigkeit, welche zur rechten Geltung hätte kommen können, wenn
der Waffenstillstand nicht eingetreten wäre. „Den General Barclay de Tolly,"
fährt Blücher fort, „habe ich unter dem heutigen Dato (15. Juni) zugleich
darauf aufmerksam gemacht, daß die Lage dieser Streifcorps bei ihrer vielleicht
noch fortdauernden Unwissenheit von dem geschlossenen Waffenstillstande sehr
mißlich werden könne. Im Falle es nicht schon früher geschehen," sagt Blücher
weiter, „wäre es jetzt notwendig, sofort Offiziere von dem im Gebirge stehenden
linken Flügel abzusenden, um die exponirten Corps aufzusuchen und zu begleiten bis innerhalb der preußisch-russischen Demarkationslinie." [*]

———

[*] Jagwitz 2c. 2c. 101 f.

Alle diese Unterlassungsjünden den Streifcorps im Rücken des Feindes gegenüber mögen wohl auf Rechnung der Wirtschaft in dem verbündeten Hauptquartier kommen, welche uns Gneisenau schildert und zwar keineswegs in schmeichelhaften Worten.

Aus den Bemerkungen Blüchers geht die Besorgnis hervor, daß Lützow den Waffenstillstand am Ende noch gar nicht erfahren habe und dadurch in bedenkliche Lage kommen müsse. Daran dachte Blücher nicht, daß Lützow den Waffenstillstand erfahren und doch nicht nach dessen Bestimmungen gehandelt haben könnte. Wir wissen, daß das in der That der Fall ist, und darin liegt immer wieder das Rätselhafte im Verhalten Lützows.

Eine Angabe erbt sich gläubig fort durch die allermeisten Geschichtswerke bis in die neueste Zeit; sie hat sich zu dem Rang einer geheiligten Ueberlieferung aufgeschwungen; es ist die Angabe über die Stärkeverhältnisse auf beiden Seiten am Tage von Kitzen. Eine erdrückende Uebermacht sei es gewesen, welche wutschnaubend von allen Seiten sich auf die Lützower geworfen; viele Tausende gegen wenige Hundert.

Die Nachrichten, welche wir heute haben, setzen uns in den Stand, diese Angaben etwas näher anzusehen. Bei Kitzen kamen auf französischer Seite in Betracht die Detachements Normann und Fournier. Beide machen über ihre Stärke übereinstimmende Angaben: Normann war zur Stelle mit 3 Compagnien, 2 Schwadronen, 3 Geschützen; Fournier mit einem Bataillon Marineinfanterie und 200 Dragonern; er gibt die Stärken in Zahlen an, indem er beide Detachements, als unter seiner einheitlichen Leitung stehend, zusammenfaßt: 1100 Mann Infanterie, 420 Reiter, 3 Geschütze. Das Detachement Kechler kommt nicht in Betracht; es war 3½ Stunden vom Orte des Zusammenstoßes entfernt.

Auf seiten Lützows bleibt außer Betracht die improvisirte Infanterie; bleiben für ihn 600 Reiter, wie im allgemeinen gerechnet wird, bald etwas mehr, bald weniger. Der Formation nach wird Lützows Streifschar meist angegeben an diesem Tage mit 5 Schwadronen und einer Kosakenabteilung; Bagage scheint auch noch dabei gewesen zu sein und zwar ziemlich viel, denn sie erhielt eine eigene Bedeckung.

Der Verlauf des Ueberfalls zeigt, daß nur zwischen den beiderseitigen Reitertrupps gefochten wurde. Von der Infanterie erzählt Fournier, namentlich von dem Marinebataillon, daß im Sturmschritt nachgelaufen wurde; allein wenige Sprünge mußten ja die Reiter aus dem Bereich der damaligen Gewehre tragen. Bleiben die beiderseitigen Reitertrupps übrig. Ueberrascht, beinahe überfallen, kamen freilich die auf keine Feindseligkeiten Vorbereiteten in Nachteil.

Normann erzählt uns, er habe durch seine Vorbereitungen, als er 20 Schritte vor den Lützowern aufmarschirt war und die preußischen Offiziere ihn umstanden, so deutlich wie möglich zu machen gesucht, wessen sie sich zu

verjehen hatten, wenn sie nicht rajch ans Entwischen denken. Und ein Entwischen im vollen Lauf wäre bei Kitzen immer noch denkbar gewesen; denn
eine gleich starke Reiterschar, wie sie Lützow unter seinem Kommando vereinigte,
fand sich in weitem Umkreis diesseits der Elbe überhaupt nicht vor, nachdem
die Truppen in Leipzig sich in mobile Kolonnen aufgelöst hatten.

Durch die stete Wiederholung hat sich eben die unumstößliche Ueberzeugung
von der Ueberlegenheit des Angreifers bei Kitzen festgesetzt, wie auch der weitere
Glaubenssatz, die Lützower seien die wahrste und echteste Verkörperung der
deutschen Erhebung in den Befreiungskriegen gewesen. Opfermutige Hingabe,
echtes Heldentum, sie waren gewiß in reichlichem Maße vertreten unter den
Lützowern, aber die rechte Verkörperung der deutschen Erhebung, sie
fand sich wo anders; die herbe, unerbittliche Entschlossenheit, sie wuchs heraus
aus den grimmen Herzen der Landwehrmänner, und dazu trat die unver-
löschbare, rings alles erwärmende Flamme in der Brust der Tausende, welche die
Begeisterung für die höchsten Güter in die vordersten Reihen der Linienregimenter geführt hatte. Erstmals seit Jahrhunderten traten die Söhne
der bevorzugten Stände in die national gewordene Armee ein, und
damit war Preußen in den Besitz des Weges zum Siege und zum Fortschritt
auf allen Lebensgebieten gekommen.

Ohne Freicorps aber hat es niemals einen volkstümlichen Krieg
gegeben. Als die Trompete wieder zum Sammeln blies im Sommer 1870,
als das deutsche Volk gemeinschaftlich seinen Heereszug antrat zum Schutze
der Grenzen und der nationalen Ehre, da stellten sich auch sofort wieder die
Freicorps in Reih und Glied. Aber nicht, um zu ledem Wagen sich in den
Rücken des Feindes zu stürzen. Die Aufgabe, die Art der Thätigkeit, die
Fahne, — alles hatte sich geändert. Ein neues Banner war aufgestellt worden;
einmütig scharten sich die Freicorps alle um das rote Kreuz im weißen
Felde. Und unter diesem Zeichen ist so Heldenmäßiges verrichtet worden, daß es
sich in seinem Werte voll neben die Thaten auf dem Schlachtfeld stellen darf.
So haben die Freicorps sich ihre neue Stellung gewählt. Mitten unter dem
Volk in Waffen, im Angesicht der wachsenden Zerstörungsfähigkeit neuer Kriegs-
instrumente werden sie wohl für alle Zukunft auch festhalten an ihrem neuen
Banner, am roten Kreuz im weißen Felde.

Bis zur Wiedereröffnung der Feindseligkeiten.

In seinen Wanderungen und Wandlungen mit dem Reichsfreiherrn vom Stein erzählt E. M. Arndt, wie er im Sommer 1813 nach Berlin kam zu treuen, gleichgesinnten Freunden, zu Rudolphi, Schleiermacher, Fichte, Reil und anderen. — „Hier überfiel uns die Nachricht von dem in Schlesien abgeschlossenen Waffenstillstande. Das war uns eine dunkle Trauerbotschaft; die meisten fürchteten wieder einen jämmerlichen Frieden als den Schluß so unendlicher Hoffnungen und Freuden. Ich erinnere mich, ich stand mit Reil im Gespräch Unter den Linden, als uns diese Botschaft wie ein plötzlicher Blitzschlag aus heiterer Luft kam; im vollsten Schmerz faßte mir Reil die Hand mit solcher Gewalt, als wenn er sie mir abdrücken wollte, und die hellen Thränen stürzten ihm aus den großen, trotzigen, ostfriesischen blauen Augen. Gleich kam uns eine zweite Trauerbotschaft, welche die Herzen aller Guten und Tapferen hart schlug: Scharnhorst war an seiner bei Großgörschen erhaltenen Wunde in Prag gestorben."

Die Wahrheit kam ja erst später zu Tage: Der Waffenstillstand war geschlossen worden, weil man seiner auf beiden Seiten außerordentlich bedürftig war; weil der Entschluß feststand, den Krieg weiter zu führen, deshalb bedurfte man einer Pause, um die Kriegsrüstung zu vollenden. Denn der Frühjahrsfeldzug war eigentlich nur mit den vordersten Reihen auf beiden Seiten geschlagen worden; es fehlte der Rückhalt, die sofortige Stärkung der noch nicht vollständig gerüsteten Heere.

Napoleon für seinen Teil bedurfte notwendig einer längeren Waffenruhe, um sein der festen Rahmen noch entbehrendes Heer zu reorganisiren, um namentlich durch Herbeiziehung von Kavallerie und Artillerie die künftigen Erfolge zu sichern. Preußen wollte Zeit gewinnen, um seine ganze Kraft zu entfalten, und in der That hat dies Land mit seinen $4^1/_2$ Millionen Einwohnern mehr Kräfte ins Feld gestellt als jede einzelne der beiden anderen verbündeten Mächte. Rußland brauchte Wochen, vielleicht Monate, um seine Verstärkungen durch Polen herbeizuziehen. In Oesterreichs System aber paßte die Waffenruhe nach mehr als einer Richtung; einmal konnte es seine Rüstungen vollenden, zum andern war es im stande, seinen Beitritt so hoch als möglich zu verkaufen, um den Preis der Oberleitung und des höchsten Einflusses. Denn das sahen die zwei verbündeten Mächte deutlich ein, daß Napoleon, der Herr von Frankreich und von Deutschland bis zur Elbe, der an Zahl der Kräfte Ueberlegene bleiben werde. Um so mehr warb man um Oesterreich und je wahrscheinlicher Oesterreichs Beitritt wurde, desto weniger dachte man ernstlich an den Frieden trotz aller Unterhandlungen. Napoleon mußte ja auch deutlich sehen, wie mehr und mehr Oesterreich sich von aller Interessengemeinschaft mit

Frankreich losschälte, wie es durchaus seit dem Januar 1813 seinen eigenen
Weg ging. Es hatte das angefangen mit Schwarzenbergs Harthörigkeit in
den Novembertagen 1812 der russischen Moldauarmee bei Minsk gegenüber,
welche damals durch die Oesterreicher noch von der Beresina abzuhalten war;
es hatte sich vollzogen durch das friedliche Abfinden mit den Russen zu
Beginn 1813. Aber bis zum letzten Tage des Waffenstillstandes wollte
Napoleon nicht daran glauben, daß Oesterreich im Ernste gegen ihn in die
Schranken treten könne.

Mit erklärbarem Mißtrauen blickten die Rheinbundesfürsten nach dem
Lager der Verbündeten hinüber; von dorther befürchteten sie Beschränkung der
Souveränität, der Machtvollkommenheit, die ihnen doch von Napoleon ver-
liehen war; von dorther war in ihre Bevölkerungen durch die Rufe, die von
Kalisch und anderen Orten ausgegangen, der Gedanke an ein deutsches ge-
einigtes Vaterland getragen worden. Solcher Geist konnte recht unbequem
werden. Dessen war man sicher, Napoleon werde das Gespenst bannen und
vertreiben; ob die Verbündeten, wenn sie siegten, auch, daran konnte man
noch nicht glauben.

Die ganze Lage der Dinge setzte so den Protektor in den Stand, vom
Rheinbund nochmals alle möglichen Anstrengungen zu verlangen. Nur Bayern
redete sich aus, weil es auf der Hut gegen Oesterreich sein müsse, und der
König von Württemberg blieb wenigstens fest in der Weigerung, Ersatzmannschaften nach dem Kriegsschauplatze zu schicken für die gewaltigen, in den
Gefechten erlittenen Einbußen. Sein Kontingent hat König Friedrich annähernd
gestellt nach Eintreffen der beiden als zweite Staffel abgeschickten Brigaden in
Leipzig; aber die einmal ins Feld gestellten Regimenter wollte er ausbrennen
lassen, ohne die verbrauchten Kräfte zu erneuern.

Am 10. Juni war die württembergische Division in die Kantonnements
bei Primkenau gerückt und hob sich durch Einrücken Genesender auf die
Stärke von 4421 Mann. Diese gehörig zu üben und auszubilden, dazu
sollten die nächsten Wochen benützt werden. Bei den allermeisten dieser jungen
Truppen fand sich ja der gewöhnliche Lauf der Dinge umgekehrt; zuerst führte
man die kaum zusammengestellten Mannschaften ins Gefecht und jetzt, nach ein-
getretener Waffenruhe, holte man die Friedensübung nach. Nicht die Qualität
der Truppen hatte ja seither, freilich mühselig genug, für Napoleon entschieden.
Das sollte anders werden. Der Gang des Frühjahrsfeldzugs hatte den Beweis
geliefert, daß die Disziplin in den Reihen der jungen Armee bedenklich zu
wanken begann; Unbotmäßigkeiten, Räubereien und Gewaltthätigkeiten waren
an der Tagesordnung. In Waffen und Rüstung, in der ganzen äußeren Erscheinung zeigten sich einzelne Truppenteile gänzlich herabgekommen. Uebungen,
Revuen, strenge Vorschriften für Verpflegung, Beschränkung der Bagage sollten
Abhilfe schaffen.

Das Hauptquartier des IV. Corps befand sich in Sprottau; hier empfing General Bertrand die aus dem Großen Hauptquartier Dresden kommenden Anordnungen und brachte sie zur Durchführung bei seinen rings um Sprottau kantonnirenden drei Divisionen. — Die Verpflegung anlangend, findet sich festgesetzt: Generale und Obersten haben von ihrem Gehalt alles zu zahlen und nichts anzusprechen. Offiziere vom Bataillonskommandeur abwärts sollen sich mit dem Tisch ihrer Wirte begnügen, in keinem Fall aber mehr verlangen als: Frühstück mit Suppe oder Brot und Butter; Mittagessen: Suppe, gekochtes Rindfleisch und Zugemüse und Braten oder Ragout, eine halbe Flasche Wein oder eine Flasche Bier; zu Abend: Braten, ein Teller Zugemüse, eine halbe Flasche Wein oder eine Flasche Bier. Unteroffiziere und Soldaten: zum Frühstück eine halbe Portion Gemüse; Mittag: Suppe, ein halb Pfund Fleisch mit Zugemüse und eine Flasche Bier; Abend: ein Teller Zugemüse; außerdem anderthalb Pfund Brot.

Die Uebungen erstreckten sich insbesondere auf Scheibenschießen und Formirung des Vierecks. Die Schießübungen fanden einzeln und in Gliedern statt, auf 100, 150 und 200 Schritt; auf jeden Mann sind 10 bis 15 Patronen scharfe Uebungsmunition gerechnet. In Sprottau fand Preisschießen im ganzen Corps statt. Bei den Exerzierübungen beschäftigte man sich außerordentlich viel mit der Bildung des Vierecks und mit der Frage, ob es zweckmäßig sei, innerhalb des Vierecks eine Reserve zu haben, die bereit wäre, einen bedrohten Punkt zu stützen. Die Linienregimenter waren im stande, ihre Munition aus den französischen Beständen zu ergänzen; die leichten Regimenter 9 und 10 dagegen sahen sich in die Notwendigkeit versetzt, wegen der Verschiedenheit ihres Gewehrkalibers, die Uebungs- wie die Kriegsmunition selbst zu laboriren.

General Bertrand hält wiederholt Truppeninspektionen ab, läßt die Truppen manöveriren und erklärt sich mit der Haltung und der Art, wie die Bewegungen ausgeführt werden, zufrieden. Auch die Brigadekommandeure ziehen ihre Truppenkörper, so oft es angeht, zusammen und verschaffen sich Einblick. General Stockmayer berichtet vom Ende des Waffenstillstandes: bei der abgehaltenen Revision habe sich ergeben, daß die Gewehre alle in vorzüglichem Zustande seien; jeder Mann habe 50 Stück gute Patronen, meistens in Blasen verpackt, und drei Steine. Die Munitionswagen sind so angefüllt, als es die Transportirung der Wagen zuläßt. Jeder Mann hat zwei Paar Bundstiefel oder Schuhe; an Sohlen fehlt es noch etwas, wie auch an Mantel- und Kamaschentuch. Die Montirungen sonst sind ganz hergestellt; keine unerlaubten Pferde und Wagen sind vorhanden.

Mit ausgesuchter Peinlichkeit kämpft man vom Großen Hauptquartier aus gegen den wiederum stark angewachsenen Train der einzelnen Truppenteile an. Die Wagen seien so weit als irgend thunlich durch Packpferde zu ersetzen. Aber die ganze Ausrüstung der württembergischen Bataillone, hielt man entgegen, sei darauf berechnet, daß die Stabswagen etatsmäßig bleiben und bei der Truppenbagage mitgehen. Andere Zumutungen und die peinliche Pedanterie des bureaukratischen französischen Generalstabs kommen um diese Zeit hinzu und pressen dem gequälten Generalstabsoffizier der württembergischen Division, dem Major v. Bangold, die klagenden Worte aus: „Die Bemerkung kann ich nicht unterdrücken, daß es traurig ist, bei unserem Generalstab zu dienen. Man muß mit dem Feinde, mit den Franzosen, mit unserer fehlerhaften Organisation und mit den Vorurteilen kämpfen."

General Graf Franquemont hat am 10. Juli das Kommando der Division wieder übernommen; vom 13. Juli berichtet er aus Primkenau: „Denselben Tag, den 10. Juni, da ich das Kommando wieder übernommen, kam der Generalmajor und Generaladjutant Graf Beroldingen aus Dresden hier an, überbrachte die allerhöchste Ordre Nr. 21 und begann dieser zufolge noch an dem nämlichen Tage mit den Spezialrevuen der Truppen in Gemeinschaft mit dem Generalkriegskommissär v. Schönlin. — Der Graf Beroldingen hat mir zugleich das Avisobrevet als Offizier der Ehrenlegion eingehändigt; ich hatte nichts anderes erwartet, da man nach den Statuten dieses Ordens keinen Grad überspringen kann. Daß ich solches so spät erhielt, daran mag General Bertrand Ursache sein, der, ohne an die Schwierigkeiten zu denken, mir gerne eine größere Auszeichnung in diesem Orden verschafft hätte."

Auch König Friedrich hatte sich alle Mühe gegeben, um dem Grafen Franquemont, von dessen Tüchtigkeit und vorzüglichem, lauterem Charakter er eine große Meinung hegte, einen höheren Grad im Orden der Ehrenlegion zu verschaffen. Als er aber sah, alle Fürsprache sei vergeblich, schrieb er an Beroldingen: „Seine Majestät wollen über die Ordensangelegenheit des Generals Franquemont kein Wort mehr verloren wissen und werden diesen verdienstvollen Mann, der jede Dekoration mehr beehrt, als sie ihn beehren kann, zu entschädigen wissen, kennen übrigens den Grund sehr wohl, warum Speichellecker und solche Leute, die zu allem Ja sagen, ihm vorgezogen worden sind, indem er die Zudringlichkeiten des französischen Generalstabs mit Würde und pflichtmäßig zurückgewiesen hat."

Von Jauer, von Bautzen und Dresden trafen Rekonvaleszententransporte ein, welche die gelichteten Reihen der Bataillone allmälich wieder in etwas füllten. Zum Schlusse des Frühjahrsfeldzugs war es hauptsächlich wieder schlechte und unregelmäßige Verpflegung gewesen, was in die Spitäler führte. Auch Primkenau und Umgebung war keineswegs ein Capua.

„Es wurden in Primkenau und in den zunächst liegenden Dörfern die bestimmten Kantonnirungen bezogen. Die Gegend ist unfruchtbar," lautet die Schilderung des kommandirenden Generals; „das Städtchen und die Dörfer sind nichts weniger als wohlhabend. Die meisten Ortschaften sind ausgeplündert und die Einwohner haben kaum so viel, daß sie sich selbst ernähren können.

Die Leute liegen zu zwanzig und noch mehr in einem Hause. Es wird deshalb die Verpflegung der Mannschaften und Pferde die größten Schwierigkeiten verursachen, da man nicht aus Magazinen, sondern von dem erschöpften Lande leben soll. Dieser Mangel herrscht aber nicht bloß in denen dem königlichen Truppencorps zugewiesenen Kantonnirungsorten, sondern im ganzen Sprottauer Kreise sind alle Vorräte aufgezehrt, so daß der übrige Teil des Armeecorps sich in gleicher Lage mit uns befindet. Was sich an Lebensmitteln in den Ortschaften vorfindet, lasse ich nunmehr verzeichnen und unter Verwahrung nehmen. Den Obersten ist aufgegeben, selbst mahlen und backen zu lassen; auch habe ich veranstaltet, daß Branntweinbrennereien errichtet werden."

So fanden sich also während des Waffenstillstands die beiden Hauptteile des württembergischen Kontingents verteilt auf den mageren Fluren um Primkenau und in Leipzig oder auf Streifzug. Es war dem König ungemein viel daran gelegen, alle seine Truppen unter dem Kommando Franquemonts zu vereinigen. Dem Militärbevollmächtigten Beroldingen gegenüber brauchte aber Berthier stets Ausflüchte und so auch dessen Stellvertreter, als der major général für eine Spanne Zeit verreisen mußte. Vom 4. August schrieb König Friedrich deshalb an Beroldingen: „er würde besser gethan haben, sich sogleich schriftlich an den major général zu wenden. Da dieses versäumt worden und Seine Majestät keineswegs gesonnen sein können, sich durch das Geschwätz eines Subalternen beruhigen zu lassen, so befehlen Seine Majestät beiliegende Note verbotenus einzugeben und auf die Beantwortung derselben zu dringen, indem von allen bisher eingegebenen noch keine beantwortet worden, nicht einmal die Unverschämtheiten des Herzogs von Padua, worüber Satisfaktion verlangt, geahndet worden sind."

Friedrich hatte wieder den Wortlaut einer Note für Beroldingen beigelegt, deren Inhalt ausführte, wie man doch mit dem Zerstreuen der Truppen üble Erfahrungen im russischen Feldzug gemacht habe und wie es ein Ding der Unmöglichkeit sein werde, nochmals frische Truppen aufzustellen, wenn diese jetzt im Felde stehenden verloren sein sollten. — Der Erfolg war nur ein teilweiser; von den Truppen um Leipzig trat endlich um die Mitte des Monats August die Brigade Doering zu der unter Franquemont stehenden Division, welche nunmehr als 38. Division der Armee aus drei Brigaden mit zwei Batterien bestand. Dazu kam noch die Kavalleriebrigade des Generals v. Jett, welche als 24. Reiterbrigade mit einer Batterie zugleich die einzige berittene Truppe des IV. Corps, Bertrand, ausmachte. Diese zwei Reiterregimenter kommandirte übrigens der General Jett nicht selbständig, sondern unter der speziellen Führung des französischen Generals Briche. — Die andere württembergische Reiterbrigade, die des Generals Normann mit einer Batterie, kam als 25. Reiterbrigade zum VI. Corps des Marschalls Marmont und erreichte zu Anfang des Monats August ihren neuen Bestimmungsort Bunzlau. Normann war durchaus selbständiger Kommandeur und erhielt nicht selten zu seiner Verfügung auch französische Truppen, ein Fall, der bis daher bei den württembergischen Generalen nicht wohl vorgekommen war.

Alle Bemühungen des Königs, die 25. Reiterbrigade auch mit der 38. Division unter Franquemont zu vereinigen, blieben erfolglos; die Ereignisse gestalteten auch bald eine so ernste Lage, daß an Aenderungen in der Formation der Corps nicht zu denken war. Es fochten deshalb die Württemberger im Herbstfeldzug 1813 auf ganz verschiedenen Kriegsschauplätzen: Franquemont mit der 38. Division in der Mark Brandenburg; Graf Normann mit der 25. Reiterbrigade in Schlesien und der Lausitz.

Noch ein paar weitere Kampfgruppen von württembergischen Kriegern kamen zum Vorschein, als die Festungen während des Waffenstillstands ihre Thore öffneten, und zwar in Danzig und Küstrin. Die württembergischen Mannschaften in beiden Festungen schrieben sich noch vom Feldzug gegen Rußland her. — Als im August 1812 das Regiment Nr. 7 aus Danzig abmarschirte nach Wilna und Minsk, um als Verstärkung der in Moskau stehenden Truppen zu dienen, in Wirklichkeit um seinen vollständigen Untergang in den Kämpfen an der Beresina zu finden, ließ es ein kleines Depot von Infanterie und einige Artilleriemannschaften (denn Regiment Nr. 7 hatte ausnahmsweise eine Regimentsartillerie von zwei Stücken erhalten) in der Festung zurück unter den Lieutenants Reef und Roschmann.

Andere kleine Splitter der Kontingente von mehr als einem Dutzend der kleinsten Staaten des Rheinbundes kamen zu diesen Resten der Württemberger hinzu; die Oberleitung vereinigte alle in einen einzigen Truppenkörper, in ein bunt zusammengesetztes Bataillon, vom Soldatenwitz Bataillon „Europa" genannt. So thaten diese vielgestaltigen Reste in der Festung Dienst gemeinschaftlich mit den Bayern, Sachsen, Westfalen, Polen und Franzosen. Nach dem Waffenstillstand schlossen sich die Thore wieder und die Uebergabe Danzigs erfolgte erst am 30. November 1813, nachdem die Besatzung eine überaus schwere Zeit durchgemacht hatte.

Bei weitem länger dauerten die Leidenstage in Küstrin. Wir erinnern uns, wie in der Stadt Inowra;law in den Weihnachtstagen 1812 und zu Anfang 1813 sich die in kleinen Trupps aus Rußland zurückkehrenden Württemberger sammelten. Kaum war eine nennenswerte Zahl beisammen, so mußten sie, in zwei Compagnien formirt, unter Kommando des Majors Gaupp nach Posen aufbrechen, von wo aus sie mit der Besatzung der Festung Küstrin sich zu vereinigen hatten.

Vom 13. Februar 1813 hat Gaupp aus Küstrin berichtet: er sei mit seinen 180 Mann eine Zeit lang bei Posen einquartiert gewesen; dann mußte er mit den Westfalen über Obornik, Samter, Birnbaum nach Küstrin marschiren. Das provisorische Bataillon habe sich eigentlich in ein einziges Spital aufgelöst.

Flehentlich habe er gebeten, den kraftlosen Gesellen, welche den Todeskeim in der Brust tragen, keinen weiteren Dienst mehr zuzumuten und sie zu entlassen. Umsonst; er mußte mit den Westfalen nach Küstrin hinein; die Russen immer dahinter her; die Festung bald von allen Hilfsmitteln abgeschnitten.

In den ersten Tagen des Waffenstillstandes konnte Gaupp wieder Botschaft schicken: es seien von der ganzen Schar noch 3 Offiziere ausrückend, 1 Kadet, 2 Feldwebel, 6 Korporale, 17 Soldaten; krank und absent 123 Mann; zur Krankenpflege kommandirt 27, die selbst kraftlos genug. — Auf alle mögliche Weise suchte sich der treubesorgte Major zu helfen, um mit Geld, Lebensmitteln, Schuhen seine Mannschaft in halbwegs ordentlichem Stand zu erhalten. — Die Thore hatten sich wieder geschlossen; die Belagerung begann am 16. August wieder und endigte erst am 20. März 1814 mit der Uebergabe der Festung. — Vom 24. März 1814 schreibt Gaupp aus Berlin: „Eurer Majestät melde ich, daß ich gestern mit einem Offiziere, 2 Korporalen, 6 Soldaten von der bisher in Küstrin gestandenen königlichen Mannschaft hier in Berlin angekommen bin. Nach der abgeschlossenen Kapitulation ist die Besatzung von Küstrin den 20. März ausmarschirt. Die französischen Truppen, an 500 Mann stark, streckten das Gewehr und wurden in die Kriegsgefangenschaft abgeführt. Alle anderen Truppen: Württemberger, Westfalen, Schweizer, Holländer, Kroaten und Illyrier traten vom Platz weg unter Führung eines preußischen Hauptmanns den Marsch auf Berlin an. Der Kommandant von Berlin, General v. Brauchitsch, ließ mir meine Marschroute nach Leipzig zustellen."

In den Tagen, da noch die Verteidiger auf den Wällen von Küstrin standen, da rüstete man auf den Feldern Frankreichs schon zum Zuge gegen Paris, nachdem längst alle Deutschen in den natürlichen Verband der Bundesgenossenschaft mit Preußen und Oesterreich zurückgekehrt waren. — Vom 10. November 1813 ließ König Friedrich an den Major Gaupp schreiben: „Da Seine Majestät aus der Rheinischen Bundesvereinigung ausgetreten und dagegen einen Allianztraktat mit den verbündeten Mächten geschlossen und dadurch den Krieg an Frankreich erklärt haben, so wird dem Major Gaupp befohlen, mit allen ihm untergeordneten Offizieren, Unteroffizieren und Gemeinen nicht allein nicht weiter unter dem französischen Kommando zu dienen, sondern den Auslaß aus der Festung bei dem Kommandanten nachzusuchen und ohne Zeitverlust mit der ganzen Mannschaft in das Königreich zurückzukehren."

Dies Schreiben scheint nicht an seine Adresse gekommen zu sein; jedenfalls war Gaupp genötigt, mit den paar Leuten, die er noch hatte, auszuharren bis ans Ende unter dem vielsprachigen Haufen der Besatzung, die ein treues Abbild darstellte vom dem Völkerheere Napoleons, wie es 1812 nach Rußland gezogen.

„Seit dem August 1813," fährt Gaupp in seiner Meldung fort, „hat sich bei der königlichen Truppe zugetragen: der Lieutenant v. Helldorf hat sich in seinem Quartier entleibt. Den 12. Januar 1814 hat sich der Hauptmann v. Enzberg aus der Festung eigenmächtig entfernt. Die Skorbutkrankheit, welche seit Oktober 1813 in Küstrin angefangen hat und in kurzer Zeit als ansteckende Krankheit ausgebrochen ist, hat nach und nach auch die königlichen Mannschaften ergriffen; 2 Feldwebel, 1 Korporal und 5 Soldaten sind daran gestorben; 3 Korporals und 6 Soldaten liegen noch daran krank. Da die französische Hospitaldirektion sich große Mißbräuche und Vernachlässigungen hat zu Schulden kommen lassen, so habe ich unsere Kranken dem Hospital entrissen und solche unter besondere ärztliche Aufsicht gestellt und aus der Stadtapotheke versehen lassen." — „Im Februar 1813 war die Garnison 5000 Mann stark, davon sind 2800 durch Desertion und Todesfälle abgegangen; im Hospital sind noch 1300 Mann; die Zahl der abmarschirenden Truppen beträgt noch 900. Die Leute von der königlichen Mannschaft sind noch ordentlich bekleidet, sie haben die Stücke der Gestorbenen benutzt." So zogen, noch 10 Mann stark, die letzten Württemberger, die mit nach Rußland gezogen, aus Küstrin der Heimat zu, die sie im April 1814 erreichten, als ihre Kameraden längst in Paris eingezogen waren.

Während die beiderseitigen Heere in Schlesien, in Sachsen, in der Lausitz und der Mark Brandenburg sich verstärkten, ihre Reserven an sich zogen und bestrebt waren, durch nachträgliche Uebungen das versäumte Erziehungswerk nachzuholen, gingen ununterbrochen die Unterhandlungen über einen möglichen Frieden an verschiedenen Plätzen vor sich. Kaiser Franz von Oesterreich war selbst nach Gitschin in Böhmen gekommen, um dem Kriegsschauplatze nahe zu sein; die Herrscher von Rußland und Preußen befanden sich in nächster Nähe in Schlesien; Napoleon hatte im Landhaus Marcolini in Dresden seinen Hof eingerichtet; die Staatsmänner, in erster Linie Metternich, Hardenberg, Nesselrode, Humboldt, weiter Stadion, Lebzeltern, Anstett und andere gingen hin und her; in Dresden war Napoleon von seinem Minister des Auswärtigen, Maret, Herzog von Bassano, von Narbonne, Caulaincourt und anderen Diplomaten umgeben. In Dresden hatte auch der Gesandte Oesterreichs, Graf Bubna, seinen Sitz, und hier befanden sich auch die Geschäftsträger der größeren Rheinbundstaaten.

Als Preußen in der Mitte des Monats März den Krieg an Frankreich erklärt hatte, da stand Napoleon nicht an, durch die Aussicht auf reiche Kriegsbeute, Schlesien war gemeint, den österreichischen Kaiserstaat an sich zu locken. Wir haben aber gesehen, wie man in Wien längst andere Bahnen betreten hatte, um die eigene Unabhängigkeit wieder zu gewinnen und imponirend zwischen den Mächten zu stehen. Kaum hatte Fürst Schwarzenberg unter dem

Schuße des eigenmächtig am 30. Januar 1813 mit den Russen abgeschlossenen Waffenstillstands sein Hilfscorps aus Rußland und Polen auf den österreichischen Boden zurückgeführt, als er den Auftrag erhielt, nach Paris zu eilen, um dort die Versicherung abzugeben, daß Oesterreich gegen Preußen um keinen Preis zu haben sein werde.*) Denn Oesterreich und Preußen, zwei Nationen, ehedem durch Eifersucht getrennt, hätten in der letzten Zeit sozusagen ihre Interessen verschmolzen. Wenn Oesterreich mitwirkte zur Zerstörung Preußens, so würde es ohne Frage sein eigenes Todesurteil unterzeichnen. „Oesterreich wird die Rückkehr Preußens zur vollständigen Unabhängigkeit stets mit Freuden sehen."

Das war der Weg, den sich die österreichische Politik vorgezeichnet hatte. Folgerichtig mußte er am Schluß ins preußische und russische Lager führen; verhindert konnte das nur werden, wenn Napoleon freiwillig im Wege eines Friedensschlusses das herausgab, was man für Preußen, für Rußland, für Oesterreich, für Deutschland erst erkämpfen wollte. Daran war nicht zu denken.

So mußte denn Oesterreich sich zum Krieg entschließen, und das geschah am 27. Juni mit dem Vertrag zu Reichenbach, trotzdem daß der Widerwille des Kaisers Franz gegen den Krieg immer noch derselbe war wie früher. Immer noch stand Oesterreich zwischen den Mächten als Vermittler, aber jetzt mit dem Schwerte in der Hand; „Oesterreich verpflichtet sich, Frankreich den Krieg zu erklären und seine Waffen mit denen Rußlands und Preußens zu vereinigen, wenn bis zum 20. Juli Frankreich nicht folgende Bedingungen angenommen hat." Diese Bedingungen betreffen die Auflösung des Herzogtums Warschau und seine Verteilung zwischen Rußland, Oesterreich und Preußen; die weitere Vergrößerung Preußens, Räumung der Festungen, Rückgabe der illyrischen Provinzen, Wiederherstellung der Hansestädte und anderes. Das alles könnte die Grundlage zu einem vorläufigen Frieden bilden, welchem erst nach weiteren Abmachungen der allgemeine wirkliche Friede folgen sollte.

Von württembergischer Seite befanden sich als Geschäftsträger in Dresden der Gesandte v. Linden und der Militärbevollmächtigte Graf Beroldingen. Als die Vertreter einer weniger ins Gewicht fallenden Rheinbundmacht hätten die beiden an sich kaum etwas von Bedeutung erfahren, wenn nicht der tägliche Umgang mit dem österreichischen Gesandten, General Grafen Bubna, und seiner Gattin, denen sie sehr nahe standen, sie in manches eingeweiht hätte. — Aus den ersten Tagen des Waffenstillstandes schreibt Beroldingen, der major général habe sich dahin geäußert, daß dieser Stillstand dem Kaiser vom größten Nutzen sei, indem die Armee nach dieser Frist formidabler als je erscheinen werde. „Diese Aeußerung bestätigt die immer allgemeiner werdende Vermutung, daß dieser Waffenstillstand den Frieden nicht

---

*) Onken, Oesterreich und Preußen im Befreiungskrieg. I. 305 ff. und Zeitalter der Revolution ꝛc. II. 638 ff.

unmittelbar nach sich bringen werde, sondern der französischen Armee notwendig war."

Am 25. Juni war Graf Metternich nach Dresden gekommen, um persönlich bei Napoleon die Absichten Oesterreichs geltend zu machen. „Am 26. Juni," berichtet Beroldingen, „hatte der Graf Metternich seine erste Audienz bei dem Kaiser; er kam mittags zwei Uhr und blieb bis abends acht Uhr ganz allein bei ihm. Selbst der Herzog von Bassano, welcher um sechs Uhr nach Hofe kam, mußte zwei Stunden im salon de service warten." — „Dieser langen Konferenz ungeachtet, scheint deren Erfolg nicht entscheidend gewesen zu sein." — „Die allgemeine Stimmung bei der französischen Armee ist der sehnlichste Wunsch nach Frieden. Die Generale lassen es sich wohl weniger merken, aber aus dem Eifer, mit welchem sie nach Neuigkeiten haschen, kann man ihre Absicht wohl entnehmen."

Dieser Stimmung mochte wohl auch der major général Berthier Ausdruck geben, als er dem Grafen Metternich am 26. Juni beim Eintritt in das Kabinet des Kaisers zuflüsterte: „Vergessen Sie nicht, Europa braucht den Frieden und ganz besonders Frankreich, das nichts als den Frieden will."

So stand denn wieder ein selbstbewußter Mann vor dem Beherrscher der Welt, wie er sich gern nennen hörte, ein Mann, der wie die Gesandten Friedrichs des Großen sprechen konnte mit 200000 Bajonetten hinter sich, ein Mann, dessen Berechnung darauf hinauslief, daß er mit den anderen im Bunde die Macht besitze, den Gefürchteten von der ersten Stelle herabzustoßen, wenn er nicht freiwillig herabstieg. Und daß dieser, der sich in der Vorstellung der Völker eingenistet hatte als der alleinige oberste Machthaber, als der einzige, der alle anderen bezwingen, der strafen und belohnen kann, — daß dieser nicht freiwillig herabsteigen werde, das lag klar zu Tage.

In der berühmten Unterredung, die nunmehr folgte,[*]) die zugleich die Denkart Napoleons besser aufdeckt als die längsten Charakterschilderungen, begann nach wenigen Augenblicken der Kaiser: „Ihr wollt also den Krieg? Gut, wir werden ihn machen. Bei Lützen habe ich die Preußen vernichtet, bei Bautzen die Russen geschlagen. Jetzt wollt ihr euer Teil; ich lade euch zum Stelldichein nach Wien. Die Menschen sind unverbesserlich, die Erfahrung ist für sie verloren. Dreimal habe ich Ihren Kaiser wieder auf den Thron gesetzt; ich habe ihm versprochen, mein Leben lang mit ihm in Frieden zu bleiben; ich habe seine Tochter geheiratet, ich habe mir damals gesagt, daß ich eine Dummheit beging, aber ich habe sie gemacht und heute bereue ich sie."

Dies Gepolter, dies Aufdecken so rohen Empfindens hob den Grafen Metternich hinauf zu der ganzen Höhe seiner Mission: „Die Welt braucht den

---

[*]) Aus Metternichs nachgelassenen Papieren ꝛc. ꝛc. I. 150 ff. 253, II. 461 ff. Vgl. Onken, Oesterreich u. Preußen ꝛc. ꝛc. II. 384 ff. und Zeitalter der Revolution ꝛc. ꝛc. II. 649 ff.

Frieden," begann er; „um ihn zu sichern, müssen Sie in Machtgrenzen zurück-
kehren, welche mit der allgemeinen Ruhe verträglich sind, oder Sie werden im
Kampfe untergehen. Heute können Sie noch Frieden machen, morgen können
Sie es nicht mehr."

Da fuhr ihn der Kaiser an: „Nun, was will man von mir? Daß ich
mich entehre? Niemals! Ich werde zu sterben wissen, aber ich trete keine
Scholle Erde ab. Eure auf dem Thron geborenen Souveräne können sich
zwanzigmal schlagen lassen und können dennoch jedesmal in ihre Hauptstadt
zurückkehren. Ich aber bin nur ein Sohn des Glücks und würde aufhören
zu regieren an demselben Tage, an dem ich aufgehört habe, der Stärkere zu
sein. — Die Verluste des letzten Jahres habe ich ausgeglichen. Sehen Sie
sich meine Armee an nach den Schlachten, die ich eben gewonnen habe! Ich
werde in Ihrem Beisein Heerschau über sie halten."

„Und eben diese Armee," warf Metternich ein, „verlangt selbst den
Frieden."

„Nicht die Armee," versetzte Napoleon lebhaft, „sondern meine Generale.
Die hat die Kälte von Moskau außer sich gebracht. Die tapfersten habe ich
meinen sehen wie Kinder. Vor vierzehn Tagen konnte ich Frieden machen,
heute kann ich es nicht mehr. Ich habe zwei Schlachten gewonnen und werde
keinen Frieden schließen."

„Durch das, was Eure Majestät eben gesagt hat," erwiderte Metternich,
„liefern Sie einen neuen Beweis für die Richtigkeit des Satzes, daß zwischen
Ihnen und Europa Unvereinbarkeit besteht: Ihre Friedensverträge waren nie
mehr als Waffenstillstände gewesen, Niederlagen wie Erfolge treiben Sie zum
Krieg. Der Augenblick ist da, wo Sie und Europa sich gegenseitig den Hand-
schuh hingeworfen haben. Er wird aufgenommen, von Ihnen sowohl
als von Europa, und nicht das letztere wird im Zweikampf unterliegen."

Darauf Napoleon: „Wollt ihr mich mit einem Machtebund vernichten?
Wie viel Verbündete seid ihr denn? Vier, fünf, sechs, zwanzig? Je mehr
euer sind, desto besser für mich. Ich nehme die Herausforderung an. Ich
wiederhole, daß ich euch in Wien, und zwar im nächsten Oktober, zum Stelldichein erwarte. Dann werden wir sehen, was aus euren Freunden, den
Russen und Preußen, geworden sein wird. Zählt ihr auf Deutschland? Denkt,
was es im Jahr 1809 gethan hat. Um die Völker im Zügel zu halten,
genügen meine Soldaten, und die Furcht vor euch birgt mir für die Treue
der Fürsten."

Seine Neutralität solle Oesterreich erklären und sie auch aufrecht erhalten,
dann wolle er auf Unterhandlungen in Prag eingehen, erklärte Napoleon.
Und darauf Metternich: nicht um Neutralität handle es sich, sondern seine
Vermittlung sei es, was Oesterreich angeboten habe. Lehne Napoleon ab, so
werde der Kaiser von Oesterreich frei seinen Entschluß fassen. Aber allzu lange

dürfe man nicht zaudern, denn 250000 Mann seien in Böhmen zu ernähren. Dem trat Napoleon entgegen: es können nicht mehr als 65000 Oesterreicher in Böhmen stehen.

Diese Behauptung, bei der sich Napoleon einer eigentümlichen, seit etwa zwei Jahren öfter wiederkehrenden, mehr oder weniger bewußten Selbsttäuschung hingab, leitete über zu Betrachtungen über den Feldzug in Rußland. Diese Erinnerungen füllten die Seele des bis dahin Unbezwungenen, und kaum gibt es eine Unterredung, ein Schreiben von einiger Bedeutung, in welchen nicht ein Anklang oder sogar detaillirte Ausführungen vorkämen. Napoleon sucht stets nach Gründen außer sich, warum er so unglücklich aus jenem Feldzuge hervorgegangen; die Menschen sollten immer noch an seine Unverwundbarkeit glauben. Wütend wurde er, wenn er dem leisesten Zweifel daran begegnete.

„Ich habe Ihre Soldaten gesehen," warf Metternich in die Betrachtungen ein; „Ihre Soldaten sind Kinder. Wenn das Menschenalter, das Sie vorweg unter die Waffen gerufen haben, dahin ist, werden Sie dasjenige rufen, das dann kommt?" — Bei diesen Worten erblaßte der Kaiser, seine Züge verzerrten sich und mit zornbebender Stimme rief er: „Sie sind nicht Soldat und wissen nicht, was eine Soldatenseele ist. Ich bin im Lager aufgewachsen und schere mich den Teufel um das Leben einer Million Menschen." Dabei warf er den Hut, den er bisher unter dem Arm gehalten, in eine Zimmerecke.

„Warum mich auswählen," antwortete Metternich in bewegtem Tone. „um mir das in diesen vier Wänden zu sagen? Oeffnen wir die Thüren und lassen wir Ihre Worte von einem Ende Europas zum andern schallen! Die Sache, die ich vor Ihnen vertrete, wird dabei nicht verlieren können." Napoleon versuchte einzulenken und namentlich den Glauben zu erwecken, daß Frankreich unbedingt an ihm hänge und ihm vertraue. „Die Franzosen," begann er, „haben nicht zu klagen über mich; um sie zu schonen, lasse ich Deutsche und Polen totschlagen. Die Heerfahrt nach Moskau hat mir 300000 Mann gekostet, aber es waren bei den Umgekommenen keine 30000 Franzosen." — „Sie vergessen, Sire," warf Metternich ein, „daß Sie mit einem Deutschen reden."

So dauerte die Unterredung bis über acht Uhr abends hinaus unter stetem Wechsel von staatsmännischem Erwägen, von Plaudern, von Gepolter und plumpen Ausbrüchen einer rohen Seele. Beim Abschied klopfte Napoleon dem Grafen Metternich noch zutraulich auf die Schulter und sagte: „Wohlan, wissen Sie, was geschehen wird? Ihr macht mir doch nicht den Krieg!" Und das war an diesem Abend schon zum zweitenmal, daß Napoleon sich einer halbbewußten Selbsttäuschung hingab, daß er die Augen vor klaren Thatsachen schloß. — „Sie sind verloren, Sire," sagte Metternich, „das war meine Ahnung, als ich kam; das ist meine Ueberzeugung, da ich gehe."

Und zurück schritt Metternich aus dem Kabinet des Kaisers durch die lange Reihe von funkelnden Uniformen. Dem Marschall Berthier aber, der ihn zum Wagen begleitete, gab Metternich auf die Frage, ob er mit dem Kaiser zufrieden sei, zur Antwort: „Ja, er hat sich Mühe gegeben, mein Gewissen aufzuklären: ich betrachte ihn als einen toten Mann."

Die höfischen Umgebungen, die Diplomaten groß und klein, suchten noch am Abend des 26. Juni und in den nächstfolgenden Tagen, über welche Metternich seinen Aufenthalt in Dresden verlängerte, aus seinen Mienen zu lesen, aus seinen Worten zu entziffern, ob er Krieg oder Frieden aus des Kaisers Kabinet bringe. Was er seinem König schreiben sollte, fragte der württembergische Gesandte v. Linden am 27. Juni den Grafen Metternich, den er von früher her kannte. „Schreiben Sie, ich sei in der ihm bewußten Angelegenheit hier," antwortete Metternich, „sehe aber noch nicht klar."

In den französischen Kanzleien aber, auf allen Geschäftsstuben begann nach Metternichs Audienz eine nie gesehene Thätigkeit. „Der Kaiser hat heute," berichtet Beroldingen vom 27. Juni, „den ganzen Morgen mit dem Herzog von Bassano, dem Grafen Daru und dem major général gearbeitet und versäumte die Parade, welches, so lange er hier ist, nicht geschehen war. Um zwei Uhr ritt er in Begleitung des major général aus, um, wie es heißt, den Königstein abermals zu besichtigen. Nachdem er weggeritten war, begab sich der Herzog von Bassano zu dem Grafen Metternich, wo er mehrere Stunden verweilte. Seit der Anwesenheit des Grafen Metternich scheinen insbesondere die Militärs, welche, durch die ungeheuren Kriegsrüstungen verleitet, an keinen Frieden glauben wollten, an dessen Möglichkeit zu glauben."

Die nächsten Tage blieb Graf Metternich noch in Dresden unter steten Verhandlungen mit Napoleon und seinem Minister des Auswärtigen, Maret, Herzog von Bassano. Seine plumpe Schroffheit in der Audienz des 26. Juni suchte dabei Napoleon möglichst vergessen zu machen; er nahm die Vermittlung Oesterreichs an, erklärte sich bereit, einen Friedenskongreß in Prag zu beschicken, wogegen der Kaiser von Oesterreich sich verpflichtete, eine Verlängerung des Waffenstillstands vom 20. Juli bis 10. August bei den Verbündeten durchzusetzen.

Beroldingen berichtet aus diesen Tagen: „Graf Metternich hatte am 30. Juni abermals eine fünfstündige Konferenz bei dem Kaiser; erst in dieser wurde Oesterreichs Mediation förmlich von Napoleon angenommen. — Der Herzog von Bassano war am 30. Juni dreimal bei dem Grafen Metternich. Als er um ein Uhr nach Mitternacht, vom Kaiser kommend, das letztemal hinfuhr, war Graf Metternich schon fort; es mußte sogleich ein Adjutant des Grafen Bubna zu Pferde dem Grafen nachjagen und ihm ein Schreiben an den Kaiser Franz nachbringen."

Der Eindruck aber, den Metternich bei seiner Abreise von Dresden mit davontrug, war der, daß es eine Unmöglichkeit sei, einen Frieden zu erhalten, selbst nicht unter den maßvollsten Bedingungen. Gleichwohl mußte Oesterreich die Verlängerung des Waffenstillstandes bis zum 10. August wünschen, aber einzig aus militärischen Gründen und nicht in der Hoffnung auf Frieden. Die Rüstungen der Franzosen in Süddeutschland (Aufstellung einer Reservearmee bei Würzburg unter Augereau) und Italien hatten sich derart verstärkt, daß Wien gefährdet erschien, da die zur Verteidigung dieser Hauptstadt bestimmten Truppen und das eben angeordnete ungarische Aufgebot nicht vor Anfang des Monats August nach Steiermark und ins Donauthal gebracht werden konnten. Denn die hauptsächlichste Sorge der österreichischen Regierung seit den Erfahrungen der Jahre 1805 und 1809 lief darauf hinaus, mit allen Mitteln die Möglichkeit abzuwenden, daß Oesterreich wieder zum Kriegsschauplatz werde.

Vom 5. Juli berichtet Beroldingen aus Dresden: „Schon gestern abend erfuhr ich, daß die Zusammenkunft der Deputirten in Prag vom 5. Juli auf den 8. verschoben worden sei. Die angebliche Ursache davon ist, weil die Frist zu kurz war, um in Prag die Wohnungen der Deputirten in gehörigen Stand zu setzen. Der Graf Metternich hatte auf der Grenze von Böhmen und Schlesien eine Zusammenkunft mit dem aus dem russischen Hauptquartier dort eintreffenden Grafen Stadion. — So viel ich durch den Grafen Bubna, den ich täglich sehe, sowie auch von dem österreichischen chargé d'affaires. v. Neumann, erfahren konnte, drängt Oesterreich darauf, daß sich die kriegführenden Mächte zur Annahme einer vorläufigen Friedensbasis verstehen möchten, ohne Englands definitive Entschließung und Absendung von Bevollmächtigten abzuwarten, weil das Geschäft in letzterem Fall sehr in die Länge gezerrt werden würde und auf diese Art die österreichischen Staaten durch die Mobilerhaltung so großer Armeen und durch deren Konzentrirung in den böhmischen Provinzen zu sehr leiden würden.

„Noch vor dem Herbste müssen die französischen Armeen über den Rhein und die russischen über den Niemen; das ist es, was Oesterreich zu erzwingen hofft. Die österreichische Mission scheint sich sehr viel auf die imposante Rolle, welche nach ihrer Angabe ihr Souverän jetzt spielt, zu gute zu thun. Dieser Herren Privatgesinnungen scheinen freilich nicht sehr günstig für Frankreich; sie teilen die Stimmung, welche unter jener Nation, selbst ohne Ausnahme der gebildeten Stände, zu herrschen scheint. Dem ungeachtet wird Graf Bubna fortwährend vom Kaiser Napoleon auf das ausgezeichnetste behandelt. Als dieser General wegen Unpäßlichkeit gestern nicht im Schauspiel im Marcolinischen Garten erschien, schickte der Kaiser diesen Morgen (5. Juli) den Herzog von Vicenza zu ihm, welcher sich zwei Stunden bei demselben verweilte. Ich hatte Gelegenheit, nachdem der Herzog von Vicenza fort war, nochmals mit dem Grafen Bubna zu sprechen, der mir versicherte, der Kaiser habe sich immer noch nicht erklärt, wen er zum Bevollmächtigten in Prag ernennen werde; daß er darauf bestehe, zuerst zu wissen, wer von Rußland und Preußen ernannt sei; auch habe er abermals wegen Verlängerung des Waffenstillstandes in Unterhandlungen treten wollen, wozu sich aber Rußland nicht verstehen will, bevor man nicht über eine vorläufige Friedensbasis übereingekommen sei.

„Seit der Abreise des Grafen Metternich ist die üble Laune des Kaisers Napoleon auffallend und teilt sich dessen ganzer Umgebung mit; so hat zum Beispiel der major général, Fürst von Neuchatel, gestern seine gesamte Adjutantur wegen einer unbedeutenden Dienstversäumnis in Arrest geschickt."

Auch sonst scheint in diesen Tagen Napoleon vielfach Grund zum Aerger gefunden zu haben. Bei einem großen Empfang, berichtet der württembergische Gesandte v. Linden, im Landhaus Marcolini sei Napoleon an den Gesandten von Bayern und Westfalen, ohne das Wort an sie zu richten, vorüber gegangen; dagegen habe er sich huldvoll mit ihm und mit dem österreichischen Gesandten unterhalten. Der Grund, warum Napoleon auf Bayern schlecht zu sprechen war, lag nahe;[*]) Bayern ließ sich in der Großen Armee nur durch eine schwache Division von ein paar tausend Mann vertreten, sammelte Truppen in beträchtlicher Zahl bei München und machte sich durch seine ganze Haltung verdächtig. Gegen Westfalen aber bestand der Vorwurf, sein Kontingent vermindere sich täglich durch überhandnehmende Desertion in höchst bedenklicher Weise. Jerome, der König von Westfalen, der sich um diese Zeit auch in Dresden aufhielt, sei deshalb auffallend schnell nach Kassel zurückgereist.

„Der schnellen Abreise des Königs von Westfalen," berichtet Beroldingen, „werden im Publikum noch immer verschiedene Motive gegeben. So viel ist gewiß, daß er noch einige Tage hier bleiben wollte, aber nach einer ziemlich heftigen Scene unter vier Augen mit dem Kaiser noch in derselben Stunde abreiste. Der Kaiser soll ihm wegen der bei seinem Kontingente eingerissenen Desertion sehr bittere Vorwürfe gemacht haben. Diese Angabe ist mir um so wahrscheinlicher, da mich der König den Tag zuvor gefragt hatte, ob die württembergischen Truppen nicht auch durch Desertion gelitten hätten. Als ich dieses verneinte, antwortete er: So muß ich falsch berichtet worden sein; denn mir wurde gesagt, daß Ihre Truppen schon von Würzburg aus einigen Verlust auf diese Art gehabt haben. — Dem hiesigen Stadtgespräch zufolge soll die heftige Scene zwischen Napoleon und seinem Bruder Jerome durch die Mademoiselle George (Mitglied der von Paris nach Dresden entbotenen Schauspielergesellschaft) veranlaßt worden sein."

Was Napoleon am 30. Juni dem Grafen Metternich zugesagt hatte, das hielt er auch der Form nach; er nahm die Vermittlung Oesterreichs an und beschickte, wenn auch zögernd, den Kongreß in Prag. So kam denn dieser wunderlichste aller Friedenskongresse in der That zu stande, oder vielmehr er

---

*) Vergl. Correspondance etc. Band 25. S. 407, 409.

war im Begriff, zu stande zu kommen, wenn ihm nicht das hauptsächlichste Merkmal jedes Kongresses gefehlt hätte: das gemeinschaftliche Tagen und Beraten der Abgesandten. Niemand schien es ernst zu sein, sich auszusprechen, den andern zu hören, die Ansichten auszutauschen, wie es Brauch ist beim ehrlichen Suchen nach verknüpfenden Gedanken. Die Abgesandten der vier Mächte wohnten wohl in der gleichen Stadt beisammen; das war aber auch alles Gemeinschaftliche; im übrigen vertrödelten sie die Zeit mit leerem Formenkram.

Während hier in Prag nichts geschah, wurde eine außerordentlich ersprießliche Thätigkeit auf einem andern Punkte entfaltet, wo nur die Verbündeten unter sich saßen. Es galt dies Thun der Ausarbeitung eines Kriegsplans. Am 10. Juli waren Kaiser Alexander und der König von Preußen nach Schloß Trachenberg in Schlesien gekommen. Es fand sich hier auch Karl Johann, der Kronprinz von Schweden, ein, ehemals Marschall Bernadotte. Schweden hatte überhaupt noch keinen Frieden mit Frankreich geschlossen; so kam es auf ganz natürliche Weise ins Lager der Verbündeten; die Hoffnung, Norwegen zu erwerben, that bei dem ehrgeizigen Kronprinzen das übrige. Hier in Trachenberg galt es, den gemeinschaftlichen Kriegsplan zu entwerfen unter Beiziehung von Vertretern Oesterreichs und Englands. —

Einst hatten die Theoretiker aus der Topographenklasse, aus der Zunft der Zeichner und Mathematiker die ganze militärische Welt im Bann gehalten und die Richtung des Gedankengangs bestimmt. Unbestritten stand die Herrschaft der Theorie fest, als man im letzten Drittel des 18. Jahrhunderts angefangen hatte, den einfachen, schlichten Stoff der Kriegskunst in geschraubt ausgedachte Systeme zu gießen. Die Krankheit wurde allgemein; die Lehre von den unfehlbaren Berechnungen, von den unüberwindlichen Stellungen auf Wasserscheiden und sonstigen Höhenzügen machte sich breit in allen Lagern. Wo ein frischer, unternehmender Gedanke auftauchte, ging man ihm sorglich aus dem Wege. Und das zu einer Zeit, da ein glücklicher Griff die französische Armee umschuf und für die Waffen der alten Welt unüberwindlich machte.

Ein echt militärischer Geist war mit Carnot in die Leitung des französischen Kriegswesens eingezogen und zwar sogleich mit den ersten Jahren der großen Revolution. Noch unsicher standen die jungen Generale an der Spitze der Republikanerheere. Da faßte ihnen Carnot das Wesen der Kriegskunst in ein paar Worte zusammen und gab die neue Lehre den Schülern mit auf den Weg. Und so herzerquickend klingt diese neue Lehre, wenn nach all dem gelehrten Gefasel jetzt Carnot seinen Truppenführern zuruft: „Greife immer an und zwar stets mit überlegenen Kräften, indem du unerwartet bald auf den einen, bald auf den andern Punkt losschlägst. Wir lieben es nicht, daß man uns sage, der oder jener Posten habe dem Angriff eines weit stärkeren Feindes

widerstanden. Ein solcher Fall beweist immer Unkunde oder Mangel an Auf=
merksamkeit. Die Kunst des Generals besteht darin, so zu verfahren, daß
der Feind, wo immer er sich zeigt, eine der seinigen überlegene Streitmacht
vor sich finde."

Diese Lehre, so alt wie die Kriegskunst selbst, gab den Leitstern ab, der
die Heere der Republik wie des Kaiserreichs zum Siege führte. In der alten
Welt aber hielt man unentwegt fest an den hergebrachten Kunstgriffen und
Praktiken; die Armee mühte sich ab in qualvoller Pedanterie mit tausend
Kleinigkeiten; in erhabenen Spekulationen schwelgten die geistigen Spitzen. Da
war eine Perle von Stellung entdeckt, dort eine unfehlbare Berechnung gemacht
worden. So standen die Dinge noch in den Jahren 1805 und 1806. Da
kam endlich die ganze Nichtsnutzigkeit an den Tag. Mit neuer Leuchte erhellten
Scharnhorst, Clausewitz, Gneisenau das Dunkel und jetzt in Trachenberg
einigten sich Preußen, Russen und Oesterreicher dahin: Die Sache, um die es
sich handelt, ist, auf die Hauptarmee des Feindes loszugehen und sie schlagen.
Die Lehre, als ob an eine bestimmte Scholle irgendwo auf der Erde der Sieg
gebunden sei, war endgiltig über Bord geworfen.

Drei Armeen sollten aufgestellt werden, so bestimmte man in Trachenberg.

Die Nordarmee zum Schutze der Stadt Berlin in der Mark Branden=
burg; sie setzte sich zusammen aus Preußen, Russen und Schweden, stand unter
dem Kronprinzen von Schweden und blickte nach Süden.

Die schlesische Armee im mittleren Teil der Provinz Schlesien; sie
bestand aus Russen und Preußen, wurde von dem General der Kavallerie
v. Blücher befehligt und blickte nach Westen.

Die große böhmische Armee sammelte sich im nördlichen Teile von
Böhmen an der sächsischen Grenze; sie setzte sich zusammen aus Oesterreichern,
Russen und Preußen, stand unter Kommando des Fürsten Schwarzenberg und
blickte nach Norden.

Jede dieser drei Armeen sollte nach den Umständen handeln, jede hatte
ihre eigene Operationslinie, aber als unabänderlicher Grundsatz war in
Trachenberg angenommen: wo das Hauptquartier des Feindes steht, in diesem
Punkte laufen alle die verschiedenen Anmarschlinien zusammen, das ist die
Stelle, wo sich die aus der Mark Brandenburg, aus Schlesien, aus Böhmen
Kommenden die Hand reichen. — Das war einmal kurz, schlicht, verständlich,
das hieß brechen mit der seither üblichen Geheimniskrämerei.

Das war alles die Frucht der Unterredungen in Trachenberg, so lange
die Abgesandten der Mächte ihre Zeit in Prag totschlugen. Nebenher freilich
suchte Napoleon seine speziellen Zwecke zu erreichen. Zunächst begann er Sonder=
verhandlungen mit Rußland und Preußen, um Oesterreich zu isolieren. Aber
im Lager der Verbündeten sehnte man sich nach nichts so sehr als nach dem
Ende des Waffenstillstands, nach Wiederbeginn des Kampfes. So mußte

Napoleon seine Sache anders anfangen. Jedes Ding hat seinen Preis; die Wahrheit dieses Satzes war Napoleon gar oft vor Augen getreten. Denn er besaß eine vollkommene Kenntnis von der Niederträchtigkeit der menschlichen Natur. Diesmal aber täuschte er sich, als er unter irgend welchen Zusagen um die Beihilfe oder doch um die Neutralität Oesterreichs warb. Am 7. August teilte Metternich die geschehenen Zumutungen den anderen Verbündeten mit. Ein Krieg ohne Oesterreich auf Seite der Verbündeten wurde nicht mehr als möglicher Fall angesehen.

Diese Annahme scheint auch sonst und schon seit längerer Zeit verbreitet gewesen zu sein. In solchem Sinne berichtet der württembergische Gesandte in Dresden, Herr v. Linden, der, wie wir gehört haben, bei Graf Bubna aus und ein ging, vom 6. August an König Friedrich: „Ich würde den Glauben an den Wiederausbruch des Krieges nicht teilen, wenigstens nicht in so hohem Maße wie das Publikum, wenn ich nicht Gelegenheit gehabt hätte, über die Tendenz der österreichischen Vermittlung und die geheimen Triebfedern derselben mir Kenntnis zu verschaffen.

„Nach meiner erhaltenen Kunde hat der preußische Minister v. Humboldt, welcher dermalen in Prag unterhandelt, das Verdienst, Oesterreich oder was das nämliche ist, den Grafen Metternich ganz für Preußen gewonnen zu haben. Gleich nach dem unglücklichen Rückzug aus Rußland erwachte in Humboldt der Gedanke, Preußens Unabhängigkeit von Frankreich herzustellen. In der Ueberzeugung, daß dieser Zweck nur unter Beiwirkung Oesterreichs erreicht werden könne, teilte er seine Idee dem Grafen Metternich mit und suchte solchen in das Interesse seines Hofes zu ziehen. Seine Gründe waren: daß Oesterreich und Preußen zusammen gehen und zusammen groß werden müssen auf Kosten des unerträglich übermächtig gewordenen Frankreich. Mit diesen Gründen verband Humboldt, wie man behauptet, noch einen Angriff auf die schwache Seite des Grafen Metternich und schmeichelte seiner Eitelkeit und seiner Neigung zum Vergnügen, da er ihn die Rolle eines Schiedsrichters zwischen den größten Mächten Europas spielen ließ und ihn mit Damen in nahe Verbindung brachte, die für Preußen gewonnen waren.

„Dieser Versuch gelang nun auch Humboldt; Graf Metternich ging in seine Pläne ein und der preußische Hof erhielt die Versicherung der thätigsten Teilnahme von seiten Oesterreichs an der Ausführung seines Plans. Der erste entscheidende Schritt Preußens soll die Unterzeichnung des Allianzvertrags mit Rußland am 16. März 1813 gewesen sein. Im Gefolge nun soll unter Mitwirkung des als Schriftsteller bekannten Gentz, welcher die rechte Hand des Grafen Metternich ist und im geheimen Einverständnis mit Humboldt lebt, festgesetzt worden sein, Preußen nicht allein seine ehemalige Selbständigkeit wieder zu geben, sondern dasselbe womöglich noch zu vergrößern und in erster Linie ihm Magdeburg wieder zuzuwenden. — In diesem Geiste und unter der

geheimen Leitung und Einwirkung von Gentz und Humboldt soll, wie man
mich versicherte, nunmehr die österreichische Vermittlung handeln."

Schon oben haben wir gehört, wie Metternich sich gegen Hardenberg aussprach vor dem Unheil der Franzosen in Rußland (S. 126 ff.); denkbar ist, daß
durch Humboldt das Band mit Preußen noch fester geknüpft wurde.

Während mit jedem Tage mehr und mehr die Möglichkeit für Oesterreich
schwand, seine bewaffnete Neutralität aufrecht zu erhalten, wiegte sich Napoleon
in Dresden immer noch in dem Gedanken, daß es ihm gelingen könnte, die
ganze Sache hinauszuziehen, den Waffenstillstand zu verlängern, Oesterreich
los zu machen von seinem Einverständnis mit Rußland und Preußen. In
seinem Leben waren ihm Ratlosigkeit und Zagen auf seiten seiner Feinde bei
weitem öfter entgegengetreten als klar bewußter Wille und Entschlossenheit.
So hoffte er bis zur letzten Minute. „Glauben Sie, daß die Oesterreicher
den Mut haben werden, mit mir zu brechen?" fragte er Maret, den
Herzog von Bassano. Der kluge Maret wußte längst, daß sie ihn haben
werden; er hatte seinen Herrn schon oft beschworen, auf den angebotenen
Frieden einzugehen; auch Caulaincourt, der Gesandte in Prag, wußte, was
kommen würde. Napoleon verschloß wiederum vor der wahren Sachlage die
Augen; kleine Zugeständnisse war er bereit zu machen; doch zögerte er noch
damit; endlich fertigte er einen Boten mit der Vollmacht nach Prag ab. Dieser
mußte aber zu spät kommen; er kam erst im Laufe des 11. August in Prag
an. In der Mitternachtstunde vom 10. auf den 11. August war der Waffenstillstand abgelaufen. Als sein Bote in Prag ankam, befand sich Napoleon
schon im Kriegszustande mit Rußland und Preußen und zugleich mit Oesterreich. Denn für letzteres war jetzt der Fall eingetreten: falls Napoleon bis
zum 10. August die gestellten Bedingungen nicht angenommen haben würde,
trete es mithandelnd auf die Seite der Verbündeten.

Er brachte bange Stunden, der 10. August in Prag, namentlich für den
preußischen Abgesandten, für Humboldt, den glühenden Patrioten. Nahm Napoleon an, schickte er rechtzeitig seinen Boten von Dresden her, dann kam der
Friede zu stande und zugleich ein unfertiges Preußen auf dem rechten Elbeufer, halb aus Deutschland hinausgedrängt; die Hoffnungen der Nation erfüllten
sich entweder gar nicht oder doch nur sehr unvollkommen und langsam.
Mit der Uhr in der Hand saßen sie da; richtig, es kam keine Botschaft von
Napoleon; es schlug die Mitternachtstunde. Da atmete man frei auf;
Humboldt und der russische Gesandte v. Anstedt erklärten ihre Vollmachten für
erloschen; Metternich sprach die Auflösung des Kongresses aus und setzte sich
nieder, um die Kriegserklärung Oesterreichs an Frankreich zu schreiben. Humboldt gab keine Ruhe, bis er sah, wie der französischen Gesandtschaft ihre Pässe
eingehändigt waren samt der Kriegserklärung. Es war ein Uhr am 11. August,
als das geschah. Die Gefahr eines Friedens war für Preußen vorüber.

So stand jetzt Oesterreich im Lager zusammen mit Rußland und Preußen, oder kann man auch sagen: Rußland und Preußen waren auf die Seite von Oesterreich getreten. Denn durch Hinzutritt des Habsburgischen Kaiserstaates war mit einem Ruck eine Reihe von Zuständen der Gegenwart, von Aussichten in die Zukunft verschoben. Gar bedrohlich und radikal lasen sich die Proklamationen von Kalisch, die Aufrufe der Russen an die Deutschen, die Ansprache Blüchers an die Sachsen vom Frühjahr 1813. Im neu geschaffenen Königreich Westfalen, das unmittelbar vor dem Staatsbankerott stand, begannen die Geister unruhig zu werden, an dem fidelen Karnevalshof in Kassel fing die bonapartistische Sippe an, den Bündel zu schnüren; in den sonderbaren Großherzogtümern Frankfurt und Würzburg dachte man fleißig an das Reisegepäck; sogar in den alten deutschen Staaten des Rheinbundes, welche durch die Verträge mit Napoleon seit 1802 so bedeutende Grenzerweiterungen erfahren hatten, wurde man unruhig beim Gedanken an die geplante Neuordnung Deutschlands, an die Zentralverwaltung des Freiherrn vom Stein.

Jetzt aber rechneten die alten Fürstenhäuser mit Fug darauf, daß für sie in Oesterreich mitten im Kreise der verbündeten Mächte ein Anwalt erwachsen sei; Bayern begann seine Annäherungsversuche an die alte Kaisermacht, und nur das eine mochte Bedenken erregen: es schien, als beabsichtige Oesterreich ein Stück von der Ordnung des alten Reiches zu erneuern, eine Art Aufsichtsbehörde zu schaffen, durch welche die kaum errungene volle Souveränität wieder arg in Gefahr kommen mußte. —

Auf solche Entschlossenheit Oesterreichs war man in Dresden nicht gefaßt gewesen. „Von dem Augenblick der Aufkündigung des Waffenstillstandes an," schreibt Beroldingen, „ist alles in größter Thätigkeit; der Generalstab und die Garden haben Befehl erhalten, sich marschfertig zu halten; die Befestigungen der Stadt gehen der Vollendung entgegen; die Schauspielergesellschaft hat Befehl erhalten, nach Paris zurückzukehren." Beroldingen selbst ist aufgefordert, dem kaiserlichen Hauptquartier zu folgen; wohin der Kaiser gehen wird, sei noch ungewiß; er warte noch auf Antwort wegen seiner neuesten Anträge. — Der Gesandte v. Linden fügt dem noch bei vom 11. August: „Nach allem wird Oesterreich den Krieg erklären; es ist nach dem Geist in der Leitung der Unterhandlungen nicht anders denkbar. Der Kaiser sah auf der Parade sehr finster aus; am königlichen Hofe in Dresden herrscht große Niedergeschlagenheit."

Kurze Zeit erst war Napoleon im Besitze der Kriegserklärung Oesterreichs, als er am 13. August an König Friedrich von Württemberg, mit dem er den ganzen Sommer hindurch in fleißigem Briefwechsel gestanden, schrieb:[*]

---

[*] Corresp. 26, S. 4 ff. Vgl. Schloßberger, Korresp. König Friedrichs von Württemberg ꝛc. S. 311 ff.

„Mein Herr Bruder! Der Kongreß von Prag hat nie ernstlich existirt; er war nur ein Mittel für Oesterreich, um sich zu erklären. Schon aus der Ernennung des Herrn Anstedt konnte man die Entschließung der Verbündeten kennen lernen; auch haben sich die Abgesandten der verschiedenen Mächte niemals gesehen. Die russischen und die preußischen Bevollmächtigten haben niemals ihre Häuser verlassen; sie haben den Abgesandten Frankreichs gar nie sprechen wollen. Endlich am 10. August hat uns die vermittelnde Macht den Krieg erklärt. Ihr Manifest, sonst recht gemäßigt, ist lächerlich an der Stelle, wo es auf die früheren Ereignisse aus der Zeit des Bündnisses vom Jahre 1812 zu sprechen kommt.

„Es scheint, daß schon seit dem Monat Februar Oesterreich sich ernstlich mit den Verbündeten eingelassen hat; das Ereignis der Schlacht von Großgörschen hat das Tempo verlangsamt und Oesterreich fand sich nicht stark genug, um offen aufzutreten. Heute, nach dem Wechsel in seinem Finanzministerium, hat es seine Waffenmacht so viel möglich gesteigert und pocht auf seine Kräfte. Im übrigen, wenn Eure Majestät fragen sollte: was Oesterreich will, so antworte ich: es will alles. In seinem Manifeste bedient es sich des Ausdrucks: ‚Deutsches Reich‘; es will damit alles das, was es wiedergewinnen kann. Man hat Erkundigungen eingezogen, ob sie zufrieden sein würden mit Illyrien, mit Polen; allein wie zu vermuten stand, waren sie weit entfernt davon; sie verlangen Venedig, die Länder am Inn, Magdeburg, die Auflösung des Rheinbundes; und das bedeutet offenbar so viel als die Wiederbelebung der alten Zustände in Deutschland; denn der Rheinbund ist ja nur die Folge meiner mit den Fürsten geschlossenen Verträge.

„Kurz, der Kaiser von Oesterreich wollte Krieg. Er schrieb mir, nur vier Tage vorher, die freundschaftlichsten Briefe. Das war eine unnötige Heuchelei, denn ich weiß, wo sie hinauswollen, seit dem Tage von Minsk, wo der Fürst Schwarzenberg aus der Hofburg Weisungen erhielt, seine Bewegungen in ganz entgegengesetztem Sinne einzuleiten, als meine Befehle lauteten. — Die Truppen Eurer Majestät stehen beim IV. Corps und bewegen sich mit dem VII. und XII. Corps in der Richtung auf Baruth.“

Noch im Frühjahr 1813 hatte Napoleon bange zu machen gesucht durch Heraufbeschwörung des Geistes der Anarchie und des Umsturzes, der von Rußland und Preußen ausgehe; jetzt suchte er die Interessen der deutschen Staaten dadurch an seine Person zu knüpfen, daß er ihnen vorstellte, nur er vermöge ihre Selbständigkeit gegen Oesterreich und jeden andern Angriff zu schützen. — Genau dasselbe Spiel trieb das dritte französische Kaiserreich im Sommer 1870, als es behauptete, nur die unablässige Sorge für die Unabhängigkeit der süddeutschen Staaten treibe Frankreich in den Krieg; sein Ziel sei, die Völker Deutschlands, welche Ansprüche auf Selbständigkeit haben, von der preußischen Unterdrückung zu befreien.

Nach wenigen Tagen antwortete König Friedrich, daß er für das vielfach in ihn gesetzte Vertrauen danke; auch wolle er nicht unterlassen, auf die verdächtige Haltung Bayerns gegenüber von Oesterreich, auf Truppenverschiebungen an der Grenze hinzuweisen. —

Unmittelbar nach der Schlacht von Bautzen war der Marschall Oudinot mit dem XII. Corps in die Richtung auf Berlin abgeschickt worden. Es kam damals zu wenig bedeutenden Zusammenstößen. Jetzt beim Wiederbeginn des Kriegs wurde es als Oudinots spezielle Aufgabe bezeichnet, gegen Berlin vorzugehen. Seine Hauptarmee hielt Napoleon beisammen in Schlesien, in der Lausitz, in der Umgebung von Dresden. Drei Corps aber trennte er von diesem Hauptkörper ab: das XII., VII. und IV. Corps, um unter dem Oberbefehl von Oudinot den Schlag gegen Berlin zu führen. Mit der Wegnahme dieser Stadt hoffte man zugleich einen weitgehenden moralischen Eindruck zu erzielen. Drei bis vier Märsche genau südlich von Berlin, bei Dahme und Baruth, sollten die Truppen Oudinots sich sammeln zwischen dem 16. und 20. August.

Ueberall wurde aus den Kantonirungen aufgebrochen; auf allen Landstraßen zogen die langen Kolonnen der Truppen; Munitionstransporte wurden noch herbeigezogen und Lebensmittelzufuhren. Der Aufmarsch der französischen Heere gegen Schlesien, gegen Böhmen, mit der Richtung auf Berlin hatte begonnen. Die Armeecorps und Divisionen zogen sich zusammen, um demnächst in Massen dem Feinde entgegenzurücken. Die württembergische Division hatte am 13. August ihre Quartiere bei Primkenau verlassen und befand sich im Marsch über Sprottau, Kottbus, Luckau mit der Richtung auf Baruth. Unterwegs schloß sich die Brigade Doering an die Division des Grafen Franquemont an; von dieser Hauptmasse der Württemberger getrennt, hatte die Reiterbrigade Graf Normann am 6. August Bunzlau in Schlesien erreicht und sich mit dem VI. Corps des Marschalls Marmont vereinigt.

Bevor die Truppen aus ihren Kantonirungen aufbrachen, hatten sie noch das für die französische Armee bedeutendste Fest zu begehen, den Napoleonstag. Er fiel eigentlich auf den 15. August; da aber an diesem Tage alles schon in Bewegung sein mußte, so war für die allgemeine Feier der 10. August festgesetzt worden. Zugleich ist befohlen, daß die einzelnen Kommandeure über die Anordnungen zum Fest und über den Verlauf desselben ausführlichen Bericht erstatten. Graf Franquemont thut dies aus Primkenau vom 11. August an General Bertrand mit den Worten:

„In Uebereinstimmung mit den von Eurer Excellenz erhaltenen Weisungen ist gestern das Fest des Kaisers hier begangen worden mit all der Feierlichkeit, welche der Bedeutung des Tages angemessen ist und zugleich unseren Gesinnungen als ergebenen Bundesgenossen entspricht. — Die Räumlichkeiten, welche die Stadt Primkenau bietet, gestatteten nicht, alle Offiziere der Division hier zu vereinigen; jeder Regimentskommandeur mußte deshalb seine Offiziere im Hauptort seines Kantonnements im Freien bewirten. Zu gleicher Zeit und am gleichen Platze vollzog sich die Speisung der Soldaten. Ihre Tische waren gegenüber der Offizierstafel in amphitheatralischer Anordnung aufgestellt. So waren sie im stande, an der Lustbarkeit ihrer Vorgesetzten teilzunehmen.

„Jedes Regiment schickte zwei Offiziere als Deputation zu der Tafel, welche ich den Personen des Hauptquartiers gab. Mit Tagesanbruch spielten Musiken und Tambours in den Hauptorten der Kantonnements. Um neun Uhr wurde Tedeum abgehalten; um 12 Uhr fand große Parade statt mit Ausführung mannigfacher Bewegungen. Um drei Uhr ging es zum Mittagessen, wobei die Gesundheit des Kaisers ausgebracht wurde. Dieser Trinkspruch war durch 25 Kanonenschüsse begleitet und der Ruf: Es lebe der Kaiser! wurde mit Enthusiasmus wiederholt. Alle diese Versammlungen verliefen ungemein heiter und dauerten bis zum Einbruch der Nacht.

„Die Soldaten belustigten sich auf ihre Art; da gab es Vergnügungen aller Art: Wettlaufen, Maskeraden, ländliche Tänze mit den Dorfmädchen und anderes. Die Umgebungen der Bankette waren auf besonders zierliche Weise dekorirt mit Guirlanden und Laubgewinden, Inschriften und allegorischen Figuren. Am Abend hatten die Stadt Primkenau und einige andere Orte sogar ihre Illumination. Da waren Namenszüge zu sehen, wie sie dem Feste entsprachen; im Theater wurde ein dem Tage entsprechender Prolog gesprochen.

„Die beschränkten Lokalitäten und die Kürze der Zeit haben freilich keine Veranstaltungen gestattet, wie sie der Bedeutung des Tages entsprochen hätten; die allgemeine Heiterkeit aber mag den Mangel der Großartigkeit ersetzt haben. — Ich habe die Ehre ꝛc.

Graf Franquemont.“

Dieser Napoleonstag ist der letzte gewesen für die deutschen Völker, und nüchtern genug scheint er wenigstens in Primkenau begangen worden zu sein; der letzte auf viele Jahrzehnte hinaus war er auch für die Franzosen.

III. Einstellung der Heeresfolge.

Dennewitz.

„Den Paß des französischen Gesandten Narbonne und das Kriegsmanifest des Kaisers," erzählt Metternich, „ließ ich mit dem Schlag der Mitternachtstunde vom 10. zum 11. August 1813 vom Stapel laufen, dann die von Prag bis an die schlesische Grenze in Bereitschaft gehaltenen Feuersignale anzünden." Und sechs Jahre später: „Ich komme nie nach Prag, ohne zu meinen, es schlage Mitternacht. Vor sechs Jahren habe ich um diese Stunde meine Feder eingetaucht, um dem Manne des Jahrhunderts und St. Helenas den Krieg zu erklären und die Signalfeuer anzünden zu lassen." *)

So war endlich die österreichische Politik in die Bahnen eingelenkt, wie sie schon vorgezeichnet waren in den Abmachungen zwischen Hardenberg und Metternich vom Herbst 1812. Oesterreich trat auf den Plan, entschlossen mitzuhelfen, um Preußen wenigstens wieder zu einiger Machtentwicklung gelangen zu lassen, um das eigene Uebergewicht in Deutschland und Italien zu sichern, um zugleich die aufkeimenden demokratischen Ideen einzudämmen. „Denn die Lage im Sommer 1813," fährt Metternich fort, „war eine außerordentlich schwierige geworden durch die preußischen Demokraten." Die revolutionäre Saat, welche seit dem Jahre 1808 in Preußen ausgestreut worden, sei plötzlich auf einem ausgedehnten Felde in die Halme geschossen.

Metternichs Zweck war nicht der Nationalkrieg; der war ihm gleichgiltig; auch nicht der nationale Ausbau war von ihm gewollt, der war ihm zuwider. Er hatte seinen Gedankenkreis ganz dem österreichischen Boden, dem Völkergemengsel unter Oesterreichs Fittich angepaßt; nirgends eine ausgesprochene, eine durchgreifende Nationalität, sondern Abschnipsel und Reste von allen möglichen Nationen, zusammengehalten rein nur durch einheitliche staatliche Aufsicht

---

*) Aus Metternichs nachgelassenen Papieren ꝛc. ꝛc. I. 163 und III. 293.

und durch das Gefühl der Notwendigkeit, in gegenseitiger Anlehnung zu existiren. — Von solchem Bilde ausgehend gestalteten sich auch die Pläne für die politische Zukunft in Metternichs Kopf weit einfacher als im Geiste derjenigen, die er für Umstürzler, für Nationalitätsfanatiker, für Deutschtümler hielt. In Mitteleuropa, in Deutschland und Italien insbesondere, schien ihm eine derartige Gruppirung der Staaten notwendig, daß eine Ueberwachung aller beunruhigenden Erscheinungen möglich war und zwar unter österreichischer Oberleitung.

Es ist gar kein Zweifel, wenn Oesterreich sich schon im Frühjahr für die Verbündeten entschieden hätte, so würde Napoleon den Hauptkriegsschauplatz nach dem für ihn viel bequemer gelegenen Donaulande verlegt haben; Oesterreich wäre wiederum Kriegsschauplatz geworden und mußte mit unfertigen Kräften ins Feld rücken. Es konnte vollständig geschlagen sein, bis die Gefährten durch Böhmen und Schlesien zu Hilfe kamen. Das alles hatte jetzt ein ganz verändertes Gesicht angenommen; die Freunde mußten ihr Lehrgeld zahlen und sahen es jetzt wie eine Art Rettung an, als Oesterreich sich zu ihrer Sache bekannte. So vermochte dieses auch seine Forderungen zu stellen. Und Oesterreich fühlte sich jetzt stark genug, um auch die inneren Fragen in seinem Sinne zu regeln. Alle die Aufrufe, von der Proklamation von Kalisch an, welche berechnet waren, die Völker zur thätigen Teilnahme an ihrer eigenen Befreiung herbeizuziehen, waren Metternich von Herzen zuwider. Ueberall erschien ihm das Gespenst der preußischen „Jakobiner", des Freiherrn vom Stein, dieses Mitverschworenen aller Ideologen und Brandstifter, wie er meinte. Napoleon war der Entdecker dieser Vogelscheuche gewesen, die er seinen Rheinbundfürsten in den ersten Monaten des Jahres 1813 vorhielt, um sie zu neuen Anstrengungen und zum engsten Anschluß an ihn zu vermögen. Und jetzt eignete sich Oesterreich dieselben Gesinnungen an, blieb grundsätzlich der deutschen Erhebung fremd, wußte mit der Zeit die regierenden Kreise auch Rußlands und Preußens zu gewinnen, für sich selbst die Oberherrschaft zu sichern und auf geraume Zeit jede freiheitliche Regung in Europa zu unterdrücken.

Ganz gewaltige Anstrengungen waren von seiten Oesterreichs notwendig, um sich von der gänzlich gedrückten Stellung, in welche es 1809 durch den Frieden von Wien zurückgeschleudert worden war, wieder emporzuarbeiten. Nur die Erkenntnis, daß jetzt der Zeitpunkt gekommen sei für Herstellung des alten Uebergewichts, vermochte es zu derartig gesteigerten Leistungen anzuspornen. Seine Armee war vor dem Zug nach Rußland noch außerordentlich schwach gewesen; jetzt, in der Mitte des Monats August 1813, vermochte Oesterreich mit 262000 Mann auf den Plan zu treten; immerhin reichlich über ein Prozent seiner Bevölkerung. Zu derselben Zeit wußte Preußen seine bewaffnete Macht zu steigern auf 277000 Mann, mehr als sechs Prozent der Einwohnerzahl. Rußlands Aufgebot blieb hinter jedem der beiden anderen

verbündeten Staaten zurück; eine Menge seiner Truppen befand sich auf dem
weiten Wege vom Innern des Reichs durch Polen zur Weichsel und Oder.

Nach dem Trachenberger Kriegsplan stellten die Verbündeten, wie wir
gesehen haben, ihre Heere auf drei Kriegstheatern auf und zwar die Nordarmee in der Nähe von Berlin, die schlesische Armee in der Nähe von
Breslau und die böhmische Armee an der Eger, der nördlichen Grenze
Böhmens nahestehend. Dabei wußte sich von vornherein Oesterreich eine Reihe
von Vorteilen zu sichern; die böhmische Armee wurde zur numerisch stärksten
gemacht, zur Hauptarmee durch russischen und preußischen Zuzug; bei ihr
befanden sich sämtliche Monarchen, bei ihr auch der nominelle Oberbefehlshaber aller verbündeten Streitkräfte, Fürst Schwarzenberg; die österreichischen
Truppen brauchten sich nicht zu teilen, sie verblieben ungetrennt bei der Hauptarmee. Russen und Preußen dagegen gaben Teile ab sowohl zur Hauptarmee,
wie auch zur schlesischen und zur Nordarmee. Preußen wußte sich wenigstens
mit Blücher ein Armeekommando zu sichern, das des schlesischen Heeres; Rußland verzichtete auf jedes spezielle Oberkommando und überließ die Führung
der Nordarmee an Karl Johann, den Kronprinzen von Schweden, ehemaligen
Marschall Bernadotte.

So findet sich die böhmische Hauptarmee zusammengesetzt aus
Oesterreichern, Russen und Preußen, zusammen 237000 Mann, dabei 130000
Oesterreicher, ein russisches Corps unter Wittgenstein und das II. preußische
Corps unter Kleist; alles dem Kommando des Fürsten Schwarzenberg unter-
stellt. — Die schlesische Armee des Generals der Kavallerie v. Blücher
begriff in sich drei russische Corps unter Langeron, Sacken und St. Priest und
das I. preußische unter York; zusammen 95000 Mann. In allem 130000 Mann
zählte die Nordarmee unter dem Kronprinzen von Schweden und zwar das
III. preußische Corps Bülow, das IV. preußische Tauentzien, das russische
Winzingerode und das schwedische Hilfscorps Stedingk.

Die drei verbündeten Mächte hatten demnach, in drei Gruppen geteilt,
auf dem hauptsächlichsten Kriegsschauplatz 462000 Mann unter dem Gewehr.
Außerdem ließ Oesterreich noch 50000 Mann gegen Italien marschiren und
24000 Mann an der Donau gegen Bayern. Rußland und Preußen unter-
hielten in zweiter Linie zahlreiche Corps zur Blokade und zur Belagerung der
Festungen an der Weichsel und Oder, gegen Hamburg und Magdeburg.

Napoleons ganze Hoffnung waren die Tage des Waffenstillstands gewesen; was lückenhaft und unfertig sich erwiesen, sollte ergänzt und auf die
wünschenswerte Höhe gebracht werden. Gediente Mannschaften zogen herbei
aus dem Innern Frankreichs, aus dem Feldlager in Spanien, um die Führung
der jugendlichen Kämpfer zu übernehmen. Reiterei und Artillerie wurden vermehrt, so weit es irgend ging. Wieder war es ein Völkerheer, das Napoleon aufstellte. Die Scharen der Bundesgenossen aber hatten sich doch stark

vermindert gegenüber dem Auszug vom Jahr 1812. Portugiesen und Spanier, damals noch zahlreich in der Großen Armee, finden sich jetzt nur durch ein einziges Regiment vertreten. Das wäre ohne Bedeutung gewesen; aber stärker ins Gewicht fällt die Herabminderung bei den Italienern, Polen, Deutschen. Durch zwei schwache Divisionen sind die Italiener vertreten; die Polen vollends, von ihrem Vaterland abgeschnitten, sind auf wenige Tausende geschmolzen. Von den größeren deutschen Kontingenten kommen die Bayern, Württemberger, Westfalen und Sachsen in Betracht. Da trat der Ausfall besonders stark zu Tage bei den Bayern; sie waren bei der Großen Armee in Sachsen nur vertreten durch eine schwache Division von 7000 Mann. Ungefähr ebenso stark rückten die Württemberger aus. Es war Napoleon nicht gelungen, diese beiden Rheinbundstaaten zur Ergänzung des Abgangs bei ihren Feldtruppen zu bewegen. Zahlreicher standen Westfalen und Sachsen im Feld; aber die Reihen der Westfalen besonders wurden immer dünner durch massenhafte Desertion. Die Großherzogtümer Baden, Hessen, Würzburg, Frankfurt, Berg, wie auch die Schweiz preßte man nach Kräften aus, doch vermochten ihre Kontingente den Ausfall nicht zu decken.

Was Napoleon an Streitkräften auf deutschem Boden unter seinen Fahnen beisammen hatte, erreichte nicht vollständig die Höhe von 400000 Mann, eingeteilt in 14 Armeecorps, ein Reservecorps, 5 Kavalleriecorps und die Garden; außerdem befanden sich noch 80000 Mann als Festungsbesatzungen in Deutschland, 40000 standen unter dem Vizekönig von Italien am Jsonzo den Oesterreichern gegenüber. — Nur ein Teil der 14 französischen Armeecorps war auf die Stärke gebracht worden, wie sie die Regel war im Feldzuge 1812. Das stärkste war das XIII. des Marschalls Davoust, der mit 37000 Mann in Hamburg stand; beinahe ebenso viele Streiter zählte das VI. Corps, Marmont: etwas schwächer war das III. des Marschalls Ney mit 24000 Mann und das schwächste war das VIII., Fürst Poniatowski, mit 13000 Mann. Die Garden hatten sich auf 40000 Mann verstärkt; von den 5 Kavalleriecorps erreichte aber nur ein einziges die Stärke von 10000 Mann.

Auf der Sicherstellung des Laufes der Elbe, als seiner Basis, beruhte für Napoleon das Gelingen seiner Operationen im Herbstfeldzuge, auf der Möglichkeit, nach Belieben mit zusammengeballten Kräften einen Vorstoß in die Richtung auf Breslau oder Berlin ausführen zu können, auf der Gewißheit, an der Elbe selbst, in vorbereiteten Stellungen, jedem nachdrängenden Gegner gewachsen zu sein. Der Mittellauf erschien gesichert durch die Festungen Magdeburg, Wittenberg, Torgau; die äußersten Punkte: Hamburg an der Mündung des Flusses, Dresden nahe seinem Heraustreten aus dem Gebirge, waren im Begriffe, als Festungen ausgebaut zu werden.[*] Während so die Verbündeten

---

[*] York v. Wartenburg, Napoleon als Feldherr. Berlin 1886. II. 248 ff.

in weitem Halbkreise von Mecklenburg über Schlesien bis Böhmen standen, vermochte Napoleon auf der Sehne des Bogens seine Kräfte hin und her zu werfen, um mit der Masse seiner Macht an dem jeweilig wichtigsten Punkte aufzutreten.

Vorerst befand sich Napoleon noch nicht in der Lage, genau zu erkennen, in welcher Richtung er die Hauptmacht des Feindes zu suchen habe, ob nach Osten hin bei Breslau, ob nach Süden hinter dem sächsisch-böhmischen Grenzgebirge. Die nächsten Maßnahmen, die er traf, sprechen dafür, daß er die schlesische Armee unter Blücher für die Hauptarmee hielt, von der zunächst am meisten zu befürchten sei, der er mit aller Kraft entgegentreten müsse. Am 16. August hatte Napoleon seine Hauptmacht, Garden, III., V., VI., XI. Corps nebst zwei Kavalleriecorps, in allem 150 000 Mann, zwischen der Katzbach und dem Boberfluß versammelt. Seine übrige Armee stand in zwei Gruppen: die eine unter dem Marschall Oudinot, IV., VII., XII. Corps und ein Kavalleriecorps, als die gegen Berlin bestimmte Armee bei Wittenberg; die andere Gruppe bei Dresden und in der Lausitz, I., II., VIII., XIV. Corps.

Am 15. August ging Napoleon von Dresden zu seiner Hauptarmee ab; am 18. befand er sich in Görlitz, am 21. in Löwenberg; am 23. in der Frühe erhielt er die Nachricht, daß die feindliche Armee aus Böhmen aufgebrochen sei, das Erzgebirge überschreite und Dresden bedrohe. Jetzt brauchte er nicht mehr länger zu suchen, er wußte von nun an, wo die feindliche Hauptarmee ihre Stellung habe. Sofort brach er auf, um an dem entscheidenden Punkte die Fäden selbst in die Hand zu nehmen. In Gewaltmärschen, die man in früheren Zeiten für unmöglich gehalten haben würde, setzte er die Garden und das VI. Corps von Schlesien gegen Dresden in Bewegung und vereinigte nun hier seine Hauptarmee. Am Morgen des 26. August befand sich Napoleon wieder in der Hauptstadt Sachsens. Auf dem östlichen Kriegsschauplatz zwischen Katzbach und Bober hatte er den Marschall Macdonald mit dem III., V., XI. Corps zurückgelassen, etwa 70 000 Mann stark.

So hastete sich Napoleon mit seinen Garden ab, um überall da zu sein, wo es not that; und er kam noch ganz zeitig nach Dresden, schlug den Angriff der Verbündeten am 26. und 27. August zurück und nötigte sie, über das Gebirge wieder nach dem nördlichen Böhmen zu gehen. Die Ueberlegenheit der Gegner mochte er ja erkannt haben, aber durch die Einheitlichkeit des Oberbefehls, durch die Möglichkeit, bald dahin, bald dorthin unversehens einen Schlag mit überlegenen Kräften zu führen, gedachte er die Verschiebung der Kräfteverhältnisse ausgleichen zu können. Doch ein Hindernis stand dem entgegen: der Kriegsschauplatz im großen erwies sich als zu weitläufig, um dem Oberfeldherrn zu gestatten, bald in Dresden, bald an der Katzbach, bald in Wittenberg zu erscheinen. Wir sehen deshalb auch für die nächsten Wochen Napoleon an den Hauptpunkt Dresden festgelegt, trotzdem er einmal den Anlauf nimmt, die Dinge im Norden, gegen Berlin, selbst zu leiten; er fühlt sich schließlich doch unentbehrlich in dem Mittelpunkt Dresden. So bleibt er hier, bis er mit dem Beginn des Monats Oktober sein Hauptquartier nach Leipzig verlegt. Seinen Unterführern, den Marschällen Macdonald, Oudinot, Ney ist es überlassen, auf den entfernteren Kriegstheatern, an der Katzbach, auf der Straße von Wittenberg nach Berlin die Dinge zu leiten.

Das war eine vortreffliche Sache gewesen im Frühjahr 1813, als er, Kaiser und Oberfeldherr zugleich, die junge Armee in fester Hand vereinigt hielt; da hatte er Freiheit, überlegene und flankirende Massen dahin, dorthin zu werfen, um Siege zu erringen wie bei Großgörschen und Bautzen. Mühsam genug errungen waren freilich diese Entscheidungen, aber sie vermochten doch der ganzen Welt einen Anstoß zu Gunsten des wiedererwachten französischen Uebergewichts zu geben. Und jetzt, nach dem Waffenstillstande, thaten wieder Siege not, so sehr als je und zwar sieghafte Entscheidungen auf jedem Punkte des vielseitig gewordenen Kriegsschauplatzes. Jetzt mußte sich zeigen, was die Unterführer von ihrem Meister gelernt hatten, wie hoch sie standen im Erkennen der Kriegslage, im Disponiren über die eigenen Kräfte, im Heraus- finden des Punktes, auf den es ankam.

Es waren in der That auch lauter erprobte, vortreffliche Corpskomman- deure; Macdonald galt für besonders umsichtig, Ney für einen furchtlosen Draufgänger, für einen hervorragenden Menschenkenner; Oudinot für einen unbedingt zuverlässigen Führer. Unter den Augen des Ersten Konsuls und des Kaisers hatten sie als junge Männer angefangen, ihre Kriegserfahrungen zu sammeln; selbst aber Wege und Ziele zu finden, dazu war ihnen nur selten Gelegenheit geboten worden. Solche Naturen, wie Napoleon I., wie Friedrich der Große, so herrische, so in sich abgeschlossene Persönlichkeiten ver- mögen keine Schule heranzubilden, keine vollwertigen Stellvertreter zu erziehen.

In der eigenen Jugend Napoleons hatten sich die Ereignisse viel zu sehr gedrängt, um eine Abklärung zu gestatten, um alles Gesehene und Gehörte in ein System zu bringen, um eine strenge Schulung möglich zu machen, um Gleichmäßigkeit zu erzielen. Ohne vermittelnde, schulende Begriffe, ohne systematisch geordnete Gedankenreihen vermochten die nur mittleren Naturen der napoleonischen Unterführer dem Hochflug und der Kühnheit der strategischen Entwürfe des Meisters nicht zu folgen, um wenigstens einen Teil des Ge- dankengangs sich zu eigen zu machen und sich zu einiger strategischen Selbst- ständigkeit zu erheben. Zu der Vorbereitung für die hohe Stelle eines Armee- führers war keine Zeit und viel zu wenig Gelegenheit vorhanden gewesen. So wird von den Unterführern, die jetzt mit einem Schlag als selbständige Feld- herren auftreten sollen, zuweilen gegen die ersten Regeln der Truppenführung

verstoßen. Sie fürchteten sich vor dem, was sie nicht unmittelbar mit Augen
wahrnehmen konnten, und vermochten nicht, durch Abstraktion und Vergleichung
zu dem Ahnen der Wahrheit zu gelangen. Anderes kommt dazu; willig
ordneten sich stets die Marschälle und die anderen Corpsführer dem persönlichen Oberbefehl des Kaisers unter, auch wenn dieser einmal noch so ungnädig
und formlos verfuhr; aber einer dem andern gehorchen, davon wollten sie nichts
hören, da zeigten sie sich mißlaunig, widerwillig, zögernd, voll Neid und
Mißgunst. —

Von den französischen Stützpunkten an der mittleren Elbe, von Wittenberg,
Torgau und Magdeburg aus, gedachte Napoleon Berlin zu bedrohen, die feind-
liche Nordarmee zurückzutreiben und die preußische Hauptstadt, den Sitz der
gegen ihn gerichteten Agitation, wegzunehmen. Den nächsten Weg von der
Elbe nach Berlin bildet die Wittenberger Straße; sie führt von
Wittenberg über Dennewitz, Jüterbogk nach Luckenwalde; hier ist ungefähr der
halbe Weg; weiter über Trebbin, Großbeeren nach Berlin. In fünf starken
Märschen ist Berlin von Wittenberg aus zu erreichen; Großbeeren liegt einen
Marsch südlich von Berlin; Dennewitz einen starken Marsch nordöstlich von
Wittenberg.

Seine Berliner Armee (armée de Berlin) sammelte jedoch Napoleon
mit Beginn der Feindseligkeiten zunächst nicht auf dieser von Wittenberg nach
Berlin führenden Straße, sondern in Baruth, drei Märsche südlich von Berlin.
Erst am 19. und 20. August gewann die Berliner Armee durch einen nach
Westen gerichteten Marsch bei Luckenwalde die Wittenberger Straße, hatte sich
damit auch den Festungen Wittenberg und Magdeburg genähert. Sie bestand
aus dem IV., VII., XII. Corps; zu ihrem Führer war Marschall
Oudinot bestimmt, der Kommandeur des letzteren Corps. Zu den genannten
Armeecorps trat noch das 3. Kavalleriecorps; in allem 70000 Mann mit
216 Geschützen und 9000 Reitern. — Als bunt zusammengesetztes Völkerheer, wie die Armee im großen, so zeigte sich auch Oudinots Berliner Armee.

Das VII. Corps, General Rennier, Sachsen, Franzosen, Würzburger,
20000 Mann; das XII. Corps, dessen Kommando eigentümlicherweise Oudinot
beibehielt, Franzosen, Bayern, Westfalen, Darmstädter, Illyrier, 17—18000
Mann; IV. Corps, General Bertrand, Franzosen, Italiener, Württemberger,
22—23000 Mann. Jede der drei Divisionen im Corps Bertrand redete somit
eine andere Sprache; die 12. Division, Morand, Franzosen, zählte 11 Bataillone, die 15. Division, Fontanelli, Italiener, 14 Bataillone und die
38. Division, Württemberger unter Franquemont, 11 Bataillone in
drei Brigaden unter den Generalen Spitzemberg, Doering, Stockmaier. Jede
Division führte 2 Batterien zu 6 Geschützen. Die Kavallerie des Corps
bestand aus der württembergischen Reiterbrigade unter der doppelten Führung der
Generale Briche und Jett, 8 Schwadronen mit 1 reitenden Batterie. —

Oudinots Corpskavallerie, 3. Kavalleriecorps, unter dem General Arrighi, Herzog von Padua, zählte 27 Schwadronen mit 3 Batterien, zusammen 5000 Reiter, wie es scheint, zumeist Franzosen.

So hatte also Oudinot diese seine Berliner Armee am 20. August aufmarschiren lassen bei Luckenwalde auf der Wittenberger Straße, in der Mitte VII. Corps, links XII. und rechts gegen Baruth hin IV. Corps. Alles blickte nach Norden, nach Berlin; denn die Wegnahme dieser Stadt zu beschleunigen, war dem Führer Oudinot von Napoleon sehr warm empfohlen worden. Voraus, von Luckenwalde gegen Berlin zu, streifte die Kavallerie, und schon hatte mit dem 20. August Berührung zwischen den beiderseitigen Vortruppen stattgefunden.

Der französischen Berliner Armee gegenüber hatte sich zum Schutze Berlins die verbündete Nordarmee gesammelt. Sie bestand aus dem III. und IV. preußischen Corps, dem russischen Armeecorps Winzingerode und dem schwedischen Hilfscorps. — Das III. preußische Corps des Generals von Bülow (das II. preußische Corps unter Kleist befand sich nebst den preußischen Garden bei der böhmischen Armee, das I. unter York bei der schlesischen) zählte 40 Bataillone, 42 Schwadronen, 102 Geschütze, 40000 bis 42000 Mann. Das IV. Corps unter General Graf Tauenzien 48 Bataillone, 29 Schwadronen, 42 Geschütze, 34000 Mann. In beiden preußischen Armeecorps fanden sich bei allen Waffengattungen die Landwehren — Kurmärker, Neumärker, Westpreußen, Niederschlesier, Pommern — außerordentlich zahlreich vertreten; beiden Armeecorps waren Kosakentrupps, dem III. Corps auch 2 russische Batterien beigegeben. — Das russische Corps zählte gegen 30000 Mann, darunter 14000 Reiter; die Schweden unter dem Feldmarschall Graf Stedingk, waren etwa 23000 Mann stark. In allem mochte somit die verbündete Nordarmee gegen 130000 Mann zählen; ein vielsprachiges Völkerheer in demselben Sinne wie die gegenüberstehende französische Armee; Teutsche hüben und drüben; dort Preußen etwas mehr als die Hälfte des Heeres ausmachend, hier Rheinbundteutsche beinahe bis zur halben Stärke der Armee.

Die Stärkeverhältnisse an sich betrachtet, mußte Oudinots Berliner Armee verloren sein, sobald die weit überlegene verbündete Nordarmee in der Richtung von Berlin über Großbeeren auf Luckenwalde zum Angriff schritt. Aber dergleichen stand von seiten des Oberkommandos der Nordarmee nicht zu befürchten. Es war aus allen möglichen höfischen und diplomatischen Rücksichten dies Oberkommando von seiten der verbündeten Monarchen dem Kronprinzen Karl Johann von Schweden, dem ehemaligen Marschall Bernadotte, anvertraut worden. Nach seinen militärischen Fähigkeiten stand der Mann etwa auf derselben Stufe, wie oben (s. S. 317) von den Unterführern Napoleons angegeben. Zudem aber blickte er stets mit einem Auge hinüber nach Tänemark, um den Besitz von Norwegen sich zu sichern, was geschehen konnte, wenn er von Berlin sich gegen Stralsund oder gegen Mecklenburg zurückzog. Diese Rücksichten bestimmten denn auch den Kronprinzen, bei jeder irgendwie als bedrohlich auszulegenden Erscheinung den Plan zum Rückzug aufzustellen, dem Feinde mit möglichst wenigen Kräften entgegenzutreten und da, wo der Angriffsmut der Preußen sich nicht zügeln ließ, wenigstens Russen und Schweden von der Hilfeleistung fern zu halten. So konnte die numerische Ueberlegenheit der Nordarmee niemals zur Geltung kommen.

„Es mußte also einer der drei Franzosen (Bernadotte, Moreau, Jomini), welche die Souverane sich geholt hatten, um Napoleon zu besiegen, durch eine Armee von 100000 Mann bewacht werden.") Allein Bülow hatte bald den schlauen Fuchs erkannt, den schönrednerischen, theatralischen Franzosen, der seinen Landsleuten nicht wehe thun wollte, um sich bei ihnen beliebt zu machen und sich als eine auch für die höchste Stelle geeignete Person in der Erinnerung zu erhalten. Bülow war es, der Tauentzien und Blücher vor dem falschen Spieler warnte. Er hatte sich die Grenze seines Gehorsams gegen den fremdländischen Oberbefehlshaber genau vorgesteckt und wußte durch sein selbständiges und energisches Handeln, durch seine Verabredungen mit Tauentzien und auch mit Wintzingerode dem schlechten Willen des Oberbefehlshabers entgegenzuarbeiten und Siege zu erfechten. Auch Napoleon scheint seinen ehemaligen Marschall ganz richtig beurteilt zu haben und hielt die Aufgabe Oudinots, Berlin rasch wegzunehmen, für eine keineswegs schwierige. Was Bülow nur mit Mühe herausbrachte, das wußte Napoleon schon vorher von Bernadotte, wenn er von ihm sagte: il ne fera que piaffer.

Oudinot hatte also am 20. August sich bei Luckenwalde auf die Wittenberger Straße nach Berlin gesetzt. Am 21. trat er, dem Drängen Napoleons nachgebend, den Vormarsch gegen die feindliche Hauptstadt an. Es gelang ihm nach kurzen Vorpostengefechten, den Nuthegraben bei Trebbin zu überschreiten; er stand am Abend des 22. August nördlich von Trebbin bei Thyrow und Wittstod; die württembergische Division nach rückwärts gestaffelt bei Baruth. — Auf solche bedrohliche Anzeichen von feindlicher Annäherung hin beschloß der Kronprinz von Schweden, mit seiner Armee hinter die Spree zurückzugehen und Berlin preiszugeben. Im Kriegsrate aber weigerte sich Bülow entschieden, sich mit den Preußen dieser Bewegung anzuschließen: „Unsere Knochen sollen vor Berlin bleichen, nicht rückwärts davon!" rief er. So gab endlich der Kronprinz nach; am Abend des 22. August stand Bülow in Heinersdorf, nördlich von Großbeeren, die Schweden und Russen rechts von den Preußen gegen Potsdam hin, Tauentzien links.

Bis daher waren also die Franzosen mit ziemlichem Glück vorgedrungen, der gefürchtete Graben der Nuthe war überschritten, man stand am 22. August kaum zwei Märsche von Berlin. „Heute oder morgen," schreibt Napoleon vom

---

") Müffling. Aus meinem Leben. Berlin 1951. S. 81.

24. August, „wird Oudinot in Berlin sein."*) Der sächsische Major Cerrini aber, Generalstabsoffizier beim VII. Corps, der die Dinge in der Nähe sah, läßt sich so vernehmen: „Obgleich der 22. August mit glücklichem Erfolge gekrönt war, so konnte solcher dennoch den entschwundenen Glauben an große, dauernde Erfolge nicht herstellen."**)

Etwas zögernd brachen im Verlauf des 23. August die drei Corps des Marschalls Oudinot auf; das VII. Corps, Reynier, zwei Divisionen Sachsen und eine Division Franzosen, in der Mitte auf der Straße von Thyrow und Wittstock nach Großbeeren, links XII. Corps, rechts IV. Gegenüber stand nördlich von Großbeeren das III. preußische Corps Bülow bei Heinersdorf, links von ihm IV. preußisches Corps Tauenzien, rechts Schweden und Russen. So mußte notwendig, auf der Hauptstraße gegen Berlin fortmarschirend, das VII. französische Corps auf Bülow treffen; in der That hatten die Franzosen abends 4 Uhr die preußischen Vorposten aus Großbeeren vertrieben; General Reynier schickte sich eben an, mit seinem Corps, 17000 bis 18000 Mann stark, Biwak zu beziehen; rechts von ihm hatte Bertrand, links Oudinot unbedeutende Gefechte gehabt.

Die aus Großbeeren zurückweichenden Vorposten hatte Bülow in seiner Stellung bei Heinersdorf aufgenommen; der Feind stand auf wenige Kilometer nahe; eine Aenderung mußte noch vor Einbruch der Nacht herbeigeführt werden. Bülow hatte ziemlich sein ganzes Corps beisammen; so brach er abends 5 Uhr zum Angriff auf Großbeeren auf, nachdem er von seinem Vorhaben den Kronprinzen von Schweden benachrichtigt hatte. Zu beiden Seiten der Hauptstraße eröffneten die Preußen, etwas über 30000 Mann stark, zwischen 5 und 6 Uhr abends die Schlacht mit dem Angriff auf die Nordumfassung von Großbeeren.

Anfangs hatten die anmarschirenden Preußen von den geschickt aufgestellten sächsischen und französischen Batterien viel zu leiden; einigermaßen gab der heftig strömende Regen einen Schutz für den Angreifer ab; bald nach 6 Uhr rückten die Infanteriekolonnen der Preußen gegen den Windmühlenberg westlich von Großbeeren. Hier, wo heute das Denkmal steht, kam es zum heftigsten Zusammenstoß mit der sächsischen Infanterie. Diese wurde zurückgedrängt gegen den südlich von Großbeeren gelegenen Wald, und das Verhalten der zu Hilfe kommenden französischen Division Durutte erwies sich keineswegs als geeignet, das Gefecht herzustellen. Nur schwer waren diese Franzosen hier an den Feind zu bringen, Hunderte warfen die Gewehre weg und flohen; sächsische Ulanen mußten aufgeboten werden, um die Weichenden vorwärts zu treiben, und das sächsische Regiment Low machte einen heldenmütigen Angriff gegen die an-

---

*) Corresp. Nap. 26. S. 125.
**) Cuistorp rc. I. 266.

drängenden Preußen, um den weichenden französischen Waffengefährten Luft zu machen.*)

Die Nacht brach herein und Reynier erkannte, daß er seine Stellung so rasch als thunlich räumen müsse. Unverfolgt, durch die sächsische Division Lecocq als Nachhut gedeckt, erreichte er kurz vor Mitternacht seine Biwakplätze bei Wittstock wieder, die er am Morgen dieses 23. August verlassen hatte. Am 24. gingen die Franzosen weiter südwärts gegen Luckenwalde, von wo sie gekommen, zunächst bis Trebbin, zurück. — An unmittelbaren Ergebnissen war die Schlacht bei Großbeeren am 23. August wenig ergiebig; 3000 Mann Verlust auf Seite der Sachsen und Franzosen, etwas über 1000 bei den Preußen. Aber die vom VII. Corps erlittene Niederlage wirkte doch mächtig mit, um das ohnehin nicht hoch stehende Selbstvertrauen der entsendeten Berliner Armee vollends zu erschüttern. Es scheint, daß Oudinot zunächst den Plan hatte, über Baruth, Dahme nach Torgau zurückzugehen und erst im Laufe des 25. August den Entschluß faßte, über Luckenwalde, Jüterbogk die Umgebungen der Festung Wittenberg zu erreichen; das IV. Corps, mit dem sich jetzt auch die württembergische Division vereinigt hatte, bildete die Nachhut. Die preußische Nordarmee, durch den Kronprinzen von Schweden an wirksamer Verfolgung gehemmt, folgte nur mit Vortruppenschwärmen nach; bei Holbeck und bei Jüterbogk hatten sich Nachhutgefechte entsponnen, in denen die Württemberger mit Erfolg die nachdrängenden Feinde abwiesen, und am 30. August stand Oudinot mit seinen vereinigten drei Corps 15 bis 20 Kilometer von Wittenberg entfernt auf den von Jüterbogk und Treuenbriezen herführenden Straßen. Die Unthätigkeit des Kronprinzen von Schweden, der jeder Entscheidung sorglich aus dem Wege ging, erlaubte dem französischen Marschall, seine Kräfte noch weiter zu konzentriren; am 3. September stand er unmittelbar nördlich vor der Festung in der Linie der Dörfer Euper-Thießen-Teuchel. Auf dem rechten Flügel bei Euper das IV. Corps, links davon XII., weiter links VII. und die polnische Division Dabrowski. Gegenüber stand die verbündete Nordarmee und zwar auf dem äußersten rechten Flügel Russen, auf dem äußersten linken Flügel IV. preußisches Corps, Tauenzien; in der Mitte Schweden und III. preußisches Corps, Bülow, so daß die beiden preußischen Corps bei einander standen. War bisher schon der Kronprinz jedem ernsten Angriff auf die wenig vorteilhaften Stellungen Oudinots aus dem Wege gegangen, so diente ihm die jetzige feste Stellung als erwünschter Vorwand zur Unthätigkeit. Nur gegen die Umfassungen der Dörfer Thießen und Euper fanden am 3. und 4. September wenig unterstützte Angriffe statt, welche von den Italienern und Württembergern zurückgewiesen wurden.

Bei der Sammlung der Berliner Armee in der Nähe von Baruth waren

---

* Cuistorp rc. I. 295, 296.

die Württemberger, von Sprottau hermarschirend, am 18. August auf dem Sammelplatz angekommen, als 38. Division des IV. Corps in drei Brigaden formirt: 1. Brigade General v. Spitzemberg, 1. und 2. Infanterieregiment, letzteres nach der Bautzener Schlacht in 1 Bataillon formirt — 3 Bataillone; 2. Brigade General v. Doering, 4. und 6. Infanterieregiment — 4 Bataillone; 3. Brigade General v. Stockmayer, 7., 9. und 10. Infanterieregiment — 4 Bataillone. In allem 11 Bataillone, 6103 Mann mit 2 Batterien. Dazu die zwei württembergischen Reiterregimenter unter den Generalen Briche und Jett als 24. Kavalleriebrigade, 1. Chevauxlegersregiment und 3. Jägerregiment Herzog Louis mit 672 Reitern und einer reitenden Batterie. Diese Reiterbrigade bildete zugleich die einzige Reiterei des IV. Corps. Die andere württembergische Reiterbrigade befand sich als 25. unter General Graf Normann bekanntlich beim VI. Corps, Marmont, in Sachsen.

Der Divisionskommandeur Graf Franquemont berichtet aus diesen Tagen, vom 19. bis 22. sei die Division getrennt vom Corps auf den Höhen von Baruth stehen geblieben, stets umschwärmt von feindlicher leichter Reiterei, namentlich Kosaken. „So sehr die Kosaken seit dem Unglück des vorigen Feldzugs gefürchtet sind, so sehen die Leute doch, daß man ihnen gewachsen ist, wenn man nur Kaltblütigkeit zeigt. — Wenn ja ein französischer General der königlichen Kavallerie beigegeben werden soll, so ist mir der General Briche noch der liebste, indem er sich in das Innere des Dienstes gar nicht mischt, für Menschen und Pferde sorgt und sie nicht unnötigerweise opfert. — Die Untersuchung über die Gefangennahme des Lützowschen Freicorps (vergl. S. 280) ist bereits eingeleitet und wird, sobald es die Umstände zulassen, fortgesetzt werden." Aus dem Lager bei Woltersdorf vom 2. September fährt Franquemont fort zu berichten: wegen der streifenden Kosaken sei es schwer, Berichte abzuschiden; am 23. August mußte er von Baruth nach Werben marschiren; zu den 6 Stunden Wegs brauchte man 20 Stunden in dem aufgeweichten Boden und gefesselt an einen schlecht bespannten französischen Lebensmitteltransport. Am 25. und 26. sei bei Holbeck und Stülpe mit abwechselndem Glück gefochten worden, am 28. in der Stellung bei Jüterbogk gelang es, den Feind zurückzuweisen. Die Märsche seien sehr anstrengend, nicht wegen ihrer Länge, sondern wegen der fortwährenden Wachsamkeit und wegen der verschiedenen Aufstellungen, die man gegen den immer wieder anprellenden Feind nehmen müsse. Die Truppen haben sich seit dem Beginn der Feindseligkeiten sehr gut betragen, anstrengende Marsche, viele kleine Gefechte, schlechtes Wetter, nichts habe ihren guten Willen gemindert; die Pferde seien sehr herunter.

Aus der Stellung bei Euper, unmittelbar vor Wittenberg, berichtet Franquemont vom 4. September: das IV. Corps habe auf dem äußersten rechten Flügel der Armee bei dem Dorfe Euper Stellung bezogen. „Am 3. September abends erhielt ich Befehl, die französische Brigade im Dorfe

Cuper durch die Brigade Stockmayer abzulösen. Aus diesem Umstand nahm ich Gelegenheit, dem General Bertrand zu sagen, daß ich äußerst unzufrieden darüber sei, daß die königlichen Truppen jedesmal auf die gefährlichsten Punkte gestellt würden, während die Division Morand sich immer bequem in die Dörfer lagere und dem Feind stets entzogen werde. Nach einigen Ausweichungen gestand er dann, es scheine, daß es im gegenwärtigen System sei, die französischen Truppen besonders zu schonen. Ich sprach ihm von der Verpflegung; er antwortete, daß die Württemberger am besten verköstigt wären, da die Franzosen oft nichts hätten als die Erdbirnen, die sie auf dem Felde finden." Am Vormittag des 4. September hat Stockmayer den Angriff der Preußen auf Cuper glücklich abgeschlagen; Franquemont ist voll Lob über die Haltung der Truppen. In allen diesen kleinen Rückzugsgefechten hat die Division, an sich schon schwach genug, immerhin 500 Mann an Toten, Verwundeten, Gefangenen und Vermißten eingebüßt.

———

„Schreiben Sie an den Marschall Oudinot, daß ich mit äußerstem Mißfallen erfahre, daß er mit seinen drei Corps, von denen er gar keinen Gebrauch gemacht hat, unter die Kanonen von Wittenberg zurückgegangen ist, daß er diesen Teil unserer Kräfte nutzlos gemacht und zugleich die Corps, welche an der Reiße standen, bloßgestellt hat, und daß ich, da ich die Unsicherheit seiner Bewegungen bereits erkannte, den Marschall Ney abgesandt habe, um den Oberbefehl seiner Armee zu übernehmen."*) — Diesen Auftrag erhielt Berthier am 2. September von Napoleon in Dresden, als der französische Kaiser beinahe Tag für Tag von Unglücksbotschaften heimgesucht wurde. Das waren die Tage, an denen er die Niederlagen aller seiner detachirten Armeen erfuhr: 23. August bei Großbeeren, 26. an der Katzbach, 27. bei Hagelberg, 30. bei Kulm. Er allein als oberster Heerführer war am 26. und 27. August bei Dresden glücklich gewesen mit dem hier zusammengescharten Kern der Armee; kein einziger seiner Unterführer, weder Oudinot, noch Macdonald, noch Vandamme, noch Girard hatte seinen Erwartungen entsprochen. — „Es ist wahrlich schwer, weniger Kopf als Oudinot zu haben," fährt Napoleon in demselben Schreiben fort; „alles setzt sich hier in Dresden in Bewegung, um sich nach Hoyerswerda zu begeben, wo der Kaiser am 4. September sein Hauptquartier haben wird. Der Marschall Ney muß sich am 4. von Wittenberg in Marsch setzen, um am 6. in Baruth zu sein. Der Kaiser wird am 6. ein Corps bei Ludau haben, das zu Ney stoßen kann. In Baruth ist Marschall Ney nur noch drei Tagemärsche von Berlin. Die Verbindung mit dem Kaiser ist dann hergestellt und der Angriff auf Berlin wird am 9. oder 10. stattfinden können."

———

*) Corresp. Nap. 26. S. 162, 163.

So wollte also der Kaiser in Person gegen die verhaßte Hauptstadt der Preußen ziehen; die böhmische Armee schien nach der Niederlage vor Dresden mit ihrer Reorganisirung beschäftigt; ohne Gefahr glaubte Napoleon die Garden und VIII. Corps nach Norden in Bewegung setzen zu können, um der Berliner Armee Verstärkung zuzuführen und ihr Selbstvertrauen zu heben. Erst als Napoleon am 3. September erfuhr, wie tief im Innersten durch den Schlag an der Katzbach die Armee Macdonalds getroffen sei, wie sie, von Blücher verfolgt, haltlos gegen Bautzen zurückflute, erst dann gab er seinen Zug gegen Berlin auf und rückte in die Lausitz, um die Armee Blüchers zu fassen. Dieser Feldherr aber wich gewandt aus, und Napoleon kehrte in seine Hauptstellung bei Dresden zurück. Statt mehrerer Armeecorps befand sich so in Hoyerswerda nur ein kleines Detachement unter dem württembergischen General Graf Normann, 2 Bataillone, 5 Schwadronen, ½ Batterie. Marschall Ney war seinem Schicksal ohne jegliche Unterstützung überlassen. Am 4. September hatte er das Kommando über die Berliner Armee bei Wittenberg übernommen und hielt Revue über sie ab im Angesichte des Feindes; sie war durch einige polnische Abteilungen auf etwas über 60000 Mann gebracht worden. An diesem Tage mag der Marschall wohl das Schreiben Napoleons erhalten haben, nach welchem er ihn mit Verstärkungen am 6. September in Baruth erwarten wollte. Also am 6. in Baruth, das galt als Ziel für Ney; der Weg dorthin führt auf der wohlbekannten Straße über Zahna nach Dennewitz und Jüterbogk und weiter gerade ostwärts über Charlottenfelde. Also nicht direkt auf Berlin zu, sondern ostwärts ausbiegend. Die am 3. September eingetretene Abänderung in den Absichten Napoleons, wonach er verzichtete auf die Unterstützung des Zuges nach Berlin und nach der Lausitz abging, scheint Ney niemals erfahren zu haben.

Das ungeheure Wagnis, das ihm aufgetragen war, mußte ihm in milderem Lichte erscheinen, wenn er, ostwärts ausbiegend, in Lndau und Baruth Verstärkungen erwarten konnte. So ging Ney daran, im Angesicht von 100000 Feinden seinen Auftrag auszuführen. Die seitherige Unthätigkeit des ehemaligen Marschalls Bernadotte, seine auffällige Schonung der französischen Armee, seine weite Dislozirung, alles das mochte ihn nicht das Schlimmste befürchten lassen. Ein Unglück aber war es für ihn, daß gerade auf dem linken Flügel der Nordarmee die beiden preußischen Corps Tauentzien und Bülow ihre Stellung hatten. Wollte somit Ney auf seinem Wege nach Berlin gegen Osten ausbiegen, so war er genötigt, gerade mit diesen beiden preußischen Corps sich abzufinden.

Am 4. September also übernahm der Marschall Ney das Kommando über die Berliner Armee; der Marschall Oudinot trat wieder zu seinem Corps, dem XII., welches im Zentrum der Stellung vor Wittenberg seinen Platz hatte. Revue wurde abgehalten im Angesichte des Feinds, teilweise im

Feuer; so kam Ney auch nach dem rechten Flügel zu den Württembergern,
die er ja auf dem Zuge nach Rußland unter seinem Kommando gehabt.
„Bald nach dem ersten Angriff der Preußen am Vormittag des 4. September,"
erzählt der General Stockmayer in seinen Aufzeichnungen, „kam Marschall Ney
zu mir, bewillkommnete mich im Kleingewehrfeuer aufs herzlichste und schmeichelhafteste, da er mich seit dem russischen Feldzuge nicht mehr gesehen, sprach seine
Zufriedenheit mit meinen Anordnungen und mit der Bravheit der Truppen
aus und ging mit mir allein, sein Gefolge zurücklassend, vorwärts in die erste
Linie, um sich von den Absichten des Feinds zu überzeugen. Nach Verfluß
einer Stunde, während deren er sich meist dem Kleingewehrfeuer ausgesetzt
hatte, ging er wieder zurück."

Der Marschbefehl für den 5. September besagte: die Berliner Armee
setzt sich um 10 Uhr vormittags in Bewegung gegen Zahna und Jüterbogk,
an der Spitze das XII. Corps, dann IV., zuletzt VII. Corps. In der Nähe
von Zahna trieb das XII. Corps Teile des Corps Tauentzien zurück, und am
Abend des 5. September lagerte der Marschall Ney mit dem IV. Corps bei
Naundorf an der nach Jüterbogk führenden Straße, rechts davon bei Seyda
XII. Corps, dahinter VII. Corps. Die zum Rückzug genötigten Teile des
Corps Tauentzien erreichten in der Nacht des 5. September Jüterbogk, und
das III. preußische Corps, Bülow, war aus seinen Kantonnements aufgebrochen,
dem Kanonendonner nachmarschirt und lagerte jetzt bei Kurzlipsdorf, nur 5 Kilometer westlich von dem IV. französischen Corps bei Naundorf. So hatte Ney
den Feind die Nacht über vor sich in Jüterbogk und in seiner linken Flanke,
westlich von Naundorf.

„Kurz vor unserem Einmarsch ins Lager bei Naundorf," erzählt Stockmayer, „kam Marschall Ney an die Tete unserer Kolonne und sagte, nachdem
er seine Zufriedenheit über die Bewegungen des XII. Armeecorps geäußert
hatte: ‚Nun, meine Herren, morgen ist es an Ihnen. Das IV. Armeecorps
wird die Avantgarde machen, ich bin überzeugt, Sie werden mich morgen
ebenso sehr befriedigen, als heute das XII. Corps.‘ Hierauf erwiderte der
General Bertrand mit vieler Wärme: ‚Fürst, Sie werden sehen, daß das
IV. Corps dem XII. nicht nachstehen wird. Wir erwarten mit Ungeduld den
morgigen Tag, um Ihnen neue Beweise unseres Muts und unserer Ergebenheit geben zu können.‘ Ich führe hier diese gegenseitigen Aeußerungen an,"
fährt Stockmayer fort, „da sie auf die Ergebnisse des folgenden Tages einen
so unglücklichen Einfluß hatten und wohl allein die Ursache der ohne Absicht
und Wissen des zudem noch abwesenden obersten Feldherrn begonnenen Schlacht
bei Dennewitz und der hieraus entsprungenen so traurigen Folgen waren."

Während der Marschall Ney mit seiner Berliner Armee von Wittenberg
nach Nordosten marschirte auf Jüterbogk zu, sammelte der Kronprinz von
Schweden die russischen und schwedischen Corps gerade nördlich von Witten-

berg bei Lobesse, einen Tagmarsch westlich von Jüterbogk. So waren es
Tauenzien und Bülow allein, welche in der Nacht vom 5. zum 6. September sich mit zusammen etwa 45000 Mann dem Marschall Ney vorlegten,
beziehungsweise sich seiner linken Flanke anhängten; die ganze Armee des Kronprinzen fand sich von Osten nach Westen auf einen starken Tagmarsch aus-
einandergereckt.

In den Biwaks der französischen Armee bei Naundorf, Jahna, Seyda
mochte man kaum ahnen, wie nahe die Preußen in der linken Flanke stehen
bei Kurzlipsdorf. Der Mangel an hinlänglich geübter Kavallerie mag dazu
beigetragen haben, daß nur die nächstgelegenen Terrainteile untersucht und die
etwas weiter entfernten vernachlässigt wurden. Tauenzien in Jüterbogk verfügte über etwa 9000 Mann aller Waffen, Bülow in Kurzlipsdorf über etwa
27000 Mann; eine seiner Divisionen, Borstell, mit 9000 Mann stand noch
weiter rückwärts; der Kronprinz, wie oben bemerkt, noch auf einem Marsch
westlich mit den Schweden und Russen. So waren die Preußen am Feind.
Noch in der Nacht vom 5. zum 6. September verständigten sich Tauenzien
und Bülow; insbesondere ließ der letztere sagen: „Sollte der Feind gegen Jüterbogk vordringen und Eure Excellenz angreifen, so werde ich ihm natürlich
mit allem, was ich bei mir habe, auf den Hals fallen."*)

Und der Feind drang gegen Jüterbogk vor, und Bülow erhielt Gelegenheit, sein Versprechen zu erfüllen. — Der unendliche Regen, der zu Ende des
Monats August herabgegossen, hatte längst aufgehört; trockene Tage waren gefolgt; mit ungewöhnlicher, ausdörrender Sonnenhitze begann schon der Morgen
des 6. September. Nach den vom Marschall Ney ausgegebenen Befehlen
sollte der Marsch am 6. September fortgesetzt und um 8 Uhr morgens aufgebrochen werden. „Die ganze Armee verfolgt die Richtung über Dahme auf
Luckau, dem Kaiser entgegen." Das Zusammentreffen bei Luckau am 6. September war ja der ursprüngliche Plan Napoleons gewesen; daß der Kaiser
davon abgegangen sei und seine besten Kräfte in denselben Tagen nach der
Lausitz geworfen habe, davon hatte Ney keine Ahnung; er glaubte, mit einem
einzigen Marsche Napoleon die Hand bieten zu können und aus seiner bedenklichen Lage erlöst zu sein. Im einzelnen sollte IV. Corps vorausziehen und
Jüterbogk links liegen lassen, dann VII. Corps und endlich XII. folgen. Die
Gefährdung der linken Flanke wurde wohl einigermaßen, aber doch nicht in
voller Bedeutung erkannt; der nicht sorgfältig ausgearbeitete Marschbefehl, der
allerlei Deutungen zuließ, brachte die üble Folge hervor, daß die ganze Berliner
Armee sich in eine endlos lange Kolonne aus einander zog. Längst war
man vorne um die Mittagszeit im Gefecht, als 15 Kilometer davon, auf dem
Marktplatz des Städtchens Seyda, seines Sammelplatzes, der Marschall Oudinot

---

*) Quistorp 2c. I. 472.

noch unthätig stand und erst auf besondere Mahnung Neys sein Armeecorps in Marsch setzte. So wenig zu lieb that der untergebene Marschall dem kommandirenden Kameraden und versteckte sich hinter den Formenkram des Marschbefehls. Ein Seitenstück dazu lieferte an demselben Tage Oudinots Landsmann, der großsprecherische ehemalige Marschall Bernadotte, dem es nicht einfiel, auf den Kanonendonner der Entscheidung loszumarschiren, sondern aus der Ferne zusah, wie sich die seinem Befehl unterstellten 45 000 Preußen mit den 60 000 Mann des Marschalls Ney abfanden.

Etwas vor 8 Uhr früh brach das IV. Corps Bertrand aus seinem Biwak bei Naundorf auf, Richtung auf Dennewitz; voraus italienische Division Fontanelli, dann Morand, zuletzt Franquemont mit den Württembergern. Man war rechts abmarschirt; der Artillerie- und Lebensmittelpark bei den Württembergern. Der Marsch führte durch eine ebene, sandige Gegend; bei jedem Schritt wirbelte der Staub auf; in Wolken Staub gehüllt bewegten sich Artillerie und Reiterei. Die Unterschiede zwischen hoch und tief sind in dieser Gegend außerordentlich verschwindend. Eine flache Mulde bringt die Wasserrinne des Ahebaches hervor, der bei Niedergörsdorf entspringt und im Bogen über Dennewitz und Rohrbeck nach Jüterbogk fließt; das Wasser ist sumpfig, nur auf den Brücken der genannten Dörfer überschreitbar. Eine flache Höhe, auf der jetzt das Denkmal steht, befindet sich bei Niedergörsdorf, eine weitere mit einer Windmühle am Westausgang von Dennewitz; nördlich dieses Dorfes ist der Boden bedeckt mit Kiefernwaldungen.

Zu derselben Zeit etwa, da Bertrand von Naundorf aufbrach, setzte sich Bülow links von den französischen Corps in Marsch nach Eckmannsdorf; Tauentzien aber, im Gefühl seiner Schwäche, strebte von Jüterbogk über Maltershausen nach Eckmannsdorf zu kommen zur Vereinigung mit Bülow. Er war somit unterwegs von Osten nach Westen marschirend, während zur selben Zeit Bertrand von Süden nach Norden sich bewegte, bei Dennewitz den Ahebach überschritt und auf kurze Entfernung die Marschkolonne Tauentzien vor sich erblickte. Division Fontanelli nahm sofort eine Batterie vor und fing an, die marschirenden Preußen zu beschießen. Es war 10 Uhr vormittags. Der erste Schuß zu einem Entscheidungskampfe war gefallen, für welchen nichts vorbereitet, der von keiner Seite auf heute in Aussicht genommen war. Der Eifer Bertrands, der die Lorbeeren des XII. Corps vom Tage vorher frisch im Gedächtnis hatte, verwandelte sofort den Tag, der als Marschtag von Ney gedacht war, in einen blutigen Zusammenstoß. — Bertrand entwickelte allmälich den größten Teil seines Corps, das er durch Dennewitz durchzog, gegen Tauentzien und es gelang ihm hier, den Feind zurückzudrängen. Jetzt aber, etwa von 1 Uhr ab, greift Bülow von Eckmannsdorf die linke Flanke Bertrands an, die im Hagen gestärkt und gestützt ist bei Göhlsdorf durch das jetzt eintreffende VII. Corps Reynier, dem noch weiter links sich etwa von

4 Uhr an das Corps Oudinot, das XII., anschließt. Die Entscheidung aber fällt auf Bertrands linkem Flügel, der zum Weichen gebracht wird. Dadurch ist die ganze nach Norden gerichtete Front gefährdet. Ney läßt auf dies hin sein VII. Corps mit Front nach Westen stehen, ruft aber das XII. Corps auf den rechten Flügel ab; dieses ist unterwegs, als um 5 Uhr die Entscheidung fällt, welche mit der Flucht der Berliner Armee vom Schlachtfeld endet. —

Bertrand also war mit seinem Corps im Gefecht nördlich des Dorfes Dennewitz gegen den General Tauenzien, der etwa 9000 Mann ins Gefecht zu führen hatte. Links von der Division Fontanelli marschirte Morand auf, rechts Franquemont. In mannigfach hin- und herwogendem Kampf war Tauenziens Infanterie und Artillerie zurückgedrängt worden, allein seine Kavallerie machte durch eine kühne Attake, welche die französische Reiterei total über den Haufen warf und bis zu den Reserven der Württemberger führte, die Sache wieder gut, lähmte den Angriffsmut auf seite der Franzosen und bereitete die Ereignisse vor, welche den Marschall Ney vollständig auf die Defensive beschränkten.

Kurz nach der Mittagsstunde muß der Marschall Ney beim Corps Bertrand angekommen sein. „Das Gefecht dauerte schon ein paar Stunden," erzählt General Stockmayer, „und noch immer konnten wir die Kolonnen des VII. und XII. Armeecorps nicht erkennen. Endlich kam Marschall Ney für seine Person an, und als er an meiner Position vorbeiritt, rief er mir zu: ‚Mais mon Dieu, mon général, quelle cochonnerie fait ce Bertrand!' Es fielen sehr harte Ausdrücke gegen das Oberkommando des IV. Armeecorps, und Ney schloß damit, wie sehr er tadeln müsse, daß man sich in ein solch ungleiches Gefecht eingelassen habe, ehe unsere ganze Stärke disponibel gewesen sei." — „Das XII. und VII. Armeecorps trafen zwar nach und nach auf dem Schlachtfeld ein, allein sowie ein Regiment oder eine Brigade anlangten, mußten sie in die fechtende Linie verteilt werden, um die immer größer werdenden Lücken auszufüllen; so wurde aus diesem Avantgardegefecht eine Schlacht ohne Willen und ohne Plan des diesseitigen Feldherrn, während der jenseitige, v. Bülow, hiedurch große Ehre und Ruhm einerntete." Franquemont berichtet: „Ney gab mir Befehl, einen ungefähr eine Viertelstunde vor unserer Stellung gelegenen Wald zu besetzen." Es geschah das durch 4 Bataillone und zwar 2. Bataillon 4. Regiments, 2. Regiment in ein Bataillon formirt und 7. Regiment unter dem General v. Spitzemberg. In dem Waldstück links von den Württembergern standen Italiener; die Württemberger selbst bildeten den äußersten rechten Flügel nördlich von Dennewitz. Das Gefecht scheint hier von 1 Uhr bis 3 Uhr fast eingeschlafen zu sein.

Links davon aber bei Niedergörsdorf wurde von 1 Uhr ab um die Entscheidung des Tags gekämpft. Bülow rückte mit drei Divisionen gegen die linke Flanke Bertrands heran; schon glaubte die preußische Spitze den beherrschenden Punkt gewonnen zu haben, da erschien unversehens, in dem wirbelndem Staube eine Zeit lang verborgen, die Division Morand auf der Höhe, welche jetzt das Denkmal trägt, mit überlegener Infanterie und Artillerie. Zunächst zurückgeschmettert, vermochten die Preußen nur mit der äußersten Anstrengung die Division Morand von dieser Höhe gegen den westlichen Ausgang von Dennewitz zurückzudrängen. Und nunmehr suchte die hier vordringende preußische Division Thümen dem rechten Flügel Tauentziens die Hand zu bieten. Dadurch wurden die Italiener aus den Kiefernbüschen vertrieben und der General Spitzemberg stand mit seinen vier Bataillonen isolirt in seinem Wäldchen auf dem äußersten rechten Flügel. In Vierecke formirt, suchten 2. und 7. Regiment sich auf ihre Division durch den flachen Grund zurückzuziehen. Es war ein großes Wagestück. Preußische Kartätschen rissen Löcher in die Vierecke, zwei Schwadronen pommerische Landwehrreiter drohten einzuhauen. Diese Reiter attakirten auch, wurden aber für diesmal blutig abgewiesen. Das Viereck des 2. Regiments zog voraus. Jetzt brach auch die preußische Infanterie aus dem Holze, die Württemberger versuchten, um sich des neuen Feindes zu erwehren, in Linie aufzumarschiren; da setzten die vorhin zurückgewiesenen Landwehrreiter nochmals an, und diesmal kamen sie bis in die Mitte der Bataillone. Das 7. Regiment wurde niedergerannt und gefangen genommen; Reste flüchteten zu dem Viereck des 2. Regiments, welches dadurch am Feuern teilweise gehindert wurde.

„Das Bataillon des 2. Regiments hielt unter seinem tüchtigen Führer, dem Obersten Baur, noch fest zusammen; aber es war durch die Schützen der Bataillone Treskow, Wellersth und Grollmann bereits lebhaft beschossen worden, und Bataillon Polczinski setzte seine Bewegung gegen die linke Seite fort. Mit der größten Hingebung bestrebte sich der schon verwundete Baur, in dieser überwältigenden Lage die Ordnung zu erhalten; Offiziere und Unteroffiziere ermahnten zum Widerstand. Jetzt aber eröffneten die Geschütze der Batterien Jenichen und Gülle nahe am Busch ihr Kartätschfeuer auf das geängstigte Regiment; das Bataillon Polczinski drang über die Leute des aufgelösten 7. Regiments hinweg heran und erhielt nur noch einzelne Schüsse aus dem Viereck. Die äußeren Rotten warfen sich zu Boden und die Wehrreiter sprengten hinein. Der brave Baur wurde niedergestochen: in einzelne Knäuel geballt, führte das Bataillon den Kampf von Mann gegen Mann noch fort, bis es gänzlich erlag. Die zähe Ausdauer, mit der es in so verzweifelter Lage sich zur Wehre setzte, hatte den Kampf zur äußersten Wut gesteigert und schwer nur war den Siegern Einhalt zu thun. Die Hälfte der Mannschaft deckte mit übereinandergehäuften Körpern den Wahlplatz; von 15 Offizieren, 586 Mann kamen nur 70 Versprengte davon, 230 wurden gefangen; 6 Offiziere lagen tot, 8 fielen zum Teil verwundet in die Gewalt der Gegner. Vom 7. Regiment, welches 18 Offiziere, 611 Mann stark gewesen war und weniger

lange ausgehalten hatte, wurden 400 bis 500 gefangen, 1 Offizier 81 Mann
kamen durch. Die beiden Fahnen blieben in preußischen Händen, und die
württembergische Abteilung fand einen vollständigen Untergang nicht ohne Ruhm
durch den hartnäckig geleisteten Widerstand."*)

Von allen den Wahlstätten blutigen Ringens, welche in den letzten beiden
Jahren der Fremdherrschaft die Heere des Rheinbundes aufrieben, ist keine
so fest im Gedächtnis der Schwaben haften geblieben als der blutige Sand von
Dennewiß; noch in den Jahren 1866 und 1870 konnte man im Volke erzählen hören von den zwei braven Regimentern, welche dort ihren Untergang
gefunden.

Derjenige, welcher das Schlachtfeld behauptet, pflegt die besseren Nachrichten, die zutreffenderen Angaben zu besitzen. So sind auch hier die eigenen
Berichte ziemlich dürftig. Der General v. Spißemberg meldet: „Die feindlichen Batterien, die uns mit Kartätschen beschossen, richteten in den Carrés
mörderischen Schaden an und machten die längere Behauptung der Waldecken
unmöglich. Ich gab daher Befehl, die Plänkler aus dem Walde zurückzuziehen.
Das Anrücken des Feindes veranlaßte zugleich die italienische Brigade, das
benachbarte Gebüsch zu verlassen und diese so wichtige, dominirende Anhöhe
dem Feind zu überlassen. — Der Feind besetzte den Wald mit der größten
Schnelligkeit, das fürchterliche Kleingewehrfeuer, welches unsere Carrés flankirte
und die Kartätschenkugeln, welche von dieser Anhöhe in die Regimenter regneten,
machten überall Oeffnungen in die Carrés. Die feindliche Kavallerie, gegen
welche wir nicht ein Pferd entgegenzustellen hatten, zeigte sich in bedeutender
Anzahl. Die Carrés wurden attakirt und die Kavallerie drängte in die
Oeffnungen, welche das mörderische Feuer gemacht hatte. Die Artillerie rettete
ich noch samt dem größten Teil des 2. Bataillons des 4. Regiments. Was
nicht von den Offizieren und Soldaten der anderen beiden Regimenter, die sich
als brave Württemberger verteidigten, auf dem Schlachtfeld liegen geblieben,
wurde größtenteils als blessirt gefangen."

Auf der Denkmalshöhe bei Niedergörsdorf hatte das Corps Bülow eine
überlegene große Batterie formirt, und nun war es geschehen um das Corps
Bertrand; es begann auch auf seinem linken Flügel bei der Division Morand
zu schwanken; man begann zurückzuweichen und hinter den flachen Abschnitt
des Ahebaches zu drängen. „In diesem Augenblick," erzählt General Stockmayer, „sprengte der General Bertrand wie ein Verzweifelnder auf mich zu,
befehligte die bei mir stehende reitende Batterie, ihm nach vorwärts zu folgen,
mir aber gab er den Befehl, mit dem Rest des 9. und 10. Regiments der
Batterie im Eilschritt zu folgen. Es schien, als wollte Bertrand mit diesem
einzigen Trupp, der ihm noch verfügbar war, das Aeußerste wagen, die

*) Cuistorp ꝛc. I. 500, 501.

Schlacht wieder herstellen oder aber in Verzweiflung selbst den Tod suchen. Die Folge hiervon war mit kaltem Blute wohl zu berechnen, auch blieb sie nicht aus. Die feindliche große Batterie richtete auf einmal ihr ganzes Feuer auf das heranrückende Trüppchen, das einzige, das noch Widerstand leistete. Die reitende Batterie wurde, noch ehe sie auffahren konnte, zur Hälfte demontirt und in meinen 2 Bataillonskolonnen wütete der Tod, da die feindlichen Granaten, Kartätschen und Paßkugeln in dieselbe einschlugen, wie bei manchem Infanteriegefecht nicht einmal die Kleingewehrkugeln. Auf diese Art war von weiterem Vordringen keine Rede mehr, und als die reitende Batterie im Carrière zurückeilte, gab ich den Befehl, im Sprung Dennewitz wieder zu erreichen. Hinter dem Dorf sammelte ich meine Bataillone, brachte sie wieder in Ordnung und trat sodann meinen weiteren Rückzug an."

Das alles ereignete sich zwischen 3 und 4 Uhr. Indessen waren links von Bertrand, in einem Haken rückwärts gebogen, die Bataillone des VII. und später des XII. Corps ins Gefecht hineingetröpfelt. Doch hatte bei Göhlsdorf sich das VII. Corps vorteilhaft postirt und begann mit energischen Vorstößen sich Luft zu machen. Links davon traf das XII. Corps ein und fing an, den Nachbar wirksam zu unterstützen. Allein Ney war auf nichts so sehr bedacht, als seine nach Norden gerichtete Front bei Dennewitz und Rohrbed zu stützen; er rief das XII. Corps vom linken nach dem rechten Flügel. So wurde Reyniers Stellung links entblößt; Bülow hatte eben durch Eintreffen der Division Borstell Zuzug erhalten. Er ging auf der ganzen Linie zum Angriff über; gegen fünf Uhr war Göhlsdorf den Sachsen abgenommen, und nun ging alles rückwärts in der Richtung auf Oehna. Die auf dem Marsch befindlichen Divisionen des XII. Corps wurden in die Flucht mitverwickelt; die französische Kavallerie räumte das Feld. An ein weiteres Halten war gar nicht zu denken; denn eben jetzt rückte noch von Eckmannsdorf her die Hauptmacht des Kronprinzen von Schweden, in dichte Staubwolken gehüllt; einige vorausgeeilte Abteilungen russischer Kavallerie und eine schwedische Batterie beteiligten sich noch am Kampfe; im übrigen kam der Kronprinz gerade recht, um die Trophäen aufzulesen. Am Vormittag, als es galt, einen überlegenen Feind anzugreifen, hatte Bülow zu dem Kronprinzen nach Lobesse geschickt mit der Bitte um schleunige Unterstützung. „Es wundert mich nicht," lautete die Erwiderung Bernadottes, „daß der Feind Sie angreift, ich habe das vorausgesehen; zeigen Sie nun, was die preußische Tapferkeit vermag. Es ist nur gerecht, daß Sie in erster Linie kämpfen, wenn es gilt, Ihre eigene Hauptstadt und Ihr Vaterland zu verteidigen. Sie sehen hier die schwedische und russische Armee anrücken. Ich kenne den preußischen Mut, und er wird sich heute nicht verleugnen." Der Mann hatte vollkommen recht. Aber um den preußischen Mut ohne Unterstützung zu lassen, verstand er es, auf künstlich-methodische Weise, drei Wegstunden in sieben Zeitstunden zurückzulegen.

Es ist beinahe fünf Uhr abends. „Die Armee war nun auf allen Punkten geschlagen," sagt Franquemont in seinem Bericht an den König, „und mußte den Rückzug antreten. Der linke Flügel war umgangen, mithin konnte sich die Armee nicht mehr nach Wittenberg zurückziehen. Der Feind beschoß die zurückgehenden Corps mit einem heftigen Artilleriefeuer und machte von allen Seiten Angriffe mit seiner zahlreichen Kavallerie. Ein panischer Schrecken ergriff die Truppen; der Rückzug artete in eine allgemeine Flucht aus. Die Infanterie lief im Trab, die Kavallerie suchte Schutz beim Fußvolk und drängte sich in seine Haufen; Equipagen, Artilleriemunitionswagen fuhren in verschiedenen Richtungen im Carrière aus einander, die Fuhrleute schnitten die Stränge ab und ließen ihre Wagen, Caissons und Kanonen stehen, alles suchte Rettung in der Flucht. Die einbrechende Nacht nahm die Fliehenden in Schutz, indem sie den Feind an der Verfolgung hinderte.

„Der Rückzug geschah nach Dahme, ein Teil aber flüchtete sich nach Herzberg, andere den nächsten Weg nach Torgau. Bei dieser allgemeinen Verwirrung behielten die königlichen Truppen nach Contenance und machten die Arrieregarde der Armee. — Den 7. September drei Uhr kam ich in Dahme an. Die Armeecorps suchten sich hier wieder zu sammeln." Am 8. September um zwei Uhr nach Mitternacht war die Umgegend von Torgau erreicht. Beim weiteren Rückmarsch in die Festung erschienen unweit Zwettau einige tausend Kosaken mit Geschützen und etlicher Infanterie in der Ferne. Neuer Schrecken; alles suchte so schnell als möglich hinter die Mauern der Festung zu kommen.

Wie nach der Schlacht bei Wörth am 6. August 1870 die auseinandergebrochenen Stücke der französischen Armee haltlos fortstürmten Tag und Nacht, bis sie endlich einen Tagmarsch und das Bergland der Vogesen zwischen sich und den nachrückenden Sieger gebracht hatten, so auch hier ein Fortstürzen nach der Festung, nach dem Strome, um dies Hindernis zwischen sich und den grimmen Feind zu bringen. Zeichen der Haltlosigkeit gaben sich schon kund beim Verlassen des Schlachtfeldes am 6. September; die Italiener der Division Fontanelli, eben noch so brav im Angriff und in der Verteidigung, begannen die Gewehre wegzuwerfen; die französische Division Durutte des VII. Corps, die auch sonst gar schlecht beleumundet war, fing an aus einander zu laufen; nicht besser hielten sich die französischen Divisionen des XII. Corps; Division Morand dagegen, die zähen Verteidiger der Denkmalshöhe und von Tennewitz, sie hielten noch ziemlich fest zusammen; so auch die Bayern, die braven Sachsen Reyniers, die Württemberger und Polen.

„Mein Rückzug," erzählt General Stockmayer, „ging über eine große Ebene gegen Dahme hin. Bald folgte uns die feindliche leichte Kavallerie mit reitender Artillerie, worauf ich aus den beiden Regimentern Nr. 9 und 10 ein Carré formirte. Zugleich redete ich meine Leute ermunternd an und

suchte ihnen Mut einzuflößen, indem ich sie auf das ehrende Vertrauen unseres
Corps- und unseres Divisionskommandanten, welche sich mit ihrem Generalstab
in mein Carré flüchteten, gehörig aufmerksam machte, welch letzteres von guter
Wirkung war, so daß die Mannschaft in fest aufgeschlossenen Reihen das
Carré trotz mehrerer versuchten Angriffe der feindlichen Reiterei erhielt. Da
kein anderer Trupp in der ganzen fliehenden Armee eine geregelte Form mehr
bildete und der Feind näher und näher heranrückte, so hatten sich indessen
auch der Marschall Ney mit seinem Generalstab, der Corpskommandant Graf
Bertrand, der Chef vom Generalstab Graf Delord und mehrere andere französische Generale in mein Carré begeben. Als der verfolgende Feind nun sah,
daß hier allein noch Widerstand stattfinde, so gab er nach vier mißlungenen
Attaken gegen mein sich äußerst standhaft haltendes Carré seine weiteren Angriffe auf und wendete sich gegen andere Punkte, wo er mit leichter Mühe
ganze Massen zu Gefangenen machte. Endlich brach die Nacht herein, und
mit ihr hörte auch die Verfolgung des Feindes auf. Als die Gefahr vorbei
war, verließen Ney und Bertrand mit ihren Generalstäben mein Carré, indem
sie mir für den gewährten Schutz innigst dankten."

An Toten, Vermißten, Gefangenen, Verwundeten zählte die schwache
württembergische Division 2304 Mann vom Oberst abwärts; mehr als ein
Dritteil ihres Bestands. Die ganze Berliner Armee des Marschalls Ney aber
hatte beinahe 24 000 Mann verloren; dazu noch viele Dutzende von Geschützen
und Hunderte von Wagen und Pferden.

Die ausdörrende Luft, der Sonnenbrand hatten ebenso auf die Sieger,
auf Mann und Roß, eingewirkt wie auf die Besiegten; die Verfolgung erlahmte
allmälich. „Die Truppen," fährt Franquemont in seinem Bericht fort, „haben
an diesen Tagen große Anstrengungen und Entbehrungen ertragen. Am
5. und 6. September waren die Hitze und der Staub kaum auszuhalten; am
7. regnete es unaufhörlich den ganzen Tag."

Ueber den Eindruck der Schlacht am 6. September schreibt der
württembergische Militärbevollmächtigte aus diesen Tagen: „Der Mut unter
der preußischen Armee soll gar nicht zu beschreiben sein, die französischen
Generale aber beschweren sich sehr über den schlechten Geist ihrer Truppen,
namentlich der Kavallerie."

„Mein lieber Generallieutenant Graf Franquemont!" so schrieb König
Friedrich aus Stuttgart auf die Unglücksbotschaften hin — „Ich bedaure um
so mehr, daß Ihnen die letzte Depesche nicht zugekommen ist, als ich Ihnen
meine Zufriedenheit über Ihr Benehmen bei den so unerhörten als unverdienten
Unglücksfällen meines Armeecorps darin an den Tag gelegt habe, und es hier
mit Vergnügen wiederhole. Bei Dennewitz war schlechte Disposition und
schändliche Bärenhäuterei der Grund des so großen Verlustes. — Sie würden,
mein lieber General, sehr unrecht haben, sich wegen der Unglücksfälle am

6. September Vorwürfe zu machen; denn der kleinere Teil muß dem Schicksal des größeren folgen, und Sie haben keine Schuld an den ungeheuren militärischen Fehlern, so der Marschall Ney gemacht hat."

Vom 7. September aus Dahme berichtet der Marschall Ney an Napoleon: „Ich bin gänzlich geschlagen und noch weiß ich nicht, ob mein Heer sich wieder gesammelt hat. Ihre Flanke ist entblößt; seien Sie deshalb auf Ihrer Hut. Ich glaube, daß es Zeit ist, die Elbe zu verlassen und auf die Saale zurückzugehen." — Es dürfte wohl kein Zweifel sein, in gewissem Sinne war Napoleon Mitschuldiger am Unglück vom 6. September. Er hatte ja in Aussicht gestellt, am 6. September mit Verstärkungen in Luckau zu sein; am 9. oder 10. sollte es dann auf Berlin gehen. So wähnte Marschall Ney am 6. September seinen Kaiser ganz in der Nähe; der Marsch dieses Tages soll ihn mit ihm vereinigen: „Richtung über Dahme auf Luckau, dem Kaiser entgegen" — so schloß der Marschbefehl für den 6. September. Und die Richtung des fluchtartigen Rückzugs auf Dahme spricht noch immer die Voraussetzung aus, die Unterstützung des Kaisers werde sich in nächster Nähe befinden. Das Aufgeben des ursprünglichen Planes von seiten des Kaisers, sein Abrücken nach der Lausitz, hat Ney wohl nie erfahren. Hätte sich der Marschall isoliert gewußt der feindlichen Nordarmee gegenüber, nur auf die eigenen Kräfte gestellt, so wäre er gewiß vorsichtiger gewesen.

Noch am 14. September*) gibt Napoleon in einem Schreiben an Bertrand seine Absicht zu erkennen, das Kommando der Berliner Armee zu übernehmen und den Rachezug einzuleiten. Der Wunsch, überall sein zu wollen, trieb den Kaiser unablässig um; das Bewußtsein, überall in Person sein zu müssen, wenn die Dinge ordentlich gehen sollten, hielt ihn in beständiger Unruhe. Der weitläufige Kriegsschauplatz mit seinen drei gesonderten Kriegstheatern machte das blitzartige Erscheinen des Kaisers in Begleitung seiner Garden bald da bald dort zur Unmöglichkeit. Mit der Bewegung selbst ging eine kostbare Zeit verloren. In seiner Abwesenheit konnte bei Dresden ein Unglück geschehen. Und er mußte notwendig einen durchschlagenden Erfolg haben, das fühlte Napoleon; solch einen Erfolg wie bei Austerlitz, Jena, Friedland, Wagram; einen derartigen, durch den ein Ende dieses verzehrenden Ringens vorbereitet werden könnte. Nach einem solchen Erfolge hatte er auch gehascht, gesucht und gejagt beim Feldzug in Rußland. Dort glaubte er ihn auch in der Hand zu haben. Aber der Volkskrieg rechnet eben anders als der Kabinetskrieg. Sobald das Volk einen Krieg zu dem seinigen gemacht hat, wird er endlos, kann nicht abgeschnitten werden mit einem einzigen Schlag, und sei dieser noch so wuchtig geführt. Den Umschwung der Zeit in Rußland,

---

*) Corresp. Nap. 26. S. 203.

in Preußen, in Deutschland hat Napoleon niemals begriffen; für ihn war die Thätigkeit der geistigen im Volke lebenden Kräfte nicht vorhanden.

Nach einem endlichen Erfolge jagten Napoleons Pläne in diesen Septembertagen, wenn er auf der Hochfläche des Erzgebirges stand, und in die Thäler von Aussig und Teplitz blickte, wo die böhmische Armee lagerte, wenn er in der Lausitz den weichenden Scharen Blüchers nachdrückte, den er so gerne selbst gefaßt hätte, um sich für alle angethane Unbill zu rächen, für Katzbach und Dennewitz. So fluteten auch die französischen Streitkräfte hin und her zwischen Dresden und dem Kriegstheater in der Lausitz. Nach Norden zu, zum Kriegstheater in der Mark oder bei Wittenberg und Torgau, geschahen von Dresden aus stets nur kurze Anläufe, welche sofort wieder rückgängig gemacht wurden.

Einigermaßen behielt Napoleon die Gegend von Hoyerswerda, Kamenz, Großenhain, durch welche die Verbindung von dem Lausitzer Kriegstheater nach dem Märkischen lief, im Auge. Schon am 23. August, als er selbst von der Lausitz und von Schlesien nach Dresden zog, suchte er die große Heerstraße Dresden-Bautzen-Görlitz durch Beobachtungsposten in Hoyerswerda, Kamenz, Großenhain zu decken. Er entnahm die Truppen dem VI. Corps und bestimmte zu Führern die Generale Lheritier und Graf Normann. Dem letzteren, dem Kommandeur der württembergischen Reiterbrigade des VI. Corps, gab er noch 2 französische Bataillone bei, ein Marinebataillon und ein leichtes, beließ ihm aber nur 5 Schwadronen und eine halbe Batterie von seiner eigenen Brigade und entsandte ihn nach Hoyerswerda. Der übrige Teil der württembergischen Reiterbrigade, 3 Schwadronen und eine halbe Batterie, verblieb bei dem VI. Corps des Marschalls Marmont, nahm an den siegreichen Schlachten von Dresden teil am 26. und 27. August, machte zu Anfang des September den vergeblichen Zug nach der Lausitz und Schlesien mit, kam auf Postirung nach Königsbrück und Radeburg und vereinigte sich erst Ende September wieder mit der Brigade.

Vom 9. September an hatte Tauentzien Fühlung mit Blücher gesucht; insbesondere sollte der Oberst Chrapowicki mit ausgesuchten Kosaken auf jede mögliche Weise Nachrichten über Blücher und die Stellungen der Franzosen einziehen, zu dem Zweck von Elsterwerda nach Hoyerswerda reiten. Er war es, der am 11. September den Grafen Normann bei Kamenz angriff.*)

General Graf Normann war nämlich mit seiner Truppe — 2 Bataillone, 5 Schwadronen, einer halben Batterie — am 26. August in Hoyerswerda angekommen. Nach der Schlacht an der Katzbach aber, noch mehr nach dem Tage von Dennewitz, begannen sich der rechte Flügel von Blüchers Armee und der linke Flügel der Nordarmee unter Tauentzien von Luckau her die Hand zu reichen. Zahlreiche Kosakenschwärme und leichte preußische Reiterei nahmen

*) Quistorp ꝛc., II. 15.

die Verbindung auf. So wurde Normanns Posten von Hoyerswerda nach
Kamenz zurückgenommen. Er kam hier am 8. September an und berichtet
vom 11. an den König Friedrich: er sei alle die letzten Tage über stets von
Kosaken umschwärmt gewesen; die feindlichen Partisans seien immer lecker
geworden; heute, am 11. September, hätten ihrer mehrere tausend den Major
v. Miller angegriffen, der mit seiner Eskadron bei Kamenz auf Vorposten
gestanden. Durch das rasche Zurückweichen des Feindes habe sich der Major
verleiten lassen, mit seiner Schwadron in einen sumpfigen Wald zu folgen,
wo preußische Husaren und Kosaken ihn umzingelt hätten. — Der Major fiel
mit vielen seiner Leute unter den Lanzenstichen; um der bedrängten Schwadron
Luft zu machen, sandte Normann zwei weitere Schwadronen ab, die sich tüchtig
mit dem Feind herumschlugen, aber ihre Kameraden nicht herauszuhauen vermochten; erst als Normann ein Bataillon seiner Infanterie zeigte, wich der
Feind zurück. Mit dem Major Miller waren 33 Mann auf dem Platze
geblieben; an Verwundeten und Gefangenen zählte man noch außerdem 87 Mann.
„Alle haben sich gut gehalten," fügt Normann bei, „wenige nur sind ohne
blutige Säbel zurückgekommen."

Der König aber zeigte sich von allen diesen Heldenthaten keineswegs erbaut und ließ vom 20. September an Normann schreiben: „Seine Majestät
können nicht umhin, demselben Ihre gänzliche Unzufriedenheit mit seinen militärischen Anordnungen bei dem am 11. stattgefundenen Gefecht auszusprechen,
in welchem er, nicht genug, daß die unter dem Major v. Miller gestandene
Mannschaft geopfert war, noch 2 weitere Eskadrons, und zwar eine nach
der andern, verwickelte, wodurch er offenbar den Fehler des Major v. Miller
wiederholte, anstatt durch das Nachrücken des Ganzen dem Feind eine größere
Masse zu zeigen und dadurch zu imponiren. Es ist daher dieser große Verlust
gänzlich dem fehlerhaften und unverständigen Benehmen des Generalmajors
zuzuschreiben, welches deutlich zeigt, daß derselbe ganz ohne Kopf gehandelt hat."

Der König kommt noch auf ein paar andere Punkte zu sprechen,
Verteilung der Schwadronen der beiden Regimenter auf die verschiedenen
Kommandos und anderes und schließt: „Seine Majestät erteilen daher dem
Generalmajor über alles dieses einen derben Verweis mit der sehr ernsthaften
Erinnerung, sich sowohl bei seinen militärischen Anordnungen für die Zukunft
keine dergleichen ganz unverzeihliche Fehler mehr zu Schulden kommen zu
lassen, als auch seine Listen und Rapporte mit aller Präzision einzuschicken."

Die Bedrohungen der französischen Posten auf dem rechten Elbeufer werden
von immer größeren Massen ausgeführt; Normann muß Kamenz verlassen und
auf Radeburg, zwei Meilen von Dresden, später auf Hermsdorf zurückgehen.
„Wir schlagen uns täglich mit der leichten Kavallerie des Feindes," schreibt er
vom 26. September; „öfters läßt sie uns kaum Zeit zum Kochen." Es
vollzog sich hier auf dem rechten Elbeufer mehr und mehr die Annäherung

der Armee Blüchers an den linken Flügel der Nordarmee unter Tauentzien,
die Rechtsschiebung der schlesischen Armee die Elbe abwärts gegen Wittenberg,
um mit dem eigenen Angriffsgeiste die Oberleitung der Nordarmee fortzureißen,
ein Ereignis, das mit dem Elbeübergang bei Wartenburg am 3. Oktober die
Thätigkeit der kommenden Tage beherrscht und dem Kaiser Napoleon das Gesetz
für seine eigenen Pläne gegeben hat.

Bleddin und Leipzig.

Auf die schmeichelhafteste Weise ist seinerzeit dem Kronprinzen von Schweden
das Oberkommando der Nordarmee von den verbundenen Monarchen übertragen worden; durch vielfache Verbeugungen wurde der ehemalige Franzose
im Glauben erhalten, daß alle seine Maßnahmen ungeteilten Beifall finden.
Jetzt nach der entscheidenden Schlacht bei Dennewitz, als nur ein einfaches
Nachrücken auf das linke Ufer der Elbe notwendig war, um ein Kriegstheater
zu beherrschen, das augenblicklich durch keine Feldarmee mehr streitig gemacht
wurde, jetzt verstand er zu zeigen, wie man eine Thätigkeit entfalten könne,
ohne dem Feinde zu schaden, wobei aber doch der Schein gewahrt erschien.
Stets verrichtete der Kronprinz etwas, was nach einer That aussah. — Die
Festungen Wittenberg und Torgau konnten nicht erwünschter kommen. An sie
kettete er die beiden Vorwärtsdränger, Bülow und Tauentzien. Die Festungen
wurden blockirt, belagert; es wurden Brücken geschlagen, Uebergänge vorbereitet,
Sammelstellungen bezogen u. s. f. In Wirklichkeit vertrödelte der Kronprinz
drei volle Wochen und ließ dem Feinde Zeit, sich zu reorganisiren. So herrschte
an der mittleren Elbe verhältnismäßige Ruhe.

Nicht weniger auch im Gebirge an der böhmischen Grenze. Vom
8. September schreibt Knesebeck aus Teplitz an Gneisenau:[*] „Zu sagen, was
man hier im großen Hauptquartier thun wird, ist sehr schwer; denn wir
kommen, wie immer, nicht aus dem Kriegsrat heraus. Unsre Verluste waren
(in den unglücklichen Schlachten vor Dresden am 26. und 27. August) sehr
groß. Die Oesterreicher rechnen 30000 Mann seit dem 22. August eingebüßt
zu haben; Kleist hat 12000 verloren, die Russen sicher 8000. Solche Wunden
verlangen einige Tage zum Verband."

Die schlesische Armee unter Blücher war von Bunzlau bis Herrnhut
vorgerückt und hatte ihr Hauptquartier vom 15. bis 26. September in Bautzen.
Große Unternehmungen fehlten in dieser Zeit; Napoleon sah durch Niederlagen, Mangel, anstrengende Märsche, seine immer noch unfertige, schon durch

*) Pertz, Leben Gneisenaus, III., 309 f.

ihre Jugend wenig widerstandsfähige Armee mehr und mehr herabgemindert; er war teilweise mit ihrer Reorganisation beschäftigt und hielt Ausschau, wo er mit Vorteil und Sicherheit des Gelingens einen Schlag führen könnte. Der Kriegsschauplatz engte sich für ihn mit jedem Tage mehr ein; damit standen seine Kräfte auch konzentrirter; das brachte einen gewissen Vorteil mit sich, aber wagen durfte er nichts mehr; nach allem, was geschehen, durfte er nur einen Schlag führen, wenn ein glücklicher Ausgang gesichert war. So kam er ins Zaudern und Bedenken; er erscheint jetzt schon als in der Notwehr befindlich.

Weitergeführt wurde der Krieg in dieser Periode hauptsächlich von Parteigängern, welche über das Erzgebirge streiften bis Altenburg, gegen Leipzig und Erfurt hin, oder vor der Front des schlesischen Heeres von Bautzen bis zur Elbe, von der Nordarmee bis aufs linke Ufer des Elbstroms.

Während des Aufenthalts von Blücher und Gneisenau in Bautzen vom 15. bis 26. September wurde hier im Hauptquartier der schlesischen Armee der Gedanke reif, rechts abzumarschiren nach Norden hin, um sich mit der Nordarmee, insbesondere mit Bülow und Tauenzien, zu vereinigen, die Elbe zu überschreiten und mit vereinten Kräften einen entscheidenden Schlag zu führen, etwa bei Halle oder Leipzig. Am 27. September begann die schlesische Armee ihre Bewegungen nach Norden; am 30. geschah in Elsterwerda die Vereinigung mit Truppen vom IV. preußischen Corps Tauenzien, und für die nächsten Tage war der Brückenschlag zwei bis drei Meilen oberhalb Wittenberg in Aussicht genommen. Mit Sehnsucht erwarteten die preußischen Truppen vom III. und IV. Corps unter Bülow und Tauenzien, welche vor Wittenberg und Torgau lagen, die Beendigung der zwecklosen Belagerungen und die Verwendung gegen die feindliche Feldarmee. „Nur Ihre Ankunft," schrieb Oberst Boyen aus Bülows Hauptquartier an Gneisenau, „macht uns hier flott, sonst stehen wir trotz allem unserem Bemühen bis zum Winter unthätig an der Elbe."

Wesentlich ausgefüllt wird die Zeit des Stillstands im großen Kriege nach der Schlacht bei Dennewitz durch die Unternehmungen der Parteigänger. Sie gehen hauptsächlich von Russen und Preußen aus, zum Teil auch von Oesterreichern. Ihnen gegenüber zeigt sich die Kriegführung Napoleons außerordentlich schwerfällig. Schon im Frühjahrsfeldzug 1813 war das zu Tage getreten, als Tschernitscheff, Lützow, Colomb und andere kecke Führer die Verbindungen mit Erfurt und Mainz durchschnitten. So unthätig die Nordarmee unter dem Kronprinzen von Schweden auch blieb, nachdem er an der Elbe den Festungskrieg mit Wittenberg und Torgau aufgenommen, das konnte er doch nicht verhindern, daß kühne Führer mit ihren leichten Truppen die Elbe bei Aken und anderen Punkten überschritten, die Gegend bis Leipzig und Halle beunruhigten, den aus Böhmen vorbrechenden Streifscharen die

Hand boten, bis Kassel ritten und das Königreich Westfalen in Aufregung brachten, wie dies durch Tschernitscheff und v. d. Marwitz ausgeführt wurde.

Im äußersten Norden Deutschlands stand noch eine weitere Truppe dem Befehle des Kronprinzen untergeordnet, das Corps Wallmoden in Mecklenburg, etwa 26000 Mann stark und bestimmt, den Marschall Davoust, der mit 38000 Franzosen und Dänen in und vor Hamburg stand, im Schach zu halten. Ohne zu irgend einem bedeutenden Resultate zu kommen, wurde der kleine Krieg während des Monats August in Mecklenburg geführt; Davoust drang vor, war aber voll Besorgnis, sich allzu weit von Hamburg zu entfernen und ging deshalb in die feste Linie Razeburg-Molln wiederum zurück. Wallmoden folgte vorsichtig; seine geringere Truppenzahl, die bunte Zusammensetzung seiner Streitkräfte, ihr lockeres Gefüge mahnten ihn zur Vorsicht. Er vereinigte unter seinem Befehle Russen, Schweden, Engländer, Deutsche aller Stämme; da waren Kosaken, russisch-deutsche Legion, britisch-deutsche Legion, hanseatische, mecklenburgische Brigade, Lützowsches Freicorps. Letzteres hatte sich während des Waffenstillstandes wieder reorganisirt und trotz seines Unfalles bei Kitzen sich auf den Bestand von 3 Bataillonen, 5 Schwadronen mit etlichen Geschützen gehoben.

Der festen Stellung Davousts bei Razeburg vermochte Wallmoden nichts anzuhaben; dagegen setzte er bei Dömitz über die Elbe und schlug eine französische Division am 16. September bei Göhrde. In der Folge kehrte Wallmoden wieder nach Mecklenburg zurück, aber die unermüdlichen Führer der Lützower und anderer Corps fuhren fort, auf dem linken Elbeufer Unternehmungen in die Wege zu leiten, welche bis zur Weser und bis nach Bremen führten.

Während dieser ganzen Zeit war der Marschall Ney an der Arbeit, seine am 6. September aus einander gebrochene Armee zu reorganisiren, teils nach seinen eigenen Entwürfen, teils den Weisungen Napoleons folgend. Beim IV. Corps ließ die italienische Division Fontanelli die Hälfte ihrer Bataillone eingehen und zählte in Zukunft deren nur noch 7; die Württemberger waren am 6. September ins Gefecht gerückt mit 11 Bataillonen; 3 davon sind als ganz vernichtet anzusehen, die übrigen schwach; so formirte Franquemont aus den 8 übrigen Bataillonen deren 4, zusammen etwa 2500 Mann stark; Division Morand aber erhielt Verstärkung. Es hatte sich nämlich nach allen schlimmen Erfahrungen Napoleon dazu verstanden, den Marschall Oudinot von seiner Unterordnung unter Ney abzurufen. Oudinot selbst erhält ein Kommando bei der Garde, sein Corps aber verschwindet und wird namentlich beim VII. Corps, Reynier, eingeteilt, während die Sachsen aus ihren zwei Divisionen jetzt eine einzige formiren. Am 12. September mag Ney in den zwei ihm verbleibenden Corps 25000 Mann Infanterie und 6000 Reiter gezählt haben; Ende September ist das IV. Corps auf 13000, das VII. auf 19000 Mann zu berechnen, das 3. Kavalleriecorps auf mehr als 4000 Mann. Die bayrische Division

Raglowich aber beginnt vollständig vom Kriegsschauplatz abzutreten; sie zählte nur noch 1900 Mann und wurde am 20. September nach Dresden abberufen. Um diese Zeit mag bei Napoleon in Dresden ein Schreiben des Königs Max Josef von Bayern eingelaufen sein, das etwa am 8. September in München abging und dem Kaiser der Franzosen eröffnete, wie es in Bayern mehr und mehr zur Unmöglichkeit werde, gegen das Interesse und den Willen des Landes die Verbindung mit Frankreich fortzusetzen.*) Den Anstoß für die veränderte Haltung des Königs von Bayern hatte insbesondere Kaiser Alexander gegeben, der in einem Schreiben vom 31. August den mächtigsten der Rheinbundfürsten zum Verlassen der französischen Allianz zu bewegen suchte. Etwas später, am 9. September 1813, als der Sieg bei Dennewitz den guten Fortgang verbürgte, schlossen Metternich, Hardenberg und Nesselrode zu Teplitz eine Uebereinkunft, nach welcher für Preußen und Oesterreich die Machtstellung vor dem Jahre 1805 angestrebt und neben anderen Zukunfts-plänen festgesetzt wurde: der Rheinbund sei aufzulösen und den Zwischenstaaten (Etats intermédiaires), die zwischen den Grenzen der neugebauten Reiche Preußen und Oesterreich und dem Rheine liegen, werde vollständige unbedingte Unabhängigkeit zugesichert (indépendance entière et absolue). —

Der Raum für die Bewegungen der zusammengeschmolzenen Armee des Marschalls Ney war ungemein eingeengt worden und nunmehr auf das Landstück beschränkt zwischen Elbe und Mulde, von Dessau bis oberhalb Wittenberg; bald glaubte Ney die Elbe, bald die Mulde zu seiner Verteidigungslinie machen zu dürfen, bald schob er seine Truppen westlich, bald östlich an der Elbe hin, um Uebergangsversuche zu stören, bald jagten einzelne Teile den ärgerlichen Parteigängerunternehmungen nach. So kamen zu den Geschäften der Reorganisation noch fortwährende Verschiebungen und Märsche der verschiedenen Truppenkörper.

Die Berichte Franquemonts mögen einen Einblick in die inneren Zustände und die Lage der Truppen gestatten. Zunächst am 8. und 9. September wurden die Armeecorps Neys auf dem Glacis der Festung Torgau gesammelt; ein Teil aber mußte rasch auf die Muldelinie bei Wurzen zurückgehen. Aus Tschorna bei Wurzen schreibt nun der württembergische Divisionskommandeur vom 10. September: „Eure Majestät bitte ich versichert zu sein, daß mir nichts heiliger ist, als die mir von Eurer Majestät gegebenen Befehle zu befolgen. Die Zeitumstände sind leider sehr traurig. Die unselige Schlacht vom 6. hat das Corps sehr geschwächt; hätte ich alle Befehle, die der General Bertrand gegeben, genau befolgt, so wäre wenig übrig geblieben." — „Die Retraite am 6. artete in eine schändliche Flucht aus; der Vorfall von gestern vor Torgau zeugte von der größten Demoralisation der Armee. Vor ungefähr

---

*) Heilmann, Feldmarschall Fürst Wrede. Leipzig 1881. 258 ff.

5000 bis 6000 Mann Kavallerie, die eine reitende Batterie mit sich führten,
liefen 3 Armeecorps davon. Nur unsere Kanonen feuerten gegen den Feind.
Hätte die nachrückende feindliche Kavallerie und die Infanterie, die aus dem
Wald debouchirte, ihren Vorteil verstanden, sie hätten einen Teil der Armee
gefangen genommen."

„Es scheint mir, die französischen Generale und Offiziere sind des Kriegs
überdrüssig und den Soldaten kann bloß die Gegenwart des Kaisers beleben.
Bei der Flucht am 6. September sah ich bloß die königlichen Truppen und
ein polnisches Bataillon sich in Ordnung zurückziehen. Der Generalstab des
Generals Bertrand mit alleiniger Ausnahme dieses Generals befand sich bei
mir, um sich nötigenfalls in eines dieser Carrés zu werfen. Der Marschall
Ney ritt auch lange, ohne ein Wort zu reden, wahrscheinlich aber in gleicher
Absicht, nebenher. Ney ist sehr unzufrieden mit General Bertrand, die Bataille
unvorsichtigerweise engagirt zu haben; noch mehr aber mit Oudinot, der
offenbar zu spät kam. Der Weg bis Torgau war mit französischen Munitionswagen jalonirt und, was das ärgste ist, bis auf eine Stunde vor Torgau." —
Der Verlust vom 6. bis 8. September sei auf 27000 bis 30000 Mann zu
schätzen. — „Die französische Kavallerie hat sich bei allen diesen Gelegenheiten
äußerst schlecht betragen. Das Mißtrauen der Franzosen gegen die deutschen
Truppen zeigt sich jetzt stärker als je. Sie glauben seit Macdonalds, Vandammes, Neys Niederlagen, daß sie bloß durch den Rhein vor den Kosaken
Schutz finden werden. Bei mir schimpfen sie über die Bayern, Darmstädter
und Sachsen, hinterrücks werden wir auch nicht verschont werden."

Der bayrische Divisionskommandeur, General Raglowich, schreibt: „Die
Stimmung der französischen Armee wird immer ungünstiger; die Sorglosigkeit,
mit der sich der Gesunde wie der Kranke behandelt sieht, vergleicht der gemeine
Mann mit dem schwelgerischen Prunk, Wohlleben und der Ungenügsamkeit
seiner Oberen und fühlt sich im höchsten Grade unglücklich und mißmutig. Der
Landmann, dem man alles raubt, fördert aus Verzweiflung die Unternehmungen
des menschlicheren Feindes. So viel scheint mir gewiß, daß wir nicht mehr
etwas Großes werden ausführen können und unfähig zu irgend einer offensiven
Operation sein möchten."

Zwei Tage später steht Franquemont mit seiner schwachen Truppe wieder
im Lager vor Torgau und berichtet: „Eurer königlichen Majestät kann ich
nicht bergen, daß ich mich in Verzweiflung befinde. Tief durchdrungen von
dem Allerhöchsten Befehl und von meinem eigenen Gefühl, für die Truppen
zu sorgen, bin ich in Verhältnissen, wo ich nichts thun kann, da die Mittel
zur Erhaltung der Truppen, worunter ich vorzüglich den Branntwein rechne,
auch für teures Geld nicht zu haben sind. An Essen, mit Ausnahme des
Brotes, hat es den Truppen noch nicht gefehlt; dennoch aber haben die Kräfte
der Leute durch Fatiguen, Bivakiren ohne Stroh, bei heißer Witterung und

kalten Nächten so nachgelassen, und die gewöhnliche Herbstkrankheit der Armee, die Dyssenterie, ist so eingerissen, daß täglich an 100 Mann krank gemeldet werden. Die Soldaten haben größtenteils den besten Willen, verhehlen ihre Krankheit, bis sie umfallen, und sehen leichenähnlich aus. Alles hat das Ansehen, wie es im russischen Feldzug in der Gegend von Liozna gewesen sein soll."

Der unverhältnismäßige Abgang sei der Grund, warum jetzt die Division zu nur vier Bataillons formirt sei. Je nach Befund der Umstände werden die überzählig gewordenen Generale und Offiziere in die Heimat geschickt werden. — Der König hatte diese Maßregel schon wiederholt angedeutet und von diesem Zeitpunkt an gehen Kranken- und Blessirtentransporte, Pferde und weniger brauchbare Geschütze nach Württemberg zurück; im ganzen gegen 3000 Mann.*) Ein Spitalkommando bleibt in Leipzig, das aber immer nach Hause evacuirt, während von dort aus kein Mann Verstärkung nachrückt. Bei den Offizieren zeigt sich noch ein anderer Ausfall. Eine Anzahl von Mecklenburgern und Preußen im württembergischen Dienst hatte den Wunsch ausgesprochen, verabschiedet zu werden, um auf der andern Seite Dienste zu nehmen, oder doch nicht gegen die Landsleute fechten zu müssen. Auf des Königs Befehl wurde Umfrage gehalten; die beiden Herren v. Blücher, ein Major und ein Rittmeister, v. d. Lühe, Witzleben, Bassewitz und andere begehrten ihre Entlassung. „Der Hauptmann v. Wickede hat sich erklärt, bleiben zu wollen. — Der Oberarzt Oelhaf vom Regiment Herzog Wilhelm, Nr. 2, welcher sich im Carré dieses Regiments befand, als es gesprengt wurde, hat Mittel gefunden, aus der Gefangenschaft, in welcher er sich mehrere Tage befand, zu entkommen. Er brachte die betrübte Nachricht von dem Tode des Christen v. Baur, der an mehreren Schußwunden, Lanzenstichen und Säbelhieben blieb; auf dem Boden liegend hat er noch: Feuer! Feuer! gerufen. — Im Augenblick, da ich dieses schreibe, erhalte ich den Befehl, nur zwei Haubitzen und vier Kanonen zu behalten, und das übrige Geschütz nach rückwärts zu schicken, wo man mit der Organisation der Artillerie beschäftigt ist."

In der nächstfolgenden Zeit konnte Franquemont nicht wagen, Berichte abzuschicken; die Wege seien viel zu unsicher, Naumburg, Weißenfels, Halle durch feindliche Parteien besetzt. Am 11. September habe Bertrand in der Nähe von Torgau Revue abgehalten; „die Anzahl der Kranken war seit dem 12. September wieder auf 400 angewachsen; da mir das Mißtrauen der Franzosen gegen die Deutschen, seit jene im Unglück sind, täglich sichtbarer ward, wozu freilich das Uebergehen westfälischer und sächsischer Truppen zum Feinde Anlaß geben mußte, so ließ ich diese 400 Kranken hinter ihren Compagnien antreten, damit der General Bertrand sich selbsten vom Zustand

---

*) Markgr. Wilh. v. Baden ec., S. 107.

dieser Leute überzeugen konnte." Darauf zehn Tage lang Kantonirungen in
der Nähe; „sie waren von Nutzen, da man wenigstens bei dem anhaltend
schlechten Wetter nicht unter freiem Himmel zu sein brauchte und doch etwas
Brot erhielt. — Der Feind hatte zwischen Wittenberg und Pretsch in der
Gegend von Elster und Wartenburg eine Brücke über die Elbe geschlagen und
solche, wiewohl nur mit wenigen Truppen, passirt; man marschirte daher den
25. September gegen Wartenburg, und die königlichen Truppen erhielten den
Auftrag, das Debouchiren des Feindes zu verhindern. Der Feind zog sich
aber in der folgenden Nacht über die Brücke zurück und hob solche größtenteils
ab, worauf am 26. September die Gegend von Wartenburg verlassen wurde."

In den ausgefressenen armen Dörfern sei außerordentlich wenig Erholung
möglich gewesen. „Am 29. September wandte sich die ganze Armee gegen
Dessau, in welche Stadt das VII. Armeecorps eingerückt sein soll. Es scheint
nach allem, daß der Feind die Neysche Armee an der Elbe amüsirt, mit der
Hauptmacht aber irgendwo anders einen Schlag auszuführen sucht."

Franquemont hatte mit seiner Vermutung ganz recht: in eben diesen
Tagen hatte sich die Armee unter Blücher von Bauzen aus gegen Norden
in Bewegung gesetzt, um den linken Flügel der unthätigen Nordarmee zu
erreichen, bei Wittenberg überzugehen und alles zu einem entscheidenden Schlage
vorwärts zu reißen. — „Indessen hatte aber der Feind," fährt Franquemont
in seinem Bericht fort, „die Brücke bei Wartenburg wieder hergestellt. Die
königlichen Truppen mußten daher am 30. September nachmittags dahin aufbrechen. Ich drang bis Wartenburg vor; der Feind, der nur in geringer
Zahl in seinem halb ruinirten Brückenkopf stand, wurde durch Hauptmann
Zinternagel ohne Mühe vertrieben; dieser Offizier aber wurde gleich darauf
durch eine Kartätschenkugel getötet. Bei der Stärke des Feindes auf dem
rechten Ufer der Elbe kam der General Bertrand mit dem übrigen Teil des
IV. Armeecorps bei Wartenburg an und die württembergische Division bezog
den 2. Oktober abends die Stellung bei Bleddin."

So hatte also das IV. französische Corps den Punkt an der Elbe erreicht,
den Blücher und Gneisenau zu einem Uebergang aufs feindliche Ufer ersehen
hatten. Den Truppen Bertrands war die Gegend bekannt; vor acht Tagen
hatten sie ja denselben Posten inne gehabt. Jetzt mußte es sich zeigen, ob das
IV. Corps, Franzosen, Italiener, Deutsche, im stande war, den Plan Blüchers
zu durchkreuzen oder doch seine Ausführung aufzuhalten; ob es ihnen gelingen
würde, das belebende Element der Kriegführung von der Vereinigung mit der
schlummernden Nordarmee fernzuhalten; ob der Kriegsschauplatz auf das linke
Elbeufer in die Ebenen von Halle oder Leipzig verlegt werden solle.

Der erste Teil des großen Kriegs im Herbstfeldzug war abgeschlossen mit
der Schlacht bei Dennewitz am 6. September; genau vier Wochen später stand
Blücher im Begriff, durch einen folgenschweren Entschluß die zweite Hälfte des

Herbstfeldzugs zu eröffnen, den Ring um den fremden Eindringling enger und fester zu ziehen.

Da wo unterhalb der Stadt Dessau die Mulde in die Elbe fällt, liegt auf dem rechten Ufer des Elbstroms die Stadt Roßlau in außerordentlich günstiger und gedeckter Lage für einen Brückenschlag. Der Kronprinz von Schweden hat hier auch einen solchen in der zweiten Hälfte des Monats September ausführen lassen und seine Brücke durch einen starken Brückenkopf auf dem linken Elbeufer gedeckt. Der Kronprinz aber scheint seine Brücke weniger aus dem Grunde geschlagen zu haben, um die Armee auf das feindliche Ufer zu führen, als vielmehr, um die Aufmerksamkeit des Marschalls Ney auf sich zu ziehen. Das gelang ihm auch. Ney, von steter Unruhe und Besorgnis umhergetrieben, seine Truppen bald dahin, bald dorthin werfend, scheint glücklich gewesen zu sein, ein klares Ziel seiner Thätigkeit gefunden zu haben.

Seine beiden Armeecorps, das VII. und IV., vereinigte er nun gegen die Brücke von Roßlau, nachdem der Feind am 26. September diejenige bei Elster abgetragen hatte. Da kam die Nachricht, der Feind baue wieder an seiner Brücke bei Elster; deshalb rasche Umkehr der Württemberger zunächst, später des ganzen IV. Corps von der Muldegegend bei Dessau nach Wartenburg. Ney selbst mit dem VII. Corps blieb in der Nähe von Dessau stehen zur Beobachtung des Roßlauer Brückenkopfs. So standen am Abend des 2. Oktober die beiden Armeecorps Neys 40 Kilometer von einander entfernt an der Elbe; im Rücken, in der Gegend von Leipzig, suchte der Herzog von Padua mit den Resten des 3. Kavalleriecorps das Land gegen die Einfälle der Parteigänger offen zu halten. Die Truppenstärke beim VII. Corps hatte sich eher vermindert als gehoben; in der Nacht vom 22. zum 23. September war die erste geschlossene Abteilung der Sachsen, das Bataillon des Majors v. Bünau, in der Nähe von Dessau zum Feinde übergegangen und hatte damit der allgemein unter den Sachsen herrschenden Stimmung Ausdruck gegeben. In den letzten Tagen des Monats September zählte das VII. Corps noch 29 Bataillone, 13 Schwadronen, 48 Geschütze; etwa 19000 Mann.

Das IV. Corps, Bertrand, wie es jetzt am 2. Oktober bei Wartenburg stand, zählte noch 27 Bataillone, 6 Schwadronen, 32 Geschütze. Und zwar: Division Morand 16 Bataillone (14 französische, 2 Kroaten) und 12 Geschütze; Division Fontanelli 7 Bataillone, 6 Geschütze; Division Franquemont 4 Bataillone (unter der Führung der Generale Stockmayer und Doering) und 6 Geschütze. Dazu die württembergische Reiterei, ehemals 8 Schwadronen, jetzt noch 2 unter den Generalen Briche und Jett. Eine Verstärkung war dem IV. Corps zu teil geworden durch die Kavalleriedivision Beaumont: Hessische Chevaurlegers 2 Schwadronen, westfälische Chevaurlegers ebenfalls 2 Schwadronen; dazu eine französische Reservebatterie mit 8 Geschützen.

Kein Bataillon erreichte die Stärke von 500 Mann, die Schwadronen zählten wenig über 100 Pferde. Die Infanterie der Division Morand beziffert sich auf 5760 Mann, Fontanelli auf 2600, Franquemont auf 1760. Alles in allem beim IV. Corps: 13000 Mann.

An der Stelle, wo die schwarze Elster in die Elbe einmündet, 15 Kilometer oberhalb der Festung Wittenberg, springt die Elbe in einem Bogen gegen Osten aus; an der Ausbiegung auf dem rechten Ufer liegt das Dorf Elster. Der stark gegen Osten ausspringende Bogen bildet für das linke Ufer eine Halbinsel heraus, an deren äußerster Spitze die auf ihren Brücken übergehenden Preußen das Land betreten mußten. Auf der Sehne der Halbinsel fließt ein Altwasser, die Streng, bald schmal, bald breit, zuweilen auch durch sumpfigen Grund unterbrochen. Hinter diesem Altwasser auf leise erhöhtem Grund, drei Kilometer von der Spitze der Halbinsel entfernt, liegt das große Dorf Wartenburg; drei Kilometer südlich von demselben das kleinere Dorf Bleddin. Von Bleddin an der Elbe entlang läuft ein Damm; ein solcher auch auf der Sehne hinter dem Altwasser von Bleddin nach Wartenburg. Drei Kilometer westlich von Bleddin liegt das Dorf Globig.

Die ganze von der Linie Wartenburg-Bleddin gegen Osten ausspringende Halbinsel ist ein von Gräben, stehenden Wasserlachen vielfach durchschnittenes, unwegsames Gelände, bedeckt mit dicht verschlungenem Busch und Eichenwald, in der Nähe von Wartenburg mit Gärten und dicht stehenden Obstbäumen; ein Stück freieres Gelände findet sich südlich Wartenburg gegen Bleddin hin. — Ein Brückenschlag an der Spitze der Halbinsel vom Dorfe Elster aus, durch Batterien flankirt, konnte unter den obwaltenden Umständen nicht wohl verhindert werden; wohl aber mußte es einem entschlossenen Verteidiger leicht werden, ein Vordringen gegen die starke Linie Wartenburg-Bleddin zu verwehren. Das große Dorf Wartenburg hinter seinem schützenden Altwasser ist fast unangreifbar; leichter zu erreichen auf festem Grunde längs des Elbdammes ist der südliche, viel zu weit entlegene Stützpunkt Bleddin.

Wir haben oben gesehen, wie in den letzten Tagen des September und den ersten des Oktober Blücher mit seiner schlesischen Armee von Bautzen nach dem Norden eilte (s. S. 339), um dort den Schlummer zu brechen, sich mit Bülow und Tauentzien zu vereinigen. In der That hatte Bülow, der Belagerer Wittenbergs, schon am 29. wieder an der alten aufgegebenen Brücke beim Dorfe Elster arbeiten lassen, was denn auch die Franzosen herbeigezogen. Blücher befand sich schon ganz in der Nähe. Sein Generalquartiermeister Gneisenau, von Müffling und Rühle begleitet, eilte voraus am 2. Oktober und betrieb den Brückenbau so viel möglich. Eine kleine Abteilung von Bülows Corps war übergesetzt und deckte in dem Busch des linken Ufers die Arbeiten. Die Preußen vom Süden und vom Norden, gleicherweise voll heiligen Eifers, ihr Vaterland zu retten und neu zu bauen, hatten sich hier die Hände gereicht. Am Morgen des 3. Oktober um fünf Uhr waren zwei Brücken fertiggestellt. Der Uebergang begann sofort.

An der Spitze von Blüchers schlesischer Armee marschirte das I. preußische Corps York, darauf folgte das russische Corps Langeron und einen Tagmarsch zurück befand sich noch das russische Corps Sacken; in allem gegen 70 000 Mann. — Das I. preußische Corps unter dem General York bestand aus vier Brigaden, der ersten und zweiten, der siebenten und achten; Führer derselben: Oberst v. Steinmetz, Prinz Karl von Mecklenburg, die Generale v. Horn und Hünerbein; außerdem Reservekavallerie und Reserveartillerie; zusammen 41 Bataillone, 44 Schwadronen, 25 700 Mann mit 104 Geschützen.

Von der Stelle, auf welcher die übersetzenden Truppenteile des Corps York das linke Ufer betraten, führte durch Gestrüpp, über Lachen und Gräben ein Feldweg nach dem Dorfe Wartenburg, drei Kilometer weit. Das ließ sich einigermaßen von dem überhöhenden rechten Elbeufer übersehen; der Umstand aber, daß man durch ein paar enge Zugänge, zusammengeschnürt durch Altwasser, an das Dorf Wartenburg herankommen konnte, dieser Umstand scheint weder durch Rekognoszirungen noch durch ortskundige Führer gehörig aufgeklärt worden zu sein.

General Bertrand befand sich selbst im Dorfe Wartenburg als seinem Hauptstützpunkt und leitete von hier aus die Verteidigung der ganzen Halbinsel; rechts von ihm auf drei Kilometer entfernt standen die vier Bataillone Württemberger mit ihren sechs Geschützen; in der Mitte, zum Teil hinter der Mitte, hinter dem die Dörfer Bleddin und Wartenburg verbindenden Damme, stand Fontanelli; beim Dorfe Globig die Reiterei unter Beaumont.

Im Dorfe Wartenburg, in der Festung, welche von dem Altwasser wie von einem nassen Graben umgeben war, über den nur einige schmale Brücken führten, hatte sich Bertrand zu hartnäckiger Verteidigung eingerichtet. Franquemont auf seinem rechten Flügel hatte zwei von seinen vier Bataillonen auf 1000 Schritte vor das Dorf Bleddin vorgeschoben samt vier Geschützen; die übrigen zwei Bataillone mit zwei Geschützen standen am Dorfe unmittelbar. „Das Terrain vor der Front,“ erzählt Franquemont, „war auf 600 Schritte frei, dann wurde es durch einen Wald beschränkt, welcher die württembergischen Truppen von der Division Morand trennte. Der Elbdamm auf der rechten Flanke war auf beiden Seiten mit Gesträuch und Buschwerk bewachsen, weshalb auf dieser Seite ein starker Vorposten auf 400 Schritte vorgeschoben wurde, um von der Annäherung einer feindlichen Kolonne zeitig unterrichtet zu werden.“

Der General York, welcher von 5 Uhr in der Frühe des 3. Oktober über die beiden Brücken beim Dorfe Elster ging, verwandte seine vier Brigaden in folgender Weise gegen die französische Stellung Bleddin-Wartenburg: auf dem rechten Flügel gegen das Dorf Wartenburg die Brigade Steinmetz, links davon gegen den Südausgang von Wartenburg und gegen den Damm, der Bleddin mit Wartenburg verbindet, die Brigade Horn, weiter links gegen das Dorf Bleddin selbst die Brigade Prinz Karl von Mecklenburg; Hünerbein in Reserve. Der Angriff auf dem rechten Flügel bei Steinmetz und Horn sollte mit aller Kraft erst erfolgen, wenn die Umgehung links über Bleddin geglückt sei. Auf Bleddin wurde zunächst der Hauptangriff gerichtet. In seiner Meldung an Barclay de Tolly aus Wartenburg den 3. Oktober, abends 6 Uhr, sagt Blücher:*) er habe den Angriff absichtlich dem I. preußischen Corps übertragen, damit der Feind, gewohnt, an der Elbe mit Preußen zu fechten, nicht gewahr werde, daß er es hier mit der schlesischen Armee zu thun habe.

Bericht Franquemonts: „Den 3. Oktober in der Frühe um halb sieben Uhr rückte der Feind aus dem Brückenkopf (bei Elster) heraus, griff die französischen Vorposten vorwärts Wartenburg an und drängte sie gegen das Dorf zurück. General Bertrand ließ mich sogleich von dieser Bewegung des Feindes in Kenntnis setzen mit dem Anfügen, daß ich mich defensiv verhalten und im Falle eines Angriffs meine Stellung bei Bleddin mit der äußersten Hartnäckigkeit verteidigen solle. — Das Feuer hatte auf der Linie der Division Morand bereits eine halbe Stunde gedauert und die Vorposten dieser Division waren — nach der Richtung des Feuers zu urteilen — näher an das Dorf Wartenburg zurückgedrängt, als auch unsere Vorposten mit Ueberlegenheit angegriffen wurden. Da der Stützpunkt an dem Elbdamm für meine Stellung von der größten Wichtigkeit war, so ließ ich das ganze Regiment Nr. 6 zur Unterstützung des Vorpostens auf dem Elbdamm vorrücken.

„Der Feind machte seinen Angriff mit Heftigkeit und setzte denselben mit großem Nachdruck fort, so daß man daraus abnehmen konnte, daß der Feind mit einer großen Truppenmasse den Fluß passirt und ernstliche Absicht haben müße; allein das Regiment Nr. 6 behauptete dem ungeachtet seine Stellung länger als zwei Stunden, ohne einen Finger breit zu weichen. — Mittlerweile versuchte der Feind aus dem vor der Front gelegenen Walde mit Kavallerie und Infanteriekolonnen zu debouchiren; allein seine wiederholten Versuche wurden durch unsere Artillerie vereitelt; so oft sich die Kolonnen zeigten, wurden sie zerstreut, ehe sie sich auf offenem Felde formiren konnten. Als der Feind seine Absicht nicht erreichen konnte, griff er das Regiment Nr. 6 mit doppelten Kräften an." Wir erinnern uns hier daran, daß Franquemont zwei von seinen vier Bataillonen auf 1000 Schritte vor das Dorf Bleddin vorgeschoben hatte samt vier Geschützen; jedes Regiment formirte ein Bataillon; so stand hier Regiment 6 rechts, Regiment 4 links; rückwärts am Dorfe selbst standen die anderen zwei Bataillone, die aus dem Regiment Nr. 1 und den Regimentern 9 und 10 formirt waren. — „Durch das lang dauernde Gefecht

---

*) Kriegsarchiv des Großen Generalstabs in Berlin. III. E. 44.

war Regiment 6 ermüdet und es war zu befürchten, daß es nicht im stande
sein werde, den erneuerten Angriff auszuhalten; ich befahl daher, ein Bataillon
vom Dorf zur Unterstützung vorzuschiden. Die Entschlossenheit, mit welcher
dieses Bataillon vordrang, nötigte den Feind, zu weichen. Als derselbe neuerdings frische Truppen vorschidte, ließ ich auch die Hälfte des noch übrigen
Bataillons ins Gefecht bringen, welches mit gutem Erfolg geschah." Jetzt
hatte Franquemont alle seine Truppen in vorderster Linie mit Ausnahme von
zwei Compagnien, die noch am Dorfe Bleddin standen.

„Nach der Truppenanzahl, welche der Feind gegen mich ins Gefecht brachte,
sowie nach den Kolonnen, welche er mir außerdem zeigte, mußte ich schließen,
daß der Hauptangriff gegen Bleddin gerichtet sei und daß die feindliche Armee
die Absicht habe, durch dieses Dorf zu debouchiren. Ich teilte diese Ansicht
dem General Bertrand mit und ließ zugleich um Verstärkung bitten, indem ich
sonst zu schwach sei, um länger zu widerstehen; zugleich ließ ich ihm melden,
daß sich eine starke feindliche Kolonne in dem zwischen General Morand und
mir liegenden Walde vorschiebe und daß mithin zu befürchten sei, daß die
beiden Flügel der diesseitigen Stellung von einander getrennt werden. —
General Bertrand konnte mir keine Unterstützung schiden, ließ mir aber sagen,
daß er gegen die im Mittelpunkte vorrückenden Feinde detachiren würde. Unter-
dessen setzte der Feind seinen Angriff auf den Elbdamm beständig fort; auch
ließ er neuerdings eine starke Infanterie- und eine Kavalleriekolonne auf dem
freien Felde vorrüden und protegirte sie diesesmal durch Artillerie, welche das
Feuer unserer Batterie auf sich zog."

Der Angriff des Prinzen Karl von Mecklenburg verzögerte sich
hauptsächlich durch die Notwendigkeit, Wege herzustellen mitten in dicht ver-
wachsenem Busch, über Wasserarme und Gräben. Nach und nach verstärkten
sich seine Truppen auf sechs Bataillone Infanterie (1., 2. und Füsilierbataillon
1. ostpreußischen Infanterieregiments, zwei Bataillone des 2. ostpreußischen
Regiments, schlesisches Grenadierbataillon und Landwehrbataillon Kosetzky),
mecklenburgisches und 2. Leibhusarenregiment, je 3 Schwadronen stark, 2 Batterien. — Der Oberst v. Lobenthal, Kommandeur des 1. ostpreußischen Infanterieregiments, berichtet:[*]) „Ich ging mit den Tirailleurs und Jägern des
1. Regiments zur Rekognoszirung des Dorfes vor und warf die vorgeschobene
feindliche Feuerlinie gänzlich hinein und lernte so die Lage des Dorfes kennen.
Allein kaum war dieses geschehen, so rückte der Feind wieder mit Uebermacht
aus dem Dorfe vor und warf meine Tirailleurs gegen die Bataillons zurück.
Hierauf rückte nun das 2. Bataillon des 1. Regiments hart am Elbufer zum
Angriff und hierauf folgte das 1. Bataillon desselben Regiments, sowie das
2. Bataillon des 2. Regiments auf 80 Schritte in Echelons."

---

*) Kriegsarchiv des Großen Generalstabs in Berlin III. E. 44.

So staffelte Prinz Karl von Mecklenburg 3 bis 4 Bataillone zum Vorrücken längs des Elbdamms; mit seinen übrigen Bataillonen samt 12 Geschützen und 4 bis 5 Schwadronen brach er auf zugerichteten Wegen aus dem
Walde heraus und begann sich auf der Plaine zu entwickeln. „Die Erscheinung
der Artillerie," schreibt der Prinz, „war dem Feind nach späteren Aussagen
ganz überraschend, indem er ihr Durchbringen durch dieses Terrain rein für
unmöglich gehalten. — Der Feind leistete anfänglich im Dorf hartnäckigen
Widerstand, allein die Entschlossenheit, mit welcher der Angriff geschah, brachte
ihn bald zum Weichen."

Ueber die letzten Augenblicke des Kampfes berichtet Franquemont: „Ich
hatte keine Reserve mehr, um die am meisten bedrohten Punkte unterstützen
und die Bataillone, die sich verfeuert hatten, ablösen zu lassen; überdies konnte
die italienische Division, welche herbeigerufen wurde, um die Verbindung
zwischen den beiden Flügeln wieder herzustellen, diesen Zweck nicht mehr erreichen, da die zahlreiche feindliche Kolonne, welche im Mittelpunkte vorgedrungen
war, bereits viel Terrain und eine vorteilhafte Stellung gewonnen hatte."
Das war der Moment, da General Horn sich persönlich an die Spitze des
Leibregiments gestellt, einen Wasserarm durchwatet und sich des Dammes südlich
vom Dorfe Wartenburg bemächtigt hatte, um von hier aus die rechte Flanke
der Division Morand in Wartenburg selbst zu fassen.

Seine oft wiederholten Sendungen mit der Bitte um Unterstützung seien
nicht berücksichtigt worden, erzählt Franquemont. Um nicht umgangen zu
werden, habe er sich nachmittags 2 Uhr nach sechsstündigem Kampfe zum
Rückzug an der Elbe aufwärts entschlossen. „Mittlerweile waren die Feinde
auch in das Dorf Wartenburg eingedrungen und nötigten die Division Morand,
sich auf den rückwärts liegenden Hügel zurückzuziehen." Bertrand schien die
Absicht zu haben, auf Wittenberg zurückzugehen. Er ließ an Franquemont
Befehl ergehen, sich ebenfalls heranzuziehen. „Auf dem geraden Wege zur
Division Morand zu gelangen, war nicht mehr möglich; ich mußte vielmehr
suchen," berichtet Franquemont, „über das Dorf Globig dahin zu kommen,
welche Richtung ich sogleich einschlug; die Bewegung wurde in geschlossenen
Bataillonskolonnen gemacht. — Ich suchte das Dorf Globig im geschwinden
Schritte und gerader Linie zu erreichen; da stieß ich auf eine sumpfige Stelle,
welche mich von dem Dorfe Globig trennte. Ich befahl sogleich der Infanterie
durch den Sumpf zu gehen, um gegen Kavallerieangriffe noch mehr gedeckt zu
sein, der Artillerie hingegen, im Galopp links um den Sumpf zu fahren und
sich jenseits wieder mit der Infanterie zu vereinigen; den zwei Schwadronen
meiner Kavallerie, der Artillerie zu folgen; rechts um den Sumpf ging die
Kavallerie des Generals Beaumont, 4 Schwadronen hessische und westfälische Chevauxlegers, welche die Verbindung zwischen Morand und mir halten
sollten."

Jetzt war die Lage die: aus Bleddin heraus begann sich die Kavallerie des Prinzen Karl von Mecklenburg zu entwickeln, 2. Leibhusaren und mecklenburgische Husaren; von Wartenburg strömte alles rückwärts; denn General Horn war jetzt eingedrungen. Und das war das Schauspiel, das sich den aus dem Dorfe Bleddin heraustretenden preußischen Husaren bot: mitten im Sumpfe gegen Globig hin mußte sich die württembergische Infanterie ab; die war sicher vor Reiterangriffen; aber links vom Sumpf auf festem Boden fuhr die württembergische Batterie und rechts vom Sumpf hielt die hessisch-westfälische Reiterei. Für kecke Reiterherzen ein verlockender Anblick.

Franquemont berichtet weiter: „Ehe die Bewegung der Infanterie durch den Sumpf ausgeführt war, umging die preußische Kavallerie rechts den Sumpf, jagte die Kavallerie des Generals Beaumont in die Flucht und chargirte auf meine Batterie, welche mit der größten Geschwindigkeit bereits am Dorfe aufgefahren war und ihr Feuer angefangen hatte. Eines meiner Bataillone hatte allein den Sumpf passirt, aber keine Zeit mehr gehabt, sich mit der Artillerie zu vereinigen und dieselbe zu beschützen. Die Batterie fiel daher dem Feind in die Hände. Die Infanterie und die Kavallerie befanden sich noch links vom Sumpfe, als die feindliche Attake geschah; sie veränderten deßhalb ihre Direktion gegen Schnellin, um sich einem ungleichen Gefecht zu entziehen. Ich selbst war mit meinem ganzen Generalstab an der Spitze des aus den Regimentern 9 und 10 formirten Bataillons, welches von allen Seiten von feindlicher Kavallerie angegriffen war und dessen Contenance ich es allein danke, nicht in Gefangenschaft geraten zu sein. Hornisten und andere Individuen, welche nicht ganz in der geschlossenen Kolonne rangirt waren, wurden an derselben zusammengehauen. Wir bahnten uns einen Weg mitten durch die Schwärme der feindlichen Kavallerie und marschirten nach Schnellin, wo ich das königliche Truppencorps wieder sammelte und aufstellte. — Wenn die hessische und westfälische Kavallerie des Generals Beaumont nur einige Minuten ausgehalten hätte, so hatte die Infanterie das Dorf Globig erreichen können und die Artillerie wäre erhalten geblieben. Der Feind begnügte sich mit der erhaltenen Artillerie und legte dem weiteren Rückzug der württembergischen Truppen nichts mehr in den Weg, als daß er mit der genommenen Artillerie auf dieselben feuerte." — Wie das geschehen, erzählt ein Augenzeuge, der Oberstlieutenant v. Bonin, der im Jahre 1813 als Lieutenant beim 2. Leibhusarenregiment gestanden:[*)]

Der Gegner sei aus Bleddin gewichen gegen Globig hin; zwei Schwadronen Leibhusaren hatten sich am westlichen Ausgang von Bleddin links an zwei Schwadronen Mecklenburger Husaren angeschlossen, und nun ging es los auf ein feindliches Reiterregiment, das bei Globig stand (es ist die Kavalleriedivision

---

[*)] Militär-Wochenblatt 1847. S. 5 ff.

des Generals Beaumont gemeint, 4 Schwadronen stark, hessische und westfälische Chevaurlegers). Es wurde ins Dorf hineingeworfen und truppweise gefangen genommen; es waren westfälische Gardechevaurlegers. Da gewahrte man in einiger Entfernung retirirende Infanterie und einen Trupp abfahrender feindlicher Artillerie. „Bald hatte ich mit meinen Reitern den Zug Artillerie überholt, brachte ihn zum Stehen und zwang ihn, umzukehren. Bald begegnete ich Abteilungen meines Regiments, unter ihnen auch dem Lieutenant Reich, welcher das erste Geschütz halten ließ, abprotzen ließ und die Bedienungsmannschaft zwang, auf die abziehende feindliche Infanterie zu feuern. ,Wir haben keine Schlagröhren,' lautete die vorgebrachte Weigerung, doch der drohend geschwungene Säbel und einige entsprechende Redensarten halfen diesen Uebelstand beseitigen. Die erste Kugel ging weit über das feindliche Bataillon hinaus, die zweite schlug kurz vor demselben ein; mehr ist meines Wissens nicht gefeuert worden, da sich Stimmen gegen die ganze Prozedur erhoben und auch Lieutenant Reich die Sache nicht weiter trieb. Rühmend muß bei dieser Gelegenheit das Benehmen des Führers der feindlichen Infanteriebataillone erwähnt werden, welcher seine Truppe intakt erhielt, obwohl er den Anfällen einer siegestrunkenen Kavalleriemasse von mehreren Eskadrons ausgesetzt war. Seine Haltung imponirte dermaßen, daß von dem schwachen Versuch, ihn mit den zum Teil wieder geordneten Eskadrons anzufallen, sehr bald abgestanden wurde."

In dem Gefechtsbericht des mecklenburgischen Husarenregiments heißt es:[*]) „Der Lieutenant v. Reich des Leibhusarenregiments nötigte die feindliche Artillerie, auf ihre eigenen Leute zu schießen, was denn auch mit Effekt geschah." —

Gegen Abend am 3. Oktober sah sich Graf Franquemont mit den Resten der Württemberger in Schnellin aufs neue bedroht. Mit dem IV. Corps unter Bertrand, der gegen Wittenberg zurückgegangen war, fehlte jede Verbindung. So ging Franquemont an demselben Abend noch weiter zurück nach Düben hinter die Mulde, welche Stellung er nach Einbruch der Nacht erreichte.

Der Tag hatte dem schwachen Truppencorps der Württemberger 7 Offiziere, 500 Mann an Toten, Verwundeten und Gefangenen gekostet; die Infanterie zählte etwa noch 900 Mann, die Kavallerie wenig über 200; die Artillerie war ganz gestrichen. „Dies Unglück aber," sagt Franquemont, „kann dieser Waffe selbst nicht im geringsten beigemessen werden, sondern ist allein in dem nicht vorherzusehenden Zusammenfluß nachteiliger Umstände zu suchen. Ich habe vielmehr alle Ursache, mit der Artillerie zufrieden zu sein, welche unter der einsichtsvollen Anführung ihres Obersten v. Bartruff an diesem Tage

---

[*]) Kriegsarchiv des Großen Generalstabs Berlin. III. E. 44.

sowie bei allen früheren Gelegenheiten gute Dienste geleistet und dem Feinde
viel geschadet hat. Uebrigens schmerzt mich der Verlust dieses Corps unendlich,
und ich darf ihm hier das wohlverdiente Lob nicht versagen, daß es sich seit
der Eröffnung des Feldzugs bis jetzt durch Brauchbarkeit und Disziplin vor
allen übrigen ausgezeichnet hat."

Während der Führer der württembergischen Truppen mit wehmütigem
Blicke in Düben die wenigen Reste überschaute, die ihm verblieben, während
General Bertrand in die Richtung auf Wittenberg zurückwich und Marschall
Ney die Kunde der neuen Niederlage empfing, wurde in festlicher Stimmung
der entscheidende Tag des 3. Oktober im preußischen Lager in Wartenburg gefeiert. General York mit den Preußen hatte heute alles verrichtet.
Es war Abend geworden auf dem Anger vor Wartenburg, da zogen sie daher,
die Leute vom Leibregiment mit ihrem General v. Horn an der Spitze, die
das feste, für uneinnehmbar gehaltene Dorf weggenommen. Die gelichteten
Reihen hatten sich wieder geschlossen und man bereitete sich vor, an dem Corps-
kommandeur, an General York, vorüber zu marschiren. Und als nebst den
übrigen Truppen das von Horn geführte 2. Bataillon des Leibregiments bei
ihm vorbeimarschirte, da nahm York und seine Umgebung bei Annäherung
des ersten Zuges die Mütze ab und behielt sie so lange in der Hand, bis der
letzte Zug vorüber war: „Dies," sagte York zu seinen Offizieren, „dies ist
das brave Bataillon, vor dem die ganze Welt Respekt haben muß." Und
York war keineswegs zur Bewunderung anderer geneigt. — Es war längst
Nacht geworden; Blücher hatte sein Hauptquartier im Schlosse Wartenburg
genommen. „Wir haben, gottlob, heute einen guten Schritt zur Befreiung des
Vaterlandes gethan, aber der das Beste gethan hat, der ist nicht mehr unter
uns. Ich selbst bin nur wie ein Handlanger, der die ihm aufgetragene Arbeit
geleistet hat" — mit diesen Worten trank der siegreiche Feldherr auf das Wohl
Scharnhorsts.*)

— —

„Der Uebergang des Feindes war natürlich von der größten
Wichtigkeit; ich sandte daher, nachdem wir uns eine Stunde von Bleddin
retirirt hatten, den Generalmajor v. Spitzemberg nach Leipzig an den major
général Berthier (denn schon seit mehreren Tagen sprach man von der Ankunft des Kaisers in Leipzig), um ihn hievon in Kenntnis zu setzen." So
berichtet Franquemont weiter; Berthier sei nicht in Leipzig gewesen, wohl aber
der Marschall Marmont, der mit seinem Corps sich nach der Mulde bei
Wurzen in Bewegung setzte und die kleine Kolonne Franquemonts aufnahm.
Marschall Ney war am 3. Oktober mit dem VII. Corps bei Roßlau gestanden;
kein Schuß ist hier gefallen. Jetzt nach der Niederlage bei Wartenburg brach

---

*) Perz, Gneisenau III. 415. 416.

er auf, zog den weichenden General Bertrand an sich und stand, mit dem VI. Corps Marmont vereinigt, am 6. Oktober hinter der Mulde bei Wurzen.

Franquemont hatte sich wieder an Bertrand angeschlossen, von dem er schon am 5. Oktober aus Broda ein Schreiben des Inhalts empfangen: „Gestatten Sie mir, daß ich Sie beglückwünsche, daß ich mich selbst beglück- wünsche zu Ihrer glücklichen Rückkehr. Niemand, das wage ich zu behaupten, hat eine so lebhafte Freude als ich bei der Nachricht, daß Sie mit Ihren Generalen und Ihren braven Truppen einer so ungeheuren Gefahr ent- gangen sind."

Zu ganz neuer Thätigkeit, zu neuem Wagen, zu kühnen Planen sah sich Napoleon emporgehoben durch das Ereignis vom 3. Oktober, das er wohl in der Frühe des 5. erfuhr. Der Feind spielte jetzt mit offenen Karten; die ganze Lage hatte sich vereinfacht: statt dreier Kriegstheater gab es jetzt nur noch deren zwei; ein nördliches und ein südliches. Im Süden beobachten, im Norden schlagen — mit diesem Plane war er sofort im reinen; alte und junge Garde, III., XI. Corps, setzten sich nach Norden in Bewegung, VI. Corps stand schon dort. So konnten hier im Norden mindestens 120000 Mann zu einem entscheidenden Schlage vereinigt werden; hier wollte der Kaiser selbst führen; im Süden aber sollte es seines Schwagers Murat Aufgabe sein, die böhmische Armee, welche nicht mehr recht still halten wollte, sondern vom linken Flügel aus über Chemnitz und Altenburg vorzubrechen begann, zu be- obachten. — Mit seinen nördlich zusammengeballten Kräften stand Napoleon am 8. Oktober zu beiden Seiten der Mulde mit der Mitte in Wurzen; west- lich der Mulde VI. und VII. Corps und Polen unter Dabrowski; östlich der Mulde, gegen die Elbe hin, junge und alte Garde, III., XI. und IV. Corps, letzteres in Schildau.

Als am Abend des 3. Oktober Blücher in Wartenburg den gewonnenen Sieg übersah, schrieb er an Barclay de Tolly: „Die Folgen können sehr groß werden von diesem Sieg, wenn Seine königliche Hoheit der Kronprinz von Schweden so, wie Sie es mir versprochen haben, schleunig über die Elbe gehen."*) Aber Blücher verrechnete sich mit seinen Hoffnungen auf den Kronprinzen bedeutend. Der Marschall Ney dagegen sah, daß seine nächsten Befürchtungen gänzlich ungerechtfertigt waren. Am 4. Oktober hatte er an Berthier berichtet: „Ich glaube, Blücher wird mit seiner Armee morgen auf Leipzig fortschreiten und Bernadotte von Dessau auf Halle gehen." Da hielt der schlagfertige Marschall Ney doch viel zu große Stücke von dem ehemaligen Kollegen. Bernadotte ging zwar am 4. Oktober über die Elbe bei Aken und Roßlau, rückte auch bis Dessau vor, blieb aber die nächsten Tage entweder stehen oder vermied es doch, falls er sich in Bewegung setzte, mehr als eine

---

*) Kriegsarchiv des Großen Generalstabs in Berlin. III, E. 44.

Meile Terrain vorwärts zu gewinnen. Am 8. Oktober stand Bernadotte zwar vorwärts von Dessau, aber doch näher bei diesem Platze als bei Halle; links von ihm bei Düben Blücher, der nach den Verlusten der letzten Zeit wenig über 60000 Mann zählte und allein keinen entscheidenden Schlag auszuführen vermochte.

Was hoffnungsfreudige Lieder gesungen, was die Seher des Volkes geweissagt in den Frühlingstagen des Jahres 1813, jetzt schien es sich verwirklichen zu wollen. Man war ja wieder zaghaft geworden in den Tagen des Hochsommers zu Ende August, in den Tagen nach den Niederlagen der Verbündeten vor Dresden, aber der Glaube kehrte zurück nach den Thaten an der Katzbach, bei Kulm, bei Großbeeren, und jetzt hatte das Schwert der Preußen auf den Ebenen von Dennewitz und am Elbstrand bei Wartenburg Gewißheit gegeben: das Ende der Tyrannei sei angebrochen, es sollen die Länder Europas nicht ferner einer Schlachtbank gleichen Jahr für Jahr um des unersättlichen Ehrgeizes und der Herrschsucht eines Einzigen willen. Im Rückblick auf das, was in der letzten Zeit geschehen, schrieb Friedr. Wilh. Schelling vom 8. Oktober 1813: „Alle Geister und Herzen sind jetzt voll von der großen, wunderähnlichen Conversio rerum, die sich in den letzten Monaten ereignet. Es ist ein Gefühl, an das man sich noch gar nicht recht gewöhnen kann. Seit dem Unglück Teutschlands habe ich erst die Propheten recht verstehen lernen; jetzt lerne ich fühlen, was es heißt, aus der Gefangenschaft und mehr als babylonischen Knechtschaft erlöst zu werden. Die eingetretene Zerstörung der feindlichen Macht, die Auflösung, deren vollständige Resultate wir noch nicht einmal kennen, scheint in gar keinem Verhältnis mit den Niederlagen; diese Zerstörung kommt von innen durch einen eigentlichen Verwesungs- und Putrefaktionsprozeß."

Auf Napoleons Person übergehend fährt Schelling fort: „Ich glaube, daß sein Ende noch nicht so nahe ist; verstehe ich etwas von dem wunderbaren Gang der Entwicklung, so wird er noch aufgespart; wenn alle seine Helfershelfer abgegangen sind, wird er noch leben, um den Kelch der Demütigung bis auf die Hefen auszuleeren. — Der gute Geist, welcher zurzeit waltet, möge er bleiben! Teutschland hat es hoch nötig. Ja ein Gesetzgeber, der vom Himmel käme, wäre zu wünschen, um den Teutschen (da das Alte doch nicht wohl wieder kommen kann) die Verfassung zu geben, die zu ihrem dauernden Glück notwendig ist."

Die rauhe Wirklichkeit, der Ernst der Dinge, sie waren schon vor Jahren eingezogen durch alle Thüren, an jedem Herde im deutschen Lande hatten sie sich niedergelassen und die Scheidewände durchbrochen, welche ehemals die Geister und Gemüter aus einander gehalten. Der Gelehrte, der ästhetische

Tändler, der Reimschmied, der Philosoph, die Nachaffer sowohl wie die wirklich
großen Geister, sie alle hatten es für ein besonderes Verdienst, für einen ihnen
von der Natur eingeräumten Vorzug angesehen, entfernt von dem arbeitenden,
kämpfenden, ringenden Volke zu leben, geschieden von ihm durch unübersteigbare
Schranken. Das alles war anders geworden, als die auf deutscher Erde
Wohnenden alle sich gleich gemacht sahen durch dieselbe Knechtschaft, dieselbe
Geringschätzung. Der träumende, bequeme Kosmopolit konnte jetzt nicht mehr
im Zweifel sein über den Wert des national abgegrenzten Lebens; man begann
zu fühlen, was es heiße, als Nation einig und mächtig und frei zu sein. Und
diejenigen, welche seither vornehm beiseite gestanden, traten jetzt in die vordersten
Reihen, um diejenige Größe sich wirklich zu erkämpfen, von der vorerst nur
ein Ahnen durch die Gemüter ging. An der großen Thatsache änderte das
nichts, daß einzelne der tonangebenden Geister den Umschwung nicht zu fassen
vermochten und griesgrämig auf den sonnenhellen, sprossenden Frühling blickten,
auf die jugendfroh kämpfenden und hoffenden Volksgenossen. „Laßt ihn, er
ist alt geworden" — so entschuldigte Karl August seinen Goethe.

Wie das Volk die Leiden aller dieser Jahre ertragen hat? Es fristet
sich die Hoffnung auf bessere Zeiten, auf Frieden eben hin von einem Tage
zum andern. Die Zeit vergeht, Tag für Tag wird die Hoffnung lebendig
erhalten; es lebt das Volk gewissermaßen von der Hand in den Mund, wie
es geschieht im Gefängnis oder bei Schiffbrüchigen. An jedes Ereignis
klammert sich der hoffende Sinn an und beutet es aus und deutet es zu seinen
Gunsten: der Stillstand der Waffen ist ja selbstverständlich der Vorläufer
ruhigerer Zeiten, sagt man unter sich, und dies Ereignis und jenes und dieser
blutige Waffengang dort, er muß der letzte sein; es sei ja nicht möglich, daß
die Welt durch lauter Kampf und Streit weitergehe. —

Der württembergische Militärbevollmächtigte General Graf Beroldingen
ist in den letzten Tagen des September auf der Reise von Stuttgart ins
Hauptquartier Napoleons in Dresden begriffen. Es sei außerordentlich gefährlich
zu reisen, berichtet er; er müsse da und dort, in Erfurt, Gotha, Weimar tage-
lang liegen bleiben; denn alle Straßen seien unsicher durch die feindlichen
Streifparteien, welche längst im Rücken der französischen Heere ihr Wesen
treiben. Aus Gotha schreibt er vom 22. September: „Die Stimmung ist
hier wie in ganz Sachsen auf das höchste gespannt; man kann den gänzlichen
Untergang der französischen Armee gar nicht erwarten. Es ist nicht zu beschreiben, welch schwieriger Geist in ganz Sachsen herrscht."

Eine unglaubliche Menge von Kaufleuten kommt stündlich von Frankfurt
her und will zur Leipziger Messe. Alle seien durch die Unsicherheit der
Straßen zurückgehalten; Versprengte kommen bis nach Weimar zurück.

Beroldingen denkt jetzt schon an den Rückzug Napoleons nach Mainz oder
Wesel. „Die Demoralisation der französischen Truppen übersteigt allen

Glauben." Wenn er etwas anstößig Auffälliges aus dem Hauptquartier
Napoleons zu berichten hatte, so würde er an den Grafen Dillen schreiben
unter der Adresse: Seiner Wohlgeboren Herrn Dätinger in Stuttgart, wovon
Seine Majestät die Post unterrichten lassen möge. — Er suche mit allen
Mitteln durchzukommen nach Dresden, um endlich dem Kaiser Napoleon die
königlichen Depeschen einzuhändigen. Ein bayrischer Offizier sei in Dresden
angekommen, um die Neutralitätserklärung Bayerns zu überbringen. Es sei
aber nicht anzunehmen, daß Napoleon, so sehr er sich auch an den festen
Posten Dresden anklammere, sich noch lange hier werde halten können; er
müsse zunächst zurück nach Leipzig; ein großer Teil der französischen Armee
liege in den Spitälern. — Für Beroldingen ist es nach dem Eindruck, den
die Dinge im Rücken der französischen Armee machen, gar kein Zweifel, daß
Napoleon den nächsten Weg und die beste Gelegenheit suchen müsse, um sofort
zurückzukommen, sei es nach Mainz oder nach Wesel. — Aus denselben Tagen
berichtet der württembergische Gesandte in Paris (Graf Winzingerode: „Wie
es möglich ist, daß die französischen Generale nicht mehr Sorge für ihre Verwundeten und Kranken tragen, wäre schwer zu erklären, wenn nicht selbst der
Unbefangenste in solchen kleinen, wie in tausend größeren Zügen jene Verblendung und Abstumpfung erkennen müßte, welche notwendige Folge des
Uebermuts im Glück und des Mißbrauchs ist, dem es gelang, die ungeheuerste
Macht, die ungeheuersten Hilfsquellen, die vorteilhaftesten Verhältnisse, die
Frucht von zwanzig Glücksjahren in einem einzigen zu vergeuden und zu zer-
trümmern."

Endlich zu Anfang Oktober ist es dem Grafen Beroldingen gelungen, von
Weimar nach Dresden zu gelangen. Am 5. Oktober kam er zur Audienz
bei Napoleon und berichtet darüber vom gleichen Tage:

„Die Unterredung war mannigfaltig und seine Fragen sehr gehäuft, so
daß ich nicht imstande bin, mich ihrer aller zu erinnern und hier nur so viel
anführen kann, als meinem Gedächtnis eingeprägt geblieben ist. — Ich wurde
um 10 Uhr vormittags in des Kaisers Kabinet geführt und blieb dreiviertel
Stunden bei ihm allein. Ich habe meine Antworten stets so eingerichtet, wie
ich solche dem Allerhöchsten Interesse angemessen zu sein geglaubt habe. Das
Benehmen des Kaisers schien auf ein hohes Vertrauen in Eure Majestät zu
deuten. Das mir nach Gotha nachgesandte Allerhöchste Schreiben glaubte ich
um so weniger jetzt schon abgeben zu dürfen, da erstens die mir vorgeschriebene
Epoque eines allgemeinen Rückzugs noch nicht eingetreten war und zweitens
eine weiter unten angeführte Rede des Kaisers anzudeuten schien, als sei er
von diesem zweiten Schreiben prävenirt; ich wage daher die allerunterthänigste
Bemerkung, daß es vielleicht nicht unzweckmäßig wäre, wenn Eure Majestät
mir ein anderes, später datirtes Schreiben gleichen Inhalts zusenden wollten.
Insolange aber dieses nicht anlangt, werde ich das bei mir habende zu

gehöriger Epoque übergeben. — Als ich bei dem Kaiser eingeführt wurde, schien er ziemlich heiter und redete mich folgendermaßen an: ‚Seit wie lange sind Sie von Stuttgart abgereist?'

„‚Seit ungefähr drei Wochen, Sire.'

„‚Ich weiß es, die Straße ist durch den Feind beunruhigt; ist das Schreiben, das Sie mir gebracht, nach Ihrer Abreise abgesandt worden?'

„‚Nein, Sire, Seine Majestät der König hat es mir selbst in Ludwigsburg eingehändigt.'

„‚Es ist jedoch von altem Datum.'

„‚Ich glaube vom 7. des verflossenen Monats.'

„‚Ist der König Ihnen unruhig vorgekommen?'

„‚Nein, Sire, aber sehr bekümmert wegen der großen Verluste, welche seine Truppen in der letzten Zeit erlitten haben.'

„‚Ich glaube es wohl, ich bin darüber auch recht betrübt, aber zu einem kleinen Teil ist er selbst schuld daran.' Nun führte Napoleon aus, wenn man seine Truppen alle auf einem Haufen haben wolle, so müsse man es eben auch hinnehmen, wenn alle zusammen derselbe Unstern treffe. Die Brigade Normann sei gut davon gekommen, weil sie bei einem andern Corps stand. Er selbst nehme die Leute aus allen Departements bunt durch einander, damit bei einer großen Bataille nicht ein einziges Departement allzu sehr leide.

„‚Wo ist Graf Normann heute?'

„‚Ich habe ihn verlassen zwischen Borna und Grimma.' (Südlich von Leipzig.)

„‚Ihr König hat außerdem noch zu Hause 8000 Mann Infanterie und 2000 Reiter stehen.'

„‚Sire, er hat nur 4000 bis 5000 Mann Infanterie sammeln können, lauter Rekruten oder Depotsoldaten und 800 Reiter, die Garden mit einbegriffen.'

„‚Wie sind sie bewaffnet?'

„‚Schlecht.' Sie hätten ganz alte Gewehre aus dem Ludwigsburger Arsenal erhalten.

„‚Wird der König sein Land mit diesen Truppen schützen können?'

„‚Ich glaube, daß sie hinreichen werden, um das Land zu decken nach der Seite von Tirol und Vorarlberg.'

„‚Gut. So ist Ihr König also nicht in Unruhe. Sein hiesiger Gesandter schreibt ihm eine Menge dummer Geschichten, die ihn beunruhigen könnten; Ihr Gesandter scheint Angst für seine Person zu haben.'

„‚Er ist nicht Soldat, Sire.'

„‚Wohl, aber er sollte nicht alle umgehenden Gerüchte glauben. Haben Sie in Stuttgart schon von der Neutralität Bayerns sprechen hören?'

„‚Nein, Sire; aber auf der Reise hat man davon gesprochen.'

„Wo denn?‘

„Ich erinnere mich nicht mehr, war es in Gotha, Erfurt, Weimar oder in Leipzig.‘

„Ich versichere Sie, es ist nichts Wahres daran. Haben Sie Nachrichten von Ihrer Division?‘

„Ja, Sire. Ich habe einen Offizier in Leipzig getroffen, der mich von der Schlacht am 3. Oktober benachrichtigt hat.‘

„Wie? Sie wissen es schon! Ja, der Feind hat seinen Uebergang ausgeführt. Endlich werden wir eine Schlacht haben, welche alles entscheiden wird. — Was sagt man in Gotha, in Weimar? Was sagt der Herzog von Weimar? Ist er immer noch ein wenig preußisch? Man glaubt ohne Zweifel, ich sei von Dresden abgereist und ein verlorener Mann. Eine Schlacht wird darüber entscheiden. In welchem Stand haben Sie die Festung Erfurt gefunden?‘

„Von nun an ließ sich der Kaiser in eine lange Unterredung über den Zustand dieser Festung mit mir ein, worauf er mich entließ und den badischen General Schäffer eintreten ließ, der nur einen Augenblick bei ihm blieb. — Den Kurier habe ich mit der größten Vorsicht und heimlich abgesandt mit diesem Bericht, weil man von französischer Seite äußerst attent zu sein scheint. — Die Truppen marschiren von Dresden Leipzig zu. Die Umgebungen des Kaisers wollen zwar die Abreise leugnen und sprechen von Jagden, die sie morgen und übermorgen abhalten wollen. Es geht aber nach Leipzig. — Der Herzog von Bassano (Maret, Minister der auswärtigen Angelegenheiten) ist noch hier in Dresden und führt seine gewöhnliche Sprache: alles geht gut, wir haben die besten Aussichten und so fort. Die erzwungene Heiterkeit in der Umgebung des Kaisers ist auffallend. Wenn es zu einer Schlacht auf dem linken Ufer der Elbe käme, so könnte der Augenblick einer allgemeinen Flucht sehr nahe sein, denn der Geist der Armee, höchstens die Garden ausgenommen, ist zu tief gesunken. — Soeben erzählt ein Offizier der Garde, daß die Neutralitätserklärung Bayerns dem Kaiser von Zwidau aus zugesandt worden sei.“

Aus Meißen den 7. Oktober berichtet Beroldingen ferner: „Diesen Morgen ist der Kaiser von Dresden abgereist über Wilsdruff hierher nach Meißen; er ist schon wieder weiter.“ Nach dem Norden eilte Napoleon in der Richtung auf Wurzen, wo schon seine erlesenen Streitkräfte standen. Die Lebensarbeit vieler Jahre war hier durch den Wagemut der Preußen zertrümmert worden. Doch die wachsende Gefahr gab Napoleon die alte Schnellkraft des Feldherrn und Organisators wieder; einen raschen Schlag gedachte er zu führen, um dann bei Torgau die Elbe zu überschreiten und die Preußen von ihrem Vaterland abzuschneiden. —

König Friedrich hatte in Stuttgart all das Unheil erfahren, das seinen Truppen in der letzten Zeit widerfahren. Er schrieb an Franquemont

vom 7. Oktober: „Wenn das schändliche Benehmen der französischen Befehlshaber gegen die deutschen Truppen noch irgend eines Beweises bedurfte, so
gibt solchen die Affaire vom 3. Oktober; bei Wartenburg scheint ebenso viel
böser Wille als Unkunde mitgewirkt zu haben. Nach dem Verlust aller Artillerie,
der Aufreibung der Infanterie bis auf 1000 Mann, der Kavallerie bis auf
100 Pferde kann von einer württembergischen Division nicht mehr die Rede
sein. Ich befehle Ihnen daher, wo Sie dieses Schreiben auch treffen wird,
dem major général Berthier einen genauen Bericht über die letzte Affaire und
den Zustand des Armeecorps abzustatten und die Unmöglichkeit zu schildern,
mit diesem kleinen Haufen, dem noch dazu alles fehlt, ferner noch aktiv an
dem Feldzug teilzunehmen. Ich habe bereits vor einigen Tagen auf drei verschiedenen Wegen an den Kaiser von Frankreich geschrieben und die Rückkehr
der schwachen Cadres verlangt. Welches aber auch die Rückäußerung des major
général sein mag, so kann von uns nicht mehr als das mögliche verlangt
werden. Sie werden daher fest auf Ihrer Ordre bestehen und den ferneren
Mißbrauch der Truppen nicht gestatten." Franquemont solle möglichst viele
Offiziere zurückschicken, so wie er seither gethan und wofür der König besonders
dankbar sei. „Schicken Sie, so lange Sie in Leipzig und Umgegend sind,
Ihre Berichte an Herrn Daniel Volz, Commis der königlichen Hofbank zu
Leipzig, und brauchen Sie kleines Format. Leben Sie wohl, verlieren Sie
das Zutrauen auf sich selbst und auf Ihren König nicht!"

Unter dem 9. Oktober fügt König Friedrich bei: „Kehren Sie mit den
Generalen zurück; überlassen Sie das Kommando an Stockmayer; die Ver-
wundungen können ja als Vorwand dienen. Der bayrische General Raglowich
ist auch zurückberufen." Eigenhändig und ziemlich unleserlich setzte der König
an den Schluß des Schreibens: „Bon. weiß zu eilen; der Hunger nötigt ihn.
Die Retirade geht über Frankfurt. Retten Sie Brigade Normann, wenn Sie
können." — Und vom 18. Oktober: „Die Auflösung des Ganzen ist vorauszusehen und durch die Ereignisse vom 12. und 13. Oktober vollends herbeigeführt. Retten Sie daher, was noch zu retten ist, und wenn der Rückzug
ganz stattfindet, so versuchen Sie, die Direktion hierher einzuschlagen."

Aehnliche Weisungen ließ der König unter dem 7. Oktober an den General
Graf Normann ergehen, der mit seiner Brigade (zwei Reiterregimenter und
eine reitende Batterie) immer noch beim VI. Corps des Marschalls Marmont
in der Nähe von Leipzig stand: „Bei den eingetretenen Umständen empfehlen
Seine Königliche Majestät dem Generalmajor, die Truppen äußerst zu schonen,
platterdings nicht zu sakrifiziren, auf seine Verantwortlichkeit zu menagiren und
sich mit Generallieutenant Graf Franquemont in Verbindung zu setzen und
dessen Befehle auf das genaueste zu befolgen."

In diesen Wochen unterhielt König Friedrich auch einen ziemlich regen
Briefwechsel mit Napoleon. Das Schreiben, vom 7. September datirt,

welches Beroldingen in seiner Audienz am 5. Oktober übergab, enthielt lediglich
Beglückwünschungen zu den Erfolgen bei Dresden Ende August. Das andere
Schreiben, das, wie Beroldingen sagt, ihm nachgesandt wurde nach Gotha, ist
vom 19. September datirt (Schloßberger, Korrespondenz König Friedrichs ꝛc.
S. 319 ff.) und enthält die Bitte, die württembergischen Truppen, von denen
eigentlich doch nur die Cadres übrig seien, nach den Grenzen des Königreichs
zurückzuschicken. — Dies Schreiben ist es wohl, das Beroldingen vorerst zurück-
hielt bis zum geeigneten Augenblick.

In einem Schreiben vom 3. Oktober setzte der König dem Kaiser auseinander, wie er schon seit sechs Wochen keinen Zweifel mehr habe über die
Absichten von Bayern. Der Schleier sei jetzt gefallen, Bayern stehe auf der
Seite der Feinde, die württembergischen Grenzen liegen offen und ungedeckt da.
Er müsse eben nach den Umständen zum Wohle seines Landes handeln und
erbitte sich seine Truppen aus dem Felde zurück; doch würde er von jedem
weiteren Schritt den Kaiser vorher in Kenntnis setzen und einen solchen nur
in der Notwendigkeit thun.

Mit Glück hatte man es in München durchzuführen verstanden, die
diplomatischen Schritte, welche am 8. Oktober zu dem Vertrag von Ried mit
Oesterreich, zur Lossagung vom Rheinbund, zu vorteilhaften Eintrittsbedingungen
in die Allianz mit den großen Mächten geführt hatten, vor Württemberg ziemlich geheim zu halten. Wie wir später sehen werden, kam vom 17. Oktober
ab Württemberg durch das feindselige, anspruchsvolle Verhalten des Nachbar-
landes nicht wenig ins Gedränge und wurde eigentlich Hals über Kopf, ohne
erst nach guten Bedingungen sich umsehen zu können, ins verbündete Lager
geschoben.

Selbst einige Tage nach dem förmlichen Abschluß zu Ried wußte Bayern
die wahre Lage noch zu verbergen. Zu Anfang des Monats September aber
hatte schon König Max Josef seine Bedenken gegen Napoleon ausgesprochen;
jetzt war die Lage klar. An diese für Württemberg bedrohlichen Umstände an-
knüpfend schrieb König Friedrich am 14. Oktober 1813 nochmals einen
Brief an Napoleon: „Bei solcher Lage der Dinge bleibt mir, wenn ich
mich nicht einer Versäumnis gegenüber meinen Unterthanen schuldig machen
will, nur das eine zu thun übrig, daß ich, wenn es noch möglich ist, einen
Waffenstillstand und eine Neutralität für meine Staaten auswirke, um die
Plagen und Schrecken des Kriegs von ihnen abzuwenden.

„Immer aufrichtig und vertragstreu in allen meinen Handlungen, habe
ich Eure Kaiserliche Majestät benachrichtigt, daß ich mich nicht zu diesem
Schritt entschließen würde, als nur in der äußersten Notwendigkeit. Er ist
jetzt gekommen, dieser Augenblick, und Eure Majestät ist zu gerecht, um mir zu
grollen, wenn ich meine erste und heiligste Pflicht erfülle, nämlich die, mein
Königreich vor sicherem Untergang zu retten. Meine Gefühle werden sich nicht

andern, aber meine Schritte müssen sich nach den gebieterischen Umständen
richten. — Ich sehe mich veranlaßt, auf das angelegentlichste die Bitte zu
wiederholen, meine Truppen zurückschiden zu wollen; diese Handvoll Leute kann
für Eure Majestät von keiner Bedeutung sein, aber könnte einen Vorwand
gegen mich abgeben und ich wäre in der Lage, den weiteren aktiven Anteil,
den diese Truppen am Kriege nehmen würden, als gegen meinen Willen
geschehen, bezeichnen zu müssen."

In Paris kreuzten sich die Nachrichten von Sieg und Niederlage, von
neuen Aushebungen, von Verstärkung der Armee, von Herstellung der Festungen
am Rhein, von Abfall der Bundesgenossen und Dienstvölker. Ganz eigentümlich
gestaltete sich die Stellung der Pariser Gesandten der Rheinbundfürsten. Graf
Winzingerode, der Vertreter Württembergs, schreibt aus Paris vom
9. Oktober:

„Die Veränderung in dem politischen System des bayrischen Hofes ist erst
seit kurzem mit einigen Details und Zuverlässigkeit hier in Paris zur Kenntnis
gekommen. Man hatte schon seit lange ein Gleiches und sogar ein Aergeres
von allen französischen Bundesgenossen erwartet und vorausgesagt, so daß dies
Ereignis, als es wirklich eintrat, wenig Sensation gemacht hat. — Daß Eure
Königliche Majestät diesem Beispiel gefolgt seien oder bald folgen werden, wird
hier allgemein vermutet und selbst von Personen des Gouvernements laut
gesagt." Er selbst, fügt Winzingerode bei, weise das noch mit Unwillen zurück;
doch in gewissen Kreisen verschweige er nicht die drohenden Gefahren, die ungeheuren Opfer, welche die französische Allianz ohne jeden direkten Nutzen den
treuen Bundesgenossen bringe.

„Je delikater in diesem Augenblick die Lage aller deutschen Gesandten hier
in Paris wird, je mehr aller Augen sich auf sie richten und je weniger ich
das Beispiel meiner Kollegen befolgenswert glaube, welche sich entweder in ein
animoses Stillschweigen hüllen oder ihre Höfe und sich selbst durch die un-
nützesten Deklamationen gegen den hiesigen Hof kompromittiren, um desto glücklicher würde mich genaue Kenntnis der Allerhöchsten Intentionen machen.
— In Holland ist alles voll Freude und Zuversicht; die Einwohner um-
armen sich öffentlich in den Straßen und äußern laut die Hoffnung, im
nächsten Frühjahr wieder Holländer zu sein."

Am 8. Oktober also standen unter dem Marschall Ney die bis auf
120000 Mann verstärkten französischen Streitkräfte zu beiden Seiten der
Mulde in der Nähe von Wurzen bereit, um einen Vorstoß nach Norden zu
führen gegen den eben bei Wartenburg übergegangenen schlesischen Heeresteil unter
Blücher und gegen die befestigten Uebergange an der Elbe. Vom 10. bis
14. Oktober nahm Napoleon selbst sein Hauptquartier in Düben, um

von hier aus die Bewegungen seiner Truppen zwischen der Elbe und Mulde und auf dem linken Ufer der Mulde zu leiten. Zunächst schien alles gut zu gehen; in der Nähe von Wittenberg wurden die Preußen zurückgedrängt; am 12. Oktober nahm der Marschall Ney in blutigem Gefecht Dessau weg. Und jetzt war es ja geschehen: nach dem siegreichen Gefechte bei Koswig hatte das VII. Corps die Elbe überschritten und stand mit der polnischen Division Dabrowski auf dem rechten Ufer. Man befand sich wieder auf dem Wege nach Berlin. Aber Tage bitterster Enttäuschung kamen für Napoleon in Duben vom 12. bis 14. Oktober; er stand zwar mit einem Heeresteil auf dem rechten Elbenfer, Ney hatte Dessau genommen, Macdonald stand bei Wittenberg, Bertrand bei Wartenburg; aber Blücher war entschlüpft, war dem nach Norden gerichteten Stoße ausgewichen gegen Westen, gegen die Saale zur Vereinigung seiner schwächeren Armee mit der stärkeren des Kronprinzen von Schweden. Den letzteren freilich hatte jäher Schreck erfaßt, als er seinen alten Meister so in der Nähe wußte; er wollte ungesäumt aufbrechen, die Elbe wieder überschreiten, als Schild für Berlin sich aufstellen. Dies und anderes gärte im Gehirn des erschrockenen Menschen durch einander, bis es endlich Blücher und einigen mutigen Männern aus dem schwedischen Hauptquartier gelang, den entgleisten früheren Marschall Bernadotte zu beruhigen und samt seiner Armee an der Saale festzuhalten. Südlich vom Kronprinzen aber stand unverrückt Blücher bei Halle und blickte ungeduldig nach der Gegend von Leipzig hin, ob nicht bald die Oesterreicher, vom Erzgebirge vorbrechend, in der Ebene erscheinen würden.

So hatte der gewagte Vorstoß gegen die Elbe, obwohl er vollständig gelang, doch die gehofften großen Resultate nicht für Napoleon gebracht. Das große nördliche Heer der Verbündeten, wohl 150000 Mann, stand unverrückt an der Saale; ihm gegenüber zum Schutze von Leipzig hatte Napoleon nur das VI. Corps, Marmont, gelassen. — Schlimmer noch lagen die Dinge im Süden von Leipzig. Bis auf 30 Kilometer bei Rötha und Borna war die böhmische Armee unter Schwarzenberg mit den Monarchen an Leipzig herangerückt; voraus die Scharen der Kosaken, der leichten österreichischen und preußischen Reiter, dann die Corps von Wittgenstein, II. preußisches Corps, Kleist, Oesterreicher unter Klenau, links Ginlay und weiter rückwärts die österreichischen und russischen Reserven. Recht bedenklich mußte sich jetzt schon Murat, der zum Schutze Leipzigs mit Front nach Süden stand, eingezwängt finden.

Deshalb Umkehr an der Elbe; vom 13. Oktober ab sind alle Pläne und Bewegungen Napoleons darauf berechnet, seine Streitkräfte vollständig bei Leipzig zu vereinigen; die Versammlung des ganzen Heeres ist der alleinige Gesichtspunkt. Den weitesten Weg hat das VII. Corps, Reynier, vom rechten Elbenfer her zu machen; es erreicht Leipzig erst am 16. Oktober

in der Frühe. — Müde und abgehetzt trafen die allermeisten Truppenteile ein.
Ein kalter Regen fiel alle diese Tage hindurch ununterbrochen vom Himmel
herab; die Biwaks, die Straßen verwandelten sich in tiefe Kothaufen. Menschen
und Pferde, in solchen Massen zusammengedrängt auf engem Raume, in ausgefressenen Landschaften, kamen mehr und mehr von Kräften; nirgends eine
geregelte Verpflegung; jeder nahm, was er erwischen konnte. Langsam und
träge schlichen die Wagenzüge, die Geschützreihen auf den durchweichten Straßen
hin; die gesteckten Marschziele konnten nicht mehr erreicht werden; man nahm
die Nacht zu Hilfe. Die Pferde fingen an zu fallen, die Wagenkolonnen blieben
stecken; die Straßen wurden verstopft und nötigten zu Umwegen.

Tausende und Abertausende blieben auf den mühseligen Märschen
zurück; in ganzen Abteilungen und kleineren Gruppen traten die Westfalen,
Sachsen, Italiener, Spanier, auch einzelne Württemberger zu den Verbündeten
über; andere liefen davon, nach Hause, nach dem Harz, dem Erzgebirge, der
Weser, dem Nedar zu; es wurden in Württemberg Listen geführt über „die
ohne Erlaubnis aus dem Feld Heimgekehrten"; in Frankreich trafen Offiziere
ein, welche eigenmächtig die Armee verlassen hatten. — Zweierlei Umstände trugen
dazu bei, dem Krieg 1813 im mittleren Deutschland ein ganz eigenartiges
Gepräge zu geben: Die kecken Streifzüge der Parteigänger von seiten der
verbündeten Armeen in dem Rücken des Feindes und das Auseinanderlaufen
des vielsprachigen Kriegsvolks in der Armee Napoleons. Ueberlaufendes
Volk aus den französischen Reihen hatte der russische Gardekapitän Figner in
ein Freicorps zusammengestellt, das sich „Legion der Rache" nannte. Die
Bildung von Freicorps war ja damals Mode geworden, aber diese Legion
der Rache gerade setzte sich aus den schlimmsten Elementen zusammen; namentlich
waren in ihr auch Italiener und Spanier vertreten. Die Angehörigen der
Legion säbelten erbarmungslos alle in ihre Hände fallenden Franzosen und
Polen nieder und führten überhaupt den Krieg, wie Quistorp berichtet, nach
den Grundsätzen vergangener Jahrhunderte. Am 12. Oktober in Dessau
wurde dies Corps durch Ney fast vernichtet; 247 Italiener und 75 Spanier
sahen sich gefangen genommen.

Die Streifcorps mögen in der That kaum jemals solche Bedeutung erlangt
haben als im Frühjahr und Herbst 1813; sie unterbrachen zuzeiten die Verbindung mit dem Rheine vollständig und haben zur Entscheidung unendlich viel
beigetragen. —

Im Laufe des 15. Oktober und in der Frühe des 16. gelang es
Napoleon, seine Armee rund um Leipzig aufzustellen, so daß die dem
Marschall Ney unterstellten Corps nördlich von Leipzig standen mit der Front
nach Norden gegen Blücher und Bülow, und die zur Armee Murats gehörigen
südlich von Leipzig Stellung nahmen mit der Front nach Süden gegen die
böhmische Armee. — Einzelne der französischen Corps sind ungemein schwach

geworden; die Garden zählen noch 30000 Mann; die Kavalleriecorps 4000 bis 6000 Mann; die meisten Corps zwischen 10000 und 17000 Mann; einzelne auch darunter, so das VIII. Corps, die Polen, nur noch 5000 Mann und IV. Corps, Bertrand, noch 6124 Mann Infanterie, 346 Reiter und 26 Geschütze. Nach dem amtlichen Ausweis für die württembergischen Truppen vom 15. Oktober ist die Infanterie jetzt nur noch in 3 Bataillone formirt worden, zusammen 945 Mann stark, Reiterei noch 125 Mann, die Artillerie, 108 Mann, ist wieder mit 4 Geschützen versehen. — In allem vereinigte Napoleon bei Leipzig 147000 Mann Infanterie, 40000 Reiter, 734 Geschütze; dazu noch etwa 35000 Mann als Kanoniere, Pioniere, Train.

Gegen diese Massen rückten an verbündeten Truppen von Norden her beinahe 130000 Mann Infanterie, 31000 Reiter, 552 Geschütze unter Blücher und dem Kronprinzen von Schweden. Dazu von Süden unter Schwarzenberg: 154000 Mann Infanterie, gegen 40000 Reiter und 778 Geschütze. — So hatten sich zu Gunsten der verbündeten Mächte die Zahlenverhältnisse verschoben seit dem Waffenstillstand im Gegensatz zum Frühjahr.

Das Gelände in weitem Umkreis um Leipzig her ist für eine hartnäckige Verteidigung außerordentlich günstig; es gilt dies namentlich von der Südseite, von der Seite gegen die böhmische Armee hin, welche hier den Angreifer bildete. Ueberall Stützpunkte an den zahlreichen wohlgebauten Dörfern und an den langgestreckten, sanften Wellen des Bodens. Durch Wasserläufe ist das Gelände in drei große Abschnitte zerlegt; von dem Hauptabschnitt wird der westliche Teil mit Lindenau gegen Markranstädt hin abgetrennt durch die breite wiesige, mit Altwassern vielfach durchzogene, Thalfläche der Elster und Pleiße, ungangbar für größere Truppenmassen, durchschnitten von dem Damme, auf welchem die Frankfurter Straße von Leipzig nach Lindenau, Markranstädt, Lützen und Weißenfels führt. Oestlich dieses sumpfigen Geländes ist die Stadt Leipzig selbst gelegen mit dem für die Verteidigung hauptsächlich in Betracht kommenden Abschnitt, der wieder seinerseits durch den von Taucha herkommenden Partha-fluß in zwei Stücke zerlegt wird: in den nördlich gelegenen mit den Dörfern Möckern, Groß- und Kleinwidderitzsch und Eutritzsch und in den südlichen mit Schönefeld, Paunsdorf, Probstheyda, Liebertwollwitz, Wachau, Marktkleeberg. Gegen Süden hin stehen die Franzosen mit der Hauptstellung in Wachau und Liebertwollwitz, etwa 8 Kilometer im Umkreis von Leipzig entfernt; etwas näher an die Stadt herangerückt ist ihre Stellung im Norden. Auf dem nördlichen Abschnitt zwischen Elster und Partha rückt Blücher heran; hier steht ihm gegenüber der Marschall Marmont mit dem VI. Corps an das Dorf Möckern angelehnt, als den festen Stützpunkt des linken französischen Flügels. Auf dem südlichen Abschnitt zwischen Partha und Elster richtet die böhmische Armee ihren Angriff gegen Wachau und Liebertwollwitz und Marktkleeberg, wo der rechte französische Flügel mit dem VIII. Corps, Poniatowski, IX., Augereau,

XI., Macdonald, und den Garden, dem V. Corps, Lauriston, sich an den Elstergrund lehnt. Auf dem Abschnitt westlich der Elster bei Lindenau hat Napoleon das schwache IV. Corps, Bertrand, aufgestellt als Hüter der Brücke und Rückzugsstraße nach Markranstädt und Weißenfels.

Noch fehlten in den Reihen der Verbündeten die Armeeteile des Kronprinzen von Schweden und des Generals Bennigsen. Der erstere konnte sich noch immer nicht zu thätigem Eingreifen entschließen, den letzteren hielt der weite Weg zurück. So standen sich die beiden Gegner mit gleichen Kräften am 16. Oktober gegenüber. Von Einschließung konnte deshalb keine Rede sein. Durch meilenweite Entfernungen getrennt wurden an diesem Tage zwei Schlachten geschlagen: die eine im Norden bei Möckern gegen den linken französischen Flügel, die andere im Süden bei Wachau und Liebertwolkwitz gegen den rechten Flügel Napoleons. Dort im Norden rang Blücher mit Marmont stundenlang um den Besitz des Dorfes Möckern und der flachen anliegenden Höhen; hier im Süden bei Wachau standen sich Napoleon und Schwarzenberg gegenüber. Blücher, der die Preußen unter York in erster Linie vorgeschoben, drang erst am Abend des 16. nach blutigem, mit wechselndem Glück geführtem Gefecht in Möckern ein und drängte die Franzosen bis nahe an Leipzig zurück. Im Süden aber hielten sich die Franzosen in ihren Stellungen, ja die linke Flügelkolonne der Oesterreicher unter Giulay, auf die nassen, buschigen Wiesen an der Elster entsandt, hatte entschiedenes Unglück.

Am 17. Oktober stellte Napoleon seine Verteidigungslinien etwas näher um Leipzig her; im Norden war er dazu gezwungen, im Süden that er es freiwillig, um konzentrirter zu stehen. Im Grunde war er jetzt schon entschlossen, abzuziehen auf der freigehaltenen Frankfurter Straße; um möglichst günstige Bedingungen des Rückzugs sollte am 18. gekämpft werden. Erst aus dieser Absicht heraus entwickelte sich an diesem Tage die eigentliche, entscheidende Völkerschlacht von Leipzig. Denn auf seite der Verbündeten waren jetzt die Verstärkungen herangezogen und in den bis jetzt noch offen gehaltenen Ring eingerückt: im Norden links von Blücher, also von Osten her rückend, die Armee des Kronprinzen von Schweden; im Süden der russische Heeresteil Bennigsens. So bekamen am 18. die Verbündeten die entschiedene Uebermacht und konnten die Einschließung vollenden mit der einzig übrig gelassenen Oeffnung über die Elsterbrücke nach Westen. Von Norden her drängte Blücher, von Osten her Bernadotte, von Süden Schwarzenberg; Preußen, Russen, Oesterreicher überall vorwärts strebend und den Rücken der Franzosen immer näher an die Mauern der Stadt Leipzig drückend.

Ueber die Thätigkeit des schwachen Restes der württembergischen Truppen erzählt der Major des Generalstabs v. Bangold in seinen Papieren: „Am 16. Oktober morgens erhielt Graf Franquemont den Befehl, seine Truppen (es waren nur noch 900 Mann) vor dem Gerberthor in Leipzig aufzustellen und dieses zu decken." Das Gerberthor, oder Hallisches Thor, ist der nördliche Ausgang von Leipzig und führt auf das Gelände, über welches Blücher von Mödern und Gohlis vorzudringen strebte; unmittelbar vor dem Thore fließt die Partha vorbei. — „Der General Bertrand war schon früher mit der Division Morand und den Italienern nach Lindenau abmarschirt. — Am 16. wurde die Stellung am Gerberthor beibehalten.

„Nachmittags gegen das Ende der Schlacht bei Mödern kam der Marschall Marmont selbst an das Gerberthor und bat, das Defilee zwischen Gohlis und Eutritzsch mit 300 Mann zu besetzen. Am 17. Oktober zeigte der Feind die Absicht, das nur schwach besetzte Dorf Gohlis wegzunehmen; Franquemont mußte 2 Compagnien Verstärkung dorthin abgeben." Marschall Ney aber habe alle die nach Gohlis und dessen Umgebung vorgeschickten Württemberger zurückgeschickt nach dem Gerberthor, wo Franquemont sich zu hartnäckiger Vertheidigung einrichtete.

Am 16. und 17. Oktober ereignete es sich, daß die zwei seither stets getrennt gehaltenen Truppenteile der Württemberger, die Division Franquemont beim IV. Corps und die Reiterbrigade Normann vom VI. Corps auf engem Raum sich nahe kamen und in Verbindung mit einander traten. Wir haben oben gehört, wie am 16. Oktober Graf Normann den württembergischen Divisionskommandeur am Gerberthor aufsuchte (s. S. 285) und hier königliche Befehle mitgeteilt erhielt, nach welchen der König seine Unzufriedenheit mit Normanns Verhalten aussprach und festsetzte, daß bei allgemeinem Rückzug die Württemberger nicht über den Rhein gehen, sondern ins Königreich zurückgehen sollten. Sichtlich betroffen und verwirrt ritt Graf Normann zu seiner Brigade beim VI. Corps zurück.

„Am 18. Oktober nach Mitternacht," fährt Bangold zu berichten fort, „wurde das Gerberthor den polnischen Truppen des Generals Dabrowski übergeben. Die Württemberger marschirten um sechs Uhr Morgens am 18. Oktober von Leipzig ab nach Lindenau und vereinigten sich daselbst wieder mit dem IV. Armeecorps. Dasselbe erhielt die Bestimmung, die Rückzugslinie zu öffnen und die Defileen der Saale zu gewinnen." Zur Verstärkung hatte Bertrand zwei französische Divisionen und etwas Reiterei erhalten. Bedroht sah sich die Rückzugsstraße hauptsächlich von Süden her durch den linken österreichischen Flügel unter Giulay. Dieser war bis nahe an Lindenau vorgedrungen, wurde aber durch Franzosen und Württemberger zurückgeworfen, wobei ihm noch 700 Gefangene abgenommen wurden. Jetzt vermochte Bertrand sich frei zu bewegen, sattelte sich in die Straße nach Markranstädt ein und übertrug die Arrieregarde dem Grafen Franquemont. Die Oesterreicher hielten sich fortwährend fern; so erreichte Franquemont gegen Mitternacht die Gegend von Lützen; nach wenigen Stunden Ruhe traf man am 19. Oktober morgens 5 Uhr in Weißenfels ein, wo Bertrand auf den Höhen hinter dem Saaledefilee Aufstellung nahm. —

Im Andenken an diesen von der Unthätigkeit der in bedrohlicher Nähe stehenden Oesterreicher begünstigten Rückzug schrieb General Stockmayer am 18. Oktober 1816 an Bangold: „Heute vor drei Jahren wären wir wohl gar nicht weggekommen, wenn unser Genius uns nicht zum Gegner den famosen Herrn Giulay allerhuldvollst bestimmt hätte. Der gute Mann!" — Einzelne österreichische Führer schienen eben schon davon hoch befriedigt zu sein, daß sie die Franzosen und ihre Hilfsvölker überhaupt laufen sahen.

So war das Corps Bertrand schon mit der Sicherung des Rückwegs nach Frankfurt beschäftigt, als man in der Ebene östlich und südlich von Leipzig noch mitten im Kampfe stand, ein Kampf, der wohl heftiger heute, am 18. Oktober, entbrannte, als es in der Absicht Napoleons liegen mochte. Aber bei Schönefeld und Paunsdorf, bei Stötteritz und Probstheyda faßten ihn die Heeresteile von der Armee des Kronprinzen von Schweden, Bennigsen und die Oesterreicher allzu fest, als daß er sich hätte nach seinem Willen zeitig losringen können.

Wenn es nach der Ansicht der französischen Heerführer, wenigstens eines großen Teils derselben, gegangen wäre, so hatte sich Napoleon frühzeitig genug der ihm bei Leipzig drohenden Umklammerung entziehen müssen. General Stockmayer erzählt, General Bertrand sei schon am 14. von Düben aus ins Hauptquartier Napoleons nach Leipzig vorausgeeilt, um ihn zur Aufgabe des Widerstands für jetzt zu bestimmen, zu frühzeitigem Rückzug. Noch vor Beginn der Leipziger Schlacht aber sei Bertrand auf die württembergischen Generale zugetreten „und sprach in Gegenwart des Grafen Franquemont, des Generals v. Spitzemberg, des Majors v. Bangold und meiner folgende mir ewig unvergeßlichen Worte in französischer Sprache mit abwechselnd lebhaftem und dann wieder wehmütigem Gefühl: ‚Meine Herren, es ist vorbei! Der Kaiser läßt sich durch keine Vorstellungen und Bitten, durch keine unumstößlich richtigen Vernunft- und militärischen Gründe seiner treuesten und ergebensten Freunde und Waffengefährten von seinem unheilschwangeren Vorsatz, bei Leipzig eine Schlacht anzunehmen, abbringen. Sein guter Stern ist erloschen; das Glück, das ihn früher, verbunden mit seinem großen Genie, so sehr begünstigte, hat ihn verlassen. Er geht nun von einer unglücklichen Katastrophe zur andern über. Er, und mit ihm Frankreich, wird nun unterliegen.'"

Wiederum war es Blüchers Thätigkeit, welche den zögernden Kronprinzen von Schweden vorwärts schleppte. Der rastlose Preußenführer ließ von Norden her die Hallesche Vorstadt mit mäßigen Kräften angreifen, sein Corps Langeron aber spannte er gewissermaßen der langsam sich heranwälzenden Armee des Kronprinzen vor und beschleunigte so das Tempo. Die Entscheidung des 18. Oktober lag auf der Linie Holzhausen, Paunsdorf, Schönefeld. Marschall Ney hatte hier gesammelt: VI. Corps, Marmont, III., Souham, VII., Reynier; rechts stießen XI., Macdonald, die Garden und die übrigen Corps an. Um

10 Uhr vormittags begann die Schlacht ernst zu werden: Langeron, Bülow mit gewaltigen Massen Artillerie und Reiterei drängten vorwärts gegen VI. und VII. Corps.

Schützengefecht und einzelne Reiterkampfe hatten schon am frühen Morgen des 18. Oktober begonnen; weit vor die erste Linie der Infanterie vorgeschoben gegen Taucha hin, bei der Thetlakirche, stand die Reiterei des VI. Corps, die Brigade Normann, zwei württembergische Reiterregimenter Nr. 2 und 4 mit der reitenden Batterie Fleischmann. Vor der schwachen französischen Reiterei entwickelten sich immer größere Massen überlegener Feinde. Normann selbst mag einigermaßen verwirrt worden sein durch die Ereignisse der letzten Zeit: Der König hatte deutlich genug befohlen, die Truppen nicht zu opfern, sie zu erhalten (s. S. 360); Einzelne waren schon übergetreten in die Reihen der Verbündeten, andere hatten ihre Entlassung aus württembergischem Dienst erhalten, um preußischen anzunehmen; sächsische, westfälische Truppenteile hatten sich den Preußen angeschlossen, um sich für eine fremde Sache nicht vollständig aufreiben zu lassen. In solcher Lage hatte Normann gerne einsichtigen Rat gehabt. Er schickte deshalb in aller Frühe am 18. Oktober einen Offizier an Franquemont.

Major Bangold berichtet darüber: „Am 18. Oktober morgens, als das IV. Armeecorps noch auf den Höhen von Lindenau stand, erschien bei dem Grafen Franquemont ein Offizier der Brigade Normann, welcher im Namen seines Generals meldete: Die Brigade, welche bis jetzt in einem guten Zustande erhalten sei, werde von dem Angriffe eines weit überlegenen Feindes bedroht und habe keine hinreichende Unterstützung zu erwarten; es sei daher zu befürchten, sie werde größtenteils vernichtet werden, wenn sie das Gefecht annehme. Graf Normann lasse um Verhaltungsmaßregeln bitten."

„Der württembergische Corpskommandant konnte diese Anfrage eines Generals, der in operativer Beziehung seinen Befehlen entzogen war, mit Recht sonderbar finden; er gab dem abgeschickten Offizier folgende Antwort für den Grafen Normann mit: Unbekannt mit seiner Aufgabe, mit seiner Stellung, mit dem Gelände, mit der möglichen Unterstützung, sowie mit der Stärke und den Bewegungen des Feindes könne der Corpskommandant auf eine Entfernung von drei Stunden keine Detailvorschriften über sein operatives Verhalten erteilen; er habe diese allein von seinem französischen Corpskommandanten einzuholen. Im allgemeinen aber empfehle er ihm zwei Dinge gleich dringend, nämlich den bisherigen Ruhm der Brigade zu erhalten, dabei aber auch seine Truppen nicht ohne Not aufzuopfern. — Diese Antwort erreichte den Grafen nicht mehr. Ohne Zweifel wurde er durch das Vorrücken des Feindes genötigt, sich schnell für den äußersten Entschluß zu entscheiden. Er teilte denselben den höheren Offizieren der beiden Reiterregimenter mit, an deren Spitze zwei junge Kommandeure standen. Der Vorschlag des Brigad-

generals fand leichten Eingang; bei der damaligen lebhaften Aufregung des
deutschen Nationalgefühls schwieg die Stimme der strengen militärischen Pflicht
und der Uebertritt zu dem Feinde wurde ohne Widerrede ausgeführt,
ehe der an den Grafen Franquemont abgeschickte Offizier zurückkommen konnte."

Aber auch wenn dieser Offizier früher zurückgekehrt wäre, hätte der wider-
spruchsvolle Rat der Reiterbrigade Normann in ihrer bedrängten Lage nichts
helfen können. Sich in ungleichem Kampfe gegen die Ueberlegenheit des Gegners
aufopfern, fliehen, übergehen, gefangen nehmen lassen, — so stand etwa die
Wahl. Fliehen, sich gefangen nehmen lassen, diese zwei Wege mochten von
vornherein ausgeschlossen sein. Bleiben übrig: ruhmvoller Untergang in ungleichem Kampfe oder Uebertritt zum Feinde.

Seit dem Tage, da er die Lützower überfallen, seit er sich wegen mangelnder Umsicht und Schonung bei diesem Zusammenstoß (vgl. S. 285) den Tadel
des Königs zugezogen, fühlte Graf Normann, daß er etwas gut zu machen
habe. Solches mochte er erreichen dadurch, daß er die Brigade dem Dienst
des Königs erhielt. Das aber konnte nur geschehen durch Uebertritt zu den
Verbündeten. Daß die Bayern sich neutral erklärt, davon wird wohl einige
Kenntnis bis zu den Offizieren durchgedrungen sein; so dachte Normann, dem
Entschluß seines Königs nicht allzu weit voraus zu eilen.

Es wird etwa vormittags 10 Uhr gewesen sein,*) als die beiden weit in
die Ebene vorgeschobenen Kavalleriebrigaden des VI. und VII. Corps, die
Württemberger und die Sachsen, von ihren Kommandeuren zum Feinde hinübergeführt wurden, um hier in die hinterste Linie gestellt zu werden so lange, bis
ihre Kriegsherren entschieden haben würden. Im Laufe des Nachmittags folgten
noch weitere sächsische Truppenteile aller Waffen nach; es mögen 3000 Mann
gewesen sein; am Morgen des 19. kam noch eine württembergische Batterie
dazu. Es scheint aber, daß zwischen Sachsen und Württembergern keine vorherige Verabredung bestanden hat.

Von der Mittagszeit an wurde der Kampf östlich und südlich von
Leipzig allgemein. Gegen Abend hatte nach langem Ringen mit dem Marschall
Marmont endlich das Corps Langeron Schönefeld weggenommen; links von
ihm war Bülow vorgedrungen, weiter zur Linken bei Paunsdorf die Oesterreicher. Am Abend des 18. fand sich Napoleon nahe an die Umfassung
von Leipzig gedrückt; abends 9 Uhr am 18. Oktober begab er sich vom
Schlachtfeld weg nach Leipzig hinein, wo er im Hotel de Prusse auf dem
Roßplatz die Befehle für den Rückzug schrieb, für weiteren Widerstand an
der Rheingrenze. In der Frühe des 19. Oktober erhielt Napoleon die Nachricht, daß Bertrand glücklich das Defilee von Weißenfels erreicht habe und nun
begann das allgemeine Zurückströmen.

---

*) Cuistorp 2c. 2c. II., 234 ff.

Die Maßnahmen Napoleons am 18. abends und am 19. morgens konnten zur Ausführung kommen, ohne allzu große Störungen zu erfahren. Ernstlich gefährdet konnte sein Rückzug werden nur durch den linken österreichischen Flügel unter Giulan; dessen Unthätigkeit aber dankte schon Bertrand sein Entschlüpfen, wie wir oben gesehen haben; eine Bedrohung durch den rechten Flügel Blüchers, von Mödern aus etwa, mußte ungleich wirkungsloser sein.

Der Abend des 18. Oktober war hereingebrochen, die Nacht begann sich herabzusenken auf die müden Streiter. In nächster Nähe rasteten unmittelbar vor den Thoren Leipzigs Freund und Feind auf dem vielumstrittenen Boden. In den Reservestellungen der Oesterreicher vor Leipzig hatte Graf Normann mit seiner Brigade Aufnahme gefunden. Ueber seinen Entschluß an diesem Tage meldet er abends noch an den König: „Im Biwak 1½ Stunden von Leipzig, den 18. Oktober. — Eurer Majestät berichte alleruntertänigst, daß ich mich diesen Morgen in einer Lage befand, die mich nicht zweifeln ließ, daß die Brigade fruchtlos vollends ganz aufgeopfert werden würde. Schon am 16. Oktober war das VI. Corps gänzlich zersprengt und wir fanden nur in der Flucht unsere Rettung; heute wurde es mit überlegener Macht angegriffen und ich mit der ganzen Brigade abgeschnitten. Von allen Seiten drangen die verbündeten Mächte siegreich vor, und ich konnte in diesem Augenblicke die Reste der Brigade nur durch Uebergehen retten. Ich wurde sogleich zu den beiden kaiserlichen Majestäten geführt und habe die Erlaubnis erhalten, passiv bewaffnet hinter den verbündeten Armeen zu verbleiben, bis die Umstände ins Vaterland zurückzukehren erlauben oder bis Eure Majestät über die Brigade bestimmt haben werden.

„Der Drang der Umstände entfernte mir alle Möglichkeit, mit General Graf Franquemont mich in Kommunikation zu setzen, ich mußte rasch und für mich handeln, und fand dieses einzige Mittel, dem Vaterland 600 brave Männer zu erhalten. — In der Schlacht am 16. Oktober wurden 5 Geschütze der reitenden Batterie demontirt und ich war gezwungen, sie in Leipzig stehen zu lassen. Der gegenwärtige Stand der Brigade ist 556 Pferde und eine gut bespannte Kanone nebst Pulverwagen."

Gepäck, Fuhrwesen aller Art, Verwundetentransporte, Ausreißer setzten sich schon in der Nacht vom 18. auf den 19. Oktober zu fluchtartigem Rückzug auf der Frankfurter Straße nach Lindenau, Markranstädt, Weißenfels in Bewegung. Gegen 9 Uhr vormittags am 19. Oktober stieg Napoleon selbst zu Pferde und verabschiedete sich auf dem Markte von Leipzig von dem König von Sachsen, der mit wenigen Resten seiner Truppen hier auf sein Schicksal wartete. Jetzt begannen die geordneten Massen der einzelnen Corps ihren Rückmarsch anzutreten; andere schlugen sich noch an den Thoren der Stadt. Um 12 Uhr mittags am 19. waren die Vorstädte in den Händen der Verbündeten; noch wurde in der Altstadt gekämpft und die letzten Verteidiger,

Franzosen, Polen und Rheinbündler gegen die Pleiße und Elster gedrängt, wo
Hunderte ertranken.

Um ein Uhr nachmittags kam der Kampf zu Ende. Von jubelnden
Volkshaufen und siegesfreudigen Kriegerscharen umgeben ritten jetzt die verbündeten Monarchen durch die Thore der eroberten Stadt ein und trafen
auf dem Markt mit ihren Heerführern zusammen; eine im Angesicht der ganzen
Welt geschehene Verwirklichung des Trachenberger Kriegsplans mit seinem Ziele:
„Das Hauptquartier des Feindes ist der Punkt, in welchem die Bahnen der
verschiedenen Kriegsheere zusammentreffen.“ — Zwei vorbereitende Arbeiten waren
es, welche damals die ganze Welt trugen, die eine diplomatischer, die andere
militärischer Natur. Die erste dieser grundlegenden Arbeiten fand ihren Ausdruck in den Vereinbarungen zwischen Metternich und Hardenberg vom Herbst
1812; die zweite in dem zu Trachenberg aufgestellten Kriegsplan. Beide vorbereitende Thaten haben ihre Verwirklichung so vollkommen, so glänzend, so
augenfällig gefunden, wie es ursprünglich kaum gehofft werden durfte; — die
eine in dem Aufflammen der Signale um die Mitternachtsstunde vom 10. zum
11. August in Prag mit der Allianz von Preußen und Oesterreich, die andere
in dem Zusammentreffen der Monarchen und der Heere aus Süden und Norden
auf dem Marktplatz in Leipzig am 19. Oktober. —

Zur Verfolgung des Feindes waren nicht diejenigen Vorbereitungen getroffen, welche die Frucht des Sieges noch weit vollkommener zu machen geeignet gewesen wären. Doch in den letzten Stunden des Kampfes im Innern
der Stadt und am Ufer der Pleiße und Elster machten die verbundeten Truppen
gegen 20000 Gefangene, darunter 1200 Sachsen, 2300 Badener, ebenso
viele Hessen und andere Rheinbündler; 36 Generale befanden sich unter den
Gefangenen, Franzosen, Italiener, Polen, Deutsche; unter letzteren auch der
württembergische Militärbevollmächtigte Graf Beroldingen. Von württembergischen
Truppen hatte sich in Leipzig an diesem Tage nur noch die reitende Batterie
des Lieutenants Fleischmann befunden; er berichtet über seine Thätigkeit:
Am 18. abends sei das ganze VI. französische Corps aufgelöst gewesen, „da
kam mir ein Gerücht zu Ohren, daß die Brigade des Generals Graf Normann
nebst 10 Eskadrons Sachsen sich mit den Alliirten vereinigt haben. Ich begab
mich sogleich mit dieser Nachricht zu dem aufgelösten Offiziercorps der Reiterbrigade Jett, welche sich sämtlich in der Wohnung des Generals Graf Beroldingen aufhielten, konnte aber keine weiteren Instruktionen erhalten. Am 19. früh
ritt ich zum Grimmaischen und Halleschen Thor hinaus, um einen Weg zu
suchen, auf dem ich im Fall der Not retiriren könnte.“ Alle Wege und Thore
seien verstopft gewesen; das Gefecht begann wieder, Fleischmann zog mit
41 Mann und 22 Pferden in die innere Stadt auf den Markt, „wo ich mich
den sächsischen Kürassieren anschloß, die gleiche Absicht mit mir hatten. General
Graf Normann, der bald darauf im Gefolge des Kaisers Alexander in die

Stadt herein ritt, traf uns daselbst. Er befahl mir, den ersten Augenblick zu
benützen, um das Geschütz wieder zu bespannen und mich an die Brigade anzuschließen."

Unter Jubel und Glückwünschen und Danksagungen verging der 19. Oktober bei den Verbündeten in und um Leipzig, auf der Stätte des Sieges
über den Unbezwingbaren, am Ruheplatz von Zehntausenden von Toten, am
Schmerzenslager von unzähligen Verwundeten. Erst den 20. Oktober begann
die Verfolgung in großem Maßstab, um die Früchte des Sieges zu mehren,
um die Geworfenen im Laufen zu erhalten, um den Rhein zu erreichen. Voraus
die unermüdlichen Kosaken und Husaren, dann die Reitercorps und die geschlossenen Massen der verbündeten Heere; hinter ihnen die Garden und Reserven
samt den diplomatischen Hauptquartieren, in denen sich die leitenden Staatsmänner befanden. Denn jetzt gab es Tag für Tag diplomatische Arbeit in Menge;
der Rheinbund war ja auseinandergebrochen; sein Untergang stellt sich dar in der
beklagenswerten Gestalt des Königs von Sachsen, wie er auf dem Marktplatz der
Stadt Leipzig stand und als Gefangener der Verbündeten abgeführt wurde.

Der Freiherr vom Stein und die Seinigen hatten sich die Neubildung
Deutschlands nach der Zertrümmerung des Rheinbundes freilich ganz anders
gedacht; sie wußten sich eins in dem Plane, das wiedergewonnene deutsche
Land ohne Rücksicht auf seine jetzigen oder früheren Besitzer in eine Zentralverwaltung zu nehmen, um später zur Zeit des allgemeinen Friedensschlusses
darüber zu verfügen. Seit den Abmachungen von Teplitz aber hatte das alles
ein ganz anderes Gesicht gewonnen, war weit abgewichen von den Plänen,
welche einst in Kalisch aufgestellt worden waren.

Im Rheinbund war jetzt die Lage die: Sachsen, Land und Volk und
Armee, vollständig im Lager der Verbündeten und in ihrer Gewalt; Bayern,
seit dem 8. Oktober an der Seite Oesterreichs, ließ seine Truppen eben in
diesen Oktobertagen, am 17., 18. und 19., gegen die Grenzen von Württemberg und gegen die Rückzugslinie Napoleons marschiren, während der Rest
seines napoleonischen Kontingents sich in Torgau befand; Westfalen, das künstlich
zusammengezimmerte Königreich, in voller Auflösung begriffen; die Truppen der
kleineren Staaten sich zurückwälzend mit der Armee Napoleons oder im Lager
der Verbündeten. In Württemberg selbst, in der Heimat, gewahrte man nicht
ohne Besorgnis die Bewegungen der anrückenden Bayern, hörte die anmaßende
Sprache ihres Führers, des Grafen Wrede. Die württembergischen Truppencorps nahmen die verschiedensten Stellungen ein. Zu Hause stand eine nicht
unbedeutende Abteilung, bereit, sich an die Oesterreicher anzuschließen; in Napoleons fluchtartig sich zurückwälzendem Heere stak noch der Rest der Felddivision
unter Franquemont; im Lager der Verbündeten aber stand, zunächst einem
eigenmächtigen Entschlusse folgend, die Reiterbrigade Normann.

„Die Armee ist nun in vollem Rückzuge," schreibt Franquemont vom 20. Oktober aus Freiburg a. d. Unstrut: „der Rückzug wird in einigen Tagen zur Flucht ausarten." Seine Aufgabe sei es, den Park des IV. Corps zu decken. „Von der Brigade Normann weiß man nichts Zuverlässiges; das Gerücht geht, sie sei gefangen und dies sei sogar mit Absicht geschehen." Auf der großen Straße Erfurt-Eisenach hat Franquemont am 23. Oktober mit seinem Wagenzug das Dorf Teutleben bei Gotha erreicht und schreibt: „Eurer Majestät Ordres vom 7., 8. und 9. dieses habe ich diesen Abend erhalten (es sind die Befehle, welche zur Rückkehr ins Königreich auffordern). General Graf Normann wird samt seiner Brigade seit der Schlacht am 18. Oktober vermißt; man sagt allgemein, er sei zum Feind übergegangen, ein österreichischer Tagesbefehl bestätigt dieses. Ehe ich heute abend Eurer Majestät Ordres erhielt, hatte ich ein Schreiben an den major général Berthier erlassen, in welchem ich den Rückmarsch der königlichen Truppen ins Vaterland begehrte; ich kann noch keine Antwort haben. Die Retraite, welche das Ansehen einer Flucht hat, geht wahrscheinlich über Fulda nach Frankfurt. — Das allgemeine Gerücht geht, Eure Majestät hätten die Partei Oesterreichs ergriffen; man traut uns nicht mehr, daher wir die Bagage des IV. Corps eskortiren. Meine Infanterie, die besten Menschen, ist durch Hunger und Fatiguen weit herabgekommen; die Kavallerie hat sich durch einige Mann der Brigade Normann, welche als Ordonnanzen beim Marschall Marmont waren, vermehrt. — Der Kaiser kann mit seiner Armee keine Schlacht mehr wagen."

Ein im freundschaftlichsten und dankbarsten Tone gehaltenes Schreiben des Generals Bertrand aus Erfurt vom 24. Oktober ruft Franquemont und seinen Offizieren die verbindlichsten Abschiedsworte zu und läßt dem württembergischen General vollkommen freie Hand wegen der Erhaltung des Wagenparks, den er zu decken hat. So geht Franquemont auf der Heerstraße mit den Trümmern der Großen Armee weiter bis nach Fulda, wo sich die Straßen nach Frankfurt und Würzburg scheiden; am 27. Oktober gibt Franquemont seinen Wagenpark an ein französisches Kommando ab, sagt den seitherigen Waffengefährten Lebewohl und biegt in die Straße nach Würzburg ein, dem Vaterlande zu. — In denselben Tagen bricht aus dem Königreich die Brigade Walsleben auf, um sich den Oesterreichern anzuschließen; in denselben Tagen jagt der Abgesandte des Königs Friedrich, Graf Zeppelin, dem diplomatischen Hauptquartier Metternichs nach, um es so rasch als möglich zu erwischen und seinen Vertrag mit den Mächten zu schließen.

Am 29. Oktober hatte Franquemont Hammelburg an der fränkischen Saale erreicht und meldete dem König: „Da nun General Bertrand in dem in Abschrift beiliegenden Schreiben von mir Abschied nahm, so sehe ich dieses als Erlaubnis an, die französische Armee verlassen zu dürfen, welches auch bei Fulda wirklich geschehen ist. Der Weg nach Würzburg schien mir der zweck-

mäßigste zu sein; bald aber kamen der russische General Kaisaroff und der
österreichische Oberst Menzdorf zu mir und befragten mich wegen meines Marsches.
Auf meine Erklärung, daß ich nach Hause marschire, versprachen sie mir, mich
hieran nicht zu hindern. In der Nacht von gestern und heute erhielt ich ein
Schreiben vom Chef des Generalstabs des russischen Generals Orloff, mittelst
dessen ich zu einer Unterredung mit diesem General eingeladen wurde. Diese
fand diesen Morgen in Brückenau statt; ich erklärte ihm, daß ich nach Hause
marschire; er meinte aber, ich sollte in Brückenau bleiben, indem es ihm Verantwortung zuziehen könnte, ein Corps passiren zu lassen, von dem er nicht
wüßte, ob es Freund oder Feind sei; ob er nun gleich glaubte, daß die Antwort aus dem großen Hauptquartier bald eintreffen werde, so hätte dies meinen
Marsch nicht nur um einige Tage verzögert, sondern mich vielleicht noch einmal
unter die französische Armee gebracht, von der vielleicht ein Teil, vielleicht aus
Verzweiflung oder in der Konfusion, diesen Weg nimmt; ich mußte nun, so
unangenehm mir dies auch war, in seinen letzten Vorschlag willigen, um die
Truppen bald in das Königreich zu bringen, und einen Offizier in das große
Hauptquartier schicken mit der Erklärung, daß die württembergischen Truppen
die französische Armee verlassen hätten, um nach Hause zu marschiren."

Unbelästigt setzte Franquemont seinen Marsch fort und erreichte Mergentheim mit 32 Offizieren, 1166 Mann, 352 Pferden am 31. Oktober. Just
in denselben Tagen kam die unter österreichischem Befehl stehende württembergische
Brigade Walsleben in Aschaffenburg an, um die Aufgabe zu übernehmen, Teilen
der französischen Armee den Uebergang über den Main unmöglich zu machen. Zur
selben Zeit standen noch kleine Kampfgruppen der Württemberger unter französischem Kommando in Danzig und Küstrin, während die Brigade Normann
mit den Oesterreichern sich dem Rheine näherte.

Faktisch stand Württemberg, seitdem Graf Zeppelin am 23. Oktober
auf dem Schloß in Uffenheim mit dem bayrischen Heerführer Grafen Wrede
eine Militärkonvention abgeschlossen, auf seiten der verbündeten Mächte.
Es fehlte nur noch der rechtskräftige Vertrag mit den Mächten. Diesen zu
schließen ist Graf Zeppelin auf förmlicher Jagd begriffen nach dem diplomatischen Hauptquartier des Grafen Metternich. Endlich am 1. November hat
er ihn erreicht in Schmalkalden. Vorher noch erhielt Zeppelin eine Depesche,
welche der König am 26. Oktober aus Stuttgart an ihn abgehen ließ: „Es
sind Schreiben eingelaufen freundschaftlicher Natur von Rußland, Preußen,
Metternich; Zeppelin solle doch fest der wahrheitswidrigen Behauptung entgegentreten, als ob zum Heere Napoleons noch Verstärkungen geschickt worden
wären, als ob man Bayern bedroht habe. Das Benehmen des Wrede werden
Sie ins rechte Licht stellen, damit er zur Verantwortung gezogen wird wegen
seiner Drohungen. Sie dürfen wohl offen sprechen von meinen Schreiben an
Napoleon vom 3. und 14. Oktober (s. S. 361); sie sind ein Beweis, daß ich

meine Truppen zurückverlangte und sie gewiß nicht verstärkt habe; die beiliegenden Rapporte weisen auch aus, daß ich unter verschiedenen Vorwanden
nach und nach über 3000 Mann und 400 Pferde aus dem Felde zurückgezogen habe.

„Am schwierigsten ist die Behandlungsweise des Generals Normann
und der mit ihm übergegangenen Brigade. Unsere Grundsätze hierüber sind
Ihnen bekannt; davon abzugehen, liegt außer Unserer Macht; der einzige Umstand, der irgend eine Modifikation eintreten zu lassen erlaubt, ist die von dem
v. Normann gemachte und ihm zugestandene Bedingung, nicht gegen Frankreich
zu dienen und hinter der Front zu bleiben, bis unsere Befehle eingegangen
sein würden. Diesen Umstand wollen Wir ergreifen und Ihnen aufgeben, zu
proponiren, dieser Brigade zu erlauben, nach Hause zu marschiren, allwo wir
die beiden Regimenter reformiren und unter andere einstecken, auch wenn darauf
bestanden wird, eine gleiche Anzahl wieder zu stellen, Uns verbinden wollen.
Aber die Ehre des Dienstes muß gerettet sein; will man sich dazu nicht verstehen, so ist die Brigade gefangen gewesen und werden die Individuen, aus
denen sie besteht, wie alle übrigen nach eingetretenem Frieden ranzionirt. Wir
verlieren hiebei mehr als 300000 Gulden, welche Wir zu ersetzen nicht vermögen. Aber jedes Opfer ist uns lieber als das der Ehre Unseres Dienstes.

„Wir zweifeln übrigens nicht, daß die verbündeten Mächte den ersteren
Vorschlag annehmen werden. Noch können Sie hinzufügen, daß, da Uns bekannt, daß Kaiser Franz dem v. Normann versprochen, ihn bei Uns zu vertreten, Wir aus Rücksicht Seiner Majestät diesem eine Amnestie, wodurch er
straffrei ausgehen solle, erteilen wollen, jedoch nicht länger in Unseren Militär-
diensten behalten können, wenn er nicht mit der ganzen Brigade frei hieher
gelassen wird, indem alsdann die Sache als eine Konvention, die ein ein-
geschlossener General getroffen hat, angesehen werden kann.

„Sie werden auch mit Bewilligung des Grafen Metternich dem Maret
schreiben, daß Wir aus dem Rheinbund getreten sind und daß man Unsere
Truppen unter Franauemont heimziehen lassen solle."

In einem späteren Schreiben teilte der König dem Grafen Zeppelin mit,
Kaiser Franz habe zu Normann gesagt: „Da werde ich Sie halt vertreten
müssen." Zunächst aber scheint es, daß Schwarzenberg die Brigade Normann
bei der Belagerung der Rheinfestungen verwenden wollte. Am 1. November
richtet deshalb König Friedrich an Schwarzenberg die Bitte, doch nicht über
die beiden Regimenter des v. Normann zu verfügen, sondern ihm dieselben
nach Hause zu schicken; denn so, wie sie seien, könne er sie nicht lassen. Infolge davon erhielt die Brigade Normann Befehl, den Verband der österreichischen Armee zu verlassen und nach Hause zu marschiren. Dem General
v. Walsleben aber, der mit einigen württembergischen Regimentern eben damals
unter österreichischem Kommando in der Nähe von Aschaffenburg stand, befahl

der König unter dem 1. November, er solle den ehemaligen General Normann und die ehemaligen Regimentskommandeure arretiren und nach Mergentheim verbringen lassen.

Einen Augenblick hatte es den Anschein, als sollte der Uebertritt zu den Verbündeten während des Gefechts milder beurteilt, als eine Konvention in einer Notlage betrachtet werden. Nun aber wurde die Sache wieder schärfer angesehen; dies mag für den Grafen Normann Grund gewesen sein, die Brigade, bevor sie die württembergische Grenze erreichte, zu verlassen. Er begab sich zunächst zu einem alten Kriegskameraden nach Sachsen, später unter den Schutz des Kaisers nach Wien.

Die Kriegsgesetze aller Zeiten haben auf die Handlungsweise des Grafen Normann den Tod gesetzt. Rein militärisch betrachtet, hatte er sich auch verfehlt. Für mildere Beurteilung aber mochten gerade hier übergenug Gründe vorliegen. Der Generalauditor Georgii hatte den Fall rechtlich zu behandeln; Vorstand des Kriegsrechtes war der Generalinspekteur der Kavallerie, Generallieutenant Graf Tillen. Am 16. November auf dem Felde von Eglosheim bei Ludwigsburg wurde die von Heilbronn heranmarschirende Brigade im Viereck aufgestellt, um das Urteil zu vernehmen, rings umgeben von Infanterie und Kavallerie. Alles ward bereit gehalten, um die Pferde und Waffen abzunehmen.

Nachdem Graf Tillen hatte absitzen lassen, kommandirte er zum Strecken des Gewehrs und Ablegen der Waffen. Die beiden Regimentskommandeure gingen als Arrestanten nach Ludwigsburg ab, darauf wurde der entwaffneten Mannschaft der Befehl des Königs mit seinem verdammenden Urteil über ihr Verhalten verlesen. Die zum Unterstecken unter andere Regimenter verurteilten Leute mußten dann unter Bewachung der rechts und links marschirenden Infanterie zu Fuß nach Ludwigsburg rücken, wo sie einen Tag lang in der Kaserne bewacht wurden. In ähnlicher Weise wurde mit den Offizieren verfahren. „Nach dem Einrücken," ordnete der König an, „wird der Generalinspekteur den ehemaligen Generalmajor Graf Normann zu sich verlangen und ihm im Namen Seiner Majestät erklären, daß er kassirt, seiner Orden und der königlichen Kammerherrnwürde verlustig und aus allen königlichen Residenzen und dem jeweiligen Aufenthalt Seiner Majestät verbannt seie. Der Obrist Prinz von Wallerstein soll nachher einberufen und ihm erklärt werden, daß er bloß aus Schonung für seinen Namen und wegen der Ehre, die er habe, mit Allerhöchstdenenselben verwandt zu sein, nicht ein gleiches Urteil zu gewärtigen habe; demnach seie er bloß entlassen und ihm anbefohlen, den Hof und die Gegenwart Seiner Majestät des Königs zu meiden. Dem Oberstlieutenant v. Moltke ist ebendieselbe Sentenz wie dem General Normann zu publiziren und diesen beiden noch zu erklären, daß bloß die Fürsprache des österreichischen Kaisers sie der wohlverdienten Strafe des Strangs entzogen habe.

„Tags darauf wird sodann die Formation der neuen Regimenter und das

Unterstecken der Mannschaft der beiden kassirten vorgenommen, bei welcher Gelegenheit die Offiziere ihres Arrestes zu entlassen sind.

„Da die Batterie der Brigade nicht mit derselben zu dem damaligen Feinde übergegangen, der sie kommandirende Lieutenant v. Fleischmann aber sich doch sehr verfehlt hat und späterhin mit derselben nicht, wie er gesollt hätte, zu dem General Graf Franquemont, sondern zu den Ueberläufern gegangen ist, so soll derselbe einen derben Verweis vor der Front der Batterie erhalten und keine mehr kommandiren, sondern als jüngster Lieutenant bei einer zu dem Marsch bestimmten angestellt werden."

So hat hier eine nach den Kriegsgesetzen zu verurteilende That ihre Sühne gefunden zu einer Zeit, da man bestrebt war, an Stelle des national ge= einigten Vaterlandes den aus dem Rheinbund hervorgegangenen Partikularismus zu setzen. Die vielfachen Uebertritte der sächsischen und westfälischen Truppen haben niemals eine gerichtliche Behandlung erfahren; in diesen beiden Ländern lagen die Verhältnisse durch faktisches Aufhören der Landesregierungen für eine Spanne Zeit auch ganz anders.

Mit dem Unterstecken der beiden kassirten württembergischen Reiterregimenter unter die anderen hatte es seine Schwierigkeiten. In einem kleinen Armee= corps, in welchem nur fünf Reiterregimenter existiren, können schwer zwei unter= gesteckt werden. Es scheint, die verurteilten Regimenter formirten sich am Tage nach der Kassirung vollständig wieder als die alten, erhielten aber die letzten Nummern: 4 und 5.

Zu weiteren Maßnahmen war auch keine Zeit; man brauchte Männer, um mit dem neuen Jahre 1814 die Waffen nach Frankreich hineinzutragen und die Unbill zu rächen, welche Jahrzehnte lang das deutsche Land durch die Fremdherrschaft erlitten.

Uebertritt in das Lager der Verbündeten.

Wir haben oben gesehen, wie nach den Schrecken des russischen Feldzugs das Gebäude des Rheinbundes zu wanken anfing, wie die einzelnen Staaten neue Anlehnung an Oesterreich suchten, wie Fürst Schwarzenberg bei seiner Reise von Wien nach Paris im April 1813 in München wie in Stuttgart die neue Strömung zu verstärken suchte. Auch in diesen Frühlingstagen 1813 fanden die Verhandlungen der einzelnen Staaten mit Oesterreich so statt, wie es zur Schule geworden war seit den vielen Bittgängen nach Paris: mit stetem Argwohn von Staat zu Staat, es möchte einer dem andern den Rang in der Gunst der umworbenen Macht ablaufen. In München traute man dem König von Württemberg niemals; jetzt, im Frühjahr 1813, hatte man ihn in Ver=

dacht, geheime weitgehende Verhandlungen mit Oesterreich in die Wege geleitet
zu haben. Wir haben gesehen (S. 210), wie Württemberg in der That
einen geheimen Agenten in der Person des Obersten v. Varnbüler nach Wien
gesandt hatte, ohne daß aber die Verhandlungen zu einem greifbaren Resultat
führten. Später scheint der Gedankenaustausch durch den württembergischen
Legationsrat Harttmann wieder aufgenommen worden zu sein. Der Ausfall
der Schlacht bei Großgörschen eröffnete plötzlich für die Zukunft eine ganz neue
Perspektive; engster Anschluß an Napoleon war wiederum geboten.

Nur Bayern scheint unter dem Einfluß des Grafen Wrede und des Kronprinzen Ludwig, trotz der französischen Sympathien des Ministers Montgelas, die
Verhandlungen mit Oesterreich fortgesetzt zu haben. Die Kalischer Bestimmungen
vom 25. März 1813, welche Auflösung des Rheinbundes und einheitliche Verfassung Deutschlands verhießen, mußten den Fürsten des Rheinbundes gar bedrohlich erscheinen. Seitdem hatte Oesterreich manche Aenderungen in den Anschauungen
und Zielen durchgesetzt. — „Das wichtigste für uns sollte Deutschland sein," schrieb
Münster an Stein vom 8. Oktober. „Ich glaube, der Fehler liegt in einem Mangel
bestimmter Erklärungen über das künftige Schicksal Deutschlands. Die Fürsten
sind anfangs durch manche Aeußerungen abgeschreckt worden und diese Fürsten
halten ihre Unterthanen zurück, sich als Deutsche zu zeigen."*) Der Vertrag
von Teplitz am 9. September (s. S. 311) mochte die Gemüter beruhigen und
den Anschluß Bayerns beschleunigen. Die deutschen Staaten als Ganzes zu-
sammenzufassen, durch ein nationales Band zu umschlingen, hatte man aufgegeben; jeder dem Bunde der Mächte beitretende Rheinbundstaat sollte auch in
Zukunft sich der vollen Unabhängigkeit erfreuen. So hatte sich der Anschluß
Bayerns im Vertrage von Ried unter den günstigsten Bedingungen für
diesen mächtigsten Rheinbundstaat am 8. Oktober vollzogen. Zweifellos war
dabei Oesterreich mit Anerkennung vollkommener Souveränität an Bayern über
die Verabredungen von Teplitz hinausgegangen. Lange zögerten deshalb Preußen
und Rußland mit ihrer Zustimmung; doch durften sie Oesterreich nicht stecken
lassen. Die Verhandlungen waren durchaus geheim gehalten worden, und so
überraschte Bayern seine Nachbarn im Rheinbunde mit seiner neuen Haltung
als eine für Frankreichs Bundesgenossen feindliche Macht. Für Württemberg namentlich lag jetzt nach dem 8. Oktober, lange vor der Kunde über den
Ausfall der Schlacht bei Leipzig, die Sache ganz klar: es mußte so rasch als
möglich Neutralität oder Anschluß an Oesterreich zu erlangen suchen.

Die anderen großen Rheinbundstaaten, Sachsen und Westfalen,
waren um diese Zeit teilweise schon zertrümmert oder standen doch der Auflösung nahe. — Die westfälische Armee war im Feldzug 1812 in Rußland
vernichtet worden. Seit dieser Zeit wuchs Groll und Unzufriedenheit in allen

*) Pertz, Das Leben des Freiherrn vom Stein. Berlin 1851. III. 419.

Schichten des Volks. Neue Steuern mußten den Staatsschatz füllen, aber alle
Vorräte der Kassen zerflossen unter den ruchlos verschwenderischen Händen des
Königs Jerome und seiner Helfershelfer. Beim Zuge nach Rußland hatte
er sich selbst an die Spitze seiner Truppen gestellt. Der württembergische Gesandte v. Gemmingen berichtet aus dieser Zeit: „König Jerome, immer geneigt,
dem Nützlichen das Angenehme beizufügen, scheint auch hierin für das königliche
Hauptquartier sorgen zu wollen, indem eine sehr niedliche Mademoiselle Alexandre
in aller Eile einem bei der Feldpost angestellten jungen Mann angetraut wurde
und, von des Königs Majestät reichlich ausgestattet, zur Armee abreiste." Aber
trotzdem gefiel es dem König nicht im Felde; das Heimweh nach seinem stets
heitern Hofe plagte ihn; zu Anfang August 1812 kehrte er zurück, man erzählte sich, als Ausreißer. Nicht wenig erschraken seine mit steter Geldverlegen-
heit kämpfenden Minister. Die alte Verschwendung begann aufs neue; durch
leutseliges Auftreten suchte der im ganzen lässig gutartige Mensch für sich einzunehmen; „der König Jerome soll auf seiner Reise durch das Land sehr
herablassend gewesen, dem gemeinen Mann die Hand gegeben und sogar deutsch
gesprochen haben".

Die neuen Opfer, welche das Jahr 1813 brachte, erhöhten den Unwillen
aller Orten. Man fühlte, der künstliche Bau des westfälischen Staates werde
aus einander fallen bei der geringsten Erschütterung. „Des Königs Majestät
soll seit einiger Zeit sehr unschlüssig in ihrem Thun und Lassen sein und soll
öfters die größte Langeweile empfinden, da Sie auch kein besonderes Interesse
mehr an den in höchst traurigem Zustand befindlichen Staatsangelegenheiten
nehmen." Gewaltthätigkeiten von Natur abgeneigt und keines energischen
Handelns fähig, ließ der junge Mensch, den Napoleon an die Spitze des westfälischen Staates gestellt, den Dingen ihren Lauf. Als nach der Schlacht bei
Dennewitz in unordentlicher Flucht die Haufen der Franzosen über die Elbe
zurückströmten, da erwachte die Lust nach weitgehender Ausbeutung des Sieges
in den Führern der Streifcorps; mit mehreren tausend Kosaken und etlichen
Geschützen überschritt Tschernitscheff bei Aken die Elbe und führte, ohne vorerst
sein Ziel zu nennen, die kecken Reiter weit ins deutsche Land hinein. Am
bonapartistischen Königsschloß in Kassel wollte er anpochen. Er stand schon
ganz in der Nähe, als man in Kassel die Annäherung des Feindes erfuhr.
Das war ein Rennen und Flüchten und Reiten; mit mannigfachem Raub beladen
wälzte sich in wirrer Flucht die Schar der Anhänger Jeromes, durch etliche
Truppenteile gedeckt, auf der Straße nach Koblenz dahin.*) Tschernitscheff
zog nach kurzem Gefecht mit dem französischen General Alix am 30. September
in Kassel ein und erließ am 1. Oktober an die Bevölkerung eine Proklamation,
worin er verkündigte: Das Königreich Westfalen hört von heute an auf. „In

*) Wilh. Lang, Graf Reinhard. 469.

Kassel," erfahren wir durch Gesandtschaftsbericht, „hat sich Tschernitscheff sehr gut betragen, aber doch verlangt, daß an diesem Abend im Theater ‚Der Deserteur' gegeben werde." Am 3. Oktober mußte der russische Führer dem erhaltenen Befehl gemäß zur Armee des Kronprinzen von Schweden zurückkehren. Nochmals kam auf etliche Wochen Jerome in seine Hauptstadt; am 26. Oktober aber, nach der Leipziger Schlacht, war die Komödie endgiltig zu Ende.

Als mit den ersten Frühlingstagen des Jahres 1813 die verbündeten Russen und Preußen durch Sachsen zogen, wich der König ihnen aus und schlug seinen Hof in Regensburg, später in Prag auf. Unerschütterliches Vertrauen auf das Glück der napoleonischen Waffen knüpfte Friedrich August fest an seinen Beschützer. Und in der That, — in den Tagen des Mai 1813, vom Siegesfelde von Großgörschen herschreitend, schlug Napoleon seine Residenz im Palast Marcolini in Dresden auf; von der Grenze bis in seine Hauptstadt durch französische Kaisergarde feierlich begleitet, kehrte der König mit seiner Familie in seine Hauptstadt zurück; alles schien wieder sich zu ordnen wie in alten glänzenden Tagen. — Es ist am Morgen des 19. Oktober; durch alles Wogen und Drängen des wechselvollen Kampfes ist der König durchgeschleppt worden, jetzt steht der von Napoleons Stern geblendete Mann auf dem Marktplatz in Leipzig, verlassen, ein Gefangener der Verbündeten. Die Entscheidung über sein Los und das seiner Länder blieb bis auf weiteres ausgesetzt.

Vorerst wurde Sachsen unter die Aufsicht der Zentralverwaltung gestellt, welche am 21. Oktober durch Vereinbarung der drei großen Mächte unter dem Vorsitz des Freiherrn vom Stein ins Leben trat und die Aufgabe erhielt, die vorerst herrenlosen Länderstücke: Sachsen, Westfalen, Berg, Frankfurt in Administration zu nehmen. In allem sollte diese Zentralverwaltung, sowohl in den ihr zunächst unterstellten als auch in den dem Bunde beitretenden Rheinbundstaaten, ihre Hände haben, durch Kommissare darüber wachen, daß Truppen aufgestellt, Landwehr und Landsturm organisirt werden, daß gleichmäßige Vorschriften Platz greifen in Verteilung der Lieferungen für die Armee, in Aufbringung von Geldern zum Kriegsschatz, in Behandlung des Lazaretwesens und anderen wesentlichen Einrichtungen. Da war sie also zum Leben erwacht, die alle Klein- und Mittelstaaten kontrollirende Zentralbehörde, welche die rheinbündlerisch erzogenen Regierungen und Bureaukraten mit Grauen längst hatten anrücken sehen. In alle Verhältnisse suchte sie einzudringen, und ihre bevollmächtigten Agenten benahmen sich ungemein ungenirt am Hofe der Rheinbundfürsten, welche dergleichen bisher nur von den Organen des französischen Protektors ertragen hatten und nunmehr mit Schrecken entdecken mußten, daß die Aufsichtsbeamten der Großmächte um kein Haar besser waren. Zunächst nahm die Zentralverwaltung ihren Sitz in Leipzig, später in Frankfurt, und machte gerade von hier aus zu ihrer Hauptaufgabe: Ausnützung aller Hilfsquellen der deutschen Lande für die gemeinsame Sache.

Als eine gleichberechtigte Macht trat Bayern in die Reihe der verbündeten Mächte ein durch den Vertrag von Ried, am 8. Oktober geschlossen, infolge der besonderen Nachsicht des österreichischen Kabinets, das vollkommene Souveränität garantirte und dazu noch den gegenwärtigen Besitzstand oder aber bei notwendigen Veränderungen wohlgelegene Entschädigungen. „Es wäre in der That schwer gewesen, mehr zu verlangen, denn da allenthalben nur von Gerechtigkeit und Wiederherstellung früherer Zustände gesprochen wurde, war die Gelegenheit nicht günstig, um eine Vergrößerung anzustreben", bemerkt Montgelas in seinen Denkwürdigkeiten, nachdem er mit besonderer Befriedigung hervorgehoben, wie Bayern seit dem Jahre 1810 Oesterreich und Preußen gegenüber ganz unvermerkt den Ton der Gleichheit angenommen habe, einen Ton, der auf der Souveränität begründet sei und Bayern zum Rang einer europäischen Macht erhebe. Mehr als jemals gefiel sich jetzt nach den Zugeständnissen des Rieder Vertrages Bayern in der Rolle eines führenden Staates im südwestlichen Deutschland. Insbesondere strebte Graf Wrede an der Spitze seines bayrisch-österreichischen Heeres darnach, den süddeutschen Nachbarn heilsamen Schrecken einzujagen und sie auf eine bayrische Vorherrschaft vorzubereiten. All dies hat für den nächsten Angrenzer, für Württemberg, eine peinliche Lage geschaffen, deren Schilderung enthalten ist in den Berichten des Gesandten v. Steube aus München, des Unterhandlers General Neuffer, der Grafen Zeppelin und Wintzingerode u. a.; außerdem in der von der württembergischen Regierung veranlaßten, handschriftlich vorhandenen Exposition des relations politiques etc. etc. 1813, 1814.

Mit dem Vertrage von Ried, der Bayern in den Kreis der verbündeten Mächte aufnahm, hatte das österreichische Kabinet einen Vorgang geschaffen, der bei den weiteren mit den einzelnen Rheinbundstaaten abzuschließenden Verträgen ziemlich als Norm galt, den Einfluß Oesterreichs für die Zukunft zwar sicher stellte, aber die einzelnen Staaten in ihrem Wesen und in ihren Ansprüchen eben als Rheinbundstaaten für Jahrzehnte erhielt und alle Pläne für einheitliche Gestaltung Deutschlands oder gar für Schaffung eines großen deutschen Vaterlandes auf unbestimmte Zeit verschob. Französische Willkür hatte als Belohnung für geleistete Dienste diese Rheinbundstaaten umgestaltet; demütiges Verharren in der Knechtschaft, ein Verharren, das freilich als ein Gebot der Notwendigkeit erschien, vermochte diesen Zustand, versüßt durch den Genuß ungestörter Souveränität im Innern, aufrecht zu erhalten; jetzt verlangte man das, was die fremde Willkür zugebilligt, als ein Recht und erhielt es auch als ein solches bestätigt.

Der ursprüngliche Plan des Königs Friedrich von Württemberg in den ersten Monaten des Jahres 1813 scheint gewesen zu sein, die ganze nach dem Unglück in Rußland neuformirte Armee unter dem Kommando des Kronprinzen an der Ostgrenze des Königreichs aufzustellen. Verändert wurde Lage und Absicht durch das ungestüme Verlangen Napoleons nach Feldtruppen und durch den Ausfall der Schlacht von Großgörschen. Man dachte nicht mehr an Grenzschutz. Erst mit dem 13. August, nach dem Bekanntwerden des Beitrittes von Oesterreich zu den Verbündeten, erscheinen wieder dahinzielende Befehle. Zwei kleine Corps werden aufgestellt: eines am Bodensee unter dem General Graf Scheler, ein anderes bei Ellwangen, unter dem General v. Woell-warth. Friedrichshafen erhielt Befestigungen durch die Forts König und Bellevue. Als aber in Tirol und Vorarlberg alles ruhig blieb, wurde der Schwerpunkt des Grenzschutzes nach der Gegend von Ellwangen, Crails-heim, Kreglingen verlegt. Die Bewegungen der Oesterreicher in Böhmen, die Unternehmungen der Streifcorps erschienen außerordentlich bedrohlich. Wir wissen, wie zur selben Zeit Bayern seine Truppen im Lande zurückbehielt deshalb, weil es auf der Hut gegen Oesterreich sein müsse. Und das ist das Bezeichnende der Lage: Bayern und Württemberg suchten sich zu decken gegen denselben — wahren oder eingebildeten — Feind, aber das durfte beileibe nicht durch gemeinschaftliche, verabredete Maßregeln geschehen, sondern jeder der beiden Rheinbundstaaten handelte für sich, als lägen sie hundert Meilen aus einander und hätten gar nichts mit einander gemein.

Allmälich verstärkte sich der württembergische Grenzcordon auf 3 Linien-infanterieregimenter mit je 1432 Mann (3., 5., 8. Regiment), 6 Landbataillone mit je 670 Mann, Dragonerregiment Nr. 5 zu 580, 2 Depotschwadronen zu 250, 2 Fußbatterien mit je 81 Mann, eine reitende Batterie zu 141; außerdem standen im Königreich die Garde zu Pferd mit 548, Garde zu Fuß mit 916, 2 Depotbataillone zu je 700 Mann und andere schwächere Truppenteile, die sich durch Rückkehrende aus dem Felde täglich verstärkten. —

Schon am 31. August hatte sich Kaiser Alexander dem König von Bayern vertraulich genähert; durch Wolzogen erfahren wir,[*]) wie der Kaiser von Rußland etwa am 12. Oktober, als er sich in Altenburg befand, den Wunsch aussprach, es solle auch mit dem König von Württemberg wegen Allianz unter-handelt werden. Dies zerschlug sich, erzählt Wolzogen, weil eben, in derselben Minute, der Fürst Metternich ins Zimmer des Kaisers trat und erklärte, daß es der Sendung Wolzogens nach Stuttgart nicht mehr bedürfe, daß schon anderweit Einleitungen zur Allianz mit dem König von Württemberg getroffen seien. Damit meinte Metternich offenbar die Armee des Grafen Wrede, welche sich, über Ingolstadt in die Richtung von Frankfurt marschirend, schon am 10. und 11. Oktober in Marsch gesetzt hatte und die Grenzen Württembergs berühren mußte. Bei ihr befand sich der Ritter Hruby als österreichischer Geschäftsträger.

*) Memoiren des Freiherrn v. Wolzogen. Leipzig 1851. S. 206.

Bayrischer Gesandter in Stuttgart war Graf Rechberg; Württemberg war in München vertreten durch einen Herrn v. Steube.

Während des ganzen Jahres 1813 schickte Steube fleißige Stimmungsberichte nach Stuttgart; so vom März 1813: „In Bayern beginnt schrecklicher Haß gegen die Franzosen, welche man zu mißachten beginnt. Der General Wrede hauptsächlich ist unzufrieden im höchsten Grade; Montgelas allein ist für die Allianz mit Frankreich." — Und vom April: Die Durchreise Schwarzenbergs habe die Lust, sich an Oesterreich anzulehnen, gestärkt. — „So beliebt der Krieg gegen Frankreich ist, noch beliebter ist der Friede." Vom Ende September 1813: Napoleon habe verlangt, Bayern solle entweder seine Truppen zu ihm ins Feld schicken nach Sachsen, oder aber solle es am Inn die Oesterreicher angreifen; Graf Wrede pflege Unterhandlungen mit dem gegenüberstehenden österreichischen General Prinz Reuß. Vom 25. September: „Man sagt fast öffentlich, daß Friede sei zwischen Oesterreich und Bayern, daß Raglowich zurückberufen werde, daß der französische Gesandte sich reisefertig halte." Trotz aller offiziellen Ableugnungen sei schon ein Vertrag abgeschlossen.

Um den wirklichen Abschluß des Vertrages von Ried am 8. Oktober seinem König persönlich zu melden, reiste Steube nach Stuttgart und erhielt hier den Auftrag, sich von Montgelas Erklärungen zu erbitten über die so heimlich betriebenen Verhandlungen und über den Anmarsch Wredes gegen die württembergische Grenze. Darauf berichtet Steube vom 16. Oktober: „Ich habe nach meiner Rückkehr von Stuttgart sogleich eine Unterredung mit Montgelas gesucht und alles vorgebracht, was mir von Eurer Majestät aufgetragen war." Darauf Montgelas: die Unterlassung der Mitteilung über die mit Oesterreich getroffenen Arrangements rühre keineswegs von einem Mißtrauen gegen Eure Majestät her; man sei hier bayrischerseits bloß dem Beispiel des württembergischen Hofes gefolgt, welcher den ganzen vorigen Winter hindurch negociirt habe, ohne mit Bayern darüber zu kommuniciren; übrigens sei es eine geschehene Sache, auf die man nicht werde zurückkommen können. — Der Truppenmarsch gehe bloß den Grafen Wrede an, welcher Befehl habe, an Eure Majestät so viel als möglich hierüber zu melden. Uebrigens sei es unmöglich, von jedem Truppenmarsch Nachricht zu geben, da öfters der Erfolg allein vom Geheimnis abhänge. Eure Majestät könne überzeugt sein, daß der König von Bayern als aufrichtiger Freund niemals das Königreich Württemberg als feindlich ansehen oder gegen dessen Interesse handeln werde, wenn er nicht durch höhere Gründe genötigt werden würde, dem nach Württemberg etwa sich ziehenden Feind seine Truppen dahin folgen zu lassen und in Eurer Majestät bloß den Alliirten Frankreichs zu sehen. Dann könnte auch Eure Majestät als Bundesgenosse Frankreichs gezwungen sein, wider Willen gegen Bayern auftreten zu müssen. Das beste Mittel, um dem vorzubeugen, wäre, wenn Eure Majestät sich auf seiten der Alliirten stellen würde, wie es der Wunsch aller sei und hauptsächlich Bayerns.

Der Gesandte hielt darauf entgegen: es sei falsch, wenn man von Unterhandlungen Württembergs im verflossenen Winter berichte; Württemberg sei stets offen vorgegangen, aber der jetzige Truppenmarsch sei eine Bedrohung. — Montgelas: er sage es nochmals, wenn nicht höhere Rücksichten — raisons de guerre — zwingen, werde Bayern nicht feindselig gegen Württemberg, den Bundesgenossen Frankreichs, auftreten; er wiederhole seine Wünsche, Württemberg möge beitreten. Steube fügt vom 16. Oktober bei: „Man arretirt alle Franzosen in Bayern, weil Napoleon die Reste des bayrischen Corps im Feld hat arretiren lassen, um in Dresden an den Festungswerken zu arbeiten. Die Vorhut der bayrisch-österreichischen Armee kommt heute nach Ingolstadt. — Der französische Gesandte hat eben Abschiedsbesuch bei mir gemacht; er ist wütend über die Doppelzüngigkeit, mit der man hier mit ihm gespielt hat."

Indessen rückte Graf Wrede mit seiner gegen 50000 Mann starken Armee von Ingolstadt vor in der Richtung auf Ansbach, Uffenheim; aus Neustadt an der Donau, unterhalb Ingolstadt, schrieb er am 17. Oktober an den Grafen Zeppelin, den Minister der auswärtigen Angelegenheiten in Stuttgart, daß seine Armee im Anrücken sei, die Grenzen berühren werde und er wissen möchte, welche Bestimmung das württembergische Truppencorps an der Grenze habe.

Der württembergische Grenzcordon war in diesen Tagen zurückverlegt worden nach Eßlingen, Cannstatt, Ludwigsburg; nur Benachrichtigungsposten standen noch an der Grenze. Graf Zeppelin antwortete daher am 19. Oktober: Mit Bayern bestehe ja kein feindliches Verhältnis, aber allerdings kein Friede mit Oesterreich. Deshalb sei General Neuffer angewiesen, mit einem österreichischen oder russischen oder preußischen General ein Abkommen zu treffen. — Wrede sage in seinem Schreiben bloß: er werde die Grenze berühren. Von einem Durchmarsch durch das Königreich könne doch wohl keine Rede sein, da innerhalb der württembergischen Grenzen weder feindliche Truppen noch feindliches Eigentum seien.

Ursprünglich hatte der König den Grafen Zeppelin für die Unterhandlungen bestimmt mit dem Auftrage: er solle für das Königreich eine vollkommene Neutralität während des Krieges mit Frankreich erwirken. Die Motivirung liege in der geographischen Lage und er müsse bitten, alle Durchmärsche möglichst zu vermeiden. Sollte Neutralität nicht zu erlangen sein, so müßte der erschöpfte Zustand des Landes, der Verlust zweier Truppencorps (1812 und jetzt wieder) von einer aktiven Teilnahme abhalten. Wenn auch dies nicht möglich sei, durchzusetzen, so müßte nur ein kleines Corps zur Teilnahme bestimmt werden. Die Integrität des Königreichs, nicht bloß der Seelen- und Quadratmeilenzahl nach sei anzustreben, jeder Gedanke an Abtretungen zurückzuweisen. Daß an Oesterreich nichts zurückzugeben sei, das habe schon Fürst Schwarzenberg zugesagt. Bereicherung auf Kosten der Nachbarn sei nicht beabsichtigt, wenn es aber möglich wäre, die Hohenzollernschen Lande einzuverleiben, so wäre das angenehm wegen der höchst ungeschickten Lage.

Auf das Schreiben Zeppelins vom 19. Oktober an Wrede traf von diesem am 23. Oktober abends eine Note in Stuttgart ein, welche durch den bayrischen Gesandten Graf Rechberg noch am gleichen Tage überreicht wurde und besagte: daß Württemberg auf Grund der von den Alliierten erhaltenen Instruktion feindlich behandelt und administrirt werden solle, wenn nicht bis 23. abends die Erklärung des Königs abgegeben worden sei.

Inzwischen war aber schon General Reußer mit seiner Sendung ins Hauptquartier des Grafen Wrede gelangt. — Bisher hatten sich die Rheinbundfürsten der größeren Staaten unter einander vollständig gleich gefühlt, gleich emporgetragen durch den Genuß vollständiger Souveränität, gleich gedemütigt durch die Herrschaft dessen, der alle vor sich niedergeworfen. Jetzt erhob sich einer von ihnen mit militärischen und diplomatischen Drohungen gegen einen Nachbar, der sich von jeher auf Erhaltung seiner Selbstherrlichkeit am meisten erpicht zeigte und durchaus keinen Herrn, keine Zentralgewalt oder Behörde über sich zu dulden gewillt war als denjenigen, der durch Geist, Thatkraft und Machtmittel seine Ueberlegenheit hundertmal bewährt hatte. Die Gereiztheit des Königs Friedrich über alle diese Vorkommnisse spricht aus den Begleitworten, mit denen er Steubes Bericht aus München vom 16. Oktober an General Reußer gelangen ließ: „Aus der sehr verwickelten, zum Teil aber doch wenig freundlichen Antwort des Ministers Montgelas kann man leicht auf die Vermutung geführt werden, daß dieser in jetzigem Augenblick durch einen Schwindelgeist verführte Hof sich beigeben lassen könnte, besonders da die bayrischen Truppen die Avantgarde machen, die königlichen Grenzen zu insultiren, um die von dem Grafen Montgelas als gewünscht angegebene Ordnung der Dinge herbeizuführen. Da es nun außer der Intention Seiner Majestät liegt und liegen muß, sich hierüber mit Bayern auf irgend eine Art einzulassen, so befiehlt Seine Majestät: der General Reußer geht allen Unterhandlungen mit einem bayrischen General aus dem Wege und sucht den nächsten österreichischen General, auch wenn er dem Grafen Wrede untergeordnet sein sollte, auf, um die Unterhandlungen zu beginnen. Der nichtbayrische General darf auch ein russischer oder preußischer sein."

Noch erhält Reußer eine in außerordentlich gewundenen Worten gehaltene Instruktion mit dem Ziel, daß Waffenruhe zwischen dem König und den Alliierten herrschen solle; der König habe bereits seine Truppen von Napoleon zurückgefordert und erinnere daran, wie bei Ausbruch des Kriegs die Gesandten der großen Mächte bei ihrer Abreise von Stuttgart versichert hatten, daß ihre Monarchen sich nicht als im Kriegszustand mit dem König von Württemberg betrachten.

Indessen erhielten die württembergischen Truppen Befehl, vor den alliirten Streitkräften stets zurückzuweichen; die Behörden an der Grenze trafen Vorbereitungen für Verpflegung.

General Neuffer ist in Gunzenhausen angekommen und berichtet: „Am 21. Oktober nachmittags 4 Uhr langte der österreichische General Fresnel in Gunzenhausen an und ließ mich sogleich zu sich bitten; er empfing mich sehr ausgezeichnet. Er sei leider ohne Vollmacht, aber in Dinkelsbühl seien General Graf Wrede und Ritter v. Hruby; das werden die geeigneten Persönlichkeiten sein und auch Vollmacht besitzen. Ich solle sogleich mit ihm in den Wagen steigen. Wir kamen um ½11 Uhr nachts in Dinkelsbühl an, und er stellte mich sogleich dem Grafen Wrede vor, der mir mit den Worten entgegentrat:

„Es ist Zeit, Herr General, daß Sie ankommen; ich halte bereits den Befehl erteilt, Sie arretiren zu lassen. Wie kommen Sie dazu, meine Linie zu passiren, um sich zu einem mir untergeordneten General zu begeben und mit ihm unterhandeln zu wollen, ohne von mir legitimirt zu sein? Sie sollten als Militär wissen, daß das gegen alle Regeln ist.“

„Eure Exzellenz,“ antwortete ich, „was ich gethan habe, habe ich auf Befehl meines Königs gethan und bin dafür niemand responsabel.“ Ich erzählte, wie ich mit einem Paß hierher gekommen.

Graf Wrede war eine echte, brave Soldatennatur, keineswegs aber ein klarer Kopf, zuweilen einem gewissen Hang zu Prahlereien sich hingebend. Um seine augenblickliche Gehobenheit und gewaltthätige Manier verstehen zu können, müssen wir uns daran erinnern, wie eben Montgelas, Wrede und andere in diesen Tagen daran waren, sich für große Männer zu halten, sich gegenseitig durch Komplimente den guten Geschmack zu verderben und Bayern mit Gewalt in eine Großmachtstellung hinaufzuschrauben. — „Indem Wrede den Rheinbund im Südwesten Teutschlands militärisch aufrollte, beabsichtigte er nichts anderes, als aus diesen Staaten einen Südbund unter bairischer Führung zu machen. Bayern sollte wiederum dieselbe einflußreiche Rolle spielen wie zur Zeit des dreißigjährigen Krieges an der Spitze der Liga. Montgelas gab seinen Beifall zu diesem Plane, indem er am 21. Oktober an Wrede schrieb: Es wäre ein prächtiger Gedanke, so alle Streitkräfte dieser Fürsten zu vereinigen, den König von Bayern unversehens zum Haupt und Mittelpunkt eines Südbundes von Teutschland zu machen. Das würde den Ruhm und Einfluß Seiner Majestät erhöhen, Ihnen selbst aber würde es die Kraft und die Mittel eines Tilly verleihen, in dessen Stellung ich Eure Exzellenz so gerne sähe.“ *) — So kam Wrede zu seinem großartigen Auftreten und zu seinen Einschüchterungsversuchen den hilflosen noch Kleineren gegenüber.

---

*) Heilmann, Fürst Wrede. S. 268.

Neuffer erzählt weiter von seinen Erlebnissen in Dinkelsbühl im Quartier des Grafen Wrede. „Herr General," fuhr Wrede fort, „Sie haben gegen alle militärischen Gesetze so sehr gefehlt, daß ich Sie bitten muß, binnen einer Stunde die Stadt zu verlassen."

Ich: „Eure Excellenz werden mir erlauben, meinen Wagen zu erwarten und inzwischen mit dem Ritter Hruby zu sprechen."

Wrede: „Das können Sie, er ist österreichischer Geschäftsträger in meinem Hauptquartier, ich werde ihn rufen lassen." Hier übergab ihm General Fresnel das Schreiben des Grafen Zeppelin. Nach dem Durchlesen: „Wohlan, Herr General, wenn Sie mit Vollmachten versehen sind, eine Konvention abzuschließen, ich bin bereit. Allein der erste Artikel ist: Ihre Truppen müssen in zweimal 24 Stunden marschiren und sich an die alliirten anschließen."

Ich: „Meine Vollmacht geht nicht so weit. Ueberhaupt habe ich Befehl, nur mit einem russischen, österreichischen oder preußischen Bevollmächtigten zu unterhandeln, da ja mit Bayern, mit dem wir die freundschaftlichsten Beziehungen haben, nichts zu unterhandeln ist."

Wrede: „Gut, so traktiren Sie mit dem Ritter Hruby, er wird Ihnen die nämlichen Bedingungen machen wie ich." Nun beklagte sich Wrede über die Undeutlichkeit in dem Schreiben Zeppelins. Ich sagte darauf, daß doch aus demselben die Absicht Eurer Majestät, sich an die Alliirten anzuschließen, deutlich zu ersehen sei. Darauf Wrede: „Ja, so deutlich, daß ich bereits den Befehl erteilt habe, daß morgen eine Division meiner Armee in die Staaten Ihres Königs einrückt."

Ich: „Wenn doch einmarschirt werden soll, so bitte ich, mich wissen zu lassen, wo, damit für Verpflegung gesorgt wird."

Wrede: „Dazu fühle ich keinen Beruf. Jetzt werden die Truppen, wo sie hinkommen, finden, was sie brauchen; das Land ist ja fruchtbar." — Hier trat Ritter Hruby ein, der mir dieselben Bedingungen sagte wie Graf Wrede. Die Stellung der Truppen sei die conditio sine qua non. Ich sagte, dazu sei ich nicht bevollmächtigt.

Hruby: „Ich habe nicht die Vollmacht, einen förmlichen Vertrag zu schließen, aber ich wiederhole Ihnen, Herr General, Ihr König soll uns seine Truppen geben, um uns von seinen freundschaftlichen Gesinnungen zu überzeugen, der Vertrag wird sich hernach machen."

Ich: „Thun Sie dem König kund, was er zu erwarten hat von seiten der Alliirten, und ich bin sicher, er wird nicht einen Augenblick zögern, sich auf ihre Seite zu stellen."

Hruby: „Man wird Ihrem König die nämlichen Bedingungen zubilligen, auf die man mit Bayern abgeschlossen hat, das heißt die Ausdehnung seiner Staaten, und man wird alles thun, was ihm angenehm ist."

Ich: „Verstehen Sie darunter den unversehrten jetzigen Besitzstand?"

Hruby: „Nur den Flächengehalt; es könnten nach Umständen Austauschungen nötig erscheinen, aber Ihr König soll nichts verlieren."

Ich: „Alles das ist schön und gut, aber eine Garantie müssen wir doch haben."

Hruby: „Das Manifest der Alliirten bildet die Garantie; ich wiederhole aber: jetzt ist nicht die Stunde zum Unterhandeln, und ich habe auch nicht die Vollmacht dazu."

„Auch Wrede erklärte, er habe keine Vollmacht, wohl aber den Befehl, die Staaten Eurer Majestät feindlich zu behandeln, wenn dieselben sich nicht für die gute Sache erklären." „Wer nicht für uns ist, der ist wider uns," fügte Wrede bei und er könne keine zweifelhaften Truppen in seinem Rücken dulden.

Man brauche keinen Verdacht zu hegen, antwortete ich; ich könne erklären, daß der König schon am 3. Oktober dem französischen Kaiser erklärt habe, daß er sein Kontingent zurückfordere. Graf Franquemont habe dieserhalb gemessene Befehle. Gegen 4000 Mann seien schon auf verschiedenen Wegen zurückgezogen worden. Das offenbare doch alles die wahren Gesinnungen des Königs.

Wrede: „Ich setze in die Gesinnungen Ihres Königs, gegen den ich die tiefste Verehrung hege, keinen Zweifel. Aber ich habe eben bestimmte Befehle. Ich hatte sogar Ordre, eine Kolonne gerade nach Stuttgart marschiren zu lassen. Jetzt aber treten meine Pflichten ein und ich erkläre Ihnen, daß binnen zweimal 24 Stunden das Königreich Württemberg feindlich behandelt wird, wenn ich bis dahin nicht die offizielle Erklärung habe, daß:

1. Ihr König der Allianz mit Frankreich entsagt und der guten Sache beitritt.

2. Seine Truppen zu den alliirten stoßen läßt.

3. Der französische Gesandte binnen dieser Zeit Stuttgart verlassen hat. — Glauben Sie nicht, daß ich Ihre Truppen unter mein Kommando haben will; Ihr König kann die Armee wählen und das Corps, zu dem er sie gerne schickt."

Ritter Hruby fügte hinzu, daß nur Thatsachen ihn von dem guten Willen Eurer Majestät überzeugen können, indem er bis jetzt glaube, daß der König nur Zeit zu gewinnen suche, um sich zu erklären, wenn keine andere Wahl mehr übrig sei. Dann hätte sein Beitritt keinen Wert mehr.

Damit endete des Generals Reuffer Sendung ins Hauptquartier Wredes nach Dinkelsbühl. — Ebendahin kam am 22. Oktober, morgens 8 Uhr, ein anderer württembergischer Abgesandter, der Oberst v. Beulwiß, um nach der Richtung des weiteren Marsches sich zu erkundigen. Wrede sei nicht gerne darauf eingegangen. Aber der König solle eben Truppen schicken, zu welchem Corps er wolle, nur müsse er, Wrede, vorher Revision über diese Truppen halten. „Dem General Reuffer," fuhr Wrede fort, „habe ich noch zu erklären

vergessen, daß ich von den alliirten Mächten (nicht von meinem König) den
Befehl habe, alles, was sich nicht an sie anschließe, ohne weiteres feindlich zu
behandeln, welches ich, so weh es meinem Herzen thun wird, auf das Königreich Württemberg hiernach anwenden muß, auch den Befehl habe, solches bei
meinem Einrücken in Administration nehmen zu lassen. Nur die persönliche
Hochachtung und Verehrung, die ich gegen Seine Majestät hege, konnten mich
troß meiner Pflichten veranlassen, das feindliche Eintrücken ins Königreich noch
bis übermorgen zu verschieben; länger zu warten, steht nicht mehr in meiner
Macht, und ich gebe mein Wort, daß ich dann innerhalb dreier Tage in der
Gegend von Stuttgart stehen werde. Alles, was Sie mir nun darüber antworten wollen, nützt zur Sache nichts, wenn Seine Majestät nicht diese Bedingungen eingehen will."

Die kritischen Stunden für den Fortbestand des württembergischen
Staates und Hauses hatten sich in letzter Zeit gemehrt. Bedrohliche Wolken
waren heraufgezogen an der Niemenbrücke bei Kowno, in dem dadurch ent-
standenen Briefwechsel mit Napoleon (S. 41 ff.) und in den Verhandlungen des
Königs mit dem Kaiser der Franzosen während der ersten Monate des
Jahres 1813 (S. 187 ff.). Und jetzt stand König Friedrich, wie es scheint,
vollständig unvorbereitet den Ereignissen gegenüber. Kaiser Alexander
hatte schon am 31. August den König von Bayern ins Vertrauen gezogen.
Niemand scheint eine Feder eingetaucht zu haben, um den König von
Württemberg vor Ueberraschungen zu schützen. Wir haben oben gesehen, wie
Kaiser Alexander etwas der Art im Sinne hatte, zwischen dem 11. und 14. Oktober
(S. 383), wie aber Metternich dazwischen kam und einwarf, es sei schon von
anderer Seite für eine Aufforderung an den König von Württemberg gesorgt.
Damit war eben das Vorgehen Wredes gemeint. Es scheint fast, daß die
großen Staatsmänner, nachdem sie sich einmal Bayerns versichert und Sachsen
in Verwaltung genommen hatten, eine gewisse Lust darin empfanden, die
anderen Staaten ihrer Seelenangst zu überlassen.

Für den König von Württemberg, für den gewaltthätigen und rücksichtslosen
Mann, der selbst gerne verletzte, mit dem persönlich und diplomatisch schwer
zu verkehren war, der rechthaberisch sich unbeliebt machte im französischen
Hauptquartier wie in allen anderen Geschäftsstuben, der, vertrauend auf seinen
überlegenen Geist, von niemand Rat begehrte, niemand ein gutes Wort gab, —
für den hatte auch jetzt in der Stunde der Gefahr niemand Sympathien
übrig. Mit seinem Neffen, dem Kaiser von Rußland, hatte sich König Friedrich
auf dem Kongreß von Erfurt äußerlich ausgesöhnt, um sich 1812 wieder von
ihm zu trennen. Ein wirkliches Näherkommen fand erst statt, als im November
1813 das Hauptquartier der Monarchen nach Frankfurt kam und der württembergische König auch daselbst eintraf. Erst jetzt erklärte Kaiser Alexander, wie
wertvoll ihm die Wiederherstellung der guten Beziehungen mit seinem Oheim,

dem Könige, sei.*) Mit seinen übrigen Verwandten, mit seinem Schwager, dem Kaiser Franz, mit seinen Brüdern und Schwestern, selbst mit seiner Schwester Maria Feodorowna, der Kaiserin-Mutter von Rußland, stand der König keineswegs auf vertrautem Fuße, war sogar mit den meisten verfeindet.

Wegen seines nach allen Seiten hin abweisenden und kalten Wesens warf man dem König Friedrich besondere Vorliebe für Napoleon und für Frankreich vor. Mit Unrecht. Der selbstbewußt sich auf seinen Staat und auf sich allein beschränkende Mann fühlte für niemand außer sich Vorliebe oder Sympathie; seine Neigung aber, seine Bundesgenossenschaft wandte er demjenigen zu, der ihm seine Selbstherrlichkeit im eigenen Lande sicher stellte und ihn nicht quälte durch Unternehmungen und Maßregeln in Gemeinschaft mit den anderen benachbarten Fürsten; der seine eigenen Einrichtungen im militärischen und Verwaltungsdienst ihm beließ und sie nicht in Berührung und Vermengung mit anderen Interessen brachte. Diese Eigenwirtschafterei, auf schwäbisch Eigenbrötelei, erschien dem König als der kostbarste Teil seiner Souveränität. Wer daran rührte, rief sofort seinen heftigsten Widerstand wach; es trat das später sehr deutlich zu Tage. Am französischen Dienst schätzte er das Schonen des Eigenwillens, das Napoleon, der Menschenkenner, bis zu einem gewissen Grade übte. Aber ein Verehrer Napoleons, ein Schwärmer für seine und Frankreichs Sache war Friedrich nicht; er war ein Verehrer von niemand und von keiner Sache oder Angelegenheit, die außerhalb seines eigenen persönlichen Kreises lag.

Man hat ihn undeutsch genannt; mit Recht. Denn wahrhaft deutsch gesinnt zu sein, bereit zu Opfern für die gemeinschaftliche deutsche nationale Sache, diesen Vorzug der Gesinnung konnten damals doch nur wenige Männer in Anspruch nehmen, welche zumeist sich um die Person des Freiherrn vom Stein gruppirten. Im Kreise der deutschen Fürsten aber mochte solche deutsche Gesinnung kaum vertreten sein, und auf welche Weise hätte sie denn auch emporwachsen sollen nach der miserabeln Zeit der letzten Jahrzehnte des alten deutschen Reichs, nach der Erziehung der Gemüter im Rheinbundsysteme, nach dem Kampfe aller um das Dasein, um die Fortexistenz der einzelnen Dynastien, der mühsam zusammengehaltenen Staaten? Mit einem einzigen Schlag konnte das sich nicht ändern. Aber zu beklagen ist es, daß so außerordentlich lange Zeit von den Befreiungskriegen an vergehen mußte, bis deutsche Gesinnung endlich durchzudringen vermochte. Der Kampf um das eigene Dasein, die Erziehung im Rheinbunde haben die Gemüter befangen erhalten. Und so dürfte es geboten sein, unsere heutigen Anschauungen von deutscher Gesinnung, unsere Anforderungen an dieselbe nicht allzu weit nach rückwärts zu tragen.

Jetzt, zu Ende des Monats Oktober 1813, schien König Friedrich recht isolirt und preisgegeben zu sein. Mit einer gewissen Schadenfreude mochten

---

*) Lit. Beilage des Staatsanzeigers für Württemberg. 1891. S. 120, 121 ff.

Wrede und Hruby die an sich schon üble Lage noch durch kleine persönliche
Bosheiten vermehren.

Seinem Groll machte König Friedrich Luft in einem Schreiben
vom 22. Oktober abends 8 Uhr an seinen Gesandten in Paris, den Grafen
Winzingerode, der ihm sehr nahe stand: „Welches Benehmen der bayrische
Hof gegen Uns beobachtet hat, muß Ihnen noch unbekannt sein. Schon längst
zweifelten Wir keineswegs, daß derselbe die erste Gelegenheit hierzu ergreifen
würde. Die so oft getroffenen, stets widerrufenen Vorkehrungen mit Flucht,
Wiederzurückkommenlassen und Wiederwegschicken der Pretiosen und des Schatzes
ließen auf eine große Wankelmütigkeit des Thrones in München mit Recht
schließen. Die vollkommene Waffenruhe zwischen Oesterreich und Bayern an
den Grenzen, die Höflichkeitsbezeugungen zwischen den Befehlshabern kamen
dazu. Wir schrieben am 26. August in vertraulicher Weise darüber an den
Kaiser Napoleon; er schien keinen Wert darauf zu legen. Wir erfuhren bald
von lebhaften Unterhandlungen zwischen Wrede und Reuß. Selbst unser sonst
ziemlich leicht zu beruhigender Gesandter v. Steube in München äußerte Besorgnisse. Legationsrat v. Harttmann, aus Wien zurückkehrend, kam ihm zu
Hilfe und enthüllte die Systemsänderung. Unser Gesandter erhielt darauf Befehl, sich bei Montgelas Aufklärung zu erbitten. Allein dieser Minister wickelte
sich tiefer als je in das alle seine politischen Handlungen umgebende Dunkel,
schützte Unwissenheit über alles vor und sprach mehr von seinen Privatansichten.

„Steube beruhigte sich ganz bei diesen Erklärungen; Harttmann aber
erhielt bald die Ueberzeugung, daß, aller Ausflüchte des Montgelas und der
natürlichen Wankelmütigkeit des Königs ohnerachtet, die Partei des Kronprinzen
Ludwig und des Generals Wrede obgesiegt habe, und bei einem neuen uner-
warteten Besuch des letzteren aus dem Lager, nach einer sehr heftigen Scene,
die österreichischen Anträge angenommen worden seien und der Allianztraktat
förmlich am 8. Oktober nachmittags 2 Uhr unterzeichnet worden sei.

„Schon am 3. Oktober hatten Wir darüber dem Kaiser Napoleon die
bestimmtesten Nachrichten gegeben und große Besorgnisse geäußert. In München
aber leugnete man alles. Der französische Gesandte v. Mercy wollte nicht
verstehen, daß man ihn auf eine schändliche Art mystifizire, und sagte dem
Kaiser, daß von einer Aenderung der bayrischen Politik keine Rede sei. Dieser
Ansicht war Napoleon noch am 5. Oktober dem Grafen Beroldingen gegenüber
(S. 359). Oesterreich und Bayern aber vereinigten sich, und Wir haben
deshalb am 14. Oktober wieder ein Schreiben an den Kaiser erlassen (S. 361).

„Wegen der Annäherung der verbündeten Truppen gegen die Grenzen
von Württemberg konnte nichts in Erfahrung gebracht werden; alle Versuche
blieben fruchtlos. Militärische Verfügungen gehen nur den Grafen Wrede an.
Man wies einige in Bayern befindliche württembergische Offiziere aus, stellte
die Württemberger dort unter polizeiliche Aufsicht; rasch rückte die Armee der

Oesterreicher und Bayern näher. Am 18. Oktober empfing Graf Zeppelin ein Schreiben Wredes. Darauf wurde General Neuffer zum Zweck von Unterhandlungen abgeschickt. Am 21. Oktober rückte Wrede in Dinkelsbühl ein und 150 Mann Kavallerie sind in dem württembergischen Dorf Ek ohne vorherige Anfrage einquartiert worden. Am 20. Oktober hatten die bayrischen Truppen scharf geladen und den Befehl, wenn sie württembergischem Militär begegneten, auf dasselbe zu feuern. Dieser Befehl ist jedoch am 21. zurückgenommen worden. Das weitere ist noch zu erwarten.

„In diesem Augenblick kommt General Neuffer von Dinkelsbühl zurück und bringt die Erklärung des Generals Wrede und des Ritters Hruby, daß keiner von beiden eine militärische Konvention unterzeichnen werde, als wenn Wir Uns vorläufig bestimmt erklärt haben werden, den Rheinischen Bund zu verlassen, in die Allianz mit den verbündeten Mächten zu treten und an dem Krieg gegen Frankreich aktiven Anteil zu nehmen. Hiezu sind Uns nur zweimal 24 Stunden Bedenkzeit vom 22. Oktober morgens 3 Uhr bis 24. Oktober morgens 3 Uhr gelassen, von denen 12 Stunden durch die Reise des Generals Neuffer bereits verflossen sind, so daß kaum ein Kurier mehr damit Ansbach erreichen kann. Minister Graf Zeppelin reist in wenigen Stunden in das Hauptquartier des Generals Wrede ab; Sie können ermessen, mit welchen Aufträgen, da bereits ein beträchtlicher Teil der bayrischen und österreichischen Armee eingerückt ist und nach der Erklärung des Wrede das Land feindlich behandeln wird. — Unter diesen Umständen werden Sie Ihre Pässe verlangen und hierher zurückkehren."

Nachschrift: „Dem später bei ihm eingetroffenen General Beulwitz erklärte Wrede, daß, wenn auf den bestimmten Termin die verlangte Erklärung nicht eintreffe, er nach dem Befehl sämtlicher alliirten Kaiser und Könige das Königreich als erobertes Land behandeln und als solches unter Administration nehmen, auch in dreimal 24 Stunden vor den Thoren der Residenz sich befinden würde."

Winzingerode antwortete vom 26. Oktober: Es sei natürlich, wenn der äußere Wall (Bayern) falle, so müsse der innere Wall (Württemberg) auch fallen, da ja, was bei einem guten Befestigungssystem nicht sein solle, der äußere Wall dominirend und höher gemacht worden sei als der innere. — Und vom 30. Oktober: er habe schon am 27. seine Pässe verlangt, fahre aber fort, die Kreise der Hauptstadt zu besuchen, so lange man ihn gut behandle. „Der heutige Moniteur liefert ein Seitenstück zu dem berüchtigten 29. Bulletin vom Dezember 1812 und übertrifft die Befürchtungen des Publikums noch weit." Die frevelhaftesten Reden, propos und Verwünschungen werden laut. — Kaiser Napoleon sei sehr heiter und habe sofort zu Königin Katharina von Westfalen (der Tochter Friedrichs von Württemberg) gesagt: Eh bien; votre père me déclare la guerre. Rira bien qui rira le dernier."

So lagen die Dinge in der letzten Woche des Monats Oktober 1813: die kleine württembergische Streitmacht bei Cannstatt und Ludwigsburg zusammengezogen, der König gezwungen, von Stuttgart aus sofort Kuriere zu senden, um seinen Anschluß an die Verbündeten anzuzeigen; der General Graf Wrede an der Ostgrenze Württembergs über Dinkelsbühl, Ansbach, Uffenheim nach Würzburg, Hanau und Frankfurt ziehend mit der österreichisch-baierischen Armee; der Minister Graf Zeppelin ihm von Stuttgart aus nacheilend, um einen Vertrag zu schließen. In derselben Zeit strömt die französische Armee mit Napoleon von Leipzig auf der großen Frankfurter Straße zurück, die verbündeten Heere ziehen durch Thüringen dem Feinde nach, die neugeschaffenen Staaten Westfalen, Frankfurt, Würzburg, Berg purzeln über einander, und an den Höfen der alten Staaten Baden, Hessen u. a. besinnt man sich über die Mittel und Wege, seine Existenz zu retten.

Aengstlich nützte man in Stuttgart die kurz zugemessenen Stunden aus. Noch scheint man nichts von dem Ausgang der Schlacht bei Leipzig gewußt zu haben. Die amtlichen französischen Nachrichten verstanden es ja 1812 und 1813 vortrefflich, aus allen Ereignissen und Nebenumständen einen Sieg herauszudestilliren. Im Rheinbunde nährte man sich immer noch von der Einnahme von Dessau am 12. Oktober, von den wirklichen oder scheinbaren Teilerfolgen vor Leipzig am 15., 16. und 17. Oktober. Erst am 26. Oktober brachte die Stuttgarter Zeitung bestimmte Nachrichten über den Sieg bei Leipzig und am 28. erstmals Nachrichten aus dem Hauptquartier der Verbündeten in Rötha vor Leipzig. Die Höfe hatten freilich zumeist raschere Boten; aber eben jetzt waren die Wege unsicher und unterbrochen. — Am 22. Oktober galt es in Stuttgart, mochten die Dinge stehen, wie sie wollten, möglichst rasch das Lager des Rheinbundes zu verlassen, um hinüber zu eilen in das der Verbündeten. Noch am Abend dieses Tages machte sich der Minister Graf Zeppelin reisefertig. Der König gab dem Minister auf, er solle sofort zum General Wrede eilen und zu ihm sprechen: „Seine Majestät haben mir den Auftrag gegeben, mich ungesäumt zu Eurer Excellenz zu begeben, um mit Hochderselben die Militärkonvention abzuschließen, welche als Grundlage der ebenfalls durch mich mit den Allerhöchsten alliirten Souveranen abzuschließenden Allianz in dem österreichischen Hauptquartier angesehen werden soll."

Zusatz zu dieser Instruktion: Zeppelin solle sagen, wenn man sogleich Truppen verlange, daß es mißlich sei, jetzt schon marschiren zu lassen, weil württembergische Truppen, obwohl zurückgerufen, auch noch auf französischer Seite stehen. Wenn man auf Truppenmarsch bestehe, so solle man die Leute vorher in eine Festung geben. Könne Zeppelin herausschlagen, daß die Württemberger nicht unter baierisches Kommando kommen, „so halte ich das," fügte Friedrich bei, „schon für viel gewonnen. Wir versehen uns zu euch, daß ihr in dieser mißlichen Lage thun werdet, was ihr könnt, um König und Vaterland zu

retten und vor fernerer Mißhandlungen zu schützen." — Zeppelin erhielt unbeschränkte Vollmacht, abzuschließen und zu unterzeichnen mit dem Versprechen,
der König werde alles, was er im Traktat eingegangen, ratifizieren. — An
alle Generale bei den Feldtruppen ging noch am 22. Oktober die Weisung
ab: der König habe die Allianz mit Frankreich aufgehoben und sei entschlossen,
mit den Alliirten einen Traktat einzugehen; sie haben alles anzuordnen, um
sich von der französischen Armee zu trennen und sich aller und jeder Feindseligkeiten mit den Truppen der Alliirten zu enthalten.

Spät in der Nacht vom 23. zum 24. Oktober traf nach diesen Mühsalen
Zeppelin in Uffenheim ein. Vom 24. Oktober morgens 3 Uhr berichtet
Zeppelin an den König: er sei von Wrede im Schloß in Uffenheim empfangen
worden; eben seien Depeschen eingelaufen, welche die scharfen Maßregeln der
Alliirten gegen Nichtanschließende bestätigen. Die Militärkonvention sei abgeschlossen; die Truppen kommen zur österreichischen Division Trautenberg.
Wrede habe in nichts willigen wollen und oft wiederholt: Ich bin Soldat und
muß meine Befehle in Vollzug setzen u. s. f. Durch weitere Mitteilungen
suchte Zeppelin seinem Könige ein Pflaster auf die Wunde zu legen: „Wenn
das, was Neuffer und Beulwitz Eurer Majestät zu sagen von Wrede den
Auftrag hatten, alle Erwartung übertraf, so ist das Schreiben, welches heute
an den Großherzog von Darmstadt abgegangen, noch bei weitem ärger; es
heißt in demselben mit klaren Worten, daß man das Großherzogtum als
eroberte Provinz in Besitz nehmen werde, wenn nicht bis zum Ende dieses
Monats alle darin befindlichen Truppen zur Verfügung gestellt werden. —
In einigen Stunden werde ich meine Reise über Nürnberg gegen Leipzig hin
ins österreichische Hauptquartier fortsetzen." — Er wolle den Grafen Metternich aufsuchen und in dem eben herrschenden Wirrwarr wenigstens vorbereiten
auf das Geschäft, das er vorhabe.

Der am 23. Oktober abends zwischen Wrede und Zeppelin abgeschlossene
Vertrag lautet: Seine Königliche Majestät von Württemberg haben sich zum
Wohle ihrer Staaten veranlaßt gesehen, ihren bisherigen Verhältnissen mit
Frankreich zu entsagen und aus der Rheinischen Konföderation auszutreten.
Zu diesem Ende ist eine vorläufige Militärkonvention geschlossen
worden, die durch den unmittelbar darauf abzuschließenden Allianztraktat mit
den koalisirten Höfen sanktionirt werden wird und ist hiebei festgesetzt worden:

1. Zu der vereinigten Armee unter Kommando Seiner Excellenz des
Herrn Generals der Kavallerie Grafen Wrede stoßen württembergische Truppen
in der Stärke von 3000 Mann Infanterie, 500 Reitern und einer Batterie.

2. Diese Truppen sind am 29. oder doch am 30. Oktober in Aschaffenburg.

Jetzt mit dem frühen Morgen des 24. Oktober begab sich Zeppelin von
Uffenheim aus auf die Jagd nach dem österreichischen Hauptquartier; man glaubte dieses nach den neuesten Nachrichten noch in Rötha

vor Leipzig; indessen aber hatte es sich in Wirklichkeit längst auf den Weg gemacht und zog durch Thüringen auf der Straße nach Frankfurt. Es war außerordentlich schwer zu erfragen. Schon vor Zeppelin waren gewissermaßen als vorbereitende Boten die königlichen Agenten Kaulla und Cotta nach diesem Hauptquartier abgegangen.

In banger Erwartung saß König Friedrich im Schlosse in Stuttgart und schrieb am 24. Oktober an Zeppelin: der Marschall Kellermann, duc de Valmy, habe Truppen verlangt; man gebe ihm natürlich keine Antwort; aber er, der König, sei in übler Lage, da durch den bayrischen Gesandten, Grafen Rechberg, eine drohende Note übergeben worden sei, wohl „nur Schreckschüsse" von General Wrede. Und vom 25. Oktober schreibt der König an Zeppelin: das Schreiben mit der Militärkonvention sei angekommen; diese ist anerkannt und die Truppen werden sogleich marschiren, am 30. Oktober in Aschaffenburg sein. „Es wäre wohl ganz überflüssig, sowohl über die Form als den Inhalt dieser Konvention irgend eine Bemerkung zu machen. Sobald ohne alle persönlichen Rücksichten bloß überwiegende Gewalt Gesetze vorschreibt und diese Gewalt den Händen eines Wrede anvertraut wird, kann man sich nicht wundern, wenn bei einer sogenannten Militärkonvention selbst der Hauptpunkt, um dessen willen man sie abgeschlossen, nämlich Waffenruhe und Sicherstellung gegen feindliche Behandlung, nicht erwähnt ist.

„Je unförmlicher und von offenbarer Gewalt zeugender eine solche Piéce ist, desto mehr wird sie einst Europa überzeugen, daß kein freier Mann, sondern ein mißhandelter und in seiner Würde tief gekränkter und nur noch Titularkönig, sie hat genehmigen müssen.

„Aus der Beilage werden Sie ersehen, daß sich ein Aktenstück in Unseren Händen befindet als Beweis, daß Wir mit Sequester und niederzusetzender Administration im Namen der verbündeten Mächte bedroht worden sind!!!

„Es wird sich vielleicht ein Augenblick finden, wo die Minister der beiden Kaiser hinreichend gelaunt sein werden, um diese Piéce einiger Aufmerksamkeit zu würdigen und die Bemerkung zu erlauben, daß selbst in den rauhesten Zeiten der französischen Revolution sich die Befehlshaber der Armeen und die Agenten der Gouvernements dieser Sprache nie erlaubten und den damals keine Krone tragenden Herzog von Württemberg auf solche Art nicht mißhandelten, wohl seine Länder feindlich besetzten, während seine Truppen sich immer noch mit den Heeren der Republik schlugen, aber nie auch nur den entferntesten Versuch machten, das Gouvernement zu beeinträchtigen oder von Sequester und Administration zu sprechen.

„Warum die größten Souveräne von Europa gegen einen befreundeten, so nahe verwandten König eine solche Handlungsweise, die er durch nichts verschuldet, haben eintreten lassen wollen, hierüber wäre es wünschenswert, einige Aufklärung zu erhalten. — Treue Erfüllung übernommener Verbindlichkeiten

kann den Erfüller und Beobachter seines Wortes nur ehren und zum wünschens-
werten Alliirten machen, nicht aber einer unerhörten Behandlungsweise aussetzen. So dachte man ehemals; ist es jetzt anders, so sind Wir zu alt und
zu unbiegsam, um Uns in Verhältnisse einzupassen, die auf anderen Grundsätzen beruhen. Diese Unsere Empfindungen und Ansichten werden Sie nicht
verheimlichen; denn es gibt etwas, an dem Wir noch mehr hängen als an
Unserer Krone, das ist die öffentliche Meinung." -- Zeppelin solle den
Behauptungen entgegentreten, als ob man Verstärkungen oder Ersatzmannschaften
zum Heere Napoleons geschickt, als ob man Bayern bedroht habe. Freundschaftliche Schreiben seien eingelaufen von Rußland, Preußen, Metternich. —
Die Gesandten von Frankreich und Westfalen hätten Stuttgart verlassen.

Wiederum schreibt der König am 28. Oktober an Zeppelin: Er habe
Beweise, daß Wrede und Hruby in Einverständnis gegen ihn gehandelt und
bei den Mächten angeschwärzt haben. Er sei verleumdet worden bei Oesterreich von seiten des bayrischen Hofes aus den angeblichen Gründen: als habe
er Verstärkungen zu Napoleon geschickt und hätte ganz veripätet entgegen-
kommende Schritte gethan. Allein um diese Zeit sei Augereau bei Wurzburg
gestanden, Palmy (Marschall Kellermann) bei Frankfurt. Dazu habe Bayern
sein Abkommen mit Oesterreich geleugnet. Am 11. Oktober sei Kaulla in
geheimer Sendung an Metternich abgeschickt worden und an diesem Tage habe
man wohl die Existenz, aber nicht den Inhalt des Traktats von Ried gewußt.
Erst am 18. Oktober habe Montgelas dem württembergischen Gesandten in
München Erklärungen abgegeben und am selben Tage seien zugleich die
Drohungen von Wrede ausgegangen. „Mit Oesterreich zu unterhandeln, war
ich ja gleich bereit," fährt der König fort. „Diese Thatsachenreihe werden Sie
daher zur Sprache bringen, denn sonst hat mein Beitritt zur Sache der Alliirten
keinen inneren Wert."

Am 26. sei Kaulla von Leipzig mit einem Schreiben Metternichs zurückgekommen; Cotta sei noch vor ihm eingetroffen. (Es scheint, Kaulla traf den
Grafen Metternich am 20. Oktober im Hauptquartier Rötha vor Leipzig.)
Kaulla sei schließlich von Metternich sehr freundlich behandelt worden; man
habe ihm gesagt, der König könne wohl noch ein Truppencorps aufstellen.
Aber nur mit Geldhilfe Englands, warf Kaulla ein. - Um solchen Traktat
schließen zu können, sende nun der König dem Grafen Zeppelin den Vorgang
vom Jahr 1800 über den damaligen Subsidienvertrag. „Leider," fügt der
König bei, „habe ich die Erfahrung gemacht, daß bei allen diesen englischen
Zahlungen sehr unbillige Abzüge und Verkürzungen stattfinden, und bitte ich,
darauf zu rücksichtigen." König Friedrich fährt fort:

„Der Graf Wrede kommt überall zu spät an; er hat sich in
Dinkelsbühl, um mich gehörig mißhandeln zu können, viel zu lange aufgehalten;
so wird er wahrscheinlich den ihm von Fürst Schwarzenberg so dringend

gegebenen Befehl, den Hauptzweck seiner Bestimmung, verfehlen. — Wrede zeigt
mir die Kapitulation von Würzburg an, wodurch er sich lächerlich macht. Sie
werden nicht versäumen, alle diese Ungeschicklichkeiten und groben militärischen Fehler aller Orten, wo sich nur Gelegenheit darbieten wird, bemerklich zu machen, mein Urteil darüber niemand verheimlichen, besonders aber
ausdrücklich in meinem Namen darauf dringen, daß meine Truppen je eher
je lieber dem Kommando eines Generals entzogen werden, gegen den ich die
gerechteste Ahndung und Widerwillen empfinde, dessen militärischen Talenten
ich gar kein Zutrauen gönne und der sich gewiß gegen diese meine Truppen
alles erlauben wird. Jeder Befehlshaber, von welcher Macht er auch sei, dem
meine Truppen untergeordnet werden, ist mir gleichgiltig, nur kein bayrischer,
bei welchem des unversöhnlichen Hasses wegen, der zwischen uns und dieser
Nation besteht und durch mich geteilt wird, nichts Zweckmäßiges erwartet
werden kann.

„Daß ich die Minuten zähle, bis ich etwas Sicheres durch Sie erfahre,
werden Sie wohl begreifen. Wenn Sie mir die Traktate senden, versäumen
Sie nicht beizufügen, wem und welche Präsente abzugeben sein werden zc."
Nachschrift: „In diesem Augenblick kommt ein Schreiben aus Frankfurt über
die verzweifelte Lage der Franzosen; wäre jetzt Wrede dort, so wäre alles für
Napoleon verloren." — Vom bayrischen Hof aus komme immer wieder die
alte abgeschmackte Beschuldigung, als habe Württemberg heimlich Besprechungen
mit Oesterreich gehabt, um Bayern zu übervorteilen. Metternich solle um den
Freundschaftsdienst angegangen werden, das alles zu desavouiren. — Das
Kriegsministerium in Stuttgart berechne die Aufstellungskosten für 2000 Reiter,
10000 Mann Infanterie, 4 Batterien auf 161000 Louisd'or.

Bei dem Aufsuchen des österreichischen Hauptquartiers hat sich Graf
Zeppelin nach Thüringen gewandt; vom 28. Oktober schreibt er aus Weimar,
er sei auf der steten Jagd nach Metternich. Am gleichen Tage erreicht ihn
ein Schreiben von Metternich mit Glückwünschen dazu, daß König Friedrich
im Begriffe sei, sich der edelsten aller Sachen anzuschließen. Schon früher,
am 23. Oktober, hat Metternich aus Zeitz an Zeppelin geschrieben: „Der
Kaiser hat noch dieselben Absichten gegen den König von Württemberg, denen
er zweifellosen Ausdruck gegeben hat im verflossenen Winter und Frühjahr.
Ich will das meinige beitragen, um die vertraulichen Beziehungen zu Ihrem
Hof wieder anzuknüpfen."

Endlich schreibt Zeppelin aus Schmalkalden den 1. November: er
habe den Grafen Metternich hier erwischt; in einer viertelstündigen, kurzen,
eiligen Unterredung habe er erfahren, daß der König mit Oesterreich abschließen
könne, welches den Beitritt der zwei anderen Mächte garantire oder auch nachträglich mit diesen selbst. „Ich habe den Grafen Metternich in der kurzen
Zusammenkunft nicht von der günstigen Meinung zurückbringen können, welche

er über das Betragen von Bayern hat. Fürst Metternich äußerte mir, daß Bayern solche Unterhandlungen mit den Verbündeten aus der Ursache bis zu ihrem Abschluß und länger gegen Württemberg sehr geheim gehalten hätte, um sich im Vergleich mit dem Betragen Eurer Majestät gegen die alliirten Mächte in ein höheres Licht zu stellen und Allerhöchstdenselben keine Gelegenheit zu geben, seinem Beispiel so bald folgen zu können." Metternich habe aber versprochen, den Versuch zu machen, ob er es bei den Alliirten dahin bringen könne, daß das Zuvorkommen von Bayern in Beziehung auf den abzuschließenden Allianzvertrag keine nachteiligen Folgen für Eure Majestät haben möchte. — „Heute abend werde ich in Dernbach ankommen und die Verhandlungen mit Metternich fortsetzen. Er hat versprochen, mir alle Aktenstücke über die Verhandlungen mit Bayern vorzulegen."

Unterwegs seien kaum Pferde zu bekommen; er bitte daher den König, ihm acht Pferde nach Fulda zu schicken, um dem raschen Zug des österreichischen Hauptquartiers folgen zu können.

Aus Fulda den 3. November sendet Graf Zeppelin den am 2. November abgeschlossenen Bündnisvertrag nach Stuttgart, von dessen Inhalt der König nicht besonders befriedigt scheint. Nach der Erklärung des Beitritts zu der Allianz der Mächte, um einen dauerhaften Frieden zu erkämpfen, bestimmt der Artikel 4 des Vertrags: „Seine Majestät der Kaiser von Oesterreich garantirt, sowohl in seinem Namen als im Namen der Alliirten, Seiner Majestät dem König von Württemberg die Souveränität und den freien und ruhigen Besitz Ihrer Staaten." Dazu verglichen die entsprechende Bestimmung im Vertrag von Ried am 8. Oktober mit Bayern: — „Seiner Majestät dem König von Bayern den freien und friedlichen Besitz ebenso wie die volle und gänzliche Souveränität aller seiner Staaten, Städte, Domänen und Festungen, in deren Besitz er sich befand vor dem Anfang der Feindseligkeiten."

In der königlich privilegirten Stuttgarter Zeitung vom 13. November erklärte der König in einem Manifest, daß er den verbündeten Mächten beigetreten sei. „Ein allgemeiner, gesicherter, dauerhafter und der Willkür keines einzelnen Staates ausgesetzter Friede ist der Zweck des kräftigen Strebens der verbündeten Mächte." — Dieselbe Zeitung vom 19. November brachte die öffentlichen Artikel des Vertrags zur allgemeinen Kenntnis. Wenn der König sich beschwert fühlte schon durch einen Teil dieser öffentlichen Artikel, so geschah dies noch mehr durch die geheimen, welche lauteten:

1. Auflösung des Rheinbundes, Anordnungen durch einen zukünftigen Frieden, um die Unabhängigkeit und Freiheit von Teutschland sicher zu stellen.

2. „Seine Majestät der König von Württemberg wird sich bereit erklären, Abtretungen zu machen, die nötig sind, um das Ziel, welches im 1. Artikel bezeichnet ist, zu erreichen und die geographischen, politischen und militärischen

Beziehungen der deutschen Staaten zu fixiren dem ausgesprochenen Ziel gemäß. Beisatz: Der Kaiser von Oesterreich gibt nichtsdestoweniger dem König von Württemberg die formelle Zusicherung, daß diese Abtretungen oder Kompensationen nicht ausgedehnt werden sollen auf die altwürttembergischen Lande."

3. Für etwa gemachte Abtretungen sollen vollwertige, zusammenhängende, von dem übrigen Königreich nicht getrennte Entschädigungen gewährt werden.

4. An Truppen seien 12000 Mann zu stellen und diese zu vermehren nach Maßgabe der vorhandenen Mittel; Oesterreich will Arrangements mit England erleichtern und unterstützen.

Graf Zeppelin hatte das Geschäft in Fulda zu Ende geführt und kehrte nach seiner vielverschlungenen Fahrt zum König nach Stuttgart zurück, um sofort wieder nach Frankfurt entsendet zu werden mit dem Auftrage, womöglich bessere Bedingungen bei den Mächten herauszuschlagen. Aus Frankfurt vom 8. November schreibt er: „Gleich nach meiner gestern erfolgten Ankunft begab ich mich zum Grafen Metternich, um über Artikel 2 und 3 des geheimen Vertrags zu sprechen und sie präziser zu fassen. Metternich versprach, daß er beim dereinstigen Friedensschluß für möglichste Begünstigung der königlichen Staaten eintreten werde. — Der badische Gesandte v. Reitzenstein ist hier zum Abschluß eines Vertrags eingetroffen: mit seinen zuerst vorgebrachten Neutralitätspropositionen wurde er ausgelacht." — Es wäre möglich, sagte Metternich, daß die ehemals österreichischen, jetzt badischen, Lande bestimmt seien, Eurer Majestät zur Entschädigung zu dienen, falls Württemberg Abtretungen machen müsse. Die Freundschaft des Kaisers von Oesterreich gehe selbst so weit, daß er daran denke, Württemberg beim künftigen Friedensschluß nicht nur in seinem jetzigen Umfang zu belassen, sondern noch zu vergrößern.

Metternich selbst schreibt an den König vom 8. November aus Frankfurt: Kaiser Franz sei dem König sehr geneigt und würde sich glücklich schätzen, wenn bei einem künftigen Frieden die Kompensationsobjekte so groß seien, daß nicht nur Württemberg in seinem Umfang belassen, sondern auch noch vergrößert werden könne.

Der Kriegszug Wredes, der in der zweiten Hälfte des Oktober 1813 vom Inn über die Donau, an der Ostgrenze Württembergs vorüber, zum Main führte, war von mannigfachem Mißgeschick begleitet. Geplant und begonnen worden ist dieser Zug, bevor Napoleon so entschieden geschlagen und auf die Rückzugsstraße von Leipzig nach Frankfurt und Mainz geworfen war. Dem in Sachsen stehenden französischen Heere sollten vorerst nur Besorgnisse geweckt werden durch Bedrohung und Durchschneidung seiner am Main entlang führenden Verbindungslinien. Erst, als es sich darum handelte, die vom Schlachtfelde von Leipzig nach Frankfurt und Mainz zurückflutende Armee Napoleons unterwegs nochmals zu fassen, ihr den Weg zu verlegen, etwa in den Engen des oberen Kinzigthales, erst da erhielt die Armee Wredes eine entscheidungsvolle Aufgabe.

Unmittelbar nach dem Vertrage von Ried stellte Wrede drei verschiedene Pläne für seine nächste Thätigkeit auf: er wollte nach Erfurt ziehen und den Rücken der französischen Armee angreifen oder auf Würzburg und Fulda marschiren und die Verbindungen bedrohen, oder endlich über Heilbronn nach Mannheim, hier über den Rhein gehen und durch Streifcorps Schrecken im Innern Frankreichs verbreiten. In Dinkelsbühl am 21. Oktober erhielt Wrede von Schwarzenberg den Befehl, seinen Marsch nach Würzburg auf das äußerste zu beschleunigen. Und vom 22. Oktober aus Naumburg schreibt Schwarzenberg: „Der Augenblick ist einzig und keine Anstrengung zu groß." Mit diesen Worten forderte der Oberfeldherr den Grafen Wrede auf, schnell die Rückzugsstraße der Franzosen zu verlegen. Vom gleichen Tage schreibt der württembergische Gesandte aus München: „Der Marsch Wredes geht rasch vor sich; die Bayern zeigen viel Enthusiasmus und Freude; die Oesterreicher dagegen haben an diesen raschen Bewegungen keine große Lust."

König Friedrich von Württemberg hat vollständig recht, wenn er in seinem Brief vom 28. Oktober sagt: „Der Graf Wrede kommt überall zu spät an; — er wird den Hauptzweck seiner Bestimmung verfehlen; er macht grobe militärische Fehler." — Nicht sowohl wegen der Demütigung des kleineren Rheinbundstaates Württemberg verspätete sich Wrede, als wegen der Festung Würzburg. Im Vollgefühl seiner Würde — Montgelas rief ihm noch am 23. Oktober zu: es gibt eine deutsche Nordarmee, warum sollte es nicht auch eine deutsche Südarmee geben? — und von dem Bewußtsein beseelt, daß es für Bayern gelte, mit allem Ernst seine Aufgabe zu erfassen und den Alliirten seinen guten Willen zu zeigen, glaubte Wrede, kein Objekt unbeachtet lassen zu dürfen. Da lagen vor seinen Augen die Eintagsgebilde, die Großherzogtümer Würzburg und Frankfurt. Nach dem Brauche jener Tage wurden Proklamationen an die Einwohner erlassen, um ihnen das Herannahen der Befreierheere zu verkünden; dann ging Wrede an die Belagerung von Würzburg. Diese mag ihm aufgetragen worden sein; doch durfte er wegen solcher Nebenbeschäftigung den Hauptzweck, das Verlegen des Wegs für die Flüchtlinge, nicht außer Augen lassen.

Bis zum 27. Oktober hielt er sich vor Würzburg auf; am 28. Oktober hatte endlich seine Avantgarde Hanau erreicht und ging vor bis Gelnhausen die Kinzig aufwärts. Um dieselbe Zeit steckte Napoleon mit seiner auf der Frankfurter Straße sich zurückwälzenden Armee in den Engpässen zwischen Fulda und Schlüchtern; ihm auf den Fersen folgten die leichten Truppen und Feldmarschall Blücher mit der schlesischen Armee; weiter zurück befand sich noch

Schwarzenberg mit den Oesterreichern und dem größeren Teil der Russen. Nun ereignete sich das für die Absichten Wredes Unheilvolle, daß Schwarzenberg in diesen Tagen Kunde erhalten haben wollte, Napoleon habe die Engpässe zwischen Fulda und Hanau vermieden, sei nördlich ausgebogen und marschire über Gießen und Wetzlar in der Richtung auf Koblenz. Sofort wurde Blücher auf diese Straße gesetzt.

In Wirklichkeit aber blieb Napoleon auf der Straße von Fulda über Schlüchtern, Gelnhausen, Langenselbold, Hanau und hatte jetzt seinen steten Dränger, den Marschall Blücher, hinter sich los. Es entstand in der aufeinanderfolgenden Reihe der Verfolger eine Lücke von 2 bis 3 Tagemärschen, in der sich nur leichte Streifcorps befanden; dann erst rückte Schwarzenbergs Armee nach. So waren zwei unheilvolle Vorbedingungen für den General Wrede geschaffen: einmal mußte er den von Schwarzenberg erhaltenen Nachrichten zufolge annehmen, Napoleon befinde sich mit seiner Hauptmacht ziemlich weit nordwärts bei Gießen und Wetzlar, zum zweiten war er zu glauben berechtigt, unmittelbar hinter den Franzosen rücken die Verfolgungstruppen der Verbündeten her. Wrede verharrte daher bis in das Gedränge der Schlacht vom 30. Oktober hinein bei der Meinung, er habe, wie in den kleinen Gefechten am 28. und 29. Oktober, nur haltlose, aus einander gebrochene Trümmer der französischen Armee vor sich. Zu all dem kam noch, daß er vor dem bedeutungslosen Platze Würzburg seine Zeit verloren hatte und sich jetzt dadurch außer stande sah, die Engen der Kinzigstraße bei Schlüchtern zu verlegen, wo er einen entscheidenden Schlag hätte führen können; auch hatte er detachirt und seine Kräfte zersplittert, so daß er am Abend des 29. Oktober bei Hanau nur 30000 Mann Infanterie und 3000 Reiter versammeln konnte.

An demselben Tage hatte Napoleon ohne jede Gefährdung die Engen der Kinzigstraße passirt und Langenselbold erreicht; weit rückwärts marschirten noch Schwarzenbergs Truppen und Blücher bog gegen Norden aus. Das Absperren des Wegs, das Verlegen der Rückzugsstraße, das zwischen Schlüchtern und Fulda leicht gewesen wäre, ließ sich hier in der Ebene bei Hanau schwer ausführen. Am Morgen des 30. Oktober aber stellte sich Wrede östlich von Hanau quer über die große Frankfurter Straße auf, den Lamboywald vor sich, den Kinzigfluß mitten durch seine Stellung fließend, rechts den Main. So gedachte Wrede die fliehenden Haufen eines Seitenteiles der französischen Armee in Empfang nehmen zu können. In dem am Nachmittag des 30. Oktober sich mehr und mehr entwickelnden Gefecht erkannte Wrede erst bei dem Auftreten von fast unversehrten Teilen der alten und jungen Garde Napoleons, daß es hier gelte, mit Napoleon selbst, mit der ganzen retirirenden Armee der Franzosen zu fechten, daß die Verbündeten noch weit zurück auf dem langen Wege seien, daß er auf keine Unterstützung zu rechnen

habe, daß nur unbedeutende Streifcorps der Russen und Oesterreicher ihm die
Hand bieten können.

Ganz als der tapfere, unerschrockene Soldat, der er immer war,
sprach da Wrede: „Jetzt ist nichts mehr zu ändern, wir müssen als brave
Soldaten unser möglichstes thun." Vollkommen richtig fühlte er durch: hier
gelte es für Bayern, sich bei den Verbündeten ins Bürgerrecht einzulaufen.
Nach dieser Richtung hin hat Graf Wrede seine Aufgabe vortrefflich gelöst.
Trotz ungünstiger Stellung, trotz der Ueberlegenheit des Feindes, namentlich an
Kavallerie und Artillerie, schlugen sich Bayern und Oesterreicher gegen die zum
Teil wenigstens noch wohlerhaltenen Reste der französischen Garde, der Corps
von Macdonald, Marmont, Ney, Bertrand, Lauriston von der Mittagsstunde
bis zum Abend.

Napoleon, um die Straße nach Frankfurt zu gewinnen, bedrängte vorzüglich den linken Flügel der Bayern, der denn auch am Abend nach tapferstem
Widerstande weichen mußte. Wrede ging aufs linke Kinzigufer zurück, hielt
aber noch die Stadt und die Brücken; Napoleon führte in der Nacht einen
Teil seiner Truppen nach Frankfurt.

Mit dem Morgen des 31. Oktober erneuerte sich der Kampf; an
der Spitze seiner Truppen drang Wrede selbst gegen die vielumkampfte Kinzig-
brücke vor. Weithin sichtbar durch seine glänzende Uniform wurde er hier das
Ziel für die feindlichen Schützen und erhielt eine schwere Wunde in den Unter-
leib. Der österreichische General Fresnel übernahm den Oberbefehl und führte
den Kampf um die Brücken fort; mit der Dunkelheit marschirten die Franzosen
nach Frankfurt ab. So war Napoleon im stande, ohne weitere Störung seine
Armee bei Mainz über den Rhein zu führen und das linke Ufer, nach da-
maligem Begriff das eigentliche Frankreich, zu betreten mit einem im Vorüber-
gehen rasch gepflückten Lorbeer in der Hand; 70000 Franzosen sollen bei
Mainz am 1. und 2. November über den Rhein gegangen sein. — Beinahe
5000 Mann an Toten und Verwundeten hatten die Bayern und Oesterreicher
verloren, dazu über 4000 Gefangene; die Franzosen aber ließen allein
16000 Gefangene in den Händen der Verbündeten.

Inzwischen war Blücher in Gießen angekommen und schrieb von
dort am 4. November, als er alles erfahren: „Es hat ein großes Versehen
stattgefunden, sonst wäre der große Napoleon vernichtet worden;" er habe in
der Gegend von Gießen, wohin man ihn geschickt, den Feind weit und breit
nicht finden können; hätte man ihn doch auf der großen Frankfurter Straße
auf den Fersen der Fliehenden gelassen, so hätte er diese im Rücken angegriffen,
während Wrede sie vorne gehalten, aber so, wie die Sache geleitet worden, sei
Wrede zu schwach gewesen.

Dadurch, daß Blücher mit Preußen und Russen nordwärts abgesendet
wurde, kam Kaiser Franz mit den Oesterreichern an die Spitze der Armee,

die auf der Frankfurter Straße marschirte und zog am 6. November in die
alte Kaiserkrönungsstadt ein, wo schon am 5. Kaiser Alexander angekommen
war samt den militärischen und diplomatischen Hauptquartieren. Für Bayern
blieb es eine Sache von besonderer Bedeutung, daß schon drei Wochen nach
dem Abschluß des Vertrages von Ried seine Truppen in blutiger Schlacht dem
Haupttheere der Franzosen entgegentreten konnten.

Von den Rheinbundstaaten hatte Mecklenburg ja schon lange sich an die
Seite Preußens gestellt; da und dort kämpften auch Hanseaten und andere
Norddeutsche in den Reihen der Verbündeten, aber von den großen Rheinbundstaaten war es doch den Bayern allein vergönnt, als geschlossener
Heereskörper noch aktiven Anteil zu nehmen an den Kämpfen des Befreiungs-
kriegs vom Jahre 1813. Der größere Rheinbundstaat, der als nächster nach
Bayern dem Bunde der Mächte beigetreten, Württemberg, hatte zwar sofort
marschiren lassen am 26. Oktober nach Abschluß der Militärkonvention vom
23. Oktober; aber seine Truppen erreichten am 30. Oktober das Schlachtfeld
von Hanau nicht mehr, sondern standen wenige Meilen davon entfernt an der
Mainbrücke bei Aschaffenburg.

Der Flügeladjutant Major v. Moltke, den König Friedrich ins Hauptquartier des Grafen Wrede abgeordnet meldet von dort dem König vom
27. Oktober: „Es ist nicht möglich, artiger zu sein als Graf Wrede; hoffent-
lich kommen die württembergischen Truppen noch recht zu dem baldigen Siege.“
Eine derartige Sprache hätte der Flügeladjutant wohl nicht führen, den Sieg
über die Franzosen und die Mitwirkung dabei nicht herbeiwünschen dürfen,
wenn Friedrich (wie dies da und dort von ihm angenommen wird, z. B. Pertz.
Stein 2c. III., 475 f.) mit seinen geheimsten Herzenswünschen noch auf Napoleons Seite gestanden wäre. Dort hatte ihn Klugheit und vor allem Notwendigkeit gehalten; seine Bekenntnisse im Brief an den Kronprinzen (vgl.
S. 57 f.) laufen ja darauf hinaus. Jetzt fielen diese zwingenden Gebote weg,
aber eine andere Nötigung sah er mit größtem Mißtrauen auf sich zuschreiten,
eine Nötigung, wie es schien, unbequemer als die erste. So mag der Jäh-
zornige später noch in Worte des Unmutes ausgebrochen sein, wenn er an die
Tage gedachte, in denen Wrede ihn quälen durfte, oder an die Zeit, da Zeppelin
auf der Jagd nach Metternich sich befand, da man ihn, den souveränen König,
ängstigte und zappeln ließ, da es den ehrgeizigen Mann wurmte, wie schwer
es ihm gemacht wurde, sich zu der Höhe emporzuschwingen, auf der jetzt das
sonst gleichberechtigte Bayern stand. Seinem Qualgeist Wrede gönnte Friedrich
vollauf die Niederlage bei Hanau. Er habe es ja vorausgesagt, durch Mißhandlung eines Nachbarfürsten, durch unnötige Machtentfaltung vor Würzburg
vertrödle der Großsprecher die Zeit, so daß er für seine Aufgabe zu spät kommen
müsse. Von bonapartistischen Sympathien aber finde ich bei König Friedrich
keinerlei Spuren mehr, wohl aber vollgiltige Beweise für eine aufrichtige, tief-

wurzelnde Feindschaft gegen Napoleon und gegen Frankreich, worauf ich an
anderem Orte zurückkommen werde.

Von dem tieferen Sinne der Befreiung des deutschen Landes hatte kaum
irgend jemand in den Kabinetten der Rheinbundstaaten eine Ahnung.

Am 24. Oktober war von König Friedrich Marschbefehl gegeben
für zwei Infanterieregimenter, zwei Jägercompagnien, ein Reiterregiment, eine
Batterie, zusammen 3942 Mann, 628 Pferde; am 25. abends muß die
Mobilmachung fertig sein, am 26. wird marschirt in der Richtung auf Aschaffenburg; das ganze Truppencorps steht unter dem Generalmajor v. Walsleben.
— Dieser General berichtet aus Aschaffenburg den 31. Oktober: er habe
am 29. Oktober den Befehl erhalten von dem Grafen Wrede, der sich sehr
geschmeichelt ausgedrückt habe, die Württemberger unter seinen Befehlen zu
haben, auf Frankfurt zu marschiren und Sachsenhausen zu besetzen. Der Großherzog von Darmstadt sei angewiesen, alle seine Truppen zu Walsleben stoßen
zu lassen, um diesen zu verstärken. Auf dem Marsche nach Frankfurt aber
haben die Württemberger Befehl erhalten, nach Aschaffenburg umzukehren und
sich hier zur Verteidigung einzurichten; die Mainbrücke solle auf das äußerste
gehalten werden. — Bei Hanau werde gekämpft; er höre den Kanonendonner,
aber Resultate habe er noch nicht erfahren. Es scheine, die Franzosen wollen
bei Aschaffenburg den Main überschreiten. So sei er bis daher verhindert
gewesen, zu der österreichischen Division Trautenberg zu stoßen.

Zunächst erhielt Walsleben am 1. November Befehl, nach Frankfurt zu
rücken; wegen Ueberfüllung dieser Stadt mit Truppen der großen verbündeten
Mächte aber erhielten die Württemberger zunächst ihr Quartier in Dieburg
angewiesen, einen Marsch südlich von Frankfurt.

—————

Durch den Waffengang bei Hanau, wie einige Wochen vorher durch den
im geheimen betriebenen Abschluß in Ried hatte Bayern ohne allen Zweifel
sämtlichen Rheinbundstaaten und Nachbarn den Vorsprung abgewonnen. Das
an sich schon war für Friedrich von Württemberg unangenehm genug; fast
noch mehr aber empfand er die Gewaltthätigkeit Wredes, die Heimlichkeiten
Bayerns, dessen Anklagen wegen Vergrößerungssucht Württembergs, das im
Verborgenen negociirt habe. Daß unter den Rheinbundstaaten einer dem
andern mißtraute, den Nachbar belauerte, seinen Schlichen nachging, daß einer
dem andern dieses und jenes Länderstück mißgönnte, sich selbst zuzuführen suchte,
das alles galt für eine hergebrachte Sache. Allein wegen des in diesem speziellen
Falle angeschlagenen Tones der Ueberlegenheit von seiten Bayerns glaubte sich
König Friedrich berechtigt zu diplomatischer Beschwerde.

In einem Schreiben vom 24. Oktober setzte Friedrich seinem Gesandten
in München, dem Herrn v. Steube, auseinander, wie Graf Wrede den General

Neuffer unfreundlich empfangen und versucht habe, ihn als Untergebenen zu
behandeln. „So sehr sich Neuffer beeilte, konnte er in Stuttgart doch erst
am 22. Oktober abends 4 Uhr eintreffen. — Bei dieser ganz beispiellosen
Verfahrungsart des Generals Wrede, bei dieser Uns zugefügten Gewalt, bei
den gedrohten Trangsalen konnten Wir nur diejenigen Entschließungen fassen,
welche Uns vorgeschrieben wurden durch Unsere Pflichten gegen die Unterthanen." Sofort sei Zeppelin in Wredes Hauptquartier gesandt worden.
Wrede aber habe in der Zwischenzeit durch den bayrischen Gesandten Graf
Rechberg in Stuttgart ein Schreiben überreichen lassen voller Drohungen mit
Administration u. s. f. Deshalb werde jetzt dem Herrn v. Steube aufgegeben,
sich zu beklagen; zugleich sei ihm bei schwerster Ahndung zur Aufgabe gemacht,
ohne alle Milderungen die Beschwerde vorzubringen. „Denn eine solche Sprache
hätten die französischen Generale 1796 und 1800 nicht geführt während der
Revolution."

In seinem Bericht vom 28. Oktober gibt Steube Auskunft über das,
was er ausgerichtet: er sei gleich zu Montgelas gegangen und dieser habe
geäußert: er bedaure das alles tief, aber es habe in diesem Fall nicht anders
gehandelt werden können, da ein Artikel in dem Vertrag mit den drei großen
Mächten dahin laute, es sollen alle diejenigen vom Rheinbund, welche sich nicht
anschließen, feindlich behandelt und ihre Länder administrirt werden.

Steube: Anstatt freundschaftlichen Uebereinkommens habe man das württembergische Reich den Launen eines Generals preisgegeben.

Montgelas: Er bedaure, daß so wenig freundschaftliche Beziehungen
herrschen, da doch noch im Frühjahr bessere Aussichten zu solchen gewesen seien.
Von seiten Bayerns sei hauptsächlich Wert darauf gelegt worden, sich gegenseitig den Bestand der Staaten zu garantiren. Darauf sei aber der König
von Württemberg nicht eingegangen und deshalb habe man Verdacht gegen ihn,
er wolle sich vergrößern auf Kosten der Nachbarn. Das habe sich bestätigt,
da Württemberg in Wien durch den Legationsrat Harttmann geheime Unterhandlungen gepflogen. Man sei davon unterrichtet. Heutzutage bleibe in den
Kabinetten nichts verschwiegen. Alles dies habe das Mißtrauen gegen das
Kabinet in Stuttgart vermehren müssen, so daß man sich außer stande gesehen, die so erwünschten Kommunikationen zu machen.

Steube: Er sei von allen diesen Dingen bisher nicht unterrichtet; mit Bestimmtheit aber könne er sagen, daß der König von Württemberg sehr entfernt
sei, Vergrößerungen zum Nachteil seiner Nachbarn zu suchen, sondern nichts
wünsche als Ruhe und Frieden. Im Frühjahr sei freilich der Vorschlag gemacht worden, sich gegenseitig den Besitz zu garantiren; das sei aber eine
windige, unmögliche Sache, denn allen diesen kleinen Staaten fehle die Macht,
dem Versprechen der Garantie nachzukommen.

Montgelas: Die Garantie bedeute nichts anderes, als daß man wechselseitig alle Pläne aufgebe, um sich auf Kosten der Nachbarn zu vergrößern; das ganze Benehmen des Stuttgarter Kabinets flöße kein Zutrauen ein. „Ueberdem aigrirt dasselbe jedermann; alle Unterhandlungen und Kommunikationen desselben sind mit einer Härte und immer in drohenden Worten abgefaßt, die man unmöglich ertragen kann."

Steube: Freilich vergesse der König von Württemberg nie, daß er gleiche Würde mit des Königs von Bayern Majestät habe, und er würde sich nie von dem bayrischen Hof imponiren lassen. Wenn es an Uebereinstimmung gefehlt, dann liege der Grund darin, daß Bayern, weil sein Umfang etwas größer sei als der Württembergs, einen höheren Ton anstimmen wolle, was sich der König von Württemberg nie gefallen lassen würde.

Montgelas war so boshaft, da auf zu bemerken: Er sei im diplomatischen Verkehr höflich auch mit den kleinsten Staaten, man solle z. B. nur Coburg fragen.

Steube: Die höfliche Einkleidung könne oft einen bedenklich diktatorischen Ton enthalten.

Montgelas: Zu Unterhandlungen gehöre Kälte.

Steube: Richtig, aber er müsse auf seine Beschwerde gegen den bayrischen Gesandten in Stuttgart zurückkommen.

Montgelas: Das sei nicht möglich; denn der Gesandte habe nur Befehle befolgt und General Neuffer habe sich auch nicht richtig benommen; im übrigen müsse der König von Württemberg es freudig begrüßen, daß er gezwungen worden sei, sich von Frankreich loszumachen. — Uebrigens sei es ihm sehr lieb, daß die Alliirten das Benehmen des Generals Wrede gemißbilligt haben; Fürst Schwarzenberg werde wohl den General zurechtweisen; aber nicht möglich sei es, gegen den bayrischen Gesandten in Stuttgart, den Grafen Rechberg, vorzugehen, weil er nur Befehle befolgt habe.

Steube: Es sei natürlich, daß die Alliirten die Arroganz und Grobheiten des Generals Wrede getadelt haben. Aber nicht entschuldbar sei, daß der Gesandte in Stuttgart diese Grobheit unterstützt und die impertinenten Briefe des Wrede dem Stuttgarter Kabinet vorgelesen habe.

Montgelas: Der König von Bayern könne den General Wrede weder billigen noch mißbilligen, da er ganz dem Fürsten Schwarzenberg untergeben sei.

Steube: Er traue seinen Ohren kaum, wenn der König von Bayern seinen Gesandten nicht tadeln wolle, da dieser doch einen so feindseligen Akt gegen den König von Württemberg begangen; da müsse man ja annehmen, die Anweisung zu dieser Feindseligkeit stamme aus dem bayrischen Kabinet. Man sei ja gegen Baden auch freundschaftlicher vorgegangen.

Montgelas: Ja, Baden, das habe sich auch freundlich gegen Bayern betragen, sich an das bayrische Kabinet gewendet und dadurch alle unangenehmen Vorfälle von vornherein beseitigt. Natürlich müsse der bayrische Hof empfindlich gegen den württembergischen sein, weil dieser das bayrische Kabinet habe durchaus umgehen wollen.

Steube: Er bedaure die Vereitelung seiner Unterhandlungen, den Mangel an allen freundschaftlichen Gesinnungen um so mehr, als die neue Allianz die beiden Höfe durch gemeinschaftliche Interessen hätte näher bringen sollen.

Auf den Bericht des Herrn v. Steube antwortete König Friedrich: Montgelas behaupte, es müsse dem König von Württemberg lieb gewesen sein, einen Zwang zu empfinden, um von Frankreich loszukommen; darüber wolle er schweigen, aber auf sein Ehrenwort könne er versichern, daß im verflossenen Winter keinerlei Verhandlungen gepflogen wurden, die einen Nachteil für Bayern oder andere Nachbarn in sich schlossen. Diesen vermuteten Unterhandlungen mit Oesterreich könne wohl auch das Wiener Kabinet das Zeugnis ausstellen, daß sie gänzlich harmlos und nicht gegen die Nachbarn gerichtet gewesen seien. — General Wrede sei also von den Mächten desavouirt worden und dadurch nach dieser Seite alles erloschen. Der Umstand, daß der bayrische Hof sich weigere, dem Desaveu der Mächte beizutreten, namentlich auch wegen des Gesandten Rechberg in Stuttgart, der es wagte, den König in seiner Residenz mit Administration zu bedrohen, lehre den König von Württemberg, wie wenig Wert Bayern auf die guten Beziehungen zwischen beiden Kronen lege. Jedenfalls sollen die württembergischen Truppen in keine Berührung mit den bayrischen gebracht werden.

Es scheint, König Friedrich ließ noch eine schärfer gehaltene Note an das bayrische Kabinet übergeben. Steube, der mit diesem Geschäft beauftragt war, berichtet vom 3. November, Montgelas habe nach dem Durchlesen ausgerufen: „Mein Gott, das ist ja eine förmliche Ruptur, dem König wird es ein Herzbrechen sein; ich bin in Verzweiflung. Alles kommt von der bévue des Generals Wrede her, der über diese Sachen von Schwarzenberg einen sehr unangenehmen Brief erhielt, und auch der König hat ihn getadelt. Aber den Gesandten von Stuttgart abberufen? Dann wird kein Geschäftsträger dort sein." — Es müsse notwendig im jetzigen Augenblick der üble Eindruck eines Bruchs vermieden werden; man müsse das Thor für freundschaftliche Behandlung offen lassen.

Für den weiteren Austrag der Sache fehlen die urkundlichen Belege. In seinen Denkwürdigkeiten aber sagt Graf Montgelas, nachdem er daran erinnert, wie Bayern allmälich sich zum Rang einer europäischen Macht emporgehoben: „Die Nachbarregierungen, eifersüchtig auf ihre Souveränität und gewohnt, in uns nur Bundesgenossen zu erblicken, ließen ungern sich ein herrisches Auftreten gefallen, welches bei der Veränderung der politischen Lage (im Oktober 1813) und dem augenblicklichen Besitze der Macht zwar erklärlich war, aber doch mit zu wenig Vorsicht geübt wurde. Wenigstens war unser König selbst dieser Ansicht, denn er fand sich veranlaßt, seinen Generalen Mäßigung und Achtung

aller bestehenden Rechte vorzuschreiben, wodurch einige unangenehme Er-
örterungen, namentlich mit dem am wenigsten nachgiebigen Hofe zu Stuttgart,
ihre Erledigung fanden."

In so ausgesuchter Weise quälten sich die Größeren unter den Kleinen
gegenseitig durch lebhaftestes Mißtrauen, durch anspruchsvollste Eitelkeit. Dem
König Friedrich von Württemberg hatte die Verteilung der Machtverhältnisse
eine Führerrolle, wie er sie seinem überlegenen Geiste angemessen finden mochte,
versagt. Dafür entschädigte er sich durch peinlichste Aufrechterhaltung der Ansprüche auf Gleichberechtigung, wobei er seine ganze Unverträglichkeit an den
Tag legte, alle seine übertriebenen Vorstellungen von souveräner Unfehlbarkeit
und Hoheit, Vorstellungen, die immer wieder neue Nahrung fanden durch den
Vergleich mit den französischen Vorbildern der Jetztzeit wie der vergangenen
Jahrhunderte. Bayern seinerseits aber setzte voraus, daß es durch die heimlich
betriebenen Vorarbeiten zum Vertrag von Ried und durch seinen frühzeitigen
Anschluß an die Verbündeten einen Vorsprung gewonnen habe, der ihm eine
hegemone Stellung in Süddeutschland sichere und ihm erlaube, die Vermittlung
zwischen den noch im Lager des Rheinbundes stehenden Staaten und den
Mächten zu übernehmen. In diesem bis zu einem gewissen Grad berechtigten
Streben sah sich Bayern wiederum durch die österreichische Politik verdrängt,
welche nicht gewillt war, einen anderen Einfluß als den österreichischen bei den
Staaten des südlichen und mittleren Deutschlands aufkommen zu lassen.

Nach der Schlacht bei Hanau am 30. und 31. Oktober wälzten sich zunächst die Massen der retirirenden französischen Armee nach Frankfurt, von da
nach Mainz, um hier am 1. und 2. November über den Rhein zu gehen. In
denselben Tagen schon ließen sich die leichten Truppen der Verbündeten in
Frankfurt sehen; vom 5. November ab rückten hier die Hauptquartiere
Schwarzenbergs und der Monarchen ein. Mehrere Wochen lang residirten hier in
Frankfurt Fürsten, Diplomaten und Feldherren. Die alte deutsche Kaiserstadt
war jetzt in diesen entscheidungsvollen Tagen zum Schauplatz geworden für alle
Beratungen über Krieg und Frieden; hier fanden schon die ersten Unterhand-
lungen wegen Friedensschlusses mit Napoleon statt; hier beriet man über den
weiter zu verfolgenden Kriegsplan, über die Wiederherstellung der Kämpfer-
scharen, die von der Elbe bis hieher gedrungen, über ihre Verstärkung durch
Aufbietung der jetzt frei gewordenen deutschen Streitkräfte. Hier strömten die
Abgesandten der Rheinbundstaaten zusammen, um ihre Verträge mit den
Mächten in Sicherheit zu bringen, wie dies am 20., 23. und 24. November
mit Baden, Hessen, Nassau, Sachsen-Coburg und anderen geschah. Es wiederholte sich, was zu napoleonischer Zeit einst in Mainz, in Erfurt, in Dresden

sich zugetragen. Da kamen auch die Vertriebenen zurück, die Herrschaften von
Kurhessen, Hannover, Braunschweig, um in ihre alten Besitzungen eingesetzt zu
werden, wo sie sofort ein wunderbares Geschick entwickelten, alles Widerwärtige
und Nachteilige der alten Zeit zurückzubringen und das Gute und Wohlthätige
der neuen über Bord zu werfen.

Als im Frühjahr 1813 das preußische Volk unter die Waffen, die deutsche
Nation zur Erringung der Freiheit gerufen wurde, da schwebten freilich andere
Ziele vor, als ein Haltmachen des Kriegszugs am Rhein, ein Wiederherstellen
alles dessen, was gewesen, was als so haltlos und leer sich erwiesen hatte. Mit
tiefem Schmerze sah ein Mann wie Stein den Grundstock des neuen Deutschland, die Länder der Zentralverwaltung, mehr und mehr zusammenschrumpfen,
durch den Einfluß von Oesterreich alles das wiederkehren, was man begonnen
hatte, mit rauhem Besen vom deutschen Boden wegzufegen. Stück um Stück
zerfiel die Hoffnung der deutschen Patrioten, die sich um Stein und im preußischen
Hauptquartier gesammelt hatten.

In Süddeutschland hatte sich niemals ein so tiefgehendes, auch den
untersten Bürgersmann umfassendes Gefühl des Hasses gegen die Fremdherrschaft entwickelt wie im Norden Teutschlands, besonders in Preußen.
Im Süden gab es keinen großen, nationalen Staat zu zerstören; im Gegenteil,
man mußte dankbar anerkennen, wie aus einer Unzahl Staaten allerkleinsten
Formats einige wenige lebensfähige herausentwickelt, wie die verrotteten kleinen
Soldatenhaufen zu brauchbaren Kriegsinstrumenten umgewandelt wurden. Dort
aber, im Preußenlande, galt das Zerstörungswerk des fremden Eroberers dem
Bau Friedrichs des Großen, der alten überlieferten Waffenherrlichkeit. Mit
zurückgehaltenem Grolle, knirschend ertrug man die Knechtschaft, den Uebermut
eines rohen Haufens; da garte und brauste es, als man endlich Frühlings-
wehen vernahm und den Ruf zur Freiheit. — Ganz anders im Süden. An
gutem Willen fehlte es nicht, die Gebildeten und die Jugend, sie fanden sich
begeistert durch die Worte von Stein und Ernst Moritz Arndt, durch die Thaten
und volkstümliche Weise eines Blücher. Aber Neues galt es hier nicht zu bauen,
höchstens kam es darauf an, den gegenwärtigen Besitz zu sichern. So verlief
alles viel nüchterner und kühler.

Oben hat uns Pahl erzählt, wie patriotisch gesinnte deutsche Männer
Württembergs sich in geschlossenem Kreise zusammengefunden haben, um die
gepreßte Seele zu erleichtern, wie sie sehnsüchtig nach dem Tage ausgeschaut,
da, nach der Zerstörung napoleonischer Gewaltherrschaft, Recht und Freiheit
wiederkehren sollten. Mit aufrichtiger Freude begrüßten die Biedermänner den
großen Tag, aber das rechte Verständnis für die Bedeutung des Augenblicks
im Sinne der deutschen, der nationalen Sache fehlte hier. — Von Landwehren
und Landsturm war vorerst keine Rede und auch wo eine Regung zu ver-
spüren war für Stellung zu freiwilligem Waffendienste, da mußte eine wohl-

geschulte, mit gemessener Haltung vorgehende Bureaukratie jeden Schritt vom
Wege zu verhindern.

Das große Hauptquartier in Frankfurt, in dem so wichtige Er-
örterungen gepflogen wurden, gestaltete sich allmälich zu einem Stelldichein
für die deutschen Fürsten, von denen ein jeglicher seine besonderen Interessen wahrzunehmen gedachte. General Graf Wrede, bei Hanau an der Kinzig-
brücke am 31. Oktober schwer verwundet, beschäftigte sich auf seinem Krankenlager viel mit dem schon früher gefaßten Plan, seinem Könige die Führerschaft
in Süddeutschland zu verschaffen.*) So schrieb Wrede in den dringendsten
Ausdrücken nach München über die Vorteile einer nach Frankfurt zu unter-
nehmenden Reise. König Max Josef griff den Gedanken sofort mit Begierde
auf und kam am 13. November, begleitet von Montgelas, in Frankfurt an.

Durch Erlaß vom 11. November ernannte König Friedrich zu seinem
Militärbevollmächtigten im Hauptquartier des Fürsten Schwarzenberg den
General v. Neuffer. Vorerst aber befand sich noch der Minister Graf Zeppelin
in Frankfurt; er berichtet vom 11. November: Es treffen täglich Abgeordnete
der kleineren Rheinbundfürsten in Frankfurt ein, um Allianzen zu schließen.
Er habe gestern eine Audienz beim Kaiser von Rußland gehabt, der geäußert,
daß man alle Kräfte anstrengen müsse, um den Krieg tüchtig weiterzuführen
und glücklich zu endigen. Es scheine diese Aeußerung auf einen allgemeinen
Landsturm hinzudeuten; Stein werde bald ankommen und das Landsturm-
projekt vorlegen. Und vom 14. November schreibt Zeppelin: Der König
von Bayern mit Montgelas sei in Frankfurt angekommen. König Friedrich
aber möge beruhigt sein; denn die Gesinnungen der beiden Kaiser gegen ihn
seien so gut, daß seine Feinde ihm nichts schaden könnten. Erst vorgestern
habe der Kaiser von Rußland zu ihm gesagt: „Wenn es beim künftigen Frieden
ein Mittel gibt, Ihren König zu vergrößern, so seien Sie sicher, daß ich mich
bemühen werde, es dahin zu bringen.' — Beinahe alle Souveräne des ehemaligen Rheinbundes finden sich hier ein.“ — „Die Armeen sind in Bewegung,
aber der Rheinübergang ist hinausgeschoben, denn die Truppen befinden sich
keineswegs in glänzender Verfassung. Mit der Schweiz finden Unterhandlungen
wegen des Durchmarsches statt.“ — „Die Militärs können es nicht erwarten,
bis man den Rhein überschreitet, die Diplomaten sind der entgegengesetzten
Ansicht.“

Am 18. November machte sich denn auch König Friedrich von Heilbronn aus auf den Weg nach Frankfurt, begleitet vom Kronprinzen Friedrich
Wilhelm und von großem Gefolge umgeben. Kaiser Alexander sandte von
Frankfurt dem König ein Schreiben entgegen, in welchem er versicherte, daß
er mit lebhafter Freude der Ankunft seines Oheims entgegensehe. Die Wieder-

---

*) Heilmann, Wrede 2c., S. 300 f. und Montgelas, Denkwürdigkeiten 2c. S. 313.

anknüpfung der guten Beziehungen mit dem Kaiser von Rußland scheint auch
der Hauptzweck der Reise des Königs Friedrich gewesen zu sein. Außerdem
galt es ihm, jetzt möglichst gute Bedingungen für die Zukunft sicher zu stellen.
Hier im großen Hauptquartier war ja alles vereinigt, was für die künftige
Gestaltung der Dinge von Bedeutung war. Nach demselben Zuschnitt wie zu
Ried und Fulda wurden hier Souveränität, Oberherrlichkeit, Umfang des
Besitzstandes garantirt. Jeder einzelne der ehemaligen Rheinbundfürsten und
der aus dem Exil zurückgekehrten, fand einen Fürsprecher durch Verwandtschaft
oder infolge anderer Schonungsgründe. Die meisten mochten darüber erstaunt
sein, daß man so viele Umstände mit ihnen machte und ihrem schwächlichen
Dasein so viel Aufmerksamkeit schenkte. So rückte das ursprüngliche Projekt,
eine stramme Einigung und feste Ordnung in Deutschland zu erzielen, immer
mehr in die Ferne. Schon jetzt ließ sich voraussehen, daß ein Band, geeignet
alle diese anspruchsvollen souveränen Staaten zu umfassen, außerordentlich
elastisch und locker sein müsse. Denn vorerst hatte man zu rechnen mit Persönlichkeiten, deren Ansichten ausgereift waren in der Zeit, da Kosmopolitismus
neben engstem Partikularismus erst langsam überzugehen anfingen in das
Bewußtsein der Nationalität; da derjenige sich deutsch nannte, der als sein
Vaterland nur die eigene kleine Heimat gelten ließ und sich mit den anderen,
fremden deutschen Ländern bloß durch ein geistiges Band vereinigt sah, es auch
als Frevelthat betrachtete, wenn versucht wurde, dies geistige Band durch ein that-
sächliches, rauhes, zwingendes, unlösliches zu ersetzen.

Wenige nur freuten sich der neuen Ordnung der Dinge; keiner aufrichtiger
als Karl August von Sachsen-Weimar. Vielfachem Widerspruch begegneten
die neuen Verpflichtungen und Leistungen, die Unterordnung unter eine Zentralbehörde. Von allen deutschen Regierungen waren es fast nur der Herzog von
Anhalt-Dessau, die meisten Herzoge von Sachsen, die Fürsten von Schwarzburg, Lippe-Bückeburg, die Städte Bremen und Lübeck, welche ihre Verpflichtungen pünktlich und redlich erfüllten.*)

Ohne in ihrem Wesen, in ihren Anschauungen, in ihrem Verhältnis zu
einander irgend etwas geändert zu haben, traten die Rheinbundstaaten
in die neuen Verhältnisse hinüber. Mit starr ausgebildetem Partikularismus,
dazu jedes einzelne noch so kleine Land eingehegt durch Zollschranken, getrennt
von einander durch Vorurteile und Mißtrauen, so standen diese Länderstücke in
wirtschaftlichem und politischem Bruderkriege sich gegenüber. Eine Riesenarbeit
mußte es für die Zukunft sein, die Getrennten nur einigermaßen einander zu
nähern, eine Unmöglichkeit aber, sie zur Einheit zu verschmelzen ohne Gewaltakt.

Ueber den Abfall von Bayern zeigte sich Napoleon besonders erbittert.
Bevor er die Brücke von Mainz überschritt und das linke Rheinufer betrat,

*) Pertz, Stein rc. III. 477.

rief er noch zurück: „Der König von Bayern wird mich nächstes Jahr wieder-
sehen und er soll daran denken; er war ein kleiner Fürst, den ich groß gemacht
habe; ich werde aus dem großen Fürsten wieder einen kleinen machen." —
Als sie auf der Brücke von Mainz am 1. und 2. November 1813 vom rechten
aufs linke Ufer hinübermarschirten, da galt es jedem einzelnen Soldaten, allen
Menschen im ganzen weiten Frankreich für selbstverständlich, daß sie im nächsten
Jahr über den Rhein zurückkehren werden, wie das zur süßen Gewohnheit geworden war seit zwanzig Jahren; kein richtiger Franzose hielt für möglich, daß
dort in dem Haufen machtloser deutscher Staaten sich allmälich ein eigenes
politisches und wirtschaftliches Leben entwickeln könnte; ein staatlicher Wille,
nicht mehr von außen her zu lenken; eine Thätigkeit, gesichert und abgeschlossen
durch den unübersteigbaren Zaun befestigter Grenzen; ein Wohlstand, nicht mehr
in tausend Kanälen nach Frankreich hinüberzuleiten.

So armselig auch das Dach war, unter das mit Aufrichtung des deutschen
Bundes sich die deutsche Nation untergebracht sah, so muß doch im Hinblick
auf alle Schwierigkeiten und Anfeindungen selbst diese bescheidene Schöpfung
als die höchste, im Augenblick mögliche Leistung anerkannt werden. Jahrzehnte
aber mußten vergehen, bis endlich die Völker Europas, die Nachbarn besonders,
zu ihrem nicht geringen Erstaunen vernahmen, die deutsche Nation sei gewillt,
sich nicht mehr von den Fremden bevormunden zu lassen, sie beabsichtige, einen
einheitlich zusammengefaßten nationalen Willen zum Ausdruck zu bringen und
ihren Platz unter den großen Mächten einzunehmen; Jahrzehnte mußten vergehen, angefüllt mit revolutionsartigen Anläufen, Rückschlägen, Stockungen,
Einsprachen des Auslandes, Annäherungsversuchen der einzelnen Staaten unter
einander, — bis mit dem Jahre 1866 die letzte Armee der ehemaligen Rheinbundstaaten, versehen zugleich mit allen Kennzeichen der alten Reichsarmeen,
aus einander gesprengt war, um dem Verlangen nach nationaler Einheit und
Größe unter Führung des allein berechtigten Staates Platz zu machen.

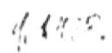

Register.

Deutsche Verlags-Anstalt in Stuttgart und Leipzig.

Hochinteressante, wertvolle Werke für jede Hausbibliothek.

Die
Ansprachen des Fürsten Bismarck
1848 bis 1894.

Herausgegeben von

Heinrich von Poschinger.

Mit dem Bildnis des Fürsten.

2. Aufl. Preis geh. ℳ 7.—; in Halbfranz geb. ℳ 9.—

Da alle Ansprachen des Fürsten mit ihrer Fülle von Gedanken und Anregungen, formvollendet wie alles, was aus Bismarcks Geisteswerkstatt hervorgeht, zu den kostbarsten Schätzen des deutschen Volkes gehören, darf das Werk einer dankbaren Aufnahme in weiten Kreisen versichert sein. *Münchener Allgemeine Zeitung.*

Fürst Bismarck
Neue Tischgespräche und Interviews.

Herausgegeben von

Heinrich von Poschinger.

2. Aufl. Preis geh. ℳ 8.—; in Halbfranz geb. ℳ 10.—

Diese Poschinger-Sammlungen, von denen man ja weiß, daß sie der Herr und Meister nicht ungeprüft auf den Markt wandern läßt, werden einst in Literatur und Geschichte einen besonderen Platz einnehmen. In der deutschen Bücherei gehören sie in das Fach, wo Luthers Tischreden und Eckermanns Gespräche mit Goethe stehen. *Neue Freie Presse, Wien.*

Fürst Bismarck
in seinen Aussprüchen 1845 bis 1894.

Von

C. Schröder,

Herausg. von Werken Friedrichs des Großen.

Mit Porträt des Fürsten Bismarck.

Elegant kartoniert Preis ℳ 1.—

Die charakteristischsten und wichtigsten Aussprüche des Fürsten sind hier in systematischer und chronologischer Ordnung vereinigt; das Büchlein ist sozusagen eine Bismarck-Anthologie. *Schlesische Zeitung.*

Crispi bei Bismarck.
Aus dem Tagebuch
eines Vertrauten des italienischen Minister-
präsidenten.

Preis geheftet ℳ 3.—; elegant gebunden ℳ 4.—

Das Buch ist ebenso unterhaltend und amüsant als belehrend und lichtbringend für manche Seite der politischen Tagesgeschichte. *St. Petersburger Zeitung.*

Fred Graf Frankenberg
Kriegstagebücher
von 1866 und 1870/71.

Herausgegeben

von

Heinrich von Poschinger.

2. Aufl. Preis geh. ℳ 5.—; elegant gebunden ℳ 6.—

Ueberall begegnet man in den Aufzeichnungen einem klaren und sicheren Blick, einer feinen Beobachtung, einer von tiefer Vaterlandsliebe getragenen Begeisterung und einer schönen, gewandten Ausdrucksweise. Alle diese Vorzüge machen das Tagebuch des Grafen Frankenberg zu einem der angenehmsten Unterhaltungs- und in gewissem Sinne auch Belehrungsmittel. *Norddeutsche Allgemeine Zeitung, Berlin.*

Ein Werk, das jeder gebildete, sich für die Geschichte seines Vaterlandes interessierende Deutsche mit hoher Anteilnahme durchlesen wird von der Einleitung bis zum Schlusse. *Hamburgischer Korrespondent.*

Kaiser Wilhelm II.
Ein Herrscherbild in seinen Aussprüchen
von

C. Schröder.

Mit Porträt Kaiser Wilhelms II. und Facsimile.

Elegant kartoniert Preis ℳ 1.—

Es sind goldene Worte darin, wert, immer wieder gelesen und beherzigt zu werden. *Staatsanzeiger für Württemberg, Stuttgart.*

Zu beziehen durch alle Buchhandlungen des In- und Auslandes.